www.ingramcontent.com/pod-product-compliance
Lightning Source LLC
Chambersburg PA
CBHW072129220426
43664CB00013B/2183
* 9 7 8 0 5 7 8 0 8 0 7 9 6 *

مهدی شمشیری

پنج ترور تاریخی راهگشای صدارت مصدق

با همکاری مهرداد خردمند

تقدیم به رضا شاه بزرگ

نخستین پادشاه بزرگ ایرانی نژاد پس از چیرگی تازیان

مهدی شمشیری

پنج ترور تاریخی راهگشای صدارت مصدق

۲۰۱۱

Panj terror –e tarikhy rah-gosha-ye sedarat-e Mossadegh

Five Historical Terrors
opening the way for premiership of Mossadegh
Orchesterated by Mohammad Daftary

Mehdi Shamshiri

© 2011 Mehdi Shamshiri

ISBN 978-0578-08079-6

Cover design by Pourandokht Yassai (Shamshiri)

با همکاری مهرداد خردمند

طرح پشت جلد از پوراندخت یاسائی (شمشیری)

فهرست مطالب

عنوان.. شماره صفحه

پنج ترور تاریخی راهگشای صدارت مصدق
سرآغاز... ۱۷
عناوین توطئه ها... ۱۸

بخش نخست
قتل محمد مسعود ـ مدیر هفته نامه مرد امروز

پیشگفتار... ۱۹
روابط رزم‌آرا با روزبه در مسیر زمان... ۱۹
- تضعیف یا برکناری شاه، دلیل اصلی انتصاب رزم‌آرا به ریاست ستاد ارتش.......... ۲۴
- انتصاب سرهنگ محمد دفتری به فرمانداری دژبان.. ۲۷
- بازگشت خسرو روزبه و سایر افسران فراری به خدمت..................................... ۲۹
- بازداشت خسرو روزبه و تحویل به زندان دژبان.. ۳۰
- فرار خسرو روزبه از زندان دژبان.. ۳۰
- محکومیت غیابی به اخراج و زندان.. ۳۱
- تشکیل کمیته ترور برای خدمت به رزم‌آرا... ۳۱
داستان قتل محمد مسعود.. ۳۲
- مبادرت به قتل محمد مسعود... ۳۲
۱ - محمد مسعود که بود؟.. ۳۲
شواهدی در تأیید بیانات جمال‌زاده.. ۳٤
۲ - چگونه کشته شد؟... ۳۷
۳ - قاتلان چه کسانی بودند؟.. ۳۷
٤ - شرح مراسم تشییع.. ٤۰
۵ - حضور غیرعادی و شدت عمل محمد دفتری و ماموران دژبان، در مراسم تشییع... ٤۱
٦ - تغییررئیس کل شهربانی کشور.. ٤۳
۷ - بازندگان و برنده بزرگ در ماجرای قتل محمد مسعود.. ٤٤
الف – محمدرضا شاه و اشرف پهلوی، بازندگان بزرگ... ٤٤
ب – محمد مصدق، برنده بزرگ.. ٤٦

۵

- هفتگی‌نامه مردامروز، ناشر نظرات و فعالیت‌های سیاسی مصدق........ ۴۶
تعیین محمد مصدق به عنوان سرپرست دختر محمد مسعود........ ۴۹
نخست- هدف‌های مصدق از قبول سرپرستی........ ۴۹
۱- جلوگیری از کشف و انتشار نامه‌های محرمانه خود به محمد مسعود........ ۵۰
۲- تصرف مجموعه‌ای بی‌نظیر از اسناد محرمانه و مهم درباره تخلفات و خیانت‌های رجال وقت........ ۵۰
۳- افزایش محبوبیت و حسن شهرت........ ۵۱
دوم- ارثیه محمد مسعود........ ۵۱
سوم- استعفای محمد مصدق از سرپرستی........ ۵۲
مطالبی دیگر در تکمیل داستان قتل محمد مسعود........ ۵۲
نخستین پرتو در تاریکخانه اسرار قتل محمد مسعود........ ۵۴
سرنوشت نامعلوم نامه‌ی رزم‌آرا به خسرو روزبه........ ۵۵
احتمال شرکت نصرالله شیفته در توطئه قتل........ ۵۷
نامه رزم‌آرا به روزبه چگونه به دست محمد مسعود رسیده بود؟........ ۵۷
اعترافات کیانوری درباره قتل محمد مسعود........ ۵۸
الف - از کتاب زندگی‌نامه و مبارزات محمد مسعود........ ۵۸
ب - از کتاب خاطرات نورالدین کیانوری........ ۵۹
اعترافات خسرو روزبه به شرکت در قتل محمد مسعود........ ۵۹
الف - از کتاب خاطرات حسین مکی........ ۵۹
ب - از مجله روشنفکر........ ۶۰
بازداشت دوباره‌ی خسرو روزبه........ ۶۱
هدف‌های رزم‌آرا از کمک به دستگیری خسرو روزبه........ ۶۲
کوشش رزم‌آرا برای اطمینان‌بخشی به خسرو روزبه و رفع نگرانی از او........ ۶۳
محکومیت به زندان........ ۶۴
- بنا به روایت دکتر انور خامه ای........ ۶۴
- بنا به روایت دکتر نورالدین کیانوری........ ۶۵
فرارداده شدن از زندان........ ۶۵
دستگیری دوباره‌ی خسرو روزبه........ ۶۶
- داستان آخرین دستگیری خسرو روزبه از زبان کیانوری........ ۶۶
- اعدام........ ۶۶

بخش دوم
سوءقصد نافرجام به جان شاه

پیشگفتار........ ۶۷
- سودبران داخلی و خارجی از سوءقصد به شاه........ ۶۷
الف - دولت انگلیس تنها سودبر خارجی........ ۶۷

۶

- گفتار نخست ۶۷
- گفتار دوم.. ۶۸
- گفتار سوم: هدف مزورانه انگلیس از سخنان مردم‌فریبانه‌ی محمد مصدق ۷۱
- گفتار چهارم.. ۷۵
ب - محمد مصدق، مهم‌ترین سودبر داخلی.................................... ۷۵
برنامه‌ی سوءقصد به شاه... ۸۰
چند تصادف کوچک و غیرمنتظره، دلیل شکست نقشه قتل شاه.................... ۸۱
تصادف کوچک نخست: نبودن راه اتومبیل‌رو در پشت دانشکده حقوق.............. ۸۲
تصادف کوچک دوم: دخالت پیش‌بینی نشده دکتر منوچهر اقبال................... ۸۲
شرح داستان از زبان سرهنگ محمد دفتری.................................. ۸۴
استیضاح دولت به مناسبت اهانت همراه با ضرب و شتم به آیت‌الله کاشانی........ ۸۶
نقش نورالدین کیانوری در این توطئه...................................... ۸۹
نخست: به گفته‌ی دکتر انور خامه‌ای...................................... ۸۹
دوم: به گفته‌ی چهار نفر از اعضای کمیته مرکزی حزب توده ایران............. ۸۹
الف - از زبان دکتر فریدون کشاورز...................................... ۸۹
ب - از زبان ایرج اسکندری، بابک امیرخسروی و فریدون آذرنور.............. ۹۳

بخش سوم
توطئه دومرحله‌ای جهت قتل عبدالحسین هژیر، وزیر دربار

پیشگفتار.. ۹۵
قوام‌السلطنه، نخستین نخست‌وزیر طرفدار آمریکا............................. ۹۵
الف - شرح حال عبدالحسین هژیر.. ۹۶
ب - توضیحات اضافی و تکمیلی درباره‌ی شرح بالا........................... ۹۸
نخست: روش سیاسی و استعداد شخصی..................................... ۹۸
دوم: تنها اقدام اساسی برضد انگلیس در کابینه قوام‌السلطنه، توسط هژیر......... ۱۰۰
سوم: تجهیز تمام قوا و امکانات ایادی انگلیس جهت مبارزه با کابینه هژیر........ ۱۰۲
چهارم: سقوط کابینه عبدالحسین هژیر، پیروزی انگلیس و شکست آمریکا ۱۰۵
پنجم: آماده ساختن زمینه برای لغو قرارداد ۱۹۳۳ و برگشت به امتیازنامه دارسی.. ۱۰۷
مطالبی درباره‌ی فدائیان اسلام و سیدحسین امامی.............................. ۱۰۹
پیشگفتار نخست
الف - برگشت چند سال در تاریخ و یادآوری چند نکته درباره‌ی امامی ۱۱۰
ب - فتوادهندگان قتل سید احمد کسروی..................................... ۱۱۰
ج - کوشش هژیر برای آزادی امامی و سایر قاتلان کسروی...................... ۱۱۲
پیشگفتار دوم
- ارادت مذهبی و علاقه عاطفی سیدحسین امامی به آیت الله کاشانی،
پیش از آشنایی با نواب‌صفوی.. ۱۱۴

۷

الف ‒ به گفته‌ی دکتر سید محمدرضا کاشانی، پسر آیت‌الله کاشانی............ ۱۱۴
ب ‒ به گفته‌ی حاجی اسدالله صفا، از نخستین اعضای فدائیان اسلام............ ۱۱۴
ج ‒ به گفته‌ی امیر عبدالله کرباسچیان، مدیر روزنامه نبرد ملت،
از نخستین اعضای فدائیان اسلام............ ۱۱۵
د ‒ پذیرش آیت‌الله کاشانی، به عنوان مفتی و مجتهد، توسط فدائیان اسلام............ ۱۱۶
بازگشت نواب‌صفوی از نجف و ادامه فعالیت............ ۱۱۸
قبول مرجعیت آیت‌الله کاشانی از سوی نواب‌صفوی............ ۱۱۹

پیشگفتار سوم
توصیه آیت‌الله کاشانی به پیروان و طرفداران خود در اطاعت از مصدق............ ۱۱۹

پیشگفتار چهارم
محمد مصدق فتوادهنده‌ی قتل هژیر............ ۱۲۰
سیر حوادث از بیرون آمدن مصدق از انزوای سیاسی تا انتخاب از تهران............ ۱۲۳
الف ‒ تا تحصن در دربار............ ۱۲۳
ب ‒ در دوران تحصن............ ۱۲۹
۱ ‒ توافق محرمانه دربار و دولت برای انتخاب مصدق و سه نفر اقلیت
دوره پانزدهم............ ۱۲۹
۲ ‒ اشتراک نظر در آغاز تحصن و اختلاف‌نظر در پایان آن............ ۱۳۱
ج ‒ از آغاز انتخابات تهران تا قتل هژیر............ ۱۳۳
۱ ‒ جریان انتخابات، با انحراف از توافق محرمانه هژیر - مصدق............ ۱۳۳
۲ ‒ بعضی از توافق‌های محرمانه مصدق برضد سه نفر اقلیت دوره پانزدهم............ ۱۳۷
۳ ‒ شکست توافق محرمانه مصدق با هژیر و کوشش زیان‌دیدگان برای
جبران آن............ ۱۳۹
۴ ‒ اقدامات هژیر، وزیر دربار برای جبران فریب‌خوردگی خود............ ۱۴۱
الف ‒ اعلام لغو توافق محرمانه............ ۱۴۱
ب ‒ انتقال صندوق‌های رأی به فرهنگستان و تعویض آرای آن‌ها............ ۱۴۲
۵ ‒ تیراندازی به هژیر و قتل او............ ۱۴۳
(۱) ‒ اعلامیه ستاد ارتش............ ۱۴۳
(۲) ‒ اعلامیه شماره ۱ فرمانداری نظامی تهران و حومه............ ۱۴۴
(۳) ‒ بازگوشده از خاطرات حسین فردوست............ ۱۴۴
(۴) ‒ بازگوشده از خاطرات اشرف پهلوی............ ۱۴۶
(۵) ‒ اعلامیه دربار شاهنشاهی............ ۱۴۶
د ‒ اقدامات خلاف قانون و غیرعادی در ۳۴ ساعت درپی تیراندازی به هژیر............ ۱۴۷
‒ حرمت‌دهی بی‌سابقه و غیرقانونی نسبت به محمد مصدق و
خفت‌دهی بی‌دلیل و شگفت‌آور نسبت به دکتر مظفر بقائی............ ۱۵۱
ه ‒ برنامه آزادسازی سیدحسین امامی............ ۱۵۳
و ‒ وقایع متعاقب قتل هژیر............ ۱۵۶
(۱) ‒ ابطال انتخابات تهران............ ۱۵۶
(۲) ‒ مسافرت رسمی شاه به آمریکا............ ۱۵۶
(۳) ‒ سوءاستفاده مصدق جهت مظلوم‌نمایی و مردم‌فریبی............ ۱۵۷

(٤)- تغییر جو سیاسی ایران به سود جبهه ملی و مصدق.......... ۱۵۹
(٥)- انتخاب یکی از دوستان صمیمی و هم مسلکان قدیمی مصدق
به ریاست انجمن انتخابات تهران.......................... ۱۶۱
(زیرنویس)- مختصری در معرفی چهار خانواده بسیار متنفذ
آن زمان و مخالفت با جبهه‌ی ملی........................ ۱۶۱
(زیرنویس)- درباره دکتر حسن لقمان ادهم.................. ۱۶۱
(٦)- تبانی مصدق با چهار کاندیدای دولتی و سیرنگ............ ۱۶۲
(زیرنویس)- درباره تبانی مصدق........................... ۱۶۳
(۷)- نحوه اجرای توافق‌نامه پنهانی مصدق با دولتی‌ها........ ۱۶٤
الف - تقسیم حوزه های فرعی رأی‌گیری بین کاندیداهای طرفین..... ۱۶۲
ب - مخالفت مصدق با اعلام اسامی ۱۲ نفر به عنوان کاندیداهای
جبهه‌ی ملی.. ۱۶٥
ج - دو مورد انحراف از برنامه تبانی....................... ۱۶۶
۱- حوزه فرعی لواسانات...................................... ۱۶۶
۲- حوزه فرعی سر قبر آقا.................................... ۱۶۷
(۸)- بزرگترین نتیجه قتل هژیر، پیروزی مصدق و هواداران او...... ۱۶۹
دو عکس: یکم دکتر مصدق در حال ادای احترام به پادشاه اییران
و اعضای جبهه ملی کاندیدای مجلس شورای ملی دوره شانزدهم........ ۱۷۰

پیوست شماره (۱)

پیشگفتار ۱۷۱
- قوام‌السلطنه نخستین نخست‌وزیر طرفدار آمریکا ۱۷۱
الف - بی‌درنگ پس از کودتای ۱۲۹۹ .... ۱۷۲
۱ - بازکردن پای مستشاران مالی آمریکایی در ایران ۱۷۳
۲ - قطع فعالیت سیاسی قوام‌السلطنه در دوران رضا شاه بزرگ ۱۷۳
۳ - پایان نخستین دوره ماموریت دکتر میلسپو با کارشناسی‌های فیروز ۱۷٤
٤ - مختصری از نتیجه کار این مستشاران مالی ۱۷۶
ب - پس از برکناری رضا شاه بزرگ ۱۷۶
۱ - استخدام دوباره دکتر میلسپو همراه با شماری دیگر مستشار مالی آمریکایی..... ۱۷۶
۲ - دادن مزایای کاپیتولاسیون به مستشاران نظامی آمریکایی ۱۷۷
۳ - پایان ماموریت دکتر میلسپو و سایر مستشاران مالی با فعالیت شدید مصدق.... ۱۷۷
٤ - باز هم قوام‌السلطنه و بستن قرارداد محرمانه نظامی با آمریکا و تسجیل
مزایای کاپیتولاسیون ۱۷۹
٥ - تنها اقدام اساسی بر ضد شرکت نفت انگلیس و ایران، توسط هژیر، در
دولت قوام‌السلطنه ۱۸۰
٦ - پایان غم‌انگیز زندگی سیاسی قوام‌السلطنه ۱۸٤
قهر و استعفا، یکی از نیرنگهای مصدق ۱۸٤

۹

(۱)- قهر از معاونت وزارت مالیه (پیش از کودتای سال ۱۲۹۹) ۱۸۴
(۲)- قهر از سمت وزارت مالیه (بعد از کودتای سال ۱۲۹۹) ۱۸۵
معرفی مصدق به عنوان وزیر مالیه ۱۸۶
تقدیم لایحه به عنوان وزیر مالیه و درخواست اختیارات تام ۱۸۶
(۳)- قهر از نمایندگی مجلس شورای ملی (پس از برکناری رضاشاه)....۱۸۷
(٤)- قهر از نخست وزیری و قیام ۳۰ تیرماه ۱۳۳۱ ....۱۹۱
نظر دولتهای ذیربط خارجی و مقامات داخلی در ارتباط با مصدق و قوام.....۱۹۱
الف- نظر دولت انگلیس و شرکت نفت انگلیس و ایران ۱۹۱
ب- نظر دولت روسیه و حزب توده ایران ۱۹۱
ج- نظر محمدرضا شاه پهلوی ۱۹٤
د- سازمان افسران گروه ملی ۱۹۵
آگاه ساختن مصدق ۱۹۷
سی ام تیرماه ۱۳۳۱ و سازمان افسران گروه ملی ۱۹۸
۷ - سیر وقایع از آغاز دوره هفدهم مجلس شورای ملی تا پایان زندگی احمد قوام....۲۰۰

پیوست شماره (۲)

پیشگفتار ۲۰۸
الف - انتخاب دو نماینده از قم و بروجرد طبق نظر آیت‌الله بروجردی ۲۰۹
ب - انتخاب دو داماد محمد مصدق، به صورت رشوه سیاسی به او ۲۰۹
۱- انتخاب دکتر متین‌دفتری از مشکین شهر ۲۱۰
۲- انتخاب عزت‌الله بیات از اراک ۲۱۰
۳- مشکل بزرگ در راه انتخاب عزت‌الله بیات و حسین مکی از اراک ۲۱۳

بخش چهارم
توطئه قتل دکتر مظفر بقائی‌کرمانی و قتل احمد دهقان به‌جای او

توطئه نخست برای قتل سرلشکر فضل‌الله زاهدی ۲۱۸
الف- دلایل مخالفت رزم‌آرا و دولت انگلیس با سرلشکر زاهدی ۲۱۸
ب- شرح توطئه ۲۱۹
ج- انصراف از انجام توطئه ۲۲۲
توطئه دوم برای قتل دکتر مظفر بقائی کرمانی ۲۲۳
الف- قدرت‌یابی دوباره‌ی رزم‌آرا و تسلط بر شهربانی ۲۲۳
ب- طرح و تنظیم توطئه ۲۲٤
ج- دخالت محرمانه شرکت نفت در تعیین احمد دهقان برای ترور ۲۲٤

۱۰

نخست - نفوذ غیرقابل انکار شرکت نفت در حزب توده ایران ۲۲٤
دوم - انتخاب احمد دهقان بجای دکتر مظفر بقائی‌کرمانی ۲۳۰
د - دوباره فرستادن جعفری به تهران برای ترور دکتر بقائی و آگاهی وی از پیشنهاد ترور دهقان ۲۳۱
ترور احمد دهقان ۲۳۳
فوق‌العاده روزنامه مردم، ارگان (مخفی) حزب (منحله) توده ایران ۲۳٤
همکاری مصدق در اجرای برنامه ترور دکتر بقائی ۲۳۷
انگیزه‌های موافقت مقامات شوروی با ترور احمد دهقان ۲۳۸
بعضی از انگیزه‌های مخالفت دولت انگلیس و حاجیعلی رزم‌آرا با احمد دهقان ۲۳۹
داستان قتل احمد دهقان ۲٤۱
بیمارستان شماره ۲ ارتش کشتارگاه سیاسی رزم‌آرا ۲٤۱
نمونه‌هایی از دخالت‌های علنی و خلاف قانون سرتیپ محمد دفتری در رخداد قتل دهقان... ۲٤٤
۱ - تلاش جهت انتقال حسن جعفری به زندان دژبان ۲٤٤
۲ - شرکت در انجام نخستین بازپرسی‌ها از حسن جعفری و تلاش جهت تحریف حقایق ۲٤٤
۳ - نوشتن نام دکتر محمد مصدق به‌جای دکتر مظفر بقائی ۲٤٦
ادعای خنده‌دار رزم‌آرا ۲٤۷
تایید شرکت حزب توده در قتل احمد دهقان ۲٤۸
تکذیب نورالدین کیانوری ۲۵۰
وحشت رزم‌آرا از اعدام حسن جعفری ۲۵٤
محکومیت و اعدام ۲۵٦

پیوست (۱)

- انگیزه‌های دشمنی شدید رزم‌آرا با دکتر مظفر بقائی‌کرمانی ۲۵۹
نخست - شرح کوتاهی درباره مبارزه شجاعانه دکتر بقائی با رزم‌آرا ۲۵۹
الف - افشای رازی گفته‌نشده درباره آغاز این مبارزه ۲۵۹
سفر چند ساعته محمدرضا شاه به کرمان و ملاقات او با دکتر بقائی ۲۵۹
ب - تصمیم جدید دکتر بقائی، پس از گفتگو با شاه، برای مبارزه با دیکتاتوری رزم‌آرا ۲٦٦
ج - چگونگی آغاز مبارزه سیاسی دکتر بقائی ۲٦۷
د - آغاز مبارزه سیاسی دکتر بقائی ۲٦۸
ه - سپهبد حاجیعلی رزم‌آرا، طرف اصلی دکتر محمد بقائی در مبارزه سیاسی........ ۲۷۳
دوم - اقدامات رزم‌آرا برای مجازات دکتر مظفر بقائی ۲۷۵
محکومیت دکتر بقائی در دادگاه به منظور محروم ساختن او از حق وکیل شدن ۲۷۵

پیوست (۲)

مختصری از شرح حال دکتر بقائی ۲۸۱
عضویت دکتر بقائی در حزب دموکرات احمد قوام، قوام‌السلطنه ۲۸٦

شرح کوتاهی درباره وضع سیاسی کشور در آن روزها ۲۸۶
داستان عضویت دکتر بقائی در حزب دموکرات از زبان خود او ۲۹۵
موضع سیاسی خانواده دکتر بقائی در ارتباط با دو کفه ترازوی خیانت در کرمان ۲۹۸
انتخاب دکتر بقائی به نمایندگی مجلس از کرمان و شباهت آن با انتخاب پدرش ۳۰۰
ورود دکتر بقائی به صحنه مبارزات سیاسی ۳۰۲
هدف دکتر بقائی از مسافرت به کرمان در سال ۱۳۲۷ خورشیدی ۳۰۲
دشواری‌های دکتر بقائی در راه تحقق هدف خود ۳۰۴

بخش پنجم
توطئه قتل سپهبد حاجعلی رزم‌آرا

مسیر نخست- اتهامات مردم‌فریب به رزم‌آرا ۳۰۷
۱ - آغاز عملیات بر ضد دولت رزم‌آرا پیش از معرفی دولت به مجلس ۳۰۷
الف - از سخنرانی محمد مصدق ۳۰۸
ب - از سخنرانی دکتر مظفر بقائی کرمانی ۳۰۸
ج - از آغاز سخنرانی عبدالقدیر آزاد ۳۰۹
۲ - مخالفت شدید نمایندگان جبهه‌ی ملی در هنگام معرفی کابینه رزم‌آرا به مجلس ۳۰۹
۳ - نمایش دیکتاتوری رزم‌آرا و تبلیغ سرتیپ دفتری برای جبهه‌ی ملی ۳۱۰
٤ - نخستین و مهم‌ترین اقدام انتقادآمیز رزم‌آرا، از دید رهبران جبهه‌ی ملی ۳۱۲
- از سخنرانی دکتر بقائی ۳۱٤
- از سخنرانی حسین مکی ۳۱٤
- از سخنرانی دکتر علی شایگان ۳۱۵
۵ - سرکوب دوباره مردم به دستور سرتیپ محمد دفتری ۳۱۶
۶ – قبول و توجیه عملیات پلیس توسط رزم‌آرا ۳۱۷
- شرح کوتاهی از دیگر رویارویی‌های سرتیپ دفتری با نهضت ملی ۳۱۸
مسیر دوم - تبلیغات شدید به منظور ترساندن شاه از رزم‌آرا ۳۲۵
۱ - نقش اعضای جبهه‌ی ملی ۳۲۵
۲ - نقش سرتیپ دفتری در سمت ریاست شهربانی کل کشور ۳۲۶
فتوادهندگان سیاسی و مذهبی و آگاهان قبلی از برنامه قتل رزم‌آرا (در توطئه نخست) ۳۳۲
۱ - آیت‌الله کاشانی فتوادهنده شرعی و همکاری فدائیان اسلام با وی ۳۳۳
۲ - تبعید آیت‌الله کاشانی به لبنان و بازگشت وی ۳۳٤
۳ - تهیه اسلحه برای قتل رزم‌آرا ۳۳۶
٤ - اعلام فتوای شرعی در برابر شاهدان مخفی ۳٤۰
۵ - آگاهی قبلی آیت‌الله کاشانی از هویت قاتل و قتل قریب‌الوقوع ۳٤۱
۶ - فتوادهندگان سیاسی قتل رزم‌آرا (بنا بر ادعای نواب‌صفوی) ۳٤۱
۷ - احتمال آگاهی قبلی دکتر مظفر بقائی از قتل سپهبد حاجیعلی رزم‌آرا ۳٤۹
۸ - آگاهی قبلی مصدق از توطئه (نخست) فدائیان اسلام،برای ترور رزم‌آرا ۳۵۱

۱۲

الف- آیت الله کاشانی	۳۵۳
ب- سرتیپ دفتری	۳۵۵
ج- فدائیان اسلام	۳۵۵
۹- حقایقی از قتل رزم‌آرا- دو توطئه برای یک ترور	۳۵۶
الف - نمودار طراحان و مجریان اصلی دو توطئه	۳۵۶
ب - همدستان سرتیپ محمد دفتری	۳۵۶
پ - توضیحاتی درباره تنها تروریست توطئه نخست	۳۵۷
ت - توضیحاتی درباره تروریست‌های توطئه دوم	۳۵۸
- از بازجویی‌های اللهیار جلیلوند	۳۵۸
- از بازجویی‌های مصطفی پازوکی	۳۵۹
ث - همدست تروریست‌های توطئه دوم	۳۵۹
ج - درگذشت آیت‌الله فیض، زمان مناسب برای اجرای دو توطئه ...	۳۵۹
چ - وظیفه ویژه هر یک از تروریست‌های توطئه دوم و همدست آنان در جریان قتل	۳۶۰
ح - آماده ساختن خلیل طهماسبی	۳۶۲
خ - نقش و وظیفه امیر اسدالله علم	۳۶۳
د - بازدید شتاب‌آمیز دفتری از انجام ترتیبات مورد نظر در داخل مسجد	۳۶۵
ذ - جایگاه هر یک از متهمان و مظنونان، درلحظه تیراندازی	۳۶۶
ر - اشتباه اسدالله فرخنده‌کلام	۳۶۹
ز - بررسی شمار گلوله‌های شلیک‌شده به سوی رزم‌آرا	۳۷۰
• داستان اسلحه خلیل طهماسبی	۳۷۱
- اشاره به اسلحه در گزارش کلانتری	۳۷۱
- صورت‌مجلس تحویل اسلحه به اداره آگاهی	۳۷۲
• اظهارات خلیل طهماسبی	۳۷۳
• اظهارات اللهیار جلیلوند	۳۷۵
• اظهارات مصطفی پازوکی	۳۷۶
• اظهارات لطیف طاهونی	۳۷۷
• شهادت دهندگان شلیک سه گلوله	۳۷۸
دسته نخست - معاونان اجرای توطئه	۳۷۸
- شهادت امیراسدالله علم	۳۷۸
- شهادت اسدالله فرخنده کلام	۳۷۹
دسته دوم- دارندگان فاصله از محل تیراندازی که در اجرای توطئه شرکت نداشته‌اند	۳۸۰
• شهادت سه نفر از کارآموزان پاسبانی حاضر در صحنه تیراندازی	۳۸۰
• سرنوشت نامعلوم شماری از مدارک مهم پرونده	۳۸۴
• دروغ‌گویی‌های سرتیپ غلامحسین دانشپور	۳۸۵
- دروغ‌گویی درباره نبودن در مسجد، به هنگام قتل	۳۸۵
- دروغ‌گویی درباره حمل جسد رزم‌آرا به بیمارستان	۳۸۶
- دروغ‌گویی درباره فرستادن اللهیار جلیلوند و مصطفی پازوکی	

۱۳

به کلانتری	۳۸۸
- دروغگویی درباره چگونگی دستگیری خلیل طهماسبی	۳۸۸
- دروغگویی درباره گرفتن اسلحه از خلیل طهماسبی	۳۸۹
- دروغگویی در موارد دیگر	۳۸۹
● ندیده گرفتن دیده شده‌ها	۳۹۰
- افسران	۳۹۰
- پاسبان	۳۹۱
- مردم	۳۹۱
● فاصله خلیل طهماسبی با رزم‌آرا در لحظه تیراندازی	۳۹۲
● مسیر عبور یک (یا سه گلوله) شلیک‌شده از اسلحه خلیل طهماسبی ...	۳۹۳
گزارش پزشکی قانونی، دلیلی محکم و انکارناپذیر بر جنایت محافظان رزم‌آرا	۳۹۳
مسیر سه گلوله شلیک‌شده به رزم‌آرا بر اساس گزارش پزشکی قانونی ...	۳۹۵
الف - گلوله نخست	۳۹۵
ب - ج - گلوله‌های دوم وسوم	۳۹۵
دو نوشتار در راستای درستی مطالب پیشتر ذکرشده	۴۰۰
- نوشتار نخست	۴۰۰
- نوشتار دوم	۴۰۳
دانستنی‌های بیشتر درباره سرتیپ دیهیمی و دکتر بقائی	۴۰۸
نام سرتیپ دیهیمی در سخنرانی مصدق	۴۰۹
رهایی متهمان جبهه‌ی ملی در توطئه نخست به دلیل باخبر بودن شاه از توطئه دوم	۴۱۲
شباهت‌هایی بین دو رخداد، قتل رزم‌آرا و قتل اتابک	۴۱۴

پیوست

انگلستان تنها سودبرنده‌ی خارجی از ترور سپهبد رزم‌آرا	۴۱۷
هدف‌ها و منافع انگلستان از ملی شدن صنعت نفت در سراسر ایران ...	۴۱۷
اقدامات شرکتهای نفتی آمریکایی و شرکت نفت انگلیس و ایران بر ضد یکدیگر	۴۱۹
سخنان حاجی‌علی رزم‌آرا درباره‌ی پیشنهاد ملی شدن صنعت نفت در ایران	۴۲۱
شکست قطعی نهضت ملی ایران با تصویب قانون ملی شدن صنعت نفت	۴۲۲
یک پرسش از تمام طرفداران مصدق	۴۲۴
فوایدی چند از ملی‌شدن صنعت نفت برای انگلیس	۴۲۴
الف - رهایی از زیان هنگفت ناشی از پخش فراورده‌های نفتی در داخل ایران	۴۲۴
ب - گسستن پیوند درآمد ایران با بهای طلا و درآمد واقعی از فروش نفت	۴۲۷
ج - محروم ساختن ایران از بقیه حق خود در شرکت‌های تابعه شرکت نفت انگلیس و ایران	۴۲۷
درآمد نفت پس از بستن قرارداد با کنسرسیوم	۴۲۸
سنجش قرارداد کنسرسیوم با قراردادهای نفت سایر کشور‌های منطقه	۴۳۰
سنجش بین درآمدهای عربستان از آرامکو و ایران از کنسرسیوم	۴۳۲
زیان‌های دولت ایران به گفته‌ی پسردایی مصدق	۴۳۲

- یک کلاه‌گذاری نامرئی ۴۳۳
- زیان یک میلیارد دلاری محرومیت ایران از دریافت پذیره ۴۳۳

تصویرها و نمودارها

- عکس دکتر مصدق در حال ادای احترام به پادشاه ایران ۱۷۰
- اعضای جبهه ملی کاندیدای مجلس شورای ملی دوره شانزدهم ۱۷۰
- عکسی منحصربه‌فرد از سفر چند ساعته محمدرضا شاه به کرمان-زمستان ۱۳۲۷ .... ۲۶۵
- نمودار طراحان و مجریان اصلی دو توطئه ۳۵۶
- نمودار وضع رزم‌آرا و سایرین درلحظه وقوع جنایت ۳۶۶
- تصویر محل‌های ورود و خروج گلوله‌ها در بدن سپهبد حاجیعلی رزم‌آرا
  (بر مبنای گزارش اداره پزشکی قانونی) ۳۹۶
- تصویر واقعی از جسد رزم‌آرا در بیمارستان ۳۹۸
- تصویری دروغی از مسیر ورود گلوله‌ها به بدن رزم‌آرا ۳۹۹

سرآغاز

بطوری که خوانندگان گرامی در همین کتاب، بر مبنای دلایل و شواهد غیرقابل انکار ملاحظه خواهندفرمود **محمد دفتری** (ابتدا با درجه سرهنگی و بعد با درجه سرتیپی در سمت ریاست دژبان و ریاست شهربانی کل کشور)، به‌ظاهر به‌عنوان محرم اسرار و مأمور مورد اعتماد (سرلشکر یا سپهبد) **حاجیعلی رزم‌آرا** و از سوی این شخص، در اکثر ترورهای موفق و یا ناموفقی که از زمان سومین دوره ریاست **رزم‌آرا** بر ستاد ارتش (در تاریخ یازدهم تیر ماه ۱۳۲۵- ۲ جولای ۱۹۴٦) تا پیش از قتل این شخص (در تاریخ ١٦ اسفند ۱۳۲۹- ۷ مارچ ۱۹۵۱)، در ایران اتفاق افتاده، گویا به دستور او، شرکت داشته و عامل اجرای اصلی در آن ماجراها و ترورها بوده‌است.

اما این محرم اسرار و مأمور مورد اعتماد **رزم‌آرا**، در پایان به ولی نعمت خود خیانت ورزیده و برنامه ترور وی را با موافقت و هم‌آهنگی با **محمدرضا شاه پهلوی** به مرحله اجرا درآورده‌است.

باز هم در حال حاضر بر مبنای شواهد و دلایل موثق می توان دریافت که تمام برنامه‌های ترور مزبور، از نخستین، یعنی ترور **محمد مسعود**، مدیر هفته نامه مرد امروز، تا آخرینشان یعنی ترور **حاجیعلی رزم‌آرا**، همگی در راستای کسب منافع سیاسی برای **محمد مصدق** نیز قرارداشته و به نحوی تنظیم شده‌بوده‌اند که در صورت موفقیت، راه رسیدن وی را به اوج قدرت، و انقراض سلطنت **پهلوی** هموار می‌ساخته و در صورت شکست باز هم متضمن منافع قابل توجهی برای **مصدق** بوده‌اند.

(سرهنگ یا سرتیپ) **محمد دفتری**، در سمت ریاست دژبان یا ریاست شهربانی، زیر فرمان (سرلشکر یا سپهبد) **حاجیعلی رزم‌آرا**، را می توان به راننده‌ای تشبیه نمود که رانندگی اتومبیل را، در چهار توطئه نخست، به سوی هدف‌های مورد نظر **رزم‌آرا** و، در آخرین آنها، به سوی هدف مورد نظر **محمدرضا شاه پهلوی** به عهده داشته ولی رسیدن به تمام آن هدف‌ها برای **محمد مصدق** دارای منافعی بیش از **رزم‌آرا** و **شاه** بوده‌است و نیز چون تعیین مسیر حرکت اتومبیل تا رسیدن به هدف‌های مورد نظر به عهده **محمد دفتری** بوده، لذا وی همواره (و صد در صد با راهنمایی‌های **مصدق**) اتومبیل توطئه را از راه‌هایی هدایت می کرده‌است که در طول مسیر عبور نیز، تا جای ممکن، بتواند یک یا چند هدف مهم یا غیر مهم فرعی از منافع **محمد مصدق** را برآورده‌سازد و حتی با شکست توطئه و نرسیدن اتومبیل به هدف مورد نظر، باز هم اتومبیل مفروض در جهت تأمین منافع سیاسی **مصدق** به حرکت خود ادامه دهد.

عناوین توطئه‌ها

عناوین این توطئه‌ها (که فقط در مدت سه سال و بیست و چهار روز اتفاق افتاده‌اند) به شرح زیر می‌باشد:

نخست: **قتل محمد مسعود، مدیر هفته نامه مرد امروز** (۲۲ بهمن ۱۳۲۶)

دوم: **توطئه ناموفق قتل محمدرضا شاه پهلوی** (۱۵ بهمن ۱۳۲۷)

سوم: **قتل عبدالحسین هژیر، وزیر دربار** (۱۳ آبان ۱۳۲۸)

چهارم: **توطئه ناموفق قتل دکتر مظفر بقائی و کشته شدن احمد دهقان، مدیر مجله تهران‌مصور به‌جای او** (۶ خرداد ۱۳۲۹)

پنجم: **قتل حاجیعلی رزم‌آرا، نخست‌وزیر** (۱۶ اسفند ۱۳۲۹)

خوانندگان گرامی با مطالعه این کتاب بدون تردید تصدیق خواهند نمود که در تمام آن توطئه‌ها **محمد دفتری** اغلب مداخلاتی به صورتی غیرقانونی و حتی غیرعادی، با نیروی مأموران دژبان، به عنوان مأموران انتظامی، به منظور جلوگیری از کشف حقیقت به انجام می‌رسانده و انجام تحقیقات را به مسیری راهنمایی می‌کرده‌است که خواه ناخواه (حتی در بعضی موارد در صورت خنثی شدن آنها) به نتیجه‌ای مطلوب به نفع **مصدق** منتهی شود.

بخش نخست

قتل محمد مسعود - مدیر هفته نامه مرد امروز

پیشگفتار

روابط رزم‌آرا با خسرو روزبه در مسیر زمان

نظر به اینکه توطئه قتل **محمد مسعود** با همکاری **حاجیعلی رزم‌آرا**، رئیس وقت ستاد ارتش، و **خسرو روزبه**، افسر فراری ارتش و از فعالان حزب توده ایران، طرح ریزی شده و توسط چند نفر از اعضای همان حزب، به سرپرستی **خسرو روزبه**، به مرحله اجرا درآمده‌است، پس بی‌مناسبت نمی‌داند که در مقدمه به درج تاریخچه‌ای بسیار مختصر از روابط نزدیک **رزم‌آرا** و **روزبه** مبادرت‌نماید و نیز چون آغاز این روابط، توسط **رزم‌آرا** (و در زمان سرتیپی وی)، به منظور استفاده از نیروی افسران توده‌ای در مبارزه برضد رقیبش سرتیپ **حسن ارفع** بوده‌است، پس در این تاریخچه به موقعیت **ارفع**، در ارتباط با این مطلب نیز اشاره شده‌است:

- یکم فروردین ۱۳۱۸ (۲۲ مارس ۱۹۳۹)- **سرهنگ حاجیعلی رزم‌آرا** و **سرهنگ حسن ارفع** به درجه سرتیپی ارتقا یافته‌اند.

- **حسن ارفع**، پسر **پرنس رضا ارفع**، از نظر خانوادگی مشهور به وابستگی به انگلیس بود و همچنین از نظر شخصی و سیاسی نیز او را از ایادی **شاه** و دربار می دانسته‌اند.

چند جمله زیر را از کتاب «ظهور و سقوط سلطنت پهلوی»- مؤسسه مطالعات و پژوهشهای سیاسی (جلد ۲- صفحات ۴۳۷/۴۴۰)- در این ارتباط بازگومی‌نماییم:

> *"... **ارفع** بنیانگذار جریانی در ارتش است که با پیوند به استعمار بریتانیا و دربار پهلوی مشخص می گردد و همین جریان متشکل بود که در دهه‌های بعد حضور خود را در صحنه‌های سیاسی و نظامی ایران نشان داد...*
> ***ارفع** که از سال ۱۳۲۳ به درجه سرلشکری رسید، در سال‌های پس از شهریور ۱۳۲۰ چندین بار ریاست ستاد ارتش (عالی‌ترین پست نظامی) را به‌عهده داشت و در این سمت عناصر وابسته به استعمار بریتانیا را در مقامات حساس نظامی و اطلاعاتی گمارد.*
> ***ارفع** گرداننده سه حزب سیاسی وابسته به استعمار انگلیس نیز بود: **حزب افق آسیا** که توسط **ارفع** و **دکتر احمد هومن** (معاون وقت وزارت دربار و فراماسون سرشناس)*

*تشکیل‌شد و عناصری چون **احمدعلی سپهر(مورخ‌الدوله)**، **علی دشتی**، **ابراهیم خواجه‌نوری**، **داریوش همایون** را در برمی گرفت و احزاب فاشیستی آریا (به رهبری **هادی سپهر**) و سومکا (به رهبری **داوود منشی زاده**)."*

در این شرایط تعجب‌آور نیست که ایادی روسیه شوروی و همچنین ارتش اشغالگر آن دولت، در آن زمان در ایران (از جمله گردانندگان حزب توده ایران و افسران توده‌ای، که از مخالفان سیاست انگلیس و دربار محسوب‌می‌شده‌اند) به رقیب سرسخت **ارفع** و دشمن **شاه** و دربار، یعنی **رزم‌آرا** نزدیک شده و بطور متقابل و پنهانی به حمایت و تقویت یکدیگر بپردازند.

- یکم مرداد ۱۳۲۲ (۲٤ جولای ۱۹٤۳)- **سرتیپ حاجیعلی رزم‌آرا** به ریاست ستاد ارتش منصوب‌شده ولی در حدود دو ماه بعد به علتی نامعلوم از آن سمت برکنار گردیده‌است.
(**استفاده از راهنمایی‌های توطئه گرانه سرهنگ محمد دفتری**- در همین دوران برکناری و خانه‌نشینی که بسیاری از افسران و رجال ارتش و کشور، حتی دوستان و بستگان **رزم‌آرا** و یا مخالفان واقعی دربار و **شاه**، شهامت رفتن علنی به خانه ی **رزم‌آرا** و ملاقات با او را نداشته‌اند، **سرهنگ محمد دفتری** نه‌تنها تماس با او را افزایش‌داده، بلکه با دادن پیشنهادات بسیار ساده و عملی که انجامشان، با همان امکانات محدود **رزم‌آرا** در دوران بازنشستگی، برای او میسر بوده‌است، **سرلشکر رزم‌آرا** را سپاسگزار و فریفته حسن تدبیر! و وفاداری ! خود ساخته‌است.
مصدق با تدبیر و نیرنگ‌باز، در اینجا با یک تیر به دو هدف بسیار عالی دست یافته‌است. نخست اینکه **رزم‌آرا** را به فعالیت‌های بسیار کارساز برضد **شاه** کشانده، که انجام آنها برای خودش امکان‌پذیر نبوده و دوم اینکه نه تنها جاسوسی بسیار مطمئن برای خبر بیاری در دستگاه **رزم‌آرا** قرارداده بلکه این جاسوس را مانند ماری بسیار زهرآلود به آستین آن **تیمسار** فرو کرده، بطوری که خواهیم دید، سرانجام توسط همین شخص او را به قتل رسانده‌است.)

- بهمن ماه ۱۳۲۲(فوریه ۱۹٤٤)- **سرتیپ رزم‌آرا** به فرماندهی دانشکده افسری منصوب شده‌است.
(تشکیل سازمان افسران حزب توده، توسط چند نفر افسر توده‌ای، از استادان همین دانشکده، و در همین دوره از ریاست **سرتیپ حاجیعلی رزم‌آرا** بوده‌است.)

- یکم فروردین ۱۳۲۳ (۲۱ مارچ ۱۹٤٤)- **سرتیپ حاجیعلی رزم‌آرا** و **سرتیپ حسن ارفع** به درجه سرلشکری ارتقاء یافته‌اند.

- پانزدهم اردیبهشت ۱۳۲۳ (٥ می ۱۹٤٤)- **سرلشکر حاجیعلی رزم‌آرا** برای بار دوم به ریاست ستاد ارتش برگزیده شده‌است.(آغاز این دوره از ریاست **سرتیپ حاجیعلی رزم‌آرا** بر ستاد ارتش با تشدید فعالیت **سازمان افسران حزب توده** همزمان بوده‌است.)
در «**کتاب سیاه درباره سازمان افسران توده**» (از انتشارات فرمانداری نظامی تهران- سرتیپ تیمور بختیار- چاپ مطبوعات- اسفند ۱۳۳٤- صفحه ۳۲) چنین می خوانیم:

*"**مختصری از تاریخچه سازمان افسران حزب منحله توده- سرهنگ معدوم محمدعلی مبشری**، مسئول تشکیلات سازمان افسران توده‌ای، ضمن اعترافات خود در نزد بازپرس که به خط و امضای خود اوست، می نویسد: تأسیس سازمان افسری آنطور که به خاطر دارم از اواخر ۲۳ [۱۳] یا اوایل ۲٤[۱۳] بود.*

اما مدارک مسلمی در همین پرونده وجود دارد که ثابت می کند تأسیس این سازمان خیلی پیش از آن و لااقل در اوایل سال ۱۳۲۳ بوده است منتهی در اوایل ۱۳۲٤ فعالیت این سازمان بطور ناگهانی وسعت زیادی یافت بطوری که انعکاس آن در مطبوعات حزب توده و پشت تریبون مجلس صورت آشکار به خود گرفت. درآن هنگام روزنامه‌های ارگان حزب توده هر روز مقالات مفصلی در تحریک و تبلیغ افسران و نظامیان می نوشتند و اسناد محرمانه ارتش را که دزدیده بودند کلیشه کرده چاپ می‌نمودند تا اذهان مردم را نسبت به ارتش مظنون و مأیوس سازند.."

- ششم دی‌ماه ۱۳۲۳ (۲۷ دسامبر ۱۹٤٤)- **سرلشکر حاجیعلی رزم‌آرا** از ریاست ستاد ارتش برکنارگردیده و **سرلشکر حسن ارفع** به‌جای وی منصوب شده‌است.
از این زمان به بعد **سرلشکر رزم‌آرا** به نحوی شدیدتر بر ضد **سرلشکر ارفع** به فعالیت پرداخته و در جهت بدنامی و حتی نابودی او به هر نیرنگی که برایش امکان‌داشته دست زده‌است. از جمله این اقدامات، می‌توان ادامه تماس و همکاری پنهانی وی را با **خسرو روزبه** و بعضی دیگر از افسران توده‌ای (که می‌شناخته) نام برد.
مطلب زیر توسط یکی از آگاه‌ترین افراد، در این مورد، یعنی **دکتر انور خامه‌ای**، به رشته تحریر درآمده‌است:

*" **روابط نزدیک [خسرو] روزبه و [حاجیعلی] رزم‌آرا** :*
*روابط **روزبه** با **رزم‌آرا** از زمان حکومت **[محسن] صدر، [صدرالاشراف]** و ریاست ستاد ارتش **سرلشکر [حسن] ارفع** آغازگردید.*
*رقابت میان **ارفع** و **رزم‌آرا** سابقه دیرینه داشت. در آن زمان **ارفع** موفق شده بود **رزم‌آرا** را کنار بزند و خود رئیس ستاد و همه کاره ارتش، پس از **شاه**، بشود.*
*__رزم‌آرا__ در جستجوی همکارانی بود تا بتواند به کمک آنها رقیب خود را بکوبد. **این همکاران جز افسران توده‌ای نبودند و اختیار آنها تقریباً در دست روزبه بود.** از اینجا ائتلاف میان **رزم‌آرا** و **روزبه** آغازشد. **روزبه** به کمک **رزم‌آرا** به اسناد بسیار محرمانه ارتش دست‌می‌یافت و آنها را در **روزنامه رهبر** چاپ و افشاگری می‌کرد. **همین افشاگری‌ها** موجب شد که **ارفع** درصدد دستگیری و تبعید افسران توده‌ای برآید ولی **روزبه** و سازمان افسری توسط **رزم‌آرا** از این تصمیم اطلاع یافتند و احتیاطات لازمه را به عمل آوردند. **منجمله روزبه مخفی شد و ارفع نتوانست او را دستگیر کند.** بعضی‌ها می‌گفتند در منزل خود **رزم‌آرا** مخفی بوده است ولی من اطلاعی از صحت و سقم این گفتار ندارم... "*
(از انشعاب تا کودتا- خاطرات دکتر انور خامه‌ای- صفحه ۱۰۰)

- **روزنامه رهبر**، به مدیریت **ایرج اسکندری**، ارگان رسمی **حزب توده ایران** بوده و **دکتر انور خامه‌ای**، افزون‌بر نویسندگی در آن، در آن زمان، عضویت هیئت مدیره پنج نفری آن روزنامه را به‌عهده داشته‌است. **سپهبد احمد امیراحمدی** (وزیر جنگ وقت) نیز در خاطرات خود در این رابطه چنین نوشته‌است:

" پس از اینکه [رزم‌آرا] به پیشنهاد من رئیس ستاد ارتش شد و دستش بازگردید، علیه من اقداماتی کرد. در موقع تصدی ستاد ارتش، با احزاب و دستجات افراطی تماس پیدا کرد و حتی برای موهون کردن سران ارتش، اسناد و اوراقی به جراید چپی داد که

*منتشرکردند و **شاه را** رنجیده خاطر ساخت. تا آذرماه (۶ دیماه) ۱۳۲۳ از کار برکنارشد... "*
(خاطرات نخستین سپهبد ایران، احمد امیراحمدی- به کوشش: غلامحسین زرگری‌نژاد- مؤسسه پژوهش و مطالعات فرهنگی- جلد نخست- صفحه ۴۹۹)

- خرداد ۱۳۲٤ (جون ۱۹٤۵)- **سرلشکر حاجیعلی رزم‌آرا** بازنشسته شده‌است.

" ... در موقع خانه نشینی، جمعی از افسران را تحریک کرد که به حزب توده گرایند و مقالاتی به ضد قانون اساسی و مقام سلطنت در بعضی جراید انتشار دهند.
رزم‌آرا در فرار افسران لشکر خراسان به گرگان، که منتهی به کشتن آنها شد دخیل بود و احزاب چپ درباره او نظر مساعد داشتند... "
(همان کتاب- همان صفحه)

- ۲۵ مرداد ۱۳۲٤ (۱۶ آگوست ۱۹٤۵)- داستان شورش ناموفق افسران خراسان که در بالا از آن به‌عنوان فرار نام برده‌شده در این تاریخ آغاز گردیده‌است.
ما آغاز آن داستان را از زبان **پروفسور احمد شفائی** که خود با درجه سرگردی در آن شرکت داشته‌است، در اینجا بازگومی‌نمائیم:

" در حوالی نیمه شب ۲۵ مرداد ۱۳۲٤، عده ما شامل ۱۹ افسر و یک سرجوخه و پنج سرباز با دو کامیون ارتشی بِدفورد و یک جیپ، تعداد زیادی تفنگ و مسلسل و نارنجک دستی، مقدار معتنابهی فشنگ، مقداری پول نقد، وسایل مخابراتی، ماشین تحریر و دیگر لوازم در نقطه‌ای در خارج شهر مشهد که قبلاً با دقت کامل شناسایی و معین شده بود گرد آمدیم. میعادگاه ما در نقطه‌ای نزدیک جاده مشهد- قوچان بود... "
(قیام مسلحانه افسران خراسان و...- پروفسور احمد شفائی- صفحات ۷۰/۷۱)

- شهریور ماه ۱۳۲٤ (سپتامبر ۱۹٤۵)- **خسرو روزبه** در پی شورش ناموفق افسران خراسان، به احتمال زیاد در این ماه از خدمت در ارتش فرار کرده‌است.
در کتاب «**زندگی سیاسی رزم‌آرا**» در این مورد چنین می‌خوانیم:

*" ... در همان موقع واقعه معروف شورش افسران توده‌ای در خراسان روی داد. اما این نقشه عملی نشد و پنج نفر افسر عامل این شورش در زد و خورد با مأمورین دولت کشته شدند. چند نفر دستگیر و بقیه متواری گشتند و در آذربایجان به **پیشه وری** پیوستند.*
***خسرو روزبه**، درباره فرار خودش می گفت: روزی که رکن دوم ستاد ارتش تصمیم به توقیف و بازداشت من گرفت وقایع فرار افسران خراسان پیش آمده بود. محیط ارتش در حال اضطراب و افکار عمومی در حال غلیان بسرمی برد. تصادم‌های کوچک و بزرگ در شمال و مرکز روی می داد. دسته دسته افسران به کرمان تبعید می شدند. این بهترین موقعیت بود برای تصفیه حساب که هر کس[را] بخواهند بگیرند و زندانی کنند. اما من غافلگیر نشدم تا به کرمان تبعید شوم... "*
(زندگی سیاسی رزم‌آرا- نگارش: مهدی جعفرنیا- صفحه ۱۹۵- به‌نقل از مجله روشنفکر سال ۱۳۳۶)

پنج ترور تاریخی راهگشای صدارت مصدق

- ۷ بهمن ۱۳۲٤ (۲۷ ژانویه ۱۹٤٦)- **احمد قوام، قوام‌السلطنه**، با رأی تمایل مجلس و صدور فرمان **شاه** به نخست‌وزیری رسیده‌است.
خصوصیت ویژه این دوره از نخست‌وزیری **قوام‌السلطنه** تظاهر به دوستی با همسایه شمالی و حمایت از ایادی آن دولت، به‌ویژه **حزب توده ایران**، بوده‌است.

- ۲۷ بهمن ۱۳۲٤ (۱٦ فوریه ۱۹٤٦)- **سرلشکر حسن ارفع**، که به وابستگی به سیاست انگلیس و دشمنی با روسیه و حزب توده شهرت داشته، از ریاست ستاد ارتش برکنارشده و **سرلشکر فرج‌الله آق‌اولی** به‌جای وی به آن سمت منصوب گردیده‌است.

- ۲۰ فروردین ۱۳۲۵ (۹ آپریل ۱۹٤٦)- مطلب زیر از کتاب «**ظهور و سقوط سلطنت پهلوی**» آورده شده‌است:

*" ... **قوام‌السلطنه**، نخست‌وزیر وقت، در راستای سیاست نزدیکی خود به دولت [شوروی] نه‌تنها در تاریخ ۲۷ بهمن ۱۳۲٤ **ارفع** را از ریاست ستاد ارتش برکنار نمود، بلکه در اوایل سال ۱۳۲۵ او را در کنار چهره‌های سرشناس انگلوفیل، چون **میرزا کریم خان رشتی، احمدعلی سپهر، علی دشتی، دکتر هادی طاهری، جمال امامی**، و غیره بازداشت کرد..."*
(ظهور و سقوط سلطنت پهلوی- همان - صفحه ٤٤۰)

- یکم خرداد ۱۳۲۵ (۲۲ می ۱۹٤٦)- **سرلشکر حاجیعلی رزم‌آرا** از حالت بازنشستگی خارج شده و به ریاست بازرسی مناطق آذربایجان و کردستان منصوب گردیده‌است.
روایت **سپهبد امیراحمدی** در این مورد به شرح زیر می باشد:

" ... رزم‌آرا در فرار افسران لشکر خراسان به گرگان که منتهی به کشتن آنها شد، دخیل‌بود و احزاب چپ درباره او نظر مساعد داشتند.
نزدیک به یک سال بازنشسته بود، و چند بار تصمیم به اخراج او گرفتند.
روزی پیش من آمد و سوگند یاد کرد که بستگی او به حزب توده و تحریکاتی که به او نسبت‌می‌دهند کذب محض است. و از من یاری‌جست که دوباره خدمتی به او ارجاع‌شود.
من با اصرار زیاد از پیشگاه همایونی استدعاکردم که به فرماندهی تیپ کردستان منصوب شود. در کردستان خدماتش قابل تقدیربود و در آن هنگامهٔ جنگ و بحبوحهٔ اغتشاش لیاقتی به‌سزا از خود نشان داد ... "
(خاطرات نخستین سپهبد ایران، احمد امیراحمدی- همان- همان صفحه)

- ۱۱ تیر ماه ۱۳۲۵ (۲ جولای ۱۹٤٦)- **شاه** برخلاف میل خود، با انتصاب **سرلشکر حاجیعلی رزم‌آرا**، برای بار سوم، به ریاست ستاد ارتش موافقت کرده‌است.
در این‌باره نیز به روایت **سپهبد امیراحمدی** استناد می نماییم:

*" ... دراین موقع **حزب توده ایران** قدرتی فوق‌العاده به‌هم رساند و در دولت‌ها نفوذ پیداکرد و سران آن حزب و **مظفر فیروز** از **قوام‌السلطنه** خواستند که [رزم‌آرا] به ریاست ستاد ارتش منصوب‌شود.*

*شاه نمی‌پذیرفت و **قوام‌السلطنه** چند بار به من گفت: باید **رزم‌آرا** را به ریاست ستاد ارتش پیشنهادکنی، چون گزیر و چاره‌ای نیست. من چند بار حضور **اعلیحضرت** عرض کردم و جواب رد شنیدیم. ولی یک روز **رزم‌آرا** به دفتر من آمد و نامه‌ای به امضای نخست‌وزیر، **احمد قوام**، ارائه داد که نوشته بود:*
رزم‌آرا به ریاست ستاد منصوب‌می‌شود که زیر نظر شما انجام وظیفه کند.
*من مراتب را به حضور **شاه** عرض کردم و گفتم: ممکن است عدم موافقت **اعلیحضرت** در این‌باره موجب جدایی و اختلاف بیشتری با رئیس دولت شود. اطمینان می‌دهم که مراقب اعمال **رزم‌آرا** خواهم بود.*
***رزم‌آرا** در این شغل تا درجه سپهبدی رسید و توجه و حمایت **اعلیحضرت همایونی** را به خود جلب کرد... "*
(خاطرات نخستین سپهبد ایران، احمد امیراحمدی، همان- صفحات ۴۹۹/۵۰۰)

تضعیف یا برکناری شاه، دلیل اصلی انتصاب رزم‌آرا به ریاست ستاد ارتش

احمد قوام، قوام‌السلطنه، که در کودتای سال ۱۲۹۹ خورشیدی ابتدا به زندان افتاده بود و بعد، به منظور تسجیل و اجرای قرارداد زیانبخش **آرمیتاژسمیت** (که برادرش یعنی **میرزا حسن وثوق‌الدوله** به اتفاق **نصرت‌الدوله فیروز**، دو امضاءکننده قرارداد خائنانه ۱۹۱۹، حق‌الخیانت مربوط به آن‌را دریافت کرده‌بودند) به سمت نخست‌وزیری منصوب شده‌بود، پس از انجام این خیانت و برکناری از آن سمت، توطئه‌ای برای ترور **رضاخان**، سردار سپه، وزیر جنگ، طرح‌ریزی کرد ولی آن توطئه پیش از اجرا کشف‌گردید و او در تاریخ ۱۲ مهر ۱۳۰۲ (۵ اکتبر ۱۹۲۳) به دستور وزیر جنگ بازداشت‌شد.
همانطور که در صفحه ٤٨ کتاب «زندگی سیاسی **قوام‌السلطنه**»، **جعفر مهدی نیا** نوشته‌است:

*" ... آخرین **پادشاه سلسله قاجار** دچار رعب گردید و نمی دانست چگونه آن واقعه را هضم نماید. در هر حال پس از اینکه مدتی [کوتاه] از زندانی بودن **قوام‌السلطنه** گذشت، التماس‌ها و درخواست‌های **احمدشاه** و **مشیرالدوله**، رئیس‌الوزرا، مورد قبول **رضاخان** واقع گردید... "*

و موافقت شد که **قوام‌السلطنه** به بهانه معالجه به اروپا مسافرت نماید.
قوام‌السلطنه در سال ۱۳۰۷خورشیدی با موافقت **رضاشاه بزرگ** به ایران برگشته و تا پایان سلطنت **این پادشاه** هیچگونه فعالیت سیاسی نداشته‌است ولی پس از آن بار دیگر در صحنه سیاسی ایران ظاهر شده و در این زمان که مورد بحث ما می باشد، دومین مرتبه‌ای بوده که او از تاریخ ۲۵ بهمن ۱۳۲٤ (١٤ فوریه ١٩٤٦) به سمت نخست‌وزیری منصوب‌شده بوده‌است.
وی پس از برگشت به صحنه سیاست ایران، با کینه دیرینه‌ای که از **رضاشاه بزرگ** در دل داشته همواره در صدد تضعیف **محمدرضا شاه** و در کل سلسله پهلوی بوده و هیچ فرصتی را در این مورد از دست نمی‌داده‌است.
اما اگر این برادر **وثوق‌الدوله**، آن کینه دیرینه و منظور ناشی از آن‌را همواره در سینه مخفی می‌ساخته و علنی آن‌را ابراز نمی‌داشته‌است، **مظفر فیروز**، پسر **نصرت‌الدوله فیروز**، که او هم پس از

پنج ترور تاریخی راهگشای صدارت مصدق

تبعید رضا شاه به ایران برگشته‌بوده، این پادشاه را قاتل پدر خود می‌دانسته و هرگز از اعلام قصد خود که انتقام‌جویی از خاندان پهلوی بوده ابایی نداشته‌است.

" ... اولین انتصاب **قوام‌السلطنه**، تعیین **مظفر فیروز**، مدیر روزنامه رعد امروز، و فرزند **نصرت‌الدوله** و دشمن خانواده پهلوی به معاونت سیاسی و پارلمانی خود بود.
مظفر فیروز پس از شهریور ۱۳۲۰ در صحنه سیاسی ایران ظاهرشد. ابتدا به خونخواهی پدر خود **نصرت‌الدوله** قیام کرد و علیه عمّال نظمیه اعلام جرم نمود.
شاه از **مظفر فیروز** نفرت عجیبی داشت و به‌خوبی می‌دانست یکی از دشمنان سرسخت و پروپاقرص او **مظفر فیروز** است. این موضوع را زمانی فهمید که برای دلجویی و استمالت از فرزندان مقتولین دوره **رضا شاه** آنها را به دربار احضار نمود تا به ترتیبی رضایت‌خاطر آنها را فراهم سازد. ولی **مظفر** از حضور در دربار و ملاقات با **شاه** خودداری نمود و پیغام سختی برای **شاه** فرستاد و رسماً **رضا شاه** را قاتل پدر خود خواند و این بیت را به واسطه ملاقات گفته بود، به اطلاع **شاه** رساند:
پدر کُشتی و تخم کین کاشتی
پدر کُشته را کی بُوَد آشتی؟
انتصاب **مظفر فیروز** با این سوابق به معاونت قوام برای **شاه** غیرمترقبه و تا حدی دردناک بود و تخم اولین نفاق بین **شاه** و قوام کاشته شد ... "
(نخست‌وزیران ایران، از مشیرالدوله تا بختیار- دکتر باقر عاقلی- صفحات ۶۰۷/۶۰۸)

- **مظفر فیروز** در ترمیم کابینه **قوام‌السلطنه** و زمانی که سه وزیر توده‌ای در آن شرکت داشته‌اند به سمت وزیر کار و تبلیغات منصوب شده‌بوده و بعد از آن نیز به‌عنوان سفیر ایران در مسکو رهسپار روسیه گردیده‌است.
در هر حال، به نظر می‌رسد که مهمترین دلیل برای همکاری **قوام‌السلطنه** و **مظفر فیروز** دشمنی آنان با خاندان پهلوی بوده‌است و به همین جهت این دو نفر زمینه‌های انتصاب **سرلشکر حاجیعلی رزم‌آرا** را به ریاست ستاد ارتش فراهم ساخته‌اند تا از همکاری او در جهت تضعیف **محمدرضا شاه پهلوی** استفاده‌نمایند.

" ... ملاقات بین رزم‌آرا و **خسرو روز**به مقارن ایامی دست داد که **مظفر فیروز** و **قوام‌السلطنه**، که آن موقع نخست‌وزیر و در اوج قدرت بود، برای **محو دربار** نقشه **می‌کشیدند** و می‌خواستند یک نفر از امرای مخالف **شاه** را به ریاست ستاد ارتش بگمارند تا بتوانند بساط سلطنت را برچینند. یا اقلاً همیشه بر **شاه** تفوق‌داشته و دائم دست شخص اول مملکت را در کارها نبینند.
بر اثر اشتهار آن زمان، **رزم‌آرا** که خانه‌اش مرکز مخالفین دربار و ستاد شده‌بود و **مظفر فیروز**، پسر عمه **نورالملک خانم هدایت**، همسر **رزم‌آرا**، حکم ریاست **رزم‌آرا** را از **قوام‌السلطنه** گرفت، به امضای **شاه** رسانید و به خانه او برد. شرط این انتصاب و شهرت، طرز فکر **رزم‌آرا** بود که موجب شد **خسرو روز**به از اختفا درآید ... "
(زندگی سیاسی رزم‌آرا- صفحات ۲۰۳/۲۰۴- به نقل از مجله روشنفکر سال ۱۳۳۶)

اما همانطوری که در زیر از گفته‌های ایرج اسکندری نیز می‌توان دریافت، **مظفر فیروز** به هر قیمت خواستار نابودی خاندان پهلوی بوده و **سرلشکر رزم‌آرا** را به انجام یک کودتای نظامی بر ضد آن خاندان تحریک و تشویق می‌کرده و هر رژیم دیگری را بر پادشاهی پهلوی ترجیح می‌داده‌است.

ولی بی‌گمان **احمد قوام** چنین اندیشه‌ای نداشته و هرگز حاضر نبوده‌است که بدون کندن چاه به دزدی منار اقدام‌نماید و فقط در صورتی به انجام کودتا رضایت‌می‌داده که به ریاست خودش در رژیم بعدی می‌انجامیده‌است.

احمد هاشمی، مدیر هفته نامه اتحاد ملی در این رابطه چنین نوشته‌است:

*" ... **ایرج اسکندری**، یکی از رهبران و بنیانگذاران **حزب توده ایران**، بعدها درباره رسیدن **[حاجیعلی] رزم‌آرا** به این مقام و نقشه **مظفر فیروز**، به یکی از دوستان من در پاریس چنین شرح می‌دهد:*

*بعد از بازگشت **قوام** از مسکو و تشکیل دولت ائتلافی با شرکت سه وزیر از سران حزب توده، روزی بعد از پایان جلسه هیئت دولت، **مظفر فیروز** از سه نفر وزیران کمونیست عضو کابینه خواست برای کار مهمی به دفتر او بروند. بعد از حضور ما در دفتر **فیروز**، وی از کشوی میزش **کلام‌الله مجید** را بیرون آورد و گفت: من یک مطلب سرّی و مهم سیاسی را می خواهم با شما درمیان بگذارم. شما باید به قرآن قسم بخورید این مطلب محرمانه بماند و کسی از آن باخبر نشود.*

وزیران کمونیست پاسخ دادند: ما کمونیست هستیم نیازی به سوگند قرآن نداریم. وانگهی ما اعضای کمیته مرکزی حزب توده هستیم و نمی توانیم مطلب مهم سیاسی را با کمیته درمیان نگذاریم.

***فیروز** قرآن را در کشوی میز جا داد و سپس گفت: گرچه من الان با قوام همکاری می‌کنم ولی **قوام** یک سیاستمدار کهنه‌فکر و مرتجع است و به‌درد نمی‌خورد. ما بایستی از موقعیت استفاده کنیم بطور مطلق قدرت را به دست بگیریم. خود را از دست **قوام** و سایر رجال مرتجع و اشراف برهانیم.*

*وزیران توده‌ای گفتند: چگونه می‌توان چنین کاری کرد؟ **مظفر فیروز** گفت: با یک کودتای نظامی.*

آنان توضیح خواستند: از چه راه می توان کودتای نظامی کرد؟ ارتش در دست ما نیست. ما سه نفر هستیم که به اتفاق تو چهار نفر بیش نیستیم.

فیروز** پاسخ می دهد: **با قراردادن سرلشکر رزم‌آرا در رأس ستاد ارتش ایران!!

*وزیران توده‌ای می گویند: **سرلشکر رزم‌آرا** یک شخصیت مرتجع است و بدتر از **سرلشکر ارفع** می‌باشد.*

***فیروز** می گوید: نه، شما اشتباه می‌کنید. او کاملاً در دست من است. هر چه من بگویم، **سرلشکر رزم‌آرا** انجام خواهد داد.*

*قرار بر این شد **مظفر فیروز** نزد **قوام‌السلطنه** برود، از **سرلشکر آق‌اولی**، رییس ستاد ارتش، بدگویی کند. او را در مدیریت و فرماندهی افسر ضعیفی معرفی نماید و بگوید با اینکه **سرلشکر ارفع** از کار برکنارشده و در زندان است، ارتش در دست او و دوستان اوست. تنها کسی که می تواند به نفوذ **حسن ارفع** در ارتش خاتمه دهد، **سرلشکر رزم‌آرا** است. او باید رئیس ستاد ارتش شود. وزیران توده‌ای نیز قول دادند موضوع را در کمیته مرکزی طرح کنند و از سوی دیگر برای روی کار آوردن **سرلشکر رزم‌آرا** فعالیت‌نمایند.*

***کمیته مرکزی حزب توده** نظر **فیروز** را در این مورد قابل اعتماد ندانست. نتیجه‌گیری شد شاید نقشه **مظفر فیروز** این باشد با دست **سرلشکر رزم‌آرا** بخواهد حزب توده را از میان بردارد. قرار بر این شد نمایندگان حزب توده نزد **قوام‌السلطنه**، نخست‌وزیر، بروند بی‌آنکه کسی را نامزد رئیس ستاد بکنند، برکناری **سرلشکر آق‌اولی** را بخواهند. اگر **قوام**،*

*رزم‌آرا را کاندید این مقام کرد معلوم‌است که استنباط آنان درست بوده‌است. وزیران توده‌ای نزد **قوام** می‌روند، از ضعف فرماندهی و مدیریت **سرلشکر آق‌اولی** شکایت می‌کند. **قوام‌السلطنه** نظر آنها را تأیید می‌کند. **سرلشکر امان‌الله جهانبانی** [را] برای این پست پیشنهادمی‌کند. وزیران توده‌ای نتیجه‌گیری می‌کنند که **مظفر فیروز** به **قوام‌السلطنه** خیانت می‌کند [و] **قوام** از نقشه کودتای نظامی بی‌خبر است. بنابراین وزیران توده‌ای از نخست‌وزیر می‌خواهند **سرلشکر رزم‌آرا** به‌جای **سرلشکر آق‌اولی** رئیس ستاد ارتش گردد. این چنین مقدمات انتصاب **سرلشکر رزم‌آرا** فراهم می شود. او در رأس ستاد ارتش قرارمی‌گیرد..."*

(زندگی سیاسی رزم‌آرا- صفحات ۳۲۲/۳۲۳- نقل از خاطرات احمد هاشمی- هفته‌نامه اتحاد ملی سال ۱۳۳۰)

انتصاب سرهنگ محمد دفتری به فرماندهی دژبان

رزم‌آرا در خانواده‌ای نظامی متولد شده و از آغاز تا آن زمان با تربیت نظامی پرورش یافته، و در مشاغل نظامی خدمت کرده‌بوده و به‌این جهت خیلی زیاد با اقدامات پشت‌پرده سیاسی و توطئه‌گری‌های سیاستمداران آشنایی نداشته‌است. اما بازگشت **حاجیعلی رزم‌آرا** به این سومین و آخرین دوره از ریاست ستاد ارتش بیشتر مرهون اقدامات و عملیات پشت‌پرده و توطئه گرانه‌ای بوده که بیشترشان را وی (به‌ظاهر) بنا بر پیشنهاد و راهنمایی و نیز با همکاری **سرهنگ محمد دفتری** به‌انجام رسانده بوده‌است. به این جهت وی که به نتایج شگفت‌انگیز توطئه‌گری‌های سیاسی پی برده‌بوده، تصمیم داشته‌است که، در این دوره از ریاست خود با استفاده از همین وسیله جادویی به‌نحوی بسیار سریع، و به اصطلاح چند پله یکی، از نردبان ترقی و قدرت بالا رفته و بر رأس آن قرارگیرد. و چون گمان می‌کرده‌است که توطئه‌های پیشین حاصل فکر شخص **سرهنگ محمد دفتری** بوده و نیز مهارت او را در اجرای آنها مشاهده کرده‌بوده، بنابراین از نخستین اقدامات او، پس از رسیدن به ریاست ستاد ارتش، انتصاب این شخص به فرماندهی دژبان بوده‌است.

مأموران دژبان چه در آن زمان و چه در حال حاضر، در داخل و در خارج از پادگان‌های ارتش، انجام وظایفی را عهده‌دار بوده و هستند و این وظایف در خارج از پادگان‌ها، یعنی در سطح شهر، انجام مأموریت‌هایی در ارتباط با متخلفان و مجرمان ارتشی و در صورت لزوم بازداشت آنان و نیز نظارت بر فعالیت‌های سایر نیروهای انتظامی، از جمله پلیس، و انجام اقدامات اولیه در صورت مشاهده تخلف از سوی آنان می‌باشد.

وظایف و اختیارات ماموران دژبان در زمان برقراری حکومت نظامی به نحو فوق‌العاده‌ای افزایش می یابد و **حاجیعلی رزم‌آرا** در این آخرین دوره از ریاست خود بر ستاد ارتش، چه در شرایط عادی و چه در زمان حکومت نظامی، از طریق **سرهنگ محمد دفتری** و توسط دژبان‌های زیر ریاست او به سرکوبی مخالفان داخلی خود و تضعیف **محمدرضا شاه پهلوی** پرداخته و پیوسته دراستحکام روزافزون پایه‌های قدرت خود کوشیده‌است.

از تاریخ انتصاب **سرهنگ محمد دفتری** به سمت فرماندهی دژبان (تیر ۱۳۲۵) تا روز ۱٦ اسفند ۱۳۲۹، که رزم‌آرا به قتل رسیده (یعنی به مدت ٤ سال و ۸ ماه و چند روز) مهم‌ترین وقایع و ترورهای سیاسی دوران پادشاهی پهلوی‌ها صورت گرفته‌است که تمام آنها (اعم از اینکه موفق‌گردیده و یا ناموفق مانده‌اند)، همگی، طبق اسناد موجود و نوشته‌شده در این کتاب، توسط **محمد دفتری** (با درجه سرهنگی یا سرتیپی در سمت دژبان) کارگردانی و اجرا شده‌اند. و بجز

انتصاب سرهنگ محمد دفتری به فرماندهی دژبان

آخرین آنها، یعنی قتل رزم‌آرا، بقیه، با موافقت رزم‌آرا به مرحله اجرا درآمده و این آخری نیز با کارگردانی و اجرای همان **محمد دفتری** ولی با موافقت **محمدرضا شاه پهلوی** انجام گردیده‌است.
می گویند در هر جنایت، برای پیدا کردن قاتل حقیقی به دنبال کسی بروید که از آن قتل سود می‌برد.
حال، بطوری که خوانندگان در همین کتاب با دلایل و اسناد ملاحظه خواهندفرمود در تمام آن توطئه‌های جنایتکارانه (بدون استثناء، آری بدون استثناء)، **محمد مصدق** برنده بسیار بزرگ و اصلی و در اکثر آنها **محمدرضا شاه پهلوی** و دربار، بازنده بزرگ و اصلی بوده‌اند و شواهد موجود تردیدی باقی نمی‌گذارد که همه آنها توسط **محمد مصدق** (بطور محرمانه و در پشت پرده) طرح‌ریزی شده‌بوده‌اند.

- ۱۵ تیر ۱۳۲۵ (٦ جولای ١٩٤٦)- **رزم‌آرا** دو روز بعد از انتصاب خود به ریاست ستاد ارتش، به‌ظاهر با جلب موافقت **شاه**، به اقدام شگفت‌انگیز زیر مبادرت ورزیده‌است:

" ***سرلشکر رزم‌آرا***، *رئیس ستاد ارتش، طی پیامی که برای افسران فرستاد، درخواست‌کرد که* ***افسران شاکی و متواری و غایب ارتش*** *برای رسیدگی به کارهای خود به دفتر ویژه‌ای که برای این منظورتشکیل شده است مراجعه نمایند.* "
(گاهنامه ۵۰ سال شاهنشاهی پهلوی- سازمان چاپ و انتشارات سهیل- پاریس- صفحه ٣٨٤)

ما هم اکنون بر مبنای دلایل فراوان، که مهم‌ترین آنها اعترافات **خسرو روزبه** در دادگاه نظامی می‌باشد، یقین داریم که انجام این اقدام پیشتر در منزل **سرلشکر رزم‌آرا**، بین این شخص و **سروان خسرو روزبه** مذاکره شده و راجع به آن توافق‌نظر به‌عمل آمده بوده‌است.

- ٣٠ تیر ١٣٢٥(٢١ جولای ١٩٤٦)

" *ستاد ارتش اعلام کرد که کمیسیون رسیدگی به شکایات افسران و کارمندان ارتش به* ***یکصد و شصت و دو*** *شکایت رسیدگی کرد.* "
(همان- صفحه ٣٨٥)

یعنی **رزم‌آرا** با این اقدام بسیار زیرکانه خود موفق شده‌است افزون‌بر **خسرو روزبه**، که مورد نظر بوده‌است، صد و شصت و یک نفر افسر فراری دیگر را، که همگی از مخالفان سرسخت رژیم و بیشتر چپ‌گرا و توده‌ای بوده‌اند و بدون تردید بسیاری از آنان در صورت محاکمه به اعدام محکوم می‌شده‌اند، نه‌تنها بدون هیچ پرسش و پاسخی به خدمت ارتش برگرداند، بلکه موافقت کرده‌است که مدت غیبت همگی را نیز به‌عنوان سابقه خدمت منظورنموده و حقوق کامل برای آن مدت بپردازد!
آیا باورکردنی است؟

- ١٠ مرداد ١٣٢٥ (١ آگوست ١٩٤٦)- **احمد قوام** کابینه‌ای ائتلافی با شرکت وزیران **حزب توده ایران**، **حزب دموکرات ایران**، و **حزب ایران** به **شاه** معرفی کرده‌است. خبر زیر نیز از جلد نخست «روزشمار تاریخ ایران»- نوشته‌ی **باقر عاقلی** در مقابل تاریخ ١٢ مرداد ١٣٢٥(٣ آگوست ١٩٤٦)، بازگومی‌شود:

" ***دکتر [فریدون] کشاورز***، *وزیر فرهنگ [از حزب توده]،* ***ایرج اسکندری***، *وزیر پیشه و هنر [از حزب توده]، و* ***دکتر [مرتضی] یزدی***، *وزیر بهداری [از حزب توده]، و* ***الهیار صالح***، *وزیر دادگستری [از حزب ایران] در وزارتخانه‌های خود دست به تغییرات*

دامنه‌داری زدند. در وزارت فرهنگ و [وزارت] پیشه و هنر تمام مشاغل حساس در اختیار افراد حزب توده قرار گرفت."

بازگشت خسرو روزبه و سایر افسران فراری به خدمت

ادامه‌ی نوشته‌های **دکترانور خامه‌ای**، عضو بانفوذ حزب توده، در آن زمان، که پیشتر درج گردیده‌است، به شرح زیر می باشد:

*" ... پس از سقوط **ارفع**، یکی از عواملی که در زمان حکومت **قوام‌السلطنه**، **رزم‌آرا** را به ریاست ستاد ارتش رساند. جانبداری حزب توده از او بود. در مقابل **رزم‌آرا** نیز قلم عفو بر تمام جرائم افسران توده‌ای کشید و به ویژه **روزبه** را مورد محبت خاص قرارداد. خود **روزبه** در آخرین دفاع خود در سال ۱۳۴۶ جریان را به اجمال چنین شرح داده‌است:*

در سال ۱۳۲۵ بدون آنکه خودم تقاضای عفو کرده‌باشم به‌موجب اعلامیه‌ای که از طرف شخص اول مملکت و رئیس ستاد ارتش وقت امضاء شده‌بود و کلیه افسران فراری را به خدمت دعوت‌می‌کرد و علاوه بر غیرقابل تعقیب بودن تمام اعمال آنها، حتی مدت فرارشان را جزو خدمت صنفی آنها منظورمی‌داشت، خودم را به ستاد ارتش معرفی‌کردم.
(این قسمت نقل از دفاعیات **خسرو روزبه** در دادگاه نظامی می‌باشد)

*ولی **روزبه** در این دادگاه نگفت که پیش از عفو در منزل **رزم‌آرا** با او ملاقات کرده و طرفین پس از بحث و تبادل نظر شرایط خود را تعیین و درباره آنها به توافق رسیده‌اند. گویا **روزبه** فراموش کرده‌بود که در ضمن دفاعیات خود در دادگاه در سال ۱۳۲۷ به‌صراحت این مطلب را بیان و روی آن تکیه کرده‌است. در این دفاعیات گفته بود:*

*تا آنجا که من بخاطر دارم روزی که برای اولین بار در منزل شخصی از **ریاست ستاد ارتش** ملاقات کردم بطور نصیحت فرمودند که ما در مقابل عملیات شما اینگونه رفتارمی‌کنیم:*
از تمام عملیات صرف‌نظر می‌شود. مدت غیبت جزء خدمت محسوب‌می‌گردد. حقوق آن ایام تماماً داده خواهدشد. از نظر ترفیع مدت غیبت لطمه‌ای به شما نمی‌رسد و شرایط اولیه تحصیل در دانشکده فنی برای شما فراهم می‌شود. انکارنمی‌کنم که تمام این وعده‌ها تحقق یافت بجز مورد ترفیع که آن بحثی جداگانه است."
(این قسمت نقل از روزنامه ایران ما- به‌تاریخ ۱۳۲۷/۲/۱۰- آخرین دفاع روزبه در دادگاه ارتش- می‌باشد.)

*علاوه بر این در جای دیگری از همین دفاعیات اشاره به ملاقات دیگری با **رزم‌آرا** در دفتر ستاد ارتش می‌کند که ضمن آن **روزبه** تقاضای اجازه انتشار روزنامه‌ای را می‌کند و به‌ظاهر **رزم‌آرا** با آن موافقت می‌نماید.*
*این روابط دوستانه **روزبه** با **رزم‌آرا** ادامه می‌یابد تا شکست فرقه دموکرات و حزب توده در ۲۱ آذر ۱۳۲۵ در این هنگام **روزبه به‌ظاهر به دستور شاه دستگیر و زندانی می‌شود**..."* (از انشعاب تا کودتا- خاطرات دکتر انور خامه‌ای- صفحات ۱۰۱/۱۰۰)

انتصاب سرهنگ محمد دفتری به فرماندهی دژبان

- ۱۷ فروردین ۱۳۲۶ (۷ آپریل ۱۹۴۷)

بازداشت خسرو روزبه و تحویل به زندان دژبان

درباره این بازداشت در کتاب «**زندگی سیاسی رزم‌آرا**» چنین می‌خوانیم:

*" ... قراربود که مدت غیبت وی جزو سوابقش منظور گردد و در فروردین (۱۳۲۶) به درجه سرگردی برسد. ولی چون او از فعالیت خود دست‌بردار نبود، مأمورین نیز همه‌جا مثل سایه او را تعقیب‌می‌کردند، این موضوع عملی‌نشد و سرانجام در تاریخ ۲۶/۱/۱۷ به نام غیبت از کلاس درس و شکایت خانواده افسران مبنی بر اینکه **خسرو روزبه** فرزندانشان را گمراه می‌کند زندانی و تسلیم دادگاه گردید.*
***همکاری با پیشه وری**- مقامات دولتی معتقدبودند پس از آنکه حکومت **پیشه وری** بر آذربایجان مسلط گردید، **خسرو روزبه** تمام قوای خود را در خدمت فرقه دموکرات به‌کاربرد. عده‌ای از افسران توده‌ای [را] از تهران به آذربایجان فراری‌داد تا کادر افسران ارتش دموکرات‌ها را تقویت نماید... "*
(زندگی سیاسی رزم‌آرا- جعفر مهدی نیا- صفحه ۱۹۵)

در بسیاری از کتابهای تاریخ از قول آگاهان تصریح شده‌است که **شاه** بر مبنای اخبار و اطلاعات فراوانی که به او رسیده بوده‌است مستقیم دستور این بازداشت را صادرکرده و رزم‌آرا برخلاف میل خود مجبور به انجام آن شده‌است.

- ۱۷ اردیبهشت ۱۳۲۶ (۸ مه ۱۹۴۷)

فرار خسرو روزبه از زندان دژبان

*" ... روز بعد از آنکه خود را در مخاطره دید و حس کرد ممکن است اعدام شود، به‌طرز حیرت‌آوری از زندان فرارکرد. او متهم به همکاری با ارتش **پیشه‌وری** و **غلام یحیی** هم شده بود.*
*روز ۲۶/۲/۱۷[۱۳] با کمک **حسام لنکرانی** از زندان دژبان مرکز فرارکرد. به این نحو که قبلاً **حسام لنکرانی** در مستراح زندان یک دست لباس سویل برای **روزبه** گذاشته بود. روزبه در ساعت معین با مأمور محافظ به مستراح می‌رود و مأمور دم در مستراح انتظار او را می‌کشید. اما **روزبه** از سوراخی که قبلاً **حسام لنکرانی** در دیوار ایجاد کرده‌بود، به مستراح دیگری که خارج از زندان [دژبان ولی در داخل محوطه دژبان] می‌باشد رفته لباس خود را عوض می‌کند و ریش و سبیل و عینک می‌گذارد و از جلو چشم مأمورین از در بیرون آمده و خارج می‌شود. وقتی سرباز می‌بیند که **روزبه** دیر کرد، به سراغ او می‌رود و می‌بیند که روزبه نیست و لباس در مستراح دیگری است که در آن در خارج از زندان می‌باشد. اصل مسئله این بوده که **رزم‌آرا رئیس ستاد ارتش به دلایلی می‌خواست خسرو روزبه از زندان فرار کند و خود زمینه فرار وی را آماده ساخت. تمام این نقشه‌ها طبق نظر او انجام گردید** ... "*
(زندگی سیاسی رزم‌آرا- همان- صفحات ۱۹۵/۹۶)

در اینجا باز هم از **دکتر انور خامه‌ای** کمک می‌گیریم و به درج مطلبی از قول او درباره‌ی فرار **روزبه** از زندان مبادرت می‌نماییم:

*" ... نخستین کمکی که رزم‌آرا به حزب توده کرد، فراهم ساختن وسایل فرار **خسرو روزبه** [در تاریخ ۱۷ اردیبهشت ۱۳۲۶، ۸ می ۱۹۴۷] بود. **روزبه** پیش از آن دستگیرشده و در زندان دژبان محبوس و این نخستین بازداشت و زندانی شدن او بود.*
***محمود میرمطهری** که از دوستان نزدیک به **روزبه** و یکی از کسانی بود که در فرار **روزبه** دست داشت جریان این فرار و کمک رزم‌آرا را به آن در همان ایام برای من شرح‌داد که اکنون جزئیات آن در خاطرم نیست. **روزبه** پس از فرار در تهران به‌صورت مخفی بسرمی‌برد و حوزه‌های سازمان افسران را که از نو تشکیل شده‌بود اداره می‌کرد.*
*بیاد دارم که نخستین ملاقات ما پس از بازگشت من از اروپا و طبیعتاً پیش از انشعاب، در یکی از باغ‌های شمیران و با حضور همان **میرمطهری** و یکی دو نفر دیگر انجام‌گرفت. هنگام بازگشت، **روزبه** با ماشین شخصی ما به تهران آمد. او در صندلی عقب بین من و یک نفر دیگر نشسته‌بود، عینک سیاهی زده‌بود و یک روزنامه را هم بازکرده، به‌عنوان خواندن جلوی صورتش گرفته‌بود. غرضم این‌است که اینطور بی‌پروا در تهران رفت‌وآمد می‌کرد. درحالی که به‌ظاهر از زندان فرارکرده و تحت تعقیب بود!*
***و در همین شرایط ترور محمد مسعود را انجام داد...** "*
(از انشعاب تا کودتا- همان- صفحات ۴۹/۵۰)

محکومیت غیابی به اخراج و زندان

دادستانی ارتش پس از فرار **خسرو روزبه** از زندان، به پرونده‌ی وی رسیدگی‌کرده و او را بطور غیابی به ۱۵ ماه زندان و اخراج از ارتش محکوم نموده‌است.

تشکیل کمیته ترور برای خدمت به رزم‌آرا

همانطور که خوانندگان گرامی بزودی ضمن خاطرات **دکتر انور خامه‌ای** ملاحظه خواهند فرمود، **خسرو روزبه** پس از فرار از زندان به انجام دو کار مبادرت ورزیده‌است:
۱- بازسازی سازمان افسران حزب توده ایران
۲- تشکیل یک کمیته ترور
و تا آنجا که ما درحال حاضر می‌دانیم اعضای **کمیته مرکزی حزب توده ایران** از وجود **سازمان افسران** آگاه بوده و با آن موافقت داشته‌اند ولی گویا از تشکیل کمیته ترور کسی جز **نورالدین کیانوری** آگاه نبوده‌است.

داستان قتل محمد مسعود

(۲۲ بهمن ۱۳۲۶ برابر با ۱۲ فوریه ۱۹۴۸)

مبادرت به قتل محمد مسعود

۱ - محمد مسعود که بود؟

محمدعلی جمالزاده، نویسنده مشهور، مهم‌ترین شخصی می‌باشد که ما می‌شناسیم و می‌دانیم که از ابتدا در جریان زندگی **محمد مسعود** قرار داشته‌است. وی آگاهی‌های خود راجع به **محمد مسعود** را به شرح زیر بیان نموده‌است:

" ... *قلم بی‌مثالی داشت. کتابی دارد به نام تفریحات شب که از بهترین کتابهای ایران است. اما خودش! وای، وای، وای- **از بی‌شرف‌ترین آدمهای دنیا که می‌توان به زبان آورد، این مرد بود.** به من خیانتی نکرد، اما **در دروغگویی، در پشت هم اندازی، در خیانت، کم‌نظیر بود.** خودش برای من حرفهایی زده که شنیدنی است. وقتی من در ایران بودم، داستان‌های او را در شفق سرخ می‌خواندم. بعد نوشتم به **علی دشتی** [مدیر روزنامه شفق سرخ] که نویسنده این داستان‌ها کیست؟ گفت: جوانی است که از خراسان [؟] آمده و برای مطبعه کارمی‌کند و داستان‌هایی می‌نویسد که می‌بینی. من خیلی از او تعریف کردم، از او و از **حجازی**. منظورم، **محمد حجازی، مطیع‌الدوله** است. یک روز جوانی آمد پیش من که قد کوتاهی داشت. گفت: من همان **محمد مسعودم**. پرسیدم که کجا زندگی می‌کند؟ گفت یک رفیق عکاس توی خیابان ناصریه دارم، به او گفته‌ام جا و مکان ندارم، تو اجازه بده بروم توی اتاق پستوی عکاسخانه زندگی کنم. او هم قبول کرد. آنجا زندگی می‌کنم. بعد از زندگی خودش، از گرسنگی خوردن خودش، حرفهای عجیب و غریبی زد. من دلم برایش سوخت. وقتی که برگشتم به اروپا، کاغذی نوشتم به **علی‌اکبر داور**، وزیر مالیه، که با من در ژنو درس خوانده‌بود. **داور** آن موقع وزیر مالیه بود، کاغذ نوشتم که این جوان دارد از گرسنگی می‌میرد، تو یک کاری برایش بکن. آقا بنا شد که او را به خرج دولت ایران بفرستند یکی دو سال در اروپا درس بخواند. اما وقتی که آمد اینجا شروع کرد خودش را نشان دادن. خواهی‌نخواهی از خودش چیزهایی حکایت کرد. در اروپا که بود وزارت فرهنگ ماهی صد و پنجاه تومان برایش می فرستاد. در بلژیک روزنامه‌نگاری می‌خواند. همان موقع، روزی آمد سراغ من که: **آقای جمالزاده**، حقوق مرا نصف کردند. پرسیدم چرا؟ گفت: چونکه دختری رفته توی وزارت فرهنگ تهران، که من زن **مسعود** هستم و او مرا ول کرده رفته اروپا، حالا من از کجا با یک بچه‌ای که از او دارم زندگی کنم؟ وزارت فرهنگ هم بنا شده که حقوق مرا نصف کنند، که نصفی را او بردارد. ولی **آقای جمالزاده**، من اصلاً زن ندارم. من بچه ندارم. من دارم از گرسنگی می‌میرم. دوباره کاغذ نوشتم به ایران که این زن ندارد، بچه ندارد، چرا حقوقش را نصف کرده‌اید؟ باز دوباره یک روز خودش آمد پیش من و عکسی از جیبش درآورد که: بچه‌ام را ببین چقدر شبیه من است! دختر است. گفتم: راست می گویی خیلی به تو شبیه است. اما تو که گفتی بچه ندارم! گفت: دختر است دیگر! گفتم : پس زن هم داری؟ گفت: بله، زن هم دارم، صیغه بود. گفتم: چکارش کردی؟ گفت: مجبورشدم*

*خانه‌ای در تهران اجاره کنم. خانه کوچکی بود. ولی اول ماه به اول ماه که صاحب خانه می‌آمد و پولش را می‌خواست، با اینکه اجاره‌اش کم بود، باز هم من پول نداشتم بدهم. من داد و بیداد راه می‌انداختم که: مردیکه توی خانه من، پیش زن من، چکار داری؟ اما او هم می گفت: از خانه بیرون نمی‌روم تا اینکه چند ماه اجاره عقب‌افتاده را بدهی. دیدم چاره‌ای ندارم. رفتم جلوی آینه، با چاقو زدم توی سر خودم و فریاد زدم، آی مردم، ای مسلمانان ببینید، این مرد مرا به چه روزی انداخته؟ مرا داشت می‌کشت! و به این شکل اجاره را ندادم! در خود سویس، در خود بروکسل هم همین کارها را می‌کرد. این بود که قبل از تمام شدن تحصیلاتش برگشت به ایران. بعد که من رفتم ایران، مرا دعوت گرفت. دعوت کرد به خانه‌اش. برای اینکه یکی از طرفدارانش می‌خواست کتاب بنویسد. نوشته‌اش را به من نشان داد. گفتم کتاب ننویس، او هم قبول کرد و ننوشت. اما **مسعود** وقتی رفت به ایران شروع کرد به روزنامه نویسی. قلم خیلی خوبی داشت. بسیار قلم خوبی داشت و به‌قدری باهوش بود که آدم تعجب می‌کرد.*

*یک روز هم از پرسیدم که: پدرت چه شد؟ گفت: **جمالزاده!** پدر من سه تا قاطر داشت، توی قم، صبح‌ها می‌رفت و شبها برمی گشت. خیال نکن که جنس می‌برد، نه، می‌رفت قافله می‌زد! یعنی دزدی می‌کرد و من که پسر او هستم حالا روزنامه‌نویس شده‌ام. پرسیدم: تو چطور درس خواندی و فارسی یاد گرفتی؟ الله اکبر! گفت: رئیس پستخانه آمد به قم. مرد تحصیل‌کرده‌ای بود. او مرا دعوت کرد که مثل نوکر توی پستخانه کار کنم. آقای **جمال زاده!** راستش را می‌گویم. **آدم درستی نبود [؟!].** فارسی را او به من یاد داد. اگر امروز نویسنده هستم از صدقه سر اوست.*

*بعدها دوباره به ایران رفتم. یک روز باز مرا وعده گرفت. دیدم عمارتی ساخته، بیرون دروازه و دو تا نوکر دارد. نوکرهای خوش لباس. یک آوازه‌خوان زن و یک تارزن زن و یک تمبک زن را هم وعده گرفته بود. چندین بار گفتم: من نمی‌توانم، وقت ندارم، اما، دو نفر آقای حسابی آمدند که **آقای جمالزاده! مسعود** خیلی دلش می‌خواهد که شما به خانه‌اش بروید.*

[در] روزنامه‌اش هم خیلی دم از وطن‌پرستی می‌زد. به هر حال گفتم: قبول می‌کنم. رفتم و دیدم که آن کسی که از گرسنگی داشت می‌مرد، عمارت ساخته، و آن زنی که آواز می‌خواند از زن‌های آوازه‌خوان خیلی معروف تهران است و اسمش هم خیلی معروف بود. خیلی هم خوب آواز می‌خواند. این هم آواز می‌خواند و آوازهایش همه خطاب به من بود که تو چرا وطنت را فراموش کرده‌ای و رفته‌ای و نمی‌آیی؟ تو خائنی.

*گفتم چه بگویم به این آدم؟ تا اینکه وقتی رفتیم سر میز شام، دیدم آن دو نفر آمدند که خدمت کنند با لباسهای خیلی خوب و شیک. آن زن آوازه‌خوان هم بود. بعد دیدم یک کاغذ را دارند امضاءمی‌کنند. کاغذ که رسید به دست من، دیدم کاغذ را نوشته‌اند به دفتر مخصوص **شاه** که این **جمالزاده** آمده به ایران وجودش خیلی مفید است. **اعلیحضرت** نباید اجازه بدهند که برگردد برود اروپا. دیدم اگر این کاغذ برود به دفتر مخصوص، مرا نگاه خواهندداشت. گفتم: اجازه‌بدهید من برایتان نطقی بکنم. گفتند: بله، موافقیم، بفرمایید. من هم بلند شده و از زندگانی خودم برایشان گفتم که وضعم چیست و چکار می‌کنم و کاغذ را خودشان گرفتند و آن زن آوازه‌خوان زد زیر آواز که: قدمت بالای چشم ما! بعد آن دو نفر مرا بردند توی اتاق دیگری و گفتند: **آقای جمالزاده، تو چرا برای روزنامه مسعود مقاله نمی‌نویسی؟** گفتم: می‌دانید چیست؟ من مقاله ادبی می‌نویسم، اما این روزنامه*

*تمام مقالاتش سیاسی است. من اهل سیاست نیستم. بعد یکی از آنها گفت: **جمالزاده،** می‌دانی چرا همه‌اش سیاسی می‌نویسد؟ چون این خانه‌اش را که می‌بینی، ما برایش درست کردیم و از همین راه. تعجب کردم و پرسیدم که چطور توانسته‌اند از راه روزنامه برایش خانه درست کنند. گفت: ما می‌دانیم در تهران آدم‌های پولدار چه کسانی هستند. می آییم به **مسعود** می‌گوییم که مثلاً به رئیس روزنامه اطلاعات بد بگو. به **وهاب‌زاده** فحش بده. او هم شروع می کند ولی آن پایین می نویسد: **بقیه دارد!** آن وقت ما می‌رویم آن مرد را که برایش مقاله نوشته می‌بینیم و می‌گوییم: **اگر می‌خواهی بقیه نداشته باشد باید ده هزار تومان بدهی.** آن مرد می‌گوید: **ده هزار تومان نمی‌توانم بدهم، پنج هزار تومان می‌گیریم می‌آییم سه نفری قسمت می‌کنیم.** حال شما ببینید که اینها چقدر پوستشان کلفت است."*

(لحظه‌ای و سخنی با سید محمد علی جمالزاده- شرکت همشهری- صفحات ۱۳۴/۱۳۷).

شواهدی در تأیید بیانات جمال‌زاده

در صفحه ٤ شماره ٨٦- هفته نامه مرد امروز، مورخ ٢٣ آذر ١٣٢٥ نزدیک به سه ستون از شش ستون روزنامه به درج یک نامه (به‌ظاهر) وارده؟ اختصاص داده‌شده که عنوان آن با حروف درشت به شرح زیر می‌باشد:

" چطور حاجی علینقی [کاشانی]- [عباس] مسعودی [مدیر روزنامه اطلاعات]- علی وکیلی- و پاکدامنان شرافتمند دیگر دو میلیارد و هشتصد و پنجاه میلیون را به جیب زدند! این ظلم- بی عدالتی- این بچاپ بچاپ و این غارتگری در دنیا بی سابقه است... "

بعد در صفحه ٤ در همان شماره روزنامه، که در موقع بازکردن روزنامه درست وصل به مقاله‌ی بالا به‌نظر خواننده می‌رسد، نزدیک به دو ستون روزنامه، اختصاص به مقاله‌ای با عنوان زیر دارد:

" قابل توجه ریاست محترم ستاد ارتش
تحریکات عمال حاج علی‌نقی [کاشانی] در سمنان "

و در پایان این مقاله نوشته شده است:

" بقیه مطالب را به بعد موکول می‌نماییم [؟!] "

وجود این مقاله صحت خاطرات **جمال‌زاده** و سخنان آن دو نفر **آدم حسابی(!!)** را تأیید می نماید. اما روشی که توسط آن دو نفر برای **محمد علی جمال‌زاده** بیان‌شده، فقط یکی از روش‌های **محمد مسعود** برای اخاذی بوده‌است و به احتمال زیاد، آن دو نفر، مورد مزبور را بطور نمونه و به‌عنوان مثال ذکر کرده‌بوده‌اند.

محمد مسعود روش‌های فراوانی برای اخاذی داشته و بیشتر همین‌که سند یا مطلبی در مورد سوءاستفاده یا خلافکاری‌های مالی یا اخلاقی از افراد به‌دست می‌آورده، مستقیم و یا توسط همان دو نفر یا واسطه‌های دیگر، با طرف مربوط وارد مذاکره می‌شده و با گرفتن مبلغی پول موضوع را خاتمه می‌داده‌است. برای نمونه، ما در حال حاضر کم‌وبیش به یقین می‌دانیم، که شرکت **رزم‌آرا** در توطئه قتل **محمد مسعود** به منظور بدست آوردن و جلوگیری از انتشار نامه محرمانه وی به **خسرو**

پنج ترور تاریخی راهگشای صدارت مصدق

روزبه بوده که به ترتیبی نامعلوم به دست **محمد مسعود** رسیده بوده‌است. و به‌ظاهر همین آگاهی رزم‌آرا از اینکه نامه محرمانه وی به **خسرو روزبه** در اختیار **محمد مسعود** می‌باشد، پس از مذاکره با همان واسطه‌ها حاصل‌شده و او ضمن همین مذاکرات آمادگی خود را با پرداخت تا چهل هزار تومان اعلام‌کرده بوده‌است. اما به دلایلی که بر ما مجهول می‌باشد، **محمد مسعود** از پذیرفتن این مبلغ خودداری‌کرده و شاید از دشمنان رزم‌آرا برای چاپ آن نامه پول نقد و یا وعده بیشتری دریافت‌داشته و یا اینکه در مقابل کسانی که آن نامه را در اختیار او گذاشته بوده‌اند تعهداتی به عهده گرفته بوده‌است. وارد ساختن اتهامات بی‌اساس و ننگین به افراد محترم (ضمن سرمقاله‌ها و یا مقاله‌های اساسی) و دریافت رشوه، و یا به اصطلاح حق و حساب، جهت تکذیب آنها مهم‌ترین روش **محمد مسعود** در اخاذی بوده‌است. **حسین فاطمی** هم که در آن زمان در پاریس زندگی می‌کرده، بی‌گمان با دریافت سهمی! در فرستادن اخبار هیجان‌انگیز و مردم‌پسند بر ضد اعضای خاندان سلطنتی، رجال کشور، کارمندان سفارت ایران در فرانسه و ایرانیان ساکن در اروپا و نیز وارد ساختن اتهامات بزرگ و بی‌اساس نسبت یه آنان، از یک طرف، در افزایش تیراژ هفتگی نامه مردامروز و تسهیل باج‌گیری‌ها و اخاذی‌های **محمد مسعود**، همکاری فعالانه داشته و، از طرف دیگر، خود او عین همان برنامه اخاذی را در مورد متهمان و مرعوب‌شدگان در اروپا به انجام می‌رسانده‌است.
در زیر عناوین چند خبر و مقاله به قلم **حسین فاطمی**، از پاریس، را که در هفته نامه مرد امروز به‌چاپ رسیده بوده‌است، به استحضار خوانندگان گرامی می‌رساند:

از شماره ۸۶ به تاریخ ۲۳ آذر ۱۳۲۵ (عنوان درشت در صفحه نخست):

" *پاریس- **عروس شهرهای دنیا شاهپور علیرضا را داماد کرد.***
(بقیه در صفحه ۳)
[عناوین در صفحه ۳]
جوانی که زیباترین دختران ایرانی به آشنایی با او افتخارمی‌کردند، به عشق زن سی ساله لهستانی گرفتارشده و با او ازدواج نمود!
جالب‌ترین جهیز عروس یک بچه چهار ساله است که شاهپور علیرضا به فرزندی قبول کرده‌است!
لابد اطفالی هم از شاهزاده وجود دارد که شوهران دیگران قبول کرده‌اند!؟
[دو ستون و سه چهارم ستون شرح مطلب] "

از شماره ۸۹ به تاریخ ۱۴ دی ۱۳۲۵:

" ***از مظفر فیروز چه اعجازی ساخته‌است؟***
بساط محمدرضا بیک را جمع کنید. "

البته خوانندگان گرامی توجه‌دارند که منظور از «**محمدرضا بیک**» در این عنوان «**محمدرضا شاه پهلوی**» بوده‌است.

از شماره ۹۴ به تاریخ ۱۹ بهمن ۱۳۲۵:

" *[عناوین در صفحه نخست]*

افتضاح در پاریس! آخرین گزارشی که از پاریس با پست هوایی به ما رسیده‌است!
هر قاچاقچی در پاریس یک تذکره ایرانی دارد.
هتل ترمینوس محل سکنای ایرانیان تحت بازرسی پلیس قرارگرفت.
رشید یاسمی استاد دانشگاه، مطیع‌الدوله حجازی نویسنده نامی، گنجه‌ای مدیر باباشمل، فروغی وابسته سفارت ایران در برن همه جزء قاچاقچیان بوده‌اند!
ننگ بالای ننگ و افتضاح روی افتضاح!! *(شرح در صفحه ۳)*
[عنوان در صفحه ۳]:
حسین فاطمی مدیر باختر، پاریس بیست و پنجم ژانویه ۱۹۴۷
فروغی و اسفندیاری در زندان ۲ در این تجارتخانه را ببندید!
[در حدود یک‌چهارم صفحه به شرح این خبر اختصاص‌دارد] "

سرمقاله همین شماره مرد امروز (در صفحات ۱و ۳) به قلم خود **محمد مسعود** زیر عنوان:

" مغز مملکت فاسد است! "

با جملات زیر شروع شده‌است:

" هر شب رادیوی پاریس صحبت از دستگیری ایرانیان مقیم فرانسه را به اتهام قاچاق تکرارمی‌کند و هر روز دولت در این منجلاب وسیع کلاهی از استتار گذاشته و وزیر خارجه با کمال ساده‌دلی می‌گوید: من در این خصوص چیزی نشنیده‌ام... "

ضمن این سرمقاله چنین می‌خوانیم:

" هرگز نباید فراموش کرد که این رشید یاسمی‌ها، این سرهنگ اسفندیاری‌ها و این فروغی و مطیع‌الدوله‌ها هیچگاه استاد دانشگاه و نویسنده و عضو وزارت خارجه و افسر ارتش نبوده‌اند. اینها همیشه دزد و قاچاقچی بوده‌اند که لباس استادی دانشگاه و افسری قشون و کارمندی وزارت خارجه را پوشیده‌اند... "

خوانندگان گرامی توجه دارند که منظور از «**مغز مملکت**» در عنوان این سرمقاله «**محمدرضا شاه پهلوی**» بوده‌است.
در صفحه ۹- شماره ۹۷ به تاریخ ۱۰ اسفند ۱۳۲۶ مرد امروز مطلبی با امضای **حسین فاطمی** و زیر عنوان «**توضیح و رفع سوء تفاهم**» درج شده‌است که در زیر چند سطری از آن‌را به‌استحضار خوانندگان گرامی می‌رساند:

"ضمن یکی از مقالات روزنامه محبوب مرد امروز- در خصوص خرابی اوضاع سفارت ایران در فرانسه نامی هم از آقای ***رضا گنجه‌ای****، مدیر محترم* ***باباشمل*** *و آقای* ***رشید یاسمی*** *و* ***مطیع‌الدوله حجازی*** *برده شده‌است. گذشته از اینکه لازم‌است توضیح دهم که یک چنین خبری را من برای روزنامه همکار عزیزم آقای* ***مسعود****، نفرستاده‌ام. همانطوریکه در ضمن نامه خصوصی نیز به ایشان نوشته‌ام تصورمی‌کنم منبع بعضی از اخبار- از این قبیل- همان قاچاقچیان سفارتی بوده، خواسته‌اند برای خود شریک پیداکنند و این شتر را در خانه همسایه بخوابانند.*
آقای رضا گنجه‌ای اصلاً به خارج از فرانسه[!] مسافرت نکرده تا مورد اتهام قراربگیرد. آقای حجازی مدتهاست در فرانسه نیست [!] و از راه مصر عازم ایران است. چنانکه در مورد آقای رشید یاسمی نیز که مدتی‌است بستری و تحت معالجه‌اند جای سوءظنی باقی‌نمی‌گذارد. موضوع

آقای وهاب‌زاده هم یک اتهام بی معنی سیاسی بوده که مدعی بودند در زمان جنگ با آلمان‌ها معامله تجاری داشته‌است و پس از اینکه رسیدگی به عمل آمد رسماً از او معذرت خواستند ...

مرد امروز- خوشوقتم که همکار ما آقای گنجه‌ای و آقایان رشید یاسمی و حجازی در مسئله قاچاق شرکت نداشته‌اند. *وقتی که ما اسم آقایان را چاپ کردیم علاوه بر اینکه در روزنامه مردم و یکی دو جریده دیگر نسبت به آقایان این اتهام وارد شده بود، یک نفر از اعضای عالیرتبه وزارت خارجه نیز این مطلب را تأیید نموده و ... "*

جالب توجه و شرم‌آور اینکه در صفحه ۵ همان شماره ، به تاریخ بیست و دوم فوریه ۱۹۴۷، مقاله مفصلی از پاریس، در دو ستون، با عناوین زیر درج شده‌است:

" چگونه قاچاقچی‌ها از رئیس خود قدردانی می‌کنند؟ روزی نیست که در سفارت ایران یکی دو گندکاری نشود! "

ضمن همین مقاله چنین نوشته شده‌است:

" ... آقای وزیر امور خارجه- بطوری که در روزنامه‌ها دیدم- جریان واقعی سفارت پاریس را از سفیر خودشان سؤال فرموده‌اند و آنجناب هم، که واقعاً لعبت شیرینی هستند، تمام مطالب مطبوعات را تکذیب کرده‌اند! داستان آن غلام سیاه و کودک معصوم را بناچار ***آقای همایونجاه*** *می‌دانند که با نوازش خویش می‌خواست طفلک بیچاره و بی‌زبان را از گریه و زاری نجات‌دهد. رهگذری رسید و گفت: این بچه بیچاره از ریخت و هیکل تو می‌لرزد و نعره‌می‌کشد. صدی نود این قاچاقچی‌ها از سفارت و از زیر سر کسان و نزدیکان و مجرمان آقای سفیر بیرون می‌آید، شما چگونه جریان امر را از ایشان می‌پرسید؟ ..."*

البته دراین مقاله دیگر از اسامی متهمان قبلی نامی ذکر نشده‌است ولی سفیر ایران در فرانسه و دو سه نفر از کارمندان سفارت، به‌عنوان حامیان قاچاقچیان مورد حمله قرارگرفته‌اند.

۲ - چگونه کشته شد؟

بین ساعت ۹:۳۰ تا ۱۰ بعدازظهر روز پنجشنبه ۲۲ بهمن ۱۳۲۶ (۱۲ فوریه ۱۹۴۷) **محمد مسعود** مدیر هفتگی‌نامه‌ی **مرد امروز**، پس از خروج از **چاپخانه مظاهری** در اتومبیل خود جای‌گرفته و پیش از آنکه فرصت روشن‌کردن اتومبیل خود را داشته‌باشد توسط فرد یا افرادی که (تا ۹ سال بعد از آن) ناشناس‌بوده‌اند، با شلیک دو گلوله به سرش، به‌قتل رسیده‌است.

۳ - قاتلان چه کسانی بودند؟

سروان خسرو روزبه که در تاریخ ۲۰ اردیبهشت ۱۳۲۶ (۱۱ مه ۱۹۴۷)، با آگاهی و تأیید **سرلشکر حاجیعلی رزم‌آرا**، رئیس ستاد ارتش، و توسط **سرهنگ محمد دفتری**، رئیس دژبان، از زندان دژبان فرار کرده‌بود، پس از تهیه مقدمات امر، در تاریخ ۲۲ بهمن‌ماه همان سال و با همکاری چند نفر دیگر از اعضای حزب توده، **محمد مسعود**، مدیر هفته‌نامه **مرد امروز** را به‌قتل رسانده‌است.

سرلشکر ضرابی، رئیس وقت شهربانی کل کشور، به اتفاق **سید مهدی پیراسته**، دادستان وقت تهران، در تاریخ ۲۳ اسفند ۱۳۲۶ (یکماه پس از قتل)، طی یک مصاحبه مطبوعاتی که در انجمن روزنامه‌نگاران تشکیل شده‌بود، در مورد پیشرفت‌هایی که در کشف حقایق مربوط به قتل **محمد مسعود** به‌دست‌آمده بوده‌است، اطلاعاتی در اختیار روزنامه‌نگاران قرارداده‌اند.
خلاصه اطلاعات مزبور این بوده‌است که برمبنای تحقیقات انجام‌شده، **برادران لنکرانی** مورد بدگمانی قرارگرفته‌اند و چون با بازرسی از منزلشان، بدگمانی مزبور تأیید و تقویت شده‌است، پس آنان را بازداشت‌کرده‌اند.

ما هم‌اکنون برمبنای اعترافات غیرقابل انکار **خسرو روزبه** (یکی از قاتلان)، و **نورالدین کیانوری** (آخرین دبیر کل حزب توده) و نیز افشاگری‌های **دکتر فریدون کشاورز** (عضو کمیته مرکزی حزب توده)، درمی‌یابیم که تحقیقات و اقدامات شهربانی در زمان **سرلشکر ضرابی**، در مسیر صحیح جریان داشته‌است، زیرا اتومبیل حامل قاتلین **محمد مسعود**، متعلق به یکی از آن برادران، به‌نام **حسام لنکرانی**، بوده و خود او (به همراه چهار نفر دیگر ازجمله **خسرو روزبه**) نیز در زمان تیراندازی در آن قرارداشته‌اند. اما توطئه‌گران متنفذ که از موفقیت **سرلشکر ضرابی** در کشف حقیقت به وحشت افتاده‌بوده‌اند، به فعالیت افتاده و با جلب رضایت **سرتیب صفاری** موفق شده‌اند که بار دیگر وی را به ریاست شهربانی برگردانند و زمینه‌های آزادی **برادران لنکرانی** و جلوگیری از ادامه تحقیقات را فراهم‌سازند. ما در صفحه ۲۸۳ کتاب «**زندگینامه سیاسی محمد مسعود**» و بازگوشده از مجله‌ی **تهران‌مصور** به تاریخ ۱۷ اردیبهشت ۱۳۲۷ می‌خوانیم که:

> *" ... برای رهاکردن **حسام لنکرانی** و پایمال‌کردن **خون مسعود** در دو **هفته** اخیر کوشش فراوانی از طرف ایادی مخصوص و طرفداران **لنکرانی** می‌شد و عاقبت توانستند با دادن یک میلیون ریال تضمین وسیله آزادی او را فراهم نمایند... "*

سرلشکر ضرابی در تیرماه ۱۳۳۵، بعد از اعتراف **خسرو روزبه** به شرکت در قتل **محمد مسعود**، مصاحبه‌ای با مجله روشنفکر به‌عمل‌آورده و ضمن آن شرح داده‌است که چگونه مأموران شهربانی به این نتیجه رسیده‌بوده‌اند که اتومبیل **حسام لنکرانی** در زمان جنایت مورد استفاده قاتلان قرار داشته‌است.
این قسمت از آن مصاحبه به شرح زیر می‌باشد:

> *" ... هنوز یک هفته – نمی‌دانم کمتر یا بیشتر – از شروع فعالیّت ما نگذشته بود که یک‌دسته از مأمورین ویژه اطلاعات نسبتاً جالبی کسب کردند و بلافاصله مرا در جریان گذاشتند. فردای آن روز اطلاعات جدید در کمیسیون مخصوص مورد بحث و استفاده ما قرارگرفت و از همین اطلاعات بود که **ما تا دو قدمی مقصود پیش رفتیم**. و جریان از این قراربود که یکی از مأمورین کسب اطلاع کرده‌بود که دو شب قبل از ترور **محمد مسعود** یک اتومبیل سواری در خیابان فردوسی جلوی کوچه خندان که محل اداره مرد امروز بود، ایستاده بود.*
> *این را هم باید بگویم که در آنوقت اداره **روزنامه نجات ایران** که مدیر آن **آقای فروزش** می‌باشد در همان نزدیکی‌ها بود. حالا نمی‌دانم، ولی آن روزها روزنامه **آقای فروزش** منتشر می‌شد.*

*خلاصه گفتم همان شب، یعنی دو شب قبل از ترور **محمد مسعود** اتومبیلی که تقریباً شبیه اتومبیل **آقای فروزش** بود جلوی کوچه خندان روبه‌روی محل اداره **مردامروز** ایستاده بود. در این وقت **نوکر آقای فروزش** که نامش نظرم نیست گویا به علت سردی هوا قصد کرد سوار ماشین **آقای فروزش** بشود و چون اتومبیل **آقای فروزش** با اتومبیلی که جلوی اداره مردامروز توقف کرده بود شباهت داشت نوکر مزبور یکسر به طرف اتومبیل رفت ولی همینکه خواست دستگیره را فشار دهد ناگهان با کمال تعجب مشاهده کرد که سه مرد نقاب پوش در قسمت عقب اتومبیل نشسته‌اند. بیچاره نزدیک بود از ترس فریادی بکشد و فرارکند ولی وقتی که چشمش به اسلحه‌های لخت سرنشینان نقاب‌پوش افتاد آهسته‌آهسته از اتومبیل دورشد و یکسر نزد **آقای فروزش** رفت و ماجرا را برایش تعریف کرد. وی بلافاصله از دفتر کارش خارج شد اما سرنشینان اتومبیل که متوجه خطر شده‌بودند از آن محل دورشدند و **فقط آقای فروزش موفق شد سیستم اتومبیل و شماره آن را معین کند.***

*دو روز بعد از کسب این اطلاع، یک دسته دیگر از مأمورین، اطلاعات مشابه دیگری کسب‌کردند ، بدین معنی که یک جوان دوره گرد که کیسه حمام و آدامس و آب نبات می‌فروخت به یکی از مأمورین گفته‌بود که یک شب، در شب چهارشنبه ۲۱ بهمن‌ماه، یعنی یک شب قبل از ترور **مسعود**، تقریباً ساعت ۸ ـ ۹ از خیابان اسلامبول به طرف توپخانه می‌رفتم و چون آن روز کاسبی نکرده‌بودم به هرکس که می‌رسیدم کیسه حمام، آدامس و آب نبات ترش عرضه‌می‌کردم. آنقدر آمدم تا رسیدم بالای کوچه خندان. در آنجا اتومبیلی کنار جوی آب ایستاده‌بود. جلورفتم تا شاید چیزی بفروشم ولی همینکه به اتومبیل نزدیک شدم دیدم سه نفر که صورت خود را با نقاب پوشانیده بودند توی ماشین نشسته‌اند و چون هرچه کردم نتوانستم کیسه حمام و آب نبات ترش به آنها بفروشم ناچار از آنها جدا شدم و به طرف توپخانه رفتم.*

*پس از اینکه این اطلاعات در کمیسیون مورد بحث قرار گرفت بنده شخصاً به این نتیجه رسیدم و به اعضای کمیسیون هم گفتم که از قرار معلوم آنها می‌خواستند **محمد مسعود** را هنگامی‌که از اداره روزنامه‌اش خارج‌می‌شد هدف قراربدهند ولی هر دو شب همانطور که گفته‌شد به اشکال برخوردکردند ...*

***اتومبیل حسام لنکرانی در تعمیرگاه** ـ پس از اینکه مشخصات اتومبیل نقاب‌پوشان برای ما مسلم‌شد، فعالیّت مأمورین برای پیداکردن آن بیشترشد تا اینکه پس از ۱۵ الی ۲۰ روز بعد اتومبیل مزبور را در یکی از تعمیرگاه‌های اطراف باغشاه پیداکردند و طبق معمول جریان را بلافاصله به کمیسیون اطلاع دادند. همان روز دستوردادیم نوکر **آقای فروزش** و آن پسر دوره‌گرد در گاراژ حاضرشدند و وقتی که به آنها گفتم اتومبیلی که شما در آن شب دیده بودید کدام بود؟ هر دو نفر از میان چندین اتومبیلی که در گاراژ بود اتومبیل مورد نظر را نشان دادند.*

*پس از تحقیقات معلوم شد که اتومبیل متعلق به **حسام لنکرانی** است که آن را برای تعمیر رنگ به گاراژ برده‌است. دستور داده شد که **برادران لنکرانی** را بازداشت کنند. در تفتیش منزلشان چند قبضه اسلحه کمری و تفنگ کشف شد که آنها ادعا می‌کردند جواز دارند ولی جواز یکی از اسلحه‌های کمری را نشان داده بودند و بقیه اسلحه‌ها بدون جواز بود. پرونده قتل **مسعود** خیلی دقیق تعقیب شد و تا آنجایی که مربوط به شهربانی بود، تکمیل و به دادسرای تهران ارسال شد ولی دادستان تهران [**سید مهدی پیراسته**] با آنکه خود هر*

*روز در کمیسیون مخصوص شرکت داشت و به عبارت دیگر در تکمیل پرونده نظارت می‌کرد پرونده را کامل ندانسته و آن را به علت نقص تحقیقات به شهربانی احاله کرد. ولی در آن‌وقت من از ریاست شهربانی کنارگیری کردم و **تیمسار صفاری** که کسالتش مرتفع شده بود مجدداً رئیس شهربانی شد و دیگر نفهمیدم اقدامات مأموران به کجا منتهی‌شد. ولی وقتی که اعترافات **روزبه** را در روزنامه‌ها خواندم به صحت اقدامات و فعالیت‌های شبانه‌روزی مأمورین شهربانی در آن روز بیشتر معتقد شدم و چنانچه در آن زمان اوضاع آشفته نبود بدون شک عاملین اصلی ترور **محمد مسعود** دستگیرمی‌شدند..."*
(زندگینامه و مبارزات سیاسی محمد مسعود- صفحات ٣٩٦/٤٠٠- نقل از مجله روشنفکر- تیرماه ١٣٣٥)

همانطور که **سرلشکر ضرابی** در بالا، بیان نموده‌است مأموران شهربانی در مدتی کوتاه اتومبیل قاتلان را یافته و صاحب آن، یعنی **حسام لنکرانی**، را نیز که در قتل شرکت داشته‌است بازداشت کرده‌بودند ولی طراحان و محرکان متنفذ توطئه موفق‌شده‌اند پیش از آنکه تحقیقات مأموران مذکور گسترش‌یابد و سایرین، از جمله **خسرو روزبه**، را نیز دربربگیرد زمینه‌های آزادی **حسام لنکرانی** را فراهم‌سازند.
در اینجا لازم به یادآوری می‌داند که **سرتیپ محمدعلی صفاری**، از چهره‌های مرموز و توطئه‌گران آن دوران، در تاریخ ١١ شهریور ١٣٢٧ بار دیگر به ریاست شهربانی کل کشور منصوب‌گردیده و دیگر از آن تاریخ به بعد قدمی در جهت کشف حقایق مربوط به این قتل برداشته نشده‌است.

٤ - شرح مراسم تشییع

شرح مراسم تشییع جنازه **محمد مسعود** را از صفحه ٢٠٤ کتاب «زندگینامه و مبارزات سیاسی **محمد مسعود**»- نوشته **دکتر نصرالله شیفته** بازگومی‌نماییم:

" ... در اولین ساعات روز [بعد از قتل]، روزنامه‌نگاران، نویسندگان و برخی از نمایندگان مجلس و شخصیت‌ها در انجمن روزنامه‌نگاران حضوریافتند. چند تن از روزنامه‌نگاران به منظور حمل جسد به محل انجمن به بیمارستان شفا مراجعه‌کردند که مواجه با هجوم هزاران نفر شدند که به منظور همدردی با آن شادروان در برابر بیمارستان ازدحام کرده‌بودند. هنگامی‌که جنازه از بیمارستان خارج‌می‌شود طبقات مختلف مردم آن‌را از دست روزنامه‌نگاران خارج‌کرده با ابراز احساسات شدید و تقاضای فوری توقیف قاتل، آن‌را به میدان بهارستان می‌آورند.
*در آنجا مردم احساسات فوق‌العاده‌ای به خرج داده قطعه‌ای از پیراهن خونین **مسعود** را روی چوب بلندی قرارداده در پیشاپیش جمعیت به حرکت درمی‌آورند و سپس قطعه دیگر آن را روی چوب کوچکی گذاشته و پهلوی پرچم، مجلس بالای **عدل مظفر** قرارمی‌دهند و در و دیوار مجلس را به خون او آغشته‌می‌سازند و تقاضامی‌کنند که جنازه تا هنگام دستگیری قاتل او در مجلس بماند. از ساعت ١٠ صبح تا ٢ بعدازظهر جنازه بدین طرز در دست مردم در صحن بهارستان بود ولی چون رئیس مجلس با این تقاضا موافقت‌نکرد، نیروهای انتظامی جنازه را از دست مردم گرفته، در ضمن با سرنیزه به مردم حمله می‌کنند که پای برادرزاده او مجروح شد و به بیمارستان منتقل‌می‌گردد.*

[جسد را] به سوی مسجد سپه سالار می‌برند جمعیت هم به دنبال آن حرکت می‌کنند ولی با کمال تأسف در مسجد را به روی جنازه بازنمی‌کنند. سپس جمعیت جنازه را به خیابان شاه آباد و اسلامبول آورده، به انجمن روزنامه‌نگاران منتقل می‌سازند و عصر همان روز جمعه از غسالخانه مرده‌شوی می‌آورند و جنازه را در انجمن غسل می‌دهند و از ساعت ۱۰ تا ۱۲ صبح روز شنبه ۲۴ بهمن جنازه در حیاط انجمن برای زیارت دوستان و علاقمندانش گذاشته‌می‌شود و مردم دسته‌دسته جنازه را زیارت کرده ابراز احساسات می‌کنند."

۵- حضور غیرعادی و شدت‌عمل محمد دفتری و ماموران دژبان در مراسم تشییع

بطوری‌که خوانندگان گرامی در بالا ملاحظه فرمودند، مأموران انتظامی در جریان مراسم تشییع در مقابل مجلس شورای ملی با حمله به مردم جمعی را با سرنیزه مجروح کرده‌بودند و نیز بطوری‌که در پایین ملاحظه خواهندفرمود، این مأموران، افراد دژبان به فرماندهی **سرهنگ محمد دفتری** بوده‌اند که البته شدت عملشان به نام **شاه** تمام شده و مردم اقدامات آنان را به حساب **دربار و اشرف پهلوی** گذاشته‌اند.
باید اضافه نمود که از همان نخستین ساعات پس از وقوع قتل، برخلاف قانون، از اعزام پلیس کافی جهت حفظ نظم در مراسم تشییع و تدفین جنازه **محمد مسعود** و نیز مراسم شب هفت و چهلم وی جلوگیری شده بود و در تمام این مراسم و مجالس، **سرهنگ دفتری** و مأموران دژبان به دخالت در ماجرا پرداخته و امکان انجام وظایف قانونی را از پلیس و سایر مأموران شهربانی، یعنی ادارات آگاهی و کارآگاهی سلب نموده بودند.
چند روز بعد از قتل مورد بحث، **ابوالحسن حائری‌زاده**، **حسین مکی** و **عبدالقدیر آزاد**، دولت آقای **ابراهیم حکیمی** را به‌خاطر ناامنی‌هایی که منجر به ترور **محمد مسعود** شده بود، مورد استیضاح قراردادند.

ما برای اثبات مطلب بالا جملاتی از استیضاح **ابوالحسن حائری‌زاده** را که در جلسه چهارم اسفند ۱۳۲٦ بیان شده‌است، در زیر بازگومی‌نماییم:

*" ... با این مقتول [**محمد مسعود**] من آشنایی نداشتم. فقط دو دفعه او را دیده بودم. نه منزل من آمده بود، نه من منزلش رفته بودم. چون اهل قلم بود و انجمن روزنامه‌نگاران هم در قسمت شمالی منزل من بود، من گفتم حاضرم برای تجلیل، برای احترام به قلم بروم تشییع کنم. وقتی من رفتم گفتند که جنازه را آورده‌اند جلو مجلس. آمدم جلو مجلس، دیدم یک جنازه‌ای آورده‌اند و جماعتی هم جمع شده‌اند اینجا و با یک افکار متشتتی، چون البته دیسیپلین نظامی پیش اینها نبود، هر کس یک چیزی می‌گفت. **آقای مکی** هم تشریف داشتند و ما آن منظره را تماشا می‌کردیم. من احساس کردم که یک دست‌هایی هم هست که بیشتر دارند به این تشنج کمک می‌کنند. گفتم آقایان! مجلس جای جنازه نیست، ببرید به مسجدی که نزدیک اینجاست، بگذارید آنجا تا بعد در این موضوع اقدام بشود. ولی دیدم در بیرون مجلس برادر **جناب آقای [دکتر احمد] متین‌دفتری**، که لباس نظام بر تنش هست در آنجا است.*
نمی‌دانم چه سمتی دارد. ایشان آنجا امر و نهی می‌کردند. من فکر کردم حکومت نظامی که ما نداریم. مأمورین شهربانی هم هستند، برای این کار، و کافی هم هستند که در

شرح مراسم تشییع

*کارها دخالت کنند. این دستگاه بیست سال پیش نیست که **جناب آقای متین‌دفتری** رئیس دولت باشند و قوانین را مطابق دیکتاتوری تفسیر و تعبیر کنند و هرطور که می‌خواهند عمل بشود و در شهر هم نظامی‌ها فرمانفرما باشند.*

نورالدین امامی- ایشان افسر دژبان بوده است حالا سمتش را نمی‌دانم.

آشتیانی زاده- آقا وظیفه شهربانی بوده است.

***نورالدین امامی-** بگذارید حرفش را بزند.*

***آشتیانی زاده-** البته وظیفه شهربانی است، حرف نزنید بگذارید صحبت کند.*

***نورالدین امامی-** مگر تو رئیس مجلس هستی؟ بگذار حرفش را بزند. شما حق ندارید حرف بزنید، به تو چه آقا؟*

***آشتیانی زاده-** خفه شو...(زنگ رئیس)*

***حائری‌زاده-** جمعیتی که جمع شده‌بودند در جلو مجلس، وظیفه شهربانی‌است که انتظامات را حفظ کند.*

*بنده رفتم منزل **جناب آقای رئیس** [مجلس] تا باایشان صحبت بکنم که آقا وضعیت را باید چه کرد؟ در این فاصله‌ای که من رفتم منزل **جناب آقای رئیس** و برگشتم **جناب آقای رئیس** هم تشریف نداشتند، دیدم که یک عده ژاندارم آمده بودند اینجا، مردم را متفرق کرده‌بودند. حالا نمی‌دانم با تانک بود، با کامیون بود، نمی‌دانم با چه چیز بود مردم را متفرق کرده‌بودند. جنازه را من دیدم که بردند پشت مسجد گذاشتند. خلاصه دیدم سه قوه در شهر فرمانفرما است: **یک قوه شهربانی است.** مأمورینش وظیفه‌دار هستند برای انتظامات اینجا باشند. **یک دسته‌ای دژبان، قلعه بیگی نظامی یا دفتری، شخصی که در این جریان بود، او هم بود که کار می‌کرد اینجا. یک دسته (هم) ژاندارم آمده بودند اینجا.** و این سه قوه در یک جا جمع شده بودند و حکومت می‌کردند. آقا! این هرج و مرج ما را به یک جای بدی خواهد کشید. این قضیه در جریان بود. چند روز بعد من رفتم به شهربانی، گویا روز سه شنبه گذشته بود. نزدیک ظهر بود که رفتم به شهربانی. **آقای آشتیانی‌زاده** هم آنجا تشریف داشتند. قبل از من یکی، دو نفر دیگر هم بودند. آن موقع **آقای صفاری** رئیس شهربانی بود. من به **آقای صفاری** گفتم با این وضعیت که امنیت عمومی متزلزل شده، ترور و وحشت ایجاد شده، مأمورین شما هم عادت به دوسیه سازی کرده‌اند ...*

***این قتل هم معلوم نیست منبعش کجا است.** باید رفت ریشه‌اش را سوزاند که مردم فکرشان راحت باشد، تا هر جا برسد باید رفت و ریشه این جنایت را بیرون آورد... گفتند: من دعوت کردم از مأمورین کشف این قبیل جرائم و در عالم رفاقت و همکاری از آنها خواهش کردم که این کار یک مسئله شرافتی است.*

*باید شرافت نظمیه را شما در این مورد حفظ کنید و قاتل را پیدا کنید. و گفت ریشه جنایت را من به شما قول می‌دهم که اگر چنانچه به یک کوچه بن‌بستی رسیدم و دیدم تعقیب از این جرم ممکن است به یک مقاماتی لطمه وارد بشود، من استعفا می‌دهم و تا هستم اطمینان‌می‌دهم که موضوع را تعقیب‌کنم و به شما قول‌می‌دهم. این **آقای آشتیانی‌زاده** حاضر بود. **آقای اعتضاد حیدری** هست، که تاجر بازار بودند، حاضر بودند. یکی، دو نفر دیگر هم بودند صحبت می‌کردیم، چیز محرمانه‌ای نبود. عصر آن روز که من آمدم اینجا دیدم ایشان استعفا کرده‌اند. این مسئله بیشتر بر نگرانی من افزود ..."*

(خاطرات سیاسی حسین مکی- انتشارات علمی- صفحات ۸۰/۸۲)

مجلس ترحیم **محمد مسعود** در صبح روز یکشنبه ۲۵ بهمن ۱۳۲٦ در مسجد مجد برگزار گردیده‌است. به‌ظاهر ملاقات **حائری‌زاده** با **سرتیپ صفاری**، رئیس شهربانی در صبح روز بعد ۲٦ بهمن ۱۳۲٦ انجام‌شده و چون رئیس شهربانی موفق به انتقال پرونده قتل از دژبان به شهربانی جهت ادامه تحقیقات توسط اداره آگاهی نشده، از این روی بعدازظهر همان روز وی به همراه **سرهنگ محمد آصفی**، رئیس آگاهی، به عنوان اعتراض به اقدامات خلاف قانون دژبان، استعفا داده و از روز بعد **سرلشکر ابراهیم ضرابی**، با این شرط که دژبان پرونده قتل را در اختیار شهربانی قراردهد، به ریاست کل کشور منصوب گردیده‌است.

بعد از سخنان **حائری‌زاده**، به شرح بالا، **حسین مکی** درباره‌ی استیضاح خود صحبت کرده و ضمن آن گفته:

" ... آن پنجه سرخی که گریبان عشقی را گرفت و او را به دامن تیر انداخت، آن پنجه سرخ در یک مملکت قانونی قابل دیدن نیست. قابل تحمل نیست. باید مجلس شورای ملی آن پنجه سرخ را قطع کند. این را با قوت قلب می‌گویم. آن شخص هر که باشد و آن پنجه از آستین هر که بیرون بیاید به شما می‌گویم که اگر آن پنجه خائن و خونین را قطع نکنید، مردم قطع خواهند کرد. این قابل تحمل نیست، دست جنایتکار باید قطع شود... "
(خاطرات سیاسی حسین مکی- همان- صفحه ۸٦)

سید ابوالحسن حائری‌زاده و **سید حسین مکی** همواره از دشمنان سرسخت **خاندان پهلوی** بوده و هیچ فرصتی را برای حمله به اعضای این خاندان و **شاهان پهلوی** از دست نداده‌اند. آن دو نفر استیضاح خود را به‌نحوی بیان‌کرده و ضمن آن کلماتی به‌کاربرده‌اند که توجه هرخواننده و شنونده‌ای را به سوی **محمدرضا شاه پهلوی** معطوف می‌ساخته و بطور غیرمستقیم ولی به نحوی صددرصد روشن اتهام قتل **محمد مسعود** را به گردن او می‌انداخته است. اما، شواهد فراوانی نشان‌می‌دهد که خود این دو نفر نیز تا زمان اعتراف **خسرو روزبه** به قتل **محمد مسعود**، بر این تصور بوده‌اند که **اشرف پهلوی** طراح و دستوردهنده‌ی اصلی در آن توطئه بوده‌است ولی از نظر سیاسی و به منظور حصول نتیجه‌ی کارسازتر و بهتر تصمیم گرفته بوده‌اند که به‌جای ضربه‌زدن به شاخه، تیشه‌ها را بر ریشه درخت واردسازند. برای نمونه به جملات زیر از خاطرات **ابوالحسن ابتهاج** توجه فرمایید:

*" ... سال‌ها از این ماجرا گذشت تا اینکه یک روز هنگامی‌که در واشنگتن اقامت داشتم با **حسین مکی** که به آمریکا آمده‌بود، ملاقات‌کردم. ضمن صحبت، از او راجع به قتل **محمد مسعود** پرسیدم. **مکی** بدون کوچکترین تأملی گفت که: **اشرف پهلوی** مسئول ترور **مسعود** بود ... "*
(خاطرات ابوالحسن ابتهاج- جلد نخست- صفحه ۱٤٤)

٦ - تغییر رئیس کل شهربانی کشور

در بالا دیدیم که **ابوالحسن حائری‌زاده** از قول **سرتیپ محمد علی صفاری** گفته بود:

" اگر چنانچه به یک کوچه بن بستی رسیدم و دیدم تعقیب از این جرم ممکن است به یک مقاماتی لطمه وارد بشود. من استعفا می‌دهم. "

و همینکه وی، سه روز بعد از قتل، یعنی در تاریخ دوشنبه ۲٦ بهمن‌ماه ۱۳۲٦، از پست ریاست کل شهربانی کناره‌گیری نموده‌است، همگان دانسته‌اند که این کناره‌گیری به منظور اعتراض به دخالت‌های غیرقانونی **سرهنگ محمد دفتری**، رئیس دژبان، جهت جلوگیری از کشف حقیقت و وارد شدن لطمه **«به یک مقاماتی»** بوده‌است ولی بدبختانه در نظر بیشتر مردم، مقامات توطئه‌گر مورد نظر را، همان **شاه و درباریان** تشکیل می‌داده‌اند.
بعد از **سرتیپ صفاری**، **سرلشکر ابراهیم ضرابی** به ریاست کل شهربانی منصوب‌شده و به‌صورت موازی با دژبان، درباره‌ی **قتل محمد مسعود** به تحقیق و بررسی پرداخته‌است. ولی به‌ظاهر در همان ٥ روز نخست که دژبان به‌تنهایی انجام بررسی‌های مربوط به پرونده قتل مزبور را به‌عهده داشته بسیاری از مدارک و شواهد اصلی و مهم در ارتباط با قتل نابود گردیده و انجام تحقیقات در این مورد با اشکال رو به رو شده بوده‌است.

مطلب زیر در مجله‌ی تهران‌مصور، به تاریخ ۱۷ اردیبهشت ۱۳۲۷ در این رابطه می‌باشد:

*" ... خبرنگار ما [درباره‌ی قتل **محمد مسعود**] خبر جالب توجه دیگری هم کسب نموده و آن این است که در هفته اول قتل **مرحوم مسعود** در کشف قاتلین و رسیدگی به این پرونده اهمال‌هایی مبرهن و روشن شده‌است و تعقیب جدی امر پس از تغییرات در شهربانی شروع‌گردیده و همین امر رسیدگی را مشکل‌ساخته بوده‌است. خبرنگار ما معتقداست که این اهمال عمدی‌بوده و شاید بعضی از دوستان قاتلین در شهربانی اعمال نفوذ می‌کرده‌اند. "*
(زندگینامه و مبارزات سیاسی محمد مسعود- دکتر نصرالله شیفته- صفحه ۲۸٦- بازگوشده از مجله تهران مصور)

۷ - بازندگان و برنده بزرگ در ماجرای قتل محمد مسعود

الف) محمدرضا شاه و اشرف پهلوی بازندگان بزرگ

در پی قتل **محمد مسعود**، مراسم تشییع جنازه، تدفین، ترحیم و هفتم وی با شرکت هزاران نفر برگزار شده‌است. برای نمونه، درباره‌ی مراسم تشییع جنازه وی در کتاب **«زندگینامه و مبارزات سیاسی محمد مسعود»** (صفحه ۲۰٤) چنین می‌خوانیم:

" تشییع جنازه پرهیجان و باشکوهی که قریب به دویست هزار نفر از مردم تهران از هرگروه و صنف از جنازه مدیر روزنامه مرد امروز به‌عمل آوردند در تاریخ سیاسی وطنمان بی‌نظیر بوده‌است ... "

خبر نوشته‌شده در صفحه ۲۱۰ همان کتاب نیز به شرح زیر می‌باشد:

" ... در همه شهرستان‌ها و حتی شهرهای کوچک و روستاها از سوی مردم آزاده، روزنامه‌نگاران، نویسندگان، معاریف و معتمدین محلی مجالس ترحیم متعددی برگزارشد که در مطبوعات روز انعکاس داشت. "

پنج ترور تاریخی راهگشای صدارت مصدق

دستگاه‌های تبلیغاتی **رزم‌آرا**، در تمام مراسم باشکوه مزبور کوشش می‌کرده‌اند که در اذهان شرکت‌کنندگان هیجان‌زده و خشمگین چنین القاء نمایند که **محمدرضاشاه پهلوی** و خواهر وی، **اشرف**، در آن قتل مقصرمی‌باشند و نیز همین فکر خلاف واقع را در ذهن بیشتر مردم ایران جای‌دهند و نفرت همگان را بر ضد **شاه** و بستگان وی برانگیزانند. برای نمونه به چند جمله از گزارش مراسم تدفین **محمد مسعود** از صفحات ۲۰۷/۲۰۸ همان کتاب توجه فرمایید:

*"... پس از خاتمه تدفین و گذاشتن دسته‌گل‌ها روی قبر، آقای **علی اقبال**، نماینده مجلس شورای ملی، بر بلندی ایستاد و خطاب به تشییع‌کنندگان که عموم غرق در تأثر و اندوه بودند، چنین گفت:*

هموطنان عزیز!

دیو مهیب خودسری چون ز غضب گرفت دُم
امنیت از محیط ما رخت ببست و گشت گم
*حربه وحشت و ترور کشت چو **میرزاده** را*
*سال وفات او بگو: **عشقی قرن بیستم***

*من نمی‌دانم چرا از دیروز صبح که این واقعه را شنیدم نفهمیدم چطور به یاد قتل **مرحوم عشقی** که در ۲۵ سال قبل رخ‌داد افتادم. من اگر شعر و شاعری بلد بودم اسم **عشقی** را از این شعر برمی‌داشتم و به‌جای آن نام **محمد مسعود** را می‌گذاشتم.*

در خاتمه ناطق از حضار تقاضاکرد که شعر دیو مهیب خودسری را بخوانند و حضار این شعر را خواندند..."

(یادآوری می‌نماید که طبق شایعات موجود قتل **میرزاده عشقی** را نیز به گردن **رضا شاه بزرگ** انداخته بوده‌اند.)

محمد مصدق، سرپرست قانونی دختر **محمد مسعود**، هم که همواره بطور کامل در جریان اخبار روز قرارداشته، بی‌گمان از داستان واقعی آن قتل، خیلی بیش از بسیاری از افراد دیگر، آگاه بوده و دست‌کم اعترافاتی را که **خسرو روزبه** در تیرماه ۱۳۳۵ در دادگاه نظامی درباره‌ی قتل **محمد مسعود** به‌عمل آورده‌بوده، در روزنامه‌ها خوانده و یا از رادیو شنیده بوده‌است، ولی وی حتی تا زمان مرگ حاضر نشده‌است که از روش ناجوانمردانه خود درباره‌ی واردساختن اتهام انجام این جنایت به **محمدرضا شاه پهلوی** خودداری‌نماید. او که تا متجاوز از ۵ سال پس از اعترافات **روزبه**، یعنی تا دی‌ماه ۱۳۴۰، به‌تدریج خاطرات خود را نوشته، از نظر اخلاقی و وجدانی وظیفه داشته‌است که در آن خاطرات، دست‌کم درباره‌ی این قتل، از کینه دیرینه خود نسبت به **خاندان پهلوی** دست بردارد و حقیقت را منعکس‌سازد. اما بدبختانه در صفحه ۳۴۴ کتاب «**خاطرات و تألمات مصدق**» چنین می‌خوانیم:

*" ... هر کس ابراز احساساتی می‌کرد و یا انتقادی از اعمال **شاه** می‌نمود، وصلهٔ حزب توده را به او می‌چسبانیدند و او را به اشد مجازات محکوم می‌کردند. تبعید و قتل **مدرس** و **فرخی** در زندان که نتوانستند آنان را متهم به مرام کمونیستی بکنند یک دلیل بارز و مسلمی است بر صدق این مقال... "*

و در زیرنویس همین صفحه، به‌صورت تمثیل و توضیح جهت متن بالا، درباره‌ی **محمد مسعود** چنین می‌خوانیم:

> *" ... محمد مسعود مدیر روزنامه مرد امروز را که از وطن پرستان معروف [!!] و مخالف استعمار [!!] بود، شب در خیابان به قتل رسانیدند و از بین بردند. "*

ب) محمد مصدق، برنده بزرگ

هفتگی‌نامه مرد امروز، ناشر نظرات و فعالیت‌های سیاسی محمد مصدق

در بین رجال وقت کشور، **محمد مصدق** بهترین روابط دوستانه را با **محمد مسعود** داشته، تا جایی که می‌توان هفته نامه مردامروز را به‌عنوان ارگان غیررسمی فعالیت‌های سیاسی **محمد مصدق** به‌حساب آورد.
همانگونه که می‌دانیم، **محمد مصدق** به‌عنوان نماینده تهران در دوره چهاردهم مجلس شورای ملی شرکت‌داشته، و پس از پایان آن دوره و در ایامی که انتخابات دوره پانزدهم در جریان بوده، فعالیتی بسیار شدید و (به‌ظاهر) بی‌نتیجه، به منظور تأمین آزادی انتخابات، ولی در حقیقت برای انتخاب خودش به‌عمل آورده‌است.

۱- **محمد مصدق** در تاریخ ۲۰ دی‌ماه ۱۳۲۵ در یک میتینگ چند هزار نفری در مسجد شاه تهران، سخنرانی مفصلی در مورد عدم آزادی انتخابات به‌عمل آورده‌است. این سخنرانی مفصل در شماره ۹۰ به تاریخ ۲۱ دی‌ماه ۱۳۲۵ مردامروز درج شده‌است. نگارنده متن کامل این سخنرانی مفصل را در جای دیگر ندیده‌است.

۲- در همان شماره‌ی هفته‌نامه‌ی مردامروز مقاله بسیار مفصل دیگری به قلم **ارسلان خلعتبری**، به طرفداری از **محمد مصدق** با عنوان: **«دکتر مصدق- دفاع از وطن‌پرستان دفاع از وطن است»**، وجوددارد.

۳- عده‌ای از سیاستمداران وقت به رهبری **محمد مصدق** از روز ۲۲ دی‌ماه ۱۳۲۵ به منظور اعتراض به عدم آزادی انتخابات در کاخ سلطنتی متحصن شدند. این عده با این عنوان که مهم‌ترین حقی که قانون اساسی به ملت اعطاء نموده حق انتخاب نمایندگان می‌باشد و نیز **شاه به‌موجب قانون اساسی ایران حافظ این قانون و حقوق ملت می‌باشد**، طی چند نامه از **شاه** درخواست‌کردند که در جریان انتخابات دخالت‌کرده و دولت را مجبورنماید که آزادی انتخابات را تأمین‌نماید. اما چون **شاه**، طبق قانون اساسی دولت را مسئول آزادی انتخابات دانسته و رسیدگی به شکایت متحصنین را، بدون نتیجه، به دولت محول کرده‌بود، پس این گروه در روز ۲۵ دی ۱۳۲۵ با صدور بیانیه‌ای، که حاوی شرح کامل تحصن از ابتدا تا انتها می‌باشد، به تحصن خود پایان دادند. (بطوری که در شرح جریان قتل **هژیر** به آگاهی خوانندگان گرامی خواهدرسید، **قوام‌السلطنه** و **مصدق** محرمانه توافق کرده‌بوده‌اند که دو داماد **مصدق**، یعنی **دکتر احمد متین‌دفتری** و **عزت‌الله بیات**، به‌ترتیب از مشکین‌شهر و اراک، به‌عنوان نماینده اعلام‌شوند و درعوض **مصدق** نیز، به مدت دو سال، یعنی در طول دوران نمایندگی آنان، دست از مخالفت با دولت بردارد و به‌عنوان انزوای سیاسی در احمدآباد سکونت اختیارنماید.) درج بیانیه بسیار مفصل مزبور بطور کامل در شماره ۹۱ به تاریخ ۲۸ دی‌ماه ۱۳۲۵، هفتگی‌نامه‌ی مردامروز، به چاپ رسیده‌است.

٤- در همین شماره ۹۱، متن مصاحبه بسیار مفصلی با **محمد مصدق** نیز درج شده‌است.
محمد مصدق که در زمان نخست‌وزیری و پس از آن در دادگاه نظامی، نه‌تنها (به حق) منکر حق **شاه** جهت دخالت در کارهای دولت‌بوده بلکه حتی حق **شاه** جهت نظارت بر حسن جریان امور دولت را نیز نفی می‌کرده‌است، ولی در آن زمان **تقاضایش از شاه این بوده‌است که با دخالت در کار دولت از انجام بی‌قانونی‌ها در انتخابات جلوگیری‌کند و آزادی انتخابات را تأمین‌نماید.**
عناوین درشت مصاحبه‌ی مزبور در صفحه نخست هفتگی‌نامه مردامروز به شرح زیر می‌باشد:

" مصاحبه با آقای دکتر مصدق
دکتر مصدق می‌گوید: *ما به شورای امنیت شکایت خواهیم کرد.* ***شاه حافظ قانون اساسی است*** *ولی اعلیحضرت ... اگر هیچ‌کاری از پیش نرفت باید تلگراف کنیم برای این ملت بدبخت یک جو غیرت بفرستند!! ... "*

نخستین و آخرین پرسش و پاسخ‌ها در این مصاحبه به شرح زیر می‌باشد:

" س: شما چرا به دربار تحصن اختیار کردید؟
ج: ***اصولاً باید دانست طبق اصل سی و نهم قانون اساسی، شاه نگهبان قانون اساسی است.***
اصل مزبور چنین می گوید: شاه قانون اساسی را نگهبان و بر طبق آن و قوانین مقرره سلطنت می‌نماید ...
س: بالاخره اگر اقدامات شما درباره انتخابات و بالاخره تلگراف به شورای ملل متفق مثمر ثمر واقع نشد به عقیده شما چه باید کرد؟
ج: (با خنده فرمودند) تلگرافی به انگلستان و آمریکا می‌کنم که برای ما مقداری غیرت بفرستند. البته با کلی پستال که زودتر برسد و ما را از این فلاکت نجات دهد. "

٥- **محمد مصدق** عضو هیئت تحریریه مردامروز نبوده ولی نظرات سیاسی و مقالات انتقادی خود را بدون امضاء در آن هفتگی‌نامه به‌چاپ می‌رسانده‌است. البته در حال حاضر برای نگارنده بسیار مشکل می‌باشد که بتواند این قبیل مقالات را مشخص نماید. فقط برای نمونه مقاله بسیار مفصلی را مثال می‌آورد که زیر عنوان:

" ۲۵۰ میلیون دلار به چه مصرف خواهدرسید؟ "

در هفت شماره از هفتگی‌نامه مردامروز (از شماره ۹۵ به تاریخ ۲۶ بهمن ۱۳۲۵ تا شماره ۱۰۱ به تاریخ ۸ فروردین ۱۳۲۵) به‌چاپ رسیده‌است.
به‌ظاهر در آن زمان دولت خیال داشته‌است وامی به مبلغ ۲۵۰ میلیون دلار از دولت آمریکا و یا از بانک بین‌المللی دریافت‌نماید و همین خیال یا قصد، **مصدق** را وادارکرده بوده‌است که به مدت هفت هفته و هر هفته مطلبی طولانی در مخالفت با گرفتن آن وام مقاله بنویسد! هفتگی‌نامه مردامروز، **«یکی از رجال معروف»** را به‌عنوان نویسنده مقاله مزبور معرفی کرده‌است ولی چون آن **«رجل معروف»** بارها درباره‌ی گفته‌ها و نوشته‌های گذشته خود سخن‌گفته و از آنها شاهد آورده‌است، پس هر شخصی که به نوشته‌ها و سخنرانی‌های گذشته **مصدق** مختصر آشنایی داشته‌باشد به‌آسانی می‌تواند وی را به‌عنوان نویسنده آن مقاله معرفی‌نماید. برای نمونه، چهارمین قسمت از مقاله مورد بحث (در صفحه ۹ شماره ۹۸، به تاریخ ۱۷ اسفند ۱۳۲۵) که درباره‌ی انگیزه‌های ایشان در مخالفت با کشیدن راه‌آهن در ایران می‌باشد، با جملات زیر آغاز شده‌است:

*" **رضا شاه ۱۵ میلیون مردم بیچاره این مملکت را به خاک سیاه نشاند(!!) تا توانست این راه‌آهن سرتاسری را بسازد.** من از هیأت برنامه و آنها که طرفدار قرضه می‌باشند و می‌گویند: دلار بگیریم و راه‌آهن قم را به بوشهر و بندرعباس- و ساری را به بندر پهلوی اتصال دهیم سئوال می‌کنم: مردم بدبخت این کشور از آنچه که تاکنون ساخته و پرداخته‌اند چه نتیجه برده‌اند که امروز می‌خواهید بر رونق بازار این دزد بازار بیافزایید؟ ... این راه‌آهن جز نکبت و بدبختی جز ذلت و بیچارگی برای ما و مجانی باربردن برای همسایگان چه نتیجه داشته که می‌خواهید آن را توسعه دهید؟ شما اگر به ارتباط خطوط و راه‌های کشور علاقه‌دارید چنانکه بارها گفته و نوشته‌اند [منظور گفته‌ها و نوشته‌های خودشان است] با یک صدم این خرج‌ها جاده شوسه بسازید و درب لانه این دیو غول‌آسا را که کارمندانش هر روزه تنوره می‌کشند و میلیونها می‌دزدند، لجن‌بگیرید... "*

کیست که عین این سخنان کینه توزانه، و بی‌منطق، را بارها و بارها در سخنرانی‌ها و نوشته‌های مختلف این آقای بی‌غرض! نخوانده و نشنیده باشد و او را نشناسد؟

۶- چون مجلس شورای ملی، در دوره پنجم، در جلسه تاریخی ۹ آبان ۱۳۰۴، به ریاست **سید محمد تدین**، به تغییر سلطنت از قاجاریه رأی داده‌بودند، پس **محمد مصدق** نسبت به **تدین** کینه‌ای دیرینه و رفع‌نشدنی داشته‌است. **تدین** بعد از شهریور ۱۳۲۰، در کابینه **علی سهیلی** (که از ۲۸ بهمن ۱۳۲۱ تا فروردین ۱۳۲۳ دوام‌داشته)، ابتدا به‌عنوان وزیر خواربار و بعد به‌عنوان وزیر کشور تعیین شده‌است. در ایامی که **تدین** وزارت کشور را عهده‌دار بوده انتخابات دوره چهاردهم مجلس شورای ملی، با اعمال نفوذ نیروهای اشغالگر انگلیس و روس به‌انجام رسیده و در شمال ایران افرادی از ایادی روسیه و در سایر نقاط ایران افرادی بیشتر از ایادی انگلیس، از صندوق‌ها بیرون آمده بودند.
محمد مصدق سپس در همین مجلس با اقدامی که می‌توان آن‌را انتقام‌جویی به‌حساب آورد با این ادعا که **تدین** در دورانی که وزارت کشور را به‌عهده داشته در جریان خرید خواربار در آذربایجان، سوءاستفاده‌هایی نموده و خلافکاری‌هایی مرتکب شده‌است، نسبت به او اعلام جرم نمود. در همان زمان اعلام جرم‌های دیگری نیز توسط **محمد مصدق** و **سید مهدی فرّخ (معتصم‌السلطنه)** بر ضد **علی سهیلی** به انگیزه‌های دیگری، من‌جمله اعمال نفوذ غیرقانونی در انتخابات، به‌عمل آمده بوده‌است.
در هر حال، کمیسیون دادگستری مجلس این اعلام جرم‌ها را واردندانسته و رأی خود را مبنی بر بی‌گناهی آن دو نفر صادر کرده‌است. اما **محمد مصدق** با یک سلسله نیرنگ‌بازی، که فقط در تخصص خود او بوده‌است، نخست در جلسه یکشنبه به تاریخ ۱۳ اسفند ۱۳۲۳ مجلس شورای ملی، به این دلیل که درخواست بی‌منطق و خلاف قانونش مبنی بر اینکه پرونده **تدین** را به مدت ۱۵ روز در اختیار او بگذارند و او را به‌جای کمیسیون دادگستری مأمور رسیدگی و تهیه گزارش درباره‌ی آن بنمایند، مورد قبول قرار نگرفته‌بود، مجلس را دزدگاه نامیده و با حالت قهر از مجلس خارج شده‌است. و سپس در روز پنجشنبه ۱۵ اسفند ۱۳۲۳ دانشجویان دانشکده حقوق، با تحریک **دکتر احمد متین‌دفتری**، دانشکده را تعطیل‌کرده و با تظاهرات خود، **مصدق** را از خانه به مجلس برگردانده و نیز در جلو مجلس به تظاهرات پرداخته‌اند و در این تظاهرات دو نفر، که یکی از آنان دانشجو (به‌نام **رضا خواجه‌نوری**) بوده در اثر تیراندازی مأموران انتظامی به قتل رسیده‌اند.
پس از این تیراندازی و قتل، عده‌ای از دانشجویان، **مصدق** را که (به‌ظاهر) از شدت ناراحتی دچار ضعف شدید و بی‌حالی شده بوده‌است روی دست به بهداری مجلس منتقل ساخته‌اند و در جلسات آتی، نمایندگان مجلس که بسیار ترسیده‌بودند نه‌تنها از اهانتی که **مصدق** نسبت به آنان به‌عمل آورده

و مجلس را دزدگاه نامیده بود، صرفنظرنموده‌اند، بلکه برمبنای گزارشی که وی با مطالعه پرونده **تدین** تنظیم کرده‌بود، رأی کمیسیون دادگستری را مردودشمرده و موافقت‌نموده‌اند که پرونده را جهت رسیدگی به دیوان عالی کشور احاله نمایند. دیوان عالی کشور در نیمه‌ی نخست خرداد ۱۳۲۶ **سید محمد تدین** را از اتهامات وارده تبرئه نموده‌است ولی چون وی در جلسات دادگاه مطالبی بر ضد **مصدق** بیان‌کرده و آن بیانات در روزنامه اطلاعات به تاریخ ٦ خرداد ۱۳۲۶ درج‌شده بوده‌است، پس در صفحات ٥. ۱۱ شماره ۱۱۰ به تاریخ ۱٦ خرداد ۱۳۲۶ هفتگی‌نامه مردامروز مقاله مفصلی زیر عنوان:

" دکتر مصدق از تبرئه تدین متأسف است. "

به‌چاپ رسیده که **مصدق** طی آن به تک تک اظهارات **تدین** در دادگاه، درباره‌ی خودش، که از جمله آنها ثبت ملک خرقان و تضییع حق برخی از خرده‌مالکان آن بوده، به‌تفصیل پاسخ گفته‌است.

تعیین محمد مصدق به عنوان سرپرست دختر محمد مسعود

از **محمد مسعود** دختری چهار ساله، به نام **ژینت**، باقی‌مانده بوده که در زمان مرگ وی در مدرسه ایتالیایی‌ها به‌صورت پانسیون زندگی می‌کرده‌است. **محمد مسعود** هفته‌ای یک بار به دیدار این دختر می‌رفته و نیز مادر وی به‌نام **خدیجه افسر**، که مطلقه بوده، اجازه دیدار و بیرون بردن دختر را داشته‌است. در پی قتل ناجوانمردانه وی که بیشتر مردم ایران نسبت به **شاه** و **اشرف** ظنین‌بوده و در مورد آنان احساس تنفر عمیق می‌نموده‌اند، به ناگهان اعلام شده‌است که چون **محمد مسعود** همواره به **دکتر محمد مصدق** علاقه و ارادت خاص داشته و او را شخصیتی وطن‌پرست، پاک و درستکار می‌شناخته، پس **آقای دکتر مصدق**، بنا به درخواست دادستان تهران، به‌عنوان سرپرست برای دختر کوچک **محمد مسعود** تعیین شده‌است. این خبر را از کتاب «زندگینامه و مبارزات سیاسی **محمد مسعود**»- صفحات ۲۹۲/۲۹۳- بازگوشده از روزنامه ستاره شماره ۲۸٤٥- به تاریخ ٤ اسفند ۱۳۲٦ در اینجا درج می‌نماییم:

" دکتر مصدق قیم صغیر مسعود

*به دنبال ترور **محمد مسعود**، دادستان تهران [**سید مهدی پیراسته**] ناگزیربود یک شخصیت بی‌طرف و پاک و موجهی به قیمومت ورثه **مسعود** برگزینند. به همین مناسبت **دکتر محمد مصدق** که یکی از شخصیت‌های انگشت‌شماری بود **که مسعود به وی علاقه‌داشت و ارادت‌می‌ورزید و او را می‌ستود** به قیمومت برگزید. مراتب به اطلاع **دکتر مصدق** رسید و مورد قبول ایشان قرارگرفت. **دکتر مصدق** در مصاحبه‌ای که خبرنگار یک روزنامه با ایشان داشت، گفت: **من از فرط علاقه به مرحوم مسعود**، با وجود کسالت و گرفتاری‌های دیگر قیمومت ورثه آن مرحوم را به‌عهده گرفتم و تا سرحد امکان در حفظ وافزایش اموال آن مرحوم اقدام خواهم نمود ... "*

نخست: هدف‌های مصدق از قبول سرپرستی

محمد مصدق با قبول سرپرستی **ژینت مسعود** به هدف‌هایی رسیده‌است که مهم‌ترین آنها به شرح زیر می‌باشد:

محمد مصدق به عنوان سرپرست دخترمحمد مسعود

۱- جلوگیری از کشف و انتشار نامه‌های محرمانه خود به محمد مسعود

بطوری که می‌دانیم، **محمد مصدق** از طریق بستگان، دوستان و بطور کلی توسط عوامل فراوانی که در وزارتخانه‌ها و دستگاه‌های وابسته به دولت داشته به اطلاعات محرمانه فراوانی دست می‌یافته‌است و به احتمال زیاد، بسیاری از مطالب محرمانه‌ای که در هفتگی‌نامه مردامروز به‌چاپ رسیده‌بوده، توسط **محمد مصدق** و با خط خود او برای **محمد مسعود** فرستاده‌شده بوده‌است. در همان شب وقوع قتل، به دستور دادستان تهران، دفاتر روزنامه و اتاق‌های منزل **محمد مسعود** لاک و مهر شده‌بوده و در جلوی دفتر روزنامه یک نفر پلیس و یک نفر دژبان و در جلوی منزل **محمد مسعود** دو نفر ژاندارم به نگهبانی گماشته شده‌بودند. اما پس از تعیین **محمد مصدق** به عنوان سرپرست تنها دختر **محمد مسعود**، لاک و مهر از دفاتر روزنامه و اتاق‌های منزل **محمد مسعود** بازشده و همه‌ی آنها یک‌جا، یعنی بدون آنکه کوچک‌ترین بازرسی یا سرکشی از آنها صورت بگیرد و یا فهرستی از آنها تهیه شود، در اختیار **مصدق** قرارگرفته‌اند. با این ترتیب طبیعی‌است که **مصدق** به نامه‌های مربوط به خود دست یافته و خیالش از این حیث راحت شده‌است.

۲- تصرف مجموعه‌ای بی‌نظیر از اسناد محرمانه و مهم درباره تخلفات و خیانت‌های رجال وقت

محمد مسعود دارای مجموعه‌ای بسیار ارزنده و بی‌نظیر از اسناد محرمانه و مهم در مورد تخلفات و خیانت‌های بسیاری از رجال و قدرتمندان وقت کشور بوده‌است. **دکتر نصرالله شیفته**، سردبیر مردامروز، در صفحه ۶۳ کتاب «زندگینامه و مبارزات سیاسی **محمد مسعود**» چنین نوشته‌است:

*" ... **مسعود** در سرمقاله‌ها[ی مردامروز] بطور کلی، مقاطعه‌کاران بندوبست‌چی، تجارچپاولگر، ایادی بیگانه، کارمندان نادرست، رجال فاسد و خائن و بی‌عرضه، اطرافیان ناصالح و فاسد **شاه**، فئودال‌ها و مالکان زورگو، افسران قلدر و متجاوز [را] به باد انتقاد می‌گرفت... "*

از همان نویسنده در صفحات ۴۱۱/۴۱۲ همان کتاب چنین می‌خوانیم:

*" ... در ایام اخیر **مسعود** یکی دو بار به من گفته‌بود: **اسرار و اسنادی از رزم‌آرا در دست دارم که اگر در روزنامه انتشاریابد، مثل بمب صدا خواهدکرد!** احتمالاً این اسرار می‌توانست شامل اطلاعاتی در ارتباط پشت‌پرده بین رزم‌آرا (رئیس ستاد ارتش) و مقامات بالای حزب توده و یا نکاتی دیگر باشد ...*
*... این گفته **مسعود** که انتشار این اسرار مانند بمبی صدا خواهد کرد، در همان ایام یک سلسله احتمالات را برایم پدید آورد که در اینجا بدان اشاره می‌کنم: از آنجا که **مسعود** در انتشار اخبار محرمانه و اسناد سرّی که توسط عناصر ملی، کارمندان دلسوز، و افسران پاک‌نهاد به دستش می‌رسید هیچگونه تردیدی به خود راه نمی‌داد، به همین دلیل افراد بسیاری از طبقات مختلف بودند که این قبیل اخبار محرمانه و اسناد و مدارک [را] در اختیار سازمان مردامروز قرارمی‌دادند که در موقع خود، **مسعود** مورد استفاده قرارمی‌داد ... "*

اما پس از آنکه **محمد مصدق** به‌عنوان سرپرست دختر **محمد مسعود** تعیین‌شده و اختیار تمام اموال و اثاثه او ازجمله تمام اسناد و مدارک موجود در منزل و دفتر هفتگی‌نامه مردامروز را در اختیار گرفته دیگر کسی کوچک‌ترین آگاهی حتی از یک برگ از آن همه اسناد پیدا نکرده‌است. البته **مصدق** مانند **محمد مسعود** اهل باج‌گیری و اخاذی مادی نبوده ولی کسی نمی‌داند که او با آگاهی از محتویات آنها به چه استفاده‌های سیاسی مبادرت ورزیده‌است؟

۳- افزایش محبوبیت و حسن شهرت

محمد مصدق در دوره پانزدهم مجلس شورای ملی (که در آن زمان دایر بوده) به نمایندگی انتخاب نشده‌بوده و به قول خودش، در انزوای سیاسی به‌سر می‌برده‌است. البته گاهگاهی نامه‌ای از وی در مجلس شورای ملی خوانده‌می‌شده و یا اخبار مربوط به فعالیت‌ها و نظراتش در هفتگی‌نامه‌ی مردامروز به‌چاپ می‌رسیده و شاید قسمت‌هایی از آنها در بعضی روزنامه‌های دیگر هم درج می‌گردیده است. اما سرپرستی مزبور نه‌تنها موجب شده‌است که وی از حالت انزوا و فراموش‌شدن به‌درآید و باز هم تا مدتی در صحنه اجتماع مطرح باشد، بلکه به‌میزان قابل توجهی نیز بر حسن شهرت و محبوبیت خود بیفزاید.

دوم: ارثیه محمد مسعود

در زمان حیات **محمد مسعود** چنین شایع بوده که وی درآمدهای خود را به مصرف خرید زمین در نقاط مختلف تهران و نیز سهام شرکت‌ها می‌رسانده‌است. پس از مرگ وی شایعه مزبور به اثبات رسیده، زیرا در صندوق امانات **محمد مسعود** دربانک ملی ایران، افزون‌بر مبلغی پول و قباله‌ی منزل مسکونی او، تعدادی سهام از چند شرکت و قباله‌های تعدادی زمین نیز وجود داشته‌است. در صفحه ۲۹۱/۲۹۲ کتاب «زندگینامه و مبارزات سیاسی **محمد مسعود**»، بازگوشده از روزنامه ستاره شماره ۲۸۴۵ به تاریخ ٤ اسفند ۱۳۲٦ چنین نوشته شده‌است:

> *" کلید صندوقی که **محمد مسعود** در بانک ملی ایران داشته، دیروز ظهر در این صندوق را بازکرد و از طرف آقای **پیراسته**، دادستان تهران، تمام اسناد و مدارک مورد دقت قرارگرفت و اسکناس‌هایی که در آن بود، شمرده شد ... در این صندوق ده هزار تومان اسکناس بوده و چند سند مربوط به زمین و چند شرکت نیز در میان اسناد وجود داشته‌است ... "*

اتومبیل و اثاثه منزل **محمد مسعود** را، بنا به دستور و اجازه مصدق، در تاریخ ۲۵ اسفند ۱۳۲٦، از طریق حرّاج حضوری، در کل به مبلغ ۳۹۳،۲٤۱ ریال، به‌فروش رسانده‌اند. مبلغ مزبور، با افزودن مطالبات و وجود نقد باقیمانده از **محمد مسعود** در کل به ۵۷۷،۲٤۱ ریال بالغ شده است.
با توجه به اینکه وی۵۷٦،۱۸٤ ریال نیز بدهی داشته، پس کل ارثیه وی از نظر پول نقد فقط ۱،۰۵۷ ریال بوده‌است. اطلاعات بالا از صفحه ۲۹۵ کتاب «زندگینامه و مبارزات سیاسی **محمد مسعود**» اقتباس شده‌است و چند سطر زیر از همان صفحه تکمیل‌کننده‌ی آن اطلاعات می‌باشد:

> *" ... ضمناً اضافه می‌نماید که **مرحوم مسعود** دارای باغچه‌ای به مساحت تقریبی سه هزار و هفتصد متر مربع بود که روی‌هم رفته از قرار متری یکصد ریال خریداری‌شده،*

مطالبی دیگر در تکمیل داستان قتل محمد مسعود

همچنین یک قطعه زمین به مساحت ٥٤٤ متر از کوچه فرعی (از خیابان فروردین) که از قرار متری چهارصد ریال خریداری شده‌است ..."

بطوری که ملاحظه می‌شود در صورت بالا تعداد زمین‌ها از **چند سند** به **دو قطعه** کاهش یافته و دیگر نامی هم **از منزل مسکونی او، از سهام شرکت‌ها، و نیز از اموال و اثاثه دفتر روزنامه‌ی مردامروز** به‌چشم نمی‌خورد.

سوم: استعفای مصدق از سرپرستی

مصدق در همان نخستین روزهای قبول سرپرستی دختر **محمد مسعود** به هدف‌های مورد نظر خود رسیده‌است و دیگر ادامه‌ی سرپرستی از نظر او جز اتلاف وقت نتیجه‌ای دربر نداشته‌است. به همین جهت مدت کوتاهی پس از حراج اتومبیل و اثاثه منزل **محمد مسعود**، که بخش کوچکی از ماترک وی را تشکیل‌می‌داده ، از سرپرستی مستعفی گردیده و فروش بقیه اموال **محمد مسعود** را که شامل منزل، چند قطعه زمین، و تعدادی سهام از چند شرکت بوده به عهده‌ی سرپرست بعدی، به‌نام **ابوالفضل سجادیان**، که از دوستان **محمد مسعود** بوده واگذار کرده‌است.

مطالبی دیگر در تکمیل داستان قتل محمد مسعود

بر پایه آنچه که تاکنون انتشار یافته و نیز با توجه به اقداماتی که در پی وقوع قتل صورت‌گرفته، کم‌وبیش این اتفاق‌نظر حاصل شده‌است که جنایتکاران با انجام این قتل می‌خواسته‌اند گناه آن‌را به گردن **شاه و دربار** بیاندازند و بر نفرت عمومی نسبت به آنان بیافزایند.
اما وجود و اقدامات **محمد مسعود**، به شرح زیر ضامن سودهای فراوانی برای **حزب توده ایران** بوده‌است. از جمله اینکه:

۱- **محمد مسعود** در بیشتر شماره‌های مردامروز به نحوی غیرمستقیم ولی به صورتی که خوانندگان آن هفتگی‌نامه به خوبی درک منظور می‌نموده‌اند، **شاه** را مورد اهانت‌های شدید قرارمی‌داده و نیز به صراحت به بستگان نزدیک **شاه** و سایر درباریان حمله‌می‌کرده و با انتساب خلافکاری‌های واقعی یا دروغی به آنان به صورت یک وسیله نفرت‌ساز همیشگی بر ضد **شاه و دربار** درآمده بوده‌است.

۲- **حزب توده ایران** خود را حامی طبقه کارگر می‌دانسته و به‌ظاهر با سرمایه‌داران و کارفرمایان، که به‌عقیده آن حزب، کارگران را استثمار کرده‌بوده‌اند همیشه در مبارزه بوده و دشمنی می‌ورزیده‌است. **محمد مسعود** نیز که همواره، البته با هدفی دیگر، خلافکاری‌ها و سوءاستفاده‌های کلانی به راست یا به دروغ به این قبیل کارفرمایان و سرمایه‌داران نسبت می‌داده، آتش نفرت کارگران آنان و سایر کارگران را هم شعله‌ورتر می‌ساخته و در حقیقت این اقداماتش نیز به تحقق هدف‌های حزب توده کمک می‌کرده‌است.

۳- سایر افشاگری‌های راست یا دروغ **محمد مسعود** درباره‌ی سفیران ایران در کشورهای خارج، کارمندان سفارتخانه‌ها، وزرا، مدیران کل، رئیسان و کارمندان ادارات دولتی و یا وابسته به دولت،

پنج ترور تاریخی راهگشای صدارت مصدق

با هر هدف و نیتی که صورت می‌گرفته، به نوبه خود در راستای هدف‌های **حزب توده ایران** نیز به‌حساب می‌آمده‌است.
با توجه به مراتب بالا، می‌توان **محمد مسعود** را به مرغی تشبیه نمود که پیوسته برای حزب توده تخم‌های طلایی به ارمغان می‌آورده ولی حزب مزبور آن مرغ را کشته‌است تا شاید از گوشتش آب گوشتی، آن هم فقط برای یک وعده غذا، تهیه نماید. آیا ایجاد نفرت حاصل از قتل **محمد مسعود** نسبت به **شاه**، به از دست دادن آن همه مزایا و منافع می‌ارزیده‌است؟ زنده بودن **محمد مسعود**، بدون هیچ ضرر و خطری منافع مزبور را برای **حزب توده ایران** تأمین می‌نموده، ولی ارتکاب جنایت قتل، **مستلزم قبول خطر احتمال کشف آن و مجازات قاتلان و بدنام ساختن حزب توده ایران، و در نتیجه ایجاد تنفر مورد نظر، آن‌هم به نحوی بسیار شدیدتر، نسبت به حزب بوده‌است.**

دکتر فریدون کشاورز، از رهبران **حزب توده ایران** که در زمان وقوع قتل عضو کمیته مرکزی حزب بوده، ضمن مصاحبه مشهور خود درباره‌ی شرکت **حزب توده ایران** در آن قتل چنین گفته‌است:

> *" ... روزنامه مردامروز **محمد مسعود** را مردم از هم می‌قاپیدند و چند ساعت بعد از انتشار آن قیمتش به ده برابر و بیشتر ازآن می‌رسید. آخر **محمد مسعود** با شجاعت تعجب‌آوری به **شاه** و خاندان سلطنت و به‌خصوص به **اشرف** حمله‌می‌کرد. **حزب در کشتن او چه نفعی داشت؟ این کار فقط به نفع دربار بود.***
> ***کیانوری به کجا بسته‌بود که چنین کاری را کرد؟** شاید هم او که اغلب می‌گفت و می‌گوید: من یک حُقه زدم. اینجا هم می‌خواست با کُشتن **محمد مسعود** حُقه بزند و این کار به گردن **شاه** بیفتد و تنفر مردم از او بیشتر بشود و **تازه این عمل هم به نفع رزم‌آرا بود که نقشه گرفتن حکومت ایران و کشتن شاه را در سر داشت ... "***
> (من متهم می‌کنم کمیته مرکزی حزب توده ایران- دکتر فریدون کشاورز- صفحه ٥٤)

درهرحال، بطوری که می‌دانیم، نزدیک به یک سال بعد از این جنایت، یعنی در ۱۵ بهمن ۱۳۲۷، سوءقصد نافرجام نسبت به جان **شاه** صورت گرفته، و در پی آن تمام نفرت‌هایی که مردم ایران، پیش از آن تاریخ، نسبت به او داشته‌اند یکباره فراموش شده و او (در آن زمان) به اوج محبوبیت رسیده‌است و درعوض همین یک قتل (حتی بدون توجه به سایر قتل‌هایی که **خسرو روزبه** به انجام آنها معترف‌شده) در حکم مُرَکب سیاهی می‌باشد که تمام کتاب زندگی این شخص را سیاه کرده‌است.

با این ترتیب این پرسش پیش می‌آید که آیا **در واقع منظور و هدف اصلی از کشتن محمد مسعود فقط ایجاد نفرت نسبت به شاه بوده‌است؟**

اسناد و شواهد موجود این عقیده و تصور را نفی می‌نماید و نشان می‌دهد که قتل **محمد مسعود** به منظور جلوگیری از انتشار سندی (به خط **حاجیعلی رزم‌آرا** و خطاب به **خسرو روزبه**) در هفتگی‌نامه مردامروز بوده که جلوگیری از انتشار آن سند (از نظر این دو نفر) ارزش استقبال از هر نوع زیان و خطری را داشته‌است.

نخستین پرتو در تاریک‌خانه اسرار قتل محمد مسعود

یک سال و یک ماه و هشت روز پس از این قتل، یعنی در روز ۳۰ فروردین ۱۳۸۰، **دکتر مظفر بقائی کرمانی** در استیضاح مشهور خود از دولت **محمد ساعد**، برای نخستین‌بار به احتمال انجام این جنایت به **سپهبد رزم‌آرا** و **سروان روزبه** اشاره کرده‌است.
دکتر بقائی، در آن روز، پس از بیان مختصری از سابقه دوستی و آشنایی خود با **محمد مسعود**، شرح داده‌است که بنا بر دعوت او، در ساعت ۹ بعدازظهر (شاید آخرین) دوشنبه پیش از قتلش به منزل وی رفته بوده‌است. بقیه داستان را از قول خود او بشنوید:

" ... بعد از خاتمه آن جلسه، وقتی که ما برمی‌گشتیم به منزل، سایر مدعوین با اتومبیل‌های خودشان رفتند.
***محمد مسعود** خودش صحبت‌کرد و با اتومبیلش من را رساند به منزل.*
بین راه من از او پرسیدم‌که: برای این شماره [مردامروز] چه چیزی حاضرکردی؟
گفت: یک چیزی که در تهران مثل بمب اتم خواهدترکید. این عین عبارتش است که من یادداشت کردم: این شماره روزنامه من مثل بمب اتم خواهد ترکید.
پرسیدم: موضوعش چیست؟
گفت: گراور یک سندی است که من می‌خواهم آن را در روزنامه خودم منتشر کنم.
*آقایان! من برای بقیه عرایضم مدرک ارائه‌می‌دهم. اینجا برای این موضوع مدرکی ندارم ارائه بدهم، ولی به قرآن و شرافت خودم و به همین قانون اساسی، که دفاع می‌کنم ازش، این عرضی که می‌کنم عین حرفی است که **محمد مسعود** به من گفت و می‌دانید که خیلی بیشرمی می‌خواهد که کسی پشت سر مرده دروغ بگوید. عین حرفی است که **محمد مسعود** به من گفت، من به شما عرض می‌کنم. اتخاذ سند هم بکنید یا نکنید به حال من فرقی ندارد، ولی من سندی ندارم که ارائه بدهم. فقط شرافت و وجدان خود را گرو می‌گذارم که این عین حرفی است که **محمد مسعود** به من گفت.*
*گفت: **این سند عبارت از کاغذی است به خط تیمسار سرلشکر رزم‌آرا که به سروان روزبه نوشته شده‌است و پس از افشای آن دیگر رزم‌آرا قدرت نخواهد کرد.***
*توضیحات بیشتری خواستم. گفت: نوبرش می‌رود باید توی روزنامه بخوانی. من چون دیدم که میل ندارد، اصراری نکردم. گفتم که: خیلی خوب، صبرمی‌کنم، مجهولات دیگری هم هست که باید صبرکنم کشف شود. گفتم که: صبرمی‌کنم. ولی **متأسفانه آن شماره‌ای که وعده داده‌بود، دیگر منتشرنشد و من هم پس از آن دیگر آن مرحوم را زنده ندیدم***
*... بعد از این جریان و آن چیزی که شنیده‌بودم و آنچه که دیده‌بودم، با توجه بیشتری اخبار روزنامه‌ها و مقالات راجع به ستاد ارتش و تیمسار معظم، **سپهبد** رزم‌آرا را قرائت کردم و تعقیب کردم و **یک بار هم از این صحبت‌هایی که بین من و آن مرحوم ردوبدل شده‌بود، به وسیله یکی از محارم اعلیحضرت به حضور مبارک ایشان پیغام فرستادم ...** "*
(استیضاح حسین مکی- دکتر مظفر بقائی- ابوالحسن حائری‌زاده از دولت ساعد- انتشارات امیرکبیر- صفحات ۱۱۱/۱۱۲)

در اینجا بد نیست که به صورت معترضه به نقل چند جمله‌ای بپردازد که در زمان ایراد سخنان **دکتر بقائی** درباره‌ی استیضاح مورد بحث، بین وی و رئیس مجلس (**رضا حکمت، سردار فاخر**) ردوبدل شده‌است:

*" رئیس: خدا رحمتش کند همانطور که گفتید با یک حقوق کمی مشغول اعاشه بود و با چند صد هزار تومان از دنیا رفت و با اشاعه فساد پول‌هایی به‌دست آورد. **آقای دکتر بقائی مملکت را خراب نکنید. بگذارید حقیقت را مردم بدانند ...***
***دکتر بقائی:** عرض کنم اینجا مطلب دو تا شد. من در عرایضی که کردم هیچگاه نگفتم که **مرحوم محمد مسعود** پول نمی‌گرفت. **هیچوقت هم نگفتم که او جزو فلاسفه درجه اول و** از اولیاء خداست. آقایان همه شاهدند که من راجع به ملکات اخلاقی صحبت نکردم. هیچ صحبت نکردم. چون من حرف دروغ انشاالله نمی‌زنم. ولی **من می‌دانم محمد مسعود پول هم می‌گرفت. می‌دانم از چه مقاماتی هم می‌گرفت.** تمام اینها را به من گفته بود. به کسی هم بازگو نخواهم کرد. ولی یک روزنامه‌نگاری بود و جزو روزنامه‌نگارهای خوب بود و چند صد هزار تومان هم نداشت. من به تمام تمولش اطلاع دارم. می‌دانم چه جور جمع کرده بود. گاهی هم مرا میهمان می‌کرد، می‌رفتیم ناهار می‌خوردیم. می‌خواستم پولش را من بدهم، می‌گفت نه تو پول نده، **من این پول‌ها را از این گردن‌کلفت‌ها گرفته‌ام من می‌دهم.** این حرفها را هم می‌زد ... "*
(همان- صفحه ۱۱۶)

سرنوشت نامعلوم نامه‌ی رزم‌آرا به خسرو روزبه

بطوری که در شاهنامه در مورد **بهرام گور**، پادشاه مشهور ساسانی، شرح‌داده شده‌است وی برای رسیدن به تخت سلطنت مجبور بوده‌است که جان خود را به خطر انداخته و تاج شاهی را از میان دو شیر درنده به‌دست بیاورد. با اینکه موبد موبدان به او نصیحت کرده بود که:

تو جان از پی پادشاهی مده
تنت را به خیره تباهی مده

ولی **بهرام**، پند موبد را نشنیده و به عشق رسیدن به پادشاهی، خطر مرگ را پذیرفته و با دلاوری به کشتن شیرها توفیق یافته‌است. حال اگر داستان در همین جا ختم شده‌باشد، بی‌گمان از خوانندگانی که همگی علاقمند به آگاهی از بقیه داستان می‌باشند، هیچ کدامشان نخواهند پذیرفت که **بهرام** پس از کشتن شیرها درحالی‌که تاج شاهی در دسترسش قرارداشته، از آن و از پادشاهی ایران صرف‌نظر کرده و به محل سکونت قبلی خود، در حیره (نزدیک کوفه کنونی) نزد **نعمان بن منذر**، برگشته‌باشد.

به همین ترتیب بسیار ساده‌لوحی خواهدبود، اگر تصورنماییم، که **خسرو روزبه** و **رزم‌آرا** پس از کشته‌شدن **محمد مسعود**، از تصرف سند مهمی که بخاطر آن مرتکب جنایت شده‌بودند صرف‌نظر کرده و یا اینکه آن‌را فراموش کرده‌باشند. بطوری‌که خوانندگان گرامی در زیر ملاحظه خواهند فرمود، **نصرالله شیفته** به روشنی اعتراف کرده‌است که تمام کلیشه‌های مربوط به شماره‌ی آتی مردامروز در ساعت ۹:۳۰ در همان شب وقوع قتل، یعنی همزمان با قتل، به وی تحویل شده بوده‌است و ما اکنون بر مبنای شواهد فراوان می‌توانیم حدس‌بزنیم که او سند مهم مورد بحث را در اختیار **رزم‌آرا** قرار داده‌است.
نصرالله شیفته که هر مطلب مهم و یا بی‌اهمیتی درباره **محمد مسعود** را جمع‌آوری کرده و از مجموع آنها کتابی در ۴۲۳ صفحه درباره‌ی وی به‌چاپ رسانده، از درج مطلبی که در بالا اززبان **دکتر**

سرنوشت نامعلوم نامه رزم‌آرا به خسرو روزبه

بقائی بازگوشد، خودداری نموده‌است. چرا؟ زیرا بطوری‌که دیدیم **محمد مسعود** به **دکتر بقائی** گفته بوده‌است که:

" این شماره روزنامهٔ من مثل بمب اتم خواهد ترکید. "

و در مقابل پرسش **دکتر بقائی** که: ***" موضوعش چیست؟ "***
محمد مسعود گفته بوده‌است:

" گراور یک سندی است که من می‌خواهم آن‌را در روزنامه خودم منتشرکنم. این سند عبارت از کاغذی است به خط تیمسار سرلشکر رزم‌آرا که به سروان روزبه نوشته شده است و پس از افشای آن دیگر رزم‌آرا قدرت نخواهد کرد. "

این استیضاح، که در ایجاد نهضت ملی ایران، سهم بسزایی داشته، در زمان خود شهرتی عجیب به‌دست آورده‌است و شجاعت **دکتر مظفر بقائی کرمانی** در افشای اقدامات خلاف قانون و اختناق‌آفرین رزم‌آرا، **دکتر بقائی** را به اوج محبوبیت و شهرت رسانده و او را به صورت رهبر و یا دست‌کم یکی از رهبران نهضت ملی ایران درآورده‌است. چون تمام کلیشه‌هایی که می‌بایست در نخستین شماره‌ی آتی هفتگی‌نامه مردامروز درج‌گردد، در ساعت ۹:۳۰ بعدازظهر دو شب قبل از انتشار شماره‌ی مزبور (و کمابیش هم‌زمان با قتل)، توسط مستخدم آن هفتگی‌نامه و در مقابل چشم چند شاهد عینی از کارگران چاپخانه مظاهری به **دکتر نصرالله شیفته** تحویل‌شده بوده‌است بنابراین وی به ناچار برای مأموران شهربانی و دادستان وقت تهران و نیز در صفحه ۱۹۷ کتاب خود به دریافت آن کلیشه‌ها، به شرح زیر، اعتراف کرده‌است:

" ... در حدود ساعت ۹:۳۰ شب، مستخدم روزنامه با بسته کلیشه‌ها از گراورسازی وارد اتاق حروفچینی شد و آن بسته را به من داد. سپس پرسید کاری با من ندارید؟ گفتم نه، برو خانه. وی از اتاق خارج شد، دقیقه‌ای بعد سراسیمه وارد اتاق شد با دستپاچگی گفت: مثل اینکه آقا توی ماشین حالش بهم خورده ... "

مطلب بالا غیر قابل تکذیب بوده‌است و چون یک دقیقه پس از آن جسد **محمد مسعود** کشف شده، پس کلیشه‌های مزبور و اصل آنها (**از جمله نامه‌ی رزم‌آرا به روزبه و کلیشه‌ی آن**) نزد **شیفته** باقی‌مانده و به‌چاپ نرسیده‌است. حال اگر **شیفته**، در کتابش به درج سخنان **دکتر بقائی**، به شرحی که ذکرشد، مبادرت کرده‌بود، بی‌گمان این پرسش برای خوانندگان پیش می‌آمد که آن کلیشه‌ها چه بودند و بعد از مرگ **مسعود** به‌کجا رفتند و چه بر سرشان آمد؟ و آن وقت آیا **شیفته** می‌توانست اعتراف‌نماید که آنها را به مأمورین رزم‌آرا تحویل داده‌است؟
دکتر نصرالله شیفته در صفحه ۲۰۱ کتاب خود در مورد مطالبی که روز پس از رخداد، به‌جای کلیشه‌های مزبور در آن شماره روزنامه جای‌داده، چنین نوشته‌است:

*" ... ساعت ۹ بامداد [روز پس از قتل **مسعود**] چند خبرنگار خارجی با عکاس به دفتر چاپخانه آمدند و توضیحاتی درباره این ترور دریافت‌داشتند. من پس از تهیهٔ گزارش فاجعه، آن را به حروفچینی داده برای تهیه کلیشه از **مسعود** به گراورسازی رفته به هر ترتیبی بود آن را ساخته و به **چاپخانه** آوردم که در صفحه ۱ شماره ۱۳۸ به چاپ رسید. ناهار را در چاپخانه خورده، در حدود ساعت ۲ تا ۳ بعدازظهر بود که **اعلامیه انجمن***

روزنامه‌نگاران مربوط به مراسم تشییع و خاکسپاری به دستم رسید. فوراً دادم آن را چیده در روزنامه جا دادم و به سرعت به ماشین چاپ رساندم ..."

احتمال شرکت نصرالله شیفته در توطئه قتل

آقای **نصرالله شیفته**، دقایق پیش از قتل را چنین تعریف کرده‌است:

*" ... در حدود ساعت ۹ شب ناگهان در اتاق حروفچینی بازشد، **مسعود** به‌نحو غافلگیرانه‌ای واردشد. زیرا پس از خروج از دفتر روزنامه انتظار من آن بود که **مسعود** طبق معمول سرمقاله را توسط یکی از همکاران برایم خواهدفرستاد. **مسعود** پس از آنکه راجع به پیشرفت کار با من صحبت کرد، سرمقاله و چند مقاله دیگر را به من داد، پس از چند دقیقه خداحافظی کرد و از اتاق خارج شد. یکراست به آنسوی ساختمان که ماشین‌های چاپ در آنجا قرارداشت و صفحات دیگر روزنامه زیر چاپ بود رفت تا صفحات چاپ شده را بررسی کند. چون زمستان و هوا سرد بود و تاریک، به علت بسته بودن اتاقها ما از ورود و خروج **مسعود** در چاپخانه آگاهی دقیقی نداشتیم."*

(زندگینامه و مبارزات سیاسی محمد مسعود- همان- صفحات ۱۹۶/۱۹۷)

نامه رزم‌آرا به روزبه چگونه به دست محمد مسعود رسیده بود؟

نگارنده بی‌آنکه بتواند در اینجا سندی کتبی ارائه دهد، بر مبنای دلایل و شواهد فراوان، بر این اعتقاد می‌باشد که نامه محرمانه رزم‌آرا به **روزبه**، یعنی همان نامه‌ای که زمینه‌های قتل او را فراهم‌ساخت، از مسیر **سرهنگ محمد دفتری** و **محمد مصدق** در اختیار **محمد مسعود** قرارگرفته بوده‌است.

بی‌گمان هنگامی که **سرلشکر حاجیعلی رزم‌آرا** نامه محرمانه مورد بحث را به سروان **خسرو روزبه** می‌نوشته‌است، مانند سایر کسانی که **روزبه** را می‌شناخته‌اند، وی را مردی با تدبیر و بسیار زرنگ می‌دانسته و اطمینان داشته‌است که او کسی نیست که با بی‌فکری و بی‌احتیاطی آن‌را از دست بدهد و خود و **رزم‌آرا** را با مشکلاتی بزرگ مواجه‌سازد. اما **خسرو روزبه** تا زمانی که در زندان دژبان بسرمی‌برده در اختیار **سرهنگ محمد دفتری** قرار داشته‌است. حتی وی و یا مأمورانش به آسانی می‌توانسته‌اند اتاق او را، در ساعاتی که برای هواخوری یا توالت به بیرون برده می‌شده، و یا تمام لباس‌های او را، در زمانی که به حمام می‌رفته مورد بازرسی دقیق قراردهند.

ما به یقین می‌دانیم که **خسرو روزبه** در زندان دژبان از وسایل نویسندگی، یعنی قلم و کاغذ، به میزان نامحدود ونیز از حق مکاتبه و مبادله نامه با خارج از زندان برخوردار بوده‌است. حال هرچند ممکن است که وی پیش از فرار تمام یا قسمتی از مکاتبات و اسناد خود را نابودکرده و یا در موقع فرار از سوراخ تنگی که در دیوار دستشویی برایش کنده‌بوده‌اند مهم‌ترینشان را هم همراه با خود خارج کرده‌باشد. با این وجود، باز هم امکان‌دارد که در لباس‌های زندان که در دستشویی به‌جا نهاده‌بوده و یا در کیف دستی و سایر وسایلی که در اتاق زندان از او باقی‌مانده بوده، نامه یا نامه‌هایی را به‌علت دستپاچگی به‌جا گذاشته‌باشد که در این‌صورت تمام این قبیل اسناد و نامه‌ها تحویل رئیس دژبان، یعنی **جناب سرهنگ محمد دفتری** شده‌است. افزون‌برآن، فراری دادن **خسرو**

اعترافات کیانوری درباره قتل محمد مسعود

روزبه نیز به صورت رهاساختن او در خیابان صورت نگرفته‌بوده، بلکه وی توسط فراردهندگان مستقیم از زندان به خانه‌ای بردهشده که از پیش برایش آماده کرده‌بوده‌اند و **سرهنگ محمد دفتری** از محل آن آگاهی‌داشته و مأموران مخفی دژبان آنجا را هم تحت مراقبت و محافظت شبانه روزی قرار داده‌بوده‌اند.
منظور این‌است که امکان بازرسی دقیق و محرمانه آن خانه نیز، در ساعات خروج **روزبه** از آن، تنها برای **سرهنگ دفتری** به آسانی فراهم بوده‌است.

حال هرگاه نامه مورد بحث به‌نحوی از راه‌هایی که ذکرشد به دست **سرهنگ دفتری** رسیده بوده‌است، بی‌گمان وی آن را به مرشد و مراد خود، یعنی **محمد مصدق** تحویل‌داده و **محمد مصدق** نیز آن نامه را جهت درج در ارگان غیررسمی خود، یعنی مردامروز، به **محمد مسعود** داده‌است.

اعترافات کیانوری درباره قتل محمد مسعود

الف- از کتاب «زندگینامه و مبارزات محمد مسعود»:

*"اعترافات سران حزب توده در یک میزگرد تلویزیونی درباره ترور **محمد مسعود**، مدیر مردامروز، توسط کمیته ترور حزب توده. در هفته اول مهر ماه ۱۳۶۲ **[بیش از چهار سال و نیم پس از انقلاب اسلامی]***
*سران حزب منحلة توده ایران در یک میز گرد تلویزیونی یک سلسله اعترافاتی از عملیات جاسوسی و خیانت خود برای ملت ایران برملا ساختند که قسمتی از آن مربوط می‌شد به کمیته ترور حزب و ترور **محمد مسعود** که **نورالدین کیانوری**، دبیر کل حزب، در مورد این ترور چنین اعتراف کرد:*

*واقعیت این است که ما در این دوران کوشش می‌کردیم این ضعف‌ها را با کمک تبلیغات خودمان به اشکال مختلفه برطرف کنیم. مثلا کوشش می‌کردیم که قهرمان درست بکنیم و **روزبه** را که از حزب تنها دفاع کرده‌بود، او را به‌عنوان یک قهرمان بدون خدشه معرفی کنیم. **در اینجا هم ما با مردم ایران حتی با حزب و کادرهای رهبری حزب صادق نبودیم و از دفاعیات روزبه نکات مهمی را در سه بخش مهم، ما حذف کردیم: یک بخش مربوط به قتل محمد مسعود که روزبه اعتراف کرده بود او با گروه تروریستی که ایجاد کرده‌بود، این قتل را انجام داده‌است. تا آن وقت همه خیال‌می‌کردند که دربار این قتل را انجام داده‌است.***
***مسئله دوم** عبارت بود از قتل‌هایی که رهبری حزب تصمیم گرفته‌بود در داخل حزب روی سوءظن‌هایی که به افراد پیدا کرده‌بود، انجام‌بدهد، که از همه مهم‌تر قتل **حسام لنکرانی** بود.*
***مسئله سوم** اظهار نظرهایی بود که **روزبه** درباره عده‌ای از رهبران حزب کرده‌بود. اظهارنظرهای منفی زیادی داشت.*
*ما این سه بخش را از دفاعیات **روزبه** حذف کردیم و فقط قسمتهای آفتابی آن را نشان دادیم و قسمتهای سایه آن را حذف‌نمودیم. در اینجا باید بگویم این سه بخش را که از دفاعیات **روزبه** حذف‌کردیم او واقعیت‌هایی را بیان کرده‌بود، که بدون خدشه بود و*

اعترافات خود روزبه بالاتر از همه است و بدون فشار این اعترافات را کرده بود و تمام آن با واقعیت‌ها تطبیق می‌کرد."
(زندگینامه و مبارزات محمد مسعود- دکتر نصرالله شیفته- صفحات ۴۰۰/۴۰۱)

ب: نقل از کتاب خاطرات نورالدین کیانوری: (که به صورت مصاحبه و پرسش و پاسخ می‌باشد)

*" [سؤال]: یکی از مسائلی که تقریباً در همین دوران پیش آمد دستیابی رهبری حزب توده به دفاعیات **روزبه** در دادگاه نظامی بود که توسط شوروی‌ها در اختیار شما قرارگرفت و [احسان] **طبری** ماجرای آن‌را شرح داده‌است. دفاعیات **روزبه** چگونه به دست شوروی‌ها رسید؟*
***کیانوری**: متن دفاعیات **روزبه** را یک گروهبان ارتش بدون توقع هیچگونه پاداش، چند صفحه چند صفحه، بیرون‌آورد و به بستگان **روزبه** تحویل‌داد. من نمی‌دانم که این نوشته چگونه به دست حزب کمونیست شوروی رسید.*
***[سؤال]**: این متن قبل از انتشار سانسور شد؟*
***کیانوری**: بله! چون **روزبه** در دفاعیاتش هم به شرکت در قتل **محمد مسعود** اعتراف کرده‌بود و هم از افراد هیأت اجرائیه انتقاد جدی کرده‌بود، هیأت اجرائیه آن‌را سانسور و سپس منتشرکرد.*
***[سؤال]**: موارد حذف شده چه بود؟*
***کیانوری**: یادم نیست اگر متن اصلی را ببینم می‌توانم بگویم ... "*
(خاطرات نورالیدن کیانوری – موسسه تحقیقاتی و انتشاراتی دیدگاه - صفحه ۳۸۴)

اعتراف خسرو روزبه به شرکت در قتل محمد مسعود

الف: نقل از کتاب خاطرات حسین مکی:

اعترافات **خسرو روزبه** به شرکت در قتل **محمد مسعود**، به شرح زیر در روزنامه اطلاعات شماره ۹۴۷۸، به تاریخ چهارشنبه ۲۰ آذرماه ۱۳۳۶، به‌چاپ رسیده و همراه با آن عین نوشته **خسرو روزبه** نیز به خط و امضای خود او کلیشه شده‌است.
حسین مکی متن اعتراف و عین کلیشه مزبور را در کتاب خاطرات سیاسی خود (صفحات ۹۱/۹۲)، بازگوشده از روزنامه اطلاعات درج نموده‌است و ما در زیر تنها به نقل متن آن اعتراف، از این کتاب بسنده می‌نماییم:

*" سال ۱۳۲۶ من [**خسرو روزبه**] به اتفاق چند نفر از دوستانم جلساتی تشکیل می‌دادیم. کسانی که در این جلسات شرکت داشتند عبارت بودند از هشت نفر به نام‌های: من **[خسرو روزبه]- حسام لنکرانی- ابوالحسن عباسی - سیف‌الله همایونفرخ - منوچهر رزم‌خواه - ناصر صارمی- ابراهیم پرمان- صفیه خانم حاتمی** (معروف به **صفا خانم**، همسر **حسام لنکرانی**).*

اعتراف خسرو روزبه به شرکت در قتل محمد مسعود

*در آن جلسه [جلسات!] که هرگز رئیسی نداشت و چنین انتخابی هم صورت نگرفت، تصمیم به ترور **محمد مسعود** گرفته شد. **حسام لنکرانی** با **محمد مسعود** دوستی داشت و **محمد مسعود** به خانه **لنکرانی‌ها** رفت و آمد می‌کرد. یکی از نقشه‌ها این بود که از این دوستی استفاده شود. یعنی به یک ترتیبی او را سوار اتومبیل کنند، یا بالعکس، سوار اتومبیلش شوند و برای این کار لازم بود **حسام** و دیگران به دنبال **محمد مسعود** باشند و هر وقت چنین فرصتی دست داد از آن استفاده نمایند. چند شب اتومبیل حامل این عده در سر یکی از کوچه‌های فرعی بین فردوسی و لاله‌زار کشیک داد و این عده یا درون آن بودند یا پیرامون اتومبیل راه می‌رفتند و همین عمل موجب شد که توقف اتومبیل معین در نقطه معین جلب نظر یک پسر بچه‌ای را بنماید و پس از آنکه جریان قتل اتفاق افتاده، گزارش همین بچه در مورد مشخصات اتومبیل موجب راهنمایی مأمورین کارآگاهی شد و توانستند اتومبیل را بشناسند وسپس **برادران لنکرانی** را جمعاً دستگیر نمایند. البته اینها مدتی زندانی بودند و بعد آزاد شدند.*

*به هر حال، این اتومبیل در یکی از شبها نیز سر مأموریت خود بود و در آن شب **محمد مسعود** از اداره روزنامه خارج شده‌بود و به‌سرعت به‌طرف چاپخانه رفته‌بود. اتومبیل نیز او را تعقیب کرده‌بود و وقتی **محمد مسعود** از چاپخانه خارج شده بود، عامل ترور که از طرف گروه تعیین شده‌بود بدو نزدیک شده‌بود و در اثر دویدن وی **محمد مسعود** ناراحت شده‌بود و خواسته‌بود زودتر سوارشود ولی هنوز یک پایش درون اتومبیل نرفته‌بود که به او نزدیک شده‌بود و یک تیر شلیک کرده‌بود. ضمناً قراربود هرگز به یک تیر اکتفا نشود، لذا پس از رها کردن تیر اول که در نتیجه آن **مسعود** بی‌حال شده‌بود، تیر دیگری توی شقیقه‌اش خالی کرده‌بود و بدین ترتیب به عمرش خاتمه داده‌بود ..."*

ب: نقل از مجله روشنفکر:

" ما فکرمی‌کردیم برای گم‌کردن راه و برای اینکه دستگاه پلیس نتواند سمت لازم را برای پیداکردن گروه بیابد اول از کسی شروع کنیم که دارای دستجات مخالف زیادی باشد.

***محمد مسعود** از این جهت ایده‌آل بود، زیرا با انتشار روزنامهٔ مردامروز تقریباً همه کس را با خود دشمن کرده بود. از یک طرف با دسته **مسعودی‌ها** و روزنامه اطلاعات سخت درآویخته بود و از طرف دیگر با **قوام‌السلطنه** و گروه طرفدار او مخالف بود و جنگ‌ها و جدل‌های زیادی با هم داشتند. در عین حال با امثال **حاج علینقی کاشانی** و سایر ثروتمندان طرف می‌شد. از یک طرف نیز روزنامه‌اش خواننده زیاد داشت و مقالاتی که علیه نهضت جهانی طبقه کارگر منتشر می‌ساخت می‌توانست تأثیر منفی داشته باشد.*

*اینها دلایلی بود که ما اقامه کردیم و گفتیم اگر او هدف قرار بگیرد و به علت دشمنان کثیری که دارد توجه مأمورین پلیس به همه دسته‌ها خواهد رفت و اصلاً از راه پرت خواهد شد... پس از ترور **محمد مسعود** نتیجه‌ای که ما گرفتیم نتیجه مثبت بود، یعنی روزنامه‌های مختلف که در تهران انتشارمی‌یافت، همانطور که ما پیش‌بینی کرده‌بودیم این قتل را به گروه سیاسی مخالف خود نسبت دادند و به‌قدری قضیه به هم گره*

خورده‌بود که هیچکس نمی‌توانست به فکر گروه ما باشد و ما در این عمل در حقیقت موفق شده بودیم. "
(زندگی‌نامه و مبارزات سیاسی محمد مسعود- همان- صفحه ۳۹۵- بازگوشده از مجله روشنفکر به تاریخ تیرماه ۱۳۳۵)

بازداشت دوباره‌ی روزبه

داستان مشروح قتل **محمد مسعود** و شایعات یا حوادثی که در پی آن پخش‌شده و یا اتفاق افتاده‌است در بالا به آگاهی خوانندگان گرامی رسید. اما همانطور که گفته‌شده، نزدیک به شش سال بعد از وقوع قتل مزبور، یعنی در مهرماه ۱۳۳۶، **خسرو روزبه** داستان واقعی آن قتل را شرح‌داده و به شرکت خود در انجام آن نیز به‌صراحت اعتراف نموده‌است. در زیر بقیه‌ی حوادث مرتبط به وی تا اعدام او، در مسیر زمان، بازگو خواهد گردید:

۱ فروردین ۱۳۲۷ (۲۱ مارچ ۱۹۴۸)- **سرلشکر حاجیعلی رزم‌آرا** به درجه سپهبدی ارتقاء یافته‌است.

۲۱ فروردین ۱۳۲۷ (۱۰ آپریل ۱۹۴۸)- در این تاریخ که درست دو ماه از قتل **محمد مسعود** گذشته‌بوده، **خسرو روزبه** بار دیگر دستگیر و بازداشت شده‌است.
دکتر انور خامه‌ای جریان این بازداشت را چنین شرح داده‌است:

*" ... بطوری که در فصل پیش شرح‌دادیم [**خسرو روزبه** در تاریخ ۱۷ اردیبهشت ۱۳۲۶، ۸ می ۱۹۴۷] با کمک رزم‌آرا از زندان دژبان فرار و تا روز ۲۱ فروردین ۱۳۲۷ در تهران به‌صورت مخفی زندگی‌می‌کند و در این مدت از یکسو سازمان افسری حزب توده را نوسازی و رهبری و از سوی دیگر ترور **محمد مسعود** را برنامه‌ریزی و اجرامی‌کنند. در این تاریخ به‌وسیلهٔ مأموران شهربانی، در مخفیگاه خود در دزآشیب به اتفاق **مهندس مهدی ریفی** و **مهندس عزت‌الله راستکار** دستگیر و [چون افسر ارتش بوده‌است] تحویل زندان دژبانی می‌شود ... "*
(انشعاب تا کودتا- صفحه ۱۰۱)

شرح بازداشت بنا به روایت مجله‌ی روشنفکر، با روایت **دکتر خامه‌ای** از نظر محل بازداشت متفاوت می‌باشد:

*" ... **خسرو روزبه** تا ۲۷/۱/۲۰[۱۳] فراری‌بود و در این روز مأمورین اداره آگاهی شهربانی خانهٔ **شریف**، افسر سابق ارتش در آدران کرج را محاصره‌کرده و **روزبه** را دستگیرمی‌کنند. باز این دستگیری طبق نقشهٔ پیش‌بینی شده از قبل، به‌وسیلهٔ **سپهبد** رزم‌آرا تنظیم و تهیه شده‌بود و **از آغاز روز فرار روزبه، رزم‌آرا از مخفیگاه‌های او با اطلاع بود** و زمان دستگیری، را بنا به مصلحتی که خود می‌دانست، برای چنین روزی تعیین کرد ... "*
(زندگی سیاسی رزم‌آرا- جعفر مهدی‌نیا- صفحه ۱۹۶- بازگوشده از مجله روشنفکر سال ۱۳۳۶)

هدف‌های رزم‌آرا از کمک به دستگیری خسرو روزبه

سروان خسرو روزبه به‌علت فرار از خدمت ارتش و اتهامات فراوان دیگر تحت تعقیب قرار داشته‌است ولی **سپهبد رزم‌آرا** به‌جای اینکه دژبان‌های، تحت فرمان خود را، برای دستگیری وی روانه‌سازد، مأموران شهربانی را از مخفیگاه او آگاه‌ساخته و آنان را به این کار واداشته‌است. چرا؟
بی‌گمان در درجه‌ی نخست، برای اینکه به **خسرو روزبه** وانمودنماید که کشف مخفیگاه وی توسط مأموران آگاهی، یعنی بدون دخالت مأموران دژبان، صورت گرفته و **شاه** مستقیم دستور بازداشت او را صادر کرده‌است.
حال باید دید که هدف‌های رزم‌آرا از دستگیری **خسرو روزبه** چه بوده‌است؟

بطوری که پیشتر به آگاهی خوانندگان گرامی رسید، **دکتر مظفر بقائی کرمانی**، نماینده وقت کرمان در مجلس شورای ملی، ضمن استیضاحی که در تاریخ ۳۰ فروردین ۱۳۲۸، از دولت وقت به‌عمل‌آورده، پرده از راز مذاکره‌ای برداشته که چند روز پیش از قتل **محمد مسعود** بین او و آن مقتول انجام‌شده بوده‌است.
محمد مسعود در آن مذاکره، با **دکتر بقائی**، درباره‌ی سندی صحبت کرده‌بود که قصد داشته‌است در نخستین شماره‌ی آتی روزنامه‌ی خود به‌چاپ برساند و گفته بوده‌است که:

" ... این سند عبارت از کاغذی است به خط تیمسار سرلشکر رزم‌آرا که به سروان روزبه نوشته‌شده‌است و *پس از افشای آن دیگر رزم‌آرا قدرت نخواهد کرد* ... "

هر چند که **دکتر بقائی**، مدت‌ها پیش از آن استیضاح، یعنی بی‌درنگ پس از وقوع قتل **محمد مسعود**، داستان مذاکره خود با وی (درباره‌ی نامه‌ی رزم‌آرا به روزبه) را به آگاهی **محمدرضا شاه پهلوی** رسانده‌بوده ولی باید تصدیق‌کرد که **شاه** به آسانی نمی‌توانسته‌است مطلب بی‌مدرک مزبور را به دستگاه‌ها و مأموران کشف جرم که همگی زیر نفوذ و اقتدار رزم‌آرا بوده‌اند ابلاغ‌نماید و از آنان بخواهد که در مورد امکان شرکت و دخالت این شخص و **خسرو روزبه** در توطئه‌ی قتل **محمد مسعود** بررسی و تحقیق به‌عمل آورند ولی در عین حال، می‌توان حدس زد که **شاه** به نحوی که بر ما مجهول می‌باشد، از مأموران تحقیق خواسته بوده‌است که امکان شرکت **خسرو روزبه** در آن قتل را نیز مورد بررسی قراردهند.
شاید به همین جهت باشد که در مجله‌ی تهران‌مصور با عناوین زیر شرحی نوشته شده‌است:

" رد پای **خسرو روزبه** که در پرونده ترور **مسعود** به‌دست آمده‌است .
چگونه مقامات شهربانی و قضائی تحت فشار قرار گرفته بودند؟ "
(زندگینامه و مبارزات سیاسی محمد مسعود- صفحه ۲۸۳- بازگوشده از مجله تهران‌مصور به تاریخ ۱۷ اردیبهشت ۱۳۲۷)

مطلب زیر نیز در صفحه ۹۹ کتاب «از انشعاب تا کودتا» نوشته‌ی **دکتر انور خامه‌ای** قابل توجه می‌باشد:

" ... در آغاز همه این ترور [مسعود] را به دربار نسبت می‌دادند. اما کم‌کم کسانی پیداشدند که از دربار دفاع کردند و گفتند این کار دربار نبوده، بلکه از جانب رزم‌آرا و

ستاد ارتش بوده‌است. نخست دو هفته پس از قتل مسعود، روزنامهٔ آتش [به تاریخ ۱۳۲۶/۱۲/۱۰] خبر زیر را درج کرد:

*امروز صندوق سپرده محمد مسعود در بانک ملی به‌وسیلهٔ دادستان تحویل گرفته و بازرسی شد. پیرو خبر دیروز درباره اسنادی که از جنایت بعضی از رجال و شخصیت‌های مختلف در دست مسعود بود، **اکنون آشکار شده‌است که یکی از افسران ارشد که با خسرو روزبه تماس داشت، حاضر شده‌بود این اسناد را که شاید، مربوط به خود او بوده‌است تا ۴۰ هزار تومان خریداری کند ولی مسعود حاضر نشده بود و جداً مصمم به انتشار آن بود که ناگهان به قتل رسید.***

روزنامه آتش دیگر دنبال موضوع را نگرفت و معلوم نشد آن افسری که با روزبه ارتباط داشته که بوده‌است. تا اینکه دکتر بقائی در جلسه ۳۰ فروردین ۱۳۲۸ مجلس شورای ملی، ضمن استیضاح از دولت ساعد پرده از این راز برداشت ... "

البته نباید تردید داشت که تهدیدهای ایادی **رزم‌آرا**، موجب‌شده بوده‌است که مدیر روزنامه‌ی آتش، یعنی **سیدمهدی میراشرافی** بترسد و از ترس جان، دنبال آن موضوع را نگیرد.

در هر حال ما در حال حاضر، یعنی پس از سپری شدن متجاوز از ۶۰ سال از زمان قتل **محمد مسعود** برمبنای شواهد موثق درمی‌یابیم که در همان زمان نیز شایعات و اخبار فراوانی در مورد شرکت **خسرو روزبه** و **رزم‌آرا** در آن قتل، در میان مردم وجود داشته که دو خبر پیشین را می‌توان نمونه‌ها و اشاره‌هایی درباره‌ی آنها به‌شمار آورد.
در این شرایط، **حاجیعلی رزم‌آرا** که در جریان بسیاری از اخبار و فعالیت‌های پشت پرده و محرمانه قرارداشته و نیز منبع آن اخبار و شایعات را می‌دانسته، از وسعت و سرعت انتشار آنها به‌وحشت افتاده بوده‌است، بهترین راه را در فداکردن **خسرو روزبه** یافته‌است.

کوشش رزم‌آرا برای اطمینان‌بخشی به خسرو روزبه و رفع نگرانی از او

همانگونه که پیشتر گفته‌شد، دستگیری و بازداشت **خسرو روزبه** درست دو ماه پس از قتل **محمد مسعود** انجام‌شده و نیز در پی وصول اخبار و اطلاعاتی درباره‌ی احتمال شرکت وی در آن قتل به اداره آگاهی در شهربانی و چاپ گوشه‌هایی از آن اطلاعات در بعضی از روزنامه‌ها بوده‌است. در این شرایط بی‌درنگ **رزم‌آرا** در صدد برآمده‌است تا به **خسرو روزبه** اطمینان دهد که در پرونده‌ی وی در دادستانی ارتش کوچکترین اشاره‌ای به ماجرای قتل **محمد مسعود** به‌عمل نیامده‌است و به این ترتیب خیال او را از این جهت آسوده‌کند تا مبادا وی به این گمان بیفتد که مثلاً **رزم‌آرا** به منظور تبرئه خود می‌خواهد آن جنایت را به گردن او و دوستانش بیاندازد و با این تصور غلط، به انجام اشتباهات غیرقابل جبرانی مبادرت‌نماید. **دکتر انور خامه‌ای**، که به‌ظاهر هنوز در موقع نوشتن سطور زیر از اعترافات **خسرو روزبه** در مورد قتل **محمد مسعود** آگاهی نداشته، در مورد نگرانی **رزم‌آرا** چنین نوشته‌است:

محکومیت به زندان تا اعدام خسرو روزبه

*" ... رزم‌آرا بلافاصله شخصاً به زندان برای ملاقات **روزبه** می‌آید و به او دلداری و اطمینان‌می‌دهد که فقط به‌عنوان غیبت مورد مؤاخذه قرار خواهدگرفت و به اتهام دیگری محاکمه نخواهد شد.*
***روزبه** در دفاعیات خود در ۱۳۲۷ به صراحت این جریان را شرح داده‌است:*
*روزی که به‌عنوان غیبت تسلیم دادگاه شدم، **تیمسار رزم‌آرا** به اتفاق **سرهنگ دفتری**، رئیس دژبان، و **سرهنگ گیلانشاه**، رئیس رکن ۲، و یک سرهنگ نماینده دادستان، به‌عنوان بازدید زندان از من ملاقات کردند. ریاست ستاد در حضور همه فرمودند که شما بعد از عفو مرتکب خلاف‌کاری‌هایی شده‌اید. در شب اول تضییقات عجیبی به منظور نگاهداری من به‌عمل‌آمد. اگر چه فردا صبح بعد از اینکه به رئیس دژبان [**سرهنگ محمد دفتری**] قضیه را گفتم و تذکر دادم، آن تضییقات برطرف گردید. ولی من نامهٔ مفصلی به ریاست ستاد ارتش نوشتم و اضافه کردم که این تضییقات حکایت می‌کند که برخلاف آنچه به‌ظاهر به نام غیبت مرا زندانی کرده‌اند و برخلاف فرمان ارتش مبنی بر عفو این‌جانب تصمیم دیگری در جریان است. ریاست ستاد ارتش با قید خیلی، خیلی،فوری در جواب نوشتند که هیچگونه نظر دیگری بجز تحقیق و رسیدگی غیبت شما در کار نیست و همانطور که عرض کردم زبانی نیز به خود من ابلاغ کردند.*

*این جریان آشکارا نشان‌می‌دهد که روابط نزدیکی **روزبه** با **رزم‌آرا** داشته و از اسراری آگاه بوده که **رزم‌آرا** می‌ترسیده‌است آنها را افشاکند. آمدن رزم‌آرا به زندان و اطمینان دادن به **روزبه** برای این بوده‌است که مبادا چیزی از دهان او بیرون بیاید. **روزبه** نیز درست از همین نقطه ضعف **رزم‌آرا** استفاده کرده و مرتباً با نوشتن نامه آن‌را به وی گوشزد می‌کرده‌است. نخستین نامه را همانطور که دیدیم در نخستین روزهای بازداشت خود از زندان به **رزم‌آرا** می‌نویسد که او هم خیلی خیلی فوری جواب می‌دهد. بعداً در جریان دادرسی نیز **روزبه** چند بار به **رزم‌آرا** نامه می‌نویسد که وی به تمام آنها به خط خود جواب می‌دهد ... "*
(از انشعاب تا کودتا- صفحه ۱۰۱)

محکومیت به زندان

۱۲ اردیبهشت ۱۳۲۷ (۲ می ۱۹٤۸)- محکومیت به زندان

بنا به روایت دکتر انور خامه‌ای:

*" ... **روزبه** در این دادگاه عادی ارتش به تاریخ ۱۳۲۷/۲/۱۲ به رأی اکثریت قضات محکوم به ٤ سال زندان شد ولی اقلیت رأی به تبرئه او داده‌بود. این رأی به‌ظاهر با اعتراض شدید **شاه** مواجه‌گردید و دادرسی **روزبه** در دادگاه شماره ۲ تجدید شد و اکثریت قضات او را به ۱۵ سال حبس (اعدام یا تخفیف) محکوم کردند ولی سه نفر از قضات معتقد به تأیید رأی دادگاه عادی، یعنی ٤ سال، بودند. بدینسان **رزم‌آرا** توانست جان او را نجات دهد ... "*
(از انشعاب تا کودتا- صفحه ۱۰۳)

بنا به روایت دکتر نورالدین کیانوری:

*"... دادستانی ارتش برای وی تقاضای اعدام کرد. افکار عمومی و مطبوعات با این درخواست به مخالفت برخاست و از جمله **ابوالحسن حائری‌زاده، حسن صدر و علی اقبال** مطالبی در دفاع از **روزبه** ابراز داشتند و وی را از **«دانشمندترین افسران مملکت»** خواندند (نقل ازسالنامه دنیا- سال یازدهم- شماره ۲ - تابستان ۱۳۴۹ صفحات ۱۲/۱۳) در نتیجه روزبه به ۱۵ سال زندان محکوم شد ..."*
(خاطرات نورالدین کیانوری- مؤسسه تحقیقاتی و انتشاراتی دیدگاه- زیرنویس صفحه ۱۵۵)

فرار داده شدن از زندان

۲۴ آذر ماه ۱۳۲۹ (۱۵ دسامبر ۱۹۵۰)

۸ نفر از رهبران حزب توده ایران، به اتفاق **خسرو روزبه** از زندان قصر فرارکرده‌اند. **نورالدین کیانوری** که خود یکی از فرارکنندگان بوده، داستان این فرار را چنین شرح داده‌است:

*"... ماجرای فرار ما به این شکل بود: دوستان ما در سازمان افسری [سازمان افسران حزب توده] با تلاش موفق‌شدند که دو افسر شهربانی [از افسران همان سازمان]- **ستوان حسین قبادی و ستوان رفعت محمدزاده**- را به‌عنوان افسر نگهبان داخلی و خارجی به زندان قصر منتقل کنند- البته یکی از آنها از قبل بود- این کار دشواری نبود، زیرا کار در زندان برای افسران شهربانی هیچ کششی نداشت و معمولاً افسران بی‌دست و پا به زندان منتقل‌می‌شدند. این دو نفر در شیفت‌های مختلف بودند تا بالاخره موقعیت را به گونه‌ای فراهم‌کردند که در یک شیفت قراربگیرند. دوستان ما در سازمان افسری بر روی کاغذ ستاد ارتش یک حکم ساختگی به امضای رزم‌آرا درست‌کردند و با یک کامیون نظامی به زندان مراجعه‌کردند و درخواست تحویل ما را برای انتقال‌کردند. چون تحویل‌گرفتن ما سابقه‌داشت برای افسران و درجه‌داران مسئله غیرعادی و مشکوکی نبود. افسر نگهبان خارجی، **قبادی**، تلفن را برمی‌دارد و یک شمارهٔ جعلی‌می‌گیرد و وانمودمی‌کند که در حال صحبت و کسب اجازه برای تحویل ماست. افرادی که برای انتقال ما آمده‌بودند شامل یک افسر و تعدادی سرباز می‌شدند. البته آنها اسلحه همراه نداشتند و تنها جلد پارابلوم و غیره داشتند که داخل آن کاغذ بود، تا اگر مسئله فاش‌شد جنبه مسلحانه نداشته باشد. بالاخره به داخل بند خبردادند که این افراد برای انتقال آماده‌شوند. در این موقع سایر زندانیان شروع به داد و فریاد کردند که رفقای ما را به کجا می‌برید؟ می‌خواهید آنها را اعدام کنید؟ و غیره. البته ما به یک نفر که مورد اعتماد بود و مسئولیت سایر زندانیان را داشت جریان را گفته‌بودیم که پس از خروج ما سایرین را آرام کند و خیالشان را راحت کند که اتفاق سویی برای ما نیفتاده است ...*
*... طرح این فرار توسط هیأت دبیران سازمان افسری و مسئول آن در رهبری حزب، که در آن زمان **دکتر فروتن** بود، ریخته‌شد. هیأت دبیران سازمان افسری در آن زمان عبارت بود از **سرهنگ مبشری، سرهنگ سیامک، سرگرد وکیلی، ستوان ۲ مهندس محققزاده، ستوان یکم مرزبان.** به هر حال، ما سوار کامیون شدیم و از زندان خارج*

*شدیم. دو افسر نگهبان هم با ما آمدند. البته **ستوان قبادی** به علت عجله‌ای که داشت کلاهش را جا گذاشت. ما را به خانه امنی که از قبل تهیه شده بود منتقل کردند.*
*مدتی پس از خروج ما، مأمورین زندان متوجه می‌شوند که **قبادی** نیست. به داخل زندان تلفن می‌زنند و می‌بینند که افسر نگهبان داخل هم نیست. به مرکز شهربانی تلفن می‌زنند و آنها با ستاد ارتش تماس می‌گیرند و متوجه فرار ما می‌شوند. بلافاصله گشت در شهر به راه افتاد و با طیّاره جاده‌های اطراف جستجو شد ولی کار از کار گذشته بود و ما در شهر تهران مخفی شده بودیم ... "*
(خاطرات نورالدین کیانوری- مؤسسه تحقیقاتی و انتشاراتی دیدگاه- صفحات ۱۹۴/۱۹۵)

*" ... مسئلهٔ فرار ۱۰ نفر سران حزب توده از زندان قصر تهران، در سال ۱۳۲۹، را **[احسان] طبری** به‌کلی مسکوت گذاشته‌است. گرچه این ماجرا هنوز یک معادله چند مجهولی باقی مانده بود، اما اینک تعدادی از مجهولات آن حل شده است. طبق بررسی و تحلیل برخی مطلعین: به‌موجب اسنادی در حزب کمونیست شوروی (مسکو) و مدارکی در حزب کمونیست آذربایجان شوروی (باکو) و گزارشاتی در کا- گ- ب و قرائنی در ایران، دخالت شخص **سپهبد رزم‌آرا** در ماجرای این فرار بزرگ قطعی به نظر می‌رسد. تواریخ مربوط به دهه ۲۰ ایران نیز، کمک رزم‌آرا به این فرار را تأیید می‌کند ... "*
(بیراهه- پاسخ به کژراهه احسان طبری- عبدالله برهان- صفحه ۹۱)

و تردیدی نیست که این قبیل دخالت‌های رزم‌آرا نیز تنها از طریق دژبان به ریاست **سرهنگ محمد دفتری** انجام می‌گرفته‌است.

دستگیری دوباره‌ی خسرو روزبه

۱۵ تیرماه ۱۳۳۶ (٦ جولای ۱۹۵۷)

داستان آخرین دستگیری خسرو روزبه از زبان نورالدین کیانوری:

*" در مسئلهٔ گرفتاری روزبه دو نفر مورد سوءظن قراردارند: **علی متقی و حبیب ثابت**، که به اتفاق **روزبه** تشکیلات حزب را اداره می‌کردند. **روزبه** بر سر قرار شبانه‌ای که با این دو نفر داشت، حاضر شد و دید که هیچ یک حضور ندارند و از دو طرف در محاصره مأمورین ساواک، که تازه تأسیس شده بود، است. او طی یک درگیری مسلحانه شدید زخمی و دستگیر شد ..."*
(خاطرات نورالدین کیانوری- صفحه ۳۵۱)

اعدام

۲۱ اردیبهشت ۱۳۳۷ (۱۱ می ۱۹۵۸)
خسرو روزبه به‌موجب رأی دادگاه نظامی به اعدام محکوم‌شده و در این روز اعدام گردیده‌است.

بخش دوم

سوءقصد نافرجام به جان شاه

پیشگفتار

سودبران داخلی و خارجی از سوء قصد به شاه

می‌گویند بهترین راه برای شناخت طراحان یا عاملان هر توطئه یا جنایت آن است که ببینیم چه افرادی از آن جنایت یا توطئه سود می‌برده‌اند. با توجه به این نظر بد نیست که ما هم وضع سیاسی ایران را به‌دقت در روزهای پیش از وقوع سوءقصد مورد بررسی قراردهیم و از این طریق روشن‌سازیم که کدام دولت خارجی و چه فرد یا افرادی در داخل ایران در صورت موفقیت آن سوءقصد از نتایج آن سود می‌برده‌اند و یا زیانهای بعد از شکست آن نصیب چه افراد یا سازمان‌هایی شده‌است؟

الف: دولت انگلیس، تنها سودبر خارجی

این مطلب را طی چند گفتار بیان می‌نماییم:

گفتار نخست:

در اواخر جنگ جهانی دوم، دولت و شرکت‌های نفتی آمریکا برای تسلط بر منابع نفتی دنیا با انگلستان به مبارزه برخاسته و در ایران نیز به همین منظور به میدان آمده‌بودند.
مصطفی فاتح، خدمتگزار عالی‌رتبه‌ی شرکت نفت انگلیس و ایران، در این مورد چنین نوشته‌است:

" ... در موقع جنگ دوم جهانی شرکت‌های نفت آمریکا تبلیغات زیادی، راجع به کم‌شدن ذخایر نفت آمریکا کرده و از دولت خود تقاضاداشتند اقدامی‌بنماید تا آمریکا سهم بیشتری در نفت خاورمیانه بدست‌آورد.
اقدامات مزبور سرانجام به نتیجه مطلوب رسید، چنانکه از ارقام زیر مشهوداست:

سال	سهم آمریکا در نفت خاورمیانه	سهم انگلیس و هلاند در نفت خاورمیانه	سهم کشورهای دیگر در نفت خاورمیانه
۱۹۳۹	۱۵/۷ درصد	۷۸/۳ درصد	۶ درصد
۱۹۴۶	۳۰/۶ "	۶۵/۹ "	۳/۵ "
۱۹۵۰	۴۴/۵ "	۵/۵۳ "	۲ "
۱۹۵۳	۶۰/۱ "	۳۱/۴ "	۸/۵ "

*جدیت آمریکاییان برای تحصیل سهم بیشتری در نفت خاورمیانه تنها محدود به این نبود که امتیازات جدیدی بدست آورند، بلکه متوجه این بود که از امتیازات موجود هم سهم عمده‌ای به آنها اختصاص داده‌شود. در سال ۱۹۴۳ که **مستر جیمز برنز** رئیس اداره تجهیزات جنگی دولت آمریکا بود، گزارشی به رئیس جمهور داد که ترجمهٔ عین آن به قرار زیراست:*

*نامه **برنز** به رئیس جمهور به تاریخ پانزدهم اکتبر ۱۹۴۳:*

مذاکرات جدی و شدیدی باید با انگلیس‌ها بشود که یک سوم معادن نفت ایران که اکنون تمامش در دست آنها می‌باشد به آمریکا واگذارگردد. این واگذاری در مقابل مقادیر نفتی خواهدبود که تحت عنوان وام و اجاره در طی جنگ از طرف ما تحویل شده و همچنین در ازای ساختن لولهٔ نفتی خواهدبود که از معادن نفت ایران به بندر حیفا ساخته خواهدشد و خرج آن در حدود دویست میلیون دلار خواهدبود. این خط لوله برای بهره‌برداری کامل از معادن نفت ایران لازم است.

نامه فوق که توصیه‌ای برای سهیم شدن آمریکا در نفت ایران بود و تبلیغات دامنه‌دار شرکت‌های بزرگ نفت آمریکا برای تحصیل سهم بیشتری از نفت خاورمیانه، نگرانی‌های بسیاری برای دولت انگلستان و شرکت نفت ایران و انگلستان ایجاد کرد.
شرکت‌های نفت آمریکا مدعی شدند که فقط هشت درصد از کل مصرف نفت دول متفق در جنگ از منابعی که تحت کنترل انگلستان است تحصیل می‌شود، درصورتی که هشتاد درصد مصرف دول مزبور را آمریکا از منابع خود تأمین می‌نماید، لذا فشار زیادی به دولت خود وارد آوردند که جبران این کار را به وسیله تحصیل سهم بیشتری از امتیازات نفت خاورمیانه بنماید ..."
(پنجاه سال نفت ایران- مصطفی فاتح- صفحات ۴۹۹/۵۰۰)

گفتار دوم:

این گفتار را نیز با بازگونمودن مطلبی از همان کتاب «**پنجاه سال نفت ایران**» آغازمی‌نماییم:

*" ... اندک مدتی پس از ختم کنفرانس تهران [که از تاریخ ۶ تا ۹ آذر ۱۳۲۲ با شرکت **فرانکلین روزولت**، رئیس جمهور آمریکا- **وینستون چرچیل**، نخست‌وزیر انگلیس- **ژوزف استالین**، پیشوای اتحاد جماهیر شوروی- تشکیل شده‌بود) نمایندهٔ کمپانی نفت شل وارد تهران شده، چند ماه بعد، یعنی در اوایل سال ۱۹۴۱ نماینده‌ای از **شرکت نفت سینگلر** و نماینده دیگری از طرف **شرکت نفت استاندارد واکوم** به تهران آمده و برای تحصیل امتیاز نفت*

پنج ترور تاریخی راهگشای صدارت مصدق

*نواحی شرق و جنوب شرقی با دولت ایران داخل مذاکره شدند. دولت هم دو نفر متخصص آمریکایی را به نام **هوور** و **کورتیس** استخدام کرد که به ایران آمده و از ذخایر نفت تمام نقاط ایران برآوردی نموده و پیشنهادهای شرکت‌هایی که تقاضای امتیاز کرده‌بودند مطالعه‌کرده و پیشنهادهای متقابله‌ای برای تسلیم به شرکت‌های مزبور تهیه نمایند ... "*
(پنجاه سال نفت ایران-همان- صفحات ۳۵۲/۳۵۳)

"همینکه دولت شوروی اطمینان پیداکرد که در تهران مذاکراتی برای واگذاری امتیازهای نفت به شرکت‌های خارجی در جریان است به فکر این افتاد که از موقعیت استفاده‌کرده و هیأتی به ایران اعزام دارد تا تقاضای امتیاز نفت شمال را بکند ...
*در تاریخ ۲۴ شهریور [۱۳۲۳] هیأت مزبور به ریاست **کافتارادزه** وارد تهران شد و پس از مسافرتی به سمنان و سایر نقاط شمالی به تهران مراجعت کرد و در یک مصاحبه مطبوعاتی چنین اظهارداشت:*

من در رأس یک هیأت دولتی به منظور مطالعه وضع شرکت نفت خوریان و تحصیل اطلاعات در مورد منابع طبیعی نفت شمال وارد ایران شده‌ام و با اجازه دولت خود پیشنهادی به دولت ایران تقدیم خواهم داشت که امتیاز کشف و استخراج نفت در مناطق شمالی ایران به دولت شوروی واگذار گردد ... "
(همان- صفحه ۳۵۵)

چون دولت انگلیس، در آن زمان، منابع نفتی در سرتاسر ایران را قسمتی از ارث استعماری خود تلقی می‌کرده‌است، لذا کوچک‌ترین تردیدی نمی‌توان‌داشت که ورود دولت‌های آمریکا و روسیه و شرکت‌های نفتی این کشورها به ایران، جهت فعالیت‌های نفتی و به‌صورت رقیبان تازه‌نفس، برایش غیرقابل تحمل بوده‌است.
در این شرایط **محمد مصدق** یک تنه به کمک دولت انگلیس برخاسته و با دو عمل صددرصد مردم‌فریبانه و به‌ظاهر بسیار میهن‌پرستانه، نخست در تاریخ ۷ آبان ماه ۱۳۲۳ (۲۹ اکتبر ۱۹۴۴)، ضمن سخنرانی مفصل خود در مجلس شورای ملی، نخستین قدم اساسی و مهم را در جهت گسترش حوزه امتیاز انگلیس، از جنوب غربی ایران به سرتاسر این کشور (به استثنای پنج ایالت در شمال) برداشته و دوم، سی و نه روز بعد، یعنی در تاریخ ۱۱ آذر ۱۳۲۳ (۲ دسامبر ۱۹۴۴) با پیشنهاد طرح تحریم اعطای امتیاز نفت به خارجیان که در همان روز در مجلس به امضای شماری از نمایندگان رسیده و، با قید دو فوریت، به مجلس تقدیم و تصویب شده‌بود، خیال انگلستان را از پیداشدن رقیبان نفتی در ایران، به‌ویژه آمریکا و شوروی تا پایان جنگ راحت ساخته‌است.

ماده‌ی نخست این طرح به شرح زیر بود:

" هیچ نخست‌وزیر و وزیر و اشخاصی که کفالت از مقام آنها و یا معاونت می‌کنند، نمی‌توانند راجع به امتیاز نفت با هیچ‌یک از نمایندگان رسمی و غیررسمی دول مجاور و غیرمجاور و یا نمایندگان شرکت‌های نفت و هر کس غیر از اینها مذاکراتی که صورت رسمی و اثر قانونی دارد بکند و اینکه قراردادی امضاء نماید. "

مفاد این طرح به درستی روشن می‌باشد و نتیجه فوری آن نیز که جلوگیری از ورود آمریکا و روسیه به فعالیت‌های نفتی در ایران بوده‌است، نیاز به شرح بیشتر ندارد. اما بسیار ضروری است

که دربارهٔ‌ی قدم نخست **مصدق** و هدف پنهانی دولت انگلیس از آن قدم و نیز اقدامات سایر ایادی آن دولت در جهت تحقق آن هدف توضیح بیشتر و کافی داده شود:
محمد مصدق در پاسخ اظهارات مورخ ۲ آبان ۱۳۲۳ (۲٤ اکتبر ۱۹٤٤) **کافتارادزه**، که در یک کنفرانس مطبوعاتی بیان کرده‌بود، در جلسه مورخ ۷ آبانماه ۱۳۲۳ (۲۹ اکتبر ۱۹٤٤) مجلس شورای ملی، سخنرانی مفصلی ایرادنموده و ضمن آن مطلبی، **به‌ظاهر ضدانگلیسی!** نیز به شرح زیر بیان داشته‌است [**کافتارادزه**، معاون کمیساریای ملی امور خارجه شوروی سوسیالیستی، همراه با هیأت بلندپایه‌ای از سوی دولت شوروی برای مذاکره دربارهٔ‌ی نفت به ایران آمده بود]:

" ... اگر امتیاز دارسی تمدید نشده‌بود در سال ۱۹۶۱ دولت نه تنها به صدی ۱۶ عایدات حق‌داشت بلکه صدی صد عایدات حق دولت بود. فرض کنیم که عایدات دولت در مدت ۳۲ سالی که تمدیدشده، هیچ‌وقت از ۷۵۰ هزار لیره که کمپانی برای حداقل معین نموده بیشترنشود و باز فرض کنیم که شرایط امتیازنامه جدید با شرایط امتیازنامه دارسی از حیث منافع دولت مساوی باشد. یعنی ۷۵۰ هزار لیره حداقلی که در امتیازنامه جدید معین شده با صدی ۱۶ عایدات امتیازنامه دارسی برابری کند بنابراین صدی هشتاد و چهار از عایدات که در ۱۹۶۱ حق دولت‌می‌شود بر طبق قرارداد جدید کمپانی آن را تا ۳۲ سال دیگر می‌برد، ۱۲۶ ملیون لیره انگلیسی از قرار ۱۲۸ ریال ۱۶،۱۲۸،۰۰۰،۰۰۰ ریال می‌شود و تاریخ عالم نشان نمی‌دهد که یکی از افراد مملکت به وطن خود در یک معامله ۱۶ بلیون و ۱۲۸ هزار [باید ۱۲۸ میلیون باشد] ریال ضرر زده‌باشد و شاید مادر روزگار دیگر نزاید کسی را که به بیگانه چنین خدمتی‌کند!! ... "

استناد **مصدق** در شرح بالا، به فصل پانزدهم امتیازنامه دارسی بوده‌است که در زیر درج می‌گردد:

"بعد از مدت معینه این امتیاز تمام اسباب و ابنیه و ادوات موجودهٔ شرکت به جهت استخراج و انتفاع معادن ***متعلق به دولت علیه خواهد بود."***

بطوری که پس از ملی شدن صنعت در سراسر ایران دیدیم، **بریتیش پترولیوم** فقط اموال شرکت بهره‌برداری اولیه را، که به‌ظاهر وظیفه اکتشاف و استخراج نفت تا فرستادن آن به داخل لوله‌ها را به‌عهده داشته مشمول این فصل می‌دانسته‌است و حتی اموال **شرکت نفت بختیاری** را که به‌ظاهر صاحب لوله‌های نفت به‌حساب می‌آمده و نفت ایران از سر چاه تا لب دریا به‌نام آن شرکت حمل‌می‌شده، خارج از شمول این فصل محسوب می‌داشته‌است تا چه برسد به **شرکت نفتکش بریتانیا** و سایر تأسیسات و تشکیلات سترگ آن شرکت و نیز شرکت‌ها و پالایشگاه‌های وابسته به آن، در سرتاسر جهان. اما **محمد مصدق** با دروغ سفسطه‌آمیز و با مردم‌فریبی خاص خود به مردم ایران وانمود کرده ست که **بریتیش پترولیوم**، از روز پس از پایان مدت قرارداد دارسی، **تمام شرکت‌ها، پالایشگاه‌ها، تشکیلات و تأسیسات خود در سراسر جهان را با تمام مدیران، مهندسان و کادر فنی و غیرفنی و نیز تمام بازارهای فروش خود را، دست‌نخورده، به دولت ایران واگذارمی‌کند و به حسابداری‌های آنها دستورمی‌دهد که از آن روز به بعد صددرصد درآمد خالص خود را پس از محاسبه به حساب دولت ایران واریزنمایند!**

گفتار سوم:

هدف بسیار مزورانه‌ی انگلیس از این سخنان مردم‌فریبانه‌ی محمد مصدق

اما حقیقت مطلب اینکه دولت انگلستان در آن زمان، با تنظیم برنامه‌ای بسیار حیله‌گرانه، در صدد برآمده‌بود که با سوءاستفاده از آتش احساسات ضدانگلیسی مردم ایران آشی بسیار پرفایده را برای خود بپزد و گفتار سفسطه‌آمیز و مردم‌فریب **مصدق** به شرح بالا، به منزله‌ی گذاشتن دیگ مربوط به آن آش بر روی آتش احساسات ضدانگلیسی مردم ایران بوده‌است. از آن زمان به بعد، می‌بینیم که آتش مزبور با نسیم‌های تبلیغاتی وسیع و همه‌جانبه مطبوعات انگلوفیل و مزدور وقت و نیز ایادی انگلیس در میان مردم، و همچنین سخنرانی‌های نمایندگان انگلوفیل مجلس شورای ملی، که از جمله آنها می‌توان سخنرانی پر از دروغ و سراسر سفسطه **مهندس سید احمد رضوی**، بر ضد قرارداد ۱۹۳۳ در دوره پانزدهم مجلس شورای ملی، را نام برد، شعله‌ورتر و شعله‌ورتر گردیده و درنهایت به نهضتی بزرگ جهت لغو آن قرارداد همراه با نفرتی بزرگ‌تر درباره‌ی عاقد آن قرارداد، یعنی **رضاشاه بزرگ** در دل مردم ایران به وجود آورده‌است.

حسین مکی، که بدون تردید در زمره همان نمایندگان انگلوفیل بوده، در این رابطه چنین نوشته است:

> *" ... چند روز قبل از پانزده بهمن، آیت‌الله **کاشانی** اعلامیهٔ شدیدی بر ضد شرکت صادرکرده که خواهان الغای [قرارداد] امتیاز [نفت ۱۹۳۳] شده بود. **همچنین** شخصی به نام **والانژاد** پلاکارد بزرگی روی پارچه‌ای سفید به خط درشت تهیه کرده و روی آن نوشته شده بود: «**نفت خون ملت ایران است**» و آن را به وسیله دو نفر در شهر به گردش و نمایش درآورده بود. اعلامیه‌ای هم درباره نفت از طرف دانشجویان دانشگاه صادر شده و در شهر میتینگ سیاری ترتیب داده بودند. منظور از ذکر این وقایع این است که افکار عمومی به واسطه مذاکراتی که در مجلس به عمل آمده و اعلامیه‌هایی که صادرشد، سخت تحریک گشته، خواهان حقوق ازدست‌رفتهٔ ملت ایران [یعنی لغو قرارداد ۱۹۳۳] بودند ... "*
>
> (خاطرات سیاسی حسین مکی- چاپ نخست- صفحه ۱٦٤)

آخرین قدم ایادی انگلیس جهت لغو قرارداد ۱۹۳۳، استیضاح **عباس اسکندری** از دولت **محمد ساعد** در دوره پانزدهم مجلس شورای ملی و به‌ظاهر اقدامی بر ضد انگلیس بود که از ۳۰ دیماه ۱۳۲۷ تا ۷ بهمن ۱۳۲۷ به‌طول انجامید و دولت **ساعد** را از نظر پاسخ به آن در وضعی بسیار مشکل قرارداد.

بهانه‌ی این استیضاح که در نخستین نظر بسیار مسخره و خنده‌آور به‌نظر می‌رسد، به شرح زیر بود:

> *" ... از مصاحبه‌ای که [**آقای ساعد**، نخست‌وزیر] با **مخبر رویتر** نموده‌اند، اتخاذ سند می‌نمایم و متن آن در روزنامه اطلاعات به شماره ٦٨٣٤ مندرج است و می‌گویند که:*
>
> ***دولت من نیز صمیمانه می‌کوشد که در این مورد از حقوق ملت ایران حمایت نموده و نسبت به اجرای پاره‌ای از مواد امتیازنامه شرکت نفت ایران و انگلیس پافشاری کند الخ ...***

این مصاحبه صریحاً استقرار و تأیید قرارداد منفور و مطرود ۱۹۳۳ [مصوب ۷ خرداد ۱۳۱۲] نفت جنوب است که هیچگاه این تمدید از نظر ملت ایران شناخته نشده است ... "
(نفت و بحرین- کمیسیون نشر وقایع سیاسی- صفحه ۳۵۸)

استیضاح مزبور، همراه با تبلیغات همه‌جانبه و بسیار شدید روزنامه‌های انگلیسی و تظاهرات همه روزه‌ی دانشجویان و بازاریان فریب‌خورده، تا روز قبل از تیراندازی به **محمدرضا شاه** در دانشگاه تهران (یعنی تا روز ١٤ بهمن ١٣٢٧) ادامه‌داشت، و افکار عمومی را بطور کامل برای لغو قرارداد مزبور آماده ساخته‌بود.
در همین روزهای قبل از تیراندازی به **محمد رضا شاه** بود که خیانتکار بزرگ، استاد اعظم فراماسونری ایران، یعنی **سیدحسن تقی‌زاده** نیز در جهت تأمین منافع انگلستان به کاری بی‌سابقه و غیرمنتظره مبادرت‌کرد. وی که به‌عنوان وزیر مالیه، آن قرارداد را امضاء کرده بود، **با اعتراف به آلت فعل بودن خود در آن امضاء ضربه‌ای بسیار شکننده بر پیکر آن واردساخت.**

محمد مصدق نیز (که در آن زمان قهرمان شجاع و بزرگ در مبارزه یک تنه! با **رضا شاه دیکتاتور** و قهرمان بزرگتر درباره‌ی تحریم نفت به روسیه و آغازکننده مبارزه جهت لغو قرارداد ۱۹۳۳ محسوب‌می‌شد و از طریق **سرهنگ محمد دفتری**، برادرزاده خود، از توطئه سوءقصد به **شاه** اطلاع‌داشت و راهنمایی‌های لازم را به‌عمل می‌آورد) در جریان آن استیضاح پیوسته با نوشتن نامه‌هایی به مجلس شورای ملی خود را مطرح نگاه داشته‌بود، که آخرین نامه وی در آخرین جلسه پیش از سوءقصد به **شاه** (درباره‌ی راهنمایی نمایندگان در مورد نحوه رأی‌دادن به استیضاح) در مجلس خوانده شده‌بود.

رئیس مجلس در روز پنجشنبه ١٤ بهمن ١٣٢٧ به دانشجویان و بازاریان و سایر مردمی که در مقابل مجلس با شعار الغای قرارداد نفت جنوب تظاهرات بزرگی برپا کرده‌بودند، قول داده‌بود که **در جلسه بعد مجلس (در روز یکشنبه ۱۷ بهمن) قرارداد لغو خواهد شد.**

حسین مکی در مورد آماده بودن مجلس جهت لغو قرارداد جنوب چنین نوشته‌است:

" ... یکی دو هفته قبل از ١٥ بهمن ١٣٢٧ طرحی به وسیله و خط من بدین شرح تهیه شده بود:

ریاست مجلس شورای ملی، امضاکنندگان ذیل طرح قانونی زیر را با قید دو فوریت تقدیم و تقاضای طرح و تصویب آن را داریم:
مجلس شورای ملی ایران قرارداد ادعایی نفت جنوب را به نام شرکت نفت ایران و انگلیس به رسمیت نمی‌شناسد و آن را کان لم یکن می‌داند.
حسین مکی- عباس اسکندری- حائری‌زاده- عبدالقدیر آزاد- محمود محمود- منوچهر گلبادی- محمد دماوندی- غلامحسین رحیمیان- شریف‌زاده- کشاورز صدر- لاهوتی.

*البته امضای خطخورده که در سند ملاحظه‌می‌شود مربوط به **مهدی باتمانقلیچ** نماینده اردبیل است که پس از امضاء چون مورد اعتراض واقع‌می‌شود امضای خود را پس گرفته‌است ...*
یکی دو روز بعد هم واقعه پانزدهم بهمن به‌وقوع پیوست و تمام مسائل و قضایا را تحت‌الشعاع قرارداد و دنبال تعقیب را هم رهاکردم زیرا اگر تعقیب هم می‌کردم به جایی نمی‌رسید ... " (خاطرات حسین مکی- همان ١٦٤/ ١٦٢)

حال اگر در واقع **محمدرضا شاه پهلوی** در روز ۱۵ بهمن به قتل می‌رسید، تردیدی نباید داشت که **قرارداد ۱۹۳۳ نفت جنوب در نخستین جلسه‌ی آتی مجلس لغومی‌شد و ایران به قرارداد دارسی برمی‌گشت!** و به این جهت دولت انگلیس بدون هیچ زحمت و دردسر، مزایای فراوانی را (که پیشتر در امتیازنامه دارسی داشت ولی به‌موجب قرارداد ۱۹۳۳ از دست داده‌بود) دوباره بدست‌می‌آورد و زیان‌های بیشماری را که به‌موجب قرارداد ۱۹۳۳ متحمل شده‌بود، جبران‌می‌کرد.

اکنون بی گمان خوانندگان گرامی پرسش خواهندنمود که آن مزایای فراوان برای دولت انگلیس، طبق قرارداد دارسی، چه بوده؟ و لغو قرارداد ۱۹۳۳ چه منافعی برای دولت انگلیس دربر داشته‌است، که آن دولت برای انجام آن این‌چنین به تقویت نهضت (به‌ظاهر) ضدانگلیسی مردم ایران بپردازد؟
پاسخ پرسش بالا این است که با لغو قرارداد ۱۹۳۳، به عنوان اینکه استعماری بوده، در دوران دیکتاتوری و به‌نحوی غیرقانونی، توسط یک نفر از ایادی انگلیس (**یعنی رضا شاه!**) منعقد شده‌است، مناسبات ایران با شرکت نفت انگلیس و ایران به صورت پیش از انعقاد آن قرارداد برمی‌گشته و امتیازنامه دارسی به‌عنوان قرارداد معتبر، ملاک عمل قرار می‌گرفته‌است. با لغو قرارداد سال ۱۹۳۳، مردم فریب‌خورده ایران نیز، برگشت به امتیاز دارسی را که در آن زمان بیش از ۱۳ سال به پایانش باقی‌نمانده بوده‌است، به غلط شکست بزرگ دولت انگلیس تصورکرده و در کوچه و خیابان به شادی و پایکوبی می‌پرداخته‌اند. زیرا بنا به گفته **محمد مصدق**، بر این خیال باطل بوده‌اند که ۱۳ سال پس از آن، دست‌کم **شانزده بلیون و صد و بیست و هشت میلیون ریال نصیبشان خواهد گردید.** اما دولت انگلیس، با لغو قرارداد ۱۹۳۳ و برگشت به قرارداد دارسی، بی‌درنگ به منافع و مزایای بسیار زیادی که مهم‌ترینش دو مورد زیر بوده، دست می‌یافته‌است:

الف: طبق قرارداد دارسی حوزه‌ی امتیاز عبارت بوده‌است از «**تمام وسعت مملکت ایران**» به‌استثنای «**ولایات آذربایجان، گیلان، مازندران، خراسان و استرآباد**» ولی طبق قرارداد ۱۹۳۳ حوزه امتیاز به «**یکصد هزار مایل مربع**» کاهش یافته که در حدود یک پنجم حوزه‌ی نخستین بوده‌است.
حال در شرایطی که دولت ایران از نظر قانون حق اعطای امتیاز نفت به هیچ دولت، شرکت یا افراد خارجی را تا پایان جنگ جهانی نداشته‌است، در صورت لغو قرارداد ۱۹۳۳، بار دیگر حوزه امتیاز شرکت نفت انگلیس و ایران، خود به خود، به سرتاسر ایران (به استثنای ۵ ایالت شمالی) گسترش می‌یافته و در حقیقت دولت انگلیس با همان شرایط امتیازنامه دارسی صاحب امتیاز اکتشاف، استخراج و بهره‌برداری نفت در تمام آن نواحی می‌شده و به‌ویژه فعالیت‌های شدید دولت آمریکا را برای کسب امتیاز نفت در سایر نقاط ایران با شکست مواجه می‌ساخته‌است.

ب: در امتیازنامه دارسی (فصل دوم)؛

> ***" صاحب امتیاز دارای حق‌الانحصار کشیدن لوله‌های لازمه از سرچشمه‌های نفت و قیر و غیره تا خلیج و کذالک شعبات لازمه لوله‌های فوق به جهت توزیع و تقسیم نفت به چاههای دیگر"*** بوده‌است.

دولت انگلیس چند بار از این حق انحصاری برای جلوگیری از اینکه شرکت‌های نفتی غیرانگلیسی (یعنی آمریکایی) موفق به دریافت امتیاز نفت در ایالات شمالی ایران شوند، سوءاستفاده به‌عمل آورده بود.

در هر حال، این حق انحصاری نیز در قرارداد ۱۹۳۳ لغوشده بوده‌است.
اما با لغو این قرارداد و برگشت به امتیازنامه دارسی بار دیگر دولت انگلیس حق انحصاری لوله کشی نفت در آن نواحی را به دست می‌آورده‌است.

دولت انگلیس افزون‌بر دو امتیاز بالا، که بسیار مهم بوده‌اند، امتیازات قابل توجه دیگری را نیز طبق قرارداد ۱۹۳۳ از دست داده‌بوده، که در صورت لغو آن قرارداد و بازگشت به امتیازنامه دارسی بار دیگر آنها را به دست می‌آورده‌است. از جمله آنها می‌توان مزایای زیر را ذکر نمود:

۱- در فصل هفتم امتیازنامه دارسی تمام اراضی که در اختیار صاحب امتیاز قرارمی‌گرفت از مالیات معاف شده‌بود ولی در قرارداد جدید برای سی سال نخست از این بابت مالیات‌هایی پیش‌بینی شده و نیز مقرر شده‌بود که قبل از آغاز سی سال دوم طرفین راجع به میزان مبلغی که می‌بایست شرکت نفت به‌جای مالیات به دولت ایران بپردازد، مذاکره و توافق نمایند.

۲- در فصل دوازدهم قرارداد دارسی پیش‌بینی شده‌بود که «**عمله و فعله**» که در تأسیسات شرکت کارمی‌کنند باید از رعایای شاهنشاه باشند ولی در بند ۲ ماده شانزدهم این قرارداد جدید مقرر شده‌بود که:

" کمپانی صنعتگران و مستخدمین فنی و تجاری خود را به‌اندازه‌ای که اشخاص ذی‌صلاحیت و باتجربه در ایران یافت‌شوند از اتباع ایران انتخاب خواهدکرد و این نیز مسلم‌است که مستخدمین غیرفنی کمپانی منحصراً از اتباع ایران خواهند بود. "

و همچنین: ***" کمپانی سالیانه مبلغ ده هزار لیره استرلینگ برای اینکه اتباع ایران در انگلستان علوم و فنون مربوط به صناعت نفت را فراگیرند، تخصیص خواهدداد. "***

۳- در فصل چهاردهم امتیازنامه دارسی تعهدات امنیتی شاقی به عهده‌ی دولت ایران واگذار شده‌بود، به‌نحوی که شرکت نفت در هر زمان که می‌خواسته می‌توانسته‌است توسط ایادی و عمّال خود به یک سلسله خرابکاری بی‌اهمیت در تأسیسات متعلق به خود دست بزند و بعد خسارت وارده را به مبلغ گزافی ارزیابی‌نموده و مدعی‌گردد که چون دولت ایران تعهدات مندرج در فصل چهاردهم امتیازنامه را به‌انجام نرسانده‌است، پس عهده‌دار جبران خسارت وارده‌می‌باشد! و به این بهانه از پرداخت حق امتیاز خودداری نماید. این تعهدات نیز در قرارداد جدید لغو شده‌است.

۴- در امتیازنامه دارسی هیچگونه تعهدی در مورد خدمات درمانی به عهده‌ی شرکت نفت واگذار نشده‌بود ولی به‌موجب ماده هفدهم قرارداد ۱۹۳۳:

" کمپانی تشکیلات و مخارج تأسیسات و تفتیش و اداره وسایل صحی و عمومی را مطابق جدیدترین طریقه حفظ الصحه معموله در ایران در تمام اراضی و ابنیه و مساکن اعضا و عملجات خود که در حوزه امتیازیه کار می‌کنند به عهده " گرفته‌است.

۵- افزون‌بر آن، طبق قسمت «الف» از بند ٥ از ماده دهم قرارداد جدید، قسمت مهمی از ***" وجوه لازم التأدیه به دولت ایران "*** به نرخ طلا بستگی‌یافته و مقرر شده بود که: ***" هرگاه موقعی قیمت طلا در لندن از شش لیره استرلینگ در مقابل یک اونس تروی تجاوز نماید"*** برای هر پنی که در روز موعد پرداخت پول به دولت ایران تجاوزنموده‌باشد به‌میزان یک تقسیم بر یک‌هزار و چهارصد و چهل ضرب در آن وجوه، بر آن وجوه افزوده گردد.

۶- طبق فصل پانزدهم امتیازنامه دارسی:

" بعد از مدت معینه این امتیاز تمام اسباب و ابنیه و ادوات موجوده شرکت به جهت استخراج و انتفاع معادن متعلق به دولت علیه خواهد بود."

ولی شرکت نفت از همان ابتدا با پایه‌گذاری دو شرکت به اسامی **شرکت بهره برداری اولیه** و **شرکت نفت بختیاری** پیش‌بینی‌های لازم را درباره‌ی این فصل به‌عمل آورده و فقط آن قسمت از اموال و اثاثه **شرکت بهره‌برداری اولیه** را که در امر استخراج و نگهداری موقت نفت در سر چاه تا تحویل و فروش اسمی آن به **شرکت نفت بختیاری** مورد استفاده قرارمی‌گرفته، مشمول ماده مزبور می‌دانسته‌است.

اما در ماده بیستم قرارداد ۱۹۳۳ پیش‌بینی‌های مفصل در این مورد به‌عمل آمده و افزون‌بر اینکه شرکت در ده سال آخر امتیاز از حق فروش اموال غیرمنقول خود و یا خروج اموال منقول خود از ایران منع‌شده، دارائی‌های شرکت نیز تعریف‌گردیده و **تمام اراضی و ابنیه و کارخانه‌ها و ساختمان‌ها و چاه‌ها و سدهای دریایی و راه‌ها و لوله‌های حمل نفت و پل‌ها و رشته نقب‌های فاضلاب و وسایل توزیع آب و ماشین‌ها و مؤسسات و تجهیزات (از آن جمله آلات و ادوات) از هر قبیل و تمام وسائط نقلیه (مثلاً ازقبیل اتومبیل و گاری و آئروپلان) و تمام اجناس انبارشده و سایر اشیایی که کمپانی در ایران برای اجرای این امتیاز از آن استفاده می‌نماید، بطور سالم و قابل استفاده و بدون هیچ مخارج و قیدی متعلق به دولت ایران می‌گردد.**

گفتار چهارم

بطوری که در بخش سوم این کتاب شرح‌داده خواهدشد، **محمدرضا شاه پهلوی** از چندی پیش از آن تاریخ متمایل به آمریکا شده و از تحقق هدف‌های شرکت‌های نفتی آن کشور حمایت می‌کرده‌است و این امر را نیز می‌توان دلیل دیگر برای قتل وی بشمارآورد.

افزون‌بر حمایت **شاه** از هدف‌های نفتی آمریکا چون در این زمان مورد بحث، قرار بوده‌است که **رضاشاه بزرگ** را به نحوی بسیار ناجوانمردانه مورد توهین و اتهام قراردهند و، برخلاف واقع، او را خائن و مأمور انگلیس در انعقاد قرارداد ۱۹۳۳ معرفی نمایند پس وجود **شاه** از نظر شخصی نیز بالقوه خطرناک محسوب می‌شده و به گرایش بیشتر وی به سوی آمریکا می‌انجامیده است.

ب: محمد مصدق، مهم‌ترین سودبر داخلی

در اینکه **حاجیعلی رزم‌آرا** و **محمد مصدق**، هر دو، با **محمدرضا شاه پهلوی** به شدت مخالف‌بوده‌اند، تردیدی وجودندارد و به این جهت کشته‌شدن او برای هر یک از آن دو نفر بسیار شادی‌آور بوده و موفقیتی بزرگ محسوب می‌شده‌است.
ولی در حال حاضر بطور قطعی نمی‌توان اظهار نظرنمود که در صورت انجام این قتل، غیر از لغو قرارداد ۱۹۳۳، چه وقایع دیگری در ایران اتفاق می‌افتاده‌است؟ بطور مثال ما نمی‌دانیم که آیا رزم‌آرا، طبق برنامه خود، شرایط و اوضاع را برای انجام یک کودتای نظامی برای رسیدن به

قدرت مناسب‌می‌دیده و به این کار مبادرت‌می‌نموده و یا اینکه ترتیب دیگری به وجود می‌آمده‌است. برای مثال اینکه مجلس شورای ملی در نخستین جلسه بعدی، در روز یکشنبه ۱۷ بهمن ۱۳۲۷، پس از لغو قرارداد مزبور، **سلسله پهلوی** را نیز منحل‌می‌ساخته و خود او یا **محمد مصدق** و یا شخص دیگری را، به عنوان رئیس موقت کشور تا تشکیل مجلس مؤسسان انتخاب‌می‌نموده و یا اینکه اجازه می‌یافته‌است که بدون انحلال آن سلسله، **شاهپور علیرضا پهلوی**، برادر تنی **شاه مقتول** را به پادشاهی انتخاب‌نماید؟

ما در اینجا با توجه به مراتب بالا، از هر گونه حدس و گمانه‌زنی درباره‌ی وقایعی که ممکن بود بعد از کشته شدن **شاه** در ایران رخ‌دهد، خودداری ورزیده ولی بر این نکته پافشاری‌می‌نماییم که طبق برنامه سوءقصد، یعنی خواه آن برنامه موفق می‌شده و یا اینکه به شکست می‌انجامیده، قرار بوده‌است که در هر حال **حزب قدرتمند توده ایران** و **آیت‌الله کاشانی** (که در آن زمان رهبری نیروی قدرتمند مذهبی- سیاسی ایران را، که «**نهضت ملی**» نام گرفته بود، در دست داشته‌است) از صحنه سیاسی ایران خارج گردند تا اینکه نخست جاده دیکتاتوری آینده برای **رزم‌آرا** صاف و مهیا شود و دوم مقام رهبری بدون رقیب و بلامنازع **نهضت نوپای ملی ایران**، در غیاب **آیت‌الله کاشانی**، برای **مصدق** خالی وآماده‌شود. البته دیکتاتوری **رزم‌آرا** نیز، از نظر **مصدق**، خطر عمده‌ای محسوب‌نمی‌شده و با وجود **محمد دفتری** در کنار او، هر لحظه امکان نابودی‌اش (همانطور که بعد انجام شد و ما در بخش پنجم این کتاب خواهیم‌دید) وجود داشته‌است. **دکتر انور خامه‌ای** (از رهبران انشعابی **حزب توده ایران**) ضمن شرح چند قرینه درباره‌ی دخالت **حاجیعلی رزم‌آرا** در توطئه سوءقصد به **شاه**، درخصوص هدف او وسایر توطئه‌گران درباره‌ی خارج‌ساختن **حزب توده** و **آیت‌الله کاشانی** از صحنه سیاسی ایران چنین نوشته‌است:

> *" ... قرینه دیگر بر دخالت **رزم‌آرا** در این ماجرا این‌است که کارت خبرنگاری صادرشده در صبح همان روز ۱۵ بهمن از طرف **دکتر فقیهی شیرازی**، مدیر این روزنامه [و داماد **آیت‌الله کاشانی**] به او داده شده‌است. این کارت را طبق گزارشی که در پرونده سوءقصد وجوددارد، سرباز وظیفه‌ای به‌نام **رضا زاهدی**، که ماشین‌نویس رکن ۲ بوده، شب قبل در مطب **دکتر فقیهی** ماشین‌کرده بوده‌است. این همه اصرار به اینکه کارت پرچم اسلام برای ضارب صادرشود، درحالی‌که قبلاً کارت خبرنگاری دیگری از روزنامهٔ [چپ‌گرای] فریادملت داشته‌است، نشان‌می‌دهد که احتمالاً طراحان این برنامه در آغاز قصدداشته‌اند این ترور را به جمعیت‌ها و شخصیت‌های اسلامی، به‌ویژه **آیت‌الله کاشانی**، نسبت‌دهند، لیکن پس از عقیم‌ماندن ترور نظر خود را تغییرداده و **حزب توده** را مسئول آن دانسته‌اند ... "*
>
> (خاطرات **دکتر انور خامه‌ای**- جلد سوم از انشعاب تا کودتا- صفحه ۱۳۰)

در آن زمان هنوز **محمد مصدق** به قول خودش در احمدآباد، درانزوای سیاسی به‌سرمی‌برده و دو نیروی مخالف دولت در صحنه سیاسی ایران وجود داشته‌است که هر یک در صورت لزوم می‌توانسته‌اند عده‌ی زیادی را در جهت تظاهرات خیابانی و یا در جلوی مجلس شورای ملی بسیج‌نمایند. این دو نیرو عبارت بوده‌اند از:

۱- حزب توده ایران، که بیشتر در میان دانشجویان و کارگران نفوذ داشته‌است.
۲- آیت‌الله کاشانی، که مریدان و گوش به فرمان‌هایش را بیشتر افراد مسجدی و مذهبی و بیشتر بازاری‌ها تشکیل‌می‌داده‌اند. (تروریست‌های فداییان اسلام در آن زمان در زمره این مریدان بوده‌اند).

آیت‌الله سید ابوالقاسم کاشانی با توجه به چاپ و انتشار داستان‌هایی، در مطبوعات وقت، از مبارزات پدر و خودش با انگلیسی‌ها (در عراق)، و یا شرح آنها ضمن سخنرانی‌ها در منابر و مساجد و نیز با توجه به محبوبیتی که خودش به‌علت مدتی زندانی‌شدن از سوی ارتش اشغالگر متفقین کسب کرده‌بوده، در آن زمان تنها رهبر سیاسی- مذهبی در کشور محسوب می‌شده‌است.

برای اینکه خوانندگان گرامی به نمونه‌ای از فعالیت‌های **آیت‌الله کاشانی** درست در ماه‌های پیش از سوءقصد مزبور آگاهی‌یابند، بد نیست که به نقل چند خبر از صفحه ۲۹۶ روز شمار تاریخ ایران- چاپ نخست- نوشته‌ی **باقر عاقلی** مبادرت نماید:

*" ۳۰ اردیبهشت ۱۳۲۷ [۲۰ می ۱۹۴۸]- تظاهرات بزرگی در **مسجد شاه** علیه عملیات یهود در فلسطین، تحت زعامت **آیت‌الله کاشانی** به عمل آمد. این گردهمایی به دنبال اعلام استقلال اسرائیل و حمله نیروهای عرب به کشور مزبور به‌عمل آمد.*

*۲۳ خرداد ۱۳۲۷ [۱۲ جون ۱۹۴۸]- به دنبال ابراز تمایل مجلس شورای ملی به **عبدالحسین هژیر**، ابتدا دانشجویان دانشکده حقوق و سپس دانشجویان دانشکده فنی در صفوف منظم و متشکل به سمت مجلس حرکت‌کردند و ضمن ملاقات با نمایندگان مجلس به انتخاب **هژیر** به نخست‌وزیری اعتراض‌کردند و در میدان بهارستان دست به تظاهرات زدند. در همان موقع عده کثیری از طبقات و بازاریان در میدان بهارستان حضوریافته، به دانشجویان پیوستند و شروع به ایراد سخنرانی نموده، اعتراض خود را به نخست‌وزیری **هژیر** اعلام‌داشتند. پلیس برای تفرقه مردم و دانشجویان متوسل به خشونت و تیراندازی‌شد و در نتیجه عده‌ای از طرفین زخمی‌شدند و بعضی از تظاهرکنندگان نیز توسط پلیس بازداشت گردیدند.*
*این تظاهرات به دستور **آیت‌الله سیدابوالقاسم کاشانی** صورت گرفت.*

*۲۵ خرداد ۱۳۲۷ [۱۴ جون ۱۹۴۸]- **آیت‌الله سید ابوالقاسم کاشانی** اعلامیه شدیداللحنی علیه نخست‌وزیری **هژیر** انتشارداد و نمایندگانی را که به وی رأی‌داده‌اند، به‌شدت مورد انتقاد قرارداد.*

*۲۷ خرداد ۱۳۲۷ [۱۶ جون ۱۹۴۸]- چندین هزار بازاری و روحانی در حالی که قرآنی بر سر داشتند به رهبری **سید مجتبی نواب‌صفوی**، رهبر فداییان اسلام [که در این زمان به **آیت‌الله کاشانی** پیوسته و به تقلید شرعی از او گردن نهاده‌بودند)، در میدان بهارستان علیه هژیر به تظاهرات پرداختند و ضمن ایراد سخنرانی از وکلای مجلس نسبت به انتخاب **هژیر** انتقادکردند. بین گارد مجلس و مأمورین انتظامی و جمعیت تظاهرکننده زد و خورد آغاز شد و عده‌ای مجروح شدند ... "*

بطوری که خوانندگان گرامی در همین کتاب ملاحظه خواهندفرمود **سرهنگ محمد دفتری** در تمام این تظاهرات حضورداشته و سرکوبی مردم و تیراندازی به سوی آنان (برخلاف دستور دولت)، توسط مأموران دژبان، و بنا به فرمان وی صورت گرفته بوده‌است.

در هر حال، ادامه تظاهرات شدید ضد دولتی مزبور در خارج از مجلس، همراه با اقدامات مخالفت‌آمیز نمایندگان اقلیت در مجلس و استیضاح بعضی از آنان از دولت **عبدالحسین هژیر**، وی را

مجبور نموده‌است که در تاریخ ۱۵ آبان ۱۳۲۷ (٦ نوامبر ۱۹۴۸) استعفای خود را به **شاه** تقدیم‌نماید که البته این استعفا به حساب **آیت‌الله کاشانی** گذاشته‌شده و زمینه‌های افزایش قدرت و نفوذ سیاسی او را فراهم ساخته‌است. در اینجا بی‌مناسبت نمی‌داند که توجه خوانندگان گرامی را به یک پرسش و پاسخ از کتاب «خاطرات **نورالدین کیانوری**»، آخرین **دبیر کمیته مرکزی حزب توده ایران**، که درست مربوط به روز پیش از حادثه سوءقصد می‌باشد، جلب‌نماید:

> *" [پرسش‌کننده]: یک روز پیش از حادثه ترور **شاه**، یعنی در ١٤ بهمن ۱۳۲۷، به دعوت **آیت‌الله کاشانی** تظاهرات شدیدی توسط دانشجویان علیه امتیاز نفت جنوب و بانک شاهی انگلیس، در تهران صورت‌گرفت. آیا حزب توده [هم] در این تظاهرات شرکت‌داشت؟*
>
> ***کیانوری**: در آن زمان دانشگاه تهران از مهم‌ترین سنگرهای حزب بود و این تظاهرات هم از طرف حزب داده‌شد. تظاهرات بازاریان به دعوت آیت‌الله کاشانی بود. درمورد الغاء امتیاز بانک شاهی، تا آنجا که به‌خاطر دارم این امتیاز در زمان **رضاخان** لغو شده‌بود. شاید من اشتباه می‌کنم. به هرحال **الغاء قرارداد نفت جنوب** عمده‌ترین شعار حزب ما بود. "*
>
> (خاطرات نورالدین کیانوری- مؤسسه تحقیقاتی و انتشاراتی دیدگاه- صفحه ۱۸۲)

بی‌گمان در چنین اوضاع و احوالی که **آیت‌الله کاشانی** به صورت رهبر بی‌رقیب سیاسی- مذهبی کشور درآمده‌بوده برای **محمد مصدق**، که هرگز کسی را در بالادست خود نمی‌پذیرفته، امکان خروج از انزوای سیاسی میسرنبوده، زیرا در مبارزات ضددولتی آن زمان، نه برایش امکان داشته‌است که **آیت‌الله کاشانی** را از مقام رهبری به زیر بیاورد و او را زیر فرمان خود قراردهد و نه حاضر بوده‌است که رهبری او را بر خود بپذیرد و یا برای نمونه در مبارزات سیاسی به صورت رقیب او درآید. اما حادثه سوءقصد به جان **محمدرضا شاه پهلوی** این مشکل را به‌خوبی برای **محمد مصدق** حل نموده‌است. البته همانطور که در بالا گفته‌شد، در برنامه آن سوءقصد، چه موفق می‌گردیده و چه ناکام می‌مانده، دستگیری و تبعید **آیت‌الله کاشانی** پیش‌بینی شده و انجام آن را **سرهنگ محمد دفتری** عهده‌دار بوده‌است اما دیگر به این شخص مأموریت یا اجازه نداده‌بوده‌اند که **آیت‌الله** را با وضعی خفت‌آور و تحقیرآمیز دستگیرکند و مورد ضرب و شتم قراردهد. همان شب در پی شکست سوءقصد، **محمد دفتری**، فرمانده دژبان، که هنوز درجه سرهنگی داشته، به همراه تعدادی از افراد دژبان با نردبان از پشت بام به داخل منزل **آیت‌الله کاشانی** رفته و او را از رختخواب بیرون‌کشیده و با لباس خواب به دژبانی می‌برد و در آنجا او را مورد اهانت و ضرب و شتم فراوان قرارمی‌دهد تا جایی که خون استفراغ می‌نماید.

آیت‌الله کاشانی در همان شب، با حال خراب، ابتدا به خرم‌آباد اعزام و از آنجا به لبنان تبعیدمی‌گردد. پس از این رخداد **مکی** و **حائری‌زاده** که وکلای اقلیت دوره پانزدهم مجلس شورای ملی بوده‌اند، دولت را در این مورد استیضاح می‌نمایند.
حسین مکی ضمن استیضاح، چنین گفته‌است:

> *" ... به دستور دولت [؟] نظامیان شبانه به وسیله نردبان، از دیوار منزل **حضرت آیت‌الله** بالارفته و از آن طرف به داخل منزل سرازیرشده و بعد از گرفتارنمودن **آیت‌الله** ایشان را از نردبان بالابرده و باز به‌وسیله نردبان به کوچه وارد و داخل اتومبیل نموده و در*

دژبانی به‌قدری مشارالیه را کتک‌زده‌اند که خون استفراغ نموده. سپس یکسره به خرم‌آباد برده‌اند ... "
(استیضاح حسین مکی، دکتر مظفر بقائی، ابوالحسن حائری‌زاده از دولت ساعد- انتشارات امیرکبیر- صحفه ۳)

آیا برای انجام این همه اهانت و تحقیر غیرمنطقی و به‌ظاهر بی‌اجازه و بی‌دلیل، توسط **سرهنگ محمد دفتری**، که گویا در همان زمان از سوی **محمد ساعد**، نخست‌وزیر وقت و **حاجیعلی رزم‌آرا**، رئیس وقت ستاد ارتش، به شدت موجب سرزنش قرارگرفته بوده‌است، می‌توان دلیلی جز این اقامه نمود که وی در راه خدمت به **محمد مصدق**، عموی پدر خودش و پدرزن برادرش، می‌خواسته است که بت سیاسی و مذهبی زمان، یعنی **آیت‌الله کاشانی**، را پیش از تبعید بطور کامل بشکند و او را در نظر مریدان و پیروانش خوار و خفیف و حقیر جلوه‌گرسازد؟
درهرحال، چند ماه بعد از تبعید **آیت‌الله کاشانی**، عمر دوره پانزدهم مجلس شورای ملی در تاریخ ٦ امرداد ۱۳۲۸ (۲۸ جولای ۱۹٤۹) به پایان رسیده و نمایندگان اقلیّت این دوره که در ماه‌ها و روزهای پایانی مجلس به‌علت مخالفت شدید **دکتر بقائی** با **رزم‌آرا** و نیز به‌علت مخالفت همین شخص، **حسین مکی** و **ابوالحسن حائری‌زاده** با لایحه الحاقی نفت، مشهور به **قرارداد گس- گلشائیان**، محبوبیت فوق‌العاده‌ای پیدا کرده‌بودند، در اواخر شهریور ۱۳۲۸، و در زمانی که انتخابات دوره شانزدهم مجلس شورای ملی آغاز شده‌بود، **به پیشنهاد حسین مکی، به احمدآباد رفته و از مصدق درخواست‌کرده‌اند که به تهران بیاید و رهبری مبارزات مردم را به‌عهده بگیرد.**
مبارزه‌ای که محمد مصدق را به نمایندگی دوره شانزدهم مجلس شورای ملی و از آنجا به نخست‌وزیری رسانده و آن همه شهرت و محبوبیت برای او به‌وجود آورده‌است.
مبارزه‌ای که به احتمال زیاد، در صورت حضور **آیت‌الله کاشانی** در ایران، رهبری وی بر آن خود به خود و بدون وقفه ادامه‌می‌یافته و شاید دیگر نیازی به دعوت از **محمد مصدق** پیدا نمی‌شده‌است.
در ضمن باید توجه‌داشت که وجود دو نیرو در صحنه سیاسی ایران که یکی ملی با رنگ مذهبی و به اصطلاح دست راستی و دیگری سکولار و چپ‌گرا بوده، دو کفه ترازوی سیاسی ایران را به نوعی متوازن ساخته‌بوده‌اند و چون درهر دوصورت یعنی با کشته‌شدن و یا زنده‌ماندن **شاه**، امکان بیرون‌راندن هر دو نیرو از صحنه سیاسی ایران فراهم می‌شده‌است، منطق و مصلحت سیاسی ایجاب نمی‌نموده‌است که مذهبی- ملی‌ها را نابودنمایند، یعنی کفه سیاسی را به نفع توده‌ای‌ها سنگین سازند، عملی که نفعش درنهایت به همسایه‌ی شمالی می‌رسیده‌است!
به این جهت طبق برنامه توطئه، و همانطور که از پیش قرار بوده‌است بی‌درنگ **حزب توده ایران** را به‌عنوان عامل و طراح اصلی آن معرفی‌کرده و تصویب‌نامه انحلال آن حزب و دستور بازداشت رهبران آن‌را صادرنموده‌اند.

دکتر انور خامه‌ای در این مورد چنین نوشته‌است:

" ... ساعتی بعد، دولت حزب توده را مسئول این ترور تشخیص‌داد و تصمیم‌گرفت اولاً این حزب را منحل اعلام و کلوب‌های آن‌را اشغال و از هرگونه فعالیت آن جلوگیری‌کند. ثانیاً حکومت نظامی برقرار و تمام روزنامه‌های مخالف توقیف‌شوند. ثالثاً رهبران حزب توده و مخالفان دیگر دولت بازداشت‌شوند و تحت تعقیب قرارگیرند. خلاصه محیط اختناق برقرار و نفس‌ها در سینه‌ها حبس‌گردد. این تصمیمات بطور گسترده و با سرعتی بی‌سابقه اجراگردید. هنوز هوا تاریک نشده بود که نظامیان کلوب مرکزی حزب توده را

اشغال و اثاثیه آن‌را مصادره کرده‌بودند. در همان شب به تمام خانه‌های رهبران حزب توده مراجعه و آنهایی را که در منزل خود بودند. بازداشت‌کردند. بعضی دیگر که در منزل نبودند یا پلیس آدرس آنها را نمی‌دانست. صبح روز بعد در محل کار خود بازداشت‌شدند. تنها کسانی دستگیرنشدند که پس از اطلاع از حادثه رعایت احتیاط را کرده و مخفی شده‌بودند ..."
(خاطرات دکتر انور خامه‌ای- جلد سوم از انشعاب تا کودتا- صفحه ۱۲۴)

برنامه‌ی سوءقصد به شاه

در آن زمان همه ساله در روز ۱۵ بهمن، که به‌عنوان روز دانشگاه نام‌گذاری شده‌بود، جشن مفصلی در دانشگاه تهران (دانشکده حقوق) ترتیب‌می‌داده‌اند که اغلب **محمدرضا شاه پهلوی** نیز در آن شرکت می‌نموده و جوایز دانشجویان رتبه‌ی نخست سال قبل دانشگاه را اعطاء می‌کرده‌است.
در آن سال که **دکتر علی‌اکبر سیاسی** (داماد خواهر **مصدق**) و **دکتر احمد متین‌دفتری** (داماد و برادرزاده **مصدق** و برادر **سرهنگ دفتری**) به ترتیب، **ریاست دانشگاه تهران و ریاست دانشکده حقوق** را به‌عهده داشته‌اند، برای طراحان توطئه موقعیت بسیار مناسبی پیش آمده بوده‌است تا کروکی دقیقی از وضع موجود محوطه دانشگاه و دانشکده حقوق (که محل برگزاری جشن بوده) تهیه‌کنند و نقشه قتل **شاه** را، البته با همکاری عملی آن دو رئیس و دیگران، برای آن روز طرح‌ریزی نمایند.
طبق آن نقشه قرارشده بوده‌است که تمام مدعوین حتی نخست‌وزیر و اعضای هیأت دولت وقت تا نیم‌ساعت پیش از ورود موکب ملوکانه!، به دانشگاه واردشده و از در جنوبی دانشکده حقوق به داخل هدایت‌شوند و در سالن آن دانشکده در انتظار تشریف فرمایی ذات مبارک و برگزاری مراسم جشن مورد پذیرایی گرم قرارگیرند!!
در ایوان جلوی در اصلی دانشکده حقوق (در شرقی) و بالای پله‌های ورودی، رؤسای دانشکده‌های مختلف دانشگاه، در حالی که **دکتر علی‌اکبر سیاسی** در پیشاپیش آنان ورقه حاوی متن خیرمقدم! را لوله‌شده در دست دارد، منتظر ورود موکب مبارک شاهانه باشند.
طرف جنوب، محوطه وسیعی را که در پایین پله‌های دانشکده حقوق قراردارد، به‌عنوان محل ایستادن خبرنگاران و عکاسان اختصاص داده‌بودند که ایستادن این افراد در آن طرف در عین حال مانع از آن می‌گردید که اگر کسی از میان مدعوین از همان در جنوبی ساختمان (که همگی وارد شده‌بودند) خارج‌شد، بتواند صحنه‌ی سوءقصد به **شاه** را مشاهده‌نماید.
در داخل همان محوطه نزدیک به زاویه جنوب شرقی، دسته موزیک نظامی ایستاده‌بود. با این ترتیب، قسمت شرقی محوطه بطور کامل و قسمت شمالی آن تا اندازه زیادی بازبوده و کسی در این طرف حضور نداشته‌است.
قرار شده‌بود که اتومبیل **شاه** پس از ورود به همین محوطه نزدیک به دسته موزیک توقف‌کند و **شاه** پس از بیرون‌آمدن از اتومبیل، چند قدم به جلو بیاید و نزدیک‌تر به همان دسته موزیک که آماده‌ی نواختن سلام شاهنشاهی بوده‌است، بایستد.
با این ترتیب، موقعیت بسیار مناسبی برای **ناصرفخرآرائی** که در صف خبرنگاران منتظر تیراندازی بوده به‌وجود می‌آمده‌است. زیرا **شاه** تنها و به وضعی در چند قدمی وی قرارمی‌گرفته که در طرف دیگر و در پشت سرش تا فاصله‌ای زیاد هیچکس وجودنداشته و همچنین بی‌حرکت و در حال خبردار با سلام نظامی ایستاده و سلام شاهنشاهی را گوش می‌کرده‌است.

بعد از این مرحله (طبق برنامه رسمی) قرارشده بوده‌است که **شاه** یکی دو قدم به جلو و راست، یعنی به‌طرف صف دانشگاهیان رفته و دوباره خبردار و بی‌حرکت، اما بدون سلام نظامی به نطق خیر مقدم که از طرف **دکتر علی‌اکبر سیاسی** ایراد می‌شده‌است، گوش فرادهد. و در همین زمان که شاه تقریباً رو به شمال‌غربی ایستاده بوده‌است، **ناصر فخرآرائی** می‌بایست که در لحظه‌ای معین و شاید درمقابل علامتی معین، به سوی **شاه** تیراندازی‌کند و این لحظه هنگامی بوده که **سرهنگ دفتری** (برادرزاده **مصدق**) در فاصله‌ای معین در نزدیک **شاه** قرار داشته‌است.
با ترتیبی که ذکرشد، بطور مسلم انتظار می‌رفته‌است که دست‌کم دو سه گلوله از هفت‌تیر **ناصر فخرآرائی** به هدف مورد نظر، یعنی سر **شاه** اصابت‌کند و **شاه** بی‌درنگ مقتول و یا دست‌کم به‌سختی مجروح‌گردد.
سرهنگ محمد دفتری و **سرتیپ محمدعلی صفاری**، رئیس وقت شهربانی کل کشور، در زمان ورود اتومبیل حامل **شاه** به دانشگاه تهران در جلوی دانشگاه به انتظار ایستاده‌بوده‌اند.
آنان پس از ورود اتومبیل، با گام‌های حساب‌شده و آرام به‌سوی دانشکده حقوق به راه افتاده‌اند و سرعتشان به‌نحوی بوده‌است که در زمان تیراندازی **ناصر فخرآرائی** به **شاه**، نزدیک‌ترین افراد به **شاه**، این دو نفر بوده‌اند و در آنجا به آسانی می‌توانسته‌اند که وظیفه خائنانه خود در این توطئه را در نقش علاقمندی به **شاه** به انجام برسانند.
سرتیپ صفاری، که در پایان تیراندازی به نزدیک دست راست **ناصر فخرآرائی** رسیده‌بوده، درست در موقعیتی قرارداشته که حتی می‌توانسته‌است در هنگام کشتن او، لوله اسلحه خود را بر روی سر و یا هر یک از نقاط حساس دیگر بدن او در طرف راست بگذارد. **سرهنگ دفتری** که قرار بوده‌است بی‌درنگ پس از تیرخوردن **شاه** به محل تیراندازی برسد، وظیفه‌اش این بوده‌است که بی‌درنگ **شاه** مقتول یا مجروح و نیمه‌جان را به داخل اتومبیل سلطنتی افکنده و خود در کنار **شاه** به سوی بیمارستان ارتش حرکت‌کند. اگر **شاه** در هنگام حمل به بیمارستان هنوز بطور قطع نمرده‌بوده، تکمیل این هدف نیز به‌عهده‌ی **سرهنگ دفتری** قرارگرفته بوده‌است. یعنی وی می‌بایست تا جایی که ممکن است در داخل اتومبیل و تا رسیدن به بیمارستان کار **شاه** مجروح و به احتمال زیاد مدهوش را تمام‌نماید. افزون‌بر آن با تغییر و تبدیلاتی که در برنامه کشیک پزشکان بیمارستان ارتش به‌عمل آمده بوده‌است، ترتیب داده‌بوده‌اند که پزشک یا پزشکانی مربوط به توطئه‌گران در هنگام وقوع جنایت در بیمارستان حضور داشته‌باشند تا هرگاه پس از تیراندازی **ناصر فخرآرائی** و اقدامات احتمالی که **سرهنگ دفتری** در اتومبیل در راه رسیدن به بیمارستان انجام‌می‌داد، هنوز اگر امید مختصری به نجات **شاه** وجود داشته‌باشد، در بیمارستان ارتش این امید را هم ازبین ببرند و **شاه** را در آنجا به این بهانه که گلوله‌ها به جاهای حساس بدن اصابت‌کرده بوده‌است، به قتل برسانند و در حقیقت اقدامات ناتمام **ناصر فخرآرائی** و **سرهنگ دفتری** را تکمیل‌نمایند.

چند تصادف کوچک و غیرمنتظره دلیل شکست نقشه قتل شاه

همانطور که می‌دانیم هیچ یک از تیرهایی که در آن روز از هفت‌تیر **ناصر فخرآرائی** خارج‌گردیده، برخلاف انتظار، به نقاط حساس بدن **شاه** اصابت‌نکرده و تنها جراحات مختصری در لب و شانه‌ی وی به‌وجود آورده‌است. به این جهت هنگامی که **شاه** توسط **سرهنگ دفتری** در اتومبیل قرارگرفته، از قدرت بدنی و هوش و حواس وی چیزی کاسته نشده‌بوده و همین امر انجام مأموریت مربوط به **سرهنگ دفتری**، در داخل اتومبیل، را با اشکال فراوان مواجه ساخته‌است.

با ترتیب و برنامه‌ای که در بالا شرح داده‌شد، قتل **شاه** در آن روز حتمی به‌نظر می‌رسیده، زیرا هیچکس از وضع جراحاتی که در اثر تیراندازی به **شاه** وارد شده‌بوده، آگاهی نداشته‌است و هرگاه در فاصله‌ی دانشگاه تا بیمارستان هم امکانی برای قتل یا بیهوش‌کردن **شاه** برای **سرهنگ دفتری** پیش‌نمی‌آمده، بازهم پس از ورود **شاه** به بیمارستان ارتش ترتیبی داده می‌شده‌است که بتوانند اعلام‌نمایند:

" متأسفانه، شدت جراحات وارده به حدی بوده که معالجات مفید واقع نگردیده و اعلیحضرت همایون شاهنشاهی در ساعت .... به رحمت الهی پیوستند. "

البته پس از آن هم، با وقوع وقایعی که قرار بوده‌است پس از قتل رخ‌دهد، کمتر احتمال می‌رفته‌است که کسی به فکر کشف حقیقت بیفتد و یا متوجه این نکته شود که با اینکه **محمدرضا شاه پهلوی** هرگز دشمنی آشتی‌ناپذیرتر و فعال‌تر از **محمد مصدق** و رقیبی جدی‌تر و خطرناکتر از **رزم‌آرا** به خود ندیده بوده‌است، چطورشد که در این حادثه سوءقصد به جان **شاه**، برادرزاده گوش به فرمان **مصدق** و یار وفادار **رزم‌آرا**، یعنی کسی که (به ظاهر) برای هموارکردن راه ریاست جمهوری یا پادشاهی **رزم‌آرا** فعالانه کوشش می‌نموده‌است، بطور ناگهانی آنطور به زنده نگاهداشتن **شاه** علاقمندشده و با آن سرعت عجیب برای نجات جان ملوکانه پیکر نیمه‌جان! یا بی‌جان! همایونی را به بیمارستان ارتش رسانده‌است!

اما آنچه که جان **شاه** را در آن روز نجات داده وقوع دو تصادف کوچک و پیش‌بینی نشده، به شرح زیر بوده‌است:

تصادف کوچک نخست- نبودن راه اتومبیل‌رو در پشت دانشکده حقوق

سرهنگ دفتری، طبق برنامه توطئه، **شاه** مجروح را در اتومبیل انداخته و به راننده دستور داده‌است که با سرعت از دانشگاه خارج‌شود و به سوی بیمارستان ارتش براند.

خروج اتومبیل می‌بایست از همان خیابانی که اتومبیل وارد شده‌بود و از در اصلی دانشگاه صورت گیرد.

اما راننده در آن وقت اشتباه‌کرده و با دیدن یک راه باریک آسفالته و قابل عبور اتومبیل، در کنار ضلع شمالی دانشکده و به خیال اینکه آن راه دور تا دور دانشکده امتداددارد، بدون جلو و عقب کردن اتومبیل که مستلزم اتلاف وقت بوده‌است، به‌ظاهر با هدف اینکه خود را زودتر به خارج از دانشگاه برساند، با سرعت به همان راه باریک وارد شده‌است اما همینکه به پشت دانشکده حقوق رسیده متوجه شده‌است که در آنجا پلکانی از ساختمان به جلو آمده و راه عبور برای اتومبیل را مسدود کرده‌است. بازگشت اتومبیل از آن راه حاشیه‌ای باریک و سر و ته کردن آن نیازمند چند بار توقف اتومبیل برای تعویض دنده (با اتومبیل‌های دنده‌ای آن زمان) بوده و در یکی از همین توقف‌های کوچک و کوتاه‌مدت، زمینه‌های نجات **شاه**، به ترتیبی که در زیر شرح‌داده خواهدشد، فراهم گردیده‌است.

تصادف کوچک دوم- دخالت پیش‌بینی نشده دکتر منوچهر اقبال

دکتر منوچهر اقبال، متخصص بیماری‌های عفونی، وزیر بهداری و رئیس وقت دانشکده پزشکی دانشگاه تهران، در موقع تیراندازی در صف رؤسای دانشکده‌ها ایستاده بوده‌است.

وی با مشاهده عینی جریان تیراندازی، چند ثانیه‌ای مانند دیگران در بهت فرو رفته‌بوده، ولی به زودی به اقتضای تخصص حرفه‌ای و سمت ریاست دانشکده پزشکی دانشگاه تهران، وظیفه شخصی، اداری و وجدانی خود دانسته‌است که برای نجات جان **شاه** از جراحات احتمالی وارده، فوری اقدام‌نماید.
اما پیش از آنکه وی بتواند با عجله از پلکان جلوی دانشکده حقوق پایین بیاید، **سرهنگ دفتری**، **شاه** را طبق برنامه قبلی در اتومبیل سلطنتی قرارداده و اتومبیل به حرکت درآمده بوده‌است!
با این ترتیب، هرگاه راننده اتومبیل سلطنتی به‌جای آنکه تصمیم به دور زدن دانشکده حقوق بگیرد، در همان محوطه دورزده و برگشته‌بود، به احتمال زیاد، **دکتر اقبال** موفق به دخالت در آن جریان که منجر به نجات **شاه** گردید، نمی‌شد.
اما همان اشتباه کوچک راننده و جلو و عقب‌های کوتاه و متعدد برای تعویض دنده، موجب گردیده‌است که **دکتر اقبال** پیش از آنکه اتومبیل را بتواند بطور کامل سر و ته نماید، به آن رسیده و به اقتضای موقعیت استثنایی و اضطراری، بدون رعایت تشریفات و کسب اجازه، در اتومبیل طرف **شاه** را بازکرده و در سوی دیگر **شاه** قرارگیرد!
وجود **دکتر اقبال**، استاد بیماری‌های عفونی و رئیس دانشکده پزشکی دانشگاه تهران در اتومبیل و حضورش در بیمارستان ارتش در اتاق عمل و کمک و همکاری وی در پانسمان جراحات و بخیه‌زدن بر لب **شاه**، موجب گردیده‌است که نقشه دقیق قتل او با شکست کامل مواجه‌گردد.
شاه که پس از این رویداد تا اندازه‌ای از واقعیت توطئه آگاهی یافته بوده و نجات خود را از مرگ حتمی مدیون **دکتر اقبال** می‌دانسته، با محبتی فوق‌العاده زمینه‌های ترقی‌های آتی وی را فراهم ساخته‌است.
در تاریخ ۲۲ اسفند ۱۳۲۷ (۱۳ مارچ ۱۹۴۹)، که یک ماه و هفت روز از حادثه سوءقصد گذشته‌بوده، **دکتر اقبال** به سمت وزیر کشور معرفی‌گردیده و از آن به بعد اغلب دارای شغل و مقام و آن هم در سمت‌های عالی بوده‌است.
وی در تاریخ ۱۵ فروردین ۱۳۳۶ (٤ آپریل ۱۹۵۷) به نخست‌وزیری رسیده و هنگامی که در ٥ شهریور ۱۳۳۹ (۲۷ آگوست ۱۹۶۰) از این سمت کناره‌گیری کرده، رکورد طول مدت نخست‌وزیری تا آن زمان را به‌دست آورده بوده‌است.
دکتر اقبال در تاریخ ١٤ آبان ۱۳٤۲ (٥ نوامبر ۱۹۶۳) به سمت ریاست **هیأت مدیره و مدیریت عامل شرکت نفت ایران** منصوب‌شده و تا پایان عمر (که در تاریخ ٤ آذرماه ۱۳٥۶- ۲٥ نوامبر ۱۹۷۷، در سن ۶۸ سالگی و گویا به‌علت سکته قلبی رخ‌داده) در همین سمت باقی بوده‌است.
(در آن زمان هنوز وزارت نفت تشکیل نشده‌بوده و شرکت ملی نفت ایران- شرکت‌های فرعی گاز، پتروشیمی و تعدادی شرکت نفتی با شرکت خارجیان را تحت نظر داشته‌است.)
در این سال‌ها کمتر عکسی از بازدیدها، جشن‌ها و مراسم رسمی و غیررسمی که توسط و یا در حضور **محمدرضا شاه پهلوی** می‌توان‌یافت که **دکتر اقبال**، مختصری عقب‌تر از **شاه**، در طرف راست یا چپ او نایستاده باشد و یا اگر چنین عکسی پیداشود و درباره‌ی آن تحقیق به‌عمل آید، به احتمال زیاد ممکن‌است معلوم‌شود که **دکتر اقبال** در موقع برگزاری مراسم مربوط به آن عکس در مسافرت بوده و یا در خارج از کشور به‌سر می‌برده‌است.

شرح داستان از قول سرهنگ محمد دفتری

درزیر به شرح داستان سوءقصد به جان **محمدرضا شاه پهلوی**، از قول **سرهنگ دفتری**، می‌پردازیم. روشن‌است که هیچ‌کس انتظارندارد که وی در این داستان به دخالت خود در توطئه اعتراف کرده‌باشد، به‌ویژه اینکه داستان مزبور در اوج قدرت **محمدرضا شاه پهلوی** انتشار یافته‌است:

*"در آن سال **من درجه سرهنگی داشتم وریاست دژبانی** به عهده‌ام بود. **مأموران من در خط سیر ملوکانه در کنار مأمورین شهربانی انجام وظیفه می‌نمودند [!!]** و **من به اتفاق تیمسار صفاری، رئیس شهربانی**، در جلو در بزرگ دانشگاه منتظر تشریف فرمایی **شاهنشاه** بودیم.*
پیش از تشریف فرمایی، هیأت دولت و استادان و مدعوین دیگر به دانشگاه آمده‌بودند و در سالن بزرگ دانشگاه حقوق در انتظار مقدم همایونی بودیم [!!].
مدعوین از در جنوبی دانشکده حقوق واردمی‌شدند و به تالار بزرگ می‌رفتند. همه آمده‌بودند. در این وقت اتومبیل سلطنتی وارد دانشگاه گردید. از جلو گارد احترام عبورکرد و از روی پلی که در جلو در بزرگ دانشکده قراردارد گذشته و در برابر دسته موزیک نظامی توقف‌نمود.
***شاهنشاه** از در سمت راست اتومبیل پیاده‌شدند و موزیک نظامی شروع به نواختن سلام شاهنشاهی کرد.*
*من که از جلو در به دنبال اتومبیل سلطنتی حرکت کرده‌بودم، در این‌موقع **به حدود پنجاه یا شصت متری اتومبیل** رسیده‌بودم و هنگامی که موزیک مشغول نواختن سلام شاهنشاهی بود ایستادم و مراسم احترام نظامی به‌عمل آوردم.*
*وقتی سلام شاهنشاهی به پایان رسید، **آقای دکتر علی‌اکبرخان سیاسی**، رئیس دانشگاه تهران، پیش آمد و شروع به عرض خیرمقدم نمود.*
*من به اتومبیل سلطنتی نزدیک می‌شدم و هنوز **چهل متر** با نقطه‌ای که **شاهنشاه** در آنجا توقف کرده‌بودند، یعنی جلوی پله‌های محوطه رو به روی دانشکده حقوق فاصله‌داشتم که صدای گلوله به گوشم رسید.*
***شاهنشاه** به سرعت سرشان را پایین آوردند و بعد شانه خود را به‌طرف راست پیچاندند.*
*وقتی من به دو متری **شاه** رسیدم، **دست خیانتکاری که از دست سرنوشت و عظمت الهی ذخیره بود [این جمله چه معنی می‌دهد!!]** هفت‌تیر به جلو پرتاب کرد، طوری که کنار پای من به زمین خورد ...*
*در آن لحظات وحشت و اضطراب، من فقط متوجه **شاهنشاه** بودم، ضارب را ندیدم و با عجله **شاهنشاه** را در آغوش گرفتم و دراتومبیل را بازکردم و **شاهنشاه** درحالی که به من تکیه داده‌بودند سوارشدند و راننده، اتومبیل را بلافاصله حرکت دادند. **همه این وقایع در عرض ده ثانیه روی داد.***

*آن روز هوا آفتابی و ملایم بود. **شاهنشاه** پالتو نپوشیده‌بودند و شاید این هم عنایت پروردگار بود، زیرا با وجود پالتو آن حرکات و چرخش سریع، به چپ و راست که مانع هدف‌گیری دقیق می‌شد امکان‌پذیرنبود. رشادت و تهور **شاهنشاه** نیز موجب‌گشت که گلوله‌ها به هدف اصابت نکند. زیرا اگر **شاهنشاه** روی برمی‌گردانیدند و دورمی‌شدند*

دست خیانتکار می‌توانست با فرصت بیشتری هدف‌گیری کند، ولی بر جای ایستادن و حرکت سریعشان در برابر اسلحه سبب شد که گلوله‌ها از کنار سر و شانه عبور کند.
رانده بلافاصله حرکت کرد و به گمان اینکه دور دانشکده حقوق خیابانی است که از سمت جنوب به خیابان اصلی دانشگاه منتهی می‌شود، به راه خود ادامه داد ولی در پشت دانشکده متوجه شد که پله است و باید به عقب برگردد.
هنگام عقب‌زدن و چرخیدن اتومبیل، آقای دکتر اقبال هم در اتومبیل را بازکرد و سوارشد.
اتومبیل سلطنتی با سرعت از دانشگاه خارج شد و به‌طرف چهارراه پهلوی حرکت‌کرد.
در داخل اتومبیل، من متوجه شدم که از لب **شاهنشاه** خون می‌آید و جلوی لبانشان خونی شده و با اینکه خون به شدت جاری بود، من با خوشحالی [؟!] متوجه شدم که جراحت عمیق نیست و گلوله فقط لب را شکافته و به فک پایین آسیبی نرسانده‌است. گلوله‌ای هم به کلاه خورده بود، بدون اینکه خراشی به ناحیه سر وارد کند، عبور کرده‌بود، در این موقع بود که چشمم به سوراخی که در پشت شانه، در روی لباس نظامی ایجاد شده‌بود افتاد. با وحشت به **دکتر اقبال** نگاه کردم و او هم متوجه این سوراخ شد و بی‌اختیار به گریه افتادم.
اعلیحضرت پرسیدند: چرا گریه می‌کنی؟ عرض کردم متأثرم [؟!] البته موضوعی که موجب وحشت شده‌بود، به زبان نیاوردم.
ولی **شاهنشاه** با کمال خونسردی گفتند: چیزی نیست. در خدمت از این وقایع زیاد اتفاق می‌افتد. چه اهمیت دارد؟
و بعد فرمودند: برویم پیش **پروفسور عدل**.
در این موقع اتومبیل به چهارراه پهلوی رسیده‌بود. من [**سرهنگ دفتری**] عرض کردم: امروز تعطیل است و ممکن است **عدل** در منزل نباشد و **اگر شاهنشاه اجازه می‌دهند بهتراست به بیمارستان ارتش در یوسف‌آباد برویم،** چون سرویس‌های آن همیشه آماده و مهیا است.
شاهنشاه فرمودند: اشکالی ندارد به آنجا برویم.
وقتی اتومبیل در جاده پهلوی حرکت می‌کرد، چشم راننده از آینه مقابل به صورت خون‌آلود **شاه** افتاد و بی‌اختیار فرمان را رها کرد و دستها را بر سر خود زد و فریاد کرد: **وای چه خاکی بر سرم شده. اتومبیل به سمت کنار جاده منحرف گردیدو نزدیک بود به درخت تصادم کند.**
شاهنشاه به او امر کردند، آرام باشد و مقررات راهنمایی را مراعات کند و مرتب تکرار می‌کردند: جلو پایت را نگاه کن. از دست راست برو. تند نران، مواظب عابرین باش.
می‌دانید من [**سرهنگ دفتری**] نظامی و سربازم، ولی اعتراف‌می‌کنم که از این‌همه خونسردی و شجاعت در موقع خطر متحیر شده‌بودم و این برای من و هر فرد ایرانی موجب افتخار و سربلندی است که چنین پیشوایی داشته‌باشند. پیشوایی که در خطرناک‌ترین لحظات زندگی به فکر مردم و ملت باشند و به سربازی که در کنارش است تذکردهد که این‌گونه وقایع مهم نیست و در خدمت از این‌گونه حوادث بی‌شمار رخ‌می‌دهد.

وقتی به بیمارستان رسیدیم، من و **دکتر اقبال** خواستیم **شاهنشاه** را در پیادشدن کمک‌کنیم. ولی گفتند: نه، لازم نیست من خودم پیاده می‌شوم.

استیضاح دولت برای اهانت و ضرب به آیت‌الله کاشانی

*بلافاصله به اتاق عمل رفتیم و در آنجا **سرتیپ نجف‌زاده** و چند پرستار کمک کردند که لباس نظامی **شاهنشاه** را بیرون بیاورند. من سوراخی که پشت کُت **شاهنشاه** به چشم می‌خورد را به **دکتر نجف‌زاده** نشان دادم و او هم سخت متوحش شد، زیرا با اینکه خونی از آنجا بیرون نمی‌آمد احتمال‌داشت که خونریزی در داخل لباس شده باشد.*
بیرون آوردن لباس بسیار سخت بود، زیرا کمربند روی لباس خونی شده‌بود و باز نمی‌شد.
*بالاخره وقتی **دکتر نجف‌زاده** کُت و پیراهن **شاهنشاه** را بیرون آوردند، همه منتظر بودیم ببینیم سوراخ پشت کُت چیست؟ وقتی متوجه شدیم که خراش کوچکی است که گلوله فقط تماس با پشت شانه ایجاد کرده‌است، بی‌اختیار روی به آسمان کردیم و همه یک زبان گفتیم: **خدا را شکر، الهی هزار مرتبه شکر.***
دکتر اقبال مشغول پانسمان جراحت لب شد.
***شاهنشاه** به من اصرار فرمودند که به دانشگاه بروم و سلامتی **شاه** را به همه خبر بدهم. اشک ذوق [؟!] از دیدگانم جاری بود. زیرا از یکطرف می‌دیدیم که بحمدالله گزندی به ذات ملوکانه وارد نشده و از طرفی احساس می‌کردم که **شاهنشاه** حتی در آن لحظات خطرناک به فکر آنند که کسی نگران نباشد. درست به یاد دارم که فرمودند: مردم نگران و متوحش خواهند شد. فوراً به دانشگاه بروید و اطلاع دهید که سلامتم. زودتر حرکت کنید که مردم ناراحت نباشند ... "*
(خاطرات من یا روشن‌شدن تاریخ صد ساله- جلد دوم- حسن اعظام‌قدسی- صفحات ۸۶۱/۸۵۹)

استیضاح دولت به مناسبت اهانت همراه با ضرب و شتم به آیت‌الله کاشانی

پیشوایان درجه اول مذهبی، و یا به اصطلاح خودشان **آیات عظام**، در صورتی که هم عصر باشند، به‌ویژه اینکه اگر در یک شهر و یا حتی در یک کشور زندگی نمایند، رقیبان هم محسوب می‌شوند و اغلب نسبت به یکدیگر حسادت می‌ورزند.
چون طبق معمول کسب شهرت و اعتبار علمی، سیاسی و اجتماعی بیشتر توسط هر پیشوای مذهبی، وی را نسبت به دیگران اعلم نشان می‌دهد و زمینه‌های جلب مرید و مقلد بیشتر و وجوه به اصطلاح شرعی بیشتری را برای او فراهم می‌سازد، لذا کمتر اتفاق افتاده است که یک **آیت‌الله عظمی** یا مرجع تقلید به اقدامی دست‌بزند که آشکارا یا تلویحاً نشانگر اعلمیّت مرجع تقلید و آیت‌الله دیگرباشد.
در آن زمان، که **آیت‌الله سیدابوالقاسم کاشانی** به‌عنوان یک سیاستمدار فعال و مبارز ضد استعمار در صحنه سیاسی ایران ظاهر شده‌بوده، طبعاً کسی از **آیت‌الله العظمی سیدحسین بروجردی**، مرجع بی‌رقیب تقلید شیعیان، انتظار نداشته‌است که از اعلامیه‌ها و فراخوان‌های او طرفداری و حمایت نماید. درحالی که تعدادی از مجتهدان و مراجع تقلید پایین‌تر از **آیت‌الله بروجردی** نیز خود را بالاتر از **آیت‌الله کاشانی** می‌دانسته‌اند.
حتی اگر غیر از این بود، باز هم چون طرفداری از وی و حمایت از فراخوان‌های او، به‌عنوان مخالفت و دشمنی با **شاه** و دولت و ارتش تلقی‌می‌شده، لذا کمتر مجتهدی حاضر به پذیرش خطرات احتمالی و عواقب ناخوش آیند بعدی بوده است.

در تاریخ ۳ اسفند ۱۳۲۷، **حسین مکی** و **ابوالحسن حائری‌زاده**، دولت را به‌علت بازداشت و تبعید خلاف قانون **آیت‌الله کاشانی** به بیروت مورد استیضاح قراردادند.
پس از آن که **حائری‌زاده** استیضاح خود را جداگانه و با افزودن مطالب دیگری در اعتراض به تشکیل مجلس مؤسسان جهت انجام تغییراتی در قانون اساسی، به مجلس تقدیم کرد، **حسین مکی** نیز استیضاح خود را به‌صورت زیر تغییر داده‌است:

*" **ریاست مجلس شورای ملی**- نظر به اینکه به دلایل ذیل دولت آقای **[محمد] ساعد** نسبت به توقیف **حضرت آیت‌الله آقای سیدابوالقاسم کاشانی** و تبعید ایشان به خرم‌آباد و بعد به خارج ایران و همچنین توقیف جراید و مدیران آنها مرتکب جرم و اعمال خلاف قانون شده‌اند، دولت آقای **ساعد** را استیضاح می‌کنم. خواهشمندم به ایشان اطلاع داده شود برای جواب استیضاح در مجلس حاضر شوند. "*
(استیضاح حسین مکی- دکتر مظفر بقائی- ابوالحسن حائری‌زاده از دولت ساعد- مؤسسه امیرکبیر- صفحه ۲)

حسین مکی در تاریخ ۲۳ فروردین ۱۳۲۸، ضمن توضیح استیضاح خود چنین گفته‌است:

*" ... به دستور دولت، نظامیان شبانه به وسیله نردبان از دیوار منزل **حضرت آیت‌الله [کاشانی]** بالا رفته و از آن طرف به داخل منزل سرازیر شده و بعد از گرفتارنمودن **آیت‌الله** ایشان را از نردبان بالا برده و باز به وسیله نردبان به کوچه وارد و داخل اتومبیل نموده و در دژبانی به قدری مشارالیه را کتک زده‌اند که خون استفراغ نموده، سپس یکسره به خرم‌آباد برده‌اند و..."*
(همان- صفحه ۳)

شکست توطئه سوءقصد به جان **محمدرضا شاه پهلوی** به میزان بسیار زیادی بر محبوبیت او افزوده‌است و وی با استفاده از این محبوبیت و از طریق تشکیل مجلس مؤسسان به افزایش اختیارات مربوط به **شاه** در قانون اساسی مبادرت ورزیده‌است. اما منظور از این بخش این نیست که به استفاده‌ها و یا سوءاستفاده‌های **محمدرضا شاه پهلوی** از سوءقصد بپردازیم بلکه می‌خواهیم درباره‌ی تأثیر بازداشت و تبعید **آیت‌الله کاشانی** به بیروت، در تقویت و توسعه نهضت ملی و مذهبی زیر رهبری وی و تبدیل آن به نهضت سترگ ملی ایران مختصر اشاره‌ای به‌عمل بیاوریم.
در زمان بازداشت **آیت‌الله کاشانی** کسی در ایران به‌عنوان جانشین وی جهت رهبری برای آن نهضت وجود نداشته‌است و هرچند که وی به مناسبت‌های مختلف از همان بیروت، گاهگاه، اعلامیه‌هایی به ایران می‌فرستاده اما این اقدام با توجه به وضع ارتباطی و مخابراتی آن روزگار تأثیر چندانی نداشته‌است و هرگاه وضع تا مدتی به همان صورت باقی‌می‌مانده، به احتمال زیاد بزودی گرمی احساسات پیروان و علاقمندانش به سردی می‌گراییده و به‌صورتی درمی‌آمده که کشاندن دوباره آنها به تظاهرات و مبارزه سیاسی به آسانی امکان‌پذیر نمی‌شده‌است.
در اینجا از بحث و اظهار نظر در اینکه نتیجه اقدامات نظامی و انتظامی مزبور تا چه اندازه به نفع یا به ضرر **حزب توده ایران**، یا دولت، و یا دیگران بوده‌است خودداری‌می‌شود و همانطور که پیش‌ترهم گفته‌شد، تذکرمی‌دهد که **تمام این اقدامات به‌دستور سرهنگ محمد دفتری و توسط دژبان‌های تحت فرمان وی به انجام می‌رسیده‌است.**
در زمان وقوع حادثه سوءقصد، قوانین عادی در کشور حکفرما بوده و مقررات قانون حکومت نظامی در حدود چهار ساعت پس از آن با تصویب هیأت وزرا در تهران برقرار شده‌است.

استیضاح دولت برای اهانت و ضرب به آیت‌الله کاشانی

اما **حاجیعلی رزم‌آرا** از همان نخستین دقایق بعد از انجام سوءقصد، به صورت قدرتی مافوق دولت در کشور در آمده و با دستگیری افراد مورد نظر، به استناد ماده ۵ آن قانون، در مدتی بسیار کوتاه اختناقی بسیار شدید در سطح کشور به وجود آورده است.
البته **سرهنگ محمد دفتری** و دژبان‌های زیر امر وی وظیفه‌ی اِعمال این قدرت را به‌عهده داشته‌اند.

برای اینکه خوانندگان گرامی تا اندازه‌ای از ضعف **محمد ساعد**، نخست‌وزیر قانونی وقت، در برابر **رزم‌آرا** آگاهی یابند، بد نیست چند جمله از مصاحبه‌ای را که وی چندی بعد با **روزنامه اراده آذربایجان** به‌عمل آورده‌است در اینجا نقل نماید.
محمد ساعد در این مصاحبه شرح داده‌است که **حاجیعلی رزم‌آرا** در شب واقعه به منزل وی آمده و ضمن گزارش اقدامات خود چنین گفته‌است:

*" ... من **سیدضیاء [طباطبایی]** و **[احمد] قوام‌السلطنه** را هم اجباراً توقیف کردم، چون به‌نظرمی‌رسید که آنها هم در ماجرا دست داشتند. من که احساس می‌کردم جریان از جای دیگر است به رزم‌آرا گفتم: توقیف **سیدضیاء** و **قوام‌السلطنه** به نفع ما نیست، چون من سی سال بود که **سیدضیاء** را می‌شناختم. **قوام‌السلطنه** را هم همینطور. [اما چون رزم‌آرا به سخنان **ساعد** وقعی نگذاشته بوده‌است] به این جهت وقتی رزم‌آرا رفت من به حضور **اعلیحضرت** تلفن کردم و استدعا کردم که **سیدضیاء** و **قوام‌السلطنه** را آزاد کنند. **شاهنشاه** فرمودند: با مسئولیت خودتان این کار را بکنید و من بعد از آنکه این کار را کردم، **سیدضیاء** و **قوام‌السلطنه** را برای امضای دفتر همایونی فرستادم ... "*
(خلع ید- کتاب سیاه- قسمت نخست از جلد سوم- حسین مکی- بازگوشده از روزنامه‌ی اراده آذربایجان، شماره ۱۰۷۳)

ولی همان اعمال دیکتاتورمنشانه **رزم‌آرا** و بیش از آن، اقدمات به‌ظاهر خودسرانه و سرکوب‌گرانه مأموران دژبان به فرماندهی **سرهنگ محمد دفتری**، موجب بروز نتایجی غیرمنتظره و برخلاف نظر **رزم‌آرا** شده، یعنی با استیضاح شجاعانه **دکتر مظفر بقائی کرمانی** بر ضد **رزم‌آرا** و استیضاح **مکی** و **حائری‌زاده** از دولت **ساعد** درباره‌ی بازداشت، کتک‌زدن و تبعید **آیت‌الله کاشانی**، اختناق **رزم‌آرایی** شکسته‌شده و در پی آن مخالفت و مبارزات همین افراد (که، با یکی دو نفر دیگر، به **اقلیت** دوره پانزدهم شهرت یافته‌اند) با **قرارداد نفتی گس- گلشائیان**، در روزهای پایانی مجلس پانزدهم، در مدتی بسیار کوتاه زمینه‌های ورود و شرکت قشری بزرگ از گروه‌های مختلف مردم را در نهضت ملی و ضدانگلیسی ایران فراهم‌ساخته و نیز به دعوت همین **اقلیت**، **محمد مصدق** از انزوای سیاسی خارج شد و رهبری آن نهضت بزرگ ملی را عهده‌دار گردیده‌است.

رنج گل بلبل کشید و برگ گل را باد برد
بیستون را عشق کند و شهرتش فرهاد برد

نقش نورالدین کیانوری (دبیر کمیته مرکزی و عضو هیأت اجرائیه حزب توده ایران) در این توطئه

نخست- از قول دکتر انور خامه‌ای (از رهبران انشعابی حزب توده)

اکنون، تمام مدارک و اسناد موجود، از جمله اعترافات **دکتر نورالدین کیانوری**، دبیر کمیته مرکزی و عضو هیأت اجرائیه حزب توده ایران، این نظر **دکتر انور خامه‌ای** را تأیید می‌نماید که:

" ... **رزم‌آرا** طراح و گرداننده اصلی این ترور بوده‌است. اکنون پس از افشاگری‌های **دکتر [فریدون] کشاور** [عضو دیگر کمیته مرکزی حزب توده در زمان حادثه] مسلماست که دست‌کم یک نفر از اعضای هیأت اجرائیه حزب توده، نیز در این ماجرا دخالت داشته‌است، آن‌هم مؤثرترین مقام حزب، یعنی **دکتر کیانوری**، که مسئول تشکیلات، مسئول سازمان افسران، مسئول کمیته ترور و رابط با مقامات شوروی بوده است ... "
(خاطرات دکتر انور خامه‌ای- جلد سوم از انشعاب تا کودتا- صفحه ۱۳۰)

دوم- از قول چهار نفر از اعضای کمیته مرکزی حزب توده ایران

الف: از قول دکتر فریدون کشاورز:

" ... تمام میهن‌پرستان ایران با این نکته موافقند که حزب علنی توده ایران، با تمام نواقص و اشتباهاتش که در آن دوران پرحادثهٔ مبارزهٔ مردم ایران علیه امپریالیسم و عمال وی کرده، قوه مهمی بود و به همین جهت بود در سال‌های بعد از جنگ جهانی دوم هدف اساسی قوای ضد میهنی بود.
در چنین موقع حساس برای کشور ما و برای حزب ما، **کیانوری**، مسئول سازمان حزب و مسئول سازمان افسران، که [این سازمان دوم] به‌قدری مخفی بود که بعضی از ماها حتی از وجود آن اطلاع نداشتیم.
با **ناصر فخرآرائی** به‌وسیلهٔ یکی از افراد حزب در تماس بود تا **ناصر فخرآرائی** روز جمعه چهار فوریه ۱۹۴۹ به **شاه** تیراندازی کند. به این وسیله بهانه‌ای که آمریکا و انگلیس و دربار برای غیرقانونی اعلام‌کردن حزب توده ایران لازم داشتند به آنها داده شد ...
وقتی که [**احمد**] **قاسمی** دوست و هم فراکسیونی **کیانوری** و [**محمود**] **بقراطی** از دسته مخالف **کیانوری** و **قاسمی** دوست [**رضا**] **رادمنش** و **ایرج اسکندری** به مسکو آمدند، ما شنیدیم که **کیانوری** در تیراندازی به **شاه** دخالت داشته.
هنگامی که آنها برای ما در مسکو تعریف کردند چگونه **کیانوری** به‌وسیلهٔ [**عبدالله**] **ارکانی** با **ناصر فخرآرائی** چند ماه در تماس بود، وقایع سرسام‌آوری را که آن روزها هیچ‌کس از ما به آن اهمیت نمی‌داد بیادآوردیم که کاملاً با شرکت **کیانوری** در این تیراندازی جور و مربوط درمی‌آمد و اهمیت پیدا می‌کرد.
تمام آنچه را من برای شما نقل خواهم کرد در صورت جلسات کمیته مرکزی حزب در مسکو نوشته شده‌است و باید هنوز وجود داشته باشد ...
من بعضی از وقایعی را که در بالا اشاره‌کردم و مربوط به تیراندازی به **شاه** است برای شما شرح می‌دهم:

نقش نورالدین کیانوری در توطئه سوءقصد به شاه

۱ .نزدیک به چهار ماه قبل از تیراندازی به **شاه**، **کیانوری** در جلسه کمیته مرکزی پیشنهادکرد که حزب، پول به‌اندازه کافی در اختیار تشکیلات کل حزب، یعنی او، بگذارد که خانه و مطبعه و کادر حقوق‌بگیر و اتومبیل و غیره تهیه کند، زیرا، به قول او به زودی حزب مجبور به اختفاء خواهدشد [؟!] و پیشنهاد کرد هر کسی خانه دارد خانه‌اش را بفروشد و پول آن را به حزب بدهد.
باید دانست که اطلاعات به حزب همه از طرف سازمان افسری داده می‌شد، چون او مسئول این سازمان بود.
وقتی در مسکو، **قاسمی** و **بقراطی** به ما اطلاع دادند که **کیانوری** در تیراندازی به **شاه** دخالت داشت، همه ما فهمیدیم که چرا آن روز **کیانوری** چنین پیشنهادی کرد.

۲ - روز یادبود مرگ **دکتر** [**تقی**] **ارانی** ۱۴ بهمن است نه ۱۵ بهمن. و در آن روز به معمول هر سال جمعیت زیادی در **امامزاده عبدالله** جمع می‌شدند.
ولی در سال ۱۳۲۷ یعنی تیراندازی به **شاه**، **کیانوری**، چند روز قبل از تاریخ فوت **ارانی**، به کمیته مرکزی پیشنهاد کرد که چهارده بهمن را به ۱۵ بهمن تبدیل کنیم تا یادبود به روز جمعه بیفتند، به این بهانه که جمعیت بیشتری خواهند آمد.
این اولین باری بود که از ۱۳۲۰، یعنی تأسیس حزب چنین تغییری در روز یادبود داده می‌شد.
با گفته‌های **قاسمی** و **بقراطی** برای همه ما روشن شد که **کیانوری** این پیشنهاد را با علم به اینکه روز جمعه به **شاه** تیراندازی خواهد شد به کمیته مرکزی داد.

۳ - در وسط میتینگ یادبود در **امامزاده عبدالله** که در چند کیلومتری تهران واقع است. **کیانوری** بدون اطلاع ما به شهر رفت. هنگامی که مراجعت کرد چون ما فهمیده بودیم که او به شهر رفته، از او پرسیده شد: برای چه به تهران رفتی؟ جواب داد که: رفتم اسباب عکاسی خود را بیاورم که عکس بگیرم.
با اینکه عده‌ای از اعضای حزب عکس‌های متعدد گرفته‌بودند و از شهر نیز چند عکاس به **امامزاده عبدالله** برای عکسبرداری و فروش آنها آمده بودند، این جواب همه را قانع‌کرد.
در مسکو، به وسیله **قاسمی** و **بقراطی**، ما دانستیم که **کیانوری** به تهران رفته بود تا در نزدیک دانشگاه، **ارکانی** را ملاقات کرده و مطمئن شود که **ناصر فخرآرائی** به دانشگاه داخل شده.

۴ - وقتی که یادبود **ارانی** تمام شد، **کیانوری** با اصرار به **هیأت اجراییه در امامزاده عبدالله** پیشنهاد کرد که همه، در حدود ده هزار نفر، پیاده به شهر برگردیم. همه با پیشنهاد او مخالفت کردند و گفتند که: این کار بهانه به دست پلیس خواهد داد که پروکاسیون کرده و به جمعیت تیراندازی کند و عده زیادی را بکشد. این بود که همه متفرق شده، با کامیون و اتومبیل به تهران برگشتیم.
در مسکو پس از گزارش **قاسمی** و **بقراطی** ما فهمیدیم که **کیانوری** در ارتباط با تیراندازی این پیشنهاد را کرده و شاید می‌خواست قدرت حزب را پس از کشته‌شدن **شاه** نشان بدهد.
باید گفت که اگر **کیانوری** کسی است که دو سره می‌زند و یک آژان دوبل است و با **رزم‌آرا** مربوط بوده، در این صورت می‌توانست رهبری حزب توده را توقیف کند و شاید با تیراندازی به جمعیت عده‌ای از کادرها و افراد را بکشد ...

*دلیل بارز اینکه کمیته مرکزی و رهبری حزب از این موضوع، یعنی تیراندازی به **شاه** و شرکت **کیانوری** در آن اطلاعی نداشت، این است که **[دکتر مرتضی] یزدی**، **[حسین] جودت**، **[محمود] بقراطی**، **[عبدالحسین] نوشین**، **[بزرگ] علوی** و **[احمد] قاسمی**، بعضی در منازل خود و برخی مانند **یزدی** و **قاسمی** صبح در محل کار خود حاضرشدند و در آنجا توقیف گردیدند.*

***[رضا] رادمنش** هم در منزل بود و هنگامی که سربازان در زدند و معلوم شد که برای توقیف او آمده‌اند از پنجره به بام خانه همسایه پرید و بام به بام به یخچالی که در خیابان دوشان تپه نزدیک منزل او بود، رفت و از آنجا به خانه یکی از رفقای حزبی پناه برد.*

*آیا قابل قبول و منطقی است که رهبری حزبی که نقشه قتل **شاه** را کشیده، همه به راحتی در منزل خود بخوابند تا همان شب یا فردا صبح در محل کار خود توقیف شوند[؟!].*

*وقتی که پس از رسیدن **قاسمی و بقراطی و کیانوری**، در جلسه کمیته مرکزی در مسکو تیراندازی به **شاه** دوباره در حضور **کیانوری** مطرح شد و کم وبیش همه او را متهم به خودسری و تک‌روی و خرابکاری کردند و مسئول غیرقانونی شدن حزب دانستند، کاری که باعث گرفتاری و کشته‌شدن عده زیادی از افراد حزب و متلاشی حزب گردید.*

*تنها جوابی که **کیانوری** داد این بود که: من که به شما گفته بودم.*

*او یک بار دیگر دروغ می‌گفت. ولی یک دقیقه فرض کنیم که او راست می‌گفت و هیأت اجرائیه یا لااقل دبیر حزب از تیراندازی به **شاه** مطلع بود و در آن دخالت داشت و بنا براین می‌دانست که **کیانوری** در این کار شرکت کرده، آیا قابل قبول است که در جلسه منزل **علوی** [در همان شب بعد از حادثه] وقتی که چند نفر از ما گفتیم که پیش‌آمد بدی شده و این کار را به ما نسبت خواهند داد، حزب را خواهند کوبید و ما را توقیف خواهند نمود، و بالاخره **رادمنش** گفت که: این کار با هزار من سریش به ما نمی‌چسبد. **کیانوری** سکوت بکند و یک کلمه نگوید؟...*

*چنانکه گفتم، **قاسمی** و **بقراطی** برای شرکت در کنگره بیست حزب کمونیست اتحاد شوروی به مسکو آمدند و مطالبی را که خواهم گفت شرح دادند. تکرارمی‌کنم که همه آنچه را که می‌گویم چه خود و چه از قول آنها، در صورتجلسات کمیته مرکزی در مسکو نوشته و ثبت‌است.*

*آنها گفتند که پس از چندی توقف در زندان تهران، آن دو نفر را به زندان شیراز فرستادند و در زندان شیراز آنها با **ارکانی** روبه رو شدند. **ارکانی**، از قراری که برای ما در مسکو گفتند، دانشجویی بود عضو حزب و از خردسالی با **ناصر فخرآرائی** دوست بود. اولین چیزی که آن دو به **ارکانی** گفتند این بود که:*

*چرا حزب را با تیراندازی به **شاه** مربوط کردید؟ چرا تو که از جریان تیراندازی **ناصر فخرآرائی** به **شاه** خبرداشتی حزب را خبرنکردی؟ می‌بینید که حزب به چه وضعی افتاده؟*

***قاسمی** گفت که: **ارکانی** از این گفته‌ها تعجب کرد و گفت که از چند ماه قبل از تیراندازی به **شاه**، او گفته‌های **ناصر فخرآرائی** را به **کیانوری** که مسئول تشکیلات حزب بود و در عین حال گوینده حوزه آنها بود، اطلاع می‌داد ...*

ارکانی** به **قاسمی** و **بقراطی** گفت که: بعد از آنکه **کیانوری** را از قصد **فخرآرائی** آگاه کردم، **کیانوری** به من گفت با کسی در این باره صحبت نکن و منتظر باش. و یک هفته بعد **کیانوری** به **ارکانی** گفت که: **با فخرآرائی در تماس باشد و اگر کمکی لازم‌است، کیانوری وسایل آن را فراهم خواهدکرد.

ارکانی *برای* ***قاسمی*** *و* ***بقراطی*** *تعریف کرد که* ***فخرآرائی*** *به دنبال* ***شاه*** *یک بار به اصفهان، یک بار به تبریز و یک بار گویا به میدان جلالیه در موقع رژه رفته بود ولی موفق به تیراندازی نشده‌بود واو هر دفعه* ***کیانوری*** *را در جریان می‌گذاشت و حتی یک‌بار* ***کیانوری*** *به* ***ارکانی*** *گفت:* ***فخرآرائی*** *ترسوست و بالاخره کاری نخواهد کرد.*
در ضمن گویا ***فخرآرائی چهارصد و پنجاه تومان برای خرید اسلحه [از کیانوری؟] دریافت کرده‌بود.***
بالاخره ***ارکانی*** *به* ***قاسمی*** *و* ***بقراطی*** *گفت که:* ***ناصر فخرآرائی*** *را روز پانزدهم بهمن، به دستور* ***کیانوری***، *تا در دانشگاه مشایعت کرد و پس از آن در محل قرار با* ***کیانوری*** *[که از* ***امامزاده عبدالله*** *برگشته‌بود] نزدیک دانشگاه ملاقات و به او خبر داد که* ***ناصر فخرآرائی*** *داخل دانشگاه شده‌است ...*
پس از آنکه ما در مسکو به‌وسیلهٔ ***بقراطی*** *و* ***قاسمی*** *از این جریانات مطلع شدیم،* ***کیانوری*** *نیز به مسکو آمد و تمام افراد کمیته مرکزی، حتی رفقای فراکسیونی او یعنی* ***[احمد] قاسمی*** *و* ***[غلامحسین] فروتن*** *نیز به شدت به او حمله کردند و خودسری‌ها وتک‌روی‌ها و خطاهای او دوباره در کمیته مرکزی مطرح شد و جلسات متعدد طول کشید،* ***کیانوری به شرکت خود در تیراندازی به شاه اقرار کرد ولی گفت: من که به شما گفته بودم.***
افراد کمیته مرکزی بسیار عصبانی شدند و گفتند: این دروغ عجیبی است. ***چه وقت شما در کمیته مرکزی چنین چیزی را مطرح کرده‌ای؟***
رادمنش *دبیر حزب از همه خواست که یک یک راجع به این گفته* ***کیانوری*** *اظهارنظر کنند و اگر این مطلب در کمیته مرکزی مطرح شده، بگویند.* ***شش یا هفت نفر یکی بعد از دیگری گفتند: چنین چیزی دروغ است،*** *هیچوقت در کمیته مرکزی یا هیأت اجرائیه مسئله تیراندازی به* ***شاه*** *مطرح و تصویب نشده‌است و بعلاوه کشتن* ***شاه*** *برای حزب ما چه نفعی می‌توانست داشته باشد؟ یک نفر می‌رفت و یکی دیگر جای او می‌آمد.*
اعضای کمیته مرکزی راست می‌گفتند. چنین مطلبی هیچوقت در کمیته مرکزی مطرح نشده‌بود تا به تصویب برسد یا نرسد. من تنها کسی بودم که مطلبی را که برای شما خواهم گفت، به یاد داشتم و تکرارمی‌کنم که جز من کسی این مطلب را یادآوری نکرد.
در موقع مذاکره در کمیته مرکزی من خلاف وجدان دانستم که چیزی را که به یاد دارم نگویم و در جلسه چنین گفتم:
یکی از روزهای تابستان ۱۳۲۷، جلسه هیأت اجرائیه حزب در منزل ***کیانوری*** *تشکیل‌شد. پس از خاتمه جلسه دو سه نفر که عجله داشتند، رفتند. بقیه دو به دو یا سه چهار نفری مشغول صحبت و آماده رفتن بودند.* ***کیانوری*** *گفت: رفقا،* ***مریم*** *بستنی برای شما درست کرده، بمانید بستنی بخورید. ما سرپا مشغول بستنی خوردن شدیم و با هم صحبت می‌کردیم که* ***کیانوری*** *گفت: راستی* ***رفقا، اگر شاه را بکشند چه می‌شود؟***
یکی دو نفر هر یک جوابی دادند. یکی گفت: اوضاع تغییری نخواهدکرد. یکی گفت: این کار چه فایده‌ای دارد؟ دیگری جای او را می‌گیرد.
خوب به خاطر دارم که ***[احسان] طبری*** *گفت: ترور با اصول تئوریک ما مغایرت دارد و مارکسیسم لنینیسم آن را طرد می‌کند.*
بعد از خوردن بستنی همه متفرق شدیم و برای همه این گفته ***کیانوری*** *یک صحبت عادی بود که به آن توجهی نشد.*
وقتی که من این جریان را در کمیته مرکزی در مسکو شرح دادم کم‌کم بعضی افراد کمیته مرکزی کم وبیش آن را به‌خاطر آوردند و معلوم شد که ***کیانوری*** *آن روز این*

*حرف را پس از ختم جلسه و رفتن دو سه نفر، مخصوصاً و با قصدی نامردانه گفته بود. بسیاری از کادرهای حزب **کیانوری** را مردی حسابگر، ناروزن و حقه‌باز می‌شناخته‌اند. او غالباً می‌گفت، از قرار که شنیده‌ام هنوز هم می‌گوید: **من حقه زدم.***
*خلاصه جلسه کمیته مرکزی در مسکو تمام شد و بقیه بحث به هفته بعد موکول شد، ولی هفته بعد مسائل دیگری به میان آوردند و پرونده تیراندازی به **شاه** وشرکت **کیانوری** در آن از صورتجلسه خارج شد.*
*آیا شوروی‌ها، که قطعاً از مذاکرات ما اطلاع پیدامی‌کردند، دستوری در این موضوع برای حفظ **کیانوری** دادند؟*
*این را فقط **رادمنش** می‌تواند جواب بدهد. شاید هم در پس پرده گفتگوها، تهدید، ساخت و پاخت‌ها بین دسته **کامبخش**، **کیانوری**، **فروتن**، **قاسمی** که همیشه رأی اشخاصی، از نظر تئوری ضعیف، و از فهم و درک سیاسی متوسط، مانند **[علی] امیرخیزی** و **[صمد] حکیمی** را به دنبال داشتند، به‌عمل آمده‌بود. اصرار و کوشش من در جلسات بعد کمیته مرکزی و در پلنوم چهارم وسیع برای اینکه در این باره مطالعه کامل شود و تصمیم اتخاذ گردد، بی‌نتیجه ماند ... "*

(من متهم می‌کنم کمیته مرکزی حزب توده ایران را- دکتر فریدون کشاورز- صفحات ٦٤/٧١)

ب: از قول ایرج اسکندری، بابک امیرخسروی و فریدون آذرنور:

سه نفر بالا اعضای کمیته مرکزی حزب توده ایران (منتخب در پلنوم هفدهم- فروردین ١٣٦٠) می‌باشند و نیز هر سه نفر در پلنوم چهارم آن حزب که در مسکو تشکیل‌شده بوده‌است شرکت‌داشته‌اند. آنان از اواخر سال ١٣٦٢ تا ٢٨ اسفند ١٣٦٣ در پاریس گفتگوهای مشروحی با هم انجام‌داده‌اند که روی نوار ضبط شده‌است و این نوارها را پس از درگذشت **ایرج اسکندری** پیاده‌کرده‌اند و مؤسسه‌ی مطالعات و پژوهش‌های سیاسی آنها را تحت عنوان «**خاطرات ایرج اسکندری**» منتشر ساخته‌است. متن زیر که از کتاب مزبور اقتباس شده‌است، می‌تواند به‌عنوان دلیلی بر صحت اظهارات **دکتر فریدون کشاورز** مورد استناد قرارگیرد:

" کیانوری و ترور شاه:

*[**اسکندری**]: در آنجا [در مسکو] قبل از [پلنوم چهارم و] اینکه **کیانوری** و اینها بیایند کمیسیون تشکیل شده‌بود. در واقع، **از طرف کمیته مرکزی کمیسیونی برای رسیدگی به تخلفات کیانوری در مورد قضیه و واقعهٔ تیراندازی به شاه تشکیل داده‌بودیم.***
*از همه بیشتر در این جریان، علاوه بر دیگران، **طبری** اصرارداشت که باید این موضوع مورد رسیدگی و محاکمه قرارگیرد. می‌گفت: حزب ما را غیرقانونی کردند و چنین شد و چنان شد.*
*کمیسیونی تشکیل‌دادند که در آن **من [اسکندری] و طبری و بقراطی** هم بودیم. ما اسناد موجود و شهادت‌ها را جمع‌آوری کرده‌بودیم و پرونده‌ای شده‌بود و **طبری** همهٔ آنها را قبول‌داشت.*
*تا اینکه **کیانوری** رسید. گفتیم: خوب! ایشان را بخواهیم و تحقیقات بکنیم. یواش یواش دیدیم **طبری** جا زد. گفت: من از این کمیسیون استعفاداده‌ام و دیگر در آن شرکت نمی‌کنم.*

*بالاخره از آنچه وجودداشت نتیجه‌گیری شد و در گزارش آن گفتیم که ما، مورد را رسیدگی کرده‌ایم و رفیق **طبری** هم استعفا کرده‌است.*
بعد آن را به پلنوم بردیم که در آنجا دیگر اصلاً مورد توجه واقع نشد.
***امیرخسروی**: البته بحث مفصل شد. اعضای کمیته مرکزی، به ویژه **دکتر کشاورز**، **روستا** و **بقراطی** در پلات‌فرمهای خودشان و در سخنرانی‌هایشان، مفصل این موضوع را مطرح کردند و اصرار داشتند. خود **کیانوری** و چند نفر دیگر هم توضیحات مفصلی‌دادند. البته نتیجه گیری نشد.*
***اسکندری**: بله، ولی سَمبَلش کردند دیگر. در هر صورت او واقعاً تقصیر بزرگی کرده‌بود. من این را حالا به شما بگویم: او یک تک‌روی کرد و در نتیجهٔ آن، در واقع، حزب دچار آن مضیقه‌ها شد. حزب علنی تبدیل شد به حزب مخفی و رهبران آن، حتی خود او را هم گرفتند. ولی خوب در هر صورت دنبال آن گرفته نشد. این قضیه را ابتدا **قاسمی** از همان زندان، پس از غیرقانونی شدن حزب در بهمن [۱۳]۲۷، مطرح کرده‌بود.*
***آذرنور**: **بقراطی** هم به همان ترتیب، از صحبت‌هایی که **کیانوری** با او در زندان کرده‌بود، و استنباطات خودش مفصلاً حرف زد.*
***اسکندری**: بلی! اینها در آنجا گفتند که **کیانوری** در زندان چنین حرفهایی زده‌است. خود **کیانوری** در زندان به بعضی‌ها و ازجمله به **بقراطی** گفته که ممکن است پای مرا و حزب ما را توی اینکار بکشند.*
گفتند: چطور؟ گفته: *آخر من **ارکانی را می‌شناختم. قبلاً پیش من هم آمده بود، و فلان و این چیزها.***
یک دفعه ***قاسمی** و اینها گفتند*: عجب! تو با او صحبت کرده‌ای؟ می‌گوید: *آری! من رفتم در کمیته مرکزی، در هیأت اجرائیه هم گفتم که اگر کسی بخواهد **شاه** را بکشد، آیا ما حرفی داریم یا نداریم؟ رفقا گفتند: اگر بعد کسی با ما کاری نداشته‌باشد، ما حرفی نداریم. این را **کیانوری** گفته، من این موضوع را در آن وقت در جلسه کمیته مرکزی مطرح‌کرده‌ام.*
آذرنور**:* من دقیق به‌خاطر دارم. **احسان طبری** تعریف کرده و من یادم هست. جلسه در خانه **مریم فیروز** بود. **مریم فیروز** بستنی درست کرده بود. وقتی جلسه تمام می‌شود، همه می‌روند روی بالکن. در حین بستنی خوردن، **کیانوری** چنین مطرح می‌کند: ***اگر یک نفر شاه را بکشد موضع حزب ما در قبال این کار چیست؟
حزب ما باید چه پوزیسیونی بگیرد؟ **احسان طبری** می‌گوید: من خودم شخصاً گفتم که: حزب ما با هر گونه تروری، از این قبیل، مخصوصاً در این موقع مخالف است ***ولی اگر یک نفر بیاید و الان شاه را بکشد، ما بدمان نمی‌آید. صحبت به همین جا تمام می‌شود*** ....
***امیر خسروی**: در همین حدود بود. یعنی داده‌ها نشان می‌داد که **کیانوری** از جریان مطلع بوده‌است. اما بطور یقین نقش او چه بوده‌است مسلم نمی‌شد. این نقش را می‌توانست خود او و یا به طرق اولی **ارکانی** روشن بکند. **برای همه مسلم آن بود که کیانوری از جریان مطلع بوده است.** منتهی چون فکر می‌کرده که کمیته مرکزی مخالف خواهد کرد، مخفی نگه‌می‌دارد. تک‌روی‌ها و ماجراجویی‌های **کیانوری** هم از همین‌جاست. کلید حل این معما **ارکانی** بود که شهادت‌دادن او تعیین‌کننده بود و در پلنوم چهارم به او دسترسی نبود و در زندان بود ... "*

(خاطرات ایرج اسکندری- مؤسسه مطالعات و پژوهشهای سیاسی- صفحات ۲۵۵/۲۵۷)

بخش سوم

توطئه‌ی دو مرحله‌ای برای قتل عبدالحسین هژیر، وزیر دربار

پیشگفتار

قوام‌السلطنه، نخستین نخست‌وزیر طرفدار آمریکا

در بخش دوم این کتاب به اطلاع خوانندگان گرامی رسید که چگونه از اواخر جنگ جهانی دوم، دولت آمریکا و شرکت‌های نفتی آمریکایی برای تصاحب منابع نفتی خاورمیانه با انگلستان به رقابت و مبارزه برخاسته بوده‌اند.
داستان‌ها و ماجراهای این کتاب نیز همگی در همان سال‌ها رخ‌داده و، بیشتر معلول همان مبارزه‌ها و رقابت‌ها بوده‌است. آمریکایی‌های تازه‌وارد که با دست و دلبازی فراوان به میدان مبارزه وارد شده‌بوده‌اند افزون‌بر پیشنهادهای بسیار سخاوتمندانه‌ای که به دولت‌ها و حکمرانان در کشورهای نفت‌خیز ارائه‌می‌داده‌اند از پرداخت رشوه‌های کلان به رجال متنفذ در آن کشورها، در جهت تأمین منافع خود وحمایت از آنان برای رسیدن به قدرت نیز دریغ و خودداری نداشته‌اند.
اما انگلیسی‌های خسیس که سال‌های متمادی نفت را از آن کشورها با پرداخت حق امتیازی بسیار ناچیز به یغما برده‌بوده‌اند برایشان بسیار سخت و ناگوار بوده‌است که از نظر افزایش حق امتیاز با آمریکا به رقابت برخیزند.
با این ترتیب شرکت‌های نفتی آمریکایی موفق شده‌اند که سهم خود از منابع نفتی خاورمیانه را که در سال ۱۹۳۹ فقط ۱۵/۷ درصد بوده‌است در سال ۱۹۵۳ به ۶۰/۱ درصد برسانند.
دولت انگلیس در این دوران برای جلوگیری از پیشرفت آمریکایی‌ها در ایران به دو طریق اقدام می‌کرده‌است. یکی قالب‌کردن افراد و گروهایی، ازقبیل جبهه‌ی ملی به رهبری **محمد مصدق** به‌عنوان مخالفان سرسخت انگلیس، به آمریکا، و دوم توسل به ترور و نابود کردن رجال متنفذ و افرادی که در این کشورها به‌راستی به حمایت از آمریکا برخاسته و در جهت تأمین هدف و منافع آن کشور به فعالیت اشتغال داشته‌اند.
اعضای گروه نخست، به رهبری **مصدق**، و سایر ایادی انگلیس، همواره اعضای گروه دوم، یعنی حامیان آمریکا را، با تبلیغات بسیار شدید و همه جانبه، به عنوان نوکران و ایادی انگلیس به مردم معرفی و به‌نحوی منفورمی‌ساخته‌اند که مردم در سرتاسر ایران به خون آنان تشنه بوده و کشته‌شدن آنان را جشن می‌گرفته‌اند و به شادی و سرور می‌پرداخته‌اند.

قتل **عبدالحسین هژیر** و **حاجیعلی رزم‌آرا** را می‌توان به‌عنوان نمونه‌هایی از این قبیل ترورها به حساب آورد.
احمد قوام نیز، که از سال‌ها پیش از آن در جهت تأمین منافع آمریکا در ایران خدمت کرده‌بوده و در این دوران نیز از رجال مورد حمایت آمریکا محسوب می‌شده‌است، در تیرماه ۱۳۳۱، با برنامه‌ریزی دقیق، به‌عنوان نوکر انگلیس، از نظر سیاسی آن‌چنان ترورشد و مورد نفرت عموم قرارگرفت که در چند سال باقیمانده از عمر خود در پنهان به‌سر می‌برد و پیوسته در وحشت از افتادن به دست مردم و کشته‌شدن یا شکنجه زندگی می‌کرد. شاید این پایان زندگی بسیار اندوهبار، مجازات خدمات وی به آمریکا بوده‌است.
درهرحال، چون نتایج حاصله از ترور سیاسی **احمد قوام**، مانند ترورهای فیزیکی نوشته‌شده در این کتاب، در جهت تأمین منافع مشترک انگلستان و **محمد مصدق** بوده‌است پس بهتر آن دانسته شد که مختصری نیز درباره‌ی خدمات این شخص به آمریکا و سرنوشت غم‌انگیز وی، که در حقیقت پیشگفتار مربوط به این بخش از کتاب به‌حساب می‌آید، به‌عنوان پیوست نخست، به پایان بخش افزوده شود.
مطالعه آن پیوست را به خوانندگان گرامی توصیه می‌نماید.

الف: شرح حال هژیر(از قول دکتر باقر عاقلی)

*"**عبدالحسین هژیر**، فرزند **محمد وثوق خلوت**، در ۱۲۸۰ شمسی متولد شد. در خردسالی هنگام بازی با ترقه و انفجار آن، یک چشمش آسیب دید و قدرت بینایی را در آن چشم از دست داد.*
تحصیلات مقدماتی و متوسطه را در مدارس مظفری و دارالفنون پایان داد و وارد مدرسه علوم سیاسی شد و دوره مدرسه مزبور را در هجده سالگی تمام کرد.
*زبان‌های روسی و فرانسه را به‌خوبی فراگرفت و به استخدام **وزارت امور خارجه** درآمد. پس از دو سال از خدمت در آن وزارتخانه مستعفی و با سمت مترجم در **سفارت جدیدالتأسیس شوروی** وارد شد. در آن ایام که بازار سیاست گرم بود و تنها طریق ورود به صحنه سیاست برای افراد طبقه سوم مطبوعات بود، **روزنامهٔ پیکان** را به مدیریت پدرش و سردبیری خودش دایر کرد. از راه نوشتن مقالات مختلف و انتقاد و تألیف، با برخی از رجال و گردانندگان سیاست آشنا شد، ازجمله در زمرهٔ اطرافیان **سیدحسن مدرس** درآمد.*
*در سال ۱۳۰۷ **سفارت شوروی** کلیه کارکنان و کارگران ایرانی را اخراج کرد و **هژیر** هم مشمول این طرح گردید. مدتی بیکار ماند و هر چه تلاش کرد مجدداً به **وزارت امور خارجه** برگردد میسر نشد، تا اینکه **وزارت طرق و شوارع** تشکیل گردید و **تقی‌زاده** در رأس آن قرار گرفت. **هژیر**، پس از استخدام، سمت بازرسی پیدا کرد. **تقی‌زاده** پس از مدتی کوتاه به **وزارت دارایی** رفت و **وزارت طرق** را با نظارت خود به **مهذب‌الدوله کاظمی** سپرد.*
*در نخستین روزهای انتقال **تقی‌زاده** به **وزارت دارایی**، **هژیر** هم به آن وزارتخانه انتقال یافت و در اداره امور اقتصادی، که ریاست آن با **دکتر محمود افشار** و معاونتش با **محمود نریمان** بود، به کار اشتغال ورزید و از طرف وزیر مأموریت یافت کلیه پرونده‌های مربوط به امتیاز نفت را مطالعه و گزارش کاملی برای **تقی‌زاده** تهیه ببیند. **هژیر** در*

وزارت مالیه (دارائی) به‌ظاهر کارمندی عادی بود، ولی بیش از هر کسی وزیر دارائی را ملاقات می‌نمود و در حقیقت عملاً مشاور وزیر در امور نفتی شده بود.
در جریان تجدید قرارداد دارسی (۱۹۳۳ - ۱۳۱۲) هژیر از دست‌اندرکاران درجه دوم بود و قسمت اعظم مدارکی را که داور، وزیر عدلیه، در دادگاه لاهه و نسبت به حقانیّت ایران بدان استناد نمود، همان اوراق و اسنادی بود که هژیر با مطالعه دقیق پرونده‌ها پی به ارزش آنها برده بود.
هژیر پس از مدتی کوتاه، در **وزارت مالیه**، رئیس اداره حقوقی شد و پرونده‌های نفت در آن اداره تمرکز یافت.
پس از سقوط **کابینهٔ مخبرالسلطنه** و روی کار آمدن **ذکاءالملک فروغی، داور** در رأس **وزارت دارائی** قرارگرفت و اداره‌ای به نام نفت و امتیازات دایر کرد و **نصرالله جهانگیر** را در رأس آن قرارداد و کلیه پرونده‌های نفت از اداره حقوقی به اداره جدیدالتأسیس انتقال یافت.
هژیر چون در آن وقت کار مهمی نداشت، **داور** او را به‌جای **دکتر علی علامیر**، مفتش **بانک ملی ایران** نمود. در آن ایام و سالیانی بعد که **بانک مرکزی** تأسیس شد، **بانک ملی ایران** وظایف **بانک مرکزی** را نیز انجام می‌داد و بانک ناشر اسکناس بود. اسکناس‌ها دو امضاء داشت: امضای **مدیر کل بانک ملی ایران** و امضای **مفتش دولت**.
امضای **هژیر** روی سری دوم اسکناس‌های منتشره بانک به چشم می‌خورد و چون امضایی واضح و خوانا بود، مردم و حتی روستاییان با نام او آشنا شدند. تا زمانی که **داور** حیات داشت، از وجود **هژیر** در غالب کارها استفاده می‌کرد. او گاهی صاحب چندین شغل و منصب بود، مانند **بازرس دولت در بانک فلاحت، بازرس دولت در شرکت بیمه، مدیر عامل شرکت قماش، عضو هیأت مدیره شرکت ساختمان** و غیره.
در سال ۱۳۱۸، **مدیر کل وزارت دارائی** شد و در همان سال به جای **ابوالحسن ابتهاج**، که به ریاست **بانک رهنی** منصوب شده بود، معاون **بانک ملی** شد و مدت دو سال در آن کار باقی بود.
پس از شهریور ۱۳۲۰ و استعفای **رضا شاه**، حکومت دیکتاتوری به‌ظاهر به دموکراسی ولی باطناً به لجام گسیختگی تبدیل گردید و کافی بود یک نفر با چند روزنامه‌نویس و چند نماینده مجلس آشنا باشد تا آنها را برای مشاغل مهم کاندیدا نمایند.
عبدالحسین هژیر مردی جدی، مهربان، سخنور و مردم‌دار و جاه‌طلب و بلندپرواز بود، دست به فعالیت چند جانبه‌ای زد تا در دولت **فروغی** مقام وزارت بگیرد. سرانجام پس از شش ماه دوندگی موفق شد در آخرین ترمیم کابینه **فروغی** که در اسفند ماه ۱۳۲۰ صورت گرفت، به سمت **وزیر پیشه و هنر و بازرگانی** منصوب‌شود. به این ترتیب اولین سنگ بنای سیاسی آینده خود را بنیان گذاشت.
این کابینه در مجلس سیزدهم با رأی ضعیفی تأییدشد، ولی **فروغی** آن را کافی برای ادامه کار ندانست و از کار کنارەگیری کرد.
اصرار نمایندگان و صدور قطعنامه مجلسیان برای ادامه کار وی ثمره‌ای نداد ولی به توصیهٔ او **علی سهیلی** مورد تمایل قرارگرفت و نخست‌وزیر شد و **هژیر** را در سمت قبلی‌اش، که **وزارت پیشه و هنر و بازرگانی** بود، تثبیت نمود.
پس از **سهیلی، قوام‌السلطنه** وارد معرکه شد. او نیز **هژیر** را در **سمت وزارت پیشه و هنر** تثبیت کرد. در نخست‌وزیری دوم **سهیلی، وزیر** راه شد و سفری به انگلستان رفت.

*روزنامه‌ها سفر او را برای جا به جا کردن ذخایر ارزی **رضا شاه** نوشتند ولی بعضی معتقدند که او برای خرید لوازم راه‌آهن به این سفر رفته بود.*
*در کابینه **محمد ساعد مراغه** مقام **وزارت کشور** را گرفت و در ترمیم کابینه همان سمت را حفظ کرد ولی در ترمیم کابینه سوم، جای خود را به **محمد سروری**، معاون خویش، سپرد و از دولت خارج شد.*
*در کابینه اول و دوم **حکیمی**، **وزیر دارائی** بود و در ترمیم کابینه **قوام‌السلطنه**، که ائتلافی بین احزاب دموکرات ایران و توده و ایران به عمل آمده بود، **وزیر دارائی** شد و پیوسته در چهار ترمیم کابینه **قوام** سمت خود را حفظ کرد.*
***هژیر** در سال ۱۳۲۶ در کابینه **حکیمی** به **وزارت مشاور** انتخاب شد و در حقیقت گرداننده دولت **حکیمی** بود. پس از سقوط **حکیمی** با رأی اکثریت مجلس به زمامداری رسید. پس از کناره‌گیری از نخست‌وزیری، چندی بیکار بود و در سال ۱۳۲۸ به **نمایندگی مجلس مؤسسان** انتخاب شد. سپس **وزیر دربار** و فعال مایشاء گردید و قرار بر این شد که انتخابات دوره شانزدهم مجلس شورای ملی با صلاحدید و رهبری او انجام پذیرد ...*
*روز سیزده آبان ۱۳۲۸ در مجلس عزاداری و روضه خوانی که دربار در مسجد سپهسالار تشکیل داده بود، **هژیر** هدف گلوله قرارگرفت و **پس از ۲۴ ساعت** در گذشت.*
*گلوله از هفت‌تیر **سیدحسین امامی** عضو جمعیت **فداییان اسلام** شلیک شد.*
***هژیر** در زمان مرگ ۴۹ ساله بود ...*
***عبدالحسین هژیر** از طبقه سوم برخاست. تحصیلات او منحصراً در ایران و در **مدرسه علوم سیاسی** انجام گرفت، ولی به‌علت هوش و استعداد زیاد مطالعات خود را در زمنیه‌های ادبیات فارسی و تاریخ و آموزش زبان‌های خارجی ادامه داد.*
*نگاهی به مندرجات **روزنامه پیکان** به خوبی روشن می‌سازد که نویسنده آن دارای اندیشه سیاسی بوده، به ادب و فلسفه وقوف داشته است و در سنین جوانی کتابی تحت عنوان **حافظ تشریح** انتشار داد ... که نشانه بصیرت و اطلاعات وسیع او در ادبیات مخصوصاً **حافظ شناسی** است.*
چند ترجمه خوب نیز از او باقی مانده است ... "
(نخست‌وزیران ایران از مشیرالدوله تا بختیار- دکتر باقر عاقلی- صفحات ۶۵۹/۶۵۴)

*" **هژیر** روی‌هم‌رفته باسواد و خوش خط بود. قریحه ادبی و شعری داشت. به چند نفری از اشخاص مورد توجه خود نامه می‌نوشت. این نامه‌ها از حیث انسجام جمله‌ها و دقت در استعمال لغات عربی و فارسی از نمونه‌های بارز انشای فارسی است ... "*
(همان- زیرنویس صفحه ۶۵۹)

ب: توضیحات اضافی و تکمیلی درباره‌ی شرح بالا

نخست: روش سیاسی و استعداد شخصی

همانطور که گفته شده‌است و می‌دانیم، فارغ‌التحصیلان مدرسه سیاسی، در اثر تعلیمات و تبلیغات مداوم، مکرر و هماهنگ استادان آن مدرسه، همگی به انگلستان علاقمند بوده و از ته قلب معتقد شده‌بوده‌اند که مردم ایران برای حفظ خود و جلوگیری از هجوم دولت روسیه تزاری به این کشور چاره‌ای ندارند جز اینکه به دولت مقتدر و آزادیخواه! انگلستان پناه برده و خود را بطور کامل تحت

حمایت و اختیار آن دولت قراردهند. و به همین جهت در آن زمان که وزارت امورخارجه ایران بطور کامل در تسلط ایادی انگلیس قرارداشته، فارغ‌التحصیل بودن هر شخص از مدرسه سیاسی، از نظر اولیای آن وزارتخانه، دلیلی بسیار موجه و قانع‌کننده بر این امر به‌شمار می‌رفته‌است که وی واجد مهم‌ترین شرط لازم! برای استخدام می‌باشد.
به همین جهت بوده‌است که **عبدالحسین هژیر**، بی‌درنگ پس از فارغ‌التحصیل شدن از مدرسه سیاسی در **وزارت امور خارجه** استخدام شده‌است.
وی در خانواده‌ای مذهبی پرورش یافته‌بوده و به همین جهت تا زمان استخدام و حتی تا چندی بعد، از علاقمندان به مذهب به‌شمار می‌آمده و به‌علت همین علاقه، در آغاز فعالیت‌های سیاسی، به سوی **سیدحسن مدرس** کشیده شده و در زمره طرفداران و اطرافیان وی درآمده‌است.
عبدالحسین هژیر، در سال ۱۳۰۰ خورشیدی، بعد از سقوط دولت کودتا و در زمان نخست‌وزیری **قوام‌السلطنه**، از خدمت در وزارت خارجه مستعفی و در **سفارت تازه تاسیس‌شده‌ی روسیه شوروی**، که محلی صددرصد ضدانگلیسی و ضدمذهبی بوده استخدام شده‌است. وی مدت کوتاهی بعد، به انتشار **روزنامه پیکان**، همت گماشته و نخستین شماره آن‌را در تاریخ اسفند ۱۳۰۱ انتشار داده‌است.
درج مقاله‌ای در همین شماره تحت عنوان «**آزادی، برابری، برادری**» می‌تواند به‌عنوان قرینه‌ای درباره‌ی دورشدن وی از مذهبیون و علاقمندی‌اش به فراماسونری تلقی‌گردد. انتشار **روزنامه پیکان**، که در آغاز هفته‌ای دو شماره و سپس هفته‌ای سه شماره منتشرمی‌شده، تا سال ۱۳۰۴ خورشیدی ادامه داشته و اینکه **مهدی بامداد** نوشته‌است:

" ... هزینه آن را سفارت روس می‌پرداخته ... "
(شرح حال رجال ایران- جلد ۲- مهدی بامداد- ص ۲۵۹)

شاید تا اندازه‌ای واقعیت‌داشته و شاید هم به‌علت موضوع روسوفیلی و ضدانگلیسی آن روزنامه بوده‌است. در هر حال، در شرح بالا خواندیم که **هژیر** پس از اخراج از سفارت شوروی،

" ... هرچه تلاش کرد مجدداً به وزارت امورخارجه برگردد میسر نشد ... "

این امر را می‌توان بدان معنا تعبیرکرد که وی دیگر در آن زمان نخستین شرط استخدام در وزارت امور خارجه را، که علاقمندی به انگلیس و دشمنی با روسیه بوده، از دست‌داده بوده‌است.
عبدالحسین هژیر در زمره نخست‌وزیران انگشت‌شماری است که به احتمال زیاد در هیچ یک از دو گروه متنفذ انگلوفیل حاکم بر ایران، یعنی فراماسونرها و مذهبیون عضویت نداشته‌است.
با این حال بطوری که دیدیم، وی در آغاز در زمره طرفداران و اطرافیان **سیدحسن مدرّس**، از رهبران مذهبی انگلواسلامیست، جای‌داشته و سپس نیز مورد حمایت **سیدحسن تقی‌زاده** از رهبران بزرگ فراماسونری ایران قرار گرفته و توسط وی ابتدا به استخدام در **وزارت طرق(راه)** درآمده و سپس به **وزارت دارایی** انتقال یافته‌است.
این امر را باید معلول نیاز رجال مذکور (و سایر وزرا و نخست‌وزیرانی که **هژیر** را به کار فرامی‌خوانده‌اند) به خط و ربط، حسن تدبیر و معلومات، کاربُری و هوش و استعداد **هژیر** دانست.
زیرا اغلب بیشتر رجال عالی‌مقام در سراسر جهان، حتی کسانی که در اثر لیاقت و کاردانی و با استفاده از تخصص و صلاحیت خود و بدون توسل به خیانتکاری و سایر راه‌های خلاف اخلاق، ترقی‌کرده‌اند، به دستیارانی، نظیر **هژیر**، نیازداشته‌اند تا توسط آنان سخنرانی‌های خود را تهیه‌نمایند، نامه‌های اداری و شخصی خود، از جمله نامه‌های رسیده از خارج و به زبان‌های دیگر را

پاسخ‌دهند، به ترجمه و نوشتن کتب (توسط او و به‌نام خود) مبادرت نمایند و حتی از تخصص و تدبیر آنان در حل مشکلات و اداره امور استفاده نمایند.

دوم: تنها اقدام اساسی بر ضد انگلیس در کابینه قوام‌السلطنه، توسط هژیر

بطوری که خوانندگان گرامی در «**پیوست شماره یک**» این بخش با توضیح بیشتر ملاحظه خواهندفرمود، **قوام‌السلطنه** در چهارمین دوره از نخست‌وزیری خود، که از ششم بهمن ۱۳۲۴ (۲۶ ژانویه ۱۹۴۶) آغاز شده‌بود، چهاربار هیأت دولت خود را ترمیم کرده، یعنی روی‌هم‌رفته ۵ کابینه تشکیل داده‌بود که **عبدالحسین هژیر**، به‌جز در کابینه نخست وی، در سایر کابینه‌ها سمت **وزارت دارایی** را به‌عهده داشته‌است.
به این جهت، هنگامی که مجلس شورای ملی، در جلسه مورخ ۲۹ مهر ۱۳۲۶، با تصویب ماده واحده‌ای اقدامات دولت را در مورد انعقاد قراردادی جهت ایجاد «***شرکت مختلط نفت ایران و شوروی***» *بی‌اثر و کان لم یکن اعلام نموده، در بند «**هـ**» همان ماده چنین مقرر داشته‌است:*

> ***" دولت مکلف است در کلیهٔ مواردی که حقوق ملت ایران نسبت به منابع ثروت کشور، اعم از منابع زیرزمینی و غیر آن مورد تضییع واقع شده است، بخصوص راجع به نفت جنوب به منظور استیفای حقوق ملی مذاکرات و اقدامات لازمه را به عمل آورد و مجلس شورای ملی را از نتیجه آن مطلع سازد."***

عبدالحسین هژیر که از زمان بستن قرارداد ۱۹۳۳ تا آن زمان پیوسته در جریان مذاکرات و امور مربوط به نفت ایران قرار داشته‌بود، به‌ظاهر از مدتی پیش از تصویب ماده واحده‌ی بالا و بند «**هـ**» آن درباره‌ی تخلفات واقعی و اساسی شرکت نفت انگیس و ایران از مفاد قرارداد ۱۹۳۳ و قانون‌شکنی‌های آن شرکت به بررسی و تحقیق پرداخته و **۲۵ مورد** از آنها را جمع‌آوری و تنظیم‌کرده و آماده داشته‌است. به همین جهت **بی‌درنگ پس از تصویب ماده واحده مزبور، با داشتن دست بالا و پُر، به‌عنوان وزیر دارائی ایران و مجری قانون مصوبه‌ی مجلس، نمایندگان شرکت نفت را به تهران احضار کرده و با آنان بطور جدی به مذاکره و گفتگو نشسته است.**
این اقدام **عبدالحسین هژیر**، دولت انگلیس را بر سر یک دو راهی ناراحت‌کننده و مشکل قرار داده‌بود که راه نخست، پذیرش آن اعتراض‌های غیرقابل انکار و دادگاه پسند و راه دوم، عدم پذیرش آنها بوده‌است و بطوری که خوانندگان گرامی در «**پیوست شماره یک**» ملاحظه خواهندفرمود، اتخاذ هر یک از این دو راه در آن زمان، به زیان انگلیس تمام می‌شده‌است.
اما بطوری که خوانندگان گرامی در همان «**پیوست**» ملاحظه خواهندفرمود، ایادی انگلیس راه بهتری یافته و موفق‌شده‌اند با سوءاستفاده از جریحه‌دار بودن احساس خودخواهی در **شاه**، که به‌واسطه‌ی بی اعتنایی‌های **قوام‌السلطنه** به‌وجود آمده‌بود، با وی تبانی کرده و با کمک طرفداران او و درباریان متنفذ، کابینه مزبور را در تاریخ ۱۹ آذر ۱۳۲۶ (۱۱ دسامبر ۱۹۴۷) سرنگون سازند.

در این سرنگونی، **عبدالحسین هژیر**، وزیر دارایی کابینه، نیز خودبه‌خود از کار برکنارشده و در کابینه بعدی، یعنی دولت **حکیم‌الملک** (که در تاریخ ۶ دی ۱۳۲۶ برابر با ۲۸ دسامبر ۱۹۴۷ تشکیل گردیده) پست وزارت دارایی را یکی از مطیع‌ترین ایادی انگلیس، به نام **ابوالقاسم نجم**، عهده‌دار شده‌است.

(در کتاب «**دولتهای ایران در عصر مشروطیت**» - ح. م. زاوش- صفحه ۳۱۴- که به معرفی اعضای این کابینه اختصاص دارد، **ابراهیم حکیمی (حکیم‌الملک) و ابوالقاسم نجم (نجم‌الملک)** به ترتیب به‌عنوان «**استاد اعظم لژهای فراماسونری**» و «**از استادان لژهای فراماسونری**»، معرفی شده‌اند.)
هر چند **حکیم‌الملک**، مدت کوتاهی بعد از تشکیل کابینه، یعنی در جلسه مورخ ۲۰ اسفند ۱۳۲۶ (۱۱ مارچ ۱۹۴۸) مجلس شورای ملی، **عبدالحسین هژیر** را به‌عنوان وزیر مشاور معرفی‌کرده اما در تمام مدتی که این کابینه بر سر کار بوده، کوچکترین اقدام رسمی برای اجرای قانون مورخ ۲۹ مهر ۱۳۲۶، در جهت استیفای حقوق ملت ایران از نفت صورت نگرفته‌است.
موضوع بسیار جالب و در عین حال بسیار اندوه‌بار این است که شرکت نفت انگلیس و ایران بعد از آگاهی از دعاوی دولت ایران و در مقابل آنها، به نوبه خود به اقامه دعاوی پرداخته که مهم‌ترینشان درخواست ۴۵ میلیون تومان، به پول آن زمان! بابت زیان فروش نفت در داخل کشور برای مدت سه سال بوده‌است.
حال در دوران همین کابینه، که هیچ اقدامی در جهت تأمین حقوق حقه‌ی مردم ایران انجام نشده، بی‌درنگ ادعای شرکت نفت مورد تأیید دولت ایران قرارگرفته و لایحه‌ای برای پرداخت آن به مجلس شورای ملی پیشنهاد گردیده‌است!
از آنجایی که منبع اصلی اطلاعات درباره‌ی حوادث و امور مربوط به نفت ایران، در سال‌های مورد بحث، کتاب‌ها و نشریه‌هایی است که بیشتر آن به‌وسیله مورخان انگلوفیل نوشته شده‌است، پس درباره‌ی این خیانت آشکار **حکیم‌الملک**، نخست‌وزیر، و **نجم‌الملک**، وزیر دارایی، در بیشتر آنها خبر یا شرحی نمی‌توان یافت.
تنها در بعضی از موارد که نویسندگان آن کتاب‌ها و نشریه‌ها، قصد یا اجبار به درج گزارش یا نقل قولی داشته‌اند که ضمن آنها مختصر آگاهی یا خبری درباره‌ی این خیانت وجود داشته‌است، ناچار و بدون هیچگونه شرح و توضیح به درج آن پرداخته‌اند.
برای نمونه در کتاب «**طلای سیاه یا بلای ایران**» چنین می‌خوانیم:

> *" ... در تیر ماه ۱۳۲۸، **آقای ساعد**، نخست‌وزیر وقت، دعوتی از نمایندگان مجلس و عده‌ای از رجال کشور در کاخ وزارت خارجه نمود و هم در آن اجتماع مدیران مطبوعات را دعوت نمودند ولی یک روز پس از دعوت مزبور شرحی به عنوان گزارش دولت در یکی از جراید که مدیر آن نیز نماینده مجلس بود انتشار یافت که از مراجعه به گزارش نامبرده که از طرف **آقای گلشائیان**، وزیر دارائی وقت، داده شد، اطلاع اجمالی از نحوه مذاکرات و توافق‌های نمایندگان شرکت حاصل می‌شود ... "*
> (طلای سیاه یا بلای ایران- ابوالفضل لسانی- صفحه ٤٦٠)

و در خلاصه گزارش **وزیر دارایی وقت** که در آن کتاب بازگوگردیده چنین نوشته شده‌است:

> ***" ... شرکت نفت بابت تفاوت قیمت نفت و بنزین داخله کشور در مدت سه سال مطالباتی در حدود ۴۵ میلیون تومان داشت که در حکومت آقای حکیمی- وزیر دارائی وقت، آقای نجم برای تصفیه این حساب لایحه‌ای به مجلس آوردند که پرداخت شود و در طی مذاکرات اخیر با حضور آقای ساعد، شرکت از این قسمت نیز صرف نظر نمود! ... "***
> (طلای سیاه یا بلای ایران- ابوالفضل لسانی- صفحه ٤٦٦)

و یا در صورت‌جلسات **کمیسیون مخصوص نفت** از قول **آقای گنجه‌ای**، یکی از اعضای کمیسیون، چنین نقل شده‌است:

*" ... یک موضوعی است راجع به ٦٥ **میلیون تومانی که ضرر کمپانی شده**، از نظر مالیات‌هائی که ما بسته‌ایم. این کمپانی ادعا داشت و **آقای نجم‌الملک** آورد به مجلس که در این ماده الحاقیه از او صرف‌نظر کرده‌اند ... "*
(کتاب سیاه- جلد نخست- حسین مکی- صفحه٩٤)

به ظاهر ادعای شرکت نفت، که در اوایل سال ١٩٤٨ میلادی (زمستان سال ١٣٢٦ خورشیدی) مورد قبول دولت ایران قرارگرفته، مربوط به سه سال میلادی ١٩٤٤ تا ١٩٤٦، و برای **هر سال ١٥ میلیون تومان** بوده‌است. به همین جهت در سال بعد که، **عبدالحسین هژیر** به‌عنوان نخست‌وزیر، دفاع از لایحه دولت قبلی در مورد پرداخت وجوه مربوط به آن ادعا را نپذیرفته، میزان آن به متجاوز از **شصت میلیون تومان** رسیده‌بوده و در زمان انجام مذاکرات مربوط به بستن قرارداد مشهور به لایحه الحاقی، در سال ١٩٤٩ میلادی (اوایل سال ١٣٢٨ خورشیدی) **در حدود ٧٦ میلیون تومان** شده بوده‌است.
معاون وقت وزارت دارایی و نماینده دولت در **کمیسیون مخصوص نفت** در نهمین جلسه آن کمیسیون، در تاریخ ٢٢ مهر ١٣٢٩، ضمن توضیحات خود چنین بیان داشته‌است:

*" ... دولت [به نمایندگان شرکت نفت] گفت ما این قرارداد را می‌بندیم به شرطی که شرکت از دعاوی‌اش صرفنظر بکند، که **در حدود ٧٦ میلیون تومان** می‌شود ... "*
(کتاب سیاه- جلد نخست- حسین مکی- صفحه ١٣٥)

درهرحال، دولت **حکیم‌الملک** نیز در اثر اقدامات پشت‌پرده دوامی‌نداشته و در تاریخ ١٨ خرداد ١٣٢٧ (٨ جون ١٩٤٨)، به‌علت نیاوردن رأی اعتماد کافی در مجلس، ساقط گردیده و **عبدالحسین هژیر، با حمایت شاه و آمریکا، جهت تجدید و ادامه اقدامات قبلی خود درباره‌ی شرکت نفت به نخست‌وزیری رسیده‌است.**

سوم: تجهیز تمام قوا و امکانات ایادی انگلیس جهت مبارزه با کابینه هژیر

دولت انگلیس (که خود از آگاهان و گردانندگان درجه یک اقدامات پشت‌پرده‌ی سیاست ایران محسوب می‌گردیده و پیشاپیش از این قصد **شاه** و آمریکا آگاهی داشته‌است) **تمام ایادی و نیروهای خود را با تمام امکاناتی که داشته، تجهیزکرده و همه را یکجا جهت مبارزه با عبدالحسین هژیر گسیل داشته‌است تا حتی‌الامکان و در درجه‌ی نخست از نخست‌وزیر شدن وی جلوگیری به‌عمل آورند و در غیراینصورت وی را سرنگون سازند.**
این مبارزه علنی که از زمان ابراز تمایل نمایندگان مجلس به نخست‌وزیری **عبدالحسین هژیر** (در تاریخ ٢٣ خرداد ١٣٢٧ مطابق با ١٣ جون ١٩٤٨) یعنی حتی پیش از صدور فرمان نخست‌وزیری او آغاز شده‌بوده، تا زمان استعفای وی (در تاریخ ٥ آبان ١٣٢٧ مطابق با ٢٧ اکتبر ١٩٤٨)، بدون وقفه، ادامه داشته‌است.
ما نقش توطئه‌گرانه‌ی **سرهنگ محمد دفتری**، رئیس وقت دژبان، را نه‌تنها از همان نخستین لحظات آغاز مبارزه بر ضد **هژیر** مشاهده‌می‌نماییم، بلکه به شواهد فراوانی برمی‌خوریم که نشان‌دهنده‌ی ادامه این نقش خیانتکارانه در تمام دوران نخست‌وزیری وی می‌باشد. برای نمونه ما در حال حاضر به یقین می‌دانیم که بین **عبدالحسین هژیر** و **حاجیعلی رزم‌آرا**، رقابت سیاسی شدید، شاید تا پای جان

پنج ترور تاریخی راهگشای صدارت مصدق

یکدیگر، وجود داشته و در کتاب «زندگی سیاسی رزم‌آرا» چند فصلی به شرح این رقابت‌های خصومت‌آمیز اختصاص یافته‌است.
پس از ابراز تمایل نمایندگان مجلس به نخست‌وزیری **عبدالحسین هژیر** و پیش از آنکه فرمان نخست‌وزیری به نام وی صادرگردد، از یک طرف شمار بسیاری از مردم بنا به تحریک ایادی انگلیس به میدان بهارستان و جلوی مجلس شورای ملی کشانده شده و از طرف دیگر، افراد دژبان، به فرماندهی **سرهنگ محمد دفتری**، برای مقابله با آنها روانه گردیده‌اند!
از آنجا که وظیفه حفظ نظم در محوطه **مجلس شورای ملی** بر طبق قانون به‌عهده رئیس مجلس بوده‌است، در این زمان که هنوز دولتی در ایران وجودنداشته، افراد معینی رئیس وقت مجلس را از هجوم قریب‌الوقوع و قطعی تظاهرکنندگان به مجلس ترسانده و از وی اجازه گرفته‌اند که از ورود مردم به داخل مجلس جلوگیری نمایند و در صورت لزوم آنها را با تیراندازی هوایی متفرق سازند.
همین اجازه به‌منزله دادن تیغ در کف زنگی مست بوده، یعنی افراد دژبان بنا به‌دستور **سرهنگ محمد دفتری** به‌ظاهر با شلیک گلوله به هوا ولی با حمله به مردم، که به مجروح و مصدوم شدن شماری انجامیده‌است، آنان را متفرق ساخته‌اند. با همین عمل که به‌ظاهر به طرفداری از شاه و **هژیر** انجام شده‌بوده، نخستین دست‌آویز و سلاح کارساز تبلیغاتی بر ضد دولت **هژیر** به دست ایادی انگلیس داده شده‌است.
در اینجا باز هم قلم را به دست **باقر عاقلی** داده و قسمتی از شرحی را که وی تحت عنوان «**نخست‌وزیری هژیر و جوّ ناآرام**» در کتاب خود درج نموده‌است، بازگومی‌نماییم:

" **سردار فاخر حکمت** [رئیس مجلس] ابراز تمایل مجلس را تلفنی به اطلاع شاه رسانید و خود نیز عازم کاخ سعدآباد شد تا جریان مشروح مذاکرات مجلس را به اطلاع برساند. در همان روز نزدیک ساعت یازده، درحالی که **عبدالحسین هژیر** در کاخ منتظر فرمان صدارت بود، جمع کثیری از مردم و مخصوصاً **دانشجویان دانشکده‌های حقوق و فنی**، با صفوف منظم در میدان بهارستان حضوریافتند و خواستار ملاقات با نمایندگان مجلس شدند. ضمن این ملاقات اعتراض خود را نسبت به ابراز تمایل مجلس به نخست‌وزیری **هژیر** بیان نمودند و وی را برای این خدمت صالح ندانستند[!!].
در همین موقع خبر نخست‌وزیری **هژیر** به بازار تهران رسید. کسبه و اصناف با صلاحدید و راهنمایی **آیت‌الله کاشانی**، مغازه‌های خود را تعطیل و در میدان بهارستان اجتماع کردند و ضمن ایراد سخن، نمایندگان مجلس را **به باد ناسزا گرفته و برای تصمیمی که اتخاذ کرده بودند آنها را مورد سرزنش و اهانت قراردادند**. دامنه اجتماع و تظاهرات علیه مجلس بالا گرفت و به دستور دولت [کدام دولت؟] و رئیس مجلس، پلیس برای متفرق ساختن مردم وارد معرکه شد. تیراندازی آغاز گردید و مردم تظاهر کننده نیز با چوب و چاقو به پلیس حمله کردند.
در این زد و خورد عده زیادی مجروح شدند. پس از ختم زد و خورد، **سردار فاخر**، **آیت‌الله کاشانی** را مسبب این تظاهرات دانست و اضافه کرد: اگر ایشان با نخست‌وزیری **هژیر** مخالفت دارند، بهتر این بود با نمایندگان مجلس صحبت می‌کردند نه اینکه متوسل به جار و جنجال می‌شدند.
به دنبال تظاهرات دانشجویان و کسبه تهران علیه هژیر، روز بعد در شهرهای قم، مشهد، اصفهان، و قزوین تظاهرات پرشوری صورت گرفت و تظاهرکنندگان حامل عکس‌هایی از آیت‌الله کاشانی بودند.

عبدالحسین هژیر ناگزیر در یک مصاحبه مطبوعاتی به مخالفین خود پاسخ داد و افزود مبارزه سیاسی بین جمعی نباید از حدود نزاکت خارج شد، نظم عمومی را بر هم زند و هشدارداد کسانی که موجبات اخلال در نظم عمومی و امنیت شهرها را فراهم سازند، به‌موجب قانون سرکوب خواهندشد.
روز چهارم نخست‌وزیری هژیر تهران شاهد تظاهرات گسترده‌ای از طرف روحانیون بود. چندین هزار روحانی و بازاری درحالی که قرآن بر سر داشتند، به رهبری سیدمجتبی نواب‌صفوی، رهبر فداییان اسلام، در میدان بهارستان علیه هژیر به تظاهرات پرداختند و *ضمن ایراد سخنرانی،* ***نمایندگان مجلس را، که به انتخاب هژیر رأی داده بودند، مذمت کردند و خواستار عزل او شدند.***
در این موقع که بیم حمله تظاهرکنندگان به صحن بهارستان می‌رفت، گارد مجلس و مأمورین انتظامی به سوی ***فداییان اسلام*** *آتش گشودند عده زیادی در این تیراندازی زخمی شدند.*
در همین موقع اعلامیه شدیداللحن آیت‌الله کاشانی علیه نمایندگان مجلس بین مردم تهران پخش‌شد و هژیر نیز متقابلاً اعلامیه‌ای داد و تظاهرکنندگان را به جلب به دادگاه و محاکمه تهدید نمود...
هنگامی که هژیر وزیران خود را به مجلس شورای ملی معرفی می‌نمود، ***در لژ تماشاچیان مجلس تظاهرات شدیدی علیه او برپا بود و صدای مرگ بر هژیر مزدور و بی‌دین در فضای تالار علنی مجلس طنین‌انداز گردید.***
در همین جلسه، ***حسین مکی، ابوالحسن حائری‌زاده، عبدالقدیر آزاد و [غلامحسین] رحیمیان*** *دربارهٔ زدوخوردهای چند روز گذشته علیه او اعلام جرم نمودند. ولی با تمام تظاهرات و مخالفت‌هایی که به رهبری* ***آیت‌الله کاشانی*** *در داخل و خارج مجلس به‌عمل آمد،* ***برنامه و وزیران هژیر با ۸۸ رأی موافق از ۹۶ رأی عده حاضر در مجلس به تصویب رسید...***"
(نخست‌وزیران ایران از مشیرالدوله تا بختیار- دکتر باقر عاقلی- ۶۴۸/۶۵۰)

اما ایادی انگلیس با ادامه‌ی اعتراض‌ها و مخالفت‌های خود و حتی تشدید آنها قسمت عمده‌ای از وقت و آرامش فکری نخست‌وزیر و سایر اعضای هیأت دولت را تلف و سلب‌کرده و آنان را از رسیدگی به وظایف اصلی خود و امور کشور بازداشتند.
فقط ۱۶ روز پس از آنکه دولت از مجلس رأی اعتماد گرفته بود، یعنی در تاریخ ۲۶ تیرماه ۱۳۲۷، **عباس اسکندری**، جاسوس پست دوجانبه (برای روس و انگلیس)، دولت را به بهانه‌ی **سوء سیاست داخلی و خارجی و بحرین** استیضاح‌کرد!
پاسخ **هژیر** به این استیضاح و گرفتن رأی اعتماد از مجلس تا یکم شهریورماه به‌طول انجامیده ولی پس از ۱۳ روز یکی دیگر از ایادی انگلیس به نام **عبدالقدیر آزاد** دولت را به‌علت توقیف غیرقانونی مطبوعات و اختناق آزادی و قیام بر ضد قانون استیضاح نموده‌است.
ضربه زدن به کابینه **عبدالحسین هژیر** از راه‌های دیگر نیز بدون توقف جریان داشته که از جمله آنها وادارکردن وزرای کابینه او به استعفا بوده‌است. برای نمونه **عبدالحسین هژیر** در تاریخ ۱۹ تیر ۱۳۲۷ دو نفر به اسامی **لطفعلی معدل** و **جهانگیر تفضلی** را به معاونت خود برگزیده بود که هر دو در تاریخ ۲۵ شهریور از سمت‌های خود استعفا داده و پس از ۵ روز **جواد بوشهری**، وزیر کشاورزی و **محمدعلی نظام‌مافی**، وزیر دادگستری نیز مستعفی شده‌اند.
محمدعلی وارسته نیز که در ترمیم کابینه در تاریخ اول مهر ماه جهت پست وزارت دارایی معرفی شده بود، سیزده روز بعد استعفای خود را اعلام نموده است.

خلاصه اینکه **عبدالحسین هژیر**، بعد از چهار ماه و بیست و دو روز نخست‌وزیری، که حتی یک روز آن هم بدون تشنج، تظاهرات و اقدامات اعتراض‌آمیز و حوادث ناگوار نبوده، در تاریخ ۱۵ آبان ماه ۱۳۲۷ استعفای کابینه خود را به **محمدرضا شاه پهلوی** تقدیم کرده‌است.

چهارم- سقوط کابینه عبدالحسین هژیر،پیروزی انگلیس و شکست آمریکا

همانگونه که پیشتر هم اشاره شده‌است، **عبدالحسین هژیر** نخستین و شاید تنها مقام رسمی ایران بوده که به دور از مردم‌فریبی و جنجال و بدون توجه به کسب شهرت و محبوبیت به کاری خطرناک، یعنی مخالفت با شرکت نفت انگلیس و ایران و امپراطوری انگلستان، پرداخته و به‌عنوان وزیر دارایی ایران، بر مبنای حقایق و آمار و ارقام موجود و غیرقابل انکار و اطلاعات و واقعیت‌های دادگاه‌پسند، در کل ۳۹ مورد (۲۵ مورد اصلی و ۱٤ مورد توضیحی و تکمیلی) از تخلفات و چپاولگری‌های شرکت نفت را جمع‌آوری کرده و بی‌درنگ پس از تصویب قانون ۲۹ مهر ۱۳۲۶ و در اجرای بند «هـ» آن قانون، نمایندگان شرکت مزبور را به پای میز مذاکره کشانده‌است.
خوانندگان گرامی در متن پیوست ملاحظه خواهندفرمود که چگونه ایادی انگلیس زمینه‌های سقوط کابینه **قوام‌السلطنه** را فراهم ساخته و خود به خود از شر مزاحمت‌های وزیر دارایی وی یعنی **هژیر** راحت شده‌اند. و نیز ملاحظه فرمودند که در دوران کابینه آتی پرونده استیفای حقوق ملت ایران از شرکت نفت انگلیس و ایران به بایگانی سپرده شد و کوچک‌ترین اقدامی درباره‌ی آن به‌عمل نیامد و **به همین جهت در تمام این مدت نه از روحانیون و فداییان اسلام صدای مخالفت‌آمیز بر ضد دولت شنیده‌شد و نه دانشجویان و اصناف به جلوی مجلس شورای ملی کشانده‌شدند و نه هیچ آزادی‌خواه! دیگر، چه از وکلای اقلیت در مجلس و چه از نویسندگان و روزنامه‌نگاران وغیره در خارج از مجلس کسی به این سکوت خائنانه دولت اعتراضی به‌عمل آورد.**
اما همین که **شاه** با حمایت و راهنمایی آمریکای نورسیده به ایران، درصدد برآمده‌است که **عبدالحسین هژیر** را، جهت تعقیب و ادامه اقدامات سابق خود بر ضد شرکت نفت، بر مسند نخست‌وزیری بنشاند، یک بار دیگر تمام ایادی انگلیس با تجهیزات کامل به میدان مبارزه با **هژیر** فرستاده شده و **حتی از پیش از صدور فرمان نخست‌وزیری وی با او به مخالفت برخاسته‌اند.**
بالاترین سمتی که **هژیر** پیش از این زمان داشته، همان وزارت دارایی بوده و در هیچ یک از مشاغل خود نیز عملی قابل انتقاد و هیجان برانگیز، که ایادی انگلیس بتوانند با آن به تحریک مردم بپردازند، انجام نداده بوده‌است. به این جهت این خیانتکاران، در غیاب حقیقت، مجبورشده‌اند که ره افسانه زده و در کمال ناجوانمردی، دروغ‌های بی‌شماری درباره‌ی خیانت‌ها، جنایت‌ها و جاسوسی‌های وی، **آن‌هم به نفع دولت انگلیس!!** که روح **هژیر** از هیچ‌یک از آنها آگاهی نداشته است، جهت ایجاد نفرت شدید در مردم نسبت به او، جعل نمایند. تا جایی که در حال حاضر بیشتر کسانی که خودشان در جریان تاریخ معاصر ایران قرارداشته و یا از طریق مطالعه و استماع به آگاهی‌هایی در این باره دست یافته‌اند برخلاف واقع، **عبدالحسین هژیر** را به‌عنوان یک جاسوس یا نوکر انگلیس می‌شناسند که این اتهام ناروا، تاوان قصد! و نیت این شخص جهت جلوگیری از چپاولگری‌های بی حد وحساب شرکت نفت انگلیس و ایران می‌باشد.

برای آگاهی خوانندگان گرامی از این قبیل اتهامات دروغ و ناروا، نمونه‌ای از آنها را از قول یکی از نمایندگان انگلواسلامیست مجلس شورای ملی در زیر بازگومی‌نماید.

سقوط کابینه عبدالحسین هژیر

اتهامات ناجوانمردانه و مغرضانه‌ی زیر قسمت‌هایی از سخنرانی **ابوالحسن حائری‌زاده** در مجلس شورای ملی می‌باشد که، در روز پنجشنبه سوم تیر ۱۳۲۷، به‌عنوان مخالفت با برنامه دولت **عبدالحسین هژیر** ایراد شده است:

*" ... در نتیجهٔ انجام وظیفه آقای **هژیر** در سفارت روس به نفع جنوبی‌ها [یعنی انگلیس]، به مقامات عالیه دولتی نائل گردید.*
البته جنوبی‌های ما همیشه از کیسهٔ خلیفه می‌بخشند به خدمتگزارهای خودشان مقامات و صندلیهای ما را از این رعیّت بدبخت که باید آنها را اداره کنند می‌بخشند.
... به هر حال ایشان بازرس بانک ملی ایران شدند که روی اسکناس‌ها امضای ایشان هست. من نباید آن را دلیل بیاورم و ***وجوهات شاه سابق با اطلاع ایشان تبدیل به اسعار و از کشور خارج گردید و اسعار ایران اگر کنترل شود، معلوم می‌شود چقدر ثروت و سرمایه از ایران خارج شده است، با اطلاع و نظارت ایشان و عمل ایشان.***
*آیا من می‌توانم با داشتن این اطلاعات و آنچه از خارج [؟!] اطلاع می‌رسد به جناب آقای **هژیر** اعتماد کنم؟ ... در دورهٔ ششم من نظرم هست که یک طرح قانونی آوردیم به مجلس، اصناف را از پرداخت مالیات معاف کردیم. در صورت مجلس دورهٔ ششم، آقایان اگر مراجعه بفرمایند، معلوم می‌شود. اسم تمام اصناف مملکت هست، از بزاز و رزاز و پینه دوز و بقال و عطار ...*
*من عقیده دارم که باید همان قانون لغو مالیات اصناف به موقع اجرا گذارده شود و همچنین مالیات املاک مزروعی و اغنام لغو شود [؟!]، چرا؟ این پیشنهاد بنده هوس نیست، دلیل دارد. دلیل این پیشنهاد عملیات **هژیر** در مدت بیش از یکسال ایشان که متصدی وزارت دارایی بودند، بودجه مملکت اگر دو مقابل نشده، یک برابر و نیم شده، از مردم از هر طبقه‌ای که توانستند پول بگیرند، گرفتند. البته از طبقات زحمتکش و فقیر ...*
این مالیات اصناف و مالیات مزروعی را لغو بکنند، از ۱۵، ۱۶ میلیون نفوس ایران چهارده میلیونش راحت می‌شوند، از مظالم این مأمورین و می‌روند دنبال تولید، دنبال اینکه عایدات برای این مملکت ایجاد بکنند ...
*این تشنج و هیاهویی که علیه **نجم‌الملک** بیچاره [!] در این مجلس پیدا شد روی اصل این نه میلیون تومان [تفاوت عمل محاسبه ارز حاصله از فروش کتیرا به خارج، توسط شرکت کتیرا، به نرخ قبلی که هر لیره ۶۸ ریال بوده با نرخ جدید که ۱۳۸ ریال شده بوده] است که آقایان را عصبانی کرده که **نجم‌الملک**، آدم حسابی [؟!]، در راس کار نباشد و **هژیر** باشد که دوسیه را چندین سال خوابانده است ...*
موضوع صحبت ما موضوع مالیات ارضی و اصناف بود. عایدات نفت جنوب ما را تماماً دارند می‌برند ... تفاوت محصول نفت امسال ما بیش از تمام عایدات مالیاتی اغنام و احشام و گندم و جو در سرتاسر این مملکت می‌شود. باید مردم را راحت کرد. ماها نیامده‌ایم برای مردم عذاب درست کنیم ...

*این تشکیلات [وزارت دارائی] با این بودجه زیاد و خرج زیاد غیر از ضرر برای مردم این مملکت هیچ چیز دیگری ندارد. همین عملیات بود که **نجم‌الملک** را مجبورکرد یک قانون خلاف اصلی بیاورد به مجلس که نسبت به اشخاصی که توافق شده است، درعمل مالیاتی و قابل تجدید نظر نیست، مجلس اجازه بدهد که تجدید نظر بشود.*

این قانون خلاف اصل بود، ولی این نحوه تشکیلات فاسد این آدم صحیح‌العمل [؟!] را مجبورکرد که این گزارش خلاف قانون و اصلی را بیاورد به مجلس.
(بعضی نمایندگان: صحیح است).
*(**اردلان**- کمیسیون تصویب کرد و گزارش آن را به مجلس فرستاد) البته این اقدامات کم‌کم منجر به لغو قانون رسمی مالیات بر عایدات شد و با کمال بی‌شرمی آقای **هژیر** پشت همین تریبون گفتند که بلی ما این کار را کردیم و کار به‌جایی بوده است که این قانون را لغو کرده و تصویب نامه به‌جایش گذاشتیم، برای اینکه عملی نبود ... همین عمل را آقای **هژیر** در پشت همین تریبون اعتراف کرده‌است. جرم‌است و بایستی محاکمه شود و **من همین موضوع را اعلام جرم می‌کنم** ...*
*به عقیدهٔ من اضافه عایداتی که خود کمپانی به عقیدهٔ خودش سهمی برای ما قائل شده‌است، در صورتی که سهم ما غیرازاین است و به عقیده من **امتیاز آن‌هم انشاءالله در ۱۹۶۰، که دوازده سال دیگر باشد، ملغی‌است** و هر عملی که به زور و قلدری در این وسط‌ها کردند، نوکرهای خودشان کردند و به زور آوردند، اینها کان لم یکن است. ما محتاج به وضع مالیات جدیدی نخواهیم بود ...*
این مردم بیچاره نفهمیده‌اند که آزادی فکر و عقیده چیست، به‌عنوان تظلم [؟!] آمدند جلو مجلس و جوابشان را گلوله دادند. آقا اظهار عقیده‌کردن این جوابش گلوله‌باران شدن‌است؟ ...
*اینها خیال می‌کردند در مملکت اسلامی همه مسلمان هستند. **کلام مقدس قرآن کریم محترم است. یک سید عاجزی [؟!] حامل قرآن بوده**، این عکس نشان‌می‌دهد که یک جمعیت دنبالشان بوده‌اند می‌آمده‌اند برای تظلم [؟!]. البته می‌گفتند: آقای **هژیر** را ما بهش اعتمادنداریم ...*
*آن روزی که صدای گلوله اینجا بلندشد، ما شنیدیم، رفتیم بیرون ... ما رسیدیم به آن پاساژی که مردم در آن جمع شده‌بودند. پس از اینکه شلیک قطع شد، من پرسیدم: **کی این دستور تیراندازی داده‌است؟ بعد معلوم شد که [سرهنگ محمد] دفتری**، رئیس این **نظامی‌ها بوده‌است. او دستور داده‌است**. ممکن است دروغ باشد. بالاخره شلیک که دروغ نیست. من و شما صدای گلوله شنیدیم ... **آن اعلام جرمی که علیه آقای هژیر کردم برای این بود که بروند ببینند چه حق داشتند دستور بدهند که به مردم شلیک بکنند** ... مجرمین را باید اعدام‌کرد که بی‌جهت به ملت شلیک نکنند ...*
*آقای **هژیر** با این سوابقی که دارد، با این رفتاری که داشته‌است، با این بارهای سنگینی [؟!] که به دوش این ملت گذاشته‌است، با این رفتار روز پنجشنبه‌اش، من نمی‌توانم به چنین شخصی بگویم علاقه به مملکت [دارد] و همچنین نمی‌توانم به او اعتماد و اطمینان داشته باشم."*
(خاطرات سیاسی حسین مکی- حسین مکی- در فاصله صفحات ۹۷ تا ۱۱۶)

پنجم: آماده ساختن زمینه برای لغو قرارداد ۱۹۳۳ و برگشت به امتیازنامه دارسی

بی‌گمان خوانندگان گرامی توجه دارند که قتل **عبدالحسین هژیر**، بعد از خنثی شدن توطئه سوءقصد به جان **محمدرضا شاه پهلوی**، که شرح آن در بخش دوم این کتاب دادشد، اتفاق افتاده‌است.

لغو قرارداد ۱۹۳۳ نفت و برگشت به امتیازنامه دارسی

دربخش دوم این کتاب به‌تفصیل در مورد **هدف‌های انگلستان از لغو قرارداد نفت ۱۹۳۳ و بازگشت به قرارداد دارسی** صحبت شده‌است. حال بطوری‌که، در بالا، در سخنرانی **حائری‌زاده** ملاحظه‌می‌شد، وی از ماه‌ها پیش از قتل **هژیر**، **به‌نحوی که خیلی مشخص نبوده**، به تبلیغ و آماده‌ساختن افکار مردم درباره‌ی همین هدف انگلستان پرداخته‌است.
هر چند **حائری‌زاده** به روشنی نامی از **امتیازنامه دارسی** به‌میان نیاورده و درباره‌ی بازگشت به آن مطلبی بیان نداشته‌است، اما چون **شرکت نفت انگلیس و ایران**، در آن زمان هر سال سهم ما را طبق قرارداد ۱۹۳۳ که مدت آن در سال ۱۹۹۳ (۴۵ سال بعد از زمان سخنرانی) پایان می‌یافته، محاسبه و پرداخت می‌کرده، لذا **حائری‌زاده**، در سخنرانی بالا، اظهار داشته‌است:

*" به عقیدهٔ من اضافه عایداتی که خود کمپانی به عقیدهٔ خودش سهمی برای ما قائل شده‌است، درصورتی که سهم ما غیر از این است و به عقیدهٔ من **امتیاز آن هم انشاءالله در ۱۹۶۰ ، که دوازده سال دیگر باشد، ملغی است و هر عملی که به زور و قلدری در این وسطها کردند، نوکرهای خودشان کردند و به زور آوردند، اینها کان لم یکن است. ما محتاج به وضع مالیات جدیدی نخواهیم بود** ... "*

با این ترتیب، با روشنی تمام مشخص می‌باشد که مقصود **حائری‌زاده** بازگشت به امتیازنامه دارسی بوده، که مدت آن در ۱۹۶۱ پایان می‌یافته است.
در زیر قسمت‌هایی از پاسخی را که **عبدالحسین هژیر** به اتهام‌های ناجوانمردانه و بی‌پایه‌ی این **انگلواسلامیست مردم‌فریب** داده‌است به اطلاع خوانندگان گرامی می‌رساند:

" نخست‌وزیر [آقای هژیر]- اجازه می‌فرمایید؟
رئیس [مجلس]- بفرمایید.
(در این موقع قبل از اینکه آقای نخست‌وزیر بیانات خودشان را شروع کنند، از طرف تماشاچیان و[خبرنگاران حاضر در] لژ مطبوعات علیه ایشان تظاهراتی شد.)
بعضی از نمایندگان- آقای رئیس جلو این تظاهرات باید گرفته بشود. (همهمهٔ نمایندگان)
رئیس ماده ۱۴۳ را برای آقایان تماشاچیان قرائت می‌کنند.
ماده ۱۴۳ - مخبرین جراید و تماشاچیان باید ساکت بنشینند و اگر از طرف یکی از آنها علامت تصدیق یا تکذیب مشاهده شود، فوراً اخراج خواهد شد.
***دهقان**- آقای رئیس بنده اخطار نامه‌ای دارم (همهمهٔ نمایندگان)*
***رئیس**- بنشینید نظم جلسه را رعایت کنید. این اشخاص به محکمه فرستاده می‌شوند. آقای نخست‌وزیر بیانات خودتان را بفرمایید.*
*آقای **نخست‌وزیر**- ...*
*مدام این مطلب را گفتن و این را به مردم اطلاق کردن که کافی نیست. **کسی دستور شلیک که به مردم نداده‌است**. چند نفر شخص معینی که بنا به فرض معینی می‌خواستند با تظاهرات خود مجلس شوارى ملی را تحت تأثیر نظرات خودشان قرار بدهند، **بنا به رأی مجلس شورای ملی، که بعد هم به‌طوری که شنیدم در جلسهٔ خصوصی تأیید شد، با نظر آقای رئیس مجلس شورای ملی**، که گفتند از تظاهراتی که موجب اخلال نظم در محوطه جلو مجلس گردد و موجب این بشود که خدای نکرده تأثیری در تصمیم قاطع مجلس نماید جلوگیری گردد و غیر از این چیز دیگری نبوده‌است.*
***اگر به مردم شلیک کرده‌بودند لااقل یک نفر کشته می‌شد**، چطور ممکن است اینطور که ایشان می‌فرمایند به مردم شلیک شده باشد و **خوشبختانه بطوری که تا حالا اتفاق افتاده**،*

کسی کشته نشده باشد؟ و اینکه برای مردم یک کلمه‌ای را گفتن و فشار آوردن و تکرار کردن ممکن است کم‌کم مطلبی که حقیقت ندارد در اذهان جایگزین بکنند.
وجهاً من الوجوه به مردم شلیک نشده است. یک شلیکی به هوا کردند برای خاطر اینکه مردم متفرق بشوند و بروند سر کارشان. نظم وامنیت را در شهر و مملکت مختل نکنند.
حالا مستلزم این شده است که اعلام جرم بفرمایند، بسیار خوب بفرمایند ...
گفتند: مطابق اطلاعات ایشان دراوقاتی که بنده، رئیس کمیسیون اسعار بودم، ***اعلیحضرت فقید وجوهی که خواستند به خارج انتقال بدهند با اطلاع و به دست بنده بوده‌است. بنده بطور قطع و یقین به آقایان عرض می‌کنم که به هیچ‌وجه من‌الوجوه یک دینار هم ایشان به‌عنوان اینکه پول به خارجه بخواهند انتقال بدهند، نیامدند و نخواستند، ندادیم و سابقاً هم ندادیم.***
بنده که آقا دفتر و دستک کمیسیون اسعار و بانک ملی را که در جیبم نگذاشته‌ام. یک مؤسسه‌ای است، موجود بود، حالا هم هست، بفرمائید بروید رسیدگی بکنید.
مقصود از این که با اطلاع بنده این پول را منتقل کردند چیست؟ یعنی بنده شخصاً این پول را منتقل کردم و فرستادم؟ ***بنده چنین کاری نکردم. بانک ملی موجود است ممکن است بپرسید، سابقه ندارد و اصلاً هیچ رجوع نکردند*** *...*
بنده چه بگویم نه انجمنی در ستاد ارتش تشکیل شد و نه بنده حضورداشتم و نه کسی پیش‌بینی می‌کرد که تیری به هوا خالی می‌شود ...
ایرادی که به بنده دارند که همه‌اش می‌پردازند به آن، بنده در باب استخدام خودم در سفارت شوروی، بنده یک روز دیگر اینجا حضور آقایان تفصیلش را عرض‌کردم ...
امروز شنیدند که شرکت مرحوم کتیرا ۹ میلیون تومان بدهی داشته است و ***هژیر*** *نگرفته‌است.*
بنده این دفعه اولی است که موضوع بدهی شرکت کتیرا را اصلاً می‌شنوم.
۹ میلیون تومان است یا ۹ هزار میلیون تومان، من نمی‌دانم چیست و کی جعل کرده؟ ...
اما راجع به قانون مالیات بر درآمد. ایشان نظر اصولی دارند بنده هم مطیع ایشان هستم. یک بار دیگر هم عرض کردم، قانون مالیات بر درآمد به موجب تصویب‌نامهٔ فروردین ۱۳۲۵، که بنده هم وزیر دارائی نبودم و آقای ***سهام‌السلطان بیات وزیر دارائی بودند*** *ملغی‌گردید. (صحیح است)*
بنده که آمدم تصویب نامهٔ آقای ***سهام‌السلطان بیات*** *را اصلاح کردم نه قانون [را].*
*(**امیر تیمور**- هر دو باطل‌است. هر دو خلاف‌است) حالا که باید تعقیب بشوند همه با هم. اما تبعیض اگر هست پس معلوم‌است که نظر خاصی‌است و اعلام جرم می‌فرمایند. بفرمایند. حقشان است. اما نسبت به هر دو تا، هر دو تا، ۵ تا، ۸ تا ۲۰ تا شریک بودند. اما نه نسبت به بنده تنها باشد. معلوم است که نظر خاصی در کار است ...."*
(خاطرات سیاسی حسین مکی- همان- صفحات ۱۱۶ تا ۱۲۰)

مطالبی درباره‌ی فداییان اسلام و سیدحسین امامی

نظر به اینکه قتل **عبدالحسین هژیر**، وزیر دربار **محمدرضا شاه پهلوی**، توسط شخصی به‌نام **سیدحسین امامی**، وابسته به **گروه فداییان اسلام**، انجام گرفته‌است، پس بهتر آن می‌داند که شرحی

فداییان اسلام و سیدحسین امامی

بسیار مختصر نیز، طی چند پیشگفتار، درباره‌ی این تروریست و سایر افراد گروه مزبور به آگاهی خوانندگان گرامی برساند:

پیشگفتار نخست

الف: برگشت چند سال در تاریخ و یادآوری چند نکته درباره‌ی سیدحسین امامی

در اینجا بد نیست که چند سالی در تاریخ به عقب برگشته و فهرست‌وار چند واقعه را به خوانندگان گرامی یادآوری نمایم:

۷ بهمن ۱۳۲٤ - **احمد قوام، قوام‌السلطنه**، برای چهارمین بار، به نخست‌وزیری منصوب شده‌است.

۲۰ اسفند ۱۳۲٤ - **سیداحمد کسروی**، مورخ و محقق مشهور، در شعبه ۷ بازپرسی دادسرای تهران، همراه با **حدّاد**، منشی خود، مورد سوءقصد قرارگرفت و هر دو نفر کشته شدند. جنایتکاران از اعضای فداییان اسلام و از پیروان **نواب‌صفوی** بودند که بی‌درنگ بازداشت شدند. تعدادی از روحانیون وقت از همان زمان بازداشت جهت آزادی قاتلان به فعالیت پرداختند.

ب: فتوا دهندگان قتل سیداحمد کسروی؟

بطوری که می‌دانیم هیچ‌کس، از جمله اعضای فداییان اسلام، **سیدمجتبی نواب‌صفوی** را به‌عنوان مجتهد و صاحب فتوی قبول نداشته‌اند و خود او هم هرگز خود را بیش از یک طلبه‌ی مذهبی به‌شمار نمی‌آورده‌است. به همین جهت وی برای مشروع ساختن هر قتل لازم می‌دانسته‌است که پیش از آن، دست‌کم از یک مجتهد واجد شرایط فتوای شرعی برای قتل فرد مورد نظر دریافت نماید. افزون‌برآن در چند دفعه‌ای که یک یا چند تروریست را برای انجام یک قتل در نظر گرفته بوده، معمولاً ملاقاتی بین آن تروریست‌ها و حداقل یکی از مجتهدان فتوادهنده ترتیب داده‌است تا اینکه آنان به گوش خود فتوای ارتداد فرد محکوم به قتل را از دهان آن مجتهد بشنوند و **از اینکه با انجام آن قتل یکسره و مستقیماً به بهشت به نزد حوریان خواهندرفت!** مطمئن شوند.
با اینکه **نواب‌صفوی** در مورد قتل **سیداحمد کسروی** دارای انگیزه شخصی هم بوده، با این وجود پیش از مبادرت به انجام سوءقصد به جان وی، حکم کفر و ارتداد، و فتوای قتل او را از مجتهدان بی‌شماری، در نجف، دریافت‌کرده بوده‌است.
سیدابوالحسن حائری‌زاده (آخوندزاده‌ای که با بازاریان و مؤمنان مسجدی، از جمله شماری از اعضای فداییان اسلام و خود **نواب‌صفوی**، آشنایی و معاشرت داشته)، در جلسه مورخ ۱۵ بهمن ۱۳۳٤، در دوره هجدهم مجلس شورای ملی، درباره‌ی انگیزه شخصی **نواب‌صفوی** در قتل **سیداحمد کسروی**، چنین گفته‌است:

> *" ... این **کسروی** یکی از چیزهایی که نوشته‌بود، یک رساله‌ای بود که نوشته‌بود [سلاطین] **صفویه سیّد** نبوده‌اند، این هم دلیل کج سلیقگی او بود. خوب صفویه **سید** بودند یا نبوده‌اند چه ربطی به وضع امروزی ما دارد؟ خیلی از آنها یک خدمتی کرده‌اند یک*

*سلطنتی کرده‌اند و رفته‌اند. بعضی هم بی‌عرضه بودند مثل **شاه‌سلطان حسین صفوی**، مملکت را به باد فنا داد. حالا یک رساله‌ای بنویسد که اینها **سیّد** نیستند. هی استدلال کنید که **شیخ صفی** گفت: چه. کی گفت: چه. [چه] نتیجه‌ای برای امروز ما دارد؟ یک **آقا سیّدی** هم [مثل **نواب‌صفوی**] که او خودش را مربوط به صفویه می‌دانسته، بهش بر خورد راه می‌افتد علیه **کسروی**. یکی دو دفعه فحش کاری، کتک کاری می‌کند تا بالاخره کار به کشتار می‌رسد. چون **کسروی** یک مردی بود خیلی رشید و بی اعتنا در چیز نوشتن. **بعضی‌ها یادداشت‌های او را تصور کرده‌بودند مخالف مذهب‌بود، مخالف اسلام‌بود**، من فرصت نکردم همه‌اش را مطالعه کنم که در این موضوع اظهار نظری بکنم. ولی در قضیه قتل او تحریک احساساتی شد. مردمان متنفذی که بودند، مردمانی که صاحب محراب و منبر و مقامی بودند، آنها شروع کردند به اینکه این جنبه مذهبی دارد و این قضیه را باید ماست مالی کرد. حالا من وارد قضیه نبودم که چه جور ماست مالی شد ... "*

(متن نطق‌های جناب آقای سیدابوالحسن حائری‌زاده، نماینده تهران- در هجدهمین دوره قانونگذاری- صفحات ۱۵۲/ ۱۵۱)

در کتاب «**نهضت روحانیون ایران**» درباره‌ی فتواگیری **نواب‌صفوی** در نجف چنین نوشته شده‌است:

*" ... آقای **شیخ محمد رضا نیکنام** از یاران دیرینه **مرحوم نواب[صفوی]** در مقدمه چاپ دوم «**برنامه کار فداییان اسلام**» نوشته‌است:*

*در یکی از روزها عده‌ای از علماء در منزل مرحوم **آیت‌الله علامه امینی** [در نجف] جمع‌شدند و راجع به **کسروی** صحبت کردند و **نظریه آنان ارتداد چنین کسی بود**.*

***شهید نواب‌صفوی** می‌فرمود که من در آنجا بودم و سخنان علماء را استماع می‌کردم. در پایان سخنان آنها برخاسته و به ایران حرکت کردم ... "*

(نهضت روحانیون ایران- جلد ۲- نوشته علی دوانی- صفحه ۱۹۶)

شواهد فراوان دیگر نشان‌می‌دهد که **نواب‌صفوی** پیش از حرکت به‌سوی ایران، خود با شماری از مجتهدان ساکن در نجف، از جمله همین **علامه امینی**، بطور انفرادی هم مذاکره‌کرده و از آنان فتوای قتل **سید احمد کسروی** را شنیده بوده‌است.

با این حال ما در همان کتاب «**نهضت روحانیون ایران**»، از قول **علی دوانی**، که در نجف نیز با **سیدمجتبی نواب‌صفوی** هم‌درس بوده و از آنجا وی را به‌نام **سیدمجتبی تهرانی** می‌شناخته‌است، چنین‌می‌خوانیم:

*" ... مرحوم **شیخ محمدآقا تهرانی** ... به تهران آمد و در میدان خراسان، هیأت و مسجد قائمیه را تأسیس کرد و **از روحانیون بانفوذ تهران به‌شمارمی‌رفت**.*

او قدرت بیان و نفوذ کلام عجیبی داشت که راستی در یک جلسه شنوندگان را از هر صنفی که بود[ند] تحت تأثیر قرارمی‌داد.

فراموش نمی‌کنم** یک شب هنگام تفسیر قرآن، **مرحوم شیخ محمدآقا تهرانی**، نوشته‌های **احمد کسروی** را که در تهران بر ضد شیعه و روحانیّت منتشرمی‌شد و به طرز مرموزی [؟!] در همه‌جا پخش‌می‌گردید، مورد بحث قرار داد و گفت: **کسروی نسبت به امام جعفرصادق و امام زمان صریحاً توهین‌می‌کند و کسی هم نیست که نفس او را خفه‌کند و مشتی به دهانش بکوبد.

*در این هنگام **سیدمجتبی تهرانی** با صدای بلند گفت: **فرزندان علی هستند که جواب او را بدهند** [!].*
*از طرز سخن‌گفتن **سیدمجتبی** همه حاضران در سکوت فرورفتند. به‌خصوص که صدای **سید** به یک طلبه نمی‌ماند و اصولاً سخن گفتنش به یک فرد مبارز انقلاب می‌ماند ... "*
(نهضت روحانیون ایران- همان- صفحات ۱۹۶/۱۹۵).

به احتمال بسیار زیاد، سخنان این **شیخ احمدآقای تهرانی** در آن جلسه تفسیر قرآن بنا بر مذاکرات قبلی بین وی و **نواب‌صفوی** و در زمانی ایرادمی‌شده که اعضای باند **نواب‌صفوی**، به‌ویژه چند نفری که برای کشتن **سیداحمد کسروی** در نظر گرفته شده بودند،در میان مستمعین نشسته بوده و به سخنان او گوش می‌داده‌اند.
امیر عبدالله کرباسچیان، از اعضای پایه‌گذار جمعیت فداییان اسلام، که به‌ظاهر نخستین اعلامیه درباره‌ی اعلام موجودیت این جمعیت نیز توسط وی نوشته شده‌بوده و در انجام اقدامات جمعیت مزبور، از جمله در تهیه مقدمات مربوط به ترور **سیداحمد کسروی**، شرکت داشته، درباره‌ی شرکت‌کنندگان در این ترور چنین گفته‌است:

*" ... در یک جا خواندم که نوشته بودند **شهید حسین امامی** و برادرشان [**سیدعلی امامی**]، [**سیداحمد**] **کسروی** را ترور کردند. اینطور نیست و نباید حق کسی [؟!] پایمال شود. این کار به شکل جمعی صورت گرفت، که **شهید حسین امامی و شهید آقا سیدعلی امامی و چهار نفر دیگر به اسامی جواد ساعت‌ساز، مرحوم مظفری، مرحوم الماسیان و مرحوم حسن فدائی شرکت داشتند** ... همهٔ اینها رفتند به زندان، سیر قانونی [؟!] طی شد. محاکمه شدند. تبرئه شدند [؟!] و آمدند بیرون. سه ماه هم بیشتر حبسشان طول نکشید ... "*
(ماهنامه شاهد یاران- یادمان آیت‌الله سیدابوالقاسم کاشانی- گفت‌وشنود با امیر عبدالله کرباسچیان- صفحه ٦٦)

سیدمجتبی نواب‌صفوی و سایر افرادی که نامشان در بالا ذکر شده‌است، همگی از ساکنان محله‌های جنوبی تهران بوده‌اند و نزدیک‌ترین مجتهد متنفذ و واجد شرایطی، که در آن زمان، در دسترس داشته‌اند همین **شیخ محمدآقا تهرانی** بوده‌است. به عبارت دیگر بیان تفسیرهای دینی و حل مسائل و مشکلات اسلامی توسط این شخص برای ساکنان آن نقاط همچون آبی گوارا در کوزه محله خودشان بوده که این تشنگان آگاهی از مسائل و احکام اسلامی را سیراب می‌ساخته و آنان با وجود وی دیگر نیازی به جستجو در گرد جهان نداشته‌اند.

ج: کوشش عبدالحسین هژیر برای آزادی سیدحسین امامی و سایر قاتلان کسروی

احمد قوام در تاریخ ۱۰ مرداد ۱۳۲۵، در چهاردهمین دوره از نخست‌وزیری خود کابینه جدیدی تشکیل‌داده که سه نفر وزیر از **حزب توده ایران**، نیز در آن شرکت‌داشته‌اند. **عبدالحسین هژیر** که در همین کابینه وزارت دارایی را به‌عهده داشته، فعالانه از آزادی بی‌قید و شرط قاتلان **سیداحمد کسروی**، ازجمله **سیدحسین امامی** (قاتل بعدی خود) حمایت می‌کرده‌است. شرح زیر از یک مصاحبه با **ایرج اسکندری**، که در همین کابینه وزیر بازرگانی و پیشه و هنر بوده، بازگو شده‌است:

*" ... قبلاً قاتل [**سیداحمد**] **کسروی** را گرفته بودند. [**سیدحسین**] **امامی** توقیف بود. شبی در جلسهٔ هیأت وزیران، **قوام‌السلطنه** به عادت مألوف کاغذی درآورد و نشان داد که آقایان*

__علماء نوشته‌اند و تقاضا کرده‌اند امامی را که در توقیف می‌باشند مرخص نمایند.__ لذا عقیده آقایان وزرا را می‌پرسید.
__[عبدالحسین] هژیر__ بلافاصله گفت: __به عقیده من صحیح است و باید موافقت نمود که این فرد از زندان آزاد شود.__
من اجازه صحبت خواستم و گفتم: در روز روشن و در دادگاه با حضور قاضی و دیگران یک آدمی را زده و با کارد شکمش را پاره کرده و کشته‌اند. حالا دادستان و قاضی حکم توقیف این فرد را داده‌اند. من نمی‌فهمم، ما در هیأت وزیران چگونه می‌توانیم در این مسئله دخالت کنیم. وقتی کسی همچو جرمی را مرتکب شده، موضوع به دادگاه احاله می‌شود و در آنجا رسیدگی و محاکمه می‌شود که یا قرار منع تعقیب صادر می‌شود و یا اینکه تبرئه می‌گردد و بکلی از زندان آزاد می‌گردد. بعد __اللهیار صالح،__ وزیر دادگستری، را مخاطب قرار داده، پرسیدم: مگر شما حق دارید رأی مستنطق و یا تصمیم قاضی را که حکم توقیف کسی را صادر کرده‌است، لغو نمایید و راساً اجازه بدهید که اورا از زندان مرخص کنند؟
__وزیر دادگستری__ جواب داد: نخیر! من همچو حقی ندارم. گفتم: بنابراین معلوم نیست چرا چنین مطلبی باید در هیأت وزیران مطرح بشود؟
__هژیر__ اظهار داشت: نخیر آقا! بنده عقیده دارم که __این آدم [کسروی] مهدورالدم بوده و اگر هم او را کشته‌اند کار صحیحی بوده__ (یک همچو عبارتی) من اوقاتم تلخ شد. گفتم: یعنی چه آقا؟ مهدورالدم یعنی چه؟ و تازه تشخیص آن با چه کسی است؟ __هژیر__ جواب داد: با خود شخص!
گفتم: اگر اینجوره بنده هم تشخیص می‌دهم که شما مهدورالدم هستید و همین الان اگر اجازه بدهید شکم شما را سفره بکنم، چون به قول شما تشخیص آن با خود من است.
__قوام‌السلطنه__ محکم زد زیر خنده. گفتم: اینکه قانون نشد، مذهب نشد، شما یک فرد تحصیل کرده‌ای هستید از شما بعید است که در قرن بیستم همچو حرفهایی می‌زنید.
مهدورالدم یعنی چه؟ ما قانون جزاء، قانون مجازات داریم و تمام اصول محاکماتی را معین کرده‌اند برای اینکه ما دیگر از این حرفها نزنیم.
__امیرخسروی__ [مصاحبه کننده با __اسکندری__]: حالا خود __هژیر__ را همین ها کشتند؟
__اسکندری__: آری دیگر! مطلب را من برای همین می‌گویم.
__قوام‌السلطنه__ گفت: بسیار خوب و قضیه را مسکوت گذاشتند. بعد از اینکه ما از کابینه بیرون آمدیم و __[سیدعلی اکبر] موسوی [زاده]__ را [از تاریخ ۲۷ مهر ماه ۱۳۲۵] وزیر دادگستری کردند فوری اینها __[برادران امامی]__ را مرخص نمودند ..."
(خاطرات ایرج اسکندری- مؤسسه مطالعات و پژوهشهای سیاسی- صفحات ۲۲۵/۲۲۶)

۲۷ مهر ۱۳۲۵- **احمدقوام**، در همین دوره از نخست‌وزیری سومین کابینه خود را تشکیل داده که در آن **عبدالحسین هژیر** کماکان وزارت دارایی را به‌عهده داشته و شخصی به‌نام **سیدعلی‌اکبر موسوی‌زاده** به وزارت دادگستری منصوب‌شده بوده‌است. در پی تجدید کابینه، همانطور که خوانندگان گرامی در بالا، از قول امیر **عبدالله کرباسچیان**، مطالعه فرمودند:

" ... همه اینها [قاتلان مسلم] رفتند به زندان، سیر قانونی [؟!] طی شد محاکمه شدند. تبرئه شدند [؟!] و آمدند بیرون. __سه ماه هم بیشتر حبسشان طول نکشید__ ... "

ارادت سیدحسین امامی به آیت‌الله کاشانی

پیشگفتار دوم

ارادت مذهبی و علاقه‌ی عاطفی سیدحسین امامی به آیت‌الله کاشانی پیش از آشنایی با نواب‌صفوی

شواهد و انگیزه‌های بی‌شماری نشان می‌دهد که سیدحسین امامی از مدت‌ها پیش از آنکه با **سیدمجتبی نواب‌صفوی**، رهبر فداییان اسلام، آشنا شود، خود و خانواده‌اش با **آیت‌الله کاشانی** و خانواده او آشنایی و رفت و آمد داشته و **آیت‌الله کاشانی** را به‌عنوان مجتهد مورد تقلید خود پذیرفته‌بوده‌اند. همچنین **سیدحسین امامی** و برادرش **سیدعلی امامی** اغلب در نقش محافظان **آیت‌الله** در منزل او و نیز در کوچه و خیابان، به‌صورت غیرموظف و افتخاری به خدمت می‌پرداخته‌اند. در زیر در قبول نظر بالا، مطالبی از قول چند نفر که می‌توان آنان را در این رابطه، به‌عنوان شاهدهای عینی، معتبر، و موثق به حساب آورد به اطلاع خوانندگان گرامی می‌رسد.

الف: از قول دکتر سیدمحمدرضا کاشانی، پسر آیت‌الله کاشانی

" سؤال: از ارتباط فداییان اسلام با مرحوم آقا [آیت‌الله کاشانی] چه خاطراتی دارید؟
جواب: **سیدحسین امامی** همیشه با من بازی‌می‌کرد. بچه بودم یک روز عصر رفته‌بودیم بیرون تهران، خودش [**سیدحسین امامی**] سوار اسب شد و مرا هم جلونشاند و مسافت زیادی تاخت و تاز کردیم و من بسیار لذت‌می‌بردم. آقا در اتاقی نشسته بودند و داشتند تماشا می‌کردند ...
سؤال: در مدت تبعید ایشان در لبنان، اخبار ایشان چگونه به شما می‌رسید؟
جواب: از طریق نامه، آن هم نه از طریق پُست، بلکه توسط اشخاص. چون به پست اطمینان نداشتند. "
(شاهد یاران- بنیاد شهید و امور ایثارگران- شماره ۳- گفتگو با سیدمحمدرضا کاشانی- صفحه ۳۳)

ب: از قول حاجی اسدالله صفا، از نخستین اعضای فداییان اسلام

"سؤال: آشنایی شما با آیت‌الله کاشانی از چه مقطع زمانی آغاز شد؟
... یک شب جلسه **فداییان اسلام** منزل آقای **طباطبایی** در اول پاچنار بود و دالان طویلی هم داشت.
همراه با **شهید مهدی عراقی** در آنجا بودیم. ایشان در آن زمان از جوانان بسیار پرشوری بود که هم در جلسات منزل آیت‌الله **کاشانی** و هم در جلسات **فداییان اسلام** شرکت‌می‌کرد و به من گفت: فردا به اتفاق آقای نواب [**صفوی**] و عده‌ای از دوستان به منزل آیت‌الله **کاشانی** می‌رویم. تو هم اگر دوست داشتی بیا
من با توجه به سابقه و علاقه‌ای که نسبت به ایشان داشتم، فردا شب به اتفاق مرحوم **شهید نواب‌صفوی**، **شهید عبدالحسین واحدی**، **شهید خلیل طهماسبی**، **شهید مهدی عراقی** و آقا **سیدهاشم حسینی** به منزل ایشان رفتیم.

پنج ترور تاریخی راهگشای صدارت مصدق

وقتی رسیدیم حیاط منزل آیت‌الله از جمعیت پر بود و عده‌ای از کسانی هم که بعدها آنها را شناختم و با آنها صمیمی شدم، متصدی انتظامات یا اداره جلسه بودند، مثل آقای کرباسچیان، آقای ذوالفقاری، برادران اکبری.
مرحوم نواب (صفوی) به‌قدری به آیت‌الله کاشانی علاقه‌داشت که وقتی رسیدیم، جارو را برداشت و شروع کرد به جاروکردن حیاط منزل آقای کاشانی. برادرها آمدند تا جارو را از دست او بگیرند و گفتند: بگذارید ما این کار را انجام بدهیم.
مرحوم نواب گفتند: **من عقیده‌ام این است که این آقا نایب امام زمان (عج) است و من با کمال میل این کار را انجام می‌دهم ...**
سؤال: ترور هژیر توسط فداییان اسلام تا چه حد مرهون احساس انزجار آنها از تبعید آیت‌الله کاشانی و برای بازگرداندن ایشان بود؟
جواب: مسلماً این مسئله خیلی نقش داشت. تمام هم و غم ما در انتخابات [دوره] شانزدهم درکنار صندوق‌ها این بود که به هر حال کاری بکنیم که آیت‌الله کاشانی به ایران برگردد و وقتی دیدیم که عامل اصلی تقلب هژیر است، متوجه شدیم که عملاً تبعید آیت‌الله کاشانی طولانی‌تر می‌شود.
شهید حسین امامی هم که اساساً رابطه عاطفی بسیار خاصی با آیت‌الله کاشانی داشت داوطلب زدن هژیر شد. داستانش را هم که می‌دانید.
شاه برای ماه محرم در مسجد سپهسالار، ده روز روضه داشت. قبل از آمدن شاه، هژیر حدود چهل، پنجاه تاقه شال کنارش می‌گذاشت و هرکدام از مداحان و وعّاظ که می‌رفتند و آنجا روضه می‌خواندند و دسته‌های عزاداری که عمدتاً آنها را از اراذل و اوباش تشکیل می‌دادند و به آنجا می‌آمدند که برای شاه دعا کنند، موقعی که از جلوی هژیر ردمی‌شدند، به گردن هر کدام از رؤسای این هیأت‌ها و وعاظشان یکی از این تاقه شال‌ها را می‌انداخت.
شهید سیدحسین امامی در آن جریان دو تا تیر به هژیر شلیک کرد. برخی از یاران و دوستان برای اینکه بتوانند او را فراری بدهند اول گفتند: لامپ ترکیده و کاری کردند که مردم تا حدی فرار کنند اما، مأموران محافظ هژیر، سید را دستگیر کردند. **البته خود سید هم قاعدتاً تمایلی به فرار نداشت ...** "
(شاهد یاران- بنیاد شهید و امور ایثارگران- همان- گفتگو با حاجی اسدالله صفا- صفحات ۷۶/۷۷)

ج: از قول امیر عبدالله کرباسچیان، مدیر روزنامه نبرد ملت، از نخستین اعضای فداییان اسلام

"سؤال: از رابطه عاطفی آیت‌الله کاشانی با برادران امامی، علی‌الخصوص شهید حسین امامی، چه خاطراتی دارید؟
جواب: منزل آیت‌الله کاشانی مرکز و پناهگاه ما بود. سران و سردمداران جوان‌هایی که در منزل آیت‌الله کاشانی بودند، این دو برادر بودند. یادم هست بر قبضه خنجری که مرحوم اکبری به آنها هدیه کرده بود، آیات قرآن نقش بسته بود.
سؤال: همان خنجری که با آن به کسروی حمله کردند؟
جواب: بله، همان خنجر. شاید هنوز آن خنجر در موزه باشد. پایگاه و پناهگاه ما منزل آیت‌الله کاشانی بود. مرحوم آقا ملاطفت و مهربانی را نسبت به همه در حد اعلا داشتند.

آیت‌الله کاشانی مفتی و مجتهد فداییان اسلام

*ماها همه جوان بودیم و حد و حریم را نگه می‌داشتیم، ولی اگر یک وقت در **نماز جماعتی که همیشه در منزل ایشان تشکیل می‌شد، شهید امامی هم بود، آقا می‌فرمودند: سید! عزیزم! بیسواد! بیا اینجا پیش من!** . . .*
__شهید حسین امامی__ و برادرشان، __علی آقا__، و __من__ وچند تای دیگر همیشه مراقب __آقا__ بودیم. __مسلح به اسلحه گرم و سرد هم بودیم.__ گاهی که __آقا__ مجبورمی‌شدند به مجلس بروند، دور آقا به صورت دایره، زنجیرمی‌زدیم و بقیه مردم هم آمدند. ما سپر بلا بودیم. با __کمال افتخار__ و شیرینی.
چاله‌های راه زیاد بودند و من همیشه حواسم بود که __آقا__ توی یکی از آنها نیفتد. یک بار گفتند: فلانی تو مسئول مراقبت از منی، پس حواست به من باشد. من خودم مراقب چاله‌ها هستم.
گاهی تهدید می‌شد که به خانه __آقا__ حمله خواهد شد، مثلاً در حکومت __هژیر__، گفته بودند که به خانه __آقا__ حمله می‌شود.
در آن شب‌ها، غیر از تمام کسانی که با دل و جان وظیفه مراقبت از __آقا__ و خانه‌شان را به‌عهده می‌گرفتند، __شهید حسین و شهید علی امامی__، هوشیاری عجیبی به خرج می‌دادند و چماق به دست پاس می‌دادند. این دو برادر عزیز کارهای خاص خودشان را می‌کردند، مثلاً می‌رفتند روی پشت بام که دید داشته باشند."
(شاهد یاران- بنیاد شهید و امور ایثارگران- همان- گفتگو با امیر عبدالله کرباسچیان- صفحه ٦٩)

د: پذیرش آیت‌الله کاشانی، به‌عنوان مفتی و مجتهد، توسط فداییان اسلام

در نیمه نخست شهریور ١٣٢٢، نیروهای اشغالگر روسیه و انگلیس در حدود صد وهشتاد نفر از ایرانیان سرشناس را به بهانه همکاری با تعدادی عمّال آلمانی، که گویا بطور غیرقانونی در ایران بسر می‌برده‌اند، بازداشت کرده، و به مدت‌های مختلف، که اغلب از یک سال بیشتر بوده‌است، در بازداشتگاه‌هایی در اراک، تهران و رشت، با شرایطی نامساعد، نگاهداری کرده‌اند.
یکی از بازداشت شدگان **آیت‌الله کاشانی** بوده است. هنگامی که مأموران در شب دوشنبه ٧ شهریور ١٣٢٢ برای دستگیری **آیت‌الله کاشانی** به منزل وی مراجعه کرده‌اند، او را نیافته‌اند.
وی تا تاریخ ٢٨ خرداد ١٣٢٣ بطور مخفی در منازل مختلف بسرمی‌برده و در این تاریخ در منزلی در گلاب‌دره شمیران توسط نیروهای اشغالگر متفقین بازداشت شده و ابتدا به اراک و بعد به کرمانشاه تبعید گردیده‌است.
سیداحمد کسروی در تاریخ ٢٠ اسفند ١٣٢٤، یعنی در زمانی که هنوز **آیت‌الله کاشانی** در تبعید بسرمی‌برده، به قتل رسیده و **نواب‌صفوی**، که محرک قاتلان بوده، از ترس دستگیری و محکومیت از ایران فرارکرده و به نجف رفته‌است.

آیت‌الله کاشانی در اوایل سال ١٣٢٥ توسط متفقین از تبعید آزاد شده و به تهران بازگشته‌است.
نخستین اقدام وی پس از بازگشت به تهران، فعالیت جهت برائت و آزادی قاتلان **سیداحمد کسروی** از زندان بوده و بطوری که می‌دانیم این فعالیت بطور کامل به نتیجه مطلوب منجر شده‌است.
هنگام آزادی قاتلان **کسروی** از زندان، تجلیل و استقبال قابل توجهی از آنان به‌عمل آمده‌است و هر یک از آنان، پس از بیرون آمدن از زندان، با چند نفر از استقبال کنندگان در یک اتومبیل و همراه با شماری دیگر در سایر اتومبیل‌ها ابتدا به خانه خودشان و بعد به خانه **آیت‌الله کاشانی** بردشده‌اند.

امیرعبدالله کرباسچیان در مورد علت امر چنین گفته‌است:

" ... حس می‌کردیم دون شأن آقاست که بگوییم اینها اول بروند پیش ایشان. فکر کردیم بروند خانه‌هایشان، بعد ببریمشان پیش آقا ... "
(ماهنامه شاهد یاران- همان- صفحه ٦٩)

با این ترتیب، در غیاب **نواب‌صفوی**، بدون هیچگونه گفتگو و مذاکره قبلی، یعنی بطور کاملاً عادی و طبیعی یک نوع اتحاد بین طرفداران وی و **آیت‌الله کاشانی**، صورت گرفته که از یک سو دارای جنبه عاطفی بوده و از حق‌شناسی آنان نسبت به **آیت‌الله** درباره آزاد ساختن قاتلان **کسروی** از زندان ناشی می‌شده و از سوی دیگر جنبه مذهبی داشته و به‌صورت تقلید از مجتهد اعلم و اعدَل وقت بوده‌است.
آیت‌الله کاشانی در اواسط تیر ماه ١٣٢٥، به همراه جمعی دیگر از روحانیون به بهانه تصمیم به زیارت **امام رضا**، مسافرتی را به جانب مشهد آغاز کرده‌است.
وی در هر یک از شهرهای مهم مسیر سخنرانی‌هایی درباره انتخابات زودهنگام آینده ترتیب‌می‌داده و برای انتخاب کاندیدای مورد نظر خود از آن شهر تبلیغ می‌نموده‌است.
چون با هر یک از این کاندیداها پیشتر مذاکرات و توافق‌های!؟ لازم به‌عمل آمده‌بوده، پس طبیعی‌است که در هر شهر از سوی کاندیدای مورد نظر ترتیب استقبال کم وبیش باشکوهی برای **آیت‌الله** داده می‌شده و تعدادی گوسفند را در جلوی پای ایشان قربانی می‌کرده‌اند .
در تکمیل داستان مربوط به این مسافرت، عین خبری را که در کتاب «**روزشمار تاریخ ایران**» نوشته **باقر عاقلی**، درج شده است، در زیر بازگومی‌نماید:

*" **٢٦ تیر ماه ١٣٢٥** - در سمنان بین کارگران عضو حزب توده و کارگران مخالف زد و خورد شدیدی روی داد. عده کثیری از طرفین مجروح شدند.*
به دستور دولت در سمنان حکومت نظامی استقرار یافت.
آیت‌الله سیدابوالقاسم کاشانی** که به عزم زیارت مشهد در سمنان اقامت داشت، **مسبب بلوا و زد و خورد خونین شهر سمنان شناخته شد و طبق ماده پنج حکومت نظامی بازداشت گردید.
*دولت در این مورد اعلامیه‌ای انتشارداد و مشروحاً به دخالت **سیدابوالقاسم کاشانی** اشارەکرد. "*

در اینجا باید توضیح داده‌شود که بلوا و شورش، چند روز پیش از تاریخ بالا، در زمان اقامت **آیت‌الله کاشانی** در سمنان رخ داده و در پی آن نیز حکومت نظامی در همان شهر اعلام‌شده بوده‌است.
اما بازداشت وی در این تاریخ پس از رسیدن وی به سبزوار صورت‌گرفته که در آن شهر حکومت نظامی برقرار نبوده‌است. با این ترتیب بازداشت وی را غیرقانونی می‌دانسته‌اند.
آیت‌الله کاشانی، به همراه چند نفر دیگر از همراهانش، پس از بازداشت ابتدا به یکی از دهات قزوین به نام بهجت‌آباد، که متعلق به یکی از دوستان **قوام‌السلطنه** بوده، به‌عنوان مهمان آن شخص! تبعیدشده و بعد محل تبعید وی به قزوین تبدیل یافته‌است.
در ایام همین تبعید، نتیجه انتخابات دوره پانزدهم مجلس شورای ملی در تهران در تاریخ ١٥ بهمن ١٣٢٥ اعلام شده‌است. در فهرست انتخاب شدگان از تهران، **قوام‌السلطنه**، نخست‌وزیر، نفر نخست! و **دکتر رضا زاده‌شفق**، نفر سیزدهم بوده‌اند. چون **قوام‌السلطنه** انصراف خود را از نمایندگی اعلام‌کرده، لذا نفر سیزدهم جزو انتخاب‌شدگان از تهران به مجلس معرفی شده‌است.

بیرون آمدن مصدق از انزوای سیاسی تا انتخابات تهران

به‌ظاهر این سیزده نفر که همگی کاندیداهای دولتی بوده‌اند، انتخابشان با آرای قلابی صورت‌گرفته بوده‌است و از نفر چهاردهم به بعد آرائشان طبیعی و از سوی مردم بوده‌است.
در بین این انتخاب شدگان طبیعی، **آیت‌الله سیدابوالقاسم کاشانی** نفر نخست و **محمد مصدق** نفر سوم بوده‌است و این امر می‌تواند به‌عنوان دلیلی جهت محبوبیّت بیشتر **کاشانی** در میان مردم تلقی‌گردد.
در تمام مدت تبعید **آیت‌الله کاشانی**، طرفداران وی، از جمله همان **فداییان اسلام**، از طریق مراجعه به پیشوایان مذهبی در قم و تهران، فعالیت شدیدی را برای آزادی وی از تبعید انجام می‌داده‌اند که خبر زیر در همان کتاب «**روزشمار تاریخ ایران**» مهم‌ترین نتیجه از این فعالیت‌ها به‌شمار می‌رود:

۵ اسفند ۱۳۲۵- عده‌ای از علمای تهران و شهرستان‌ها نسبت به ادامه بازداشت **آیت‌الله کاشانی** و تبعید ایشان به قزوین اعتراض‌کردند.

در هر حال، به ظاهربه دلیل همین فعالیت‌ها، **آیت‌الله کاشانی**، چند روزی پیش از نوروز ۱۳۲۶ از تبعید آزادشده و به تهران بازگشته‌است.

بازگشت نواب‌صفوی از نجف و ادامه فعالیت

در مورد بازگشت **نواب‌صفوی** به تهران و پیوستن مجدد وی به دوستان و طرفداران سابق خود، باز هم از خاطرات **امیرعبدالله کرباسچیان**، به‌عنوان موثق‌ترین منبع موجود، کمک می‌گیریم:

*" ... **مرحوم نواب** در سال ۱۳۲۶ از **نجف اشرف** به تهران بازگشت. این زمان تقریباً دو سال از شروع کار **فداییان اسلام** می‌گذشت و همان دورانی است که **ستاد فعالیت‌های ما در منزل مرحوم آیت‌الله کاشانی تشکیل می‌شد و امور مهم با نظر و اجازه ایشان انجام می‌شدند.***
*حدود یکی دو هفته از ورود **مرحوم نواب** گذشته بود و **آیت‌الله هم در جریان فعالیت‌های جمعی ما قرار گرفته‌بودند**، که عصر یک روز که **مرحوم نواب** در دفتر روزنامه [هفتگی‌نامه نبرد ملت، به‌مدیریت **کرباسچیان**] بود، گفت: فلانی! خیلی مایلم با **آقای کاشانی** آشنا شوم و می‌خواهم اگر مانعی نداشته‌باشد اینکار به‌وسیله شما انجام شود. گفتم: گرچه نکر خیر شما بوده، ولی این تمایل شما را خیلی خوب می‌دانم و همین فردا صبح به اتفاق، خدمتشان می‌رویم.*
گفت: خودمان یا با برادران؟ گفتم: فقط خودمان، چون به آن صورت جنبه خودنمایی پیدامی‌کند که بسیار زننده‌است.
*با بی‌میلی قبول کرد و صبح فردا به اتفاق به منزل **آقا** رفتیم. ایشان در اتاق بودند. من برای کسب اجازه داخل‌رفتم و ایشان را مشغول مطالعه دیدم. پس از آنکه سلام و احوالپرسی انجام شد، گفتم: اگر اجازه بفرمائید، **آقای میرلوحی معروف به نواب**، برای زیارتتان در حیاط منتظرند. فرمود: تعارف کنید داخل شوند. من هم چنین کردم و از همین جلسه ایشان در ردیف یاران جوان **آقا** قرار گرفت ... "*
(ماهنامه شاهد یاران- همان- صفحات ٦٧/٦٨)

در اینجا لازم می‌داند توضیح دهد که **نواب‌صفوی** در این سفر خود به نجف، **سیدعبدالحسین واحدی** را در آنجا کشف‌کرده و او را (که بعدها به مرد شماره ۲ **فداییان اسلام** مشهورگردید) با خود به ایران آورده‌است.

قبول مرجعیت آیت‌الله کاشانی از سوی نواب صفوی

حاج مهدی عراقی، که خود در آن زمان یکی از اعضای فعال **فداییان اسلام** و از نزدیکان **نواب‌صفوی** بوده، درباره داستان اتحاد بین **آیت‌الله کاشانی** و **نواب‌صفوی** و یا در حقیقت التزام وی به تقلید شرعی و اطاعت از فتواهای **آیت‌الله کاشانی** چنین گفته‌است:

> " ... *آمدن [**نواب‌صفوی** به تهران] مصادف می‌شود با آزاد شدن **مرحوم کاشانی** [از تبعید قزوین]، خلاصه‌اش با **کاشانی** می‌روند و صحبت می‌کنند و نظرات خود را به **کاشانی** می‌دهد، که: **اگر آماده باشی ما یک مبارزه‌ای را شروع کنیم برای ایجاد یک حکومت اسلامی.** **کاشانی** موافقت می‌کند، این به حساب میثاق و پیوند مصادف می‌شود با اوایلی که **هژیر** آمده بود سر کار* ... "
>
> (ناگفته‌ها، خاطرات شهید حاج مهدی عراقی- صفحه ۳۲)

پیشگفتار سوم

توصیه آیت‌الله کاشانی به پیروان و طرفداران خود در اطاعت از مصدق

ما در حال حاضر بطور قطع و یقین می‌دانیم که در آن زمان **نواب‌صفوی** و به تبعیت از وی سایر اعضای **فداییان اسلام**، به اطاعت شرعی و بی چون و چرا از فتواهای **آیت‌الله کاشانی** گردن نهاده و او را به‌عنوان مجتهد و مرجع تقلید خود پذیرفته بوده‌اند.
اما بنا به شرحی که پیشتر گفته‌شد، در پی سوءقصد نافرجام به جان **محمدرضا شاه پهلوی**، **آیت‌الله کاشانی**، دستگیر و به لبنان تبعیدشده و **سرهنگ محمد دفتری** آن عمل را با ضرب و شتم و تحقیر و اهانت فراوان به آیت‌الله انجام‌داده بوده‌است.
بدین ترتیب **محمد مصدق** برای رهبری نهضت ملی، که دیگران آن را به وجود آورده بوده‌اند، در داخل ایران رقیبی نداشته‌است.
ما در بالا، ضمن مصاحبه با **سید محمدرضا کاشانی**، پسر **آیت الله کاشانی**، پرسش و پاسخ‌های زیر را ملاحظه نمودیم:

> " ***سؤال:*** *در مدت تبعید ایشان در لبنان، اخبار ایشان چگونه به شما می‌رسید؟*
> ***جواب: از طریق نامه، آن هم نه از طریق پُست، بلکه توسط اشخاص. چون به پست اطمینان نداشتند.*** "

یعنی اشخاص مورد اعتماد، اغلب به بهانه زیارت عتبات، با وسائل نقلیهٔ زمینی موجود در آن زمان، ابتدا به عراق می‌رفته‌اند و از آنجا برای مبادله‌ی نامه و پیام با **آیت الله کاشانی** به لبنان مسافرت می‌نموده‌اند.
در این شرایط، چون رفت و برگشت هر مأمور حداقل دو ماه به طول می‌انجامیده و امکان دریافت به موقع دستورات عادی و فتواهای شرعی و سیاسی **آیت الله** برای پیروان وی، ازجمله **فدائیان اسلام**، وجود نداشته‌است، پس **آیت‌الله کاشانی**، به پیشنهاد **حسین مکی**، از لبنان و از همان راه دور، از مردم ایران و به‌خصوص از پیروان و طرفداران خود درخواست کرده‌است که، درحال حاضر

محمد مصدق فتوادهنده‌ی قتل هژیر

و در غیاب وی، از دستورات سیاسی **مصدق** پیروی نمایند و نیز **به فدائیان اسلام که در آن زمان خود را ملزم به اطاعت از فتواهای سیاسی- شرعی وی می‌دانسته‌اند دستور داده‌است که اطاعت از مصدق را الزام شرعی به حساب بیاورند.**

پیشگفتار چهارم

محمد مصدق فتوادهنده‌ی قتل هژیر

بنا بر مطالب نوشته‌شده در پیشگفتارهای بالا که در زیر مطالب دیگری نیز در تأیید و تکمیل آنها بیان خواهدگردید، چون **نواب‌صفوی** برای هر قتلی که قصد ارتکاب آن را داشته، **از نظر شرعی خود را مکلف و ملزم می‌دانسته‌است** که قبلاً از یک یا چند مجتهد یا مرجع تقلید **فتوای ارتداد، یا مفسد فی‌الارض بودن و یا محارب بودن فرد مورد نظر با خدا** را دریافت نماید و **در زمان مبادرت به قتل عبدالحسین هژیر نیز تنها مرجع تقلید و مجتهد مورد قبول و انتخابی او آیت‌الله کاشانی بوده،** که از سوی وی، از راه دور، یعنی از لبنان فرمان اطاعت از دستورات **مصدق** را دریافت‌کرده بوده‌است، پس تردید نمی‌توان داشت که فرمان قتل **عبدالحسین هژیر** را، که انجامش بسیار ضروری و فوری بوده، توسط **محمد مصدق به فداییان اسلام** داده شده‌است.
البته با توجه به مطالبی که در مورد ارادت زیاد مذهبی و عاطفی **سیدحسین امامی** نسبت به **آیت‌الله کاشانی** بیان‌گردید ممکن‌است این فکر به خاطر بعضی از خوانندگان گرامی خطورنماید که شاید **آیت‌الله کاشانی** فتوای قتل **عبدالحسین هژیر** را بطور مستقیم، مثلا توسط بعضی از فرزندان خود که از هم‌بازی‌های دوران کودکی **سیدحسین امامی** بوده‌اند، به او ابلاغ کرده باشد.
ولی این تصور درست نیست، زیرا، (بطوری که خواهیم دید) اقدامات شگفت‌انگیز ، غیرعادی و بی‌نظیری که **سپهبد رزم‌آرا** و **سرتیپ دفتری** با مبادرت به اعمال متعدد خلاف قانون در جهت تسریع و اعدام و نابودی **سیدحسین امامی** به‌عمل آوردند، فقط در صورتی توجیه‌پذیر می‌باشد که خودشان نیز در توطئه قتل **هژیر** با فتوا دهنده شریک باشند.
البته **محمد مصدق** بسیار زرنگتر از آن بوده‌است که درباره قتل **هژیر** سند کتبی صادر کرده‌باشد ولی چون، همانطور که پیشتر گفته‌شد، **نواب‌صفوی** هرگز بدون دریافت فتوای شرعی مبادرت به قتل نمی‌نموده و نیز همواره پیش از هر قتل ترتیب می‌داده‌است که تروریست انتخابی به گوش خود فتوای صادره را از زبان فتوادهنده بشنود، پس با توجه به دوربودن **آیت‌الله کاشانی،** بعید به نظر می‌رسد که **نواب‌صفوی** و **سیدحسین امامی،** پیش از مذاکره محرمانه و مستقیم با **مصدق** و کسب نظر صریح وی در مورد خیانت و واجب‌القتل بودن **هژیر،** در صدد انجام قتل مزبور برآمده باشند.
شرح زیر از خاطرات **حاج مهدی عراقی،** عضو فعال **فداییان اسلام،** نشان‌دهنده‌ی توصیه **آیت‌الله کاشانی** به **فدائیان اسلام** درباره اطاعت از **محمد مصدق** و نیز خصوصیت و نزدیکی **مصدق** با **سیدحسین امامی** می‌باشد:

> *" ... بعد از مجلس سنا نوبت می‌رسد به مجلس شورا. [آیت‌الله] **کاشانی** از آنجا نامه‌ای می‌فرستد برای **مرحوم نواب[صفوی]،** برای انتخابات مجلس شورا، و اسم چند نفر را هم ذکرمی‌کنند، همین چند نفری که بعد موسوم می‌شوند به اقلیّت در مجلس، که **مصدق، دکتر بقائی، حائری‌زاده، شایگان، حسین مکی، عبدالقدیر آزاد و نریمان** بودند.*

پنج ترور تاریخی راهگشای صدارت مصدق

مرحوم نواب در نامه‌ای که برای **کاشانی** می‌نویسد: می‌گوید با هم صحبت کردیم [که] اگر خواستیم وکلائی هم انتخاب بکنیم وکلائی باشند که سمت مذهبی‌شان به سمت سیاسی آنها حداقل بچربد. اینها که سمت مذهبی که ندارند هیچ، بلکه علاقمند به مذهب هم نیستند. این را **مرحوم نواب** در جواب **کاشانی** می‌گوید شما به چه مجوزی یک همچنین نامه‌ای نوشتی و یک همچنین دستوری دادی؟ **کاشانی** در جواب می‌گوید که: ما الان رجال دینی که در فن سیاست ورزیده باشند، نداریم. چه بهتر اینکه اینکار را ما مرحله‌ای بکنیم و بتوانیم در یک مرحله از رجال سیاسی که در فن سیاست ورزیده هستند و نسبتاً هم جنبه ملی دارند، استفاده بکنیم تا در طی این دوران بتوانیم انسان‌هایی که متدّین هستند یا سمت مذهبی دارند، تربیتشان بکنیم برای انتخابات.
با این استدلال، یک مقدار **مرحوم نواب [صفوی]** قبول می‌کند که در انتخابات شرکت‌بکند. قبل از اینکه انتخابات شروع بشود، نمی‌دانم شهریورماه بود یا مهرماه، درست یادم نیست، ۱۸ شهریور بود یا ۱۸ مهر، **[محمد] مصدق** یک دعوتی می‌کند برای روز جمعه بیست و دوم در منزلش.
در ضمن یک نامه‌ای هم برای مرحوم نواب می‌نویسد که: **شما دوستانتان را بفرستید اینجا، من با آنها کاری دارم.**
صبح جمعه بود، تعدادی از بچه‌ها رفتند خانه **مصدق**. در حدود ساعت ۹ بود که **مصدق** از اتاقش خارج شد. داخل خانه **مصدق** که می‌شویم پله‌ای است، به‌اندازه ده تا یازده پله می‌رود بالا، آنجا یک کفش‌کنی است که می‌شود طبقه دوم، **که مصدق از اتاقش آمد داخل این کفش‌کن. مرحوم (سیدحسین) امامی توی آن کفش‌کن ایستاده بود.** روی پله‌ها هم جمعیت بود. البته قسمت حیاط هم بود. نزدیک به ۵۰۰ یا ۷۰۰ نفری تقریباً جمعیت بود.
وقتی **مصدق** آمد، یک فردی شروع کرد به شعار دادن و صلوات فرستادن. **مصدق** گفت: سکوت شعار ماست. هر کسی که سکوت نکنند از ما نیست. توجه داشته باشید شعار هیچ ندهید! ما از اینجا به طرف دربار می‌خواهیم برویم. برویم صحبت‌هایمان را با شاه تمام کنیم. از اینجا که حرکت کردیم، فقط سکوت. اگر کسی سکوت نکرد و شعاری داد فوراً او را بگیرید.
از پله‌ها آمد پایین و یک دستش عصا بود، یک دستش هم توی دست مرحوم [سیدحسین] امامی، حرکت کردند جلو، جمعیت هم به دنبال ایشان آمدند تا دم دربار ...
(ناگفته ها، خاطرات شهید حاج مهدی عراقی- صفحات ۳۸/۳۹)

حاج مهدی عراقی در ادامه خاطرات خود می‌گوید که در آن روز در جلوی دربار، هنگامی که **عبدالحسین هژیر** از اجابت درخواست **محمد مصدق** جهت کسب اجازه از **شاه** درباره ورود تمام حاضران به دربار خودداری کرده‌بود:

" ... **[سیدحسین] امامی** یک نهیبی به او داد، گفت: مرتیکه مگر به تو نمی‌گوید برو تو، بگو چشم.
[عبدالحسین هژیر] به امامی گفت که: دیدی اربابت را چکار کردم؟ دخل خودت را هم می‌آورم. منظورش کاشانی بود. او هم گفت: فلان فلان شده **اگر نکشم ترا ولدزنا هستم.** و چون **مصدق** اینجا گفت: که آقای امامی سکوت کن ... "
(همان- صفحه ۳۹)

۱۲۱

در اینکه **سیدحسین امامی** در آن روز در بین جمعیت حضورداشته و **عبدالحسین هژیر** را به مرگ تهدید کرده‌است، تردیدی وجود ندارد اما معلوم نیست که جملات رد و بدل شده بین آنان به همان شرحی باشد که **حاج مهدی عراقی** بازگو کرده‌است.
مهندس سیدابوالحسن کاشانی، پسر **آیت‌الله کاشانی**، نظیر همین داستان را درباره **سیدحسین امامی** در تظاهرات بر ضد **عبدالحسین هژیر**، در جلوی **مجلس شورای ملی**، بیان نموده‌است:

> *" ... من با برخی از اعضای فدائیان اسلام و مرتبطین با آنها آشنا بودم. یکی از آنها **مرحوم شهید سیدحسین امامی**، ضارب [قاتل؟!] **کسروی** و **هژیر** بود که بسیار جوان شریف، مؤدب و مخلصی بود. یادم هست در راهپیمایی عظیم خردادماه ۲۷ که از منزل **آیت‌الله کاشانی** به اعتراض به **هژیر** انجام گرفت، هنگامی که به مقابل مجلس رسیدیم، قوای انتظامی به مردم حمله کردند. **سیدحسین امامی** سریع از یکی از سکوهای کنار نرده‌های مجلس بالا رفت و با صدای بلندگفت: **هژیر! هر جا هستی، صدای مرا می‌شنوی، به خدا قسم تو را می‌کشم و اگر نکشم ناسیّد هستم.***
> ***این قدر این مرد شجاع و مخلص و از عاشقان مرحوم آیت‌الله کاشانی و به مفهوم مطلق کلمه به ایشان علاقمند بود**، وقتی بعد از انتخابات دوره شانزدهم، آقا از تبعید برگشتند، **یکی از اولین جاهایی که رفتند، منزل شهید امامی برای سرسلامتی دادن به خانواده‌اش بود** ... "*
> (شاهد یاران- گفت و شنود با سیدابوالحسن کاشانی، پسر آیت‌الله کاشانی، صفحه ۲۵)

حال نگارنده، در اینجا، به منظور کوتاه‌کردن مطلب از بحث در این مورد خودداری می‌نماید که آیا **سیدحسین امامی** دومرتبه، و در دو زمان و دو مکان مختلف، **عبدالحسین هژیر** را تهدید به قتل کرده و یا اینکه این عمل فقط یک مرتبه و آن هم در جلوی دربار (در اجتماع به دعوت **مصدق**) انجام شده‌بوده ولی **سیدابوالحسن کاشانی** به اشتباه همین واقعه را به اجتماع مردم در جلوی **مجلس شورای ملی** (به دعوت **آیت‌الله کاشانی**) نسبت داده است؟

ولی به عنوان یک نفر انسان «**ناسید**» توجه خوانندگان گرامی را به یک نکته جلب‌می‌کند و آن اینکه در شرح نخست، **ولدالزنایی**، و در شرح دوم **ناسیدی**، بازگوشده از سخنان **سیدحسین امامی**، به‌عنوان بدترین و یا یکی از بدترین ننگ‌های جهان محسوب شده‌است که این امر اهانتی بزرگ و مستقیم به متجاوز از شش میلیارد نفر جمعیت سرتاسر جهان، از جمله ایرانیان، محسوب‌می‌شود که **اکثریت قریب به اتفاقشان ناسید می‌باشند.**
البته، هر شخصی با مطالعه و بررسی رفتار و گفتار و بطور کلی خصوصیات فکری، روانی و اخلاقی **سیدحسین امامی**، که نشان‌دهنده‌ی **کم‌هوشی، کوته‌فکری، بی‌تدبیری و تلقین‌پذیری** او می‌باشد و نیز با آگاهی از آن همه اخلاص، شیفتگی و علاقمندی او نسبت به **آیت‌الله کاشانی**، و اطاعت کورکورانه از فتواهای او، به یاد این ضرب‌المثل مشهور می‌افتد که یک مرید ... از صد ده ششدانگی با ارزشتر می‌باشد.
همچنین همانطور که در بالا، در نوشته **سیدابوالحسن کاشانی**، می‌بینیم، وی به‌عنوان ***" بسیار جوان شریف، مؤدب و مخلص "*** و یا ***" مرد شجاع "*** ستوده‌شده ولی کوچک‌ترین اشاره به هوش و شعور وی به‌عمل نیامده‌است.
با این ترتیب، آیا نباید از **مهندس سیدابوالحسن کاشانی** پرسید:
جنابعالی که تحصیل‌کرده هستید و گویا باشعور و باتدبیر هم می‌باشید چگونه پیش از آنکه از شنوندگان و خوانندگان گفت و شنود خودتان پوزش‌خواهی نمایید، این اهانت نابخردانه نسبت میلیاردها انسان ناسید در جهان را از قول آن جنایتکار ساده‌لوح، تلقین‌پذیر، وناآگاه بازگونموده‌اید؟

در هرحال همین تهدیدهای **هژیر** به مرگ همراه با این تأکیدها که" ***اگر نکشم ترا ولدزنا هستم***" و یا "***به خدا قسم تو را می‌کشم و اگر نکشم ناسیّد هستم***" و نیز همراه بودنش با **مصدق** تا جلوی کاخ مرمر، به خوبی روشن‌می‌سازد که **امامی** در آن زمان مأموریت قتل **هژیر** را به‌عهده داشته و نیز چون نسبت به انجام آن مأموریت مطمئن بوده لذا عدم انجام آن را با **ناسیدی** یا **ولدالزنایی** خود برابر دانسته‌است.

سیر حوادث از بیرون‌آمدن مصدق از انزوای سیاسی تا انتخاب از تهران

در زیر در ارتباط با این بخش اخباری به ترتیب تاریخ درباره‌ی فعالیت‌های **محمد مصدق**، از زمان بیرون‌آمدن وی از **انزوای سیاسی تا پایان انتخابات مجلس شورای ملی در تهران** مورد بررسی قرار گرفته‌است:

الف: تا تحصن در دربار

سه شنبه ۱۵ شهریور ۱۳۲۸- در آن زمان که نخست‌وزیر ضعیفی مانند **محمد ساعد** بر سر کار بوده‌است، **عبدالحسین هژیر**، در سمت وزارت دربار، و **حاجیعلی رزم‌آرا**، در سمت ریاست ستاد ارتش، هر یک دولتی در داخل دولت ایران تشکیل داده و کوشش داشته‌اند که با اعمال نفوذ در انتخابات دوره شانزدهم تا جایی که ممکن است تعداد بیشتری از ایادی خود را در سراسر این کشور از صندوق‌های رأی خارج ساخته و به مجلس شورای ملی روانه نمایند.
خبر زیر نمونه‌ای از محدودیت‌هایی است که **هژیر**، وزیر دربار، در این رابطه، برای رزم‌آرا فراهم‌ساخته بوده‌است:

> *" **اعلیحضرت همایون شاهنشاهی** که پیوسته دربارهٔ آزادی انتخابات اوامر مؤکد صادرمی‌فرمایند اخیراً طبق اطلاعاتی که به اداره [روزنامه اطلاعات] رسیده به ستاد ارتش دستور اکید صادر فرموده‌اند که **فرماندهان و افسران ارتش و هیچ یک از مقامات نظامی حق مداخله در انتخابات مجلس شورای ملی نداشته‌باشند.***
> *ستاد کل ارتش به پیروی از اوامر ملوکانه بخشنامه‌ای به کلیهٔ واحدهای مختلف ارتش صادر نموده‌است بدین مضمون:*
>
> *چون انتخابات دوره شانزدهم بایستی به‌کلی آزاد بوده و به هیچوجه افراد و اشخاص تحمیل نشوند تا بالنتیجه اشخاص صالح و لایق و شایسته به وکالت دوره شانزدهم نائل‌آیند، علیهذا فرماندهان ارتش موظفند به هیچوجه و به هیچ عنوان نه خودشان نه مأمورین و نه عمال آنها در امر انتخابات مداخله ننمایند زیرا انتخابات باید بطور کلی با آزادی تام و بدون کوچک‌ترین مداخله صاحبان نفوذ انجام شود و هر اقدامی که مخالف این اصل به‌وقوع بپیوندد بایستی بدون اتلاف وقت گزارش شود که به عرض پیشگاه ملوکانه برسد."*
>
> (روزنامه شاهد- پنجشنبه ۳۱ شهریور ۱۳۲۸- صفحه نخست- بازگوشده از روزنامه اطلاعات- شماره ۷۰۲۴- ۱۵ شهریور ۱۳۲۸)

در آن زمان، **شاه** و **اشرف پهلوی** در جانب **هژیر** قرار داشته‌اند و همین امر کفایت می‌کرده‌است که **محمد مصدق** در جانب دیگر قرار داشته‌باشد و همچنین ما می‌دانیم که **مصدق** و **رزم‌آرا** نیز تا پیش از رسیدن **رزم‌آرا** به نخست‌وزیری، به‌علت هدف مشترک سیاسی که در مخالفت با **شاه** داشته‌اند، دارای روابط صمیمانه‌ای با یکدیگر بوده‌اند و در این زمان نیز **رزم‌آرا**، برخلاف دشمنی که با اقلیّت دوره پانزدهم داشته، **مصدق** را در مخالفت با دربار و دولت حمایت می‌کرده‌است.

دوشنبه ۲۱ شهریور ۱۳۲۸- در این روز **دکتر مظفر بقائی کرمانی**، از اقلیّت محبوب و مشهور دوره پانزدهم مجلس شورای ملی، که در آن زمان، بدون تردید، محبوب‌ترین فرد از این اقلیت به شمار می‌آمده، نخستین شماره روزنامه شاهد را منتشر ساخته‌است.

سه شنبه ۲۲ شهریور ۱۳۲۸- نامه زیر در شماره ۲، صفحه ۲، ستون ٦، روزنامه شاهد درج و در پایین آن توضیح داده‌شده که:

" این شرح به تمام روزنامه‌های پایتخت ارسال گردیده‌است "

" آقای مدیر محترم روزنامه شاهد
*اینجانبان از **جناب آقای دکتر مصدق** درخواست نموده‌ایم ساعتی را تعیین فرمایند که دربارهٔ مصاحبه مطبوعاتی **جناب آقای دکتر اقبال**، وزیر کشور، در خصوص انتخابات مجلس سنا و دوره شانزدهم نظریات خودشان را ابراز کنند.*
***جناب آقای دکتر مصدق** موافقت فرموده‌اند که روز چهارشنبه ۲۳ شهریورماه، ساعت ۸ صبح در منزل ایشان این جلسه برگزارشود. از جنابعالی نیز خواهشمنداست در صورت تمایل شخصاً یا نماینده آن جریده محترم در ساعت مقرر حضور به‌هم رسانند. موجب کمال تشکر و امتنان است.*

***حائری‌زاده، مکی، دکتر بقائی** "*

چهارشنبه ۲۳ شهریور ۱۳۲۸- دکتر مظفر بقائی کرمانی، سید حسین مکی، و سید ابوالحسن حائری‌زاده کاندیدا بودن خود از تهران را در **روزنامه شاهد** اعلام نموده‌اند.
این سه نفر از این روز فعالیتهای شدید انتخاباتی خود را به‌نحوی بسیار کارسازآغازنموده‌اند بطوری که هر روز و هر شب افزون‌بر شرکت در جلسات انتخاباتی بی‌شمار، در اغلب روزها دست‌کم یک نفرشان در یک اجتماع یا جلسه‌ی پر جمعیت شرکت و سخنرانی می‌کرده‌است.
در همین روز **محمد مصدق** طبق دعوت سه نفر مذکور، از نمایندگان اقلیت دوره پانزدهم، نخستین سخنرانی را در منزل خود، در مقابل شماری از نمایندگان مطبوعات تهران درباره عدم آزادی انتخابات دوره شانزدهم ایراد نموده‌است.
پنجشنبه ۲۴ شهریور ۱۳۲۸ - دکتر مظفر بقائی کرمانی پایه‌گذاری سازمان نظارت برای آزادی انتخابات تهران را اعلام نموده‌است.
عبدالقدیر آزاد نیز که از اقلیت دوره پانزدهم مجلس شورای ملی محسوب‌می‌شده ولی به دلایلی، از جمله شرکت نداشتنش در استیضاح‌های آخر آن دوره از محبوبیت بسیار کمتری در میان مردم برخورداربوده، در این روز کاندیدا بودن خود برای نمایندگی از تهران را اعلام نموده‌است.
سه شنبه ۱۹ مهر ۱۳۲۸- محمد مصدق از تاریخ نخستین مصاحبه مطبوعاتی خود در ۲۳ شهریور ۱۳۲۸ تا این روز، دارای فعالیت علنی سیاسی قابل توجهی نبوده و حتی درمقابل مراجعه و اصرار طرفداران و علاقمندان خود، ازجمله اقلیت دوره پانزدهم، اظهار می‌داشته‌است که در نبودن آزادی انتخابات هرگونه فعالیت انتخاباتی بی‌نتیجه خواهدبود ولی سرانجام در برابر این

استدلال که دست روی دست گذاشتن و ساکت‌ماندن مشکلی را حل‌نمی‌کند و تا آنجا که ممکن‌است باید برای تأمین آزادی انتخابات مبارزه‌نمود، تسلیم شده‌است.
وی در این روز دومین جلسه مطبوعاتی خود را ترتیب‌داده و پس از اعلام آزاد نبودن انتخابات تهران و قبول لزوم کوشش و مبارزه برای تأمین آن، از حاضران درخواست کرده‌است که آنان با توجه به شرایط موجود، درباره نحوه اقدام برای آزادی انتخابات تصمیم بگیرند.
در این جلسه با رأی‌گیری از حاضران یک کمیته ۷ نفری مرکب از افراد زیر برای این منظور انتخاب شده‌اند:
دکتر محمد مصدق، دکتر مظفر بقائی کرمانی، حسین مکی، عباس خلیلی، احمد ملکی، ابوالحسن عمیدی‌نوری، حسین فاطمی، و احمد ملکی
چون **محمد مصدق** و **مظفر بقائی** از عضویت در این کمیته معذرت‌خواسته‌اند پس به‌جای آنان **محمدرضا جلالی نائینی** و **مهندس احمد زیرک‌زاده** انتخاب‌شده‌اند.

چهارشنبه ۲۰ مهر ۱۳۲۸- کمیته ۷ نفری مزبور تشکیل جلسه داده و (با پیام محرمانه‌ای که **مصدق** توسط **مکی** به آنان رسانده‌بوده) تصمیم گرفته‌است که در محلی به تحصن مبادرت‌نمایند ولی انتخاب محل تحصن را به **مصدق** واگذار نموده‌است.

پنجشنبه ۲۱ مهر ۱۳۲۸- **محمد مصدق** پس از آگاهی! از پیشنهاد کمیته ۷ نفری، تصمیم به تحصن در دربار (آن‌هم در روز بعد) گرفته واین تصمیم را طی اعلامیه‌ای که همان روز در چند روزنامه مخالف دولت، از جمله **روزنامه شاهد** درج شده، به اطلاع مردم رسانده‌است.
قسمت اصلی آن اعلامیه به شرح زیر می‌باشد:

> *" ... چون تعیین محل تحصن را به نظر اینجانب موکول نموده اند،* ***اینجانب صلاح‌نمی‌دانم که برای شکایت از دولت به غیر از دربار جای دیگر برویم و بین شاه و ملت جدائی بیندازیم، آن‌هم چنین پادشاه رئوف و مهربانی که نمی‌خواهد خود را از مردم جدا کند.***
> *به این لحاظ ما تصمیم گرفته‌ایم که روز جمعه ۲۲ مهرماه [۱۳۲۸] دو ساعت قبل از ظهر در جلو سردر سنگی اعلیحضرت حاضر شویم.*
> *اکنون ای احزاب سیاسی که تا کنون قدم‌های بزرگی برداشته اید،* ***ای حضرات علمای اعلام****، ای رجال مبرز ایران، ای تجار و اصناف ذوالقدر و الاحترام، ای جوانان حسّاس و فدائی ایران،* ***ای گروه مردان وطن‌پرست و متدین به دین اسلام****، و ای اهالی شهر تهران بر شما فرض و لازم است که در انجام این مقصود مقدس ملی به ما کمک کنید و در آنجا ما را تنها و بی‌کس نگذارید ... "*

در هر زمان (پیش یا پس از صدور اعلامیه بالا) که **محمد مصدق** فراخوان یا اعلامیه ای خطاب به مردم منتشر می‌ساخته، منظور خود را با کمال تواضع و فروتنی و به صورت خواهش و درخواست بیان می‌نموده‌است ولی در اعلامیه بالا *تمام* ***" حضرات علمای اعلام "*** همراه با سایر گروه‌ها از جمله ***" گروه مردان وطن‌پرست و متدین به دین اسلام "*** مورد خطاب قرارگرفته و مانند کسی که حتی بالاتر از همه آنان حتی ***" علمای اعلام "*** می‌باشد برایشان تعیین تکلیف و وظیفه گردیده و به آنان دستورداده شده‌است که آمدنشان به جلو سر در سنگی در روز و ساعت مقرر ***" فرض و لازم "*** می‌باشد.
البته **محمد مصدق**، به‌ظاهر فردی کم‌اطلاع از مسائل دینی و مذهبی به‌حساب می‌آمده‌است و هر یک از علمای اعلام و مجتهدان وقت انتظار داشته‌اند که از سوی وی به‌عنوان مجتهد مورد تقلید انتخاب شوند و فتاوی و دستوراتشان توسط او مورد اجرا قرارگیرد ولی به‌ظاهر **مصدق**

این اعلامیه را، به‌عنوان نماینده‌ی **آیت‌الله کاشانی** بر مبنای دستورات محرمانه و علنی او (به‌عنوان تنها مجتهد و رهبر سیاسی- مذهبی وقت) به فداییان اسلام و سایر پیروان و علاقمندان خود، جهت پیروی از دستورات **مصدق**، صادرکرده بوده‌است.
در هرحال در روز صدور اعلامیه مزبور این نگرانی در طرفداران و اطرافیان **مصدق** وجود داشته‌است که به‌علت کمی وقت و نبودن وسایل ارتباط جمعی کافی برای انتشار آن اعلامیه، فقط عده اندکی از دعوت **مصدق** آگاهی یابند و از آگاهی یافتگان نیز تعداد بسیار کمی در ساعت ده صبح در جلوی خانه وی حاضرشوند و در این شرایط کاندیداهای دولتی بتوانند با کشاندن گروهی از کارگران کوره‌پزخانه‌ها، یا بارفروش‌های میدان‌ها، یا سپورهای شهرداری، و یا سایر جاها از قبیل راه‌آهن و غیره جلوی آنان را سد نمایند و به زور آنان را پراکنده و متفرق سازند.
در آن زمان هنوز یک اتحادیه کارگری غیر توده‌ای، به نام «**اسکی**» (مخفف اتحادیه سندیکاهای کارگران ایران)، به ریاست یکی از کاندیداهای دولتی به‌نام **مهندس خسرو هدایت**، وجود داشته که سابقه تشکیل آن به زمان نخست‌وزیری **قوام‌السلطنه** و دوران پایه‌گذاری **حزب دموکرات** وی می‌رسیده‌است. حال خواهشمنداست با توجه به این مقدمه‌ی کوتاه، به مطلب زیر توجه فرمایید:

*" یک روز [بی‌گمان همان ۲۱ مهر ۱۳۲۸] تلفن دبیرخانه اسکی زنگ می‌زند و از آن سر **عبدالحسین هژیر** می‌گوید: به آقای **مهندس خسرو هدایت** بگویید گوشی را بردارد. آن شب وزیر دربار و **مهندس خسرو هدایت** با هم چه گفتند کسی از آن اطلاع ندارد و همانقدر که معلوم شد که آن شب در **دبیرخانه** [اسکی] جلسه‌ای وجود داشت.*
***خسرو هدایت** می‌گوید: به رفقا اطلاع بدهید خارج نشوند. با اینکه دیروقت هم بوده و اکثر اعضای هیأت مرکزی از دبیرخانه خارج شده بودند و طبق اساسنامه سندیکای اسکی اکثریت کافی برای تشکیل جلسه وجودنداشت، با وجود این **خسرو هدایت** می‌گوید:*
هر که در دبیرخانه هست بماند می‌خواهم یک جلسه مشورتی تشکیل بدهم.
*لحظه‌ای بعد این جلسه مشورتی تشکیل می‌گردد. **خسرو هدایت** خطاب به حاضرین می‌گوید: ما که دارای تشکیلاتی هستیم نباید اجازه بدهیم یک مشت ورشکسته سیاسی با هوچی‌بازی ابتکار عمل را در دست بگیرند (اشاره **خسرو هدایت** به مرحوم **مصدق** و همفکرانش بود).*
*درنهایت بعد از گفتگوی بسیار قرارشد **صبح فردا کارگران عضو اسکی در محوطه زمین ورزش راه‌آهن اجتماع کنند تا از آنجا علیرغم حضور مصدق و دوستانش به طرف دربار حرکت کنند.***
*در آن روزها سازمان کارگری اسکی در اوج قدرت بود، دبیر و مسئول اسکی، **مهندس خسرو هدایت**، در بین کارگران نفوذ کلام داشت. صبح فردای آن روز که **هدایت** تلفونی با **هژیر** صحبت‌کرد، گروه کثیری از کارگران راه‌آهن و کارخانجات مختلف تهران در زمین ورزش راه‌آهن اجتماع کردند. این جمعیت تا مقارن ظهر آن روز در زمین ورزش بلاتکلیف منتظر ماندند، در حالی که نه از **مهندس هدایت** خبری بود و نه خبری از مشاورین نزدیک او. نزدیک ظهر **افشار قاسملو** به میدان ورزش راه‌آهن آمد، با اظهار تشکر از جمعیت خواهش کرد به دنبال کار خود بروند و فعلاً احتیاجی به وجودشان نیست! ... "*
(زندگی سیاسی عبدالحسین هژیر- جعفر مهدی نیا- صفحات ۲۳۳/ ۲۳۲)

همان شب هنگامی که **محمد مصدق** آگاهی یافته‌است که روز بعد صدها نفر از کارگران عضو اسکی از مدتی پیش از حرکت او از منزل در خیابان کاخ حضور خواهندیافت و اجتماع مورد نظر را به‌هم خواهندزد با اطمینان اظهار داشته‌است که حتی یک نفر از آنان در خیابان کاخ دیده نخواهدشد!

البته **مصدق** درست می‌گفته‌است زیرا در روز جمعه ۲۲ مهر ۱۳۲۸ از ساعت ۷ صبح، یعنی ۳ ساعت پیش از شروع حرکت جمعیت از منزل **مصدق**، در دو سوی خیابان کاخ در مسیر عبور **مصدق** تا کاخ مرمر، تعداد زیادی مأمور دژبان، به‌ظاهر به‌منظور حفظ نظم، ایستاده‌بوده و رئیسشان یعنی **سرهنگ محمد دفتری** نیز در جیپ فرماندهی مرتب در طول مسیر در حال خودنمایی و رفت و آمد بوده‌است در حالی که مأموران پلیس، به تعدادی بسیار کمتر آن‌هم از حدود دو ساعت بعد به آنان پیوسته بوده‌اند.

با این‌حال روزنامه اطلاعات تعداد افراد در آن اجتماع را **صد و هشتاد نفر** و روزنامه شاهد آنان را **چند هزار نفر** نوشته، ولی گویا تعداد واقعی آنان بین **هشتصد تا هزار نفر** بوده‌است وهمگان همین اجتماع را نیز معلول فعالیت **محمد دفتری** می‌دانسته‌اند زیرا ایجاد وضع غیرعادی و غیرضروری توسط مأموران دژبان، افزون‌بر اینکه **مانع حضور کارگران راه‌آهن به جلوی کاخ مرمر شده**، حس کنجکاوی اهالی و عابرین را نیز تحریک‌کرده و آنان پس از آگاهی از حقیقت امر، به جمعیت تماشاچیان در جلوی کاخ مرمر پیوسته و تعداد آنان را افزایش داده بوده‌اند.

در آن زمان این اقدام دژبان، به‌عنوان نمونه‌ای از قدرت‌نمایی **رزم‌آرا** بر ضد **هژیر** تلقی شده و کمتر کسی به ارتباط آن با منافع و هدف‌های سیاسی **مصدق** توجه کرده‌است.

درهمان اجتماع و در زمانی **محمد مصدق** در حال سخنرانی برای حاضران در جلوی کاخ مرمر بوده‌است:

*" ... در ضمن صحبت **آقای دکتر مصدق** و در آن جریان، صدایی از یک نفر ناشناس بلندشد و کلماتی نظیر: **دکتر مصدق بایستی شاه شود**، شنیده شد که شدیداً مورد اعتراض مردم واقع‌گردید و خود **آقای دکتر مصدق** فریاد زدند: **تحریک‌است، تحریک، خفه‌اش کنید.** و **آقای دکتر بقائی** فریاد زدند: **محرکش را پیدا کنید. تحقیق کنید چه کسی است. از او عکس‌برداری کنید.***

این شخص از طرف مأمورین انتظامی به کلانتری برده شد ... "

شرح فوق توسط خبرنگار روزنامه شاهد که خود در آن اجتماع شاهد وقایع بوده نوشته شده و روز بعد در روزنامه شاهد (شماره ۲۳- مورخ ۲۳ مهر ۱۳۲۸) به‌چاپ رسیده‌است ولی **ابوالفضل قاسمی** در تاریخچه‌ای که پس از ۲۹ سال ، یعنی در اسفند ۱۳۵۷ (پس از انقلاب اسلامی) درباره **جبههٔ ملی ایران** نوشته، شاید به علت دشمنی‌اش با **دکتر بقائی**، نام او را حذف‌کرده و به‌جای آن نام **دکتر شمس‌الدین امیرعلائی** را گذاشته‌است.

اینک روایت **ابوالفضل قاسمی** از واقعه:

*" ... ناگهان از میان جمعیت شخصی به نام **لارودی** شعار داد: **مصدق باید شاه شود. دکتر مصدق** فریاد زد: **او را خفه‌اش کنید.** مردم به طرف او هجوم آوردند ولی **دکتر شمس‌الدین امیرعلایی** خود را به **لارودی** رسانید. از پاسبانان خواست او را بازداشت کنند. **لارودی** را به کلانتری بردند. **سرهنگ [محمد] دفتری [در کلانتری؟!]** با همهٔ بی‌میلی او را بازداشت و تحت بازجویی قرارداد ... "*

(تاریخچه جبهه ملی ایران- ابوالفضل قاسمی- صفحه ٤٦)

به‌ظاهر درمیان تماشاچیان کسی این شعاردهنده را نمی‌شناخته و از نام او آگاهی‌نداشته ولی بطوری که روزنامه شاهد- مورخ ۲٤ مهر ۱۳۲۸ در صفحه ٤ نوشته است:

*" پس از تفتیش از جیب‌های او [در کلانتری] مقداری اوراق خارج‌شده و هویت مشارالیه معلوم گردید. این شخص به‌نام **مدحت لارودی** پسر **حبیب‌الله** [بوده است]. "*

در آن زمان در تهران حکومت نظامی برقرارنبوده و هرگاه فریاد **لارودی** را هم جرم محسوب‌نماییم **روشن‌است که رسیدگی مقدماتی نسبت به آن در صلاحیت مأموران شهربانی بوده‌است، نه دژبان**، ولی **سرهنگ دفتری**، رئیس دژبان، بی‌درنگ با حضور در کلانتری از انجام هر نوع بازجویی از **لارودی** توسط مأموران شهربانی جلوگیری به‌عمل آورده و او را با خود از کلانتری خارج کرده‌است. با این ترتیب، برخلاف آنچه که **ابوالفضل قاسمی** نوشته‌است، اقدام خلاف قانون **سرهنگ دفتری** جهت انتقال **لارودی**، از کلانتری به دژبان، که به‌ظاهر برای بازجویی و بازداشت وی، صورت گرفته‌بوده، از روی بی‌میلی انجام‌نشده و حتی گویا وی به‌منظور اطمینان‌بخشی به چند نفری از طرفداران **مصدق** که همراه **لارودی** به کلانتری رفته‌بودند، خویشاوندی خود با **مصدق** را دلیل آورده‌است که قصد آزادکردن یا تبرئه **لارودی** و یا پنهان‌کردن دلایل واقعی او از فریاد آن شعار را ندارد. به همین جهت روزنامه شاهد در شماره ۲۸ مورخ ۲٦ مهر ماه ۱۳۲۸ (صفحه ٤ ستون ٦) چنین نوشته است:

*" از اداره شهربانی کل کشور جداً تقاضا و تمنا داریم که گزارش و اطلاعات خود را راجع به شخصی که امام زمان شده و ادعا داشت که: **دکتر مصدق باید شاه بشود** و همچنین راجع به **اشخاصی که برای انجام وظیفه خویشاوندی حاضر به همه‌گونه فداکاری بودند** مشروحاً و دقیقاً برای انتشار در روزنامه شاهد یا هر روزنامه کثیرالانتشار دیگر ارسال دارند. "*

البته برای کسی که به‌راستی قصد نابودی سلسله پهلوی و نشستن بر تخت سلطنت ایران را داشته، باید پذیرفت که این شعار به‌عنوان نخستین قدم جهت آماده ساختن اذهان مردم بی‌فایده نبوده‌است.

در هر حال، پس از انتقال **لارودی** از کلانتری به دژبان دیگر خبری درباره‌ی نتیجه بازجویی از وی منتشر نشده‌است. در همین روز هنگامی که با موافقت **محمدرضا شاه پهلوی**، قرار شده‌است که بیست نفر به نمایندگی از سوی جمعیتی که در جلوی کاخ حضورداشته‌اند، در دربار متحصن شوند، **حسین مکی** قلم و کاغذ بدست گرفته و با نظرخواهی از حاضران مشغول نوشتن اسامی نمایندگان آنان شده‌است.

گویا **حسین مکی** در این جریان، به اصطلاح، پارتی‌بازی کرده و افزون‌بر گنجاندن اسامی دو سه نفر از دوستان خود، که در جمعیت حاضربوده‌اند، اسامی یکی دو نفر از دوستان غایب خود را نیز گنجانده و شاید هم عمل اخیر به‌علت نبودن افراد سرشناس و مورد نظر به تعداد بیست نفر در بین جمعیت حاضر انجام شده‌است، به هر صورت، ما در روزنامه شاهد (مورخ ۲۳ مهر ۱۳۲۸- صفحه ٤) اسامی ۲۱ نفر را می‌بینیم که سه نفر از آنان به اسامی **امیر علوی**، **دکتر [شمس‌الدین] جزایری**، و [؟] **عدیلی** نه‌تنها در آن تحصن شرکت نداشته‌اند، بلکه **دکتر شمس‌الدین جزایری** که در آینده به‌عنوان وزیر فرهنگ در کابینه **سپهبد رزم‌آرا** منصوب شد، در همان زمان از مخالفان سیاسی

این متحصنین محسوب‌می‌شده و حتی نامش در فهرست کاندیداهای دولتی برای انتخابات نیز قرار داشته‌است.
اسامی ۱۸ نفری که به‌راستی در تحصن شرکت داشته‌اند به شرح زیر می‌باشد:
۱- محمد مصدق ۲- دکتر مظفر بقائی کرمانی ۳- ابوالحسن حائری‌زاده ٤- حسین مکی ٥- عبدالقدیر آزاد ٦- آیت‌الله سیدجعفر غروی ۷- دکتر سیدعلی شایگان ۸- دکتر کریم سنجابی ۹- محمود نریمان ۱۰- ابوالحسن عمیدی نوری ۱۱- مهندس احمد زیرکزاده ۱۲- سیدحسین فاطمی ۱۳- رضا کاویانی ۱٤- محمدرضا جلالی نائینی ۱٥- یوسف مشار اعظم ۱٦- عباس خلیلی ۱۷- احمد ملکی ۱۸- ارسلان خلعتبری

توضیحات:

دکتر شمس‌الدین امیرعلائی، همانطور که پیشتر گفته‌شد، در آن روز، در زمان ثبت افراد برای تحصن، در جلوی کاخ **شاه** حضورنداشته و به همین جهت هم نامش در فهرست اسامی متحصنین، در روزنامه شاهد، دیده‌نمی‌شود ولی چون دربار با تحصن بیست نفر موافقت‌کرده بوده‌است و شرکت‌کنندگان در تحصن ۱۸ نفر بیشتر نبوده‌اند، لذا **شمس‌الدین امیرعلائی** بعدها با موافقت **مصدق** به متحصنین پیوسته‌است.
حسن صدر، نیز با اینکه در اجتماع جلوی کاخ مرمر و نیز در جمع تحصن‌کنندگان حضورنداشته، ولی باز هم (بی‌گمان با موافقت **مصدق**) بعد از پایان تحصن به آنان پیوسته و تعداد بیست نفری آنان را کامل کرده‌است.
بیست نفر بالا در شب یکشنبه ۱ آبان ۱۳۲۸ در منزل **محمد مصدق** تشکیل جلسه داده و تصمیم‌گرفته‌اند که از آن به بعد با نام **«جبهه‌ی ملی»** به رهبری **محمد مصدق** به فعالیت ادامه‌دهند.
بعدها **ابوالحسن عمیدی نوری** و **عباس خلیلی** از جبهه‌ی ملی برکنارشده و **اللهیار صالح**، **امیرتیمور کلالی**، و **مهندس کاظم حسیبی** به عضویت جبهه‌ی ملی پذیرفته شده‌اند.

ب: در دوران تحصن

۱ - توافق محرمانه دربار و دولت برای انتخاب مصدق و سه نفر اقلیت دوره پانزدهم

برای تحصن‌کنندگان در دربار دو سالن ویژه، یکی برای گفتگو و مذاکره و دیگری برای صرف غذا، اختصاص‌داده شده‌بود ولی هنگام خواب هر دو یا سه نفر از آنان دارای یک اتاق بوده‌اند و فقط **محمد مصدق** اتاقی تنها و جداگانه داشته‌است.
با این ترتیب بسیار آسان بوده‌است که از همان آغاز تحصن، در ساعاتی از شب یا روز، مذاکرات محرمانه‌ای بین **عبدالحسین هژیر** (و در صورت لزوم با حضور وزیر کشور و یا حتی نخست‌وزیر و دیگران) با **محمد مصدق**، به‌تنهایی و یا همراه با سه نفر وکلای اقلیت دوره پانزدهم، به بهانه اینکه در اتاق‌های خودشان هستند، و به‌دور از چشم دیگران ترتیب‌داده شده‌باشد و به توافق‌های مهمی دست یافته باشند.
بدون تردید اینکار انجام‌شده و توافق‌های حاصله به شرح زیر بوده‌است:

۱- دولت رأی‌گیری در این انتخاب را آزاد بگذارد و به **اعضای سازمان نظارت بر آزادی انتخابات**، به رهبری **دکتر مظفر بقائی کرمانی**، نیز اجازه دهد که در داخل شهر تهران بر جریان انتخابات نظارت

داشته‌باشند. در این شرایط انتخاب سه نفر اقلیت دوره پانزدهم، افزون‌بر **محمد مصدق**، که در بین مردم از شهرت و محبوبیت ویژه‌ای برخوردار شده بودند قطعی می‌نموده‌است زیرا بیشتر مردم و رأی دهندگان که از هواداران نهضت تازه پای ملی محسوب‌می‌شده‌اند، جهت انتخاب برای مجلس شورای ملی، با اسم این چهار نفر آشنایی داشته‌اند. البته **آیت‌الله سیدابوالقاسم کاشانی**، که از آن به بعد به‌عنوان **رهبر مذهبی نهضت ملی** محسوب‌گردید (در مقابل **محمد مصدق** که **رهبر سیاسی نهضت** شمرده‌می‌شد) از نظر شهرت و محبوبیت، دست کمی از این چهارنفر نداشته ولی همگان، حتی مقلدان و پیروان او، بر این تصوربوده‌اند که وی شأن و مقام مذهبی و روحانی خود را بسیار بالاتر از مقام نمایندگی مجلس شورای ملی می‌داند و هرگز مایل به کاندیدا شدن برای نمایندگی نخواهدبود.
در برابراین ارفاق بزرگ که از سوی دربار و دولت به چهارنفر مذکور صورت گرفته‌بود، آنان نیز تعهد کرده‌بودند که در آن انتخابات از انتشار لیست ۱۲ نفری به‌عنوان کاندیداهای مورد نظر خود برای تهران خودداری‌کنند و نیز از هیچ کاندیدای دیگری برای این شهرحمایت ننماید زیرا تردیدی نبوده‌است که هر گاه این چهار نفر پس از اعلام آزادی انتخابات، مبارزات انتخاباتی خود را بطور جدی آغازمی‌نموده‌اند شماری از طرفداران آنان، از بین همان متحصنین و خارج از آنها، و نیز شمار قابل توجهی از سایر رجال و سرمایه‌داران وقت، نیز به اعلام کاندیداتوری خود برای نمایندگی از تهران می‌پرداخته‌اند.
با این وضع، حمایت این چهارنفر (بطور دسته‌جمعی و یا فردی) با شهرت و محبوبیتی که داشته‌اند، از هر یک از این کاندیداهای جدید، بی‌گمان شانس انتخاب او را افزایش‌می‌داده و به‌احتمال زیاد به انتخاب شدنش منجر می‌شده‌است ولی هرگاه هیچگونه حمایتی از سوی این چهار نفر، بطور جمعی و یا فردی (در آن زمان که هنوز **جبهه‌ی ملی** تشکیل‌نشده بوده‌است) نسبت به هیچیک از کاندیداهای دیگر به‌عمل نمی‌آمده، طبیعی‌است که بیشتر رأی‌دهندگان در درجه‌ی نخست به همان چهار نفر رأی می‌داده‌اند ولی آرای آنان برای هشت نفر دیگر، در بین سایر کاندیداهای احتمالی غیردولتی و وابسته به همین ملیون (که تعدادشان به‌نسبت زیاد بوده) پخش می‌شده و شانس انتخاب‌شدن همه آنان را (در مقابل کاندیداهای دولتی با توجه به ترتیباتی که در صفحات آتی شرح دادشده) بسیار کاهش می‌داده‌است.

۲ - در آن زمان طبق قانون انتخابات تعداد نمایندگان مجلس شورای ملی برای تهران ۱۲ نفر بوده‌است که به **هژیر** و دولت، پیش از تحصن **مصدق** و دیگران در دربار، در مورد انتخاب تمام آنان از تهران به توافق رسیده‌بوده‌اند ولی پس از آنکه ٤ محل نمایندگی از تهران را به شرحی که پیشتر ذکرشد به **مصدق** و سه نفر وکلای اقلیت دوره پانزدهم بخشیده‌اند، دربار و دولت به ناچار اسامی ٤ نفر را از لیست کاندیداهای مورد نظر خود برای تهران حذف نموده‌اند.
در این شرایط، البته تا آنجا که ممکن بوده و به‌نحوی که آن ٤ نفر حذف‌شده از لیست کاندیداهای دولتی متوجه این امر نشوند، قرار گذاشته بوده‌اند در تمام لیست‌هایی که به مزدوران و رأی‌دهندگان دولتی، از قبیل سپورهای شهرداری، کارگران میدان‌های میوه و تره‌بار، کارگران کوره‌پزخانه‌ها، کارگران راه‌آهن و از این قبیل داده‌می‌شود اسامی آن ۸ نفر کاندیدای مورد نظر وجود داشته‌باشد.
ولی در لیستی که برای مثال به کارگران راه‌آهن داده‌می‌شود نام **حسام دولت‌آبادی**، شهردار وقت تهران، حذف شود و در لیست مربوط به سپورهای شهرداری و کارگران میدان‌ها از نام **مهندس خسرو هدایت** اثری نباشد.

با این ترتیب در طرف دولت و دربار نیز آرای خارج از لیست ۸ نفری مورد نظر، دچار تشتت و تفرقه شده و موجب می‌گردیده‌است که فقط نام آن ۸ نفر مورد نظر در صدر انتخاب شوندگان قرارگیرد و آنان با ٤ نفر کاندیدای جبهه‌ی ملی لیست ۱۲ نفری تهران را تکمیل‌نمایند.
در پی این توافق، **عبدالحسین هژیر** نامه‌ای به‌عنوان وزیر دربار از سوی **محمدرضا شاه پهلوی** به متحصنین نوشته و در آن از قول **شاه** چنین نقل کرده‌است:

" ... برای مزید اطمینان به حسن جریان انتخابات تهران اقداماتی که لازم‌بود به‌عمل‌آمد و امیدواریم اکنون که انتخابات تهران شروع شده‌است دیگر هیچ‌گونه موجبی برای شکایت وجود نداشته باشد ... "
(روزنامه شاهد- شماره ۲۷- مورخ ۲٦ مهر ۱۳۲۸- صفحه نخست)

۲ - اشتراک نظر در آغاز تحصن و اختلاف نظر در پایان آن

در آن ایام **محمد مصدق** و سایر همفکران او از جمله نمایندگان اقلیت دوره پانزدهم، تا پیش از تحصن، در تمام سخنرانی‌های عمومی که انجام داده و نیز در نوشته‌هایی که انتشار داده‌بودند از آزاد نبودن انتخابات در سرتاسر ایران، به‌ویژه در تهران شکایت داشته‌اند و نیز برای تأمین همین آزادی در دربار متحصن شده‌بودند.
اما بطوری که گفته‌شد **محمد مصدق** و سه نفر وکلای اقلیت دوره پانزدهم ضمن مذاکرات بسیار محرمانه با مقامات دولتی و درباری، به‌اصطلاح به مشروطه خود رسیده و با رسیدن آنان به مراد دل، موافقت حاصل‌شده بوده‌است ولی **مصدق** بسیار زرنگ‌تر از آن بوده که این توافق بسیار محرمانه را به گوش حتی یک نفر غیر از آن سه نفری که مانند خودش سودمی‌برده‌اند، برساند و شنونده را تا ابد به صورت طلبکار خود درآورد.
با این ترتیب **مصدق** دستور خاتمه تحصن را در شرایطی صادر نموده‌است که خود او به‌نحوی محرمانه از دست‌آورد بزرگ تحصن برای خودش آگاهی داشته‌است ولی بیشتر تحصن‌کنندگان از این دست‌آورد بزرگ ناآگاه بوده و تصورمی‌کرده‌اند که از تحصن خود کوچک‌ترین نتیجه‌ای نگرفته‌اند.
به همین جهت **مصدق** با زیرکی خاص خود از یک طرف طی بیانیه‌ای که تمام متحصنین (از جمله خود او) آن را امضاء کرده‌بوده‌اند فساد انتخابات و بی‌نتیجه بودن تحصن را به آگاهی ملت ایران رسانده و از طرف دیگر در نامه دیگری که به تنهایی خطاب به **عبدالحسین هژیر** نوشته، تمام آنچه را که از آغاز تحصن تا آن روز درباره وجود فساد و نبودن آزادی در انتخابات تهران و شهرستان‌ها گفته و نوشته بوده، قسمتی را به‌صراحت و قسمتی را سربسته تکذیب کرده‌است.
حال از خوانندگان گرامی درخواست می‌نماید به جملات زیر که از نخستین شکایت‌نامه متحصنین به امضای **محمد مصدق** به ***" پیشگاه اعلیحضرت همایون شاهنشاهی"*** اقتباس شده‌است، و همه‌اش درباره فساد انتخابات در تهران و شهرستان‌ها می‌باشد، توجه‌فرمایند:

*" ... امروز نمایندگان قاطبه اهالی پایتخت **به‌حال اعتراض بر مفاسد انتخابات تصمیم بر تحصن در دربار شاهنشاهی را اتخاذ نموده‌اند** ...*

*... **فساد انتخابات در شهرستان‌ها** به حدی رسیده که مردم از فشار مأمورین و زجر و ضرب و جرح، دسته‌دسته به تهران مهاجرت می‌کنند یا در تلگرافخانه‌های محل یا اماکن مقدسه به حالت تحصن به‌سر می‌برند ...*

*... **مقدمات انتخابات تهران طوری نیست که بتواند اعتماد و اطمینان عامه را به خود جلب‌کند** زیرا جمع‌آوری شناسنامه‌های مجعول و بی‌صاحب برای صدور کارت‌های کارگری و فشار به کسبه و تهدید و تطمیع آنها از طرف بنگاه‌ها و اداره‌های دولتی و شهرداری و شهربانی برای انتخاب افراد و اشخاص معینی است که در اکثر جراید پایتخت لیست واحد این مقامات انتشار پیداکرده و حتی انجمن نظارت انتخابات نیز به وجود این صحنه‌سازی‌ها تلویحاً اعتراف نموده است ... "*

جملات زیر نیز از بیانیه پایان تحصن به امضای تمام متحصنین می‌باشد که افزون‌بر اینکه انتخابات ایران را غیرقانونی و غیرآزاد نامیده‌اند از اینکه دربار به اعتراض‌ها و شکایت‌های آنان توجهی ننموده است نارضایتی خود را ابراز داشته‌اند:

*" ... آزادیخواهان ایران به طریقی که همه می‌دانند به فضل الهی [نگفته‌اند به کمک **محمد دفتری و لژبان‌ها**] بدون بروز هیچ حادثه‌ای در دربار متحصن شدند و **شکایت مردم ایران را از دخالت دولت در انتخاب و عرض بزرگ‌ترین و مشروع‌ترین حق افراد این مملکت،** در ضمن عریضه‌ای به پیشگاه **اعلیحضرت همایونی** رسانیده و برای دریافت جواب خود چهار روز با کمال بی‌صبری در انتظار به‌سر بردند بدبختانه روز چهارم معلوم شد به **مستدعیات ملت ایران** [؟!] توجهی نمی‌شود. ما نیز که جز ابلاغ عرایض مردم در اینجا وظیفه‌ای نداشتیم ادامه تحصن را بیهوده‌دانسته از دربار خارج شدیم و **به عموم افراد ملت ایران بدینوسیله اعلام می‌داریم که انتخابات ایران غیرقانونی و آزادی انتخابات حرفی بی‌اساس است.***

***ملت ایران به هیچ‌وجه مجلسی را که فساد انتخابات آن بر همه مسلم است مظهر افکار خود نمی‌داند** و بنابراین هر تصمیمی که درباره قضایای حیاتی این مملکت گرفته‌شود مطلقاً و ابداً تصمیم ملت ایران نیست. "*

(روزنامه شاهد- شماره ۲۸- به تاریخ ۲۷ مهر ۱۳۲۸)

اما نامه‌ی تک امضایی **مصدق** به‌عنوان آقای **عبدالحسین هژیر**، وزیر دربار، که تمام موارد بالا را سربسته دروغ شمرده‌است، به شرح زیرمی‌باشد:

" اوامر شاهانه مندرج در نامه شماره ۷۸۱۹ آن جناب به اینجانب رسید و به آقایان متحصنین ابلاغ گردید.

***هیأت متحصنین نسبت به انتخابات تهران بالاخص نظری ندارند[؟!]** و می‌دانند که مرجع شکایت بعد از خاتمه انتخابات- مجلس شورای ملی است. ولی البته **اعلیحضرت همایون شاهنشاهی** منشاء عمومی اصلاحات می‌باشند و **غرض عمده از تحصن این بود که در این دوره فترت که تعیین نخست‌وزیر محتاج تمایل مجلس نیست دولتی روی کار بیاورند که وجهه نظر خود را فقط و فقط حفظ مصالح سلطنت و ملت قرار دهد [؟!]** و در عصر چنین پادشاهی مملکت صاحب مجلسی شود که به اصلاحات اساسی قادر باشد. از فقر و بیچارگی مردم بکاهد و کشور را قرین آسایش و رفاهیت نماید.*

اگر فقر و بیچارگی مردم نتیجه اعمال هیأت‌های حاکمه نیست خوب‌است آن جناب بفرمایند علت بدبختی‌های این جامعه چیست؟
***اکنون که درخواست ما** [یعنی درخواست تغییر دولت نه درخواست آزادی انتخابات!] **مورد توجه و عطوفت شاهانه قرارنگرفت به تحصن خاتمه**می‌دهیم و سعادت ملت را همیشه خواهانیم.*

دکتر محمد مصدق "

(روزنامه شاهد- همان)

بطوری که ملاحظه می‌شود، محمد مصدق:
درباره انتخابات شهرستان‌ها بطور کامل سکوت کرده‌است.
درباره انتخابات تهران نیز برخلاف واقع و حقیقت نوشته‌است که: ***" هیأت متحصنین نسبت به انتخابات تهران بالاخص نظری ندارند. "***
حال ای خواننده گرامی از تو درخواست می‌شود که بدون تعصب داوری نمایی، آیا به‌راستی **هیأت متحصنین نسبت به انتخابات تهران نظری نداشته‌اند؟** یعنی انتخابات به صورتی آزاد و بطور صددرصد طبیعی در جریان بوده و دیگر جایی برای شکایت و اظهارنظر وجود نداشته‌است؟
وی برخلاف واقع و حقیقت مدعی شده‌است که:

*" غرض عمده از تحصن این بود که **در این دوره فترت که تعیین نخست‌وزیر محتاج تمایل مجلس نیست دولتی روی کار بیاورند که وجهه نظر خود را فقط و فقط حفظ مصالح سلطنت و ملت قرار دهد**.[تا در دوران آن دولت و] در عصر چنین پادشاهی مملکت صاحب مجلسی شود که به اصلاحات اساسی قادر باشد. از فقر و بیچارگی مردم بکاهد و کشور را قرین آسایش و رفاهیت نماید. "*

ج- از آغاز انتخابات تهران تا قتل هژیر

۱- جریان انتخابات، با انحراف از توافق محرمانه هژیر- مصدق

انتخابات تهران طبق توافق محرمانه **هژیر و مصدق**، آغازگردید و **مصدق** به‌عنوان رهبر جبهه‌ی ملی، طبق توافق مزبور، **از انتشار لیست ۱۲ نفری، به‌عنوان کاندیداهای جبهه‌ی ملی برای تهران، خودداری نمود.**
شرح زیر که مربوط به دومین مرحله انتخابات دوره شانزدهم، از قول یک شاهد عینی می‌باشد، درباره نخستین دوره‌ی آن انتخابات نیز صدق می‌نماید:

" ... انتخابات نوین دوره شانزدهم پس از ابطال، در شرف آغاز شدن بود و جبههٔ ملی فعالیت دامنه‌داری را برای پیروزی کاندیدای خود شروع کرده بود.
***قرار چنین بود که جبههٔ ملی لیست کاندیداهای خود را بدهد، ولی دکتر مصدق که حاضر نبود کسی را بطور مستقیم معرفی و یا کمک نماید با آن مخالفت کرد** و قرار شد که کار اصلی جبههٔ ملی، مبارزه برای شکست دادن کاندیداهای دولتی باشد و ضمناً هر کس توانست با سایرین ائتلاف و یا توافق نماید این کار را برای موفقیت خود انجام دهد ... "*
(حوادث تاریخی ایران- نگارش : ناصر نجمی- صفحه ۱۶۵/ ۱٦٤)

اما انحراف از توافق محرمانه مورد بحث از همان نخستین دقایق آغاز گردیده‌است و مهم‌ترین عامل این انحراف در درجه‌ی نخست خود **مصدق** و بعد از او شماری از ناآگاهان از آن توافق، از جمله طرفداران **آیت‌الله کاشانی**، و بعضی دیگر از اعضای جبهه‌ی ملی بوده‌اند.
سه نفر وکیل مشهور اقلیت دوره پانزدهم مجلس شورای ملی، همچنین **عبدالقدیر آزاد** (که او هم در زمره اقلیت در همان دوره محسوب‌می‌شده ولی به‌علت شرکت نداشتن در مبارزات آخر آن دوره از شهرت و محبوبیت بسیار کمتری برخوردار بوده‌است) پیش از تحصن بیست نفری در دربار کاندیداتوری خود از تهران برای دوره شانزدهم را اعلام کرده‌بوده‌اند ولی **محمد مصدق**، به‌ظاهر، به‌علت عدم اطمینان به آزاد بودن انتخابات حاضر به اعلام کاندیداتوری خود نشده بوده‌است.
اما اطمینان‌بخشی‌های **شاه** و مقامات دولتی درباره آزادی انتخابات، اجازه دادن به اعضای سازمان نظارت بر آزادی انتخابات، که **دکتر بقائی** آن را پایه‌گذاری کرده‌بود، جهت حضور در تمام حوزه‌های اخذ رأی در شهر تهران، و ازآن بالاتر اعلام کاندیدایی **محمد مصدق** و ورود او به فعالیت‌های انتخاباتی، که نوید آزادی انتخابات را می‌داده‌است موجب شده‌بود چند نفری دیگر هم که دارای امکاناتی برای انتخاب شدن بودند و یا برای خود شهرت و محبوبیتی تصورمی‌نمودند کاندیداتوری خود را برای انتخابات از تهران اعلام نمایند.
طرفداران **آیت‌الله سیدابوالقاسم کاشانی** در بازار و دانشگاه نیز، که در آن زمان به‌نسبت زیاد بوده‌اند، با کسب نظر از او، برای انتخاب شدنش به فعالیت پرداخته‌اند. این افراد استدلال می‌کرده‌اند که هرچند **آیت‌الله**، به احتمال زیاد، نمایندگی در مجلس شورای ملی را نخواهد پذیرفت و به مجلس نخواهد رفت ولی در صورت انتخاب شدن، دولت مجبور خواهد گردید که دستور آزادی وی از تبعید در لبنان را صادر نماید.
دکتر احمد متین‌دفتری، نوه‌ی برادر و داماد **مصدق**، بی‌گمان به دستور و به اعتبار دامادی، او نیز کاندیداتوری خود را اعلام کرده است.
این شخص مردی فرومایه و بسیار پست بوده، و همگان حتی خود مصدق از جاسوسی وی برای مقامات انگلیسی آگاهی داشته‌اند.
جلیل بزرگمهر، طرفدار و وکیل‌مدافع **مصدق** در دادگاه نظامی، ضمن شرح حال او چنین نوشته‌است:

> ***" ... دامادش [داماد مصدق]، دکتر احمد متین‌دفتری، به سرسپردگی دولت فخیمه انگلیس اشتهارداشت. دکتر مصدق در برشماری سرسپردگان درمواردی که پیش می‌آمد اسم دکتر متین‌دفتری دامادش را در ردیف آنان راحت بر زبان می‌آورد و به‌اصطلاح ککش هم نمی‌گزید... "***
> (خاطرات جلیل بزرگمهر از دکتر مصدق- صفحه ۱۴۰)

اما این سرسپرده دولت فخیمه انگلیس، مدت کوتاهی پیش از این زمان مورد بحث ما همراه با **مصدق**، در انتخابات درجه یک از دوره نخست مجلس سنا از تهران نیز شرکت کرده و، از طریق همان بند و بست‌های مصدقی در پشت پرده، به‌عنوان نفر دوم! (بعد از **مصدق**) انتخاب‌شده بوده‌است.
در اینجا بی‌مورد نیست جهت آگاهی خوانندگان گرامی توضیح داده‌شود که مجلس سنا دارای ۶۰ نفر نماینده بوده‌است که ۳۰ نفرشان توسط **شاه** منصوب و ۳۰ نفر دیگر (گویا) توسط مردم انتخاب‌می‌شده‌اند. نیمی (۱۵ نفر) از سناتورهای انتصابی و نیمی (۱۵ نفر) از سناتورهای انتخابی مخصوص تهران و نیم دیگر مخصوص شهرستان‌ها بوده‌است. طبق قانون انتخابات مجلس سنا، در مورد سناتورهای انتخابی، قرار بوده‌است که مردم، در هر حوزه انتخاباتی، در درجه نخست، ۵

برابر تعداد سناتورهایی را که برای آن حوزه پیش‌بینی شده بوده‌است، انتخاب‌کنند و بعد این افراد منتخب به دعوت استانداری محل تشکیل جلسه دهند و از بین خود سناتور یا سناتورهای مربوط به آن حوزه را انتخاب نمایند.
فرمان انتخابات نخستین دوره مجلس سنا در تاریخ ۲۶ خرداد ۱۳۲۸ صادرشده و در پی آن در بیشتر شهرستان‌ها، انتخابات سنا انجام گرفته و شماری از سناتورها، در درجه نخست و یا بطور نهایی انتخاب شده بوده‌اند.
در تهران نیز انتخابات مجلس سنا انجام گرفته و ۷۵ نفر، به‌عنوان منتخبان درجه یک، انتخاب شده‌بوده‌اند که **محمد مصدق** در رأس آنان قرار داشته‌است.
در تاریخ ۷ آبان ۱۳۲۸، یعنی در شرایطی که انتخاب **مصدق**، به‌عنوان نخستین نماینده تهران در دوره شانزدهم مجلس شورای ملی، نیز مسلم می‌نموده‌است، بر حسب دعوت فرمانداری تهران جلسه‌ای مرکب از منتخبان مذکور، اعضای انجمن نظارت انتخابات مجلس سنا، و معاون یکم دادستان استان مرکز، تشکیل شده است تا ۱۵ نفر سناتورهای تهران را انتخاب نمایند.
از چند روز پیش از تشکیل این جلسه، تماس‌ها و جلساتی بین شماری از منتخبان درجه یک، به کارگردانی **مرتضی‌قلی بیات، سهام‌السلطان،** (خواهرزاده **مصدق** و بی‌گمان با راهنمایی‌های پنهانی **مصدق**) انجام‌شده و سرانجام بین ۴۵ نفر از آنان توافقی نهایی جهت انتخاب ۱۵ نفر به‌عنوان سناتور انتخابی از تهران حاصل شده بوده‌است.
دکتر متین‌دفتری در خاطرات خود این توافق را به شرح زیر مورد تأیید قرار داده‌است:

> *" ... بین ۴۵ نفر از منتخبین درجه اول ائتلافی به‌عمل آمده‌بود و آنهایی که می‌بایستی در انتخابات درجه دوم تعیین شوند تقریباً معلوم و مشخص بودند وضمناً قراربود عده‌ای از منتخبین درجه اول بطور انتصابی به مجلس سنا راه یابند و عده‌ای نیز برای وکالت مجلس داوطلب بودند و چند نفری هم راغب به مشاغل اجرایی بودند ... "*
> (خاطرات یک نخست‌وزیر، دکتر احمد متین‌دفتری- دکتر باقر عاقلی- صفحه ۳۸۲)

باید به شرح بالا اضافه‌نمود که: چند نفر از آن منتخبان درجه یک نیز، تا آن روز به‌عنوان نماینده مجلس شورای ملی و یا سناتور منتخب شهرستان‌ها انتخاب‌شده و یا قرار بوده‌است که به زودی انتخاب‌شوند و ازجمله آنان می‌توان همان **مرتضی‌قلی‌خان بیات، سهام‌السلطان**، کارگردان آن ائتلاف، را نام برد که در آینده به‌عنوان نایب رئیس مجلس سنا نیز انتخاب گردیده‌است.
یعنی پس از آنکه ۴۵ نفر مذکور، که اکثریت منتخبین درجه نخست را تشکیل می‌داده‌اند، به ۱۵ نفر افراد مورد نظر رأی می‌داده و آنان را انتخاب می‌کرده‌اند برای فرد فرد از ۳۰ نفر بقیه نیز فکری شده بوده‌است تا اینکه سرشان بی‌کلاه نماند.
دکتر احمد متین‌دفتری یکی از افراد آن ائتلاف ۴۵ نفری بوده که به‌ظاهر به اعتبار داشتن حدود ۲۰ رأی (یعنی دست‌کم ۲۰ نفر طرفدار)، در میان ۱۵ نفر انتخاب‌شدگان نخستین دوره مجلس سنا در آن ائتلاف پذیرفته شده بوده‌است ولی باید در نظر داشت که این افراد همگی در حقیقت در گروه طرفداران **مصدق** قرارداشته‌اند. برای نمونه:
هفت نفرشان از اعضای جبهه‌ی (تازه پایه‌گذاری شده‌ی) ملی، به رهبری **مصدق** بوده‌اند، به شرح زیر:
۱- محمد مصدق ۲- اللهیار صالح ۳- محمود نریمان ۴- ابوالحسن حائری‌زاده ۵ ابوالحسن عمیدی‌نوری ۶ شمس‌الدین امیرعلائی ۷- سیدعلی شایگان.
چهار نفر، نیز به شرح زیر، از بستگان **مصدق** بوده‌اند:

۱- دکتر احمد متین‌دفتری، نوه‌ی برادر و داماد ۲- مرتضی‌قلی بیات، سهام‌السلطان، خواهرزاده و برادر داماد دیگر ۳- نصرت‌الله بیات، شیخ‌العراقین، خواهرزاده دیگر ٤- دکتر علی‌اکبر سیاسی، داماد خواهر.
بقیه گویا تا حدود ۲۰ نفر، از دوستان و یا بستگان دور **مصدق** بوده‌اند.
با این ترتیب، هرگاه **مصدق** مایل به انتخاب شدن به‌عنوان سناتور و شرکت در مجلس سنا بوده، به‌جای اینکه خواهرزاده خود را برای کارگردانی ائتلاف روانه سازد و برادرزاده خود را با زحمت به دیگران تحمیل نماید به‌خوبی می‌توانسته‌است، خود آشکارا به میدان بیاید و ترتیب ائتلاف را با چند نفر از کارگردانان متنفذ دیگر بدهد و به آسانی (به‌جای برادرزاده‌اش و یا در کنار او) انتخاب گردد.
اما **محمد مصدق** که در آن زمان انتخابش به‌عنوان نخستین نماینده تهران در دوره شانزدهم مجلس شورای ملی مسلم می‌نموده‌است، پیشتر توسط **سهام‌السلطان بیات** و **دکتر متین‌دفتری** و شاید هم توسط دیگران، به مقامات دولتی و سایر دست‌اندرکاران اطلاع‌داده بوده‌است که هرگاه **متین‌دفتری** را در ائتلاف خود بپذیرند و با انتخابش به‌عنوان یکی از سناتورهای انتخابی تهران موافقت نمایند، وی (یعنی **مصدق**) نخست از کاندیدا شدن در انتخابات درجه دوم مجلس سنا صرف‌نظر خواهدنمود و دوم از بیست نفر دوستان و طرفداران خود خواهد خواست که به ١٤ نفر کاندیداهای دیگر ائتلاف مورد نظر رأی بدهند.
در ضمن برای اینکه در این مورد فشار بیشتری بر دولت و دربار و دیگران وارد سازد، **متین‌دفتری** را در کنار خود به‌عنوان یکی از کاندیداهای ملیون در انتخابات دوره شانزدهم مجلس شورای ملی به صحنه آورده و از دوستان سیاسی خود خواسته بوده‌است که نام او را نیز جزو کاندیداهای خود درج نماید.
البته در اینجا نیز به این دوستان گفته بوده‌است که **متین‌دفتری** کاندیدای مجلس سنا می‌باشد و در مجلس شورای ملی جای هیچ یک از دوستان را نخواهدگرفت!
درهرحال با اینکه توافق‌های پشت‌پرده مربوط به مجلس سنا با راهنمایی و موافقت خود **مصدق** انجام‌شده بوده‌است، با این حال وی طبق روش معمول و همیشگی خود، که هیچ فرصتی را برای مظلوم‌نمایی و ایجاد نفرت در مردم نسبت به **محمدرضا شاه** از دست نمی‌داده، در این جلسه نیز در این رابطه نمایش شگفت‌انگیزی به صحنه درآورده که باید آن را یکی از بزرگترین شاهکارهای مردم‌فریبی در تاریخ ایران به‌شمارآورد.
خلاصه‌ای از شرح جریان جلسه مزبور در شماره ۸ عطار (به‌جای شاهد شماره ۳٦) مورخ دوشنبه ۹ آبان ١۳۲۸، زیر عنوان " ***جریان تأثیرانگیز انتخاب سناتورهای ملی تهران- دکتر مصدق اشک ریخت- علی وکیلی گریه کرد*** " درج شده است و ما جملاتی از آن را در زیر بازگومی‌نماییم:

*" ... آقای **دکتر مصدق** با کسب اجازه شروع به صحبت نمود. نخست علت حضور خود رابا وجود کسالتی که دارند شرح داد ...*
*آن وقت **پاکت سربسته‌ای را به فرمانداری تهران داد و دچار ضعف شد[!!]** و پس از لحظه‌ای به صحبت ادامه داد:*
*قانون اساسی انتخاب ۱۵ نفر از سناتورها را در شهر تهران به اختیار مردم گذاشته **بنابراین شایسته و سزاوار نیست برخلاف وطن‌پرستی است، برخلاف همه چیز است که این ۱۵ نفر را هم به همانطور که ۱۵ نفر سناتورهای انتصابی [یعنی توسط شاه] انتخاب می‌شوند انتخاب کنند. من با تمام معنی با این مسئله مخالفم.***
*سپس راجع به انتخابات مجلس شورای ملی، **مخصوصاً در نقاط مرزی** [نه در تهران!] گفت: ...*

*متأسفانه تحصن ما به هیچوجه نتیجه نداد و انتخابات [البته در نقاط مرزی نه در تهران!] همان جریان غیرطبیعی و غیرقانونی خود را سیر می‌کند. من یک نفر ایرانی هستم، با تمام قوا به این انتخابات اعتراض می‌کنم. اگر مخالفت من به جایی نرسید به دنیا اعلام می‌کنم که این انتخابات، انتخابات ملت ایران نیست. **یک لیستی خائنان این ملت به دست مردم داده‌اند.** این مجلس را مخالف آمال مردم ایران تشکیل می‌دهند. **هیچ ایرانی راضی نیست که چنین مجلسی تشکیل شود و یک چیزهایی از این مجلس بگذرد که در تاریخ ایران ننگ ملت ایران شمرده شود** ...*

***دکتر مصدق** سپس راجع به انتخاب خود گفت:*

من می‌خواستم که این آخر عمر را در گوشه انزوا بوده در سیاست دخالت نکنم. انتخاب مجلس سنا و توجه مردم به من نگذاشت که من خودداری بکنم. دیدم که اگر اینجا نیایم بی‌اعتنایی به افکار کرده‌ام ...

سخنان دکتر مصدق تمام شد و ضعف شدیدی با حمله قلبی به او عارض شد. به حال غشی افتاد [!!] مدتی جلسه به هم خورد. دکتر لقمان‌الملک به مداوا پرداخت ...

*پس از خاتمه عمل اخذ رأی آقای **دکتر مصدق** تقاضا نمود پاکتی را که در آغاز جلسه به فرماندار داده‌است، بازنمایند و با عصبانیّت [و بدون توجه به اینکه چند لحظه پیش از آن ضعف شدید، حمله قلبی و حالت غشی داشته‌است] از جا برخاست ورقهٔ جوف پاکت لاک و مهر شده را از دست نماینده استاندار تهران گرفت و اسامی یک یک انتخاب‌شدگان آن جلسه را از روی ورقه خواند و پس از ذکر هر اسم می‌گفت: خط بزنید....»*

۲- بعضی از توافق‌های محرمانه مصدق بر ضد سه نفر اقلیت دوره پانزدهم

باید توجه داشت که قسمت عمده‌ای از محبوبیت بزرگ و شهرت جهانی که **محمد مصدق** در جریان مبارزات مربوط به ملی شدن صنعت نفت به‌دست آورده، هنوز در آن زمان وجود نداشته‌است و سه نفر وکلای اقلیت دوره پانزدهم مجلس شورای ملی در آن روزها و حتی تا چندی پس از آن، از نظر شهرت و محبوبیت در سطحی بالاتر از وی قرار داشته‌اند.

بطوری که دیدیم، همین سه نفر با تکیه به شهرت و محبوبیت خود و به مناسبت سابقه طولانی سیاسی و تجربیات **محمد مصدق** در مبارزات انتخاباتی در دوره‌های گذشته، از وی درخواست کرده‌بودند که از انزوای سیاسی خارج‌شود و رهبری مبارزات انتخاباتی در آن دوره را به‌عهده بگیرد.

در این شرایط هرگاه انتخابات تهران درست طبق توافق محرمانه‌ای که در جریان تحصن **مصدق** و دیگران در دربار، بین **عبدالحسین هژیر** با **مصدق** و سه نفر وکلای مذکور اقلیت به‌عمل آمده‌بود، انجام می‌گرفته، احتمال زیاد وجود داشته‌است که آرای آن سه نفر و یا دست‌کم آرای **دکتر مظفر بقائی کرمانی**، در مرتبه‌ای بالاتر قرار گیرد، و این امر برای **مصدق** که هرگز نمی‌توانسته‌است کسی را بالاتر از خود ببیند، غیرقابل تحمل بوده‌است.

برای پیش‌گیری از این امر، **مصدق** نیرنگباز تدبیر دیگری اندیشیده، به این معنی که از یکطرف با شماری از کاندیداهای دولتی و وکیل‌تراشان متنفذ، بطور محرمانه مذاکره‌کرده و با آنان قرار گذاشته‌است که در فهرست اسامی کاندیداهای اصلی خود نام او را هم اضافه‌نمایند و در عوض قول داده‌است که او هم طرفداران خود را وادارسازد تا در لیست انتخاباتی خود اسامی آن کاندیداها را

بنویسند و از طرف دیگر، جلسه دیگری با شرکت همان سه نفر وکلای اقلیت (که به‌اضافه خودش کاندیداهای ملی نام گرفته‌بودند) و شماری دیگر از طرفداران خود تشکیل‌داده و در آنجا با ذکر مثال‌های بی‌شماری از انتخابات گذشته تهران و نیز از مبارزات انتخاباتی خود، به این نتیجه رسیده‌است که در این دوره پیروزی کامل در انتخابات، در تهران، یعنی اینکه هر ۱۲ نفر وکلای این شهر از کاندیدای ملیون باشند، امکان‌پذیر نیست ولی از طریق ائتلاف (البته بصورت محرمانه) با کاندیداهای دولتی و صاحبان آرای دسته‌جمعی می‌توان چند نفر از کاندیدای ملیون را از صندوق‌ها بیرون‌آورد و اضافه کرده‌است که وی مذاکرات مقدماتی مربوط به این ائتلاف را انجام داده و هرگاه دوستان با نوشتن اسامی چند کاندیدای مورد نظر دولتی در فهرست‌های انتخاباتی و تبلیغاتی خود موافق‌باشند، آن کاندیداها نیز اسامی چهار نفر، کاندیداهای ملیون را در فهرست انتخاباتی خود به رأی‌دهندگان دولتی خواهندداد.

البته اجرای این توافق محرمانه در جانب دولتی‌ها که می‌بایست آرای قلابی را بنویسند و به دست رأی‌دهندگان بدهند، زیاد مشکل نبوده و بعد هم معلوم شده‌است که آنان در شماری از آرای خود، فقط نام **محمد مصدق** را افزوده‌بوده‌اند ولی در سوی ملیون، که به‌ظاهر حتی ابراز و توجیه مطلب برای رأی‌دهندگان با اشکال مواجه بوده، و نیز به انگیزه‌های دیگری که در بخش آتی بیان خواهدگردید، تعداد رأی‌دهندگان به کاندیداهای دولتی قابل توجه نبوده‌است.

احمد ملکی، مدیر روزنامه ستاره، که خود **یکی از اعضای کمیته ۷ نفری و از افراد متحصن در دربار و نیز از اعضای پایه‌گذار جبههٔ ملی** بوده است، و می‌توان وی را یکی از آگاه‌ترین شاهدهای عینی در مورد این انتخابات به‌حساب آورد، درباره آن چنین نوشته‌است:

> " ... ***توجه مخصوص و شدید جبهه ملی در تبلیغ شدید برای انتخاب شدن آقای دکتر مصدق، حائری‌زاده، حسین مکی، دکتر بقائی، که اقلیت دوره پانزدهم را تشکیل میدادند، باعث شد که بین اعضای جبهه ملی رنجشها و کدورتهایی به میان آید*** *و برخی از اعضای مؤسس را که انصافاً ذیحق هم بودند به گله گزاریِ جسته و گریخته واداشت، به حدی که این گله‌ها در جلسات رسمی جبههٔ ملی هم منعکس‌می‌شد و مخصوصاً اعضای حزب ایران که می‌دیدند درجه دوم هم در انتخابات تهران برای دوره پانزدهم [شانزدهم صحیح است] رأی ندارند بسیار عصبانی بودند.*
>
> *آقای **اللهیار صالح**، که انصافاً مردی پاکدامن و وطن‌پرست و سیاستمدار باتجربه بود، چون اوضاع را چنین دید، برخلاف خواسته‌های حزب ایران، به مناسبت محبوبیتی که داشت، خود را از کاشان نامزد نمود ولی باید این نکته را هم در نظر داشت که آقای **اللهیار صالح** تا آنوقت جزء اعضای مؤسس و مدیرهٔ جبههٔ ملی نبود و به عنوان هواخواه جبههٔ ملی و دکتر مصدق اقداماتی می‌نمودند.*
>
> *چون من [**احمد ملکی**] نه نامزد وکالت از تهران و نه از شهرستان‌ها بودم و بیشتر همکاران جبههٔ ملی مطلب خود را با صراحت به من اظهار می‌داشتند، می‌دانستم که آقایان **مشاراعظم**، **ارسلان خلعت‌بری**، **عمیدی‌نوری**، **عبدالقدیر آزاد**، **امیر علائی** که هر پنج نفر در تهران صاحب رأی بودند و نامزد وکالت دوره پانزدهم [شانزدهم صحیح است] از مرکز هستند از جریان جبههٔ ملی ناراضی می‌باشند.*
>
> *روزی با آقای **دکتر مصدق** قریب دو ساعت مذاکره کرده و گفتم: چرا تمام مساعی خود را صرف انتخاب اقلیت دوره چهاردهم [پانزدهم صحیح است] می‌کنید و برای آقایان مزبور جبههٔ ملی قدمی برنمی‌دارید؟*

*دکتر مصدق جواب داد که: آقایان بهتر است از خارج شهر [تهران] انتخاب شوند.چون محال است در تهران بدون بند و بست و ائتلاف با سایر دستجات قوی موفق گردید و آنها هم قبول نخواهند نمود که پول خرج کرده و نفرات و عده تهیه نموده، هر ۱۲ نفر را از جبههٔ ملی بنویسند و به همین مناسبت است که **آقایان مزبور جداً باید انصراف از این فکر حاصل نموده وبه شهرستان‌ها برای تکمیل شدن مراجعه و مسافرت نمایند.***
*مقصود این است که **دکتر مصدق** در امر انتخابات واقعاً به اصطلاح درس خود را خوب روان بود و با اینکه کراراً **مکی و بقائی و حائری‌زاده** می‌گفتند: ائتلاف با فلان طبقه صلاح نیست و آنها به ما دروغ می‌گویند. [دوستان ما] طرفداران ناصالح آنها را می‌نویسند ولی آنها از ذکر نام نامزدان جبههٔ ملی خودداری می‌کنند. آقای **دکتر مصدق** زیر بار نمی‌رفت و می‌گفت: آقا برای وصول به نتیجه مطلوب قبول چند مقدمه نامطلوب ضرری به گاو و گوسفند کسی وارد نمیسازد. و به همین مناسبت بود که دانشگاه و بازار که طرفدار اقلیت دوره چهاردهم [پانزدهم صحیح است] بودند اجباراً نامزدان دولتی را در لیست خود جای دادند. تمام فعالیت و جدیت کلیه افراد جبههٔ ملی صرف موفقیت **دکتر مصدق** و اعضای اقلیت دوره پانزدهم که تقریباً همه اعضای جبههٔ ملی بودند می‌گردید تا بتوانند در دوره شانزدهم به وکالت انتخاب شوند ... "*
(تاریخچه واقعی جبهه ملی- احمد ملکی- صفحات ۸/۹)

۳- شکست توافق محرمانه مصدق با هژیر و کوشش زیان‌دیدگان برای جبران آن

دکتر مظفر بقائی کرمانی پیش از آغاز رأی‌گیری در تهران برای انتخابات دوره شانزدهم مجلس شورای ملی (که از بیست و پنجم تا پایان مهر ۱۳۲۸ ادامه داشته‌است)، سازمانی به‌نام **«سازمان نظارت آزادی انتخابات»** تشکیل داده و با موافقت وزارت کشور و **سیدمحمدصادق طباطبائی**، رئیس هیأت نظارت بر انتخابات، ترتیبی داده‌بود که هر روز از آغاز به کار هر حوزه رأی‌گیری در شهر تهران تا پایان کار آن حوزه و لاک و مهر شدن صندوق‌های رأی، همواره دست‌کم یک نفر از اعضای سازمان مزبور، به صورت ناظر، حضور داشته‌باشد و در پایان روز مشاهدات خود را به اطلاع مسئولان آن سازمان برساند.
با این ترتیب از انجام تقلب‌های غیر قانونی و نامشروع در بیشتر حوزه‌های داخل شهر، به میزان زیادی، جلوگیری به‌عمل آمده‌بود. ولی کاندیداهای مورد حمایت دولت با انجام تقلب‌های به ظاهر قانونی و مشروع، مانند آوردن دسته‌جمعی سپورهای شهرداری، کارگران کوره‌پزخانه‌ها، کارگران میدان‌های بارفروشی، کارکنان بعضی سازمان‌های دولتی و خصوصی، و از این قبیل و یا خرید رأی توسط دلال‌ها توفیق یافته بودند که تعداد قابل توجهی رأی در شماری از حوزه‌های داخل شهر، که رئیس و بیشتر اعضای آن از خودشان بودند، به صندوق‌ها وارد سازند و نیز صندوق‌های لواسانات را که خارج از نظارت اعضای **«سازمان نظارت آزادی انتخابات»** بود، بطور کامل با آرای قلابی پر نمایند.
پس از پایان رأی‌گیری صندوق‌های آرا را به مسجد سپهسالار انتقال دادند. با آغاز خواندن آرا معلوم شده‌است که اجرای توافق محرمانه **مصدق** و سه نفر از متحصنین دربار با **هژیر** و مقامات دولتی، در حقیقت با شکست رو به رو گردیده و نتیجه مقدماتی حاصله از خواندن آرای صندوق‌های داخل شهر تهران، تا پایان روز جمعه ۶ آبان ۱۳۲۸، نشان می‌داده‌است که تعداد ۱۰

شکست توافق محرمانه مصدق با هژیر

نفر از کاندیداهای به اصطلاح ملیون به شرح زیر در فهرست ۱۲ نفر نخست قرارداشته‌اند (بر حسب تعداد آرای – روزنامه عطار به‌جای شاهد مورخ شنبه ۷ آبان ۱۳۲۸):

" ۱ ـ دکتر محمد مصدق ۲ ـ دکتر مظفر بقائی کرمانی ۳ ـ حسین مکی ۴ ـ ابوالحسن حائری‌زاده ۵ ـ آیت‌الله سیدابوالقاسم کاشانی ٦ ـ عبدالغدیر آزاد ۷ـ دکتر احمد متین‌دفتری ۸ـ محمود نریمان ۹ ـ اللهیار صالح ۱۲ ـ دکتر علی شایگان
*[از کاندیداهای به‌اصطلاح دولتی فقط **ابوالقاسم نجم (نجم‌الملک)** و **جمال امامی خوئی** به ترتیب در ردیف‌های ۱۰ و ۱۱ قرار داشته‌اند.] "*

گردانندگان انتخابات، برای آرای لواسانات که خارج از نظارت مأموران سازمان نظارت آزادی انتخابات قرار داشته‌است فهرستی از اسامی به صورت قلابی و با این نیت تهیه کرده‌بوده‌اند که با منظورکردن آنها در آرای تهران نتیجه مورد نظر خود را به دست بیاورند اما با انجام این عمل نیز فقط نتیجه حاصله از ششم به بعد به شرح زیر تغییر می‌کرده‌است:
٦ـ حسام دولت‌آبادی (شهردار تهران) ۷ـ دکتر احمد متین‌دفتری ۸ـ جواد مسعودی ۹ـ سیدمحمد صادق طباطبائی (رئیس انجمن نظارت انتخابات) ۱۰ـ عبدالقدیر آزاد ۱۱ـ جمال امامی خوئی ۱۲ـ محمود نریمان
که باز هم شانس انتخاب شدن برای ۸ نفر از کاندیداهای ملیون وجود داشته‌است.
اما دولتی‌ها با دستکاری‌های مختصری که گویا موفق شده‌بوده‌اند یک شبه، در بعضی از صندوق‌ها به عمل بیاورند، شانس انتخاب برای کاندیداهای ملیون را از ۸ نفر به ۷ نفر کاهش داده‌اند. یعنی پس از خواندن آرا تا پایان روز یکشنبه ۷ آبان ۱۳۲۸ (همزمان با تشکیل جلسه انتخاب سناتورهای درجه دوم تهران)، دو نفر از کاندیداهای ملیون (**دکتر احمد متین‌دفتری و عبدالقدیر آزاد**) از فهرست ۱۲ نفری خارج‌شده و به‌جای آنان **سیدعلی بهبهانی** (کاندیدای دولتی) و **اللهیار صالح** (کاندیدای ملیون) در ردیف‌های ۱۱ و ۱۲ در آن فهرست جای گرفته‌بوده‌اند. محمود نریمان (کاندیدای ملیون) نیز هنوز در ردیف ۸ باقی‌مانده بوده‌است.
در این شرایط به‌ظاهر گردانندگان دولتی در صدد برآمده‌اند که در نخستین وهله **محمود نریمان و اللهیار صالح** را از لیست ۱۲ نفری خارج سازند و برای انجام این کار تصمیم احمقانه ای اتخاذنموده‌اند، یعنی بعدازظهر شنبه ۷ آبان ۱۳۲۸، مأمورین انتظامی، اعضای «**سازمان نظارت آزادی انتخابات**» را همراه با **حسین مکی و محمود نریمان** (که خود کاندیدای تهران بوده‌اند) در یک اتاق زندانی کرده و به مدت سه ساعت در چند صندوق بازنشده رأی، که مُهرهای مسئولین آنها را دراختیارداشته‌اند، تقلب کرده و با عجله زیاد اسامی **اللهیار صالح و محمود نریمان** را در آرای موجود در آنها خط زده‌اند.
به موجب خبری که در روزنامه عطار به‌جای شاهد مورخ یکشنبه ۸ آبان ۱۳۲۸ درج شده‌است:

*" ... دیروز بعدازظهر[شنبه] پس از آنکه اعضای انجمن‌های فرعی و شعب قرائت آراء صندوق‌ها را بسته و مسجد را ترک‌نمودند، افسران شهربانی تمام پاسبان‌ها را از شبستان خارج کرده، شبستان را خلوت کردند. ژاندارمی که از سوراخ سقف شبستان ناظر عملیاتی چند در اطراف صندوق‌ها بود، موضوع را به اطلاع ناظرین رساند. **آقایان نریمان و مکی** خواستند خود را به پشت بام برسانند ولی **سرکار سروان رحیمی**، افسر ارتش که اخیراً به شهربانی منتقل گردیده‌است، مانع شده آقایان مذکور را با ده نفر ناظر سازمان نظارت آزادی انتخابات در پستویی زندانی کرد.*

داد و فریاد مردم و طلاب باعث اجتماع عده کثیری در اطراف مسجد، که بوسیله سرنیزه داران محصور شده بود، گردید ..."

اما با این عمل نیز نتیجه مورد نظر حاصل نشده‌است، یعنی اگر چه روز پس از آن **نریمان و صالح** از فهرست دوازده نفری خارج شده‌اند ولی به‌جای آنان **متین‌دفتری و آزاد** به آن فهرست برگشته‌اند.
در آن زمان اولیای دربار و دولت هنوز انتظار داشته‌اند که **محمد مصدق** و سه نفر از وکلای اقلیت دوره پانزدهم توافق محرمانه در دربار را محترم بشمارند و به انتخاب شدن خودشان از تهران اکتفانمایند. به‌عبارت دیگر دولت و دربار توقع داشته‌اند که خود این چهار نفر در تقلب‌کاری‌هایی که برای خارج ساختن سایر کاندیداهای ملیون از فهرست انتخاب‌شدگان به‌عمل می‌آید شرکت نمایند و یا دست‌کم تقلب‌کاری‌های دولتی‌ها را که در این رابطه صورت می‌گیرد ندیده بگیرند ولی این افراد نه‌تنها آن انتظار و توقع را برآورده نساخته‌اند، بلکه با تمام قوا در صدد حفظ و ادامه پیروزی گروه وابسته به خود برآمده و برای هر تقلب‌کاری کوچک یا بزرگ که از سوی دربار و دولت صورت گرفته بوده، هیاهو به راه‌انداخته و دیگر آبرویی برای **عبدالحسین هژیر**، وزیر دربار وقت، باقی نگذاشته بوده‌اند.
منتظرالوکاله‌های متنفذ که از قبل، در یک‌طرف، با پارتی‌بازی و دادن رشوه‌های کلان و بند و بست‌های سیاسی، و در طرف دیگر، با انجام تبلیغات پرهزینه و برپا ساختن دیگ‌های پلو و آبگوشت و خرید رأی، انتخاب خود را مسلم می‌دانسته‌اند پس از ملاحظه نخستین نتایج شمارش آرا ساکت ننشسته و با مراجعه به مقاماتی که قول انتخاب قطعی به آنان داده بوده‌اند انجام آن قول و یا دست‌کم جبران هزینه‌هایی را که انجام داده بوده‌اند، خواستارمی‌شده‌اند.
مقامات دولتی و سایر دست‌اندرکاران و آگاهان از **توافق محرمانه دربار و مصدق**، نیز تمام کاسه و کوزه‌ها را بر سر هژیر، وزیر دربار، شکسته و پیروزی خلاف انتظار ملیون را نتیجه فریب‌خوردن او و اعتماد بی‌دلیل و بی‌جایش به **محمد مصدق** می‌دانسته‌اند.

۴ـ اقدامات هژیر وزیر دربار برای جبران فریب‌خوردگی خود

الف ـ اعلام لغو توافق محرمانه

در شرایطی که پیشتر ذکر شد، **عبدالحسین هژیر**، در صدد برآمده‌است که حسن تدبیر خود را به اثبات برساند، یعنی گره‌ای را که با فریب خوردنش بسته‌شده بوده‌است، به آسانی بازنماید و آب رفته را به جوی بازگرداند و وضع را به گونه‌ای که پیش از توافق محرمانه‌اش با **مصدق** بوده‌است، تغییردهد.
وی ابتدا باز هم بطور محرمانه چهار نفری را که طرف توافق محرمانه قبلی در دربار با او بوده‌اند، در تاریخ ۷ آبان ۱۳۲۸، به دربار احضار کرده‌است.
این بار **سرهنگ جعفر شفقت** (سپهبد و ارتشبد آتی)، فرمانده وقت گارد شاهنشاهی، با آنان ملاقات‌کرده و پیام شفاهی جداگانه وزیر دربار را به هر یک از آن چهار نفر ابلاغ کرده‌است.
ما از جزییات آن پیام‌های محرمانه آگاهی‌نداریم و تنها می‌دانیم که ابتدا در یک پیام کلی، به آگاهی آنان رسیده‌است که به‌علت تخطی و تجاوزشان از توافق محرمانه با دربار، توافق کان لم یکن و باطل محسوب‌می‌شود و به این‌جهت دولت درصدد تغییر نتیجه انتخابات به‌نحو مورد نظر خود می‌باشد و بعد، پس از یادآوری انتخابات صددرصد غیر آزاد دوره پانزدهم مجلس شورای ملی، در

پیام‌های جداگانه مربوط به هر یک از آن چهار نفر که به تقلید از **مصدق** با جمله‌ی: *" آیا تو وجدان داری؟ "* شروع می‌شده و پس از اشاره به نفعی که شخص مخاطب در انتخابات غیر آزاد دوره پانزدهم برده‌بوده و به‌علت همان نفع آن انتخابات قلابی را کاملاً قانونی و آزاد به‌حساب می‌آورده، به او گفته شده‌است که *" اگر تو وجدان داری "* باید قبول کنی که انتخابات در حال اجرای دوره شانزدهم، هر اندازه هم که غیر آزاد باشد، بدتر از انتخابات دوره پانزدهم نیست.
(در اینجا بی‌مناسبت نخواهدبود که به خوانندگان گرامی یادآوری نماید، انتخابات دوره پانزدهم مجلس شورای ملی را دولت **قوام السلطنه** به انجام رسانیده و اکثریت عظیم نمایندگان آن دوره را از میان اعضای حزب دموکرات ایران، انتخاب، و یا در حقیقت منصوب کرده‌است.)
نمایندگان اقلیت دوره پانزدهم مجلس شورای ملی، که پیشوایان مبارزه برای انتخابات آزاد در این دوره شده‌بودند، یعنی **دکتر مظفر بقائی کرمانی،** از کرمان – **سیدحسین مکی،** از اراک – **سیدابوالحسن حائری‌زاده** و **عبدالقدیر آزاد،** از سبزوار – همگی از همان انتخاب‌شدگان تحمیلی و غیر آزاد توسط دولت **قوام‌السلطنه** بوده‌اند و **محمد مصدق** نیز در یک بند و بست پنهانی با دربار و دولت – یعنی با **قوام‌السلطنه** – انتخاب دو دامادش را – که عضو حزب دموکرات هم نبوده‌اند – به عضویت مجلس شورای ملی، به صورت رشوه سیاسی و حق‌السکوت، پذیرفته و موافقت کرده‌است که به مدت حداقل دو سال (مساوی با دوره مجلس شورای ملی در آن زمان)، در احمدآباد سکونت نموده و از هرگونه فعالیت سیاسی خودداری نماید.
حال، همین نمایندگان قلابی دوره پیش به‌ظاهر علم آزادی‌خواهی را برافراشته بوده‌اند و در حقیقت از دولت می‌خواسته‌اند که از انتخاب آنان در این دوره جلوگیری ننماید!
(در پیوست شماره ۲ این بخش از کتاب توضیح بیشتری درباره‌ی انتخابات دوره پانزدهم و نحوه انتخاب دو داماد **مصدق** داده شده‌است.)

ب – انتقال صندوق‌های رأی به فرهنگستان و تعویض آرای موجود در آنها

روز پس از ملاقات محرمانه‌ی **سرهنگ جعفر شفقت** با **مصدق** و سه نفر نمایندگان اقلیت دوره پانزدهم، به شرحی که پیشتر ذکرشد، در تاریخ ۸ آبان ۱۳۲۸ آگهی زیر در روزنامه‌ها انتشار یافته‌است:

" عزاداری در مسجد سپهسالار

بر حسب امر و اراده مقدس اعلیحضرت همایون شاهنشاهی، به منظور ترویج شعائر اسلام چهار روز (تاسوعا، عاشورا، یازدهم و دوازدهم محرم الحرام) عصرها از ساعت ۲ تا ۵ بعد از ظهر در مسجد سپهسالار مجلس عزاداری خامس آل عبا منعقد خواهد بود.

وزیر دربار شاهنشاهی عبدالحسین هژیر "

با اتخاذ این تصمیم، مأموران انتظامی صندوق‌های رأی را از **مسجد سپهسالار** به **فرهنگستان** منتقل‌ساخته‌اند.
چون مراسم عزاداری خامس آل‌عبا در سال‌های پیش از آن در **مسجد شاه** صورت می‌گرفته‌است، پس همگان یقین داشته‌اند که آرای بسیاری از صندوق‌ها در این انتقال تعویض خواهدگردید و این امر هنگامی به ثبوت رسیده‌است که پس از شروع به خواندن آراء در **فرهنگستان،** نسبت آرای مربوط به کاندیداهای ملیون بسیار کمتر از پیش بوده، بطوری که تعداد کاندیداهای ملیون در لیست

۱۲ نفر نخست از دارندگان رأی، از تهران و حومه، را تا پایان روز ۱۲ آبان ۱۳۲۸ (یک روز پیش از تیراندازی به **عبدالحسین هژیر**) به ۵ نفر رسانده‌است که هنوز همگی در بالای فهرست قرارداشته‌اند و نخستین نفر بعد از آنان **سیدمحمدصادق طباطبائی**، رئیس انجمن نظارت انتخابات، در ردیف ششم، بوده‌است.
اما احتمال زیاد وجود داشته‌است که تا پایان خواندن آرای تمام کاندیداهای ملیون از لیست ۱۲ نفری انتخاب‌شوندگان خارج شوند و جای آنان را کاندیداهای دولتی اشغال نمایند.

نگارنده به آخرین نتیجه خواندن آراء تا پایان روز ۱۳ آبان ۱۳۲۸ دسترسی‌نیافت ولی **حسین مکی** در این رابطه چنین نوشته‌است:

> *" ... دولتیها ادامه قرائت آراء را در مسجد سپهسالار جائزندیدند و به بهانهٔ عزاداری خامس آل‌عبا (ع) صندوق‌ها را به عمارت فرهنگستان انتقال دادند و از ورود ملّیون بدانجا ممانعت به‌عمل آوردند.* ***سرتیپ صفاری،*** *رئیس شهربانی وقت به کمک* ***سرهنگ سیاسی*** *شبانه هر چه خواستند با صندوق‌های آراء که بیش از سه، چهارم آن قرائت شده‌بود، کردند.*
> ***روز بعد دکتر مصدق از نفر اول به نفر دهم و دکتر بقائی از دوم به یازدهم و من از نفر سوم به نفر دوازدهم تنزل یافتیم و اگر یک روز دیگر وضع به همین منوال ادامه می‌یافت، بطور قطع همه ماها از سری دوازده نفر اول خارج می‌شدیم ..."***
> (خاطرات سیاسی حسین مکی- حسین مکی- صفحه ۲۰۹)

۵- تیراندازی به هژیر و قتل او

بطوری که خوانندگان گرامی در همین کتاب ملاحظه می‌فرمایند **محمد مصدق** با استفاده از دستوراتی که **آیت‌الله کاشانی** به **فداییان اسلام** جهت اطاعت از وی صادر کرده‌بوده، ترتیب ترور **عبدالحسین هژیر**، وزیر وقت دربار، را توسط **سیدحسین امامی**، یکی از اعضای آن گروه (البته با آگاهی و جلب موافقت رزم‌آرا جهت همکاری) داده‌است.

(۱) – اعلامیه ستاد ارتش

> *" ساعت چهار بعدازظهر امروز موقعی که مجلس عزاداری در* ***مسجد سپهسالار*** *منعقدبود و دسته‌های مختلف برای شرکت در عزاداری واردمی‌شدند و جناب آقای* ***هژیر،*** *وزیر دربار شاهنشاهی، از واردین پذیرایی می‌فرمودند، غفلتاً از طرف* ***امامی*** *نامی که سابقه شرارت‌هایی هم دارد یک تیر به طرف جناب آقای* ***هژیر*** *شلیک‌شد که فوری به* ***بیمارستان شماره ۲ ارتش*** *انتقال یافتند و مورد معالجه سریع قرارگرفتند.*
> ***حالت ایشان به‌هیچ‌وجه جای نگرانی ندارد*** *ضارب نیز آناً دستگیر و زندانی گردید.*
> *مقررات حکومت نظامی نیز ساعت شش بعدازظهر امروز در تهران و حومه طبق تصویب هیأت دولت برقرارگردید و* ***سرلشکر خسروانی*** *به سمت فرماندار نظامی تهران تعیین شدند و از این ساعت شروع به کار خواهند نمود."*

تیراندازی به هژیر و قتل او

(۲) ـ اعلامیه شماره ۱ فرمانداری نظامی تهران و حومه

" *از ساعت شش بعدازظهر امروز حکومت نظامی در تهران اعلام و کلیه مقررات آن به موقع اجراء گذارده می‌شود.*
عبور و مرور کماکان آزاد است.

فرماندار نظامی تهران ـ ***سرلشکر خسروانی*** "

(۳) ـ نقل از خاطرات حسین فردوست

" ... *روز جمعه ای بود و* ***محمدرضا [شاه پهلوی]*** *به اتفاق عده ای در فرح‌آباد بود. من هم بودم. بعدازظهر خبررسید که* ***[عبدالحسین] هژیر*** *را ترورکرده‌اند.* ***محمدرضا*** *به من گفت: بیا با هم به بیمارستان برویم.* ***هژیر*** *در* ***بیمارستان شماره ۲ ارتش*** *بستری بود، که بعداً نامش به* ***بیمارستان هدایت*** *تغییر یافت. جراح آن بیمارستان،* ***سرهنگ لطیفی*** *بود که بعدها سرتیپ شد و* ***نصیری*** *او را از شهربانی با خود به ساواک برد و رئیس بهداری ساواک نمود.*
به اتفاق ***محمدرضا*** *به بیمارستان رفتم.* ***شاه*** *وارد اتاق* ***هژیر*** *شد و من‌هم به دنبالش.*
هژیر *کاملاً هوشیار بود و خواست ادای احترام کند. ولی* ***محمدرضا*** *نگذارد و گفت نه، شما زخمی هستید، استراحت کنید.*
سرهنگ لطیفی *نیز آمد. او که بسیار* ***چاخان*** *بود، گفت که: بحمدالله تا حال که وضعشان خوب است.* ***محمدرضا*** *با* ***هژیر*** *صحبت‌می‌کرد و* ***هژیر*** *هم به آرامی پاسخ می‌داد. من نیز از* ***لطیفی*** *وضع* ***هژیر*** *را پرسیدم. گفت: هر تلاشی که ممکن بود شده و احتمالاً زنده‌می‌ماند.*
شاه مدتی نشست و چون دید حال ***هژیر*** *خوب است، بیمارستان را ترک کرد.*
ولی شب (۵ ـ ٦ ساعت بعد از ملاقات فوق) خبر رسید که ***هژیر*** *فوت کرده است.*
فردای آن روز در محافل سیاسی بالا شایع شد که ترور کار ***رزم‌آرا*** *است. در آن زمان* ***رزم‌آرا*** *قدرتی بود و به شدت برای کسب مقام نخست‌وزیری زد و بند می‌کرد.*
شایعه فوق به گوش ***محمدرضا*** *رسید. ولی* ***رزم‌آرا*** *که زرنگ بود شایعه را شنیده بود، به* ***محمدرضا*** *اصرار کرد که فرد مورد اعتمادی به ملاقات ضارب برود و تحقیق کند.*
محمدرضا *مرا تعیین کرد و به* ***رزم‌آرا*** *گفت که به فلانی اعتماد دارم و هر چه ضارب بگوید عیناً به من خواهد گفت و مانند این است که خودم رفته‌ام.* ***رزم‌آرا*** *از این پیشنهاد استقبال کرد.*
تقریباً ساعت یک بعد از نیمه شب، ***محمدرضا*** *به من گفت که: به منزل* ***رزم‌آرا*** *برو و او را ملاقات کن. به منزل* ***رزم‌آرا*** *رفتم. خواب بود و با پیژاما بیرون آمد. گفتم که:* ***شاه*** *دستورداده بیایم، موضوع چیست؟ گفت: ضارب* ***هژیر*** *در زندان دژبان است به ملاقاتش بروید و بپرسید که چه کسی دستور ترور* ***هژیر*** *را داده و وعده دهید که اگر راستش را بگوید آزاد خواهد شد!*
من همان موقع به ***زندان دژبان که در خیابان سوم اسفند واقع بود و در اختیار رزم‌آرا قرارداشت،*** *رفتم. رئیس دژبان* ***[سرتیپ محمد دفتری]*** *مرا به سلول ضارب،* ***سیدحسین امامی،*** *برد و در گوش من گفت: چون ممکن است به شما حمله کند ما چند نفر پشت در می‌ایستیم!*

پنج ترور تاریخی راهگشای صدارت مصدق

من وارد سلول شدم. دیدم مردی است قوی هیکل و سالم. نشسته بود و تسبیح می‌انداخت و دعا می‌خواند. او تا مرا دید به نماز ایستاد. نمی‌دانم چه نمازی بود که فوق‌العاده طولانی شد. حدود سه ربع در گوشه اتاق روی صندلی نشستم و او اصلاً متوجه من نبود و مرتب راز و نیاز می‌کرد و به محض اینکه نمازش تمام می‌شد نماز دیگر را شروع می‌کرد. دیدم که با این وضع نمی‌شود. زمانی که نمازش تمام شد، اشاره کردم و گفتم: این کارها را کنار بگذار من عجله دارم. پذیرفت و روی تخت چوبی نشست و به دیوار تکیه‌زد و پایش را بالا گذارد و به تسبیح انداختن پرداخت. او پرسید چه می‌خواهی؟ گفتم: مرا می‌شناسی؟ گفت: تو **فردوست** و دوست **شاه** هستی! از او سئوال کردم: چه کسی به شما دستور داد که **هژیر** را ترور کنی؟ اگر حقیقت را بگویی بخشوده و آزاد می‌شوی و اگر این را قبول نداری، من خود ضامن شما می‌شوم و می‌آیم اینجا کنار شما می‌نشینم تا شما را آزاد کنند! جواب داد: البته **محمدرضا** می‌تواند این کار را بکند، ولی من صریحاً می‌گویم که وظیفهٔ شرعی خود را انجام دادم و از کسی درخواستی ندارم. خوشحالم که این وظیفه را انجام دادم و مجازاتم هر چه باشد – که اعدام است – قبول دارم!

از او پرسیدم: آیا رزم‌آرا به شما دستور نداده که این کار را بکنید؟ پرسید: رزم‌آرا کیست؟ گفتم: یعنی او را نمی‌شناسی؟ با تمسخر پاسخ داد: می‌شناسم، **سپهبد** است، رئیس ستاد ارتش است، ولی همین مانده که من دستور رزم‌آرا را اجرا کنم! این حرف‌ها چیست که می‌گویید! من گفتم: حالا شب است و دیر وقت و ممکن است شما خسته باشید اگر اجازه دهید فردا مجدداً به دیدارتان می‌آیم. پاسخ داد: آمدن شما اشکالی ندارد ولی بی‌خود وقتتان را تلف نکنید. شما اگر ۱۰ ساعت هم بنشینید پاسخ من همین است. و مجدداً برخاست و به نماز ایستاد.

با کمال تعجب برخاستم و در را باز کردم. مشاهده کردم که رزم‌آرا با لباس سپهبدی ایستاده و پشت سرش رئیس دژبان [**سرتیپ محمد دفتری**] و سایر افسران ایستاده‌اند.

رزم‌آرا پرسید: این فرد چه گفت؟ گفتم: پیشنهاد را قبول نکرد. گفت: دیدید که من بی‌تقصیرم. سریعاً موضوع را به **شاه** بگویید و نتیجه را به من تلفن بزنید.

اکنون ساعت ٤ صبح بود. **محمدرضا** به من گفته بود که: هر ساعتی که کار به پایان رسید، مرا بیدار کن و نتیجه را بگو.

من به پیش خدمتش گفتم و او را بیدار کرد. به داخل اتاق رفتم و جریان را گفتم و گفتم که با ضارب مجدداً یک قرار برای فردا صبح گذارده‌ام. **شاه** گفت: فردا صبح برو، اشکالی ندارد. ولی این کار رزم‌آرا نیست و شایعات دروغ است.

راجع به تلفن به رزم‌آرا سؤال کردم. گفت: به او بگو «**بسیار خوب**»، همین!

به هر حال، صبح روز بعد مجدداً به زندان رفتم و دیدم که ضارب مشغول دعا و نماز است و حالش هم خوب است. مجدداً مطلب را تکرار کردم. او پاسخ داد: اگر صد دفعه هم بیایی پاسخ من همان است. وظیفه دینی من حکم کرد که **هژیر** را به قتل برسانم و هیچ درخواستی هم ندارم! از اتاق خارج شدم و نزد **محمدرضا** رفتم و گفتم که: چیزی نمی‌گوید و همان صحبت‌های شب قبل را تکرار میکند.

پس از این جریان به سرعت ترتیب محاکمه ضارب داده شد و مدت کوتاهی بعد، در ساعت ۲ بعد از نیمه‌شب، با یک گردان دژبان به میدان سپه برده و دار زده شد. "

(خاطرات ارتشبد سابق حسین فردوست- ظهور و سقوط سلطنت پهلوی- جلد نخست- صفحات ۱۵۷/۱۵۹)

(٤) ـ نقل از خاطرات اشرف پهلوی

*" ... در پاییز سال ۱۹٤۹ ، **هژیر** هنگام ورود به یکی از مساجد تهران، مورد سوءقصد قرار گرفت. همینکه از این واقعه آگاه شدم با عجله به بیمارستان رفتم. در آنجا، دو تن از پزشکان گفتند برای نجات او کاری از آنها ساخته نیست.*
*هنگامی که به بالین دوستم رسیدم، چهره‌اش سخت رنگ پریده بود. او حالت دردناکی داشت ولی هوشیار به نظر می‌رسید. دستش را به آرامی گرفتم و گفتم: **آقای هژیر، اشرف است**. **هژیر** چشمانش را به زحمت گشود و با دیدن من سعی کرد از جای برخیزد. ولی من دستم را روی پیشانی او گذاشتم و خواهش کردم استراحت کند. در این موقع لبهایش به تکان خوردن افتادند. گویی می‌خواست حرف بزند و مطلبی را بگوید.*
*سرم را نزدیک دهانش بردم. وی نجواکنان گفت: **علیا حضرت**، من می‌دانم که می‌میرم. اما نگران شما و **شاه** می‌باشم. سپس مطلبی را بیان کرد که انتظار شنیدن آن را نداشتم. او گفت: خطر بزرگ از جانب کسانی نیست که مرا مورد حمله قرار داده‌اند، **بلکه از جانب پیروان مصدق است**.*
*آنگاه به آهستگی افزود: شما باید مواظب او **[مصدق]** باشید و به دنبال این گفته سرش روی بالش افتاد و درگذشت. "*
(جنبش ملی شدن صنعت نفت ایران و کودتای ۲۸ مرداد ۱۳۳۲- سرهنگ غلامرضا نجاتی- صفحه ۸۵- نقل از خاطرات در تبعید اشرف پهلوی- چاپ نیوجرسی ۱۹۸۰- صفحات ۱۱۱ و ۱۱۲- ترجمه متن انگلیسی)

(٥) ـ اعلامیه دربار شاهنشاهی

" فوت عبدالحسین هژیر

*دربار شاهنشاهی با نهایت تأسف به اطلاع عموم می‌رساند که جناب آقای **عبدالحسین هژیر**، وزیر دربار شاهنشاهی، در اثر ضربه گلوله‌ای که در موقع اقامه عزاداری حضرت خامس آل‌عبا، علیه آلاف لتحیه و الثناء در مسجد سپهسالار به ایشان اصابت نموده بود، ساعت ده صبح ١٤ آبان ۱۳۲۸ فوت نمودند.*
*برحسب امر مبارک **اعلیحضرت همایون شاهنشاهی** جنازه به **مسجد سپهسالار** حمل و ساعت ده صبح یکشنبه ١٥ آبان مراسم تشییع رسمی از مسجد مذکور به‌عمل خواهدآمد و در روز دوشنبه ١٦ آبان‌ماه مجلس ختم آن مرحوم از طرف **دربار شاهنشاهی و دولت** در **مسجد سپهسالار** انعقاد خواهد یافت.*
دربار شاهنشاهی از تاریخ ١٤ آبان، امروز، تا یک‌هفته دیگر عزادار خواهد بود.
برنامه تشییع در ذیل به استحضار عموم می‌رسد:

- ساعت ده صبح
- دسته موزیک نظامی جلوی جنازه
- یک گروهان پیاده در دو طرف جنازه

- *پشت سر جنازه: **نماینده اعلیحضرت همایون شاهنشاهی**، بازماندگان، هیأت دولت، نمایندگان سیاسی، افسران ارشد ارتش، معاونین و مدیران کل وزارتخانه‌ها و سایر مشایعین*
- *لباس: ژاکت، کراوات مشکی"*

د- اقدامات خلاف قانون و غیرعادی در ۳۴ ساعت درپی تیراندازی به هژیر

واقعه تیرخوردن **هژیر** در ساعت ٤ بعدازظهر روز ۱۳ آبان ۱۳۲۸ و در زمانی اتفاق‌افتاد که حکومت نظامی برقرار نبوده‌است، یعنی وضع کشور از نظر قانونی عادی به‌حساب می‌آمده و رسماً تمام قوانین و مقررات زمان صلح حکمفرما بوده‌است.

مسجد سپهسالار نیز در گوشه جنوب شرق میدان بهارستان قرارداشته و کلانتری ۹ در ضلع شمال همین میدان و در جایی بوده‌است که پلیس نگهبان جلوی کلانتری به‌خوبی می‌توانسته‌است عابرین پیاده در جلو مسجد را مشاهده نماید و فریاد احتمالی آنان را بشنود.

در این شرایط با اینکه دژبان‌ها بطور قانونی حق دخالت در واقعه تیراندازی را نداشته‌اند، اما بی‌درنگ پس از این رخداد، مأموران دژبان به دستور **سرتیپ محمد دفتری**، رئیس دژبان، بر خلاف قانون دخالت کرده و با جلوگیری از هرگونه مداخله پلیس کلانتری محل، از یک طرف ترتیب اعزام **هژیر** را به بیمارستان ارتش! داده و از سوی دیگر ضارب را دستگیر و به مقر دژبان در خیابان سوم اسفند منتقل ساخته‌اند.

*" ... روز سیزده آبان **هژیر** تیر خورد و روز چهاردهم در بیمارستان مرد. همان روز از ساعت ٦ بعدازظهر حکومت نظامی در تهران و حومه اعلام شد.[بی‌درنگ] به پرونده این قتل بازپرس دادسرای تهران قرار عدم صلاحیت صادرکرد و دادستان نیز [بی‌درنگ] به این قرار عدم صلاحیت موافقت نمود:*

ریاست دادسرای شهرستان تهران

*نسبت به اتهامات **حسین امامی** .... بازداشت موقت به جرم عمدی به وسیله اسلحه، به جناب آقای **هژیر**، وزیر دربار شاهنشاهی، چون با توجه به اقدامات حاصله و محتویات پرونده، آنچه که مسلم است جرح به وسیله اسلحه بوده که مورد اعتراف متهم می‌باشد و از طرفی از ساعت شش امروز حکومت نظامی در شهرستان اعلام گردید، بنابراین با توجه به آیین‌نامه حکومت نظامی، این بازپرس و دادسرای تهران صالح برای رسیدگی به موضوع جرم نبود و معتقداست پرونده متهم به دادسرای نظامی برای اقدام شایسته ارسال گردد.*

*بازپرس شعبه سوم تهران – **مرتضی رستم پور** ۲۸/۸/۱۳[۱۳]*

بنا به محتویات پرونده و مذاکرات شفاهی با آقای دادستان با قرار صادره موافقت دارد.
*از طرف دادستان تهران – **علی افخمی***

جلسه مقدماتی دادگاه حسین امامی

با صدور این قرار از طرف بازپرس و موافقت دادستان، به این قرار، به نظر می‌رسد که سیاست در این جریان دخالت داشته که در همان روز واقعه، دادسرای شهرستان از خود سلب صلاحیت نموده که دیوان کشور بعداً بی‌اعتباری نظایر آن را مورد حکم قرار داده‌است.

باید توجه داشت مجری این سیاست در این پرونده وزیر دادگستری [**دکتر محمد سجادی**] می‌توانسته باشد، نه کسی دیگر.

اینکه بازپرس در قرار خود استناد به آیین نامه نموده صحیح نیست، چه در ماده ۵۵ می‌نویسد: **کلیه بزه‌هایی که از تاریخ اعلام حکومت نظامی وقوع یافته** ...
و قید عبارت از **تاریخ اعلام حکومت نظامی**، اعمال مقدم بر اعلام حکومت نظامی مشمول صلاحیت محاکم نظامی نخواهد بود.

به نظر می‌رسد بازپرس و دادستان برخلاف قانون و عقل سلیم اظهار نظر کرده‌اند. پس باید گفت یا زیر فشار قرار گرفته تسلیم زور و نفوذ قوه مجریه شدند و یا خوش خدمتی کرده و این قرار را صادر کرده‌اند.

دادسرای نظامی فرمانداری تهران سه اتهام به **سیدحسین امامی** وارد آورده:
۱ - قتل عمد
۲ - اقدام بر علیه امنیت و آسایش کشور
۳ - قیام مسلحانه بر ضد دولت

در تاریخ ۱۴ آبان ادعانامه به دادگاه فرماندار نظامی تهران فرستاده شد. از بعدازظهر ۱۳ آبان تا روز ۱۴ آبان یک پرونده که بیش از صد صفحه آن مربوط به بازجویی از امامی [بود]، تشکیل شده‌بود و به نظر می‌رسید از لحظه دستگیری تا ساعت محاکمه از او بازجویی به عمل می‌آمده است و امامی مجال لحظه‌ای استراحت نداشته‌است. یا باید گفت برگ‌های بازجویی ساختگی بوده، در هر صورت این موضوع به خوبی شدت و حدت و غیر طبیعی بودن جریان تحقیق را ثابت می‌کند.

روز چهاردهم آبان در دادگاه نظامی به **مرحوم امامی** اخطار شد که وکیل مدافع برای خود تعیین کند. در ذیل این اخطار دادگاه آن **مرحوم** می‌نویسد: من وکیل نمی‌خواهم خودم صحبت می‌کنم. این جمله نشان می‌دهد امامی از تعیین وکیل امتناع کرده ولی جمله دیگری در آن برگ وجود داشت از این قرار: وکیل برای دفاع معین فرمایید. این جمله عادی نیست و بلافاصله از طرف دادگاه آقای ستوان **مفتاحی** به سمت وکالت تعیین می‌شود.

جلسه مقدماتی دادگاه حسین امامی

در ساعت ۵ بعدازظهر همان روز (۱۴ آبان) جلسه مقدماتی دادگاه تشکیل می‌شود. این در حالی صورت می‌گیرد که دادگاه مکلف بود از پنج الی ده روز به وکیل مدافع و متهم برای مطالعه پرونده مهلت بدهد و ملاحظه می‌شود که **مرحوم امامی** از این حق قانونی محروم شده است و جلسه مقدماتی دادگاه همان روز برای تعیین وکیل تسخیری به متهم تشکیل گردید.

ساعت شش و نیم همان روز (۱۴ آبان) دادگاه به دادستانی **سرهنگ ۲ جهانگیری** به ریاست **سرهنگ جهانشاهی قاجار** و به عضویت **سرهنگ دوم کامرانی** و **سرگرد شهیدی** تشکیل یافت. در جواب سؤال، متهم راجع به داشتن بزه می‌گوید: من این محکمه را صالح نمی‌دانم برای اینکه قضیهٔ من قبل از اعلام حکومت نظامی واقع شده و حق این

بود پرونده احاله شود به دادگستری و یک مجلسی آنجا تشکیل شود از چندین هزار نفر از طبقات مختلف این کشور از اشخاص دانشمند و مخبرین جراید، تمامی آنجا حضور داشته باشند. حال این دادگاه تشکیل شده و خودم می‌دانم حکمی که درباره من صادر شود چیست و این محکمه کاملاً سفارشی است.
سیدحسین امامی در آخرین دفاع از خود باز عدم صلاحیت رسیدگی به پرونده را تکرار می‌کند. ولی دادگاه درباره صلاحیت خود هیچ‌گونه اظهارنظر نمی‌کند و به صدور حکم می‌پردازد. حکم دادگاه همان روز ۱۴ آبان ساعت ده شب بدین قرار صادرمی‌شود:

تاریخ ۲۸/۸/۱۴[۱۳]
شماره ۱
دادگاه جنایی فرماندار نظامی به ریاست **سرهنگ جهانشاهی قاجار** و کارمند دادرسان نامبرده **سرهنگ ۲ کامرانی، سرگرد شهیدی** در تاریخ ۲۸/۸/۱۴ علناً برای دادرسی پرونده غیر نظامی **حسین** شهرت **امامی** دارای شناسنامه ۲۸ صادره از تهران متولد ۱۳۰۳ . . . . بازداشت طی یک جلسه مقدماتی و یک جلسه دادرسی، پس از استماع بیانات دادستان و دفاعیات وکیل مدافع و متهم، هیأت دادرسان به اجراء مقررات ماده ۲۰۹ قانون دادرسی و کیفری ارتش در ساعت ۲۲ از شور خارج، به شرح آتی به صدور رأی مبادرت می‌نماید:
محتویات پرونده و بیانات دادستان و وکیل مدافع و متهم علاوه بر اینکه می‌رساند قتل وزیر دربار شاهنشاهی، **مرحوم عبدالحسین هژیر**، آگاهانه و به عمد و با تهیه قبلی به وقوع پیوسته، تردیدی نیست و هیچ گونه ابهامی ندارد و با این عمل نیز لطمه به امنیت و آسایش جامعه وارد ساخته و تولید بیم و هراس در میان اهالی به وجود آورده است، علیهذا هیأت دادرسان به اتفاق آراء مواد استنادی بند ۳ ماده ٦ مصوب ۲۲ خرداد ۱۳۱۰ [را] وارد دانسته و متهم حاضر را از نظر قتل عمد با رعایت ماده ٤١٢ قانون دادرسی ارتش به استناد ماده ۱۷ قانون کیفر همگانی و **از نظر اینکه پرونده حاکی از هیأت و دسته را مینماید**، به استناد ماده ٤ قانون حکومت نظامی مصوب ۲۷ سرطان ۱۲۹۰ محکوم به اعدام می‌نماید.
پرونده برای دیگر کسانی که در این توطئه شرکت داشته‌اند مطرح خواهد بود.
رئیس دادگاه **سرهنگ جهانشاهی قاجار**
سرهنگ کامران – سرکرد شهیدی
ستوان مفتاحی – حسین امامی
دادستان: **سرهنگ ۲ جهانگیری**

در حکم اشاره شده دادگاه علنی بوده، در حالی که کسی از جریان تحقیقات و ادعانامه مطلع نبود و فاصله بین دستگیری، تحقیق و محاکمه بیست و چهار ساعت بیشتر نبوده و پر واضح است که در این مورد [حقوق متهم] رعایت نشده‌است.

ماده ٤ قانون حکومت نظامی از این قرار است:
«اشخاصی که بر ضد دولت مشروطه و امنیت عمومی اقدام [کرده] و خیانت آنها مدلل شده باشد، محکوم به قتل خواهند بود.»

*این قانون حکومت نظامی ابداً منطبق با اتهام **امامی** نبوده است. اگر درست به عبارات حکم صادره توجه‌شود، حتی قضات دادگاه آشنا به اصطلاحات معمولی قضایی نبوده‌اند، تا چه برسد به داشتن معلومات قضایی.*
مورد دیگر اینکه، دادرسی فقط در یک جلسه صورت گرفته و منتهی به صدور حکم شده‌است.
به موجب قانون مصوب ۲۲ اردیبهشت ۱۳۲۱ احکام صادره از محاکم نظامی زمان حکومت نظامی قابل تجدید نظراست و از زمان ابلاغ حکم، محکوم می‌تواند تا ده روز تقاضای تجدید نظر کند.
در موقع ابلاغ حکم به محکوم به او تذکر داده می‌شود که ظرف دو [ده صحیح است] روز حق تقاضای تجدید نظر دارد.
*ولی در صورت جلسه جمله‌ای منسوب به **مرحوم امامی** با خط متزلزل به این معنی نوشته شده بود:*
*«به رأی فوق مشروحه در رأی اعتراضی ندارم – **سیدحسین امامی**»*

*در جمله، قلم‌خوردگی وجود دارد و اگر **مرحوم امامی** این جمله را نوشته حالت عادی نداشته و در وضعی بوده که نمی‌توانسته مثل زمان عادی فکر کند، یا وضعی وجودداشته که سبب خارج شدن از وضع عادی بوده‌است.*
*معقول نیست شخصی مثل **امامی** که با جرأت و شهامت به صلاحیت دادگاه ایراد گرفته، به میل خود از حق تجدید نظر صرف‌نظر کرده باشد. درحالی که **مرحوم امامی** به اتهام قتل **کسروی** سابقه‌ای در دادگاه‌های موقت زمان حکومت نظامی داشته و می‌دانسته درمورد حکم اعدام، دیوان کشور حق رسیدگی دارد، او از حق قانونی خود صرف‌نظرنماید.*
*مورد قابل توجه دیگر در پرونده صرف نظر کردن وکیل مدافع **امامی** از حق تجدید نظر است.*

***ستوان مفتاحی** در ذیل صورتجلسه می‌نویسد:*
*«چون موکل اعتراضی نداشت و در کلیه اوراق اعتراف صریح نموده‌است، لذا اینجانب نیز تقاضای تجدید نظر ندارد. **ستوان مفتاحی**»*

*چیزی که بیشتر وجود وضع غیر عادی بودن در انصراف از تجدید نظر را تأییدمی‌کند، منصرف شدن وکیل مدافع از حق تجدید نظراست، این نشان‌دهنده این است آن **مرحوم** زیر فشار قرار داشته‌است. پس از صدور رأی اعدام معمولاً به متهم ده روز وقت داده‌می‌شود، در رأی خود تجدیدنظر کند و اگر در این فاصله محکوم تقاضای تجدید داد، دادگاه مکلف به رسیدگی است و محکمه نمی‌تواند رسیدگی مجدد را از خود سلب کند.*
*با این حال ملاحظه می‌شود که در اجرای اعدام آن **مرحوم** این اصول رعایت نشده و فردای آن روز صدور رأی، او را بدون سر و صدا و ساعتی بعد از نیمه شب در میدان توپخانه (سابق) به دار زدند."*
(زندگی سیاسی عبدالحسین هژیر- جعفر مهدی نیا- انتشارات پانوس- صفحات ۲۱۶/۲۱۱ - بازگوشده از نوشته **ارسلان خلعتبری** در دو شماره روزنامه ستاره)

حرمت‌دهی بی‌سابقه وغیرقانونی نسبت به محمد مصدق و خفت‌دهی بی‌دلیل و شگفت‌آور نسبت به دکتر مظفر بقائی

پس از اعلام حکومت نظامی، جبهه‌ی ملی به رهبری **محمد مصدق**، به شرکت در توطئه قتل **هژیر** متهم شده و دستور بازداشت اعضای آن صادر گردیده‌است.
اعضای جبهه‌ی ملی در آن شب به دعوت **مصدق**، برای گفتگو درباره رخداد مزبور در خانه او اجتماع کرده‌بوده‌اند. ولی چون مأموران حکومت نظامی اجازه ورود به خانه مزبور را [به احترام **مصدق**] نداشته‌اند پس در بیرون خانه به انتظار ایستاده و شرکت‌کنندگان در آن جلسه را پس از خروج بازداشت کرده‌اند.
افزون‌برآن مأموران مذکور در همان شب به محل «**سازمان نظارت بر آزادی انتخابات**» که توسط **دکتر مظفر بقائی** پایه‌گذاری شده‌بود، هجوم برده و بیست و هفت نفر اعضای حاضر در آن محل را، که **خلیل طهماسبی**، متهم (بعدی) به قتل **رزم‌آرا** نیز در میانشان بوده‌است، بازداشت نموده‌اند.
در اینجا بهتر آن می‌داند که روایت **حسین مکی** در مورد این بازداشت‌ها را در پائین بازگونماید:

*" ... پس از ترور **هژیر**، **دکتر مصدق**، اعضای جبهۀ ملی را برای شور در مسئله اوضاع جاری و اعلام حکومت نظامی، که از ساعت ۹ برقرار می‌شد [حکومت نظامی از ساعت ٦ بعدازظهر برقرار شده بود]، به خانه خود دعوت نموده بود.*
*همینکه ساعت جلسه خاتمه یافت پلیس که مأمور دستگیری اعضاء جبهۀ ملی بودند **همگی را به استثنای دکتر مصدق** دستگیر و به کلانتری جلب کردند ولی پس از مدت کوتاهی همگی آزاد می‌شوند و فقط **حائری‌زاده و دکتر بقائی و آزاد** را به شهربانی کل انتقال می‌دهند و در یکی از زیرزمین‌های مرطوب زندانی می‌کنند.*
البته دنبال من‌هم می‌گشتند ولی چون از تشکیل جبهۀ ملی بی‌اطلاع و در شمیران بودم، پس از مراجعت یکسر به مجلس روضه‌خوانی اراکی‌ها در خیابان ری رفته بودم و سپس به منزل خود مراجعت کردم، همینکه به منزل رسیدم گفتند: مأمورین برای جلب شما آمده بودند، گفتیم به شمیران رفته است.
روز بعد شهربانی [؟] به وسیله رادیو اعلام نمود که خود را معرفی کنم.
*نزدیک عصر به شهربانی کل رفتم و خود را به **سرتیپ صفاری** – که طولی نکشید از سمت خود برکنار شد – معرفی کردم. وی پاسخ داد: بروید به فرمانداری نظامی خود را معرفی کنید. مرکز فرمانداری نظامی در محل ستاد ارتش در خیابان سوم اسفند قرارداشت و **سرلشکر احمد خسروانی** فرماندار نظامی بود. خود را معرفی کردم و گفتم علت احضار من چیست؟ گفت از شما سؤالاتی خواهند کرد ...*
***در زندان موقت شهربانی حائری‌زاده و آزاد و نگارنده و جواهرکلام و بشارت مدیر روزنامه وطن در بهداری زندان در یک اتاق نسبتاً بزرگ زندانی بودیم** و در اتاق کوچکی جنب اتاق ما **عبدالحسین نوشین**، هنرمند مشهور، **کریم کشاورز**، برادر **دکتر کشاورز**، زندانی بودند.*
غذا به طور مرتب، یک روز از منزل حائری‌زاده و یک روز از منزل من و یک روز از منزل بشارت‌می‌آوردند و همگی آنان که در بالا نامشان ذکرشد در سر یک میز ناهار صرف‌می‌کردیم.
*در داخل زندان یک نفر زندانی به نام «**امیر**» از بچه‌های پامنار، به جرم قتل به حبس ابد محکوم بود.*
از محبوس بودن ما همه زندانیان اطلاع داشتند و به ما احترام می‌گذاردند و هر یک می‌خواست به نوعی به ما ابراز محبت کند.

حرمت‌دهی غیرقانونی به مصدق و خفت‌دهی به بقائی

در یکی از روزها امیر فوق‌الاشاره که خیلی مورد علاقه اهالی پامنار بود از ما اقلیت دوره پانزدهم، ناهار به کله پاچه دعوت کرد. وی از دوستان خود خواسته بود که کله پاچه مفصلی در خارج پخته ظهر به زندان بیاورند. از داخله زندان نیز چند نفر از زندانیان سیاسی به این ناهار دعوت شده بودند، منجمله مرحوم آقا **مصطفی کاشانی** فرزند **آیت‌الله کاشانی**، که پس از ترور **هژیر** ایشان را هم زندانی کرده بودند. همگی در اتاق ما جمع شده‌بودند و عده‌ای حدود ۲۰ نفر سر میز ایستاده، مشغول کشیدن غذای خود بودیم.

مرحوم آقا مصطفی می‌دانست که من از سیر خام بدم می‌آید و هیچ‌گاه نمی‌خورم. برای اینکه مزاحی کرده باشد، مقداری سیر خام را لای قطعه گوشتی گذارد و به من داد که از بهترین جای کله می‌باشد.

همینکه در دهان گذاردم فهمیدم که با سیر آمیخته است. با ناراحتی آن را به دور انداختم و بطور قهر از اتاق خارج شدم و پس از شستن دهان از غذایی که آن روز از منزل آورده بودند صرف کردم. از قرار معلوم غذای کله پاچه مسموم بود و همگی آنها که از آن خورده بودند، مبتلا به اسهال شدید شدند.

نیمه شب از صدای در اتاق که مرتب باز و بسته می‌شد، بیدار شدم. متوجه گردیدم که هیچ کدام از دوستان در اتاق نیستند. نگران شدم و به اتاق مجاور که **نوشین و کریم کشاورز** بودند، سر زدم، دیدم آنجا هم کسی نیست. بر نگرانیم افزوده شد. در جستجوی آنها بر آمدم، ناگهان متوجه شدم که همگی دست بر شکم گذارده پشت در توالت در صف نوبت ایستاده‌اند و هر کدام نیز که از توالت بیرون می‌آمد، مجدداً در آخر صف نوبت می‌گرفت.

صبح **دکتر هاشمی** طبیب زندان موقت همگی را مورد معاینه و معالجه قرارداد و تا یکی دو روز غذای آنان فقط ماست بود، آن‌هم ماست بی‌رمق زندان! در این میان تنها من از این ماجرا سالم جستم که مسبب آن‌هم شوخی **مرحوم مصطفی کاشانی** بود."
(خاطرات سیاسی حسین مکی- حسین مکی- صفحات ۲۰۲/۲۰۶)

خلاصه اینکه، رئیس و شماری از اعضای جبهه‌ی ملی در قتل **هژیر** مورد اتهام و سوءظن قرارگرفته‌اند ولی در مورد آنان، بنا به میل و دستور **سرتیپ محمد دفتری**، بازوی اجرایی فرمانداری نظامی، به سه ترتیب رفتار شده‌است:

۱ - از محمد مصدق محترمانه درخواست کرده‌اند به احمدآباد، ملک شخصی خود، که خارج از قلمرو حکومت نظامی تهران بوده‌است، برود و در آنجا آزادانه زندگی کند ولی چون وی به‌عنوان رهبر جبهه‌ی ملی ، متهم شماره یک در آن قتل محسوب می‌شده‌است، پس به‌ظاهر چند نفر کارآگاه نیز همراه وی روانه ساخته بوده‌اند.

این کارآگاهان اجازه هیچ‌گونه دخالت و یا برقراری محدودیت در زندگی **مصدق** را نداشته‌اند و به‌ظاهر تنها وظیفه آنان جلوگیری از خروج وی از احمدآباد بوده‌است.

۲ - برای سیدحسین مکی، ابوالحسن حائری‌زاده، عبدالقدیر آزاد، و چند نفر دیگر، شرایطی شبیه به زندگی **در یک هتل آبرومند**، با وسایل خواب و زندگی، که از منزل‌هایشان برای هر یک آورده‌بوده‌اند و با غذاهای متنوع که هر روز، طبق قرار قبلی از منزل بعضی از آنان به زندان برده می‌شده‌است، فراهم شده‌بود. یعنی در آنجا هر روز نوعی مهمانی مردانه همراه با شادمانی‌های مربوط به آن و بدون هیچ‌گونه محدودیت برقرار بوده‌است.

۳ - **دکتر مظفر بقائی کرمانی، با بیست و هفت نفر، بازداشت‌شدگان دیگر، از همان ابتدا به زندان موقت شهربانی منتقل‌شده** و با بسیاری از محکومان، مجرمان، و متهمان به قتل و جنایت و قاچاق و از این قبیل هم‌زندان شده‌است.

یکی از این زندانیان، همان **خلیل طهماسبی،** متهم بعدی به قتل رزم‌آرا بوده که بعدها، یعنی پس از آن قتل و آزاد شدن از زندان، ضمن مصاحبه‌ای با خبرنگار مجله تهران‌مصور، چنین گفته‌است:

*" ... یک شب در مسجد قائمیه، در دروازه دولت کشیک می‌دادم، وقتی کارم تمام شد به سازمان نظارت آزادی انتخابات رفتم. بین راه شنیدیم که **هژیر** را کشتند. وقتی به سازمان نظارت رسیدیم، عده زیادی پلیس و مأمور آگاهی به آنجا ریخته و ما را به زندان بردند. چهار روز ما را در زندان نگهداشتند. **دکتر بقائی** را هم به آنجا آوردند. در آنجا با **دکتر بقائی** که مبارزات او را در خارج شنیده بودم، از نزدیک آشنا شدم ... "*
(اسرار قتل رزم‌آرا- محمد ترکمان- صفحه ٤٦٩- بازگوشده از مجله تهران‌مصور- شماره ٤٨٤- مورخ ۳۰ آبان ۱۳۳۱)

خود **دکتر بقائی** که پس از پنج هفته آزاد شده، درباره دوران زندانی بودن خود چنین نوشته‌است:

" ... در این مدت پنج‌هفته که در زندان بسربردم، مطالعات زیادی کردم. بسی مجهول‌ها برایم کشف‌شد. با بسیاری از افراد آشناشدم و نسبت به بعضی اشخاص ارادت پیداکردم. دزدهایی دیدم که از بسیاری از وجیه المله‌های این مملکت به درجات شریف‌ترند و از این مقایسه، هم اکنون، از آن دزدان با کمال شرمساری طلب معذرت می‌کنم.
با یک نفر آشنا شدم که بیست و دو دفعه برای دزدی محکوم شده بود و در انتظار بیست و سومین محکومیت خود در زندان بسر می‌برد ولی مجموع دزدی‌های سی ساله او به اندازه عشر دزدی‌های یکی از اعضای انجمن نظارت مرکزی انتخابات تهران که همه او را به خوبی می‌شناسند، بالغ نمی‌شد ... "
(شاهد- دوشنبه ۲۱ آذر ۱۳۲۸- شماره ٤٤- ستون‌های ۳ و ٤)

۵ – برنامه آزادسازی سیدحسین امامی

شماری از اعضای اصلی فداییان اسلام و دست‌کم **نواب‌صفوی، سیدعبدالحسین واحدی،** و **سیدمحمد واحدی،** شخصاً و مستقیماً در تحریک و شهامت‌بخشی به **سیدحسین امامی** جهت قتل **هژیر** شرکت‌داشته و از آمران اصلی این توطئه محسوب می‌شده‌اند.
ما اکنون بخوبی می‌توانیم دریابیم که دست‌کم این سه نفر، پیش از تیراندازی، در جلساتی با شرکت **سیدحسین امامی** برنامه‌ای که کاملاً عملی و نتیجه‌بخش می‌نموده برای آزادسازی این شخص در صورت وقوع قتل و محکومیت او به اعدام تنظیم کرده‌بوده‌اند.
این برنامه با توجه به تنفر و خشم عظیم مردم کوچه و بازار از **هژیر،** که او را نوکر انگلیس و عامل اصلی تقلب در امر انتخابات می‌دانسته‌اند، تنظیم‌شده بوده‌است. به این معنی که چون طبق روش معمول در آن زمان، همواره احکام اعدام را پس از سپیده‌دم به مورد اجرا درمی‌آورده و نیز چند روزی جلوتر، روز و ساعت انجام آنها را در روزنامه‌ها اعلام می‌کرده و یا دست‌کم خانواده اعدامی را آگاه می‌ساخته‌اند، لذا فداییان اسلام با توجه به این روش برنامه‌ای جهت آزاد سازی

حسین امامی تنظیم کرده و قرار گذاشته‌بوده‌اند که بی‌درنگ پس از آگاهی از روز و ساعت اعدام، با بکارگیری تمام افراد خود وطرفداران **آیت الله کاشانی** در تمام مساجد تهران و اطراف، از مؤمنان و سایر مردم خشمگین تهران، بخواهند که در آن روز و ساعت (به‌ظاهر) به‌منظور دعا و طلب آمرزش پیش از اعدام و فاتحه‌خوانی پس از آن برای **سیدحسین امامی** در محل اعدام، یعنی میدان سپه (توپخانه) حضوریابند.
ولی پس از آنکه **سیدحسین** را جهت اعدام به میدان می‌آوردند، اعضای فداییان اسلام و سایر افراد مورد اعتماد مسجدی و مؤمن که همگی در بین جمعیت ولی در نقاط مختلف پخش شده‌بوده‌اند در لحظه مناسب و با دیدن یا شنیدن علامتی معین، به ناگهان، درحالی‌که نعره‌های الله‌اکبر سرمی‌داده‌اند، به‌سوی محلی که **سیدحسین امامی** ایستاده بوده‌است، هجوم ببرند و او را آزاد سازند.
بی‌گمان چون **فداییان اسلام**، از دشمنی شدید بین **حاجیعلی رزم‌آرا** و **عبدالحسین هژیر** به خوبی آگاهی داشته‌اند، پس به احتمال زیاد به‌نحوی مناسب (و شاید با دخالت محرمانه **مصدق**) به پاداش دفع شر هژیر از سر رزم‌آرا، با خود **رزم‌آرا** و یا **سرتیپ محمد دفتری** قول و قراری برای همکاری در برنامه آزادسازی گذاشته‌بوده‌اند.
با این ترتیب تردیدی نباید داشت که انجام آن همه اقدامات خلاف قانون جهت تسریع غیرعادی در محاکمه و محکومیت **سیدحسین امامی**، بدون آنکه از سوی فداییان اسلام و خود **امامی** و حتی **محمد مصدق** و سایر اعضای جبهه‌ی ملی نسبت به آنها کوچکترین اعتراضی به‌عمل آید، در یک طرف، از نظر فدائیان اسلام اقداماتی در جهت اجرای همان قول و قرار تلقی می‌شده و در طرف دیگر، از نظر **مصدق** و رزم‌آرا، نابودی هر چه سریعتر و ابدی **امامی** جهت جلوگیری از افشای اسرار آن قول و قرارها بوده‌است.
در هر حال مطالب زیر نمونه‌هایی از انگیزه‌های موجود درباره برنامه فداییان اسلام جهت آزادسازی **سیدحسین امامی** می‌باشد:

*" **سیدحسین امامی**، از اعضای اصلی **فدائیان اسلام**، پس از اعدام انقلابی **هژیر** دستگیرشد. گروه فدائیان اسلام تلاش خود را مبنی‌بر آزادی یار عزیزشان آغاز نمودند.*
*با اعلام حکم اعدام برای **امامی** آنها تصمیم گرفتند تا در شب اجرای حکم به مأموران حمله کرده و برادر فداکار خود را آزاد کنند.*
*با اینکه این کار خیلی مشکل بود اما علاقه و وفاداری ایجاب می‌کرد تا **فدائیان اسلام** بار دیگر خطر کنند.*
*شب هفدهم آبان ماه **فدائیان اسلام** برای نجات **امامی** آماده شدند، اما ناگهان جوانی روزنامه بدست وارد اتاق شد و گفت: حکم به تأخیر افتاده است.*
***فدائیان اسلام** ناچار آن شب متفرق شدند ولی صبح روز بعد فریاد روزنامه فروش‌ها:*
***اعدام امامی، اعدام امامی**، دل‌ها را لرزاند و اشک حسرت را بر گونه‌ها جاری نمود.*
*رژیم که از تصمیم **فدائیان اسلام** مبنی بر آزادسازی **امامی** آگاه شده‌بود، خبر تأخیر اجرای حکم را در جراید منتشرکرد و از غروب شانزدهم آبان ماه خیابان‌های متصل به توپخانه را به علت حفاری بست.*
اما در ساعت ۲ نیمه شب پس از قرائت حکم توسط نماینده دادستان، اولین شهید فدائیان اسلام با قلبی مطمئن در راه اسلام به شهادت رسید."
(نواب صفوی، اندیشه‌ها و مبارزات فدائیان اسلام، تاریخ، عملکرد و اندیشه- نقل از اینترنت از آدرس: www.navabsafavi.com/Shahid-Navvab-Moaserin/Emami.htm)

پنج ترور تاریخی راهگشای صدارت مصدق

نگارنده از نام نویسنده متن بالا آگاهی نیافت ولی در کتاب «زندگی سیاسی **عبدالحسین هژیر**» نوشته‌ی جعفر مهدی نیا- صفحات ۲۵۷/۲۵۸، به متن زیر، به قلم **سیدمحمد واحدی** برخورد که کم‌وبیش با همان مضمون بالا ولی به صورتی کامل‌تر از آن بود.

سیدمحمد واحدی، که او را فرد شماره سوم **فداییان اسلام** می‌دانند، برادر کوچک‌تر **سیدعبدالحسین واحدی** بوده که فرد شماره دوم آن گروه به‌شمار می‌رفته‌است.
سیدمحمد واحدی همراه با **نواب‌صفوی** در تاریخ ۲۷ دی ماه ۱۳۳۴ اعدام گردیده و برادر وی، **سیدعبدالحسین واحدی**، نیز در تاریخ ۸ آذر همان سال، به‌ظاهر در دفتر **سرتیپ تیمور بختیار**، به علت اینکه پاسخ اهانت او را داده بوده (و به بهانه اینکه قصد فرارداشته) توسط او به قتل رسیده‌است.

درهرحال به سبب اینکه **سیدمحمد واحدی**، نویسنده یا تقریرکننده متن زیر، در داستان تصمیم‌گیری جهت آزادسازی **سیدحسین امامی**، شاهد عینی به‌شمار می‌رفته، یعنی خود او در زمره اتخاذ کنندگان آن تصمیم بوده‌است، پس تا اندازه زیادی می‌توان به صحت آن داستان اعتماد نمود و آن را باور کرد:

> *" ... پس از اطلاع از حکم دادگاه، عده‌ای از **فدائیان اسلام** مجهز شده بودند، شبی که بنابود حکم اعدام درباره **مرحوم امامی** اجراء شود او را به وسیله‌ای که شده بربایند.*
> *البته این عمل بسیار مشکل بود و خیلی از خود گذشتگی لازم داشت. آن شب، شب هفدهم ماه محرم بود ناگهان درب اتاق بازشد و جوانی درحالی که روزنامه‌ای به دست داشت وارد شد و خبر مندرج در روزنامه مبنی بر تأخیر اجرای حکم اعدام **امامی** را قرائت کرد.*
> *آن شب حاضرین در آن جلسه متفرق شدند. اما سپیده‌دم فردا روزنامه‌فروش‌ها فریاد می‌زدند: **اعدام امامی، اعدام سیدحسین امامی**.*
> *عصر روز قبل دستوردادند جراید خبر تأخیر اجرای حکم را درج کنند. و از نزدیک نیمه‌شب همه ماشین‌هایی را که مسیرشان از میدان توپخانه (سابق) بود از مقدار فاصله برمی‌گرداندند و می‌گفتند که در توپخانه چاه حفر کرده‌اند و عبور و مرور ممکن نیست.*
> *قبل از نیمه‌شب سربازان میدان توپخانه (سابق) را حلقه‌وار محاصره کرده و مدخل خیابان‌هایی را که به این میدان منتهی می‌شد مسدود نمودند.*
> *بسیار معدودی افراد می‌دانستند که موضوع از چه قرار است. در دژبانی مرکز تکاپو از همهمه بیشتری مشهود بود. عقربه ساعت به روی ۲ بعد از نیمه‌شب می‌چرخید که آمبولانسی از خیابان فردوسی وارد میدان توپخانه شد. در حالی که **امامی** آیاتی از قرآن مجید تلاوت می‌کرد بسیار آرام و بی‌تزلزل از آمبولانس پایین آمد و به پای چوبه‌دار رفت.*
> *پزشک قانونی طبق معمول، **مرحوم امامی** را مورد معاینه قرار داد. پس از انجام معاینه، نماینده دادستان به قرائت حکم پرداخت. بالاخره هنگامی که در میدان توپخانه جز برق سرنیزه چیزی به چشم نمی‌خورد، طناب دار را به گردن آن **مرحوم** انداختند.*

*قاعده چنین است که حکم اعدام را پس از سپیده دم اجراء می‌کنند ولی **مرحوم امامی** را خلاف این روش بعد از نیمه شب به دار شهادت آویختند ..."*
(زندگی سیاسی عبدالحسین - جعفر مهدی‌نیا- صفحات ۲۶۷/۲۶۸- بازگوشده از خاطرات فداییان اسلام- نوشته سیدمحمد واحدی)

و ـ وقایع متعاقب قتل هژیر

(۱) ـ ابطال انتخابات تهران

این ترور، که به‌حساب واکنش مردم در مورد دخالت‌های خلاف قانون دربار و دولت در انتخابات تهران گذاشته شده‌بود، موجب گردیده‌است که وحشت عظیمی در میان سایر دست‌اندرکاران در آن انتخابات به وجود آید و با اینکه انتقال صندوق‌های رأی از مسجد سپهسالار به فرهنگستان به منظور انجام تقلب در آنها، با موافقت **سیدمحمد صادق طباطبائی**، رئیس انجمن نظارت انتخابات صورت گرفته‌بوده و نام خود او هم در رأس فهرست کاندیداهای دولتی قرار داشته‌است، با این وجود وی از ترس جان و نیز به منظور رهایی از ننگ بدنامی و رسوایی در تاریخ ۱۹ آبان ۱۳۲۸ اعلامیه‌ای صادر کرده و با قبول فساد در انتخابات انجام شده، ابطال آن را اعلام نموده‌است.

(۲) ـ مسافرت رسمی شاه به آمریکا

قتل **هژیر** در تاریخ ۱۳ آبان ۱۳۲۸ (٤ نوامبر ۱۹٤۹) و در زمانی اتفاق افتاده‌است که برنامه مسافرت رسمی **محمدرضا شاه پهلوی** به آمریکا، به دعوت **هری ترومن**، رئیس جمهور وقت آن کشور، قطعیت یافته‌بوده و هواپیمای ارسالی توسط **ترومن**، در فرودگاه مهرآباد تهران، در انتظار پرواز دادن **شاه**، توقف داشته‌است.
در این شرایط، شاید مردم درست گمان می‌کرده‌اند که قتل **هژیر** به منظور مجازات وی درباره اقداماتش جهت توسعه حسن روابط بین ایران و آمریکا و به‌ویژه تشویق **شاه** برای مسافرت به آن کشور بوده‌است و همچنین قصدداشته‌اند که تا آنجاکه ممکن‌است از انجام آن جلوگیری به‌عمل‌آورند.
اما **شاه** با انتصاب **سرلشکر فضل‌الله زاهدی** (که از مخالفان **سپهبد رزم‌آرا** محسوب می‌شده) به ریاست شهربانی کل کشور و صدور دستور به رئیس کل ژاندارمری، که از آن به بعد باید مستقیم زیر امر ریاست شهربانی انجام وظیفه نماید، نگرانی‌هایی را که در مورد توطئه‌های احتمالی رئیس ستاد ارتش، در غیاب او وجود داشته، کاهش داده و در تاریخ ۲۳ آبان ۱۳۲۸ (۱٤ نوامبر ۱۹٤۹) عازم آمریکا گردیده‌است.
در ضمن چون **سرلشکر زاهدی**، به مخالفت با انگلیس شهرت داشته، پس انتصاب وی به ریاست کل شهربانی، در آستانه سفر رسمی **شاه** به آمریکا، به‌عنوان رشوه‌ای از سوی **شاه** به آمریکا تلقی شده‌است.
اقامت **شاه** در آمریکا، در حدود دو ماه به طول انجامید و وی ضمن این مسافرت افزون‌بر دیدارهای سیاحتی و تفریحی در ایالات مختلف آمریکا، مذاکرات سیاسی مهمی با مقامات عالیه آن کشور انجام داده و طی آنها در مورد انجام انتخابات آزاد در تهران نیز تعهداتی سپرده‌است.

در اجرای همان تعهدات بوده که **شاه** از همان آمریکا دستور آزادی آن عده از اعضای جبهه‌ی ملی و طرفداران **مصدق** را، که به اتهام شرکت در توطئه قتل **هژیر** زندانی بوده‌اند، صادر کرده‌است.

(۳) - سوءاستفاده مصدق جهت مظلوم‌نمایی و مردم‌فریبی

برای اینکه به خوانندگان گرامی نشان داده‌شود که چگونه **محمد مصدق**، پیوسته و بدون وقفه، از هر رخدادی با روش‌های مردم‌فریبانه و بی‌نظیر خود، به‌منظور مظلوم‌نمایی و در جهت ایجاد محبوبیت برای خود (سوء) استفاده می‌کرده‌است، بد نیست به خبر زیر توجه و در هر جمله آن کمی تعمق‌فرمایند.
این خبر مربوط به بعد از زمانی‌است که از اعضای جبهه‌ی ملی، از جمله **محمد مصدق**، در مورد قتل **عبدالحسین هژیر**، رفع اتهام به‌عمل آمده و همگی آزادی خود را باز یافته‌بوده‌اند:

" دکتر مصدق به تهران مراجعت نمی‌کند
*صبح روز جمعه [۱۸ آذر ماه ۱۳۲۸]، آقایان [آیت‌الله **سیدجعفر**] **غروی**، [**عبدالقدیر**] **آزاد**، [**یوسف**] **مشار**، [**سیدابوالحسن**] **حائری‌زاده**، [**سیدحسین**] **مکی**، **دکتر** [**سیدعلی**] **شایگان**، [**شمس‌الدین**] **امیر علائی**، **دکتر** [**کریم**] **سنجابی**، [**عباس**] **خلیلی**، **مهندس** [**احمد**] **زیرک‌زاده**، [**سیدمحمود**] **نریمان**، **دکتر** [**مظفر**] **بقائی** [**کرمانی**]، **به احمد آباد رفتند تا هم آقای دکتر** [**محمد**] **مصدق را ملاقات نمایند و هم مشارالیه را با خود به شهر بیاورند.***
*ملاقات روی داد! ولی آقایان بدون آقای **دکتر مصدق** به شهر مراجعت نمودند. آقای **دکتر مصدق** از آمدن به شهر، مادامی که حکومت نظامی برقرار است، استنکاف ورزیدند و ترجیح دادند مادامی که آقای **ساعد** وجود حکومت نظامی را در تهران برای حفظ و صیانت مشروطیت و قانون اساسی ایران لازم می‌داند و خود را قادر به انجام این وظیفه خطیر نمی‌پندارد، در احمد آباد باقی باشند.*
*مذاکرات مفصلی بین آقای **دکتر مصدق** و ملاقات کنندگان ایشان به عمل آمد. آقای **دکتر** دو نامه‌ای را که در تاریخ‌های مختلف به حکومت نظامی و ریاست شهربانی نوشته‌اند برای آقایان قرائت نمود (متن دو نامه در شماره امروز [شاهد] درج گردیده‌است) و در پایان گفتند: چون قانون وجود ندارد و حسابی در کار نیست و فقط اوامر حکومت نظامی آن‌هم به وضعی که کسی از آن سر درنمی‌آورد، مجری می‌باشند، جرأت نمی‌کنم به تهران مراجعت کنم.*
*خلاصه آقای **دکتر مصدق** که همه می‌دانیم حاضر است همه چیز خود را فدای ملت نماید جرئت نمی‌کند با وجود حکومت نظامی - وسیله حکومت دولت جناب آقای **ساعد**، به تهران تشریف بیاورند.*
*ما جرأت نمی‌کنیم بگوییم که حق با آقای **دکتر مصدق** است. ولی با کمال شجاعت اعلام‌می‌داریم که هر کس حق دارد هنگامی که حکومت نظامی برقرار است بگوید که جرأت ندارد وارد قلمرو حکومت نظامی گردد.*

«نامه اول
احمدآباد اول آذر ۲۸ [۱۳]

***تیمسار محترم آقای سرلشکر خسروانی**، فرماندار نظامی تهران*

سوءاستفاده مصدق جهت مظلوم‌نمایی و مردم‌فریبی

از چهاردهم آبانماه که اینجانب را از تهران به احمدآباد آورده‌اند و زیر نظر مأمورین کارآگاهی واقع شده‌ام چون رژیمی برای زندگی اینجانب تعیین نشده در حال بلاتکلیفی مانده‌ام. بدیهی است که مقصود از رژیم کلیه اعمالی است از مکاتبه و ملاقات که باید مطلقاً از آنها احتراز کنم.
نظر به اینکه تولیت بیمارستان نجمیه با اینجانب است و امور زندگی خود را نیز باید اداره کنم متمنی است مقررات حکومت نظامی را ابلاغ فرمایید تا کاری برخلاف آنها مرتکب نشوم.
تبعیت اینجانب از قانون بقدری است که حتی این نامه را نمی‌خواستم مستقیماً تقدیم کنم چون مأمورین کارآگاهی نخواستند واسطه ارسال آن شوند ناچار شدم که بوسیله قاصد از آن تیمسار محترم کسب تکلیف کنم.

دکتر محمد مصدق»

«نامه دوم
احمدآباد ۱۶ آذر ۱۳۲۸

***تیمسار محترم سرلشکر زاهدی**، رئیس اداره کل شهربانی*

*ساعت ۵ بعد از ظهر امروز **سرکار سروان احمدی** برای بردن مأمورین کارآگاهی به احمدآباد آمده و حاضر نشدند که تقاضای اینجانب را در خصوص ابقای آنها مورد قبول قرار دهند.*
تا در شهر تهران حکومت نظامی برقراراست اینجانب جرأت آمدن نمی‌کنم و علت این‌است که بدون هیچ دلیل فرمانداری نظامی اینجانب را از شهر تبعید و اکنون ۳۲ روز است که در اینجا تحت مراقبت مأمورین کارآگاهی قرار داده‌است. با این حال این جانب توقف خود را در اینجا به آمدن شهر ترجیح می‌دهم و از آن تیمسار خواهش می‌کنم با تقاضای اینجانب موافقت و امر به عودت آنها فرمایید.

دکتر محمد مصدق» "
(روزنامه شاهد- شماره ٤٥- دوشنبه ۲۱ آذرماه ۱۳۲۸- صفحات ۱ و ٤)

چند روز بعد، باز هم، **مصدق** ساکت ننشسته و به منظور جلوگیری از فراموش‌شدن آن مظلوم‌نمایی و نیز ادامه آن نامه زیر را برای چاپ در روزنامه شاهد فرستاده‌است:

" احمدآباد هشتم دیماه ۱۳۲۸
حضرت آقایان محترم و همکاران عزیزم

*از اینکه چند بار به بازگشت شهر دعوتم فرموده‌اید وبواسطه وجود حکومت نظامی در تهران باز در احمدآباد مانده‌ام بسی متأسفم و حقیقت امر این‌است که **با وجود حکومت نظامی در حفظ حقوق ملت و صیانت و آزادی‌های سیاسی هیچ نوع اقدامی نمی‌توان به‌عمل‌آورد. چه حکومت نظامی تعطیل عملی مشروطیت است** و با وجود آن حقوق و آزادی‌هایی که به موجب قانون اساسی برای ملت شناخته شده، چنانکه به تجربه دیده‌ایم، کان لم یکن می‌شود ... "*
(روزنامه آهنگ شرق به‌جای شاهد- شماره ۲- شنبه ۱۰ دی‌ماه ۱۳۲۸)

درباره‌ی داستان بالا، مطالب زیر را به اطلاع خوانندگان گرامی می‌رساند:

۱- بطوری که نگارنده به یاد دارد، بیانات بسیار زیبا ولی صددرصد مردم‌فریبانه **مصدق**، به شرح بالا، تا مدت کوتاهی پس از رسیدنش به نخست‌وزیری ورد زبان شمار بسیاری از طرفداران وی در سرتاسر ایران شده‌بود و اغلب از آنها به‌عنوان یکی از ویژگی‌های عالی و دلایل آزادی‌خواهی **مصدق** مورد بحث و گفتگو قرارمی‌گرفت. ولی چون نظر او در دوران نخست‌وزیری‌اش بطور کامل تغییرکرد و حکومت نظامی در قسمت عمده‌ای از آن دوران، دست‌کم در تهران، برقراربود و **وی بدون وجود آن نمی‌توانست احساس امنیت و آرامش خاطر نماید پس بعدها مقایسه‌ی دو مورد متضاد بالا فقط مورد استفاده مخالفان وی قرار گرفته‌است.**
به‌ویژه اینکه دولت‌های پیش از **مصدق** تمام مقررات حکومت نظامی را در ایام برگزاری انتخابات ملغی می‌ساخته‌اند ولی این شخص حتی در این مورد نیز روش تازه‌ای ابداع کرده و سنت جدیدی برای دولت‌های بعد از خود به یادگار گذاشته است و آن اینکه، **در موقع انتخابات، فقط مقررات مربوط به ممنوعیت اجتماعات را لغونموده و قسمت اصلی آن یعنی بگیر و ببندهای بی‌حساب و تمام آنچه را که خود وی به‌عنوان ایراد و انتقاد از حکومت نظامی بیان کرده‌بود، همه را بدون تغییر باقی گذاشته‌است.**

۲- در آن زمان دولت در حال تهیه مقدمات و تشکیل انجمن نظارت انتخابات برای دوره شانزدهم مجلس شورای ملی (بجای انتخابات باطل شده) بوده، و همانطور که در بالا گفته شد، طبق روش معمول در آن زمان مجبور بوده‌است که در هنگام برگزاری انتخابات تمام مقررات حکومت نظامی را لغو نماید.
با این ترتیب، چون **مصدق** یقین داشته‌است که مقررات حکومت نظامی به‌زودی برچیده خواهدشد پس این مظلوم‌نمایی به‌ظاهر آزادی‌خواهانه ولی مردم‌فریبانه را ابراز داشته‌است تا اینکه بر محبوبیت خود بیفزاید و چند روز بعد از آن با استقبالی باشکوه‌تر که در خور یک قهرمان آزادی‌خواه می‌باشد توسط فریب‌خوردگانی بیشتر به تهران وارد شود.

(٤) - تغییر جو سیاسی ایران به سود جبهه ملی و مصدق

انتخابات شانزدهمین دوره مجلس شورای ملی (برای مرتبه دوم) بر مبنای تعهدی که **محمدرضا پهلوی** جهت انجام آن بطور آزاد سپرده‌بوده و در شرایطی آغاز شده‌است که درنتیجه تبلیغات پردامنه و وقایع هیاهو برانگیزی که از پس از انتخابات باطل شده تا آن زمان رخ‌داده بوده‌است، بر شور و هیجان مردم به مراتب افزوده‌شده و آن نهضت را به صورتی بسیار عظیم‌تر جلوه‌گر ساخته بوده‌است.
روشن‌است در آن شرایط، اکثریت عظیم افرادی که، آزادانه برای دادن رأی به مراکز مربوط مراجعه می‌کرده‌اند، در برگ‌های رأی اسامی کاندیداهای مورد نظر **جبهه‌ی ملی** را می‌نوشته و یا با خود داشته‌اند.
پس با این ترتیب هرگاه اجازه انتخابات آزاد به‌نحو مورد نظر **جبهه‌ی ملی** به مردم داده‌می‌شده، به طور قطع و یقین این انتظار و یا حتی این اطمینان وجود داشته‌است که تمام ۱۲ نفر نمایندگان منتخب تهران برای آن دوره از اعضا و یا از طرفداران آن جبهه انتخاب شوند ویا دست‌کم از مخالفان مشهور و سرسخت نهضت ملی که در نخستین مرتبه به تزویر و نیرنگ متوسل شده و به تعویض آراء پرداخته و خود را به شدت بدنام و رسوا ساخته بوده‌اند کسی به مجلس راه نیابد.
همچنین بطوری که خوانندگان گرامی ملاحظه فرمودند، اخذ آراء در مرتبه دوم در تهران، در شرایطی آغازگردید که کلیه عوامل جهت موفقیت کاندیداهای **جبهه‌ی ملی** در انتخابات موجود و کمابیش تمام موانع در این رابطه مفقود بوده‌است. یعنی:

تبانی مصدق با چهار کاندیدای دولتی و سیرنگ

۱- **محمدرضا شاه پهلوی**، در اجرای تضمین و تعهدی که، هنگام اقامت در آمریکا، به اولیای آن کشور سپرده‌بوده، درخواست نمایندگان **جبهه‌ی ملی** در مورد آزادی انتخابات را پذیرفته و تمام اقدامات مورد نظر آن جبهه در این رابطه را به انجام رسانده‌است. از جمله با برکناری **دکتر منوچهر اقبال و سپهبداحمد امیر احمدی**، به ترتیب، از وزارت‌خانه‌های کشور و جنگ و انتصاب **امیر اسدالله علم و سپهبد مرتضی یزدان‌پناه**، به جای آنان، که این هر دو از مخالفان **رزم‌آرا** و از افراد مورد اعتماد **جبهه‌ی ملی** بوده‌اند، زمینه‌های برگزاری انتخاباتی آزاد و دور از مداخله و نفوذ مأمورین دولتی، اعم از نظامی و غیر نظامی را فراهم ساخته‌است.
بطوری‌که می‌دانیم در جریان انتخابات و بعد از آن کوچک‌ترین نارضایتی از رفتار این دو وزیر و یا خلف وعده **شاه** توسط **محمد مصدق** یا سایر افراد **جبهه‌ی ملی** ابراز نگردیده‌است.

۲- **محمد ساعد**، نخست‌وزیر، در روز ۱۶ آذر ۱۳۲۸، به نمایندگان **جبهه‌ی ملی** قول‌داده بوده‌است:

" ... اگر در انتخابات تهران تخلفی مشاهده شود استعفاء خواهد داد ... "

و تا آنجا که می‌دانیم وی نیز این قول خود را محترم شمرده‌است.

۳- **سر لشکر فضل‌الله زاهدی**، رئیس کل شهربانی، که در آن زمان، در زمره هواخواهان **جبهه‌ی ملی** و مخالفان **رزم‌آرا** محسوب می‌گردیده، نه‌تنها اعمال نفوذ و مداخله‌ای در امر انتخابات بر ضد **جبهه‌ی ملی** به‌عمل نیاورده بلکه تمام قدرت قانونی خود را نیز در جهت جلوگیری از اقدامات کاندیداهای مخالف آن جبهه در مورد تعویض آرای دریافتی یا تقلب بکار گرفته‌است.

٤- بطوری که در پائین شرح‌داده خواهدشد، انجمن نظارت انتخابات تهران با عضویت افرادی که بیشترشان مورد اعتماد **محمد مصدق** بوده‌اند تشکیل شده و یکی از دوستان و همفکران قدیمی و صمیمی وی را به ریاست برگزیده‌است.

شاید خیلی خلاف حقیقت نباشد، اگر بگوییم که فقط **مصدق** در آن ایام در موقعیتی قرارداشته که می‌توانسته‌است هر کس را که بخواهد به عضویت در هر یک از انجمن‌های فرعی نظارت بر انتخابات منصوب نماید و بی‌گمان تا آنجا که مایل‌بوده و مصلحت می‌دانسته، به اینکار مبادرت ورزیده‌است.
برای نمونه ما هم اکنون اسامی ٦ نفر از ۱۹ نفر اعضای پایه‌گذار **جبهه‌ی ملی** را در میان اعضای این جمعیت‌ها مشاهده می‌نماییم، که عبارتند از **حسین فاطمی** (در سمت رئیس) و **محمدرضا جلالی نائینی**، در حوزه شماره ۲ سپهسالار – **شمس‌الدین امیرعلائی** (در سمت رئیس) در حوزه شماره ۱۰ مسجد قائم – **دکتر سیدعلی شایگان** (در سمت رئیس) و **دکتر کریم سنجابی** در حوزه شماره ۱۱ کافه شهرداری – و **محمود نریمان** (در سمت رئیس) در حوزه شماره ۱۲ مسجد سراج.
با این ترتیب خوانندگان گرامی می‌توانند حدس بزنند که در ٢٤ حوزه نظارت بر انتخابات، که در کل در تهران و حومه موجود بوده، چه تعدادی از علاقمندان **جبهه‌ی ملی** (با معرفی هر یک از کاندیداهای مورد علاقه این جبهه) عضویت داشته‌اند.
حال هرگاه ما فهرست نهایی دارندگان رأی در تهران و حومه را برداریم و کاندیداهای انتخاب شده دولتی را از آن حذف کنیم (یعنی فقط به کاندیداهای مورد علاقه جبهه‌ی ملی توجه نماییم)، ۱۲ نفر زیر در میان دارندگان رأی، علاقمندان و طرفداران بیشتری در میان مردم داشته و به ترتیب، نسبت به سایرین دارای رأی بیشتری بوده‌اند:

۱- محمد مصدق ۲- دکتر مظفر بقائی کرمانی ۳- حسین مکی ٤- ابوالحسن حائری‌زاده ٥- آیت‌الله سیدابوالقاسم کاشانی ٦- عبدالقدیر آزاد ۷- دکتر سیدعلی شایگان ۸- محمد نریمان ۹- اللهیار صالح ۱۰- مهندس کاظم حسیبی ۱۱- دکتر کریم سنجابی ۱۲- مهندس احمد زیرک‌زاده

با این ترتیب با توجه به شور و هیجان فوق‌العاده‌ای که مردم تهران در آن ایام نسبت به اعضای **جبهه‌ی ملی** ابراز می‌داشته‌اند، هیچکس نمی تواند تردید داشته باشد که هرگاه **محمد مصدق** اسامی این ۱۲ نفر را به عنوان کاندیداهای **جبهه‌ی ملی** اعلام می‌نموده، همه آنان با فاصله زیادی نسبت به سایر کاندیداها انتخاب می‌شده‌اند. اما هم اکنون فقط هشت نفر نخست جزو انتخاب‌شدگان نهایی از تهران می‌باشند و به‌جای چهار نفر دیگر اسامی افراد زیر را ملاحظه می‌نماییم:

۱- جمال امامی ۲- سیدمحمدصادق طباطبائی ۳- جواد مسعودی ٤- سیدعلی بهبهانی[1]

(٥) - انتخاب یکی از دوستان صمیمی و هم‌مسلکان قدیمی مصدق به ریاست انجمن نظارت انتخابات تهران

در روز ۲۸ دی ۱۳۲۸ (۱۸ ژانویه ۱۹٥۰)، یعنی چند ساعتی بعد از آنکه دادگاه جنایی فرمانداری نظامی (به شرح نوشته‌شده در بخش چهارم این کتاب) **دکتر مظفر بقائی** را به یک سال زندان محکوم کرده بوده‌است، اعضای انجمن نظارت انتخابات تهران بنا به دعوت قبلی در محل استانداری تهران اجتماع نموده و **دکتر حسن لقمان ادهم**[2] **(حکیم‌الدوله)** را به ریاست خود انتخاب‌کرده‌اند.

---

[1] این چهار نفر جمال امامی، سیدمحمد صادق طباطبائی، جواد مسعودی و سیدعلی بهبهانی متعلق به چهار خانواده متنفذ و مشهور بوده‌اند که ما در این زیر نویس به معرفی آنان پرداخته‌ایم:

مختصری در معرفی این چهار خانواده بسیار متنفذ آن زمان و مخالفت با جبهه ملی

این معرفی را با نقل چند جمله از یک گزارش سری که در فوریه ۱۹٤٦ (بهمن / اسفند ۱۳٤٥) برای سازمان مرکزی اطلاعات آمریکا (سیا) تهیه شده است آغاز مینمائیم:

" چهار خانواده مهم تهران آنچنان در سیاستهای شهری اعمال نفوذ میکردند که در هر دوره نمایندگانی از آنها در تهران انتخاب میشدند.
سه نفر از این خانواده ها، یعنی امامی خوئی، بهبهانی، و طباطبائی نفوذشان از زمان انقلاب ۱۹۰٦ (انقلاب مشروطیت) شروع شد و چهارمین خانواده، یعنی مسعودی، به خاطر انتشار نشریه‌های مهم تهران به نفوذ قابل ملاحظه‌ای دست یافتند. اگر چه سه خانواده اول به خاطر نقش خود در انقلاب [مشروطیت] به درجات بالا رسیدند، ولی تداوم اهمیت سیاسی ناشی از سرسپردگی عموم نسبت به آنها نبود، بلکه نتیجه استعداد آنها در استفاده از حمایت بازاریها، بازرگانان مذهبی و محافظه کاران تهران بود.
به خاطر موضع مذهبی سه خانواده منکور، بازاریهای مذهبی متعصب اغلب سیاستهای آنان را دنبال کرده و به افراد تحت حمایت آنها رأی میدادند.
این سه خانواده از طریق رهبران خیابانی بازاریان را در دوره‌های انتخاباتی به حرکت درمی آورند ...
بطور مثال، در انتخابات مجلس دوره شانزدهم (۱۹٥۰) گروهی کاندیدای ناسیونالیست [!] به رهبری مصدق با یکدیگر متحد شده و هشت کرسی از ۱۲ کرسی تهران را به خود اختصاص دادند. تنها کاندیداهائی که بدون حمایت این گروهها انتخاب شدند عبارت بودند از سران چهار خانواده بانفوذ ..."
(مجموعه اسناد لانه جاسوس – از ظهور تا سقوط – دانشجویان مسلمان پیرو خط امام – صفحات ۱۲۸/۱۲۷ – ضمیمه " ب " از سند سری شماره ۱ – ۲ مورخ ۱۹۷٦ – بهمن ۱۳٥٤)

[2] دکتر حسن لقمان ادهم (حکیم‌الدوله، که به پاداش خدمت ارزنده‌اش به محمد مصدق، در همین ریاست انجمن انتخابات، نزدیک به شانزده ماه بعد به عنوان وزیر بهداری در اولین کابینه مصدق انتخاب و معرفی گردیده) و دو

(٦) – تبانی مصدق با چهار کاندیدای «دولتی و سیرنگ»

نگارنده با این نظر **احمد ملکی**، عضو پایه‌گذار جبهه‌ی ملی، موافقت دارد که:

" مادر دهر مانند دکتر مصدق نیرنگ‌باز ماهری تا کنون نیافریده‌است. "
(تاریخچه واقعی جبهه‌ی ملی- احمد ملکی- صفحه ٣٠)

محمد مصدق از قدرت و نفوذ سیاسی خانواده‌های چهار نفری که پیشتر نام بردشدند و نیز از حمایت کامل « **سیرنگ** » از آنان به خوبی آگاهی‌داشته و به یقین می‌دانسته که در صورت راه‌یافتن کاندیداهای آنها به مجلس شورای ملی، سه نفرشان به طور مسلم، از جمله فراکسیونداران و کارگردانان مجلس خواهند بود و چهارمین نفر، یعنی **جواد مسعودی**، مدیر روزنامه فرانسوی زبان ژورنال دو تهران، دارای برادری همچون **عباس مسعودی** در مجلس سنا می‌باشد و به هر حال وزنه‌ای محسوب خواهدگردید.
به آن جهت این نیرنگباز بی‌نظیر همینکه ریش و قیچی انتخابات را به دست خود دیده و متوجه شده‌است که می‌تواند با کمک به انتخاب کاندیداهای آن چهار خانواده، افزون‌بر جلب رضایت «**سیرنگ**»، از هر یک از آنان امتیازاتی بگیرد. پس با آنان تبانی کرده و قرار و مدارهای لازم را گذاشته‌است.
ما از جزییات این قرار و مدارها آگاهی چندانی نداریم اما می‌دانیم که منظور فوری **مصدق** از ائتلاف با آن چهار نفر (و بعضی دیگر از کاندیداهای دولتی که از آن ائتلاف آگاهی نداشته‌اند) بالابردن آرای خود و شدن نخستین نفر در انتخابات تهران بوده‌است.
به این معنی که هر یک از اینان به **مصدق** قول داده‌بودند که هنگام نوشتن آرای قلابی، نام **محمد مصدق** را نیز فراموش ننمایند.
البته در شرایط امروز برای بسیاری از خوانندگان گرامی تصور یا قبول این مطلب دشوار خواهدبود که در آن زمان هنوز اقلیت دوره پانزدهم مجلس شورای ملی، به‌ویژه **دکتر مظفر بقائی کرمانی**، از نظر شهرت و محبوبیت کمتر از **مصدق** نبوده‌اند و به این‌جهت پیشی گرفتن آرای **بقائی** بر آرای **مصدق** و دوم شدن این شخص غیرمحتمل به نظر نمی‌رسیده‌است.

برادرش، به اسامی دکتر عباس لقمان ادهم (اعلم‌الملک، که چند روز بعد از این تاریخ به عنوان وزیر بهداری در کابینه ساعد تعیین شده) و دکتر محمد حسین لقمان ادهم (لقمان‌الدوله، که در حدود ده ماه بعد از این تاریخ وفات یافته است) از دوستان قدیمی و صمیمی محمد مصدق محسوب میشده و انتخاب این شخص، در این زمان، به ریاست انجمن نظارت انتخابات تهران نیز با توصیه و موافقت مصدق بوده است.
پدر بزرگ آنان به نام میرزا محمد فخرالاطباء از اهالی قریه کن در نزدیک تهران بوده که در زمان ناصرالدین شاه به تبریز رفته و در دربار مظفرالدین میرزا، ولیعهد، حکیم باشی شده و پدرشان میرزا زین‌العابدین خان لقمان‌الممالک نام داشته است.
میرزا زین‌العابدین خان تحصیلات پزشکی خود را در ایران و اروپا به اتمام رسانده و از سال ١٣٠١ ق. (١٢٦٣ خورشیدی. – ١٨٨٤ م.) که به ایران مراجعت نموده در همان دستگاه ولیعهد در تبریز به طبابت مشغول گردیده است.
این شخص پس از به سلطنت رسیدن مظفرالدین شاه در همان تبریز باقی مانده و به عنوان حکیم باشی در دربار این پادشاه نیز به خدمت اشتغال داشته است.
حکیم‌الدوله، اعلم‌الملک، و لقمان‌الدوله مانند پدر خود تحصیلات پزشکی را در اروپا انجام داده و دو نفر اول پس از مراجعت به ایران، جای پدر را در دربار احمد شاه اشغال نموده‌اند.

همچنین با توجه به آینده‌نگری و جاه‌طلبی **مصدق** جای هیچ‌گونه تعجب نیست که وی در مقابل رساندن آنان به وکالت مجلس، قول کمک از آنان برای نخست‌وزیر شدن خود را گرفته باشد به‌ویژه اینکه یقین داشته‌است که نخست‌وزیری او مورد حمایت « **سیرنگ** » نیز قراردارد.

به این ترتیب باز هم جای تعجب نیست که **جمال امامی** در مجلس شانزدهم پیوسته برای رساندن **محمد مصدق** به نخست‌وزیری فعالیت می‌کرده و درنهایت هم با پیشنهاد او و موافقت سریع سایر نمایندگان، از جمله سه نماینده متنفذ دیگر و دار و دسته تحت نفوذ آنان به نخست‌وزیری رسیده‌است.[3]

---

[3] به نظر نویسنده این سطور، آنچه که در متن بالا برمبنای مشهودات و وقایع اتفاقیه بوده و به صورت نوعی خبر ذکر شده است کاملاً صحیح میباشد ولی اینکه نویسنده آن گزارش نفوذ سیاسی – مذهبی سه خانواده مورد بحث را ناشی از " *حمایت بازاریها، بازرگانان مذهبی و محافظه کاران بازار تهران* " دانسته، نظری کاملاً برخلاف واقع ابراز داشته است. مخصوصاً در مورد انتخابات تهران در دوره شانزدهم، که انتخاب رؤسای آن سه خانواده به عنوان یک مثال بر صحت ادعای خلاف واقع فوق مورد استناد آن نویسنده قرار گرفته است.
در دوره شانزدهم تقریباً تمام بازاریها، اعم از مذهبی یا غیر مذهبی، مانند و شاید، بیش از سایر اقشار جامعه تحت تأثیر جو سیاسی زمان قرار گرفته بوده و بطور یک پارچه به حمایت از آیت الله کاشانی و جبهه ملی برخاسته بوده‌اند.
یک دلیل بر صحت این مدعا، نتیجه قرائت آراء صندوقهای « انجمن انتخابات شعبه بازار » می باشد که تمام ۱۲ نفر اول دارندگان رأی در این شعبه از کاندیداهای مورد نظر جبهه ملی بوده‌اند و بین ۱۲ نفر بعدی هم فقط نام سیدعلی بهبهانی آنهم در ردیف نوزدهم! دیده میشود.
با این ترتیب، هرگاه نویسنده این سطور اجازه داشت که متن بالا را بر مبنای حقیقت تصحیح نماید، بعد از این جمله که نوشته شده است:

" *... تداوم اهمیت سیاسی [این سه خانواده] ناشی از سرسپردگی عموم نسبت به آنها نبود ...* "

این جمله را اضافه میکرد:

" بلکه از سرسپردگی رؤسای آنها از آغاز مشروطیت به « سیرنگ! » سرچشمه میگرفت. "

دو نفر از نمایندگان منتخب مورد بحث، یعنی سیدمحمد صادق طباطبائی و سیدعلی بهبهانی، به ترتیب، پسران سیدمحمد طباطبائی و سیدعبدالله بهبهانی دو پیشوای روحانی بوده‌اند که برای تحقق مشروطیت، به ترتیب مورد نظر «سیرنگ»، فعالیت میکرده‌اند.
بطوری که میدانیم این دو پیشوای روحانی مشروطیت، اولین آیت اللهای تاریخ اسلام نیز به شمار می آیند!! یعنی کارشناسان امور مذهبی « سیرنگ » در ایران برای اولین بار در اسلام و تشیع لقب آیت الله را ابداع کرده و آن را توسط ایادی خود به صورت جایزه و پاداش غیر نقدی!! به دو نفر مذکور اعطاء نموده‌اند.
باز هم میدانیم که دو نفر مذکور، به همان ترتیب و توسط همان ایادی نامرئی لقب « سیدین سندین »!! را نیز دارا شده بوده‌اند.
بعلاوه سیدمحمد طباطبائی از مؤسسان و پیشوایان لژ فراماسونری بیداری ایران و پسرش، سیدمحمد صادق طباطبائی، از اعضای همان لژ بوده‌اند (فراموشخانه و فراماسونری در ایران – جلد دوم – صفحات ۲۶ و ۵۴ و ۴۵۲/۴۵۳) و نسبشان از سوی پدر و مادر به خاندان طباطبائیهای هندی – نجفی میرسیده است که از حقوق بگیران انگلیس و از متولین موقوفه عود بوده‌اند.
جمال امامی نیز پسر حاجی میرزا یحیی، امام جمعه خوئی میباشد.
شرح حال کامل این امام جمعه را به وقت دیگری موکول مینمائیم و در این جا صرفاً برای خالی نبودن عریضه به استحضار خوانندگان گرامی میرسانیم که وی نیز سوار بر همان مرکب خیانت بوده و از همان دروازه انگواسلامیست ها به شهر سیاست وارد شده است.
این شخص در دوره اول مجلس شورای ملی، به عنوان نماینده تبریز، در دوره دوم به عنوان یکی از پنج نفر عالم طراز اول (موضوع اصل دوم متمم قانون اساسی مشروطیت)، و در دوره سوم به نمایندگی از تهران انتخاب شده که در هر سه دوره، بیش از آنچه که شخصیت خود وی مطرح باشد، اعمال نفوذ « سیرنگ » تأثیر داشته است.
امام جمعه خوئی در هنگام به توپ بسته شدن مجلس شورای ملی توسط محمد علیشاه در تاریخ ۲۳ جمادی الاول ۱۳۲۶ (۲ تیر ۱۲۸۷ – ۲۳ جون ۱۹۰۸)، به همراه سیدین سندین! به باغ امین الدوله رفته و مانند آنان دستگیر و به

(۷) – نحوه اجرای توافق‌نامه پنهانی محمد مصدق با دولتی‌ها

الف - تقسیم حوزه‌های فرعی اخذ رأی بین کاندیداهای طرفین

در آن زمان تهران و حومه ۱۲ نفر نماینده در مجلس شورای ملی داشته و انجمن نظارت انتخابات نیز تصمیم گرفته بوده‌است که ۲٤ حوزه فرعی برای اخذ رأی در نقاط مختلف در تهران و حومه تشکیل‌دهد.

انجمن نظارت برای عضویت در حوزه‌های فرعی به متجاوز از ۲۰۰ نفر (هر حوزه ۸ یا ۹ نفر) عضوداشته که قرار بوده‌است آنان را از بین افرادی که توسط کاندیداها معرفی می‌شده‌اند انتخاب‌نماید.

اما انجمن نظارت انتخابات به‌نحوی محرمانه (و البته با نظر **مصدق** و معدودی دیگر از سران **جبهه‌ی ملی** از یک سو و چهار نفر کاندیداهای به اصطلاح دولتی از سوی دیگر) ترتیبی داده بوده‌است که **از ۲٤ حوزه فرعی رئیس و بیشتراعضاء، در ۱٦ حوزه از طرفداران جبهه‌ی ملی و در ۸ حوزه از طرفداران ٤ کاندیدای دیگر باشند** و نیز کوشش داشته‌اند که اعضای این حوزه‌ها را به ترتیبی تعیین نمایند که دوستان و طرفداران هر یک از ۱۲ کاندیدای اصلی و مورد نظر در دو حوزه فرعی اکثریت داشته‌باشند (البته کاندیداهای طرفدار **جبهه‌ی ملی** در ۱٦ حوزه مربوط به خود و کاندیداهای دولتی نیز در ۸ حوزه مربوط به خود).

اسامی و شماره انجمن‌های فرعی انتخابات که در اختیار طرفین قرارداشته بدین قرار بوده‌است:

باغشاه به حضور محمد علیشاه برده شده ولی محمد علیشاه وی را از خود دانسته و با ابراز تفقد آزاد کرده است. یازده روز بعد از این تاریخ، یعنی در روز ٥ جمادی الاخر ۱۳۲٦ نیز وکلای معمم مجلس، به دعوت امام جمعه تهران، در خانه امام جمعه خوئی جمع شده و از آنجا با کالسکه شاهی، به منظور ابراز اطاعت به نزد محمد علیشاه رفته و در حالی که دو امام جمعه در دو طرف شاه نشسته بوده‌اند مورد تفقد شاهانه قرار گرفته‌اند. (شرح در تاریخ بیداری ایرانیان – ناظم الاسلام کرمانی – بخش دوم – بکوشش علی اکبر سعیدی سیرجانی – صفحه ۱٦٦)

در هر حال، سیدعلی بهبهانی و سیدمحمد صادق طباطبائی مشروطیت و مجلس شورای ملی را، به معنای واقعی کلمه، ارث پدر خود دانسته و ملت را از این حیث بدهکار خود به حساب می آورده‌اند و جمال امامی نیز که ارزش مبارزات؟! پدر خود، در صدر مشروطیت، را کمتر از سیدین سندین نمیدانسته، خود را در آن ارثیه و بدهکاری ملت سهیم و شریک می شمرده است.

جواد مسعودی (شاید متولد ۱۲۸۸ ش.) نیز برادر کوچکتر عباس مسعودی، مدیر و صاحب امتیاز روزنامه اطلاعات، بوده و روزنامه ژورنال دو تهران، از نشریات اطلاعات، را که به زبان فرانسه در تهران منتشر می‌شده، اداره میکرده است.

نگارنده نتوانست به شرح حالی از عباس مسعودی و یا یکی از برادران وی دست یابد که شامل آگاهی هائی در مورد خانواده پدری یا مادری او باشد تا بداند که آیا اینان نیز مانند سه نماینده منتخب دیگر تهران، آخوند زاده بوده‌اند یا خیر؟

عباس مسعودی که خود در ٦ دوره متوالی (دوره‌های دهم تا پانزدهم) به عنوان نماینده تهران در مجلس شورای ملی عضویت داشته، چون در آن زمان به عنوان سناتور در اولین دوره مجلس سنا از تهران انتخاب شده بوده، لذا قصد داشته است که برادر خود را به مجلس شورای ملی بفرستد.

بعلاوه باید توجه داشت که سه خانواده اول از آغاز نهضت مشروطه خواهی، و خانواده چهارم از آغاز پادشاهی رضا شاه بزرگ با حمایت « سیرنگ » به نام و شهرت و مقام و ثروت رسیده بوده و اعضای برجسته آنها همواره مورد حمایت و گوش به فرمان « صاحب » بوده‌اند و در این زمان نیز هر چهار نفر مذکور را در حقیقت باید کاندیداهای سفارتخانه « صاحب » بشمار آورد نه کاندیداهای دولت وقت.

انجمن‌های متعلق به جبهه‌ی ملی:

۱- فرمانداری (شماره ۱)
۲- بازار (شماره ۲)
۳- مسجد لرزاده (شماره ٤)
٤- کاظمیه (شماره ٥)
٥- مسجد سپهسالار (شماره ۷)
٦- مسجد سادات اخوی (شماره ۸)
۷- مسجد فخرالدوله (شماره ۹)
۸- مسجد قائم (شماره ۱۰)
۹- کافه شهرداری (شماره ۱۱)
۱۰- مسجد سراج (شماره ۱۲)
۱۱- مسجد مجد (شماره ۱٥)
۱۲- مسجد فخریه (شماره ۱٦)
۱۳- مسجد حاج حسن (شماره ۱۷)
۱٤- مسجد قندی (شماره ۲۰)
۱٥- شمیرانات (شماره ۲۳)
۱٦- سر قبرآقا (شماره ۳)

انجمن‌های متعلق به دولتی‌ها:

۱- مسجد سلمان (شماره۱۳)
۲- مسجد لولاگر (شماره ٦)
۳- مقبره آقا شیخ هادی (شماره ۱٤)
٤- پرورشگاه (شماره ۱۸)
٥- مسجد مشیرالسلطنه (شماره ۱۹)
٦- لواسانات (شماره ۲۱)
۷- رودبار و قصران (شماره ۲۲)
۸- کن و سولقان (شماره ۲٤)

ب – مخالفت مصدق با اعلام اسامی ۱۲ نفر به‌عنوان کاندیداهای جبهه‌ی ملی

همانطور که درباره انتخابات باطل شده پیشین گفته شده‌است، هرگاه **محمد مصدق** در این انتخابات نیز به انتشار لیست ۱۲ نفر به‌عنوان کاندیداهای جبهه‌ی ملی مبادرت می‌نمود، بطور مسلم اکثریت عظیم مردم تهران آرای خود را در تمام انجمن‌های فرعی انتخابات به‌نام آنان به صندوق‌های رأی می‌ریخته‌اند و اگر هم فرض کنیم که کاندیداهای دولتی در ۸ حوزه فرعی که دراختیارداشته‌اند تمام آرای دریافتی را با آرای قلابی به نام ۱۲ نفر از رفقای خود تعویض می‌نمودند، باز هم مجموع این آراء در مقابل آرای واقعی که در ۱٦ انجمن فرعی دیگر به نام کاندیداهای جبهه‌ی ملی گرفته شده‌بوده، در اقلیت قرار می‌گرفته‌است. زیرا چه به حق و چه به نا حق، امکان نداشته‌است که در فهرست انتخاب شدگان در این ۱٦ حوزه فرعی کسی غیر از ۱۲ **نفر کاندیداهای جبهه‌ی ملی** جای داشته باشد.

در این شرایط باز هم **محمد مصدق** تصمیم گرفته‌است که از انتشار لیست اسامی کاندیداهای **جبهه‌ی ملی** خودداری نماید.

انتخابات در تهران (در مرتبه دوم) در تاریخ ۱۹ بهمن ۱۳۲۸ (۸ فوریه ۱۹٥۰) آغاز شده‌است و **محمد مصدق** یک روز پیش از این تاریخ، یعنی در روز ۱۸ بهمن، در میتینگ بزرگی که با دعوت قبلی در میدان بهارستان تشکیل داده‌بوده، تصمیم یک‌نفره خود را درباره عدم انتشار فهرست اسامی کاندیداهای **جبهه‌ی ملی** به شرح زیر به آگاهی حاضران رسانده و آن را نیز توجیه! کرده است:

" هموطنان! اکنون نوبت رسیده‌است که ۱۲ کرسی تهران را تصرف کنند [!] و بسیاری از روشنفکران به اینجانب پیشنهادکرده‌اند که جبهۀ ملی ۱۲ نفر از اعضای خود را نامزد

انتخابات این شهر کند و از طرف کلیه اعضای جبههٔ ملی هم به اینجانب اختیار داده شده که با نظر خود لیست نامزدهای این جمعیت را تنظیم نمایم *ولی از آنجائی که تا کنون هر جمعیتی خود را در درجه اول و جامعه را در درجه دوم قرار داده است و جبههٔ ملی بواسطه انتخاب این نام باید کاری خلاف رویه دیگران – یعنی اجتماع را در درجه اول اهمیت قرار دهد – لذا از تنظیم هرگونه صورت خودداری شده تا اینکه هموطنان عزیزم بتوانند با نهایت آزادی اشخاصی را که مورد اعتماد جامعه باشند در هر صنفی و هر حزبی انتخاب کنند ..."*

مصدق در این سخنرانی به‌صراحت اعتراف کرده‌است که: " ***بسیاری از روشنفکران*** " به وی پیشنهاد کرده‌بوده‌اند: " ***جبهه ملی ۱۲ نفر از اعضای خود را نامزد انتخابات این شهر کند.*** " و از طرف " ***کلیه اعضای جبههٔ ملی*** " نیز به وی اختیار داده‌شده بوده‌است که با نظر خود لیست نامزدهای این جمعیت را تنظیم نماید ولی وی خود برای اینکه اجتماع را در نخستین درجهٔ اهمیت قراردهد؟!! تصمیم گرفته‌است که از انتشار اسامی خودداری‌نماید! یعنی هم خلاف نظر روشنفکران و هم برخلاف اختیاری که کلیه اعضای **جبههٔ ملی** به او داده بوده‌اند!

اما ما می‌دانیم که در آن زمان، انتخاب ٤ نفر اعضای اقلیت دوره پانزدهم مجلس بعلاوه، خود **مصدق** و **آیت‌الله کاشانی** با آرای واقعی مردم در ١٦ حوزه فرعی مسلم و قطعی به نظر می‌رسیده و نیز در بعضی از این حوزه‌ها بر تعداد اعضای طرفدار **دکتر سیدعلی شایگان** و **سیدمحمود نریمان** نیز افزوده‌شده بوده‌است (برای نمونه همانطور که گفته شد، **دکتر سیدعلی شایگان** (در سمت رئیس) در حوزه شماره ١١ کافه شهرداری – و **محمود نریمان** (در سمت رئیس) در حوزه شماره ١٢ مسجد سراج عضویت داشته‌اند.)

به اینجهت **محمد مصدق** با عدم انتشار لیست کاندیداهای طرفدار **جبههٔ ملی**، در حقیقت آرای داوطلبان نمایندگی از طرفداران آن جبهه (از هشتم به بعد) را دچار تشتت و کاهش شدید ساخته و مهم‌ترین قدم اساسی در راه اجرای توافق محرمانه خود با مخالفان و انتخاب چهار کاندیدای دولتی را برداشته‌است.

ج – دو مورد انحراف از برنامه تبانی

۱ - حوزه فرعی لواسانات

لواسانات ناحیه‌ایست کوهستانی در شمال تهران، این ناحیه مرکب از روستاها و آبادی‌های فراوانی می‌باشد که بیشتر جدا از یکدیگر، در دره‌های کوه لواسان قرارگرفته‌اند.
این وضع جغرافیایی ایجاب می‌نماید که در موقع انتخابات، حوزه مربوط به آن ناحیه حوزه‌های فرعی کوچکتر در بعضی روستاهای آنجا ایجادنماید و یا حوزه‌های سیاری ترتیب‌دهد که صندوق‌های رأی را پس از رأی‌گیری در یک روستا به روستای دیگر ببرند.

چنین وضعی همواره در تمام دوره‌های انتخاباتی، در گذشته، فرصتی کم‌نظیر برای اعضای حوزه فرعی لواسانات فراهم ساخته بوده‌است که صندوق‌ها را با آرای تقلبی به نام کاندیداهای دولتی پرکنند و حتی گاهی هم بدون رأی‌گیری و رأی‌شماری صورتجلسه نهایی حوزه را به‌نام آن افراد با

تعدادی رأی برای هر یک به میزانی که از انجمن مرکزی یا مقامات دولتی دستورداشته و یا خود مایل بوده‌اند، تنظیم نمایند و امضاء کنند.
در این دوره همانطور که گفته شد تبانی **محمد مصدق** با مقامات دولتی و چهار نفر کاندیداهای غیر ملی به نحوی کاملاً مخفی و پنهانی صورت‌گرفته بوده‌است و گویا، دیگر دست‌اندرکاران به‌ویژه آن عده از کاندیداهای دولتی که در انتخابات باطل‌شده پیشین جزو انتخاب‌شدگان بوده و در این دوره به موجب آن تبانی کنار گذاشته شده‌بوده‌اند از آن آگاهی نداشته و در این دوره نیز هنوز خود را کاندیدا می‌دانسته‌اند.
در هر حال حوزه فرعی لواسانات در این دوره به شماره ۲۱ تشکیل شده و (دور از چشم اعضای **سازمان نظارت بر آزادی انتخابات** که توسط **دکتر مظفر بقائی** به وجود آمده‌بود) صندوق‌های رأی را به تعدادی بیش از آنچه که پیش‌بینی شده بود با آرای قلابی به نام کاندیداهای غیر ملی پرکرده‌اند.
در بین نخستین ۱۲ نفر از حائزین اکثریت در این حوزه، نام هیچ‌یک از کاندیداهای ملی دیده‌نمی‌شود ولی **سیدعلی بهبهانی** در ردیف نخست، **حسام‌الدین دولت‌آبادی** در ردیف دوم، و سه نفر کاندیدای مورد تبانی دیگر در ردیف‌های سوم تا پنجم قراردارند.
با افزوده شدن این آراء بر آرای سایر حوزه‌های فرعی تهران توافق قبلی **محمد مصدق** با دولتی‌ها بهم خورده‌است، به این معنی که دو نفر به اسامی **فتح‌الله فرود و حسام‌الدین دولت‌آبادی** به ترتیب در ردیفهای ۱۱ و ۱۲ به جمع انتخاب‌شدگان پیوسته و در عوض **دکتر علی شایگان و محمود نریمان** از آن جمع خارج شده‌اند.
با این وضع انجمن مرکزی انتخابات در آغاز تصمیم گرفته‌است که آرای مربوط به تمام صندوق‌های لواسانات را باطل سازد ولی در این صورت اشکال دیگری پیش می‌آمده و آن اینکه **اللهیار صالح**، خارج از افراد مورد تبانی (هر چند که با انتخاب وی از کاشان موافقت شده‌بود)، وارد لیست انتخاب‌شدگان می‌شده و درعوض **سیدعلی بهبهانی**، از افراد مورد تبانی، از آن بیرون می‌رفته‌است.
در این شرایط اعضای انجمن مرکزی پس از مدتی بررسی موفق شده‌اند تعدادی از صندوق‌های لواسانات را پیدا نمایند که در صورت باطل ساختن آرای آنها، به این عنوان که فقط آنها قلابی بوده‌اند!، برنامه تبانی را به مرحله اجرا درآورند.

۲ - حوزه فرعی سر قبرآقا

سر قبرآقا، **مقبره میرزا ابوالقاسم**، **دومین امام جمعه تهران** می‌باشد که در سال ۱۲۷۰ ق. (۱۲۳۲/۱۲۳۳ خورشیدی) وفات یافته و در آنجا دفن شده‌است. پسر او به نام **میرزا زین‌العابدین** بر بالای قبر وی ساختمانی به نسبت مجلل بنا کرده‌است که هم‌اکنون به **سر قبرآقا** مشهور می‌باشد.
میرزا زین‌العابدین، بنا کننده ساختمان مزبور، نیز که سومین **امام جمعه تهران** و پدر همسر **محمد مصدق** بوده، پس از فوت (در تاریخ ۱۱ ذیقعده ۱۳۲۱ – ۸ بهمن ۱۲۸۲) در همان محل دفن شده‌است.
با توجه به مراتب بالا، **سر قبرآقا** حوزه نفوذ خانواده **همسر مصدق** به‌شمار می‌رفته و در آن زمان تحت تولیت **دکتر سیدحسن امامی**، امام جمعه وقت تهران، قرار داشته‌است.
دکتر سیدحسن امامی که پس از فوت عمویش (**سیدمحمد امام جمعه**)، از تاریخ ۲۴ دی ۱۳۲۴، به‌عنوان امام جمعه تهران منصوب گردیده‌بود، پس از یکسال یعنی در تاریخ ۲۲ دی ۱۳۲۵، بنا

توضیحاتی درباره چهار خانواده و دکتر لقمان ادهم

به دعوت و به تبعیت از **محمد مصدق**، به همراهی جمعی دیگر از رجال ناراضی کشور به منظور اعتراض به عدم آزادی انتخابات دوره پانزدهم مجلس، در دربار متحصن گردیده‌است.
دکتر سیدحسن امامی تا زمان رسیدن **مصدق** به نخست‌وزیری روابط بسیار صمیمانه‌ای با وی داشته و دست‌کم در زمان مورد بحث ما، که انتخابات دوره شانزدهم برگزار می‌شده، این روابط صمیمانه برقرار بوده‌است.

با توجه به مراتب بالا به شهامت می‌توان گفت که در این زمان برای **محمد مصدق** این امکان وجود داشته‌است که یکی از حوزه‌های فرعی مورد تبانی و تحت نفوذ خود را در **سر قبرآقا**، با شرکت جمعی از محارم خود، تشکیل دهد و چنین به نظر می‌رسد که وی نیز همین کار را انجام داده‌است. افزون‌برآن همانطور که گفته شد **مصدق** با تعدادی از سایر کاندیداهای متنفذ آن دوره، به‌عنوان ائتلاف، قرار و مدارهایی گذاشته و بطور پنهانی به توافق‌هایی دست‌یافته بوده‌است. بی‌گمان به‌موجب هر یک از این توافق‌ها قرار بوده‌است که به‌نحوی شماری رأی به‌نام **مصدق** در صندوق‌های یک یا چند حوزه ریخته شود و یا به‌نام وی از آن صندوق‌ها خارج گردد! و **مصدق** هم در مقابل متعهد بوده‌است که نظیر همین اقدام را در حوزه‌های تحت نفوذ خود در مورد فرد یا افرادی که طرف توافق بوده‌اند به انجام برساند.

مهم‌ترین حوزه‌ای که **مصدق** می‌توانسته‌است از آن برای ایفای تعهدات خود مایه بگذارد همین حوزه شماره ۳ **سر قبرآقا** بوده که وی در مقابل آرای آن حوزه **با یازده نفر ائتلاف کرده بوده‌است!**
در فهرست اسامی ۱۲ نفر از انتخاب‌شدگان در این حوزه فقط نام خود **مصدق**، از کاندیداهای مورد نظر جبهه‌ی ملی، وجود دارد و سایر کاندیداهای این جبهه همگی فدا شده‌اند تا **مصدق** در صدر انتخاب شدگان قرار گیرد که «غرض اندر میان همین بوده است».
روزنامه صفیر (به‌جای شاهد) در شماره‌های ۸۸ تا ۱۱۸، هر روز، اسامی اعضای یکی از انجمن‌های فرعی نظارت انتخابات تهران، همراه با حائزین اکثریت در آن انجمن را درج می‌نموده و بر حسب اینکه این اسامی بیشتر متعلق به کاندیداهای مورد نظر جبهه‌ی ملی و یا مخالفان بوده‌اند و یا بر حسب شناخت قبلی که نویسندگان شاهد از اعضای متنفذ آن شعبه داشته‌اند، از آنان تشکر و قدردانی به‌عمل می‌آورده و یا اینکه آنان را مورد توبیخ و سرزنش قرار می‌داده‌است.
اما همین‌که در شماره مورخ ۲۳ فروردین ۱۳۲۹ به انجمن فرعی **سر قبرآقا** رسیده، همه اعضای آن، بجز یک نفر (به نام **احمدعلی باقرزاده**) را از دوستان یافته و به ناچار به‌جای توبیخ و سرزنش، درباره آن چنین نوشته‌است:

" ... فعلاً قضاوت درباره اشخاصی که عضویت انجمن فرعی سر قبر آقا را در دوره ۱۶ قبول کرده و مسئولیت صحت و سقم آن را به‌عهده گرفته‌اند، سکوت می‌گذاریم و مواظب اعمال آتی آنان هستیم تا شاید بهتر از سابق به وظایف اجتماعی خودشان عمل‌کنند ... "

(۸) - بزرگترین نتیجه قتل هژیر،پیروزی مصدق و هواداران او

نخستین نتیجه قتل **عبدالحسین هژیر** اعلام ابطال انتخابات انجام شده در تهران و انحلال انجمن نظارت مربوط به آن بود. انتخاباتی که بنا بر تمام شواهد موجود اگر ادامه می‌یافت، امیدی به انتخاب هیچ یک از اعضای **جبههٔ ملی** و هواداران **مصدق** وجود نداشت. ولی با تشکیل انجمن جدید نظارت بر انتخابات تهران و تجدید انتخابات سرانجام در تاریخ سه شنبه ۲۳ فروردین ۱۳۲۹ حائزین اکثریت به شرح زیر معرفی شده‌اند:

۱ - **دکتر محمد مصدق**	۳۰۷۳۸ رأی
۲ - **دکتر مظفر بقائی کرمانی**	۲۷۵۱۴ "
۳ - **سیدحسین مکی**	۲۶۲۵۴ "
٤ - **سیدابوالحسن حائری‌زاده**	۲٤۳۲۲ "
٥ - **سیدابوالقاسم کاشانی**	۲۳۵۲۸ "
٦ - **عبدالقدیر آزاد**	۲۱۸۷۳ "
۷ - **جمال امامی**	۲۰٦۸٥ "
۸ - **دکتر سیدعلی شایگان**	۲۰۵۵۰ "
۹ - **سیدمحمود نریمان**	۱۸۸٤۸ "
۱۰ -**سیدمحمدصادق طباطبائی**	۱۸٦٥۹ "
۱۱ -**جواد مسعودی**	۱۸٥۱۷ "
۱۲ -**سیدعلی بهبهانی**	۱۸۰۷۷ "

شش نفر نخست و نیز نفرات هشتم و نهم از اعضای **جبههٔ ملی** و هواداران نهضت به اصطلاح ملی بوده‌اند.

(توضیح) – در «پیوست شماره دوم» این بخش، شرحی مختصر درباره انتخابات کاملاً غیرآزاد و تحمیلی دوره پانزدهم مجلس شورای ملی، و نحوه تحمیل **حسین مکی** و دو داماد **محمد مصدق**، بنا بر اعترافات خود آنان، به اطلاع خوانندگان گرامی رسانده شده‌است تا دریابند که اقلیت دوره پانزدهم مجلس شورای ملی و پیشوایان مبارز برای آزادی انتخابات در دوره شانزدهم، چگونه خودشان در انتخابات دوره پانزدهم در محیطی کاملاً غیر آزاد (از یک سو با سلب آزادی و حقوق اساسی مردم ایران و از سویی دیگر با تضییع حق مسلم کاندیداهایی که واقعاً دارای شهرت و محبوبیت کافی برای انتخاب‌شدن بودند) درحقیقت عنوان نمایندگی را غصب کرده‌بوده‌اند.مطالعه آن پیوست را نیز به خوانندگان گرامی توصیه می‌نماید.

توضیحاتی درباره چهار خانواده و دکتر لقمان ادهم

اعضای جبهه ملی کاندیدای نمایندگی مجلس شورای ملی دوره شانزدهم از چپ به راست:
مظفر بقائی کرمانی – ابوالحسن حائری‌زاده – محمد مصدق – حسین مکی – عبدالقدیر آزاد

پیوست شماره ۱

پیشگفتار

قوام‌السلطنه، نخستین نخست‌وزیر طرفدار آمریکا

احمد قوام، **قوام‌السلطنه** و برادرش **حسن وثوق**، **وثوق‌الدوله**، را نمی‌توان جزو نوکران چشم و گوش بسته و بی چون و چرای بیگانه به‌حساب آورد، بلکه باید آنان را معامله‌گران خیانتکاری دانست که بیگانه برای وادار ساختنشان به هر اقدام خیانت‌آمیز می‌بایست مزد یا امتیازی بدهد و برای مقدار آن مزد یا امتیاز نیزمدتی به مذاکره و چک و چانه‌زدن بپردازد. این افراد خارج از شرایط آن معامله خود را در راه خدمت به کشور آزاد می‌دانسته و شاید خدمات ارزنده‌ای هم انجام داده‌باشند. به‌این‌جهت **وضع آنان با بعضی دیگر از خیانتکاران وجیه‌المله‌ای که در تمام مدت زندگی گوش به فرمان اجانب بوده‌اند و جز به‌دستور بیگانگان قدمی برنداشته‌اند تفاوت دارد.**

درهرحال، بطوری که می‌دانیم، **احمد قوام**، **قوام‌السلطنه**، دومین نخست‌وزیری بود که پس از کودتای ۱۲۹۹ بر سر کار آمد. وی در دوران همین نخست‌وزیری و نزدیک به ۹ ماه پس از کودتا موفق شد که با مهارتی شگفت‌انگیز واگذاری امتیاز استخراج نفت **در ۵ ایالت شمالی ایران** را به **شرکت استاندارد اویل آمریکا** به‌تصویب مجلس شورای ایران برساند.

بعد از برکناری **رضا شاه بزرگ** و در اواخر جنگ جهانی دوم که دولت و شرکت‌های نفتی آمریکا، با دست‌ودلبازی و آمادگی کامل جهت هر نوع مخارج، برای تسلط برمنافع نفتی دنیا به فعالیتی شدید دست‌زده و با انگلستان به‌مبارزه برخاسته‌بوده‌اند. **قوام‌السلطنه بار دیگر به نخست‌وزیری رسیده و برای بار دوم مستشاران مالی آمریکایی را به ایران دعوت کرده‌است و نیز نخستین نخست‌وزیری بوده که پای مستشاران نظامی آمریکا را به ایران بازنموده و در جهت مبارزه با شرکت نفت ایران و انگلیس با آمریکاییان به همکاری پرداخته‌است.**

شاید هم آمریکاییان سوابق همکاری **قوام‌السلطنه** با **شرکت نفتی استاندارد اویل** را که در هنگام نخست‌وزیری‌اش بعد از کودتای ۱۲۹۹ صورت گرفته‌بود، درنظرداشته، و در این زمان، با چرب‌کردن سبیل‌هایش، او را به همکاری و کمک فراخوانده باشند.

در اینجا بد نیست که بطور بسیار خلاصه شرحی از همکاری **قوام‌السلطنه** با آمریکاییان به استحضار خوانندگان گرامی برسد:

الف - بی‌درنگ پس از کودتای ۱۲۹۹

در روز سه شنبه ۳۰ آبان‌ماه ۱۳۰۰ (۲۲ نوامبر ۱۹۲۱) واقعه‌ای بسیار شگفت‌انگیز و بی‌نظیر در تاریخ سیاسی ایران اتفاق‌افتاده و آن این بوده‌است که در این روز **مجلس شورای ملی** لایحه‌ای در چهار ماده با قید دو فوریت از سوی **قوام‌السلطنه**، نخست‌وزیر وقت، در موضوع امتیاز استخراج نفت **در ۵ ایالت شمالی ایران** به **شرکت استاندارد اویل آمریکا** دریافت‌نموده و بی‌درنگ آن‌را به کمیسیون‌های مربوط ارسال داشته‌است. آن کمیسیون‌ها نیز بررسی‌های مربوط به آن‌را **در همان روز**، در هنگام تنفس مجلس، انجام‌داده و نتیجه را که تصویب لایحه با افزودن یک ماده، به شماره ۵، به آن بوده به آگاهی مجلس رسانده‌اند و مجلس هم در جلسه بعد، که باز هم **همان روز**، تشکیل شده‌بوده، آن لایحه ۵ ماده‌ای را به‌تصویب رسانده‌است.

جالب توجه این‌است که این **قوام‌السلطنه** (که در آن زمان، در نهایت احتیاط و پنهانی، قرارداد مزبور را با **شرکت استاندارد اویل** تنظیم‌نموده و در این روز، نخست در جلسه سری مجلس، دلایل این پنهان‌کاری و لزوم بررسی و تصویب آن‌را، همان‌جا و در کوتاه‌ترین مدت ممکن، یعنی پیش از آگاه‌شدن سفارتخانه‌های روس و انگلیس به آگاهی نمایندگان رسانده‌است.) برادرهمان **وثوق‌الدوله**‌ای بوده که دو سال پیش از آن (در ۱۹۱۹) قرارداد تحت‌الحمایگی ایران را با دولت انگلیس منعقدساخته بوده‌است.

و جالب‌تر اینکه همان **نصرت‌الدوله**‌ای هم که در سمت **وزیر خارجه ایران** همان قرارداد شوم را امضاءکرده و سرسخت‌ترین مدافع آن شناخته شده‌بود، در این روز نیز سرسخت‌ترین مدافع این قرارداد در مجلس شورای ملی به‌شمارمی‌رفت. وی به‌عنوان مخبر کمیسیون خارجه و به‌نمایندگی از سوی این کمیسیون و دو کمیسیون پست و تلگراف و فوائد عامه که بصورت مشترک لایحه واگذاری امتیاز نفت به شرکت استاندارد اویل را در وقت تنفس مجلس بررسی و تصویب کرده‌بودند، دفاع از لایحه را در **مجلس شورای ملی** و در مقابل نمایندگان به‌عهده داشت و به بهترین نحو ممکن این وظیفه خود را به‌انجام رسانده‌است.

در آن زمان شخصی به‌نام **اسدالله قدیمی، مشارالسلطنه**، سمت **وزارت امورخارجه** را به‌عهده داشته و **سید حسن مدرس**، نیز رهبر فراکسیون اکثریت در **مجلس شورای ملی** بوده‌است. این دو نفر، که مانند **قوام‌السلطنه** و **نصرت‌الدوله** از زیان‌دیدگان و زندانی‌شدگان کودتای ۱۲۹۹ بوده‌اند، به‌علت آن زندانی شدن، هنوز با دولت انگلیس بر سر قهر بوده و آن دولت را باعث و بانی زندانی شدن خود می‌دانسته، به‌همین‌جهت به خیال خود، با انعقاد آن قرارداد انتقام زندانی شدن خود را از انگلیس می‌گرفته‌اند.

محمد مصدق نیز که در این کابینه **وزارت مالیه** را به‌عهده داشته، اگر چه خود از زندانیان کودتا نبوده، ولی چون مانند آن سه نفر از زیان‌دیدگان آن واقعه محسوب‌می‌شده، آنسان‌که پیداست او هم در آن تصمیم گیری‌های محرمانه و انتقام‌گیری از انگلیس شرکت داشته‌است.

درپی تصویب این قرارداد از سوی مجلس شورای ملی، بی‌درنگ اعتراض‌های رسمی، تحریکات پنهانی و انواع کارشکنی‌ها از سوی **دولت‌های روس و انگلیس** درجهت اجرای آن قرارداد آغاز گردیده‌است:

روسیه شوروی اعتراض داشته‌است که:

نخست- دولت ایران نمی‌بایست در نواحی هممرز با روسیه بدون جلب موافقت آن دولت به دولت‌های دیگر امتیاز اکتشاف و استخراج بدهد.

دوم- دولت **وثوق‌الدوله** (برادر خیانت‌کار **قوام‌السلطنه**) در سال ۱۹۱۶ امتیاز استخراج نفت در آن نواحی را (البته بطور محرمانه و بدون آگاهی مجلس شورای ملی و با دریافت رشوه‌ای کلان) به شخصی به‌نام **خوشتاریا** از اتباع **روسیه تزاری** داده‌بوده و دولت ایران حق نداشته‌است که آن امتیاز را به دیگری واگذارنماید.

انگلستان نیز اعلام کرد که:
نخست- **خوشتاریا** امتیاز خود را به **شرکت نفت انگلیس و ایران** واگذار کرده‌بوده و **دولت ایران** حق واگذاری آن به دیگری را نداشته‌است.
دوم- طبق **امتیازنامه دادرسی**، حق لوله‌کشی از تمام منابع نفتی در سرتاسر ایران تا سواحل جنوبی این کشور متعلق به **شرکت نفت انگلیس و ایران** می‌باشد و این شرکت اجازه لوله کشی نفت به **شرکت استاندارد اویل** را نخواهدداد.

مدت کوتاهی بعد از این تاریخ، ایادی انگلیس در ایران، زمینه‌های آشتی بین **دولت انگلیس** و **اعضای باند فرمانفرما** را فراهم ساخته‌اند و **دولت قوام‌السلطنه** با یک صحنه‌سازی عجیب که توسط **محمد مصدق**، از اعضای همان باند، صورت‌گرفته در تاریخ ۲۶ دیماه ۱۳۰۱ (۱۷ ژانویه ۱۹۲۲) ساقط شده‌است.

۱ ـ باز کردن پای مستشاران مالی آمریکایی در ایران

قوام‌السلطنه، بعد از کودتای ۱۲۹۹، و باز هم پیش از پادشاهی **رضا شاه بزرگ**، با حمایت سرسختانه **سیدحسن مدرس** در تاریخ ۲۶ **خرداد ماه** ۱۳۰۱ به **نخست‌وزیری** رسیده‌است. وی در این دوره از **نخست‌وزیری** خود، که فقط تا ۵ **بهمن** همان سال به‌طول انجامیده، موفق شده‌است که لایحه استخدام و اختیارات **دکتر آرتور میلسپو** را برای اداره امور مالی ایران (در تاریخ ۲۰ مرداد ماه ۱۳۰۱-۱۲ آگوست ۱۹۲۲) در **مجلس شورای ملی** به‌تصویب برساند.
دور روز بعد از تصویب این لایحه، قرارداد استخدام **دکتر میلسپو** بین او و **حسین علاء** (وزیر مختار ایران در آمریکا) به‌امضاء رسیده و این شخص به‌اتفاق اعضای خانواده و سایر مستشارانی که بنا به‌پیشنهاد خود او در آمریکا استخدام شده‌بودند در تاریخ ۲۶ آبان ۱۳۰۱ (۱۸ نوامبر ۱۹۲۲) به تهران واردشده‌است. به‌این‌ترتیب **(برخلاف میل دولتهای انگلیس و روس) برای نخستین‌بار پای مستشاران مالی آمریکایی به ایران بازشده‌است.**

۲ ـ قطع فعالیت سیاسی قوام‌السلطنه در دوران رضا شاه بزرگ

اخبار مربوط به عنوان بالا را از صفحه ۱۲۷- جلد نخست - روزشمار تاریخ ایران – نوشته **باقر عاقلی** نقل‌می‌نماییم:

> *" ۱۶ مهرماه ۱۳۰۲ – **میرزا احمد خان قوام‌السلطنه**، رئیس‌الوزرای سابق، به وزارت جنگ احضار و پس از بازجویی به‌دستور **سردار سپه** [وزیر جنگ] توقیف‌شد. **علت احضار و توقیف مربوط به کشف شبکه‌ای بوده که ظاهراً قصد ترور سردار سپه را داشته‌اند و قوام‌السلطنه آن شبکه را رهبری می‌نموده‌است.***

*۳۰ مهرماه ۱۳۰۲ - **قوام‌السلطنه** با شفاعت **سلطان احمد شاه** و تصویب‌نامه هیأت وزیران از زندان آزاد شد. **سردار سپه** از حق خصوصی خود صرف‌نظر نمود.*
*۳۱ مهرماه ۱۳۰۲ - **قوام‌السلطنه** به اروپا تبعیدشد و تحت محافظت چند نظامی از طریق بغداد به اروپا رفت."*

به ظاهر آگاه ساختن **رضا خان سردار سپه** از توطئه **قوام‌السلطنه**، توسط مقامات سفارت انگلیس انجام شده‌بوده و **دولت انگلیس** به‌این‌ترتیب **قوام‌السلطنه** را به‌مجازات رسانده‌است. درهرحال، **قوام‌السلطنه** در سال ۱۳۰۷ با گرفتن اجازه **رضا شاه بزرگ** به ایران برگشته و تا پایان سلطنت آن **پادشاه** به دور از فعالیت‌های سیاسی، اغلب در املاک خود در لاهیجان به کشاورزی اشتغال داشته‌است.

۳ پایان نخستین دوره مأموریت دکترمیلسپو با کارشناسی‌های نصرت‌الدوله فیروز

قرارداد استخدامی **دکتر آرتور میلسپو** در آغاز به‌مدت سه سال بوده و طرفین درصورت موافقت می‌توانسته‌اند که آن‌را برای مدت سه سال دیگر تمدیدنمایند.
با این ترتیب، نخستین مدت سه ساله خدمت **میلسپو** در تاریخ ۱۳ آگوست ۱۹۲۵ (۲۱ مرداد ۱۳۰٤) خاتمه‌یافته و چون **رضا خان سردار سپه**، نخست‌وزیر وقت، از کارهای او رضایت‌داشته، به **محمد علی فروغی، ذکاءالملک**، وزیر مالیه، دستور داده‌است که قرارداد استخدامی وی را برای مدت دو سال دیگر، یعنی تا تاریخ ۱۳ آگوست ۱۹۲۷ (۲۱ مرداد ۱۳۰٦) تمدیدنماید.

در همین فاصله دو ساله چند واقعه مهم تاریخی در ایران به‌وقوع پیوسته که عبارت بوده‌اند از:
۱ - دوره پنجم مجلس شورای ملی در تاریخ ٥ آبان ۱۳۰٤ (۲۷ اکتبر ۱۹۲٥) انقراض سلطنت قاجاریه را اعلام‌نمود و حکومت موقت کشور را درحدود قانون اساسی و قوانین موضوعه مملکتی به **رضا خان پهلوی** واگذار کرده‌است.
۲ - مجلس مؤسسان، که انتخابات آن به‌سرعت توسط حکومت موقت انجام شده‌بود، در تاریخ ۱٥ آذرماه ۱۳۰٤ (٦ دسامبر ۱۹۲٥) افتتاح‌گردیده و پس از تغییر چهار اصل در قانون اساسی، در تاریخ ۲۱ همان ماه (۱۲ دسامبر ۱۹۲٥)، **رضا خان پهلوی** را به‌عنوان پادشاه جدید انتخاب‌کرده و نیز سلطنت را در خاندان او موروثی قرار داده‌است.
۳ - **پادشاه جدید** در تاریخ ۲٥ آذرماه ۱۳۰٤ در مجلس شورای ملی حضوریافته و سوگند یاد کرده‌است که حافظ مشروطیت و قانون اساسی ایران خواهدبود.

پس از پادشاه شدن **رضا خان پهلوی**، نخست **محمد علی فروغی، ذکاءالملک**، از تاریخ ۱۸ آذرماه ۱۳۰٤ (۹ دسامبر ۱۹۲٥) تا ۱٥ خرداد ۱۳۰٥ (٦ جون ۱۹۲٦) نخست‌وزیر بوده و بعد از او **میرزا حسن مستوفی، مستوفی‌الممالک**، از تاریخ ۱٦ خرداد ۱۳۰٥ (۷ جون ۱۹۲٦) به نخست‌وزیری رسیده و تا تاریخ ٦ خرداد ۱۳۰٦ (۲۸ می ۱۹۲۷) که بر سرکاربوده، سه کابینه تشکیل داده که در سومین کابینه او **نصرت‌الدوله فیروز** وزارت مالیه را به‌عهده داشته‌است.
نصرت‌الدوله فیروز در کابینه بعدی نیز که به‌ریاست **مهدی‌قلی‌خان هدایت، مخبرالسلطنه**، در تاریخ ۹ خرداد ۱۳۰٦ (۳۱ می ۱۹۲۷) تشکیل شده، همین پست را عهده دار بوده‌است.

پنج ترور تاریخی راهگشای صدارت مصدق

این وطن‌فروش خیانتکار، که بی‌درنگ پس از امضای قرارداد تحت الحمایگی ایران در ۱۹۱۹ و به‌منظور اجرای آن قرارداد شوم، تعدادی مستشار نظامی انگلیسی، به‌ریاست **ژنرال دیکسن**، و تعدادی مستشار مالی انگلیسی، به‌ریاست **آرمیتاژسمیت**، در لندن استخدام‌کرده و به ایران فرستاده‌بود، در این‌وقت با **خودنمایی به وطن‌پرستی**، از اینکه امور مالی ایران را آمریکایی‌ها اداره‌می‌نمایند ناراحت‌شده (و البته با اشاره مراکز نامریی) تمام کوشش و فعالیت خود را جهت اخراج این آمریکایی‌ها به‌کار گرفته‌است.
این شخص مغرض با دادن آگاهی‌های نادرست و ساختگی از کارهای مستشاران مالی آمریکایی به **رضا شاه پهلوی** به‌تدریج باعث‌شده بوده‌است که این پادشاه بزرگ هم خوش‌گمانی اولیه خود نسبت به آن مستشاران را از دست‌بدهد.

به قول **دکتر باقر عاقلی**:

*" **نصرت‌الدوله** از روزی‌که به وزارت مالیه تعیین‌شده، تمام هم و غم او این‌بود که کفش‌های **دکتر میلسپو**ر و همکاران او را جفت‌کرده و محترمانه از زیر آیینه و قرآن ردکند تا بتواند به تنهایی مالک‌الرقاب مالیه ایران شود. البته شاه هم با این تصمیم موافق‌بود و وزیر مالیه را در این قسمت تأییدمی‌کرد.*
*اولین شبیخون به اختیارات رئیس کل دارایی لایحه‌ای بود که بدون تصویب و امضای رئیس کل دارایی [**دکتر میلسپو**] به مجلس تقدیم‌شد و **دکتر میلسپو** در مقام اعتراض برآمد ... "*

نصرت‌الدوله به این اعتراض پاسخ داده‌است و ...

*" ... این مکاتبات کم‌کم وضع شدیدی به‌خود گرفت و اختلاف **وزیر مالیه** و **رئیس دارایی** شدیدتر شد و دولت برای آنکه دست **میلسپو** را از بعضی از امور کوتاه‌کند در کنترات مشارالیه تجدیدنظر کرده و صورت کنترات را طی ۱۸ ماده به مجلس تقدیم‌کرد.*
***میلسپو** با کنترات جدید به‌هیچ‌وجه موافق‌نبود وآن‌را برخلاف عرف و اصول مالی می‌دانست.مکاتبات **نصرت‌الدوله** با **میلسپو** از صورت عادی خارج شد و جنبه مشاجره و منازعه به خود گرفت و کار به مکاتبات تند کشید ... "*
(نصرت‌الدوله فیروز، از رویای پادشاهی تا زندان رضا شاهی- دکتر باقر عاقلی- صفحه ۲۰۹/۲۰۸)

همان‌گونه که در بالا نوشته‌شد آخرین قرارداد استخدامی **دکتر میلسپو** در تاریخ ۱۳ آگوست ۱۹۲۷ (۲۱ مرداد ۱۳۰۶) پایان می‌یافته و کارشکنی‌های **نصرت‌الدوله فیروز** نیز که در ماه‌های خرداد و تیر همین سال صورت می‌گرفته برای این بوده‌است که وی را از موافقت برای تجدید قرارداد منصرف سازند و گناه برکناری وی را به گردن خودش بیاندازند.
کنترات ۱۸ ماده‌ای نیز، که در بالا از آن یاد شده‌است، درصورت تصویب در مجلس ملی و موافقت **دکتر میلسپو** با آن، از روز بعد از پایان آخرین قرارداد استخدامی وی یعنی از تاریخ ۱۴ آگوست ۱۹۲۷ (۲۲ مرداد ۱۳۰۶) به‌مرحله اجرا درمی‌آمده است. ولی **دکتر میلسپو** این کنترات را نپذیرفته و طی نامه‌ای که در تاریخ ۳۱ تیر ۱۳۰۶ (۲۳ جولای ۱۹۲۷) خطاب به نخست‌وزیر نوشته استعفای خود را (از روز اول مرداد) تقدیم کرده و نیز اعلام داشته‌است که بقیه مدت قرارداد (تا ۲۱ مرداد ۱۳۰۶) را از مرخصی استحقاقی خود استفاده خواهدنمود.

٤ـ مختصری از نتیجه کار این مستشاران مالی

متن زیر که توسط **دکتر باقر عاقلی** نوشته شده‌است تااندازه‌ای نشانگر حسن خدمت مستشاران مالی در ایران می‌باشد:

*" **دکتر میلسپو** وهمکاران وی که جمعاً ۱۸ نفر بودند و هر کدام در رأس یکی از ادارات مهم وزارت مالیه قرارگرفتند، دست به اصلاحاتی زدند.*
اولین اقدام آنها تهیه و تصویب و اجرای قانون استخدام کشوری بود که بسیار مؤثر واقع شد و نظم و نسقی در کارها ایجادنمود. وضع خزانه سر و صورتی پیداکرد. پرداختها همیشه مرتب بود و اعتبار حواله‌های مالیه برقرار و هرگز نکول نمی‌گردید. مالیات‌ها به‌موقع وصول می‌گردید و حتی بقایای سنواتی به حیطهٔ وصول درآمد.
*روی‌هم‌رفته خدمت مستشارها برای کشور ایران مفیدبود و مردم از اقدامات آنها رضایت‌داشتند. **میلسپو** هر سه ماه یک گزارش مفصل از عملکرد خود تهیه و در روزنامه‌ها انتشار می‌داد که بسیار در مردم اثر مطلوب می‌گذاشت.*
***رضا شاه** که از مداخله دادن خارجی‌ها در کارها تنفرداشت از اعمال و رویه آمریکایی راضی به‌نظر می‌رسید.*
***در هر حال کار میلسپو در این مأموریت به‌اندازه‌ای جالب و قابل توجه بود که ایرانیان پس از رفتن رضا شاه و اشغال ایران توسط قوای متفقین و آغاز بحران اقتصادی و قحطی به‌فکر دکتر میلسپوی آن روز افتادند** ... "*

(نصرت‌الدوله فیروز، از رویای پادشاهی تا زندان رضا شاهی- همان - صفحه ۲۰٦)

ب – پس از برکناری رضا شاه بزرگ

احمد قوام، قوام‌السلطنه، بعد از برکناری **رضا شاه بزرگ**، و در سال‌هایی که هنوز کشور ما در اشغال نیروهای متجاوز روسی و انگلیسی قرارداشته، دو بار به نخست‌وزیری رسیده‌است.
وی در نخستین مرتبه (که از ۱۸ مرداد تا ۲۵ بهمن ۱۳۲۱ به‌طول انجامیده)، افزون‌بر اینکه **ترتیب استخدام مستشاران آمریکایی را داده، دعوت‌نامه‌ای رسمی نیز برای ارتش آمریکا امضاء نموده و ورود و حضور سربازان آمریکایی را در ایران قانونی شناخته‌است.**

۱ ـ استخدام دوباره دکتر میلسپو همراه با تعدادی دیگر مستشار آمریکایی

قوام‌السلطنه در همین دوره از نخست‌وزیری، در تاریخ ۲۱ آبانماه ۱۳۲۱ (۱۲ نوامبر ۱۹٤۲) لایحه استخدام مجدد دکتر آرتور میلسپو و مستشاران مالی آمریکایی را برای مدت پنج سال به‌تصویب مجلس شورای ملی رسانده‌است.
به‌موجب این قرارداد سمت **دکتر میلسپو**، رئیس کل دارایی ایران تعیین‌شده و حقوق سالانه وی ۱۸ هزار دلار، به اضافه خانه مسکونی و اثاث منزل و هزینه مسافرت بین ایران و آمریکا و در داخل کشور بوده‌است.
در همین لایحه کلنل **شوارتسکف آمریکایی** برای **مستشاری ژاندارمری ایران** استخدام شده‌است.

۲ ـ دادن مزایای کاپیتولاسیون به مستشاران نظامی آمریکایی

محمد ساعد که در کابینه **قوام‌السلطنه**، سمت وزارت امور خارجه را به‌عهده داشته و اقدامات مربوط به دعوت نظامیان آمریکایی به ایران در وزارتخانه زیر نظر وی انجام گرفته‌بود، با همین سمت به کابینه بعدی به نخست‌وزیری **علی سهیلی** انتقال‌یافته و **در تاریخ ۱۱ آبان ۱۳۲۲ (۳ نوامبر ۱۹۴۳) قرارداد استخدام نخستین هیأت مستشاری نظامی را برای ارتش ایران که مرکب از یک سرلشکر، چهار سرهنگ، یک سرگرد و دو سروان بود با وزیر مختار آمریکا به امضاء رسانده‌است.**
همین شخص چند روز بعد، یعنی در تاریخ ۵ آذر ۱۳۲۲ (۲۷ نوامبر ۱۹۴۳) قرارداد دیگری برای استخدام تعدادی مستشار نظامی آمریکایی برای ژاندارمری ایران با وزیر مختار آمریکا امضاء کرده‌است.
با اینکه این افراد گذرنامه دولتی که توسط دولت آمریکا صادر شده‌بود دراختیار داشته‌اند و برحسب نوع آن از مصونیت‌ها و امتیازات مندرج در قرارداد موجود بین ایران و آمریکا استفاده می‌کرده‌اند، با این‌حال در ماده سی‌ام قرارداد اخیر، به‌نحوی نامریی و به‌ظاهرعادی مصونیت کامل در مقابل هر عمل قانونی که در ایران به انجام برسانند به آنان داده شده بود، متن آن ماده به شرح زیر می‌باشد:

" ماده سی‌ام – نسبت به هر یک از کارمندان این هیأت که بطور صحیح و منظم و از روی صلاحیت ثابت‌شود که به جرم مداخله در کارهای سیاسی کشور یا تخلف از قوانین ایران مقصراست، هیأت وزیران حق خواهد داشت مقررات این قرارداد را که مربوط به چنین کارمندی باشد لغونماید. "

که البته هر جنایتی نیز تخلف از قوانین ایران شمرده می‌شده و دولت ایران در چنین مواردی فقط حق داشته‌است که قرارداد استخدامی مربوط به چنین کارمندی را لغونماید.!!

۳ ـ پایان این ماموریت دکتر میلسپو و سایر مستشاران مالی با فعالیت شدید محمد مصدق

بطوری‌که در بالا دیدیم، نخستین دوره ماموریت **دکتر میلسپو** و سایر مستشاران مالی آمریکایی با کارشکنی‌های **نصرت‌الدوله فیروز، پسر فرمانفرما**، پایان‌یافت و جالب توجه این‌است که قرارداد استخدامی این شخص، در این دومین و آخرین دوره ماموریت وی، که مورد مخالفت شدید دولت انگلستان قرار گرفته‌بود، همراه با سایر مستشاران مالی آمریکایی، با فعالیت شدید **محمد مصدق، خواهرزاده فرمانفرما**، در دوره چهاردهم مجلس شورای ملی، توسط **مرتضی‌قلی‌خان بیات**، نخست‌وزیر، و خواهرزاده خود او در تاریخ ۲۳ آذر ۱۳۲۳ـ ۱٤ دسامبر ۱۹٤٤ـ یک‌جانبه فسخ گردیده‌است.
جالب‌تر اینکه **مصدق**، یعنی کسی که پس از آن، در دوره هفدهم مجلس شورای ملی، دو بار (یک‌بار به مدت شش ماه و یک‌بار به مدت یک سال) اختیار کامل برای وضع هر نوع قانون را از مجلس شورای ملی گرفت، در آن زمان دلیل مخالفت خود با **دکتر میلسپو** را، به خبرنگار نشریه **مرد امروز**، چنین بیان داشته‌است:

" ...
س: شما با چه عمل این مستشاران مخالفید؟
*ج: من با عمل مجلس سیزدهم مخالفم که این اختیارات را به **دکتر میلسپو** داده است.*
***وکلاء وکیل در توکیل نیستند و نمی‌توانند اختیاراتی که ملت به آنها داده به دیگری محول نمایند** ..."*
(سیاست موازنه منفی در مجلس چهاردهم- حسین کی‌استوان- جلد اول - صفحه ۱۱۰- به‌نقل از نشریه مرد امروز- شماره ۱۶- مورخ دوم اردیبهشت ۱۳۲۳)

توضیح بیشتر اینکه: **محمد مصدق**، که در دوره چهاردهم مجلس شورای ملی عضویت یافته‌بوده، از آغاز این دوره به هر مناسبتی که فرصت می‌یافته مخالفت خود را با **دکتر میلسپو** و سایر مستشاران مالی آمریکایی ابراز می‌داشته‌است. وی در کابینه **محمد ساعد مراغه‌ای** (که در تاریخ ۸ فروردین ۱۳۲۳ بر سر کار آمده بود، در تاریخ ۲۰ آبان همان سال سرنگون گردیده) این مخالفت را شدت بخشیده‌است. بعد از سرنگونی این کابینه اکثریت نمایندگان مجلس به **محمد مصدق** ابراز تمایل کرده‌اند ولی این شخص پذیرفتن سمت نخست‌وزیری را مشروط به‌تصویب طرحی در مجلس نموده‌است. به این مضمون که هرگاه دولت وی پیش از پایان دوره چهاردهم مجلس ساقط شود وی مجازباشد که به کرسی نمایندگی خود در مجلس برگردد و چون با این شرط موافقت نکرده لذا **مصدق** هم حاضر به قبول پست نخست‌وزیری نشده ولی به نمایندگان توصیه نموده‌است که به‌جای وی خواهرزاده‌اش، **مرتضی‌قلی‌خان بیات** را به‌عنوان نخست‌وزیر انتخاب نمایند.
سرانجام نمایندگان مجلس در تاریخ ۲۹ آبان ۱۳۲۳ به **مرتضی‌قلی‌خان بیات** ابراز تمایل نموده‌اند و وی، پس از دریافت فرمان نخست‌وزیری، وزرای خود را در تاریخ شنبه ٤ آذر به حضور **شاه** و روز بعد آنها را به مجلس شورای ملی معرفی نموده‌است.
در تاریخ ۱۱ آذر ۱۳۲۳، هنگامی‌که **مصدق** به‌عنوان موافق نسبت به برنامه این دولت صحبت‌می‌کرده، ابتدا خطاب به نخست‌وزیر چنین گفته‌است:

*" ... آقای **نخست‌وزیر**! من به‌عنوان موافق صحبت‌می‌کنم و چون فرمودید که جواب نمایندگان را در آخر می‌دهید، درصورتی‌که با نظریات من موافقت کنید من به دولت شما رأی مثبت می‌دهم.*
تقاضای من این است که دولت شما در دو موضوع بدون تأخیر اقدام کند:
*در «**کار دکتر میلسپو**» و «**استخراج نفت**» ..."*
(سیاست موازنه منفی در مجلس چهاردهم- حسین کی‌استوان- جلد نخست - صفحه ۱۹۶)

وسپس نیز در همان سخنرانی به ناگهان طرحی که به امضای تعداد کافی از نمایندگان رسیده بوده‌است در مورد ممنوعیت اعطای امتیاز نفت از سوی دولت ایران به خارجیان، با قید دو فوریت به مجلس تقدیم‌کرده که به‌موجب آن برای متخلفان نیز حبس مجرد از سه تا هشت سال پیش‌بینی شده بوده‌است.
این طرح با اکثریت زیادی از نمایندگان به‌تصویب رسیده‌است ولی نمایندگان حزب توده نسبت به آن رأی مخالف داده‌اند.
باز هم در زمانی‌که **مرتضی‌قلی‌خان بیات** به بیانات نمایندگان درمورد برنامه دولت پاسخ‌می‌داده سخنان زیر بین او و محمد مصدق رد و بدل شده‌است:

*" ... **آقای بیات**: در خصوص مسئله رئیس کل دارایی که نمایندگان محترم اشاره کردند، تصمیم مقتضی اتخاذ خواهد شد.*
***دکتر مصدق**: باید مهلتی برای آن تعیین کنید.*
***آقای بیات**: عرض کردم که این کار را ظرف چند روز خواهم کرد.*
دکتر مصدق: یک مهلت قطعی تعیین کنید.
آقای بیات: مسئله را ظرف ده روز حل خواهم کرد.
(احسنت، احسنت، متشکریم) ... "
(آمریکایی‌ها در ایران- دکتر آرتور میلسپو- ترجمه عبدالرضا هوشنگ انصاری- صفحه ۲۰۱- به‌نقل از مذاکرات مجلس جلسه مورخ ٤ دسامبر ۱۹٤٤ [۱۳ آذر ۱۳۲۳])

نمایندگان حزب توده با اشتیاق به اخراج مستشاران مالی آمریکایی از ایران، به دولت بیات رأی اعتماد داده‌اند.
در کتاب « **تاریخ جنبش کمونیستی در ایران** » در این مورد چنین می‌خوانیم:

*" ... کابینه **ساعد قربانی** این عقب‌نشینی اولیه در برابر یورش دیپلماسی شوروی بود. کابینه زیر فشار روس‌ها استعفا کرد. حزب توده، بیدرنگ این استعفا را یک پیروزی بزرگ برای خود به‌شمار آورد و حمایت حزب را از **کابینه بیات**، در ژانویه ۱۹٤٥ (دی ۱۳۲۳) به‌عنوان ضرورتی توجیه‌کرد که از سوی جناح راست بر حزب تحمیل شده‌است. ...*
*جای پرده‌پوشی نیست که **کابینه بیات** از حمایت روس‌ها برخوردار بود. ... "*
(تاریخ جنبش کمونیستی در ایران- پروفسور سپهر ذبیح- ترجمه محمد رفیعی‌مهرآبادی- صفحات ۲۵۸/۲۵۹)

سرانجام **ماده واحده قانون لغو اختیارات دکتر میلسپو**، در دولت **مرتضی‌قلی‌خان بیات** به‌شرح زیر، در تاریخ ۲۳ آذر ۱۳۲۳ به‌تصویب مجلس شورای ملی ایران رسیده‌است:

*" **ماده واحده**:*
*قانون اختیارات **آقای دکتر میلسپو**، رئیس کل دارایی، مصوب سیزدهم اردیبهشت ۱۳۲۲ از اول دی‌ماه ۱۳۲۳ فسخ و اختیارات مذکور در آن قانون به دولت واگذار می‌شود.*
دولت مکلف است از تشکیلات قسمت اقتصادی وزارت دارایی آنچه را لازم می‌داند نگاهداری یا به وزارتخانه‌های دیگر منتقل‌نموده و آنچه غیرضروری تشخیص دهد منحل کند. و نیز مجاز است قسمتی از این تشکیلات را به‌طرز بازرگانی اداره نماید. "

٤ -باز هم قوام‌السلطنه و بستن قرارداد محرمانه نظامی با آمریکا و تسجیل مزایای کاپیتولاسیون

یکبار دیگر **قوام‌السلطنه** در تاریخ ٦ بهمن ۱۳۲٤ (۲٦ ژانویه ۱۹٤٦) به نخست‌وزیری انتخاب‌شده تا تاریخ ٥ دی ۱۳۲٦ (۲۷ دسامبر ۱۹٤۷) که بر سر کار بوده، اقدامات بسیار مهمی در جهت گسترش نفوذ آمریکا در ایران و به‌ویژه تحکیم موقعیت و چیرگی انحصاری آمریکا بر ارتش ایران به‌عمل آورده‌است.

وی در این دوره از صدارت خود، که ایادی روسیه آذربایجان را به‌صورت خودمختار درآورده بوده‌اند و هنوز کشور ایران در اشغال نیروهای متفقین بوده‌است، به‌عنوان یک سیاستمدار لایق و زیرک، حد اعلای مهارت و زبردستی را در مقابله با مشکلات موجود و حل و فصل امور سیاسی ایران بکاربرده و در تخلیه ایران از نیروهای بیگانه (به‌ویژه از نیروهای شوروی که از این کار خودداری می‌کرده‌اند) سهم بسزایی داشته‌است.
همچنین **قوام‌السلطنه** در تاریخ ۱۳ مهر ۱۳۲۶ (٦ اکتبر ۱۹٤۷) قرارداد نظامی محرمانه‌ای جهت استخدام تعدادی مستشار نظامی از آمریکا با **ژرژ آلن**، سفیر آن کشور در ایران، به‌امضاء رسانده که به‌موجب آن **حق اداره انحصاری ارتش ایران به آمریکا واگذار شده‌است**.
ماده ۲٤ این قرارداد (که در صفحات ٦٤ تا ۷۰، جلد دوم کتاب « **اسناد معاهدات دوجانبه ایران با سایر دول** » منتشره توسط دفتر مطالعات سیاسی و بین المللی، وزارت امور خارجه جمهوری اسلامی ایران، تحت عنوان سند شماره ۲۰ درج شده‌است) به‌شرح زیر می‌باشد:

> *" ماده ۲٤ - تا مدتی‌که این قرارداد یا تمدید آن معتبر است **دولت ایران هیچ‌گونه مأمورین دولت خارجی دیگر را برای انجام هیچ‌گونه وظایف مربوط به ارتش ایران استخدام نخواهدنمود** مگر با توافق نظر مشترک مابین دولتین کشورهای متحد آمریکا و ایران. "*

افزون‌بر آن به موجب ماده ۱۱ همین قرارداد، درصورتی‌که هر یک از اعضای هیأت مستشاران نظامی از قوانین و مقررات دولت ایران، که شامل هر نوع جرم و جنایت بزرگ هم می‌شود، تخلف‌می‌نمودند، فقط ممکن بوده‌است! که از خدمت در ارتش ایران معاف‌گردند و تنها هزینه مراجعتشان به آمریکا! پرداخت گردد. به‌شرح زیر:

> *" ماده ۱۱ - اعضای هیأت درصورت تخلف از قوانین و مقررات دولت ایران ممکن است از خدمت ارتش ایران معاف گردند. در این صورت فقط استحقاق دریافت هزینه مراجعت به آمریکا را خواهندداشت. "*

با این ترتیب، بطوری که ملاحظه می‌شود، پیش از آنکه **محمدرضا شاه پهلوی** به‌صورت وزنه سنگینی در ترازوی سیاست ایران جلوه‌گر شود و در زمان نخست‌وزیری **قوام‌السلطنه**، که بیش از هر نخست‌وزیر دیگری نسبت به **شاه** بی‌اعتنایی می‌نموده‌است، ارتش ایران بطور انحصاری در اختیار آمریکا قرارگرفته، پای مستشاران آمریکایی به ایران بازشده و آنان از هر نوع مصونیت و مزایایی برخوردار شده بودند.

۵- تنها اقدام اساسی بر ضد شرکت نفت انگلیس و ایران، توسط هژیر، در دولت قوام‌السلطنه

نمایندگانی که در دوره‌های چهاردهم و پانزدهم مجلس شورای ملی، (به‌ظاهر)، جهت احقاق حقوق مردم این کشور و مخالفت با دولت انگلیس ولی درحقیقت به‌منظور تأمین منافع آن دولت به مبارزه برخاسته و **لغو قرارداد نفت ۱۹۳۳ میلادی. (۱۳۱۲خورشیدی) را وجهه همت خود قرارداده‌بوده‌اند،** راه‌هایی را جهت مبارزه پیشنهاد می‌کرده‌اند که درصورت تحقق آن هدف نه تنها در مراجع بین‌المللی، بلکه در خارج از کشور ایران، در نظر افراد مطلع و بی‌طرف کوچکترین ارزش و

پنج ترور تاریخی راه‌گشای صدارت مصدق

اعتباری نداشته‌باشد، تا اینکه دولت انگلیس بتواند خود را در جهان، مظلوم! و زیان‌دیده! و ذیحق! جلوه‌دهد و درمقابل مردم ایران را قانون‌شکن! و متجاوز! معرفی کند و درهرحال دریافت غرامت و خسارت سنگینی از ایران را مسلم سازد.
برای نمونه هنگامی‌که **محمد مصدق** در دوره چهاردهم **مجلس شورای ملی**، در تاریخ هفتم آبان ۱۳۲۳، با سفسطه و مردم‌فریبی به مردم ایران وانمود کرده‌است که با بستن قرارداد نفت **(با حمایت رضا شاه بزرگ)** در سال ۱۹۳۳ و تمدید مدت آن، نسبت به امتیازنامه دارسی، علاوه بر **تمام دارایی کمپانی در ایران** ***" مشتمل بر تمام اراضی و ابنیه و کارخانه‌ها و ساختمان‌ها و چاه‌ها و سدهای دریایی و راه‌ها و لوله‌های حمل نفت و پل‌ها و رشته نقب‌های فاضلاب و وسایل توزیع آب و ماشین‌ها و مؤسسات و تجهیزات از آن جمله آلات و ادوات از هر قبیل و تمام وسایل‌نقلیه (از قبیل اتوبوس و گاری و آیروپلان) و تمام اجناس انبارشده و سایر اشیایی که کمپانی در ایران برای اجرای این امتیاز از آن استفاده می‌نماید."***[1] متجاوز از ۱۶ **میلیارد ریال** ضرر به ملت ایران واردشده. و یا هنگامی‌که **سیدحسن تقی‌زاده،** یکی از اساتید فراماسونری و امضاءکننده قرارداد ۱۹۳۳، در دوره پانزدهم **مجلس شورای ملی،** به‌منظور ایجاد تزلزل در اساس آن قرارداد، خود را «**آلت فعل**» معرفی نموده‌است، بی‌گمان زمینه‌های نفرت شدید مردم ایران از قرارداد مزبور و بی‌اعتباری آن در نظر این مردم را فراهم ساخته‌اند. اما این مطالب، و آنچه که از این قبیل، توسط سایر ایادی انگلیس، ازجمله **عباس اسکندری** و **سیداحمد رضوی،** ابرازشده، هیچ‌یک، از نظر یک قاضی بی‌طرف خارجی یا یک دادگاه بین‌المللی، مطلبی نبوده‌است که بتواند برای لغو قرارداد ۱۹۳۳ مورد قبول و استناد قرارگیرد. به این‌جهت، **با اینکه دولت انگلستان خود علاقمند به لغو قرارداد ۱۹۳۳ و بازگشت به امتیازنامه دارسی بوده،** با این‌وجود این عمل، درصورت انجام، با تکیه بر مطالب تحریک‌آمیز مزبور، این امکان را برای دولت انگلیس فراهم می‌ساخته‌است که **خود را در انظار جهانیان و در دادگاه‌های بین‌المللی ذیحق جلوه داده و غرامت هنگفتی را به ایران تحمیل نماید.**

اما، در این میان یک نفر پیداشده، که با پرهیز از هیاهو و جنجال، به اقدامی اساسی بر ضد دولت انگلیس مبادرت ورزیده و او **عبدالحسین هژیر، وزیر دارایی در کابینه قوام‌السلطنه،** بوده‌است.
برای شرح بیشتر درمورد آن اقدام، باید توضیح دهد، هنگامی که **قوام‌السلطنه،** به‌عنوان **نخست‌وزیر ایران،** در زمان فترت بین دوره‌های چهاردهم و پانزدهم مجلس شورای ملی با نمایندگان دولت روسیه شوروی، به‌ریاست **سادچیکف،** سفیرکبیر آن دولت، به‌مذاکره پرداخته و سرانجام، در تاریخ ۱۵ فروردین ۱۳۲۵ مطابق با ٤ آپریل ۱۹٤۶، با آنان به انعقاد قراردادی جهت ایجاد «**شرکت مختلط نفت ایران و شوروی** » مبادرت کرده‌بود، **عبدالحسین هژیر،** در سمت **وزیر دارایی ایران،** در تمام مراحل مذاکره و انعقاد آن قرارداد **(که اقدامی ضد انگلیسی شمرده‌می‌شد)** شرکت‌داشته و **نقش اصلی و اساسی را عهده‌دار بوده‌است.**

قوام‌السلطنه در آن دوره از نخست‌وزیری خود، که از ششم بهمن ۱۳۲٤ آغاز شده‌بود، چهار دفعه هیأت دولت خود را ترمیم‌کرده، یعنی ٥ کابینه تشکیل داده‌بود که **عبدالحسین هژیر،** بجز در کابینه نخست وی، در سایر کابینه‌ها سمت **وزارت دارایی** را به‌عهده داشته‌است.

---

(۱)- سیاست موازنه منفی در دوره چهاردهم – جلد اول – حسین کی استوان – صفحه ۱۷۷

به این‌جهت، هنگامی که **مجلس شورای ملی**، در جلسه مورخ ۲۹ مهر ۱۳۲۶، با تصویب ماده واحده‌ای اقدامات دولت را در مورد ایجاد شرکت مزبور بی‌اثر و کان لم یکن اعلام نموده، در بند «ه» همان ماده چنین مقرر داشته‌است:

" دولت مکلف است در کلیه مواردی که حقوق ملت نسبت به منابع ثروت کشور، اعم از منابع زیرزمینی و غیر آن مورد تضییع واقع شده‌است، به‌خصوص راجع به نفت جنوب به‌منظور استیفای حقوق ملی مذاکرات و اقدامات لازمه را به‌عمل آورده و مجلس شورای ملی را از نتیجه آن مطلع سازد. "

عبدالحسین هژیر که از زمان انعقاد قرارداد ۱۹۳۳ تا آن زمان پیوسته در جریان مذاکرات و امور مربوط به نفت ایران قرار داشته‌بود، به‌ظاهر از مدتی پیش از تصویب ماده واحده بالا و بند «ه» آن راجع به تخلفات واقعی و اساسی شرکت نفت انگلیس و ایران از مفاد قرارداد ۱۹۳۳ و قانون‌شکنی‌های آن شرکت به بررسی و تحقیق پرداخته و ۲۵ مورد از آنها را جمع‌آوری و تنظیم‌کرده و آماده داشته‌است. به‌همین رو **بی‌درنگ پس از تصویب ماده واحده مزبور، با داشتن دست بالا و پُر، به‌عنوان وزیر دارایی ایران و مجری قانون مصوبه مجلس، نمایندگان شرکت نفت را به تهران احضارکرده و با آنان بطور جدی به‌مذاکره و گفتگو نشسته‌است.**

این اقدام **عبدالحسین هژیر**، دولت انگلیس را بر سر دو راهی ناراحت‌کننده و مشکل قرارداده که راه نخست آن نپذیرفتن آن اعتراض‌های غیرقابل انکار و دادگاه‌پسند بوده‌است.

این راه **(در آن زمان که دولت آمریکا با تمام قوا جهت تسلط بر ذخایر و منابع نفتی خاورمیانه، ازجمله ایران، به مبارزه با دولت انگلیس برخاسته‌بود.)** حتی در دادگاه‌ها و مراجع بین‌المللی می‌توانسته است که وضعی خطرناک برای انگلیس ایجاد نماید.

راه دیگر پذیرفتن تمام یا تعدادی از آن اعتراض‌ها و اعلام برای رفع آنها بوده که این کار، افزون‌براینکه به‌منزله اعترافی تلویحی به تخلف تلقی‌می‌گردیده و برای ایران حق درخواست جبران زیان‌های گذشته را فراهم‌می‌ساخته، با عدم قبول غیرقابل اجتناب تعدادی از آن اعتراض‌ها، همان نتیجه حاصله از وضع اول برای انگلیس به‌وجود می‌آمده‌است.

با این‌ترتیب، دولت انگلیس راه بهتری برای اجتناب از دو راه مزبور یافته و آن ساقط ساختن دولت **قوام‌السلطنه** و بیرون‌کردن **عبدالحسین هژیر** از وزارت دارایی بوده که به‌نحوی کم‌سابقه و به‌شرح زیر انجام گرفته‌است:

*" **سقوط قوام** – هر روزی که به عمر مجلس پانزدهم اضافه‌می‌شد، فراکسیون دولتی تقلیل پیدا می‌کرد و نیز تعداد مخالفین **قوام** افزوده‌می‌شد. وجود نمایندگانی چون **تقی زاده، دکتر متین دفتری، ساعد مراغه‌ای، اسدالله ممقانی، قائم مقام‌الملک**، که با **قوام** مخالف بودند، بیشتر این آتش را دامن میزد.*

***شاه** هم در این کار نقش مهم و پشت پرده‌ای را داشت. تکبر و نخوت **قوام**، تصمیم‌گیری‌های او بدون مشورت با **شاه** و حتی گاه بدون اعتناء به او، بازی‌های سیاسی با دول خارجی، **شاه** را از صحنه سیاسی ایران دورساخته و عملاً وجود او را در سایه قرار داده بود.*

***شاه** بنا به خلق و خوی خویش و احساس کهتری که داشت، می‌خواست مدام خودی نشان دهد و به‌نحوی در کارها مداخله کند. از این رو ضمن تماس با نمایندگان مخالف، نقشه براندازی **قوام** طرح شد. **سردار فاخر حکمت**، رئیس مجلس، که همه چیز او مدیون **احمد قوام** بود، در این بازی سیاسی جانب **شاه** را گرفت و با دسیسه‌های آنها همراه شد.*

*در اوایل آذر، **قوام** اعلامیه مفصلی درباره سیاست خارجی و داخلی انتشار داد و مطالبی درباره اوضاع گذشته و آینده بیان داشت. این اعلامیه چندین بار از رادیو خوانده شد. پس از انتشار اعلامیه، نمایندگان اکثریت که عضو فراکسیون دولتی بودند، اعلام کردند صدور چنین اعلامیه‌ای از طرف نخست‌وزیر بدون اطلاع نمایندگان طرفدار دولت بوده‌است و از این رو دیگر از او پشتیبانی نخواهند کرد.*

*متعاقب این اعلامیه، دو نفر از وزیران کابینه استعفای خود را به **شاه** دادند.*

*تنها وزیری که با سایر وزرا هم‌آهنگی نکرد، **سید جلال‌الدین تهرانی**، وزیر مشاور و معاون پارلمانی نخست‌وزیر بود. **دکتر عیسی صدیق** هم به‌علت مسافرت و نبودن در ایران مستعفی نشد.*

***قوام** به‌نحوه استعفای وزیران اعتراض نمود و مجلس او را برای ادای توضیحات به مجلس دعوت‌کرد. **قوام** پس از حضور در مجلس نطق مبسوطی ایراد کرد. از وضع سابق و لاحق سخن گفت، خدمات خود را در رفع غائله آذربایجان و کردستان بیان نمود و افزود دخالت قوه مقننه در قوه مجریه، مشروطیت را به عاقبتی غمناک می‌رساند.*

*آنگاه تقاضای رأی اعتماد نمود. عده حاضر در مجلس ۱۱۲ نماینده بود. ٤٦ ورقه سفید و ۳۸ ورقه کبود شمرده شد و درنتیجه دولت **احمد قوام** پس از ۲۲ ماه زمامداری در یکی از بحرانی ترین ادوار تاریخ جدید ایران ساقط گردید."*

(نخست‌وزیران ایران از مشیرالدوله تا بختیار- همان- صفحات ٦٣٦/٦٣٤)

قوام‌السلطنه، این سیاستمدار با تدبیر و زیرک، مانند هر انسان دیگر دارای محاسن و معایبی بوده‌است که تکبر و نخوت فوق‌العاده، حتی درمقابل **محمدرضا شاه** را می‌توان در زمره معایب و یا نقاط ضعف وی به‌شمارآورد. افزون‌برآن وی هرگز با **محمدرضا شاه** میانه خوبی نداشته و همواره به عمد نسبت به وی بی‌اعتنایی و از مداخلات و اظهارنظرهای او در امور دولتی جلوگیری می‌کرده‌است.

بطوری‌که دیدیم، ماده واحده مربوط به کان لم یکن بودن موافقت‌نامه نفت ایران و شوروی در روز ۲۹ مهر ۱۳۲٦ به‌تصویب مجلس شورای ملی رسیده‌بود، از آن تاریخ تا زمان سقوط کابینه **قوام‌السلطنه**، که در روز ۱۹ آذر ۱۳۲٦ انجام‌گرفت، فقط ٥٠ روز فاصله بوده‌است که در همین مدت کوتاه ایادی انگلیس موفق‌شده‌اند با جلب موافقت شاه، که خودخواهی و غرورش در اثر تکبر و بی‌اعتنایی‌های قوام‌السلطنه به‌سختی خدشه‌دار بوده ، دولت را سرنگون و سرانجام **عبدالحسین هژیر** را نیز از **وزارت دارایی** برکنارساخته و سبب **قطع مذاکرات بین دولت ایران و شرکت نفت ایران و انگلیس** را فراهم نماید.

٦ پایان غم‌انگیز زندگی سیاسی قوام‌السلطنه

پیشگفتار

قهر و استعفا، یکی از نیرنگ‌های مصدق

بررسی زندگی سیاسی **محمد مصدق** نشان‌می‌دهد که وی بارها، در زمانی که زمینه‌های بازگشت خود را پیشاپیش فراهم‌ساخته بوده‌است، پس از اهانت و ایراد اتهامات ناروا به اشخاص محترم، مقامات مشهور و یا رؤسای مربوط (و اغلب پس از غش‌کردن و بیهوش‌شدن ظاهری) به‌صورت قهر یا استعفا محل کار و خدمت خود را ترک‌کرده و به خانه رفته‌است. ولی روز بعد و یا حداکثر دو سه روز پس از آن با همان ترتیباتی که از پیش فراهم کرده‌بوده، حتی گاهی روی دست مزدوران و با سلام و صلوات، به محل کار قبلی برگشت‌داده شده‌است.
در این شرایط، مقامات مزبور یا رؤسای وی که مرعوب تظاهرکنندگان شده‌بوده‌اند، به روال همیشه مجبورمی‌شده‌اند با خواهش و التماس و با صرف‌نظرکردن از اهانت‌ها و اتهامات و حتی با پوزش‌خواهی از انجام کارهایی که زمینه‌ی قهر یا استعفای او را فراهم‌ساخته بوده‌است و نیز با تأمین درخواست‌ها و انجام نظراتش وی را دوباره به‌کار سابق و یا کار دیگری که مورد نظرش بوده‌است، بگمارند.
نمونه‌هایی از این قبیل قهر و آشتی‌های **محمد مصدق** به‌شرح زیر می‌باشد:

(١)- قهر از معاونت وزارت مالیه (پیش از کودتای سال ١٢٩٩)

در کابینه **محمدعلی خان علاءالسلطنه** (که از تاریخ ١٥ خرداد ١٢٩٦ بر سر کار بوده‌است)، **میرزاحسن محتشم‌السلطنه**، وزارت مالیه و **محمد مصدق** معاونت آن وزارتخانه را به‌عهده داشته‌اند.
گویا در این زمان **محتشم‌السلطنه** بیمار و بستری شده و برای گریز از گرمای طاقت‌فرسای شهر، در خانه‌ای در شمیران، به استراحت و معالجه اشتغال داشته‌است.
محمد مصدق با سوءاستفاده از بیماری و غیبت **محتشم‌السلطنه**، تمام نامه‌ها و مکاتبات مربوط به وزارت مالیه را خود مطالعه می‌کرده و درمورد هر نامه به صدور هر دستوری که خودش میل‌داشته، مبادرت‌می‌ورزیده و فقط نامه‌هایی را که تصمیم‌گیری راجع به آنها موجب ناراحتی برای ارباب رجوع و یا مسئولیت برای وزیر می‌شده، برای وزیر به شمیران می‌فرستاده‌است.
به‌عبارت دیگر وزیر مالیه از کلیه امور و جریانات مربوط به وزارتخانه زیر نظر خودش بی‌خبر نگه‌داشته شده بوده‌است.
چون طبق قانون اساسی مسئولیت تمام اقدامات هر وزارتخانه متوجه وزیر آن وزارتخانه بوده‌است، لذا **محتشم‌السلطنه** به‌منظور اعتراض به کار خودسرانه، خلاف قانون و خلاف اصول معاون خود از قبول نامه‌های ارسالی و انجام هر اقدامی درمورد آنها خودداری می‌کرده‌است. در این شرایط **مصدق** پس از ارسال تعدادی از نامه‌هایی که ارباب رجوع زیادی داشته‌اند، برای وزیر، خود ارباب رجوع را هم به دنبال آنها به خانه وزیر حواله می‌داده‌است تا با هیاهو و آبروریزی مقدمات نقشه بعدی وی را فراهم سازند.

سرانجام بالاگرفتن اختلاف بین وزیر (محتشم‌السلطنه) و معاون او (مصدق‌السلطنه) به ظاهر زمینه‌های کناره‌گیری مصدق را فراهم ساخته و وی استعفای خود را به حضور احمد شاه تقدیم کرده‌است.

دلیل ظاهری استعفای او این بوده که محتشم‌السلطنه تمام کارهای وزارت مالیه را مختل و معوق گذاشته و حاضر نیست که با انجام آنها، کار مردم و وزارتخانه را راه بیاندازد.

اما، با ترتیبی که خود مصدق از مدتی قبل فراهم ساخته‌بوده، بی‌درنگ بعد از استعفای وی، بستگان، دوستان و آشنایانش همراه با حامیان سیاسی داخلی و خارجی او به فعالیت افتاده‌اند و با کالسکه‌های زیادی به‌سوی کاخ صاحبقرانیه رفته و از حضور احمد شاه درخواست‌کرده‌اند که نگذارد کارهای وزارت مالیه معوق‌بماند و به فرد فعال و خدمتگزاری همچون مصدق! دستوردهد که به کار خود در وزارت مالیه مراجعت‌کند و بعد نیز با گرفتن دست‌خط کتبی از احمد شاه به خانه مصدق رفته و با سلام و صلوات و هیاهوی فراوان او را به وزارت مالیه برگردانده‌اند.

با این ترتیب محتشم‌السلطنه به‌ناچار استعفا داده و از وزارت مالیه کناره‌گیری نموده‌است.

خوانندگان گرامی می‌توانند روایت محمد مصدق از این داستان را در کتاب «**خاطرات و تأملات**» او (در صفحات ۹۹ تا ۱۰۱) مطالعه فرمایند.

(۲)- قهر از سمت وزارت مالیه (بعد از کودتای سال ۱۲۹۹)

نگارنده در کتاب «**قرارداد بسیار زیان‌بخش آرمیتاژ‌سمیت**» به تفصیل شرح داده‌است که چگونه آرمیتاژ‌سمیت به‌موجب اختیارات تامی که از میرزاحسن مشیرالدوله در زمان نخست‌وزیری او گرفته‌بود، به‌نمایندگی از طرف دولت و ملت قرارداد بسیار زیان‌بخشی با شرکت سابق نفت انگلیس و ایران بسته‌بود که به‌موجب آن کشور ایران از حقوق خود در تعداد زیادی از شرکت‌های وابسته به آن شرکت محروم نموده‌است.

میرزا حسن وثوق‌الدوله و نصرت‌الدوله فیروز، همان امضاءکنندگان قرارداد شوم ۱۹۱۹، نیز که در آن زمان در لندن بوده‌اند، راجع به میزان حق‌الخیانت مربوط به اجرای قرارداد شوم آرمیتاژ‌سمیت نیز مذاکره و توافق‌کرده و با دریافت تمام یا قسمتی از آن، تعهد سپرده‌بوده‌اند که این قرارداد را هم بدون سر و صدا به‌مرحله عمل درآورند.

اما در این فاصله ژنرال آیرن ساید، با استفاده از اختیاراتی که کابینه انگلیس به پیشنهاد **وینستون چرچیل**، وزیر جنگ، در تاریخ ۵ ژانویه ۱۹۲۱ (۱۵ دی ۱۲۹۹) به او داده‌بوده و به ابتکار خود کودتای ۱۲۹۹ را به‌مرحله عمل درآورده‌است.

دولت کودتا، به‌ریاست **سیدضیاءالدین طباطبایی**، بسیاری از ایادی مسلم انگلیس، از جمله **عبدالحسین‌میرزا فرمانفرما**، و دو پسر وی، که یکی از آنان همان **نصرت‌الدوله فیروز** بوده، به زندان انداخته‌است.

از آنجا که با وقوع این کودتا تسجیل و اجرای قرارداد آرمیتاژ‌سمیت با اشکالی بسیار مهم رو به رو شده‌بود، وزارت خارجه انگلیس بی‌درنگ به چاره‌جویی پرداخته و از جمله با دو خیانتکاری که به دریافت حق‌الخیانت، متعهد اجرای آن بوده‌اند به‌مذاکره نشسته‌است. به‌ظاهر این خیانتکاران قبول‌کرده‌اند که خود بقیه کار را به‌انجام برسانند و ترتیب استوار ساختن و اجرای قرارداد را بدهند.

با این ترتیب وزارت خارجه انگلیس با اعمال تمام کوشش خود، دولت کودتا را پس از ۹۰ روز ساقط و تمام ایادی زندانی خود، از جمله **قوام‌السلطنه**، برادر **وثوق‌الدوله** را از زندان آزاد نموده‌است.
قوام‌السلطنه که از راه زندان به‌حضور **احمد شاه** رسیده بوده پس از مدتی کوتاه فرمان نخست‌وزیری خود را دریافت داشته و نیز **محمدمصدق**، پسر عمه **نصرت‌الدوله**، را پس از چند ماه مقاومت به سمت وزیر مالیه معرفی کرده‌است.
این دو نفر که در آن زمان، در باندهای سیاسی مربوط به آن دو خیانتکار، از نظر پرستیژ و نزدیکی سیاسی و خانوادگی، نفر بلافصل و بعدی محسوب‌می‌شده‌اند به این‌جهت به این مقامات رسیده‌بوده‌اند که خیانت‌های نیمه‌تمام بستگان خود را (درمورد مزبور و چند مورد دیگر) به‌پایان برسانند.

معرفی مصدق به عنوان وزیر مالیه

قوام‌السلطنه در تاریخ ۱۶ مهر ۱۳۰۰ (۹ اکتبر ۱۹۲۱) کابینه جدید خود را که **محمد مصدق**، در آن به‌عنوان وزیر مالیه شرکت‌داشته، به مجلس معرفی نموده‌است. وی در همین تاریخ برنامه کار دولت خود را نیز به مجلس اعلام‌کرده و گفتگوی نمایندگان درمورد قبول یا رد برنامه کار مزبور آغاز شده‌است.

تقدیم لایحه به‌عنوان وزیر مالیه و درخواست اختیارات تام

۹ روز بعد از معرفی کابینه جدید **قوام‌السلطنه** به مجلس و درحالی که برنامه کار دولت مطرح و در دستور کار مجلس قرارداشته و هنوز تصویب یا رد آن که موجب تثبیت یا سقوط کابینه می‌شده، مشخص نبوده‌است، **مصدق**، به‌عنوان وزیر مالیه دو لایحه به مجلس تقدیم‌کرده که در یکی از آنها درمورد تشکیلات جدید وزارت مالیه پیشنهاداتی به‌عمل آورده و در دیگری به‌مدتی نامحدود اختیارات تام درخواست نموده‌است.
لوایح مزبور به کمیسیون مربوط ارجاع‌گردیده و کمیسیون آنها را نپذیرفته و به‌جای آنها (البته با کوشش وسفارش صاحب!) طی ماده واحدی، به مجلس پیشنهاد کرده‌است که اختیاراتی به‌مدت سه ماه در وزارت مالیه به **مصدق** داده‌شود.
ماده واحده مزبور با مخالفت کارگردانان متنفذ مجلس، به‌ویژه **سلیمان میرزا اسکندری**، روبروشده و چون **مصدق** احساس‌کرده که سرانجام با آن مخالفت خواهدشد، در جلسه مورخ ۹ آبان ۱۳۰۰، ضمن دفاع از لایحه، به مخالفان اهانت سختی نموده‌است.
وی پس از ادای جملاتی اهانت‌آمیز از مجلس خارج‌شده و در اتاق دیگر با توسل به یکی دیگر از حربه‌های خود، یعنی غش و ضعف، به‌ظاهر بیهوش‌شده و بر زمین افتاده‌است.
پس از این واقعه با پادرمیانی **مشیرالدوله**، **مصدق** با **سلیمان‌میرزا اسکندری** آشتی‌کرده و پس از این آشتی شور اول آن لایحه به‌تصویب رسیده‌است. باز هم چون **مصدق** بی‌شک گمان‌داشته که اصل لایحه مزبور مورد تصویب نهایی نمایندگان قرار نخواهدگرفت طبق روش معمول خود و برای اینکه واسطه‌ها و التماس‌چی‌هایی پیدانماید از سمت خود به‌عنوان وزیر مالیه مستعفی شده‌است.

چون سفارت انگلیس **محمد مصدق** را به‌منظور جا انداختن و اجرای قرارداد **آرمیتاژسمیت** به وزارت مالیه رسانده بوده‌است، لذا این شخص یقین داشته‌است که سفارت مزبور به‌شدت با مستعفی‌شدن وی مخالفت خواهدورزید و برای جلب رضایت او به استرداد استعفا به ایادی خود در مجلس دستور خواهدداد که از مخالفت با اعطای اختیارات مورد نظر او دست‌بردارند.
همه حساب‌های **مصدق** درست بوده، زیرا استعفای وی جمع زیادی را به تلاش و کوشش واداشته‌است تا با جلب نظر تعداد کافی از نمایندگان مجلس برای به‌تصویب رساندن ماده واحده مزبور، زمینه‌های رضایتش را فراهم‌سازند و او را در کابینه نگاه‌دارند. حتی **نصرت‌الدوله**، به شخصه، دفاع از ماده واحده در مجلس را متعهد گردیده و سرانجام **مصدق** پس از حصول اطمینان کامل از تصویب آن ماده واحده استعفای خود از پست وزارت مالیه را مسترد داشته‌است.
سرانجام این ماده در جلسه مورخ شنبه ۲۰ آبان ۱۳۰۰ با ٤١ رأی موافق از ٥٩ نفر حاضر به‌تصویب رسیده و فقط ١٤ نفر درمورد آن رأی مخالف داده‌اند.

(۳)- قهر از نمایندگی مجلس شورای ملی (پس از برکناری رضا شاه بزرگ)

در دوره چهاردهم مجلس شورای ملی، در زمان نخست‌وزیری **محمد ساعد**، و در ایامی که هنوز ارتش اشغالگر روسیه شوروی خاک ایران را ترک نکرده‌بوده و حزب توده ایران، با پشتیبانی این ارتش، قدرت بسیار قابل توجهی محسوب می‌شده‌است، یک هیأت سیاسی از طرف روسیه، به ریاست **کافتارادزه**، معاون کمیساریای امور خارجه آن کشور، در تاریخ ۲۰ شهریور ۱۳۲۳، به‌منظور دریافت امتیاز بهره‌برداری از نفت در استان‌های شمالی ایران به تهران آمده‌است. این امر در زمانی بوده که شرکت‌های نفتی آمریکایی نیز با پشتیبانی دولت آمریکا برای تسلط بر منابع نفتی دنیا با انگلستان به مبارزه برخاسته و در ایران نیز به‌همین منظور به میدان آمده‌بوده‌اند.
بی‌گمان دولت انگلیس هم در آن ایام با خواست‌های هر دو کشور مزبور به‌شدت مخالف‌بوده و برای جلوگیری از انجام آنها به هر ترتیب ممکن مبارزه می‌کرده‌است.
چون **محمد ساعد**، از مذاکره برای بستن قرارداد مورد نظر با هیأت روسی خودداری کرده‌بود، لذا حزب توده ایران در تاریخ ٥ آبان همان سال راه‌پیمایی عظیمی علیه **ساعد** و در جهت پشتیبانی از درخواست آن هیأت در تهران برگزار نموده‌است.
در این راه‌پیمایی تعداد زیادی از افسران روسی نیز شرکت‌داشته‌اند و به همین جهت آگاهان سیاسی آن‌را تهدیدی مستقیم برای دولت ایران تلقی‌کرده‌اند.
در آن زمان ارتش‌های اشغالگر روس و انگلیس، هر یک به‌صورت نیرویی خودسر و حتی بالاتر از دولت ایران در صحنه سیاسی این کشور جلوه‌گر شده و هر کدام تعدادی از رجال و افراد مشهور ایران را، به بهانه اینکه طرفدار آلمان بوده‌اند، بازداشت و زندانی کرده بوده‌اند.
دو روز بعد از راه‌پیمایی حزب توده، **محمد مصدق** طی نطقی در مجلس شورای ملی متذکر گردیده‌است که دولت ایران باید از دادن امتیاز بهره‌برداری از منابع نفتی ایران به کشورهای خارجی خودداری‌نماید که این نطق را می‌توان به‌عنوان نظر دولت‌های انگلیس و آمریکا، در آن زمان، نیز به‌حساب آورد.
در آن اوضاع و احوال وحشت‌انگیز، هر یک از دو همسایه شمالی و جنوبی، از یک سو، با حمایت نیروی اشغالگر خود، هر روز از دولت و نخست‌وزیر وقت ایران درخواست تازه‌ای را عنوان می‌نموده‌اند و از سویی دیگر، با اجابت درخواست‌های همسایه دیگر و نیز رقیب تازه وارد، یعنی آمریکا، به‌شدت مخالفت می‌ورزیده‌اند.

با این ترتیب، دولت ضعیف **محمد ساعد**، که از یک سو، توانایی مقاومت در مقابل درخواست روسیه درمورد نفت را در خود نمی‌دیده و از سوی دیگر با وجود مخالفت شدید آمریکا و انگلیس انجام آن درخواست نیز برایش میسرنبوده، در تاریخ ۱۸ آبان ۱۳۲۳ مستعفی گردیده‌است.
با توجه به آنچه که ذکر شد، چون پست نخست‌وزیری در شرایط آن ایام، تا اندازه زیادی جاذبه خود را از دست داده‌بوده و از رجال موجود کمتر کسی برای رسیدن به آن ابراز علاقه می‌نموده‌است، لذا نمایندگان مجلس شورای ملی ایران به‌ناچار برای رفع آن مشکل جلسه‌ای محرمانه تشکیل داده و درمورد پیدا کردن شخصی که حاضر به قبول مسئولیت باشد، به بررسی و گفتگو پرداخته‌اند.
در آن جلسه **محمد مصدق**، برای نخست‌وزیری اعلام آمادگی نموده‌است به این شرط که هرگاه وی پیش از پایان آن دوره مجلس از نخست‌وزیری ساقط گردد، بتواند به‌عنوان نماینده به مجلس برگردد ولی چون شرط وی مورد قبول قرارنگرفته، لذا نخست‌وزیری او هم منتفی شده‌است.
در جلسه محرمانه دیگری که مجلس برای تعیین نخست‌وزیر جدید تشکیل داده‌بود، **مصدق** پیشنهاد کرده‌است که به خواهرزاده او، یعنی **مرتضی‌قلی‌خان بیات**، برای نخست‌وزیری رأی تمایل‌بدهند و قول داده‌است که در این‌صورت وی را، در مدت نخست‌وزیری، راهنمایی خواهدنمود.
با این ترتیب مرتضی‌قلی‌خان بیات به نخست‌وزیری برگزیده شده‌است.
جریان لغو قراردادهای استخدامی مستشاران مالی آمریکایی، با کوشش **مصدق**، در این دوره پیشتر شرح‌داده شده‌است ولی آنچه که می‌خواهیم در این‌جا بگوییم این‌است که این **مرتضی‌قلی‌خان بیات** نیز مانند برادرش **عزت‌الله‌خان بیات** کم‌سواد بوده و نیز هوش چندانی نداشته، با این‌حال از دوره چهارم تا سیزدهم مجلس شورای ملی، به‌مدت ده دوره، نماینده مجلس شورای ملی از اراک بوده‌است. دلیل این امر را باید نخست در نفوذ خانوادگی و ثروت آنان در اراک و نیز در پذیرایی‌هایی‌دانست که وی اغلب در خانه خود در تهران از رجال و سیاستمداران به‌عمل می‌آورده و سپس در روش سیاسی او به‌شمارآورد که اغلب جزو اکثریت مجلس و از طرفداران دولت‌های وقت محسوب‌می‌شده و حتی در مجلس مؤسسان که در ۱۵ آذر ۱۳۰۴ ش. (۶ دسامبر ۱۹۲۵) برای انتخاب **رضاخان سردار سپه** به پادشاهی تشکیل‌گردیده، به سمت نایب رئیس انتخاب‌شده بوده‌است.
منوچهر فرمانفرماییان، پسردایی **مصدق**، به‌مناسبی دیگر، درمورد این خواهرزاده او چنین نوشته‌است:

> *" در آن روزگار شرکت ملی نفت که از زمان* ***مصدق*** *مشغول به‌کار شده‌بود به ریاست* ***سهام‌السلطان بیات،*** *خویشاوند نزدیک* ***مصدق،*** *اداره‌می‌شد و یا به‌عبارت اُخری اداره‌نمی‌شد!*
> ***سهام‌السلطان مثل بسیاری از رجال قدیمی زمان خود که نخست‌وزیر شده‌بودند، سوادی‌نداشت، چه برسد به اینکه از نفت اطلاعی داشته‌باشد ...***
> *یاد مرحوم* ***دکتر احمد فرهاد*** *افتادم که وقتی از بی‌سوادی کسی صحبت‌می‌شد، همیشه می‌گفت این دو ورق کاغذ را به او بدهید تا همه معلوماتش را بنویسد. مسلماً از یک ورقه مزخرفات تجاوز نخواهد کرد.*
> ***بیات*** *هم همین حال را داشت. وقتی در حکومت* ***مصدق*** *به خوزستان سفرکرد، دستور داد نهری از بهبهان تا گچساران حفر شود. در این بیابان‌ها پستی و بلندی‌هایی وجودداشت و نهر هم می‌بایست از فراز و نشیب بگذرد. وقتی این نکته را به او گوشزد کردند، جواب می‌داد، داستان* ***حاج میرزا آقاسی*** *است، اگر چه آب ندارد ولی نان که برای شما دارد ."*
> (از تهران تا کاراکاس- منوچهر فرمانفرماییان- چاپ نخست - صفحه ۷۶۰)

پنج ترور تاریخی راهگشای صدارت مصدق

درهرحال، تصویب طرح منع اعطای امتیاز نفت به خارجیان تا اندازه زیادی زمینه‌های آسایش خاطر علاقمندان و کاندیداهای نخست‌وزیری را فراهم‌ساخته و تعدادی از آنان را در این رابطه به فعالیت واداشته بوده‌است. اینان در این زمان با استفاده از ضعف، بی‌لیاقتی و ندانم‌کاری‌های **مرتضی‌قلی‌خان بیات**، در سمت نخست‌وزیری بهترین بهانه را برای برکناری وی به‌دست آورده‌بوده‌اند.
مهمترین داوطلب فعال نخست‌وزیری در این زمان **علی سهیلی** بوده که **سیدمحمد تدین**، دوست و وزیر کشور او در زمان نخست‌وزیریش، برای وی فعالیت می‌کرده‌است.
سیدمحمد تدین، به‌سبب اینکه، از طرفداران سرسخت و فعال **رضا شاه**، از دوران **سردار سپهی** او بوده و در دوره پنجم مجلس شورای ملی و در زمانی که این مجلس به خلع **احمد شاه** رأی‌داد، ریاست مجلس را عهده‌دار بوده‌است و نیز در مجلس مؤسسان بعد از آن جهت تغییر موادی از قانون اساسی و انتخاب **رضا خان سردار سپه** به پادشاهی، از اعضای سازنده و فعال محسوب‌می‌شده لذا **محمد مصدق** به‌شدت به او کینه می‌ورزیده و از او نفرت داشته‌است.
در این زمان **معتصم‌السلطنه فرخ** علیه **سهیلی** و **سیدمحمد تدین** و **محمد مصدق** علیه **علی سهیلی** اعلام جرم نموده‌اند.
رسیدگی به اعلام جرم علیه **سیدمحمد تدین** به کمیسیون دادگستری مجلس محول‌شده و آن کمیسیون پس از رسیدگی، در تاریخ ۲۵ بهمن ۱۳۲۳ گزارش خود را مبنی بر بی‌گناهی وی از اتهامات وارده به مجلس شورای ملی تقدیم کرده‌است.
برای آگاهی بیشتر به کتاب «**سیاست موازنه منفی در مجلس چهاردهم**»- **حسین کی‌استوان**- جلد نخست صفحه ۲۶۶- رجوع شود.

در روز سه شنبه مورخ ۱۳ اسفند ۱۳۲۳ که گزارش کمیسیون دادگستری در مجلس شورای ملی مطرح بوده، به ناگاه **محمد مصدق** به‌عنوان اخطار نظام‌نامه‌ای، طبق ماده ۱۰۹ نظام‌نامه مجلس، پشت تریبون قرارگرفته و ضمن سخنرانی مفصلی که به هیچ‌وجه به آن ماده مربوط نبوده، با نظر کمیسیون دادگستری مخالفت‌ورزیده و پیشنهاد کرده‌است که مجلس شورای ملی پرونده **سیدمحمد تدین** را به مدت ۱۵ روز در اختیار وی قراردهد و او را مأمور سازد تا اینکه آن‌را مطالعه کند و راجع به اتهامات مربوط به آن شخص گزارشی به مجلس شورای ملی تقدیم نماید. چون این پیشنهاد غیرعادی به منزله ابراز عدم اعتماد به بی نظری اعضای کمیسیون دادگستری بوده و سلب وظیفه قانونی از چند نفر اعضای آن کمیسیون و اعطای آن وظایف برخلاف قانون به یک نفر، آن هم کسی که خود مدعی متهم بوده تلقی می‌شده، لذا مورد مخالفت اکثریت قریب به اتفاق نمایندگان قرار گرفته‌است. در آن جلسه تعدادی از نمایندگان علیه پیشنهاد **مصدق** سخن گفته و همگی به او یادآوری نموده‌اند که او نماینده مجلس می‌باشد و با این سمت در هر زمان می‌تواند به کمیسیون دادگستری مراجعه کند و پرونده را مطالعه نماید و نظر خود را به استحضار مجلس برساند.

درهرحال چون نمایندگان پیشنهاد **محمد مصدق** را حتی قابل بحث و رأی‌گیری ندانسته و نسبت به ورود به دستور جلسه رأی داده‌اند **لذا محمد مصدق از مجلس قهرکرده و با عصبانیت و با توهین به نمایندگان از جلسه خارج شده‌است.**

چند جمله زیر از صورت مذاکرات مجلس مربوط به پیش از قهر و خروج **مصدق** از جلسه می‌باشد:

" ... جمعی از نمایندگان: رأی بگیرید به ورود در دستور.
دکتر مصدق: اگر به پیشنهاد من رأی نگیرید من دیگر در این مجلس نمی‌مانم.
فرهودی: *بهتر برو.*
جواد مسعودی: *برو آقا.*
دکتر مصدق: این‌جا مجلس نسیت دزدگاه است
(همهمه نمایندگان)
اقبال: *دزد خودت هستی.*
سنندجی: *توهین می‌کنی.*
(در این موقع اقای دکتر مصدق با حال قهر از مجلس خارج شدند.) "
(سیاست موازنه منفی در مجلس چهاردهم- همان صفحات ۲۸۸/۲۸۹)

بطوری‌که پیشتر خواندیم، **حزب توده ایران** و **روسیه شوروی** از کابینه **مرتضی‌قلی‌خان بیات** حمایت‌می‌کرده‌اند و نیز می‌دانیم که این دولت و آن حزب با **علی سهیلی** و **سیدمحمد تدین** به‌سختی مخالف بوده‌اند و ما اکنون به‌خوبی می‌دانیم که قهر **مصدق** از مجلس با پیش‌بینی‌های لازم و اطمینان کامل از مراجعت انجام شده بوده‌است.
حزب توده ایران، در روز چهارشنبه ۱۴ اسفند ۱۳۲۳، از طریق دانشجویان عضو خود، به آگاهی سایر دانشجویان رسانده‌است که **محمد مصدق** قصد تعقیب دزدان دوران دیکتاتوری **رضا شاه** را داشته‌است ولی چون اکثریت نمایندگان مجلس خودشان نادرست هستند و از کار او جلوگیری به‌عمل آورده‌اند به این‌جهت **وی هم مجلس را دزدگاه نامیده** و با قصد استعفا از مجلس خارج شده‌است.
این دانشجویان ضمن اینکه آگاهی مزبور را با شور و هیجان به آگاهی دیگران می‌رسانده‌اند اضافه می‌کرده‌اند که:

" اکنون وظیفه ما این است که از مبارزه مصدق علیه دزدان و نادرستان حمایت کنیم و او را به مجلس برگردانیم. "

اینان از دیگر دانشجویان می‌خواسته‌اند که صبح روز بعد در صحن دانشکده حقوق حاضر شوند تا از آنجا بطور دسته جمعی برای بردن **مصدق** به مجلس به خانه او بروند.
خلاصه بسیار فشرده داستان واقعه روز پنجشنبه ۱۵ اسفند ۱۳۲۳ را از کتاب روزشمار تاریخ ایران نوشته **باقر عاقلی** نقل می‌نماییم:

*" به دنبال تعرض و قهر **دکتر محمد مصدق** از مجلس، امروز عده‌ای از دانشجویان دانشکده حقوق به منزل ایشان رفتند و او را به مجلس آوردند ولی درنتیجه ازدحام محصلین و مردم، نظامیان به تفرقه جمعیت اقدام کردند و منجر به تیراندازی شد که **چندین نفر در این جریان کشته و مجروح شدند**. "*

در روز ۱۳ اسفند، هنگامی‌که **محمد مصدق**، مجلس شورای ملی را **دزدگاه** نامیده و به حالت قهر از آن خارج شده‌بود، اکثریت به‌سختی از این اهانت ناراحت و عصبانی شده و تصمیم به توبیخ و مجازات او گرفته‌بوده‌اند. اما، با اجتماع و هیاهوی چند هزار نفر دانشجو و بازاری عصبانی و خشمگین در جلوی مجلس که همراه با **مصدق** قصد ورود به مجلس را داشته‌اند و تیراندازی نظامیان جهت جلوگیری از آنان و کشته شدن یک یا دو نفر و مجروح شدن چند نفر از جمعیت،

نمایندگان ترسیده و با دادن قول جلب رضایت، از او خواهش کرده‌اند که جمعیت را دعوت به ترک محل نماید.

سپس در جلسه مورخ بیستم اسفند ۱۳۲۳، رئیس مجلس راه حلی را که در جلسه خصوصی مورد موافقت نمایندگان قرار گرفته‌بوده، به مرحله اجرا درآورده‌است، یعنی وی به‌عنوان رئیس مجلس نظر مصدق را تا اندازه‌ای برآورده ساخته و گفته‌است:

" راجع به آن قضیه که آن روز مطرح بود، همان‌طور که در مجلس بالاتفاق گفته شد، پرونده آن‌جاست و آقای دکتر [مصدق] تشریف می‌برند و رسیدگی می‌کنند و اگر در اطراف آن‌هم توضیحاتی و اسناد دیگری لازم باشد به هیأت رئیسه اطلاع می‌دهند و ما هم آن‌ها را از وزارت‌خانه می‌خواهیم و تحت اختیار ایشان می‌گذاریم (صحیح است.) و البته ایشان هم آن مطالعاتی که لازم است به‌عمل می‌آورند و رسیدگی می‌کنند و گزارشی را که لازم است می‌دهند (صحیح است. بسیار خوب.) ... "
(سیاست موازنه منفی- حسین کی استوان- جلد نخست - صفحه ۲۹۵)

(٤)- قهر از نخست‌وزیری و قیام ۳۰ تیرماه ۱۳۳۱

پیشگفتار

نظر دولت‌های ذیربط خارجی و مقامات داخلی در ارتباط با مصدق و قوام

الف – نظر دولت انگلیس و شرکت نفت انگلیس و ایران

در آن زمان هنوز اکثریت مردم ایران محمد مصدق را به‌عنوان مبارزی شجاع و ضد انگلیسی می‌شناختند به آسانی باور کرده‌بودند که احمد قوام را انگلیسی‌ها سر کار آورده‌اند تا نفت ملی شده را از تصرف ملت ایران خارج‌سازد و بار دیگر آن‌را به تسلط خود درآورند. درحالی‌که ما هم اکنون به‌خوبی می‌دانیم که دولت آمریکا در راستای هدفی که در آن ایام در جهت تسلط هرچه بیشتر منابع نفتی جهان داشته احمد قوام را به مجلس و شاه تحمیل‌کرده بوده‌است.

محمد مصدق با آگاهی از اسرار پشت پرده سیاست و نیز از نظر بسیار نامساعد انگلیس نسبت به قوام راجع به گناهان غیرقابل بخشش او درمورد بازکردن پای مستشاران مالی و نظامی آمریکا به ایران و شاید هم با مذاکراتی که در این مورد با افراد یا مراکزی به‌انجام رسانده‌بوده، اطمینان داشته‌است که دولت انگلیس و ایادی آن، در ایران، با تمام قوا در جهت سرنگونی قوام و برگرداندن او به نخست‌وزیری کوشش خواهندنمود.

ب – نظر دولت روسیه و حزب توده ایران

" محمدعلی افراشته، شاعر توده‌ای، در اشعار طنزآلود و توهین‌آمیزی، سیاست عمومی رهبری حزب درمورد قرضه ملی را منعکس می‌کند.

پیشوا چشم عقل را واکن
مملکت را کمی تماشا کن
قرضه از بهر ملت آوردی
راستی هم چه معجزی کردی
بیش از این خلق را به حیله مدوش
پیت بردار و نفت را بفروش
وانکه دارد نمی دهد آسان
چون به دولت ندارد اطمینان
بنده خاص ینگه دنیایی
خصم سرسخت ملت مایی

چرا هرجا که جاسوس باشد
به خان پیشوا مأنوس باشد
رئیس دولت این کشور ماست
ویا آفتابه دار ینگه دنیاست
برو ای پیشوا اطوار کم کن
بساط خود در آمریکا علم کن
تو پیشوا نیستی جان بلایی
تومیکروب سلی، مالاریایی
تو میخواهی دوستی نفت ما را
به آمریکا دهی، ای بی بخارا "

(نظر از درون به نقش حزب توده ایران بابک امیرخسروی- موسسه تحقیقاتی و انتشاراتی دیدگاه- صفحه ۳۰۹- به‌نقل از نشریه چلنگر- ۲۹ اردیبهشت ۱۳۳۱)

" ... کمیته مرکزی حزب توده ایران، دکتر مصدق را نه زمامداری ملی و ضد استعمار می‌شناخت و نه نماینده بورژوازی ملی ایران. برعکس معتقد بود که هدف نهایی مصدق چیزی جز تحکیم نفوذ امپریالیسم در کشور ما نیست. [۱]

دکتر مصدق** در خطوط کلی از روش اسلاف خود افرادی از قبیل **ساعد** و **رزم‌آرا** پیروی کرده و اگر احیاناً هم تغییری در پاره‌ای وجود داده‌شده برای تشدید سیاست ضدملی سابق بوده است و **دکتر مصدق مرد سال چیزی جز دیکتاتور چیانکایچک نیست. [۲]

روز ۲۵ تیرماه که دکتر مصدق از نخست‌وزیری استعفا کرد، روزنامه نوید آینده که به جای بسوی آینده انتشار می یافت در سرمقاله خود از حکومت وی چنین یاد کرد:

***مصدق** از نظر داخلی متکی به طبقاتی است که نفع آنها با نفع اکثریت عظیم مردم ایران تعارض دارد ... همین‌ها که روزی به‌دنبال **قوام**، روزی به دنبال **رزم‌آرا** و روزی هم به دنبال **مصدق** هستند و انواع جرایم و جنایات را مرتکب می‌شوند. اردوی غارتگران در ایران یکی است فقط نقاب‌ها فرق می‌کند. **از نظر خارجی نیز دکتر مصدق متکی به یک امپریالیسم جهان‌خوار بین‌المللی است ... تکیه‌گاه خارجی او یعنی امپریالیسم آمریکا نیز نظری جز به اسارت کشاندن ملت و تبدیل کشور به پایگاه تجاوز امپریالیستی نداشته‌است و ندارد** ... به این ترتیب دولتی که از نظر خارجی و داخلی چنین تکیه‌گاه‌هایی داشته باشد چگونه می‌تواند مصدر اقدامات اصلاح طلبانه شود ...* [۳]

*لذا پس از استعفای **دکتر مصدق** و تعیین **قوام** به نخست‌وزیری با بی‌تفاوتی و بی‌اعتنایی نسبت به این تغییر نوشت:*

... نتیجه زد و خورد جناحین هیأت حاکمه ایران هرچه باشد، پس از چهارده ماه یک بار دیگر این حقیقت با کمال وضوح به ثبوت رسیده‌است که هیچ‌یک از جناحین و شخصیت هیأت حاکمه ایران، دوست ملت و هوادار منافع او نیستند. اینها همه دشمن ملت و مدافع ماشین بهره‌کشی هیأت حاکمه ایرانند ...

نخست‌وزیر آینده هرکه باشد در عزم راسخ ملت ایران دایر به ادامه مبارزه کوچک‌ترین تغییری نخواهدداد. هدف، نابودکردن ماشین زنگ‌زده و فاسد کنونی، طرد طبقات و عناصر استعمارگر، ریشه‌کن‌کردن امپریالیسم خارجی و استقرار حکومت مردم بر مردم است. (٤)

حال آنکه در آن مرحله تاریخی هدف اولیه و اساسی جنبش مبارزه تمام خلق، یعنی دهقانان، کارگران، روشنفکران، خرده بورژوازی و بورژوازی ملی علیه امپریالیسم و پایگاه‌های داخلی آن بود نه مبارزه طبقاتی بین پرولتاریا و بورژوازی. و رهبری حزب توده ایران با ایجاد شکاف و تفرقه بین طبقات و نیروهای انقلابی عملاً نهضت ملی ایران را به سوی شکست می‌کشانید.

*بیست و نهم تیرماه جمعیت ملی مبارزه با استعمار، وابسته به حزب توده ایران، کلیه احزاب و سازمان‌ها و جمعیت‌ها، از جمله جبهه ملی و شخصیت‌هایی نظیر **آیت‌الله کاشانی** و **دکتر مصدق** را صرف نظر از اختلاف کلی زیر شعارهای حداقل زیر:*

*۱) سقوط دولت **قوام** ۲) تأمین حداقل آزادی‌های دموکراتیک در سراسر کشور*

۳) اخراج کارشناسان آمریکایی،

*به تشکیل **جبهه واحد ضد استعمار** دعوت کرد.*

*با وجود این در همان دعوت‌نامه نیز **دکتر مصدق** را به اطاعت و تسلیم در برابر سیاست آمریکا متهم کرده، نوشت:*

*... **دکتر مصدق علاقمند بود که عمال سیاست آمریکا را در درجه اول بر کرسی وکالت بنشاند و هدفش تشکیل مجلسی با اکثریت آمریکایی بود.** ولی در عمل برای جلوگیری از هرگونه پیروزی نمایندگان واقعاً ملی با دربار و عمال امپریالیسم انگلیس سازش کرد **و نتیجه چهارده ماه زمامداری دکتر مصدق این است که امپریالیسم امروز بیش از زمانی که دکتر مصدق زمامدار شد بر کشور ما مستولی است** ... (٥)*

... بالاخره در آخرین ساعات روز ۲۹ و صبح روز ۳۰ مرداد رهبران حزب توده ایران پس از ملاحظه موج افزاینده اعتصاب و اعتراضات مردم به‌دنبال جنبش خلق افتادند و دستور نیم‌بندی برای شرکت در اعتصاب عمومی صادرکردند. بدیهی است به‌علت عقب‌افتادگی از جنبش توده مردم نتوانستند رهبری واقعی آن‌را به دست گیرند و فقط افراد ورزیده و فداکار حزب توده ایران که در تظاهرات خیابانی تجربه و آزمودگی داشتند، توانستند رهبری دسته‌های متفرق را در میدان عمل به‌عهده گیرند ..."

(گذشته چراغ راه آینده است- پژوهش گروهی- جامی- چاپ دوم- صفحات ٦۱۳/٦۱٥- به‌نقل از منابع زیر:

(۱)- به‌سوی آینده، شماره ٤٤۸ -۱۳۳۰/۱۰/٤- سرمقاله

(۲)- به‌سوی آینده، شماره ٤٥۸- ۱۳۳۰/۱۰/۱٦- سرمقاله

(۳)- نوید آینده، تاریخ ۱۳۳۱/٤/۲٥- سرمقاله

(٤)- دژ به‌جای به‌سوی آینده- تاریخ ۱۳۳۱/٤/۲۷- سرمقاله

(۵)- دژ به‌جای به‌سوی آینده- تاریخ ۱۳۳۱/٤/۲۹ - سرمقاله

ج- نظر محمدرضا شاه پهلوی

کم‌وبیش همه کسانی که درباره شرح حال **قوام‌السلطنه** مطلبی نوشته‌اند وی را شخصی بسیار متکبر و بیش از اندازه خودخواه توصیف کرده‌اند. به‌قول **مهدی بامداد** (در جلد نخست «**تاریخ رجال ایران**»- صفحه ۹۷):

*" وی تکبر و تفرعن را از جد خود **میرزامحمد قوام‌الدوله** به ارث برده بوده است. "*

جعفر مهدی‌نیا نیز در کتاب « **زندگی سیاسی قوام‌السلطنه** » (صفحه ۱۷) در این مورد چنین می‌نویسد:

*" از عادات عجیب **قوام** تکبر او بود. در دوره نخست‌وزیری، در اتاق کارش در وزارت خارجه، غیر از میز تحریر و صندلی آن، مبل و یا صندلی دیگری نبود. بدین جهت ارباب رجوع و حتی وزیران ایستاده با او صحبت می‌کردند. "*

حال هنگامی‌که چنین شخصی با خاندان پهلوی کینه دیرینه هم داشته‌باشد، میتوان حدس زد که طرز برخورد، و رفتار و بی اعتنایی‌هایش با **محمدرضا شاه پهلوی** تا چه‌اندازه غیرقابل تحمل بوده و چگونه احساسات خودخواهانه وی را جریحه‌دار می‌کرده‌است.
در هشتم بهمن ۱۳۲٤، هنگامی **شاه** برخلاف میل خود و تمایل مجلس مجبور شده‌بود که فرمان نخست‌وزیری **قوام‌السلطنه** را امضاء نماید، قوام بی‌درنگ **مظفر فیروز** دشمن‌ترین دشمن **شاه** در آن ایام را به‌سمت معاون سیاسی و پارلمانی خود برگزیده و نیز در تمام طول نخست‌وزیری خود در هرجا که دشمن فعالی برای **شاه** سراغ داشته وی را به‌سوی خود کشیده و از فعالیت‌های او در کابینه خود یا شغل مناسب دیگری استفاده کرده‌است.
با توجه به این مراتب تردیدی نباید داشت که **محمدرضا شاه پهلوی** از **قوام‌السلطنه** بسیار بیشتر از **مصدق** بیزار و متنفر بوده‌است و این گفتار **حسین مکی** درست می‌باشد که:

" شاه با حکومت مصدق موافق نبود اما با حکومت قوام‌السلطنه دو چندان موافق نبود. "
(وقایع سی‌ام تیر ۱۳۳۱- حسین مکی - زیرنویس صفحه ۱۰۱)

علی‌اصغر امیرانی، مدیر مجله خواندنی‌ها، طی چند مقاله، با عنوان « **اسرار مهمی از وقایع سی‌ام تیرماه ۱۳۳۱** » که از شماره ۸۷ مورخ ۳۰ تیر ۱۳۳۲ آغاز شده بود، مطالب قابل توجهی راجع به آن وقایع به‌چاپ رسانده و **حسین مکی** نیز این مقالات را در کتاب وقایع سی‌ام تیر ۱۳۳۱ نقل کرده‌است.
امیرانی در این مقالات، با نتیجه‌گیری از پژوهش‌های خود، نخست‌وزیری **قوام‌السلطنه** در این زمان را، از نظر داخلی، حاصل فعالیت‌های **اشرف پهلوی** و **ملکه مادر** می‌داند و چنین اضافه می‌نماید:

*" ... اما درمورد نقش سیاست خارجی در روی کارآمدن **قوام**، با آنکه جزییات روایات و اقوال مختلف، متضاد و احیاناً غرض‌آلود است ولی کلیات تقریباً یکی است و همگی دال بر مداخله و کمک سیاست خارجی است.*

*روزنامه مصری «**ژورنال دِ ژیپت**» در شماره‌ای که مقارن با وقایع سی تیر و اظهار تمایل مجلس به **قوام** منتشرشده می‌نویسد: استعفای **دکتر مصدق** و روی کار آمدن **قوام‌السلطنه** حادثه‌ای بود که انگلیسی‌ها از شش ماه پیش انتظار آن‌را داشتند.*
*از شش‌ماه قبل دو سیاست آمریکا و انگلیس جداً برای روی کارآمدن **قوام** فعالیت می‌کردند **و فقط مقاومت شخص شاه و عدم تمایل ایشان به حکومت قوام مانع از انجام این مقصود شده بود.** "*
(وقایع سی‌ام تیر ۱۳۳۱- همان -صفحات ۹۸/۹۹)

امیرانی باز هم درجای دیگر در همین رابطه می‌نویسد:

*" ... خبر استعفای **مصدق** قبل از آنکه مسجل ومورد قبول واقع شود، برق‌آسا به اطلاع **لندن، اشرف، قوام** رسید و ملت ایران دیرتر ازهمه از آن اطلاع یافت. اینکه گفتیم **«مسجل»، برای آن بود که شخص شاه تا آخرین دقایق، مردد بود. او همان‌طور که از استعفای مصدق نگران بود، دوچندان از روی کار آمدن قوام‌السلطنه می‌ترسید** و هنوز خاطرهٔ نامه‌پرانی‌های **قوام** و سبک مغزی‌های **مظفر فیروزش** از خاطر **شاه** محو نشده بود ... "*
(وقایع سی‌ام تیر ۱۳۳۱- همان- صفحه ۱۰۵)

بنا برآنچه که ذکرشد و نیز با توجه به اینکه تا آن زمان هنوز روابط **محمد مصدق** با **شاه** خیلی به تیرگی نگراییده بوده‌است، می‌توان نتیجه گرفت که **شاه** در آن ایام به درجه‌ای از **قوام‌السلطنه** نفرت‌داشته که نخست‌وزیری **مصدق** و پذیرش درخواست وی درمورد وزارت جنگ را بر نخست‌وزیری **قوام** ترجیح می‌داده‌است.

د- سازمان افسران گروه ملی

به‌موجب روایت **سرهنگ غلامرضا مصوررحمانی**، که خود یکی از اعضای پایه‌گذار این سازمان بوده‌است، اساس تشکیلات آن در اوایل سال ۱۳۳۱ در منزل **سرهنگ محمود افشارطوس** (سرتیپ بعدی) با شرکت آن دو نفر و نیز **سرهنگ یاوری**، **سرهنگ قدرت دبیرسیاقی** و **سرهنگ محمد اشرفی** گذاشته شده‌است.
این ۵ نفر، ضمن گفتگوهای خود در همان جلسه نخست، به این نتیجه رسیده‌اند که در مبارزاتشان:

" هدف اصلی باید شاه باشد. "
(خاطرات سیاسی غلامرضا مصوررحمانی- انتشارات رواق- صفحه ۱۰۵)

و نیز قرار شده‌است که جلسات بعد به نوبت هر هفته در منزل یکی از آن پنج نفر تشکیل شود و در جلسه بعدی، گفتگو درباره برتری‌های حکومت جمهوری آغاز شده ولی سرانجام نتیجه گرفته‌اند که:

" اگر در رژیمی، آزادی فردی، مقدس و غیرقابل نقض شمرده شود، آن رژیم را قابل قبول می‌توان شمرد ولو هر اسمی داشته‌باشد و اگر بالعکس، در رژیمی آزادی مورد احترام نباشد، آن رژیم را مردود باید دانست. نام آن هرچه می‌خواهد باشد.
*نظریه بالا پس از ساعات متمادی بحث، عاقبت مورد قبول و تأیید همگی واقع شد و اصول ایجاد **یک سازمان مخفی** به نام **«سازمان گروه ملی»** با هدف و اساسنامه زیر*

*به‌تصویب هیأت پنج نفری که به نام هیأت مدیره موقت شناخته‌شد، و در آن **سرتیپ افشارطوس** مدیر، و نویسنده [**سرهنگ غلامرضا مصوررحمانی**] دبیر کل آن تعیین‌شد، رسید:*

*اصل ۱- سازمان گروه ملی برای ملت ایران « **دموکراسی** » را مطالبه می‌کند.سازمان در وضع فعلی، با رژیم موجود، که در آن تحت رهبری **دکتر مصدق** اختیارات کلی به ملت برگردانده شده، همکاری خواهد کرد.*

اصل ۲- نتیجه مسلم اجرای اصل ۱، قرار دادن نیروهای مسلح کشور است در اختیار ملت.
بنابراین اداره امور نیروهای مصلح و سازمانهای انتظامی کشور، اعم از ارتش، ژاندارمری و شهربانی، از دربار و شاه باید منتزع، و در اختیار هیأت دولت قانونی قرار گیرد.

*اصل ۳- به‌علت فساد مشهود اداره کارگزینی کل ارتش، که موجب شده‌است اکثریت امرای ارتش وشاغلین مقامات مهم، به دلایلی غیر از لیاقت و صلاحیت خدمتی، به احراز درجه و مقام بالا نایل شده‌باشند، **امرای ارتش در درجات ارتشبدی و سپهبدی و سرلشکری بطور مطلق، در درجه سرتیپی به استثنای عده‌ای معدود، باید از خدمت برکنار شوند و به‌جای آنان افسران صالح و جوان به‌کار گمارده شوند.***
علاوه بر آن کمیسیون‌هایی به انتخاب خود افسران به سوابق و صلاحیت خدمتی عموم افسران از درجه سرهنگی به پایین رسیدگی خواهد کرد تا عناصر ناصالح تجسس و از کار خارج شوند.

*اصل ٤- چون حکومت **دکتر مصدق** در مسیر خدمت به ملت و در راه اعتلای ایران گام‌برمی‌دارد، سازمان بی‌دریغ در تمام مراحل در مقابل عناصر اخلال‌گراز آن پشتیبانی خواهد کرد.*
مدیر و دبیر کل مشترکاً مسئولیت عملی ساختن اصول اساسنامه و برقراری ارتباط‌های سیاسی و نظامی مهم را به‌عهده خواهند داشت. "
(همان- صفحات ۱۰۶/۱۰۷)

" ... هیأت مدیره موقت، به‌جای کوشش در تکوین انقلاب عمومی، در صدد برآمد، با سربازگیری از بین افسران سالم و فداکار یک هسته انقلابی روشن فکر به‌وجود بیاورد.
*بنابراین مقرر شد هر یک از افراد در محیط خود در این‌باره به‌جستجو بپردازند و اشخاص ذی‌صلاحیت و علاقمند را با تصویب هیأت مدیره به قید قسم قرآن مجید به **سازمان گروه ملی** ملحق کند. موفقیت هیأت مدیره موقت در این مورد اعجاب‌آور بود. در زمانی کوتاه تعدادی از افسران و افراد موثر و غیرتمند به سازمان ملحق شدند.*
***سازمان مخفی** شکل عملیاتی به خود گرفت و متعاقب آن هیأت مدیره موقت در صدد برآمد برای وصول به هدف‌ها و اصول تصویب شده عملاً وارد میدان شود. "*
(همان- صفحات ۱۰۸/۱۰۹)

در زیرنویس صفحه ۱۰۹ همان کتاب اسامی ۲٦ نفر از افسران سازمان گروه ملی آمده است.

آگاه ساختن محمد مصدق

نوه **شوکت‌الدوله** (یکی از دو خواهر ناتنی **مصدق**) به‌نام **فاطمه**، همسر **سرتیپ محمود افشارطوس** بوده‌است. با این ترتیب، **عزت‌الله بیات** (داماد **مصدق**) عموی این دختر، و خود **مصدق** دایی پدر او محسوب می‌شده‌اند. همچنین می‌دانیم که **مصدق** با ترتیب دادن مهمانی‌های دوره‌ای هفتگی خانوادگی، در منزل نزدیک‌ترین خویشان خود (البته با پرداخت مخارج شام یا ناهار)، خویشان دورتر را دور هم جمع می‌کرده و آگاهی‌ها و اخبار درست یا ساختگی علیه **شاه** را، به‌نحوی که صلاح و مصلحت می‌دانسته، از طریق همان خویشان نزدیک در آن مهمانی‌ها مطرح می‌نموده و با این ترتیب همواره همه آنان را گوش به فرمان خود و نیز از نظر مخالفت با رژیم پهلوی گرم نگاه می‌داشته و همچنین از هر یک از آنان در موقع لزوم و در جای مناسب استفاده می‌کرده‌است.
به این‌جهت چون پیشنهاد تشکیل **سازمان گروه افسران ملی** در آغاز توسط **افشارطوس** به‌عمل آمده‌است، لذا نگارنده یقین‌دارد که **افشارطوس** این پیشنهاد را بنابر راهنمایی و توصیه **مصدق** انجام‌داده بوده‌است.
اما، نگارنده، در اینجا، این نظر خود را کنار می‌گذارد و به شرح آنچه که **سرهنگ غلامرضا مصوررحمانی** درمورد آن سازمان نوشته‌است ادامه‌می‌دهد.
این **سرهنگ** می‌گوید که پس از پایه‌گذاری سازمان:

*" وقتی که **دکتر مصدق** را ... در جریان مطلب قرار دادیم بسیار خوشنود شد. در بدو امر تصور نمی‌کرد افسران ممکن است علاوه بر مسئله امر و اطاعت کورکورانه به مسایل دیگر هم بیندیشند. ولی وقتی زنجیره فکری سازمان را برای او تشریح کردیم، از نظم و استدلال مغزی هیأت مدیره سازمان اظهار مسرت کرد و به‌زودی فهمید ما با او صادقانه صحبت می‌کنیم. صرف اینکه عده‌ای از افسران جوان ارتش، به پیروی از احساسات بی آلایش ملت‌دوستی خود، تشکیلاتی به‌وجود آورده‌اند که به آزادی و نهضت ملی خدمت کنند از نظر **دکتر مصدق**، امیدوارکننده می‌نمود. به‌خصوص که ما برای همکاری پیشنهادی اجر و مزدی مطالبه نکردیم [! پیشنهاد برکناری کلیه افسران با درجات سرتیپ، سرلشکر، سپهبد، و ارتشبد و گذاشتن اعضای این سازمان به‌جای آنان اجر و مزد حساب نمی‌شده است!]*
*... سازمان با صراحت برای **دکتر مصدق** روشن کرد[!] تا وقتی‌که **شاه** حاکم بر دستگاه‌های انتظامی است، با طرح یک کودتای فرمایشی به‌وسیله ارتش، می‌تواند هر نخست‌وزیری را هر موقع اراده کرد، ساقط کند ...*
پس از بحث‌های زیاد قرارشد سازمان صورتی از اسامی افسران، که به عقیده هیأت مدیره آن، صلاحیت تصدی ریاست دستگاه‌های مختلف انتظامی را دارا هستند تهیه و تسلیم او کند. این صورت را سازمان بلافاصله به‌شرح زیر دراختیار نخست‌وزیر گذارد:
*وزیر دفاع ملی: **نخست‌وزیر***
*رئیس ستاد کل: **سرتیپ محمود امینی***
*رئیس شهربانی کل: **سرتیپ محمود افشارطوس***
*معاون وزارت جنگ: **سرتیپ تقی ریاحی***
*رئیس ستاد نیروی هوایی: **سرتیپ مهدی سپه‌پور***
*با این کیفیت، تمام سازمان‌های نیروهای انتظامی، برای اولین بار در دوران پهلوی، از اختیار **شاه** خارج می‌شد و در دست هیأت دولت قرار می‌گرفت.*

*... **دکتر مصدق** پس از استحضار از سوابق افسران بالا، از پیشنهاد سازمان اظهار خوشنودی کرد. ولی می‌خواست بداند عکس‌العمل افراد ارتش درقبال عملی شدن آن چگونه است. هیأت مدیره از مساعد بودن افکار عمومی ارتش در اجرای پیشنهاد، وی را مطمئن ساخت ولی درعین حال خاطرنشان کرد که عملی شدن پیشنهاد موکول به **دورکردن کلیه امرای ارتش از سرلشکر به بالا و قسمت اعظم سرتیپ‌هاست**. و به‌علاوه لازم‌است در داخل ارتش به دست خود افسران، یعنی نمایندگان آنها یک تصفیه به عمل آید. **دکتر مصدق** با تمام پیشنهادات موافقت کرد و قرارشد سازمان مقدمات انتخاب نمایندگان افسران را برای تصفیه کادر ارتش فراهم کند.*
***شاه**، در اواخر تیرماه ۱۳۳۱ صراحتاً با واگذاری پست وزارت دفاع ملی به **دکتر مصدق** نخست‌وزیر مخالفت کرد و **دکتر مصدق** ناگزیر به استعفا شد.*
*در این موقع بود که سازمان با پشتیبانی خود از **دکتر مصدق** همگام با قیام ملت ایران، **قوام** را که از طرف **شاه** مأمور تشکیل کابینه شده بود، وادار به استعفا کرد و اولین اثر مثبت وجود خود را در تاریخ ایران به‌جای گذاشت."*
(همان - صفحات ۱۱۰/۱۱۳)

سی ام تیرماه ۱۳۳۱ و سازمان افسران گروه ملی

در این رابطه، در خاطرات سیاسی **سرهنگ مصوررحمانی** چنین می‌خوانیم:

*" ... هیأت مدیره سازمان که از تمام جریانات آگاهی کامل داشت، عصر روز ۲۹ تیر جلسه فوق‌العاده را برای تجزیه و تحلیل وضع و خنثی کردن **توطئه شاه علیه ملت** تشکیل‌داد. مردم فاقد اسلحه بودند و ما می‌دانستیم، مقاومت یا معارضه آنها با نیروهای انتظامی، عمل تفرقه را به قتل‌عام شنیعی تبدیل خواهد کرد. از طرفی **آیت‌الله کاشانی** و دوستان سیاسی او حاضر نبودند به هیچ قیمت عقب‌نشینی کنند.*
شاه** هم، که از هرجهت آمادگی داشت، از آن بابت مسروربود، چرا که اصرار حضرات را موجب نقشه شیطانی خود می‌دید ... **برای گروه دو راه بیشتر باز نبود: طرفداری از ملت، مبارزه با شاه یا طرفداری از شاه و مبارزه با ملت.
*سازمان راه اول را انتخاب کرد ... **شاه همه عوامل موفقیت را در دست داشت** مگر یک عامل، «**صمیمیت مجریان**». این صمیمیت درمورد افسران و افراد هم قسم با سازمان متوجه سازمان بود و سازمان بدون اتلاف وقت همان عامل را برای پیش‌بردن هدف خود مورد استفاده قرارداد.*
***چند مکالمه کوتاه تلفنی ما را آگاه ساخت اکثر فرماندهان واحدهای زرهی و هوایی از جملهٔ افسران قسم‌خورده سازمان بودند.** چرا که معمولاً سازمان مبرزترین آنها را به خود می‌پذیرفت و عادتاً مبرزترین فرماندهان برای انجام ماموریت‌های مهم انتخاب می‌شدند.*
در ابتدا به‌نظر می‌رسید که راه صحیح تمرد علنی آنها از اجرای دستور است ولی این راه حل فوراً مردود شد. زیرا موجب می‌شد که آنها به‌سهولت شناخته شوند و دستگاه آنها را به فرماندهان دیگری که آماده تیراندازی به مردم بودند تعویض کند. در این صورت کشتار وسیعی به‌وجود می‌آمد و عملیات به سود دستگاه پایان می‌یافت. پس قرارشد فرماندهان واحدهایی که برای تیراندازی به مردم انتخاب شده بودند، و افرادشان

*فشنگ جنگی در اختیار داشتند، بدون هیچگونه تظاهر و حتی ابراز اکراه، واحدهای خود را به میدان بهارستان ببرند و فقط وقتی به آن‌جا رسیدند علیرغم امر **شاه** از بازکردن آتش به روی مردم خودداری کنند. چرا که در آن وضع برای دستگاه احضار آن واحدها و تعویض آنها با واحدهای دیگر امکان نداشت.*
افسران واحدهای رزمی اصولاً حسن نیت کامل داشتند ولی مایل بودند سازمان دو نکته را برای آنها حل کند:
نکته اول یافتن مجوزی بود برای عدم اجرای امر نظامی.
و نکته دوم اطمینان یافتن به اینکه نیروی هوایی از باز کردن آتش به روی آنها امتناع خواهد کرد، زیرا این وضع موجب نابودی آنها می‌شد. بدون اینکه نتیجه‌ای از فداکاری آنها برای ملت حاصل شود.
درمورد اول ما سعی کردیم برای آنها « امر نظامی » را تجزیه و تحلیل کنیم ولی درمورد دوم من از احساسات ملت‌دوستانه و صمیمیت اکثر کارکنان نیروی هوایی مطمئن بودم و پس از یکی دو مکالمه تلفنی توانستم فرماندهان واحدهای رزمی را از آن نگرانی آسوده کنم.
*پس مطلب به این صورت کیفیت قطعی به خود گرفت و فرماندهان بدون افشا ساختن این راز مهم، روز بعد، واحدهای خود را به میدان بهارستان بردند. روز بعد سی‌ام تیر مردم در بهارستان تجمع کردند. واحدهای زرهی و زمینی برای کشتار مردم به بهارستان اعزام شدند و به نیروی هوایی فرمان آماده باش و پرواز داده شد. **آن روز تنها روزی بود در تاریخ جدید ارتش ایران که واحدها (جز دو سه واحد کوچک پیاده که دستور سازمان به آنها نرسید) از اجرای امر فرمانده کل صریحاً تمرد کردند ... اجرای آمادگی برای دستور پرواز را نادیده گرفتند** و افسران و خلبانان سازمان و دیگر خلبانان را به اهمیت وظیفه خطیرشان در آن روز تاریخی آگاه ساختند و چنان جوی در واحدهای پرواز به وجود آوردند که **شاه** جرأت نکرد به خلبانان دستور حمله و تیراندازی به مردم را در میدان بهارستان و خیابان‌های مجاور آن ابلاغ کند، زیرا متوجه شده بود که خلبانان در صف مردم قرار دارند و همگان با ملت تا پای جان از **دکتر مصدق** طرفداری می‌نمایند...*
موقعی که به او گفتند خلبانها از پرواز خودداری می‌کنند و واحدهای زرهی از اجرای فرمان سرپیچی کرده‌اند دنیا در نظرش تاریک شد. آن‌وقت یقین حاصل کرد که کار از کار گذشته و دیگر هیچ وسیله‌ای برای اعمال نظر او باقی نمانده‌است.
*پس از مرحله سرپیچی، تنها امر ممکن‌الوقوع بعد، حرکت ادوات رزمی و هوایی علیه خود او بود. او آن‌وقت جز تسلیم به **مصدق** برای خود چاره‌ای ندید. **شاه** هیچ‌وقت در دوره سلطنت با چنین صحنه‌ای رو به رو نشده بود و او مجبور شد با کمال خفت فرمان نخست‌وزیری **مصدق** با عهده داری وزارت دفاع را برای او صادر کند."*
(خاطرات سیاسی غلامرضا مصور رحمانی- همان- صفحات ۱۱۴/۱۱۹)

همان‌گونه که گفته خواهدشد در آن روز سربازان و فرماندهان آنان، تا آنجا که ممکن بود، موظف به خودداری از تیراندازی بوده‌اند و اجازه تیراندازی فقط درصورتی داشته‌اند که خود مورد حمله قرار گرفته باشند.

۷ ـ سیر وقایع از آغاز دوره هفدهم مجلس شورای ملی تا پایان زندگی احمد قوام

۷ اردیبهشت ۱۳۳۱ (۲۷ آپریل ۱۹۵۲) – انتخابات هفدهمین دوره قانون‌گذاری توسط دولت **محمد مصدق** انجام شده‌بود و این دوره در این روز توسط **محمدرضا شاه پهلوی** گشایش یافت.
محمد مصدق، نخست‌وزیر، در این مراسم گشایشی شرکت ننمود.
در این دوره از ۱۳٦ نفر نماینده که بر اساس قانون می‌توانستند برای مجلس شورای ملی انتخاب‌شوند، فقط ۷۹ نماینده انتخاب شده‌بودند.
۱۰ اردیبهشت ۱۳۳۱ (۳۰ آپریل ۱۳۳۱) – در این روز **مصدق** ضمن نامه‌ای خطاب به مجلس شورای ملی، پس از شرح تخلفاتی که (به ظاهر) برخلاف میل دولت در تعدادی از حوزه‌های انتخاباتی صورت گرفته‌بوده چنین نوشته‌است:

" ... نتیجه تخلفاتی که به عرض رسید این شد که اشخاصی عنوان نماینده به خود بستند که یا معروفیت محلی نداشته و هیچ یک به هیچ عنوان نمی‌تواند به حوزه‌ای که مدعی نمایندگی آن هستند ارتباط دهد و یا دارای چنان سوابقی هستند که مردم نه فقط راضی به نمایندگی آنها نیستند بلکه از شنیدن نام آنها تنفر دارند ...
اکنون که مملکت از خطر فترت نجات‌یافته و مقدرات کشور به‌دست اکثریت بزرگی از نمایندگان حقیقی ملت سپرده شده مجلس به‌خوبی می‌تواند روی انتخابات مخدوش خط بطلان بکشد و اشخاصی که نماینده حقیقی مردم نیستند و برخلاف حق در بین نمایندگان وارد شده‌اند رد کند ... "

ما می‌دانیم که نخستین وظیفه قانونی مجلس شورای ملی، در هر دوره قانون‌گذاری، رسیدگی به درستی یا نادرستی پرونده‌های نمایندگان منتخب بوده‌است. و چون نمایندگان دوره هفدهم مجلس شورای ملی نیز جهت انجام این وظیفه قانونی نیازی به این توصیه **مصدق** نداشته‌اند لذا این نامه **مصدق** که شبیه به راهنمایی یک آموزگار آگاه به دانش‌آموزان ناآگاه کلاس خود نوشته‌شده بوده‌است از سوی اغلب نمایندگان با ناخرسندی رو به رو شده و بیشتر آن‌را اقدامی بی‌جا و دخالتی خارج از وظیفه قانونی از سوی قوه مجریه در قوه مقننه دانسته‌بوده‌اند. بیشترین و بالاترین احترامی که می‌توانسته‌اند نسبت به **مصدق** رعایت‌نمایند این بوده‌است که پاسخی به آن نداده و آن‌را به سکوت برگزارنمایند.

۱٤ تیرماه ۱۳۳۱ (۵ جولای - ۱۹۵۲) – در این روز مجلس شورای ملی آمادگی و رسمیت خود را اعلام نموده و **محمد مصدق** نیز طبق سنت پارلمانی از سمت خود کناره‌گیری کرده‌است.

۱۵ تیرماه ۱۳۳۱ (٦ جولای ۱۳۳۱) – در جلسه خصوصی مجلس شورای ملی که در این روز تشکیل شده‌است از ٦۵ نفر حاضر در جلسه ۵۲ نفر به نخست‌وزیری دوباره **محمد مصدق** ابراز تمایل نموده‌اند.

۱۸ تیرماه ۱۳۳۱ (۹ جولای ۱۹۵۲) – از ۳۹ نفر سناتور که در این روز در جلسه خصوصی مجلس سنا حاضر بوده‌اند فقط ۱٤ نفر به نخست‌وزیری **مصدق** ابراز تمایل نموده‌اند.
(در همان‌زمان اکثریت سناتورها با وساطت **شاه** موافقت کرده بوده‌اند که پس از اعلام برنامه دولت و پایان بحث راجع به آن نسبت به **مصدق** ابراز اعتماد نمایند.)

۱۹ تیرماه ۱۳۳۱ (۱۰ جولای ۱۹۵۲) – **شاه** فرمان نخست‌وزیری **محمد مصدق** را در این روز صادر کرده‌است.

۲۵ تیرماه ۱۳۳۱ (۱۶ جولای ۱۹۵۲) – در این روز **محمد مصدق** با **شاه** ملاقات‌کرده و ضمن معرفی اعضای کابینه به وی اعلام نموده‌است که وزارت جنگ را خودش عهده‌دار خواهدگردید و چون **شاه** با این انتصاب موافقت نکرده، لذا او هم طی نامه‌ای به **شاه** از سمت خود به‌عنوان نخست‌وزیر استعفا داده‌است.
در همین روز **حسین علاء**، وزیر دربار، به مجلس شورای ملی رفته و در آن‌جا با اعلام استعفای **مصدق**، از سوی شاه درخواست کرده است که مجلس رأی تمایل خود را نسبت به نخست‌وزیر جدید اعلام نماید.

۲۶ تیرماه ۱۳۳۱ (۱۷ جولای۱۹۵۲) – مجلس شورای ملی در این روز جلسه‌ای سری با حضور ۴۲ نفر تشکیل داده و به اکثریت ۴۰ نفر به **احمد قوام**، **قوام‌السلطنه**، برای نخست‌وزیری ابراز تمایل کرده‌است.
اعضای **جبهه ملی** و سایر نمایندگان طرفدار **مصدق** در این جلسه شرکت نداشته‌اند.

۲۷ تیرماه ۱۳۳۱ (۱۸ جولای ۱۹۵۲) – در این تاریخ فرمان نخست‌وزیری **قوام‌السلطنه**، با عنوان «**جناب اشرف**» (که در تاریخ ۱۹ فروردین ۱۳۲۹ از وی سلب شده‌بود) صادر گردیده‌است.

۲۸ تیرماه ۱۳۳۱ (۱۹ جولای ۱۹۵۲) – با انتشار خبر انتصاب **قوام‌السلطنه** به نخست‌وزیری، تظاهرات اعتراض آمیز مردم در تهران و بسیاری از شهرهای دیگر ایران آغاز گردیده‌است.
- ۲۸ نفر از نمایندگان مجلس شورای ملی طی اعلامیه‌ای متذکرشده‌اند که جز با **محمد مصدق**، جهت نخست‌وزیری، با شخص دیگری موافقت نخواهندکرد.
- **جبهه ملی** با صدور اعلامیه‌ای روز ۳۰ تیر را تعطیل عمومی اعلام نموده‌است.
- عصر همین روز نیز **آیت‌الله کاشانی** در مصاحبه‌ای مطبوعاتی، با شرکت خبرنگاران داخلی و خارجی، ابتدا با خواندن اعلامیه‌ای که خود برضد **قوام‌السلطنه** صادر کرده‌بود، آغاز مبارزه‌ای آشتی‌ناپذیر را تا برانداختن حکومت وی اعلام‌داشته و سپس به پرسش‌های خبرنگاران داخلی و خارجی در این رابطه پاسخ داده است.

اعلامیه **نمایندگان جبهه ملی** و مصاحبه مطبوعاتی **آیت‌الله کاشانی** در این روز نقش اصلی و اساسی در بروز تظاهرات و ناآرامی‌ها در سرتاسر ایران داشته‌است بطوری‌که در همان روز بازار تهران تعطیل شده و در خیابان‌ها بین پلیس و تظاهرکنندگان زد و خورد شروع شده‌است.

۲۹ تیر ماه ۱۳۳۱ (۲۰ جولای ۱۹۵۲) – **حزب توده ایران** و تمام سازمان‌های وابسته به آن تا این زمان با **محمد مصدق** به‌شدت مخالفت می‌ورزیده و او و دولتش را عامل امپریالیسم آمریکا معرفی می‌کرده‌اند ولی در این روز:

*" **جمعیت ملی مبارزه با استعمار**، وابسته به **حزب توده ایران** کلیه احزاب و سازمان‌ها و جمعیت‌ها از جمله **جبهه ملی** و شخصیت‌هایی نظیر **آیت‌الله کاشانی** و **دکتر مصدق** را صرف‌نظر از اختلافات کلی زیر شعار حداقل‌های زیر: ۱- **سقوط دولت قوام** ۲- **تامین حداقل آزادیهای دموکراتیک در سراسر کشور** ۳- **اخراج کارشناسان آمریکایی**، به تشکیل جبهه واحد ضد استعمار دعوت کرد. علیهذا در همان دعوت‌نامه نیز **دکتر مصدق** را به اطاعت و تسلیم در برابر سیاست آمریکا متهم کرده نوشت: ... **دکتر مصدق** علاقمند بود که عمال سیاست آمریکا را در درجه اول بر کرسی وکالت بنشاند و هدفش تشکیل*

مجلسی با اکثریت آمریکایی بود، ولی در عمل برای جلوگیری از هرگونه پیروزی نمایندگان واقعاً ملی با دربار و عمال امپریالیسم انگلیس سازش کرد ... "
(گذشته چراغ راه آینده است- پژوهش گروهی- جامی- صفحه ۹۱۴)

- تا بعد از ظهر این روز، وضع تهران و بسیاری از شهرهای دیگر به‌صورتی نیمه تعطیل و ناآرام درآمده و در تعدادی از آنها، ازجمله در تهران، نیز تظاهراتی رخداده و درگیری‌هایی هم با پلیس به‌وقوع پیوسته بوده‌است ولی روی‌هم‌رفته هنوز وخامت اوضاع به‌صورتی نبوده که کسی سقوط دولت **قوام** را در روز بعد پیش‌بینی نماید.
- در بعد از ظهر این روز کارآگاهان شهربانی و ماموران مخفی ستاد ارتش اطلاع‌داده‌اند که قراراست از صبح روز بعد توده‌ای‌های تعلیم‌دیده وارد میدان شوند و زمینه‌های درگیری مردم با ماموران انتظامی را فراهم‌سازند.

برای جلوگیری از این برنامه، اقدامات مختلفی از سوی مقامات دولتی و مردمی صورت گرفته‌است که ازجمله آنها اعلامیه **نمایندگان نهضت ملی** می‌باشد و ما شرح آن‌را از صفحه ۶۱۰ کتاب «**زندگی سیاسی قوام‌السلطنه**- نوشته **جعفر مهدی نیا**» نقل می‌نماییم:

" هم‌میهنان توجه فرمایید! توجه فرمایید! تا چند لحظه دیگر خبر مهمی به‌اطلاع شما می‌رسد!
گوینده رادیو تهران این عبارت را از ساعت یازده و ربع تا یازده و نیم بعد از ظهر یکشنبه بیست و نهم تیرماه (شب ۳۰ تیر) چندین بار تکرارکرد. با آنکه در آن روزها بر اثر حساس بودن اوضاع از سوی شنوندگان توجه بیشتری به اخبار رادیو و حتی به گفتارهای مبتذل می‌شد، معهذا در آن ساعت از شب کمتر کسی به عبارت یاد شده توجه‌کرد.
*مقارن یازده دقیقه بعد از نیمه شب یک جیپ ارتشی جلوی سر در عمارت بی‌سیم متوقف‌شد و یک **سرگرد** درحالی که کاغذی به دست داشت از پله‌ها بالارفت و یک‌راست پشت میکروفن قرار گرفت و این اعلامیه را قرائت کرد:*
ملت رشید ایران! چون ممکن است در تعطیل عمومی فردا که بنا به تقاضای اینجانبان انجام می‌گیرد دشمنان ایران بخواهند از ابراز احساسات ملی هم‌وطنان عزیز سوءاستفاده نمایند، تمنا داریم با کمال متانت و آرامش بدون تجمع و تظاهر و اجتناب از هر گونه تصادم با مأمورین انتظامی، بار دیگر رشد ملی خود را به جهانیان ثابت فرمایید. با توسل به خداوند متعال."

این اعلامیه را ۲۸ نفر نماینده طرفدار **محمد مصدق** امضاء کرده بودند.

۳۰ تیرماه ۱۳۳۱ (۲۱ جولای ۱۹۵۲) – شرح وقایع این روز را نیز به نقل از صفحات ۶۰۳/۶۰۶ همان کتاب «**زندگی سیاسی قوام‌السلطنه**» بیان می‌نماییم:

*" **در روز سی تیر چه گذشت؟** - یکشنبه بیست و نهم تیرماه را دستگاه‌های انتظامی به‌اتکاء اعلامیه **وکلای طرفدار نهضت ملی** که در آن صریحاً از مردم خواسته شده‌بود تعطیل فردا بدون تجمع و تظاهر و با اجتناب از هرگونه تصادم با مأمورین انتظامی برگزارنماید، راحت خوابیدند.*

در ساعت بین یک و سه بعد از نیمه شب معلوم نیست چه فعل و انفعالاتی روی داد که ناگهان دستگاه اطلاعاتی نیروی انتظامی **خبر نوعی همکاری شبه ائتلاف بین توده‌ای‌ها و جناحی از ملیون** را ضبط کردند.

در این ساعت مأمورین مخفی پلیس - در آن زمان ساواک وجود نداشت - که میکروب‌وار در همه جا و به رنگ همه چیز پراکنده بودند، خبرآوردند که **در تظاهرات فردا توده‌ای‌ها با هفتاد دسته سی نفری و لباس متحدالشکل (پیراهن سفید و شلوار خاکستری) مأموریت دارند نقش دو به‌هم زنی را بازی کرده و در همه جا مردم را با مأمورین انتظامی و مأمورین را با مردم به دعوا و زد و خورد بکشانند و به هر قیمتی شده نگذارند آن آرامش و متانتی را که ملیون وعده داده و مأمورین انتظامی انتظارش را داشتند جامه عمل بپوشد.** پس از وصول این گزارش، فرماندار نظامی به منظور خنثی کردن نقشه یاد شده تاکتیکی درست در جهت مخالف آن اتخاذ و **فوراً به کلیه افسران واحدها دستور اکید صادرکرد که با متانت و بردباری و مدارا با مردم رفتار نموده و خونسردی خود را از دست‌ندهد.**

اما چرا چنین نشد؟ اینک داستان آن:

روز سی تیر ساعت نه صبح تقریباً همه جا آرام بود. مغازه‌ها بسته و مأمورین ثابت و سیار چون مور و ملخ خیابان‌ها و گذرگاه‌های شهر را اشغال کرده بودند.

مردم در گروه‌های کوچک و بزرگ حرکت می‌کردند و تماس آنان با پاسبان‌ها و سربازان، عادی و حتی دوستانه بود. تا جایی که در بعضی نقاط مردم به سربازان آب و میوه می‌دادند و در برخی جاها کودکان بالای تانک‌ها رفته و بازی می‌کردند. این وضع درست برخلاف منظور پیراهن سفیدان بود.

آنها وقتی که اوضاع را چنین دیدند عملاً داخل اقدام شده و دست به تحریک زدند.

مقارن ساعت نه صبح مردمی که از خیابان ناصرخسرو عبور می‌کردند جمعی را دیدند که نعشی را روی تخته‌ای بر دوش گرفته و به‌سرعت دارند آن‌را از مقابل بازار به‌سوی مجلس می‌برند.

حرکت دادن ناگهانی جنازه چون بهمنی که هر چه به حرکتش ادامه دهد، برف‌های بین راه را با خود جمع‌کرده و آن به آن بر قطرش افزوده می‌گردد، دقیقه به دقیقه توجه مردم بیکار را جلب و به دنبال خود حرکت‌می‌داد. تا جایی که جمعیتی که هنگام حرکت از مبدا بیش از چند نفر نبود هنگام رسیدن به مقصد و مقابل مجلس در میدان بهارستان به چند هزار نفر رسید.

در اینجا بهتر است به متن گزارش رسمی مستخرج از پرونده کلاسه ۳۱/۴/۳۰-۵۴۵۹ دادسرای نظامی اشاره کنیم: **سرهنگ سنایی پور**، رئیس کلانتری ۲ برابر صورت‌مجلس شماره ۳۱/۴/۳۰-۵۵۵۱ گزارش می‌دهد:

ساعت نه و نیم صبح سی تیر غفلتاً مشاهدهشد جمعیتی در حدود ۵ هزار نفر نعشی را روی تخته گذاشته از خیابان اکباتان به طرف مجلس پیش می‌آیند. مأمورین انتظامی آنها را به تفرقه دعوت می‌نمایند ولی مردم به این اخطار توجهی نکرده با پرتاب سنگ مأمورین را به‌طرف سه راه ژاله عقب نشانده و **درنتیجه گروهبان دوم جواد عمویی مقتول شده و سرکار سرهنگ گیلانشاه، فرمانده منطقه، را ازناحیه سر مجروح می‌کنند.** در این موقع سربازان ناچار اقدام به تیراندازی هوایی کرده و جمعیت عقب می‌نشیند. به محض بلندشدن صدای تیر، نعش جنبشی کرده پا به فرار می‌گذارد و فوراً مأموری او را تعقیب و دستگیر می‌کند.

در کلانتری معلوم شد نامش علی، فرزند قربان، شهرت برقانی، شاگرد فرش‌فروشی آقای تفضلی در بازار بوده که به دروغ خود را نعش ساخته و موجب تحریک مردم شده است.
در بازجویی اعتراف کرده که من از خیابان می‌گذشتم دیدم جمعیتی زنده باد، مرده باد، می‌گویند. نمی‌دانم چطور شد که حالم به‌هم خورد و مرا سوار اتومبیلی کرده و بعد روی تخته‌ای گذاشتند و آوردند.

رئیس کلانتری بخش ۲ ـ سرهنگ دوم سنایی پور "

این گزارش انگیزه و سرآغاز تیراندازی را نشان می‌دهد. اسناد و مدارک دیگری نیز موجوداست که نشان می‌دهد مامورین در همه جا طبق دستور فرمانداری نظامی عمل کرده‌اند.

سرهنگ ممتاز (فرمانده گارد خانه مصدق و فرمانده ژاندارمری در اوایل پیروزی انقلاب سال ۱۳۵۷) که آن زمان فرمانده بازار بوده در گزارش شماره ۳۰/۴/۳۱ـ۵۳۰۷ می‌نویسد:

"با اینکه تظاهرکنندگان سعی داشتند به‌طرف سربازان سنگ و آجر پرتاب‌کرده و اغلب می‌خواستند تفنگ را از دست آنها بگیرند و حتی عده‌ای از نفرات را مجروح کردند، واحدهای تحت فرماندهی اینجانب چون اجازه تیراندازی نداشتند، در هیچ نقطه‌ای مبادرت به شلیک نکردند."

سرهنگ پژمان فرمانده منطقه میدان سپه نیز ضمن گزارش شماره ۳۰/۴/۳۱ـ۵۳۰۷ می‌نویسد:

"...انبوه جمعیت در میدان سپه با هدایت و رهبری عده مخصوصی مبادرت به تحریک سربازان برای اقدام به تیراندازی کردند ولی همان‌طورکه امر تیمسار فرماندهی صادر شده بود با نهایت متانت و بردباری و مدارا از ساعت هشت و نیم صبح تا پنج بعد از ظهر به هیچ‌وجه مبادرت به تیراندازی نگردید."

دکتر بقایی به نام **رئیس کمیته تحقیق مجلس شورای ملی** موضوع را تاییدکرده و می‌گوید:

*" آن روز توده‌ای‌ها از پشت سر جمعیت به‌طرف سربازان سنگ می‌انداختند. نظامی‌ها متوجه جمعیت شده اقدام به تیراندازی کردند و توده‌ای‌ها اولین دسته فرارکنندگان بودند به همین سبب حتی یک کشته هم نداشتند. در کمیته تحقیق شخصی مدعی شد شوهر خواهرش که جوان هفده ساله کارگر و توده‌ای بوده، کشته شده‌است و کفش‌های او را آورد و نشان‌داد. پرونده‌ای به‌عنوان مقتول تکمیل‌شد ولی موقع تقسیم پول که رسید از خانواده آن مقتول توده‌ای کسی برای دریافت پول مراجعه‌نکرد. ما فکرکردیم کارگری که روزانه سه تومان اجرت‌می‌گرفته باید حتماً به خانواده اش کمک مؤثری بشود. مبلغی درنظر گرفته و حواله‌دادیم. آقای **جعفر اتفاق** رفت و تحقیقاتی کرد و درنتیجه مشکوک شد که چنین کسی کشته شده‌باشد. آمد و به کمیته گزارش‌داد. تحقیقات بیشتری کردیم و معلوم شد اساساً چنین شخصی کشته‌نشده، بلکه بعد از سی تیر گویا شعار ضدسلطنت می‌نوشته که دستگیر و زندانی شده‌است. آن‌هم بعد از سی تیر نه در آن روز و گویا جوانی ارمنی بوده‌است.*
*از شواهد دیگر **قضیه ماجرای یک تاکسی را می‌توان گفت که شخصی از درون آن به‌سوی مردم تیراندازی می‌کرده** و توسط عابران دستگیر و به کلانتری خیابان حقوقی تحویل داده‌می‌شود.*

همچنین پیداشدن و دستگیری یکی از مقتولین را بایدگفت که مجلس ترحیم نیز برایش برپاکرده بودند، آن‌هم مدت‌ها بعد از آن واقعه و ضمن تعقیب همسرش که برای او که بیمار بوده دارو می‌برده‌است.
گزارش‌های پزشکی قانونی نیز حاکی است که عده‌ای از مقتولین با گلوله‌های ساچمه‌ای و سربی کشته شده‌اند که سربازان و پاسبان‌ها فاقد چنین سلاح‌هایی بوده‌اند.
اینها همه نشان می‌دهد که چه دست‌هایی درکاربوده و چه استفاده‌هایی می‌خواسته‌اند از این نهضت مقدس ببرند. "

روزنامه اطلاعات در شماره ۷۸۶۳ مورخ یکم مردادماه ۱۳۳۱ – صفحات ۱-۲ و۵، زیر عنوان «**دیروز و پریروز در مجلس چه گذشت**»، از قول خبرنگار پارلمانی خود، ضمن گزارش بلند بالایی که در آن رابطه‌نوشته، داستانی بسیار غم‌انگیز نیز از یک زن به‌ظاهر داغدیده! به‌شرح زیر بیان نموده‌است:

*" **مادری فرزند خود را از دست داده‌بود** – این عده که [درجلوی مجلس] از طرف عده‌ای سرباز محاصره شده‌بودند، در حال فریاد کشیدن بودند که **یک اتومبیل سواری در مقابل مجلس توقف کرد و زنی شیون‌کنان از آن خارج شد.***
***فریاد و فغان این زن که فرزندش هدف گلوله قرار گرفته‌بود به‌قدری رقت‌آور تأثرانگیز بود که هر کس ناظر این صحنه بود بی‌اختیار به گریه درآمده‌بود.** در این میان **حاج سید جوادی** خود را به در مجلس رسانید. مردم احساسات شدیدی ابراز نمودند.*
نماینده قزوین خواست برای مردم صحبت کند ولی هنوز کلمه اول از دهانش خارج نشده بود که بغض گلویش را گرفت و شروع به گریستن نمود.
***شاهپوری، پارسا و مهندس زیرک‌زاده** نیز مقابل در آهنی مجلس آمدند ولی فریاد و فغان مردم و **شیون مادری که فرزندش شهید شده بود** به‌حدی بود که اجازه صحبت‌کردن به کسی نمی‌داد. بالاخره **حسین مکی** در حالی که پیراهن سفیدی به تن داشت نمایان‌شد. به‌مجرد اینکه چشم جمعیت به او افتاد احساسات شدیدی از خود ابراز داشتند. **شیون و فغان آن زنی که فرزندش را از دست داده بود به حدی حال مکی را منقلب نمود که او نیز نتوانست کلمه‌ای صحبت کند و فقط به مأمورین دستور داد که آن زن را از در چاپخانه به مجلس بیاورند.** در همین موقع زن داغدیده را به اتاق رئیس آوردند. **وضع این زن و اظهارات او چنان همه حاضرین در اتاق را منقلب نمود که رئیس مصمم شد فوراً به سعدآباد برود** ... "*

در خبر روزنامه اطلاعات، به‌شرح بالا، سخنی درمورد اینکه آن زن (به ظاهر) داغدیده، فرزند تازه شهید خود را نیز در بغل داشته، به‌میان نیامده‌است اما **حسین مکی** که خبر روزنامه اطلاعات را در صفحات ۲۱۸ و ۲۱۹ کتاب «وقایع سی ام تیر ۱۳۳۱» نقل کرده، در زیرنویس صفحه ۲۱۹ چنین نوشته‌است:

*" ... وقتی این زن، **طفل کشته شده ۵-۶ ساله را، که در بغل داشت**، به من نشان داد، طوری زاری و شیون می‌کرد که حالم منقلب شد- دیگر نتوانستم خودداری کنم ... "*

از روز **سی‌ام تیرماه ۱۳۳۱** به بعد، نیز دیگر نامی از آن زن و آن کودک شهید ۵-۶ ساله در جایی به‌میان نیامده و حتی در میان اسامی شهدای آن روز تهران، که در صفحه ۸ روزنامه اطلاعات مورخ شنبه ٤ **امردادماه ۱۳۳۱** درج شده و یا در آرامگاه شهدا در ابن بابویه دفن شده‌اند، نامی از

پیوست یک – پایان غم‌انگیز زندگی سیاسی قوام‌السلطنه

یک شهید ۶-۵ ساله وجودندارد. با این ترتیب می‌توان حدس‌زد که این واقعه بسیار اندوه‌بار و هیجان‌انگیز نیز جز یک صحنه‌سازی برای تحریک نمایندگان مجلس چیز دیگری نبوده‌است. ولی تعجب بسیار اینجاست که هیچ یک از آن نمایندگان حاضر در مجلس به این فکر نیفتاده‌اند که چرا این زن کودک تیرخورده خود را به‌جای بردن به بیمارستان به مجلس آورده و چرا یک قطره خون از بدن آن کودک (که گویا تازه تیرخورده بوده) به بیرون نمی‌ریخته و لباس‌های آن زن به خون‌آلوده نبوده‌است؟

در هر حال در همین روز سی‌ام تیر، **محمدرضا شاه پهلوی**، توسط **حسین علاء**، وزیر دربار، استعفای **احمد قوام** را (بدون آگاهی خود او!) به اطلاع مجلس شورای ملی رسانده‌است و نیز در همین روز از ۶٤ نماینده حاضر در مجلس ۶۱ نفر به **محمد مصدق**، جهت نخست‌وزیری، ابراز تمایل نموده‌اند.

۳۱ تیرماه ۱۳۳۱ (۲۲ جولای ۱۹۵۲) – فرمان نخست‌وزیری **محمد مصدق**، از سوی **شاه**، صادر شده‌است.

۶ امردادماه ۱۳۳۱ (۲۸ جولای ۱۹۵۲) – مجلس شورای ملی در این تاریخ، به اتفاق آراء، و مجلس سنا ۵ روز بعد (از ۳۵ نفر سناتور حاضر، ۳٤ نفر) به **محمد مصدق** و برنامه دولت او رأی اعتمادداده‌اند.

۱۲ امردادماه ۱۳۳۱ (۳ آگوست ۱۹۵۲) – **لایحه ضبط کلیه اموال منقول و غیرمنقول احمد قوام (علاوه بر تعقیب و مجازات قانونی او) به‌علت قیام مسلحانه علیه ملت ایران و مفسد فی‌الارض شناخته‌شدن از تصویب مجلس شورای ملی گذشته‌است.**

۲۵ مهرماه ۱۳۳۱ (۱۷ اکتبر ۱۹۵۲) – مجلس سنا از تصویب طرح ضبط اموال احمد قوام خودداری‌نموده و آن‌را خلاف قانون اساسی و سایر قوانین موضوعه دانسته‌است.

۱ آبان ماه ۱۳۳۱ (۲۳ اکتبر ۱۹۵۲) – **مجلس شورای ملی** در جلسه این روز، طرح تقلیل مدت مجلس سنا از چهار سال به دو سال را (با تفسیر اصل پنجم قانون اساسی) که از سوی جمعی از نمایندگان با قید دو فوریت به مجلس داده شده‌بود، تصویب نموده‌است.

٤ روز بعد، این مصوبه، با توشیح **شاه**، صورت قانونی پیدا کرده و همزمان با آن تمام طرح‌ها و لوایحی که تصویب آنها در مجلس سنا معوق مانده‌بود (از جمله دو طرح **عفو و آزادی خلیل طهماسبی** متهم به قتل رزم‌آرا و مصادره اموال احمد قوام)، پس از توشیح شاه جهت اجرا به دولت ابلاغ شده‌است.

۸ آبان ماه ۱۳۳۱ (۳۰ اکتبر ۱۹۵۲) – در این روز از سوی وزیر دادگستری لایحه‌ای با قید دو فوریت به مجلس داده‌شده که در همان روز دو فوریت آن به‌تصویب رسید و ۵ روز بعد نیز به‌صورت ماده واحده از تصویب مجلس گذشت. متن این دو ماده واحده به‌شرح زیر بود:

" مجلس شورای ملی به وزارت دادگستری اجازه می‌دهد که نسبت به وقایع ۲۷ تیر تا ۳۰ تیرماه ۱۳۳۱ آقای **احمد قوام** را مورد تعقیب قانونی قراردهد. "

۲ خردادماه ۱۳۳۳ (۲۳ مه ۱۹۵٤) – مجلس شورای ملی در این تاریخ لایحه مصادره اموال قوام را لغوکرد و مجلس سنا نیز در تاریخ ۲۹ همین ماه (خرداد) این تصمیم مجلس را مورد تایید قرارداد.

پنج ترور تاریخی راهگشای صدارت مصدق

۳۱ تیرماه ۱۳۳٤ (۲۳ جولای ۱۹۵۵) – **احمد قوام** سه سال بعد از قیام سی‌ام تیرماه ۱۳۳۱ و در سال‌روز همان قیام در سن ۸۲ سالگی در تهران وفات یافته‌است.

در آن زمان اکثریت عظیم مردم ایران، که نگارنده نیز در میان آنان بود، به اشتباه، بر این گمان و تصور بودند که **محمد مصدق** قهرمان مبارزه با استعمار انگلیس و **احمد قوام** از ایادی انگلیس می‌باشند و بر مبنای همین تصور اشتباه، یقین‌داشتند که دولت استعمارگر انگلیس زمینه‌های سرنگونی **مصدق** را فراهم‌ساخته و **احمد قوام** را بر سر کار آورده‌است تا اینکه بار دیگر، توسط او، بر منابع نفتی ایران تسلط یابد.

در حالی که حقیقت امر غیر از آن بود و ما اکنون بر مبنای اسناد و مدارک فراوان به‌خوبی می‌توانیم دریابیم که در آن زمان آمریکایی‌ها حامی **احمد قوام** بودند و ایادی انگلیس با پشتیبانی حزب توده ایران (یعنی ایادی روسیه) قیام سی‌ام تیر ۱۳۳۱ را به‌وجود آوردند. آنان با سرنگون ساختن **قوام**، افزون‌بر خنثی‌کردن برنامه‌های آمریکا، جهت جانشین شدن انگلیس در نفت ایران، انتقام اقدامات ضد انگلیسی و ضد روسی **احمد قوام** را نیز از او گرفتند و در چند سال باقی‌مانده از زندگی، وضعی را برایش پیش‌آوردند که مرگ بر آن ترجیح‌داشت زیرا در آن مدت، علاوه بر نفرت بسیار شدید عمومی، به‌علت ترس از دستگیری و زندان و یا افتادن به‌دست مردم و مرگ با شکنجه، بارها به اصطلاح معروف مرده و زنده شده‌بود.

پیوست شماره ۲

در تاریخ ۲۹ تیر ۱۳۲۵ (سه روز بعد از بازداشت آیت‌الله کاشانی) **حزب دموکرات ایران** از سوی **قوام‌السلطنه** پایه‌گذاری شده و هیأت مؤسس آن حزب **قوام‌السلطنه** را به‌عنوان **رهبر کل** برگزیده است.
در تاریخ ۱۴ مهر ۱۳۲۵ فرمان انتخابات دوره پانزدهم مجلس شورای ملی صادر شده‌است.
حسین مکی، که **دبیر کمیسیون تشکیلات حزب دموکرات ایران** بوده و همچنین ماموریت پایه‌گذاری شعبه آن حزب را در اراک نیز به عهده اش واگذار شده بوده‌است، با کمال وقاحت و بی‌شرمی داستان کاندیداشدن خود را در خاطرات سیاسی خود شرح داده‌است که ما در این‌جا به‌منظور نشان‌دادن یک نمونه از نحوه تعیین نمایندگان آن دوره مجلس، به‌نقل قسمت‌هایی از آن مبادرت‌می‌نماییم:

*" ... کمیته **حزب دموکرات ایران** که با حضور شخص **قوام‌السلطنه** تشکیل می‌شد، از مسئولین تشکیلات حزب در استان‌ها و شهرستان‌ها می‌خواستند که درباره کسانی که باید کاندیدا شوند نظر خود را ابراز نمایند.*
درباره غرب ایران از من سوال شد و از من خواستند تا برای همدان، ملایر، اراک و کرمانشاه نظر خود را اظهار نمایم. گفتم:
*... **قوام‌السلطنه** گفت: **چطور است که خود شما از ملایر و تویسرکان و نهاوند انتخاب شوید؟***
گفتم: پیشرفتی نخواهد داشت و موجب کشمکش و زد و خورد خواهد شد.
***قوام‌السلطنه** گفت: در این مورد مطالعه خواهم کرد.*
*از کاندیدای اراک سوال شد. گفتم: یکی از **خانواده بیات حتماً** باید کاندید شود.*
***قوام‌السلطنه** مهلت نداد نفر دوم را معرفی کنم، گفت: بهتر است **ابوالنصر عضد** نفر دوم باشد [**یعنی قوام با کاندیدا شدن یک نفر از خانواده بیات** موافق بوده است.].*
*گفتم **ابوالنصر عضد** عضو کمیته حزب توده اراک میباشد و مردم اراک با او مبارزه کرده‌اند ...*
قوام‌السلطنه** تاملی کرد و گفت: **در این صورت خود شما کاندید اراک شوید.** گفتم: **اتفاقا کمیته حزب دموکرات اراک هم این پیشنهاد را به من کرده است که نپذیرفته ام.
***قوام‌السلطنه** گفت: درهرحال شما باید از اراک با یک نفر ائتلاف کنید و **از خانواده بیات نباید کسی انتخاب شود.[؟! قوام که در بالا با انتخاب یک نفر حتماً از این خانواده موافق بوده است.]** علت مخالفت **قوام** با **خانواده بیات** هم این بود که یکی دو ماه قبل از شروع انتخابات **سهام‌السلطان بیات** که در کابینه **قوام** وزیر دارایی بود، به‌علت اختلافی که پیدا کرده‌بودند، از کابینه خارج شده بود و روابط آنها خوب نبود. ...*
*چون موضوع انتخاب یکی از اعضای **خانواده بیات** برای آن خانواده اهمیت داشت، **سهام‌السلطنه بیات با قوام‌السلطنه**، صرفنظر از اختلافی که داشتند ملاقات کرد و از وی خواهش کرد که با کاندیدا شدن برادرش، **عزت‌الله خان بیات** مخالفت نکند.*
*دو سه روز بعد که **حزب دموکرات ایران کاندیدای هر استان و هر شهرستان را اعلام می‌کرد، نام من و عزت‌الله بیات را کاندیدای نمایندگی اراک معرفی کرد**. ... "*
(خاطرات سیاسی حسین مکی – حسین مکی – انتشارات علمی – صفحات ۵۵/۵۲)

اکثریت قریب به اتفاق نمایندگان دوره پانزدهم مجلس شورای ملی، به همین ترتیب، ابتدا کاندیدا شده و بعد انتخاب! گردیده‌اند.
اندک افرادی که خارج از اعضای **حزب دموکرات ایران** به میان کاندیداها راه یافته بودند، کسانی بوده‌اند که **قوام‌السلطنه** با بند و بست‌های محرمانه و مصلحتی، مجبور به انتخاب آنان شده بوده‌است.
به‌عنوان نمونه‌هایی از این قبیل بند و بست‌ها می‌توان به انتخاب دو نماینده از قم و بروجرد، طبق نظر **آیت‌الله بروجردی** و انتخاب دو داماد **محمد مصدق**، از **مشکین‌شهر** و **اراک**، به‌صورت نوعی رشوه‌دهی به **مصدق**، اشاره کرد.
بطوری‌که خوانندگان گرامی ملاحظه خواهند فرمود، این نمونه‌ها به مطلب مورد بحث در این کتاب نیز بی‌ارتباط نمی‌باشند:

الف- انتخاب دو نماینده از قم و بروجرد طبق نظر آیت‌الله بروجردی

آیت‌الله حاج‌آقا حسین طباطبایی‌بروجردی، مرجع تام، یعنی بی‌رقیب شیعیان جهان محسوب می‌شده‌است، به این‌جهت **قوام‌السلطنه** برای جلب رضایت و حمایت او از دولت خود اهمیت زیادی قائل‌بوده و همواره کوشش می‌کرده‌است که خواسته‌های او را مورد توجه قراردهد و تا آن‌جا که امکان‌دارد از انجام هر عملی که شاید زمینه‌های نارضایتی وی را فراهم‌سازد، خودداری‌کند.
آیت‌الله بروجردی، زاده شده در بروجرد و ساکن در قم بوده و به این‌روی همواره برای انتخاب نماینده از این دو شهر برای مجلس شورای ملی، نظراتی داشته‌است.
با این ترتیب، پیش از انجام انتخابات مورد بحث، که **قوام‌السلطنه**، به‌صورت انتصابات، قصد انجام آن‌را داشته، **اعزاز نیک‌پی**، وزیر پست و تلگراف، را بطور محرمانه به قم روانه‌ساخته و نظر **آیت‌الله** را درمورد دو کاندیدا برای آن دو شهر جویا شده‌است.
گویا **حضرت آیت‌الله**، **ابوالفضل تولیّت** (نایب التولیّت آستان **حضرت معصومه**) را برای قم و یکی از بستگان خود به‌نام **محمد طباطبایی‌بروجردی** را برای بروجرد پیشنهادکرده‌اند و دولت دستور انجام انتخابات در این دو شهر را طبق نظر **آیت‌الله** صادر کرده‌است.

ب- انتخاب دو داماد محمد مصدق، به‌صورت رشوه سیاسی به او

محمد مصدق در تاریخ ۱۵ دی ۱۳۲۵ کاندیداهای مورد نظر خود را از سوی حزبی ناشناس به‌نام «**حزب وحدت ایران**» انتشار داده‌است.
در تاریخ ۲۰ دی ۱۳۲۵ جمعی از مردم تهران در **مسجد شاه** (محل برگزاری نماز جماعت و جمعه به امامت **سیدحسن امامی** برادرزن **مصدق**) اجتماع نموده، سخنرانی **محمد مصدق** درباره انتخابات را شنیده‌اند.
مصدق در نطق تند و آتشین خود به **قوام** هشدارداد تا از دخالت در انتخابات خودداری‌نماید.
از تاریخ ۲۲ تا ۲۶ دی ۱۳۲۵ عده زیادی از رجال و سرشناسان با اعتراض به انتخابات در دربار بست‌نشسته‌اند که **محمد مصدق** در میان آنان بوده‌است.
(منبع اصلی آگاهی‌های بالا کتاب «**روزشمار تاریخ ایران**» - **باقر عاقلی** می‌باشد که نگارنده با نظر خود آنها را خلاصه‌کرده و نیز مختصر توضیحی بر بعضی از آنها افزوده‌است)

شواهدی بی‌چون و چرا و بنیادین وجوددارد، مبنی براینکه در ایام همین تحصن، **قوام‌السلطنه** با مذاکرات محرمانه و پشت پرده با خود **مصدق** و نیز با وساطت **شاه** و دربار موافقت کرده‌است که دو داماد **مصدق** را، خارج از اعضای **حزب دموکرات ایران** به نمایندگی مجلس انتخاب نماید، مشروط بر اینکه **مصدق** متعهدگردد که تا پایان آن دوره از فعالیت سیاسی خودداری‌کند.
چنان‌چه می‌دانیم این موافقت و تعهد نانوشته به‌انجام رسیده‌است یعنی دو داماد **مصدق**، که **دکتر احمد متین‌دفتری** و **عزت‌الله بیات** بوده‌اند، به ترتیب از **مشکین‌شهر!** و **اراک** انتخاب‌شده‌اند و **محمد مصدق** نیز، از چند روز بعد از تحصن، با اعلام اینکه انزوای سیاسی را برگزیده، به احمدآباد رفته و تا چند ماه بعد از پایان دوره پانزدهم مجلس شورای ملی در آن‌جا اقامت گزیده‌است.

۱ - انتخاب دکتر متین‌دفتری از مشکین‌شهر!

دکتر متین‌دفتری، نماینده انتخابی از **مشکین‌شهر**، هرگز **مشکین‌شهر** را ندیده‌بوده و هیچ فردی از اهالی آن شهر را نمی‌شناخته و خود او در خاطراتش دلیلی به‌شرح زیر برای انتخاب خود از شهر مزبور تراشیده‌است!:

*" ... روزی رفقا چند تن از محترمین اردبیل را به‌دیدن من آوردند، آنها از بیگزادگان شاهسون پیغامی داشتند. معلوم شد زمانی که من وزیر دادگستری یا نخست‌وزیر بوده‌ام و آنها را به امر شاه به کاشان تبعید کرده بودند، به من متوسل شده بودند و من موجبات استخلاص آنها را فراهم کرده‌بودم. آنها میل داشتند تلافی محبت من را بکنند، یعنی به سمت وکیل حوزه **مشکین‌شهر** به مجلس بروم. ..."*
(خاطرات یک نخست‌وزیر، دکتر احمد متین‌دفتری- دکتر باقر عاقلی- صفحه ۲۴۴)

یعنی در **حوزه مشکین‌شهر**، نماینده دوره قبل (**مهدی عدل**) و طرفداران متنفذ او و نیز سایر متنفذین محلی هیچ‌کدامشان نظر مخالف یا قدرتی نداشته‌اند، و هم‌چنین **دولت قوام‌السلطنه**، دربار و ارتش، هم ساکت و آرام نشسته‌اند تا مردم **مشکین‌شهر**، آزادانه و فقط به‌خواهش چند نفر بیگزادگان شاهسون! **آقای متین‌دفتری** تهرانی و غیرمحلی را برخلاف قانون انتخابات از آن شهر انتخاب‌نمایند!

۲ - انتخاب عزت‌الله بیات از اراک

عزت‌الله بیات نیز راجع به دلیل انتخاب خود از اراک چنین نوشته‌است:

*" ... در دوره پانزدهم انتخابات، انتخابات به‌دست **قوام‌السلطنه** بود. قوام حزبی علم کرده و راه‌انداخته بود که از آن حزب‌های خلق‌الساعه انتخاباتی به‌شمار می‌رفت که همیشه مواقع انتخابات با بوق و کرنا علم می‌شدند و بعد از انتخابات تحلیل‌رفته و در بوته فراموشی به فراموشخانه خزیده می‌شدند.*
در این دوره از انتخابات از طرف حزب دموکرات قوام‌السلطنه، حسین مکی برای اراک کاندیدا و معرفی شده‌بود.
*ایشان از یاران **دکتر مصدق** بود و خود را به مردم این‌طور شناسانده و دکتر هم تمایل‌داشت که او بتواند از اراک وکیل شود.*
*دراین‌میان **حضرت آیت‌الله بروجردی** مرجع تقلید شیعیان جهان برای **قوام‌السلطنه** نخست‌وزیر پیغام داده‌بود که در انتخابات سه حوزه قم و اراک و بروجرد دولت دخالتی‌نکند و بگذارد که مردم هر کس را که تمایل دارند برگزینند. **پیام آیت‌الله به‌وسیله***

نماینده ایشان، آقای تولیت، به قوام ابلاغ‌می‌گردد. قوام نظر آیت‌الله را می‌پذیرند، دستورمی‌دهد فعالیت انتخاباتی این سه حوزه تعطیل و کاندیداها به تهران بیایند.
حسین مکی *که فعالیت زیادی در اراک کرده بود، ناچاراً[!] فعالیت‌های خود را تعطیل و به تهران بازمی‌گردد.[؟]* ***من و آقای حسین مکی کاندیدای اراک بودیم.*** *من به فعالیت ادامه‌دادم و با تمام نیرو و نفوذ از او حمایت‌کردم.* ***درحالی‌که او از کاندیدایی اراک صرف‌نظر کرده‌بود*** *با اکثریت آرا من و ایشان انتخاب شدیم و از اراک به مجلس راه یافتیم.*
دولت وقوای دولتی سعی زیاد داشتند که این‌کار عملی نگردد و محسنی‌های اراک *هم که دارای نفوذ محلی بودند هم‌گام با آنها اقدام‌کرده و می‌خواستند انتخابات را مختل و باطل کنند. حتی رئیس ژاندارمری وقت* ***سرهنگ سجادی*** *که از فامیل* ***محسنی‌اراکی*** *بود خود به‌شخصه اقدام کرد و چند روزی از قرائت آرا جلوگیری نمود. ولی کاری از پیش نبرد.*
حسین مکی *در تمام حوزه‌ها اکثریت را داشت و انتخاب شد. ... "*
(خاطراتم، خاندانم- عزت‌الله بیات- صفحات ۱۳۷/۱۳۸)

به‌موجب شرح بالا، **حزب دموکرات ایران**، یعنی حزب دولتی **قوام‌السلطنه**، فقط **حسین مکی** را کاندیدای نمایندگی از اراک کرده‌بوده ولی درهرحال اعتراف شده‌است که **حسین مکی** و خود او (یعنی **عزت‌الله بیات**) کاندیداهای نمایندگی از آن شهر بوده‌اند.
حال با پوزش‌خواهی از خوانندگان گرامی درخواست می‌نماید که یک‌بار دیگر شرح بالا را خوانده و در مفهوم آنها دقت نمایند. به‌موجب آنچه که در بالا گفته شد در زمانی که **دولت قوام‌السلطنه**، درحال دخالت و اعمال نفوذ در انتخابات اراک برای انتخاب **حسین مکی** و خود او بوده‌است، **آیت‌الله بروجردی** از دولت درخواست می‌کند که در انتخابات آن شهر (و دو شهر دیگر) دخالت نکند و بگذارد که مردم هر کس را که تمایل دارند برگزینند!
قوام‌السلطنه هم نظر **آیت‌الله** را می‌پذیرند و دستورمی‌دهند که فعالیت‌های انتخاباتی دولتی در آن سه شهر تعطیل شود و کاندیداهای دولتی به تهران بروند.
حسین مکی نیز از دستور دولت اطاعت می‌کند، فعالیت‌های خود را تعطیل و از کاندیدایی هم صرف نظر می‌نماید.
اما، این آقای **عزت‌الله بیات**، با سرپیچی از دستور دولت و حتی برخلاف نظر **آیت‌الله بروجردی**، مرجع تقلید شیعیان جهان (با جلوگیری از افشای دستور نخست‌وزیر به مقامات دولتی در اراک) هم‌چنان فعالیت‌های دولتی را ادامه می‌دهد و نمی‌گذارد که مردم، به کاندیداهای محلی، چون افرادی از فامیل **محسنی‌های‌اراکی**، که درهرحال، در اراک، به‌مراتب، بیش از **حسین مکی‌یزدی** شهرت، محبوبیت و نفوذ محلی داشتند و یا به هر فرد محلی دیگر که مایل بودند، رأی بدهند و سپس با اینکه دولت و قوای دولتی سعی زیاد داشته‌اند که از اقدامات او جلوگیری نمایند، او موفق شده‌است که همان دو کاندیدای دولتی یعنی **خودش** و **حسین مکی** غیر اراکی را از صندوق‌ها بیرون بیاورد!

اعترافات فوق که بی‌گمان از نظر **عزت‌الله بیات** به‌منزله دفاعیه‌ای جهت صحت انتخابات خود او و **حسین مکی** از اراک نوشته شده‌است درحقیقت می‌تواند به‌عنوان سندی بسیار موثق درمورد دولتی بودن آن انتخابات محسوب‌شود و نگارنده گمان نمی‌کند که اگر به **حسین خاکباز**، از **خاندان محسنی‌های اراکی** (نماینده اراک در مجلس شورای ملی در دوره پیش از آن و کاندیدای نمایندگی از همان شهر در همین دوره) می‌گفتند که ادعانامه‌ای درمورد قلابی بودن انتخابات اراک بنویسید، بهتر از نوشته بالا می‌توانست از عهده این کاربرآید.

می‌گویند این **عزت‌الله بیات** به‌اندازه‌ای ساده‌لوح و کوته‌فکر بوده که اگر پدر و مادری متنفذ، مشهور و ثروتمند، مانند **حاج عباسقلی سهم‌الملک بیات** و **حاجیه شوکت‌الدوله اسفندیاری (خواهر مصدق)** نداشت، شغلی بالاتر از فراشی در یک مدرسه نصیبش نمی‌شد و بعد هم با وجود بستگی به آن خانواده هرگاه داماد **محمد مصدق** نبود و از راهنمایی‌ها و حمایت‌های همیشگی پدرزن خود برخوردار نمی‌گردید، بدون تردید خودش هم آرزویی بالاتر از **تولیّت آستانه پنجه علی** در سر نمی‌پروراند!

برای اثبات این نظر و نیز اینکه خوانندگان گرامی با نمونه‌ای از اعتقادات و روشنفکری آقای **عزت‌الله بیات** آشنایی یابند بد نیست که به شرح زیر از کتاب خاطرات او توجه فرمایند:

*" ... سراب **پنجه‌علی** در زندگی من و جریان فکری و تحول اعتقادی‌ام و ارادت و اخلاص خاکسارانه‌ام نسبت به **مولایم علی(ع)** از آن‌چنان مقام مشخصه‌ای و منزلت خاصی و تقدس والایی برخورداراست که سراسر زندگیم را تحت تاثیر و نفوذ خود گرفته‌است. به‌خصوص در این سال‌ها به انگیزه عمیق مذهبی و شاید نوعی الهام نشأت گرفته از اعتقاد اخلاصم، دست به کار عمران و آبادی این **سراب** شدم که می‌توانم آن‌را **سراب مولایم علی (ع)** قلمداد نمایم.*

*در آغاز من توجهی بدین **سراب** نداشتم و وجه تسمیه این **سراب** را نمی‌دانستم. تا آنکه یک روز که در دور و حوالی گشت می‌زدم به دهقان مردی برخوردم و با او به صحبت نشستم. از کار زراعت و زمین و کشت و آب گفتگو به‌میان آمد. اشاره به **سراب پنجه‌علی** کرد. از او پرسیدم به این سراب چرا **سراب پنجه‌علی** می‌گویند، درحالی که سایر سراب‌ها به اسم محل یا ده نزدیک آن است؟*

*گفت: مگر شما نمی دانید؟ گفتم: نه. گفت: **این سراب پرآب‌تر و پربرکت‌تر از سایر سراب‌هاست، آن‌هم به‌واسطه پنجه مبارک مولاعلی است. روی یکی از سنگ‌های بالای چشمه جای پنجه‌ای نقش گرفته‌است.***

*اول باورم نمی‌شد. با او به‌راه افتادیم و به‌طرف **سرچشمه سراب** رفتیم. نشانم داد. بالای یکی از سنگها که از لابلای آن زهاب چشمه‌ای می‌تراوید، **نقش مانندی به‌شکل یک پنجه بود.** یکباره مرا حالتی از جذبه روحانی دست‌داد.*

بی‌اختیار به زیارت و بوسیدن سنگ پرداختم. الهامی چنان قوی مرا در خود فروگرفت که رسالت تمام زندگیم منشاء در همان الهام آن روز دارد.

*به خودم گفتم: **قدمگاه مبارک مولایم** را باید بسازم و آبادانی و شکوفایی آن‌را سرافرازی و افتخار خود سازم. باید که خانه و کاشانه خود را زیر سایه مبارکش برپا دارم. در همین جاست که به‌خاطر مولایم باید کارهای زیادی انجام گیرد.*

*بیمارستان و مدرسه و مسجد ساخته شود. از همان تاریخ دست به‌کار شدم. اگر چه در آغاز کار والده مکرمه‌ام، **حاجیه شوکت‌الدوله بیات** مخالف این‌کار[بود] و آن‌را اتلاف پول و وقت و سرمایه خانواده می‌دانست ولی بر اثر اصرار و پافشاری من بالاخره ایشان هم موافقت انجام این آرزو را بر بنده منت نهادند. "*

(خاطراتم، خاندانم- عزت‌الله بیات- صفحات ۱۹/۲۰)

۳ - مشکل بزرگ در راه انتخاب عزت‌الله بیات (و حسین مکی) از اراک

انتخابات دوره پانزدهم مجلس شورای ملی، مانند تعدادی از دوره‌های فرمایشی دیگر، بطور صورت‌جلسه‌ای انجام می‌شده‌است، یعنی در حدود بیست نفر از ۳۶ نفری که فرماندار دولتی برای تشکیل هیأت نظارت دعوت‌می‌کرده، از دوستان، بستگان و طرفداران کاندیداهای دولتی و حدود ۱۶ نفر بقیه از مخالفان آنان یا بی‌طرف‌ها بوده‌اند. با این ترتیب، پس از رأی‌گیری تمام ۹ نفر اعضای اصلی که از دولتی‌ها انتخاب‌می‌شده‌اند، می‌توانسته‌اند، سرانجام (بدون توجه به آرای واقعی و اینکه چه افرادی بیشترین شمار رأی را داشته‌اند) صورت‌مجلسی تنظیم کرده و کاندیداهای دولتی را، با هر تعداد رأی که مایل باشند، برنده اعلام‌نمایند.
بطوری‌که خوانندگان گرامی درزیر در اعتراف بی‌شرمانه **سیدحسین مکی** ملاحظه خواهندفرمود، هیأت نظارت انتخابات اراک نیز نه‌تنها درست به همان ترتیب تشکیل شده، بلکه با بسیج کارکنان دولتی و آوردن کشاورزان وابسته به **بیات‌ها** و سایر مالکان طرفدار آنان، و نیز کارگران راه‌آهن، بطور مجانی، توسط راه‌آهن دولتی ایران، از تمام شهرهای نزدیک، و اجتماع تهدیدآمیز آنان در دور و بر مراکز رأی‌گیری، کاندیداهای غیردولتی و طرفداران آنان را به‌سختی ترسانده و حتی از نزدیک شدنشان به مراکز رأی‌گیری جلوگیری نموده‌اند:

*" ... فرمانداری اراک طبق معمول برای تشکیل **هیات نظارت انتخابات اراک** سی و شش نفر از **معتمدین** و عده‌ای از **اعضای حزب دموکرات** را دعوت نمود. از بین این سی و شش نفر، نه نفر برای تشکیل انجمن اصلی و نه نفر اعضای علی‌البدل انتخاب شدند.*
*بین ۹ نفر اصلی **مهندس محمد بیات**، پسر **سهام‌السلطان بیات** [و برادرزاده **عزت‌الله بیات**]، به ریاست انجمن انتخاب‌شد ولی عضو **حزب دموکرات ایران** نبود. اما **انجمن اصلی تقریباً تحت نفوذ و اختیار حزب دموکرات و خانواده بیات افتاد.***
*اخذ آرا شروع شد، **اهالی شهر و کارمندان و کارگران راه آهن حوزه اراک** غالباً مخالف رقبای ما، یعنی [حسین] **خاکباز** و **حبیب بیگلی** بودند و بنابراین **با اجتماع زیاد در جلو حوزه‌های اخذ آرا در شهر، امکان رأی دادن به طرفداران رقبای ما را نمی دادند.** ... "*
(خاطرات سیاسی حسین مکی- همان- همان صفحات)

اما، در راه انتخاب **عزت‌الله بیات** و **حسین مکی**، از اراک، مشکلی بزرگ و پیش‌بینی نشده بروزکرده و آن دخالت **آیت‌الله بروجردی** در جریان انتخابات آن شهر بوده‌است.
توضیح اینکه فامیل **محسنی‌های‌اراکی** و فامیل‌های وابسته به آنان که از بستگان دور و نزدیک با فرزندان و بازماندگان **حاج‌آقا محسن عراقی** (اراکی)- فوت ۱۳۲۵ ق. ۱۲۸۶ ش.- تشکیل شده بوده، بزرگترین و متنفذترین خاندان در اراک محسوب می‌شده‌اند.
همچنین بزرگان این خاندان امتیاز ویژه‌ای هم داشته‌اند و آن نفوذی قابل توجه در حوزه مذهبی قم بوده‌است.
ما می‌دانیم که آیت‌الله **شیخ عبدالکریم حائری**، پایه‌گذارحوزه مذهبی قم، ابتدا در سال ۱۳۳۲ قمری (۱۲۹۳ ش.- ۱۹۱۴ م.) به دعوت **حاج اسمعیل اراکی**، پسر **حاج محسن اراکی**، از کربلا، به اراک آمده و به مدتی در حدود ۸ سال در تأسیسات مذهبی آن شهر (از قبیل مسجد و مدرسه و منزل برای سکونت **آیت‌الله** و تعدادی مدرس و طلبه که بیشتر توسط **حاج محسن** ساخته و آماده شده‌بوده) به تدریس و تعلیم علاقمندان به مذهب اشتغال داشته‌است. البته بخش بزرگی از هزینه تأسیسات و شهریه افراد مذکور را نیز وارثان **حاج آقا محسن** تأمین می‌کرده‌اند.

شیخ عبدالکریم حائری، در اوایل سال ۱۳۰۱ خورشیدی (۱۳٤۰ ق.) جهت سکونت و پایه‌گذاری حوزه جدید مذهبی به قم مهاجرت کرده، و بیشتر شاگردانش در اراک، نیز برای ادامه تحصیلات مذهبی به قم نقل‌مکان نموده‌اند، که از جمله آنان نوه **حاج محسن**، به نام **حسن محسنی** (بعدها مشهور به **آیت‌الله فرید محسنی**)- زاده ۱۲۷۷خورشیدی. ۱۳۱٥ قمری.- فوت ۱۳٤۹خورشیدی. ۱۳۹۰ قمری. -، بوده است.

این شخص، پس از گرفتن درجه اجتهاد و به‌عنوان **آیت‌الله**، در سال ۱۳۱۱ ش. (۱۳٥۱ ق.) به اراک برگشته و به پایه‌گذاری حوزه مذهبی در آن شهر کوشش‌کرده و خود تدریس **درس خارج** را در آن حوزه عهده‌دار شده‌است.

آیت‌الله فرید محسنی در حدود ۱٥ سال قمری از **آیت‌الله بروجردی** (زاده ۱۲۹۲ ق. ۱۲٥٤ ش.) مسن‌تر بوده، سال‌ها پیش از وی به درجه اجتهادرسیده و متجاوز از ۱۲ سال پیش از ورود او به قم (در ۱۳۲۳ ش. ۱۳٦٤ ق.) حوزه مذهبی خود را در اراک راه‌اندازی کرده بوده‌است.

تا آن‌جا که نگارنده تحقیق کرده‌است، همواره بین این دو **آیت‌الله** حسن تفاهم کامل برقراربوده و نیز با توجه به نزدیکی قم با اراک چندین بار با یکدیگر دیدار کرده‌بوده‌اند.

در انتخابات دوره پیش ازآن، یک نماینده از این خاندان با نام **حسین خاکباز** و یک نماینده از فامیل **بیات**، که همین **عزت‌الله بیات** بوده، عنوان نمایندگان اراک در مجلس شورای ملی را داشته‌اند.

اما در این دوره، همان‌طور که در اعترافات **حسین مکی** دیدیم، انجمن نظارت بر انتخابات اراک:

> ***"تقریبا تحت نفوذ و اختیار حزب دموکرات و خانواده بیات "*** قرار گرفته‌بوده و به‌علاوه ***"اهالی شهر و کارمندان و کارگران راه آهن حوزه اراک [یعنی دولتی‌ها] با اجتماع زیاد در جلو حوزه‌های اخذ آرا در شهر، امکان رأی دادن به طرفداران رقبای ما [را] نمی دادند. ... "***

در این شرایط، **اعضای خاندان محسنی**، تنها راه چاره را در این دیده‌اند که دست به دامان **آیت‌الله بروجردی** شوند و از این‌روی گویا **آیت‌الله فرید** به قم رفته و خود از **آیت‌الله بروجردی** درخواست دخالت در جریان انتخابات اراک را به‌عمل آورده‌است و شماری دیگر از روحانیون اراک نیز به قم مسافرت‌کرده و به‌وسیله روحانیون بلندپایه آن شهر **آیت‌الله بروجردی** را جهت دخالت در انتخابات اراک تحت فشار قرارداده‌اند.

این افراد از **آیت‌الله بروجردی** درخواستی بسیار منطقی و قانونی و مشروع داشته‌اند و آن اینکه دولت از تحمیل نماینده به مردم اراک دست‌بردارد و اجازه‌دهد که مردم آزادانه، به هر کس که مایل‌بودند، رأی بدهند و نیز اطمینان داشته‌باشند که آرای آنان به‌درستی خوانده‌می‌شود و نمایندگان واقعی آنان به مجلس راه خواهندیافت.

آیت‌الله بروجردی نیز، **ابوالفضل تولیّت**، را به‌عنوان نماینده خود به تهران فرستاده و توسط وی همین درخواست منطقی و قانونی را از **قوام‌السلطنه** به‌عمل آورده‌است.

گویا، **قوام‌السلطنه** از یک سو نسبت به راضی ساختن **آیت‌الله بروجردی** علاقه داشته و از سوی دیگر مایل نبوده‌است که با این عمل **حسین مکی** را ناراضی و ناراحت سازد. از این رو وی بدون اینکه کوچکترین اقدامی درمورد متوقف ساختن انتخابات اراک به‌عمل آورد، **حسین مکی** را به تهران احضارکرده و کوشش کرده‌است که با پیشنهاد انتصاب وی به سمت شهرداری تهران، او را از انتخاب‌شدن از اراک منصرف‌سازد ولی چون **مکی** راضی به قبول این پیشنهاد نشده، لذا او هم ترجیح داده‌است که هر چه زودتر انتخاب اراک، **برخلاف میل وی**، با اعلام انتخاب **حسین مکی** پایان‌یابد و **آیت‌الله بروجردی** در مقابل انجام شده قرارگیرد وگرنه هرگاه **قوام‌السلطنه** گرایش به اجرای توصیه **آیت‌الله بروجردی** داشت، می‌توانست، بجای وقت‌گذرانی، برای نمونه احضار **حسین**

مکی!، دستور متوقف‌شدن انتخابات را صادرکند و حتی پس از پایان انتخابات نیز می‌توانست با تکیه به یک مورد از موارد بی‌شمار اقدامات خلاف قانون که انجمن نظارت بر انتخابات به انجام رسانده بوده‌است، آن انتخابات را باطل‌سازد.
روایت **حسین مکی** در این مورد به شرح زیر می‌باشد:

*" ... مخالفین با نفوذی که داشتند، به‌وسیله **اعزاز نیک‌پی**، وزیر کابینه، از قول **آیت‌الله حاج‌حسین‌آقا بروجردی**، به **قوام‌السلطنه** پیغام دروغین دادند که نباید **مکی** از اراک انتخاب‌شود، **زیرا بهایی است!! قوام‌السطنه** هم تلگرافی به اراک خطاب به من مخابره‌کرد و احضارم‌نمود ...*
*[یعنی **قوام‌السلطنه**: ۱- متوجه دروغ بودن پیغام نشد. ۲- با اینکه یقین‌داشت که **مکی بهایی نیست**، در پاسخ **آیت‌الله**، بهایی بودن او را تکذیب‌نکرد! ۳- در اجرای توصیه **آیت‌الله**، **مکی** را احضارنمود، و با این امر بهایی بودن او را مورد تایید قرار داد. ٤- به یک نفر بهایی پیشنهاد قبول شهرداری تهران را کرد، مثل اینکه از نظر **آیت‌الله** انتصاب یک نفر بهایی به شهرداری تهران بدون اشکال بوده است!!]*
*البته انجمن نظارت انتخابات و کمیته حزب دموکرات اراک زیر بار تعویض کاندیدا نرفتند و گفتند که کاندیداها همان دو نفر **بیات** و **مکی** هستند.*
*پس از مراجعت به تهران، روز بعد با **قوام‌السلطنه** ملاقات کردم. وی اظهار داشت من در محظورهستم و چون بطوری‌که گزارش رسیده، تاکنون حائز اکثریت هستید، از کاندیدا بودن استعفا دهید و چون **مشایخی** شهردار تهران از شهر ری نماینده خواهد شد، پست شهرداری تهران را در اختیار شما می‌گذارم. گفتم: من شهرداری تهران را نمی‌پذیرم، **پستی وزارت کار در سویس دارد، به سویس خواهم رفت[؟!]**.*
***قوام‌السلطنه** گفت: پس شما به انجمن نظارت تلگراف کنید که از وکالت صرف‌نظر کرده‌اید و در چند حوزه اراک تجدید اخذ آراء نمایند. ... "*
(خاطرات سیاسی حسین مکی- همان- همان صفحات)

حسین مکی، بر پایه آنچه که در بالا آمده‌است ، مدعی‌است که به‌صورت ظاهر پیشنهاد **قوام‌السلطنه** را می‌پذیرد ولی پس از بیرون آمدن از نزد او **ترتیب می‌دهد** که انجمن نظارت بر انتخابات اراک هر چه زودتر، خواندن آرا را به‌پایان برساند و همان دو نفر کاندیداهای حزب دموکرات (**عزت‌الله بیات** و خود او) را به‌عنوان انتخاب‌شدگان اعلام نماید!

تحمیل **حسین مکی** و **دو داماد مصدق**، توسط دولت **قوام‌السلطنه**، به مردم اراک و مشکین‌شهر، نمونه‌ای از انتخابات قلابی دوره پانزدهم مجلس شورای ملی به‌شمارمی‌رفته و سایر نمایندگان آن دوره، از جمله **دکتر مظفر بقائی کرمانی**، **ابوالحسن حائری‌زاده** و **عبدالقدیر آزاد**، نمایندگان اقلیت آن دوره نیز به همین ترتیب انتخاب شده بوده‌اند.

در هر جنایت
برای پیدا کردن جنایتکار حقیقی باید ببینید که چه کسی از آن سود می‌برد

بخش چهارم

توطئه قتل دکتر مظفر بقائی کرمانی و قتل احمد دهقان به‌جای او

قتل **احمد دهقان**، در پی دو توطئه جنایتکارانه و ناموفق صورت‌گرفته که، در فاصله چند ماه، برای قتل سرلشکر **فضل‌الله زاهدی** و **دکتر مظفر بقائی** طرح‌ریزی شده‌بوده‌اند.

طرح‌ریزی توطئه نخست با همکاری **سپهبد رزم‌آرا** و **شرکت نفت انگلیس و ایران** (یعنی درحقیقت **اینتلیجنت سرویس و دولت انگلیس**) انجام شده‌بود ولی چون پس از آن توطئه‌گران، به‌دلایلی که در همین کتاب نوشته شده‌است، از اجرای آن صرف‌نظر کرده‌بوده‌اند لذا، رزم‌آرا در صدد برآمده‌است که از همان تروریست و امکاناتی که برای ترور سرلشکر **فضل‌الله زاهدی** فراهم شده‌بود استفاده‌کرده و ترتیب ترور بزرگترین دشمن خود، **دکتر مظفر بقائی کرمانی** را بدهد.

گویا، رزم‌آرا توطئه اخیر را خود طرح‌ریزی کرده و قصد داشته‌است که آن‌را، توسط ایادی خود در **رکن دوم ستاد ارتش** و بدون آگاهی **شرکت نفت** به‌انجام برساند ولی این شرکت توسط جاسوسانش، از آن آگاهی یافته، و به‌شرحی که در همین کتاب به‌تفصیل درج‌می‌باشد، با اعمال نفوذ در **حزب توده** ایران ترتیب داده‌است که تروریست مذکور به‌جای **دکتر مظفر بقائی کرمانی**، **احمد دهقان، مدیر مجله تهران‌مصور**، را به‌قتل برساند.

البته هر یک از دو توطئه نام برده‌شده، همانند سایر توطئه‌های نوشته شده در این کتاب، درصورت موفقیت، با دخالت فوری **سرتیپ محمد دفتری**، به‌عنوان رئیس دژبان (با راهنمایی‌های پنهانی **محمد مصدق**) در مسیری جریان می‌یافته که بیشترین نفع را نصیب شخص اخیر می‌ساخته‌است.

خوانندگان گرامی در این بخش از کتاب، داستان این توطئه را خواهند خواند ولی چون قتل **احمد دهقان** مربوط به توطئه دوم می‌باشد، یعنی به‌جای قتل **دکتر بقائی** واقع‌شده، بنابراین عنوان بالا برای آن انتخاب گردیده‌است.

توطئه نخست برای قتل سرلشکر فضل‌الله زاهدی

الف- دلایل مخالفت رزم‌آرا و دولت انگلیس با سرلشکر زاهدی

پس از ترور **عبدالحسین هژیر** (در تاریخ ۱۳ آبان ۱۳۲۸) و باطل شدن انتخابات تهران (در تاریخ ۱۹ آبان ۱۳۲۸) و دو روز پیش از آنکه **محمدرضا شاه پهلوی** (در تاریخ ۲۴ آبان ۱۳۲۸) تهران را به قصد مسافرت رسمی به آمریکا ترک‌نماید، یعنی در تاریخ ۲۲ آبان ۱۳۲۸، **سرلشکر فضل‌الله زاهدی** به ریاست شهربانی کل کشور برگزیده شده‌است.
این انتصاب، که در آستانه **سفر رسمی شاه به آمریکا** صورت گرفته‌بود، درآن زمان، به‌عنوان **رشوه‌ای از سوی شاه به آمریکا** تلقی شده‌است.
سرلشکر فضل‌الله زاهدی، که از دشمنان سرسخت **سپهبد رزم‌آرا** هم محسوب‌می‌شده، یکی از مهم‌ترین مأموریت‌هایش از سوی **شاه**، این بوده‌است که از مداخلات خلاف قانون ارتش، یعنی **سپهبد رزم‌آرا**، در امور غیرنظامی جلوگیری به‌عمل‌آورد.
بطوری‌که در بخش سوم این کتاب شرح‌داده شده‌است، در دور دوم انتخابات دوره شانزدهم از تهران، که منجر به انتخاب هشت نفر از طرفداران **جبهه‌ی ملی و چهار نفر از کاندیداهای به اصطلاح دولتی** گردید، **سپهبد رزم‌آرا** را بازنده اصلی و بزرگ می‌دانسته‌اند زیرا نه تنها درمورد جلوگیری از انتخاب **دکتر بقایی** به نمایندگی مجلس، که مهم‌ترین هدف وی را، در این انتخابات تشکیل می‌داده، شکست خورده‌بوده، بلکه نتوانسته بوده‌است حتی یک نفر از کاندیداهای مورد نظر خود را از صندوق‌های انتخاباتی تهران بیرون‌بیاورد و این امر را می‌توان به‌عنوان یکی از مهم‌ترین نمونه‌هایی دانست که در آن ایام، با حمایت **سرلشکر زاهدی**، رئیس شهربانی کل کشور، در مخالفت با **سپهبد رزم‌آرا**، رئیس ستاد ارتش، به‌انجام رسیده بوده‌است.
از آنجا که مهم‌ترین کارهای اصلی و اساسی **سپهبد رزم‌آرا** در جهت رسیدن به قدرت، می‌بایست، به‌صورت اقدامات غیرقانونی و دخالت‌های آشکار مأموران دژبان در امور غیرنظامی و کشوری (یعنی به‌جای وظایف مأموران شهربانی) به‌انجام برسد و **سرلشکر زاهدی** مانع انجام این‌قبیل دخالت‌ها و اقدامات غیرقانونی بوده‌است لذا نابودی و یا برداشتن وی از ریاست شهربانی کل کشور، از نظر **رزم‌آرا**، به‌عنوان یک عمل ضروری و فوری تلقی می‌شده‌است.
همچنین، ما می‌دانیم، در آن زمان که شرکت‌های نفتی آمریکایی و انگلیسی، با حمایت دولت‌های خود، برای تصرف و تصاحب هر چه بیشتر از منابع نفتی جهان، به‌ویژه خاورمیانه و ازجمله ایران، سرسختانه در حال مبارزه بوده‌اند، **سرلشکر زاهدی** در کشور ایران به **جناح طرفدار شاه و آمریکا** پیوسته‌بوده و بسیاری از اقدامات خود، برای نمونه، همین انتخابات را در همین راستا به‌انجام می‌رسانده‌است.
با این ترتیب، بی‌گمان دولت انگلیس و شرکت نفت انگلیس و ایران نیز با نابودی وی و یا دست‌کم، برکناری‌اش از ریاست شهربانی مخالفتی نداشته‌اند.
به ویژه، باید توجه‌داشت که همین **فضل‌الله زاهدی**، در طول خدمت خود، در چند مورد زیانهای قابل توجهی به انگلستان رسانده بوده‌است. وی در شب سی‌ام فروردین ۱۳۰۴، به‌دستور **رضاخان سردار سپه (رضا شاه بعدی)**، بزرگترین ضربه را بر قدرت و تسلط استعماری انگلیس در خوزستان (که در آن زمان عربستان نامیده‌می‌شد) واردآورد و **شیخ خزعل**، سلطان بی‌تاج و تخت و تحت حمایت انگلیس، را به‌نحوی بسیار ماهرانه بازداشت‌نموده و به تهران اعزام داشته‌بود.

این مطلب همواره شهرت‌داشته و دولت انگلیس نیز در تقویت آن شهرت کوشیده‌است که آن دولت هرگز دشمنان و مخالفان خود را بی‌مجازات نمی‌گذارد و در هر حال توطئه قتل **سرلشکر زاهدی** در زمانی که مورد بحث ما می‌باشد از حمایت‌های دولت انگلیس برخوردار بوده‌است.

ب- شرح توطئه

چنین به‌نظرمی‌رسد که طراحان توطئه تصمیم گرفته‌بوده‌اند که انجام ترور **سرلشکر زاهدی** را به‌عهده فردی از اعضای بسیار متعصب **حزب توده ایران** واگذارنمایند تا اینکه پس از آن بتوانند گناه آن‌را به‌گردن آن حزب بیندازند.

همزمان با همین روزها شرکت نفت انگلیس و ایران تصمیم گرفته‌است که مقدمات انتخاب ۶ نفر را از بین کارمندان شاغل در آن شرکت جهت ادامه تحصیل در انگلستان فراهم‌سازد.

در میان داوطلبانی که جهت شرکت در امتحانات مربوط به اعزام به انگلستان نام‌نویسی کرده‌بوده‌اند، جوان ۲۳ ساله‌ای، به‌نام **حسن جعفری**، وجودداشته که یکی از فعال‌ترین اعضای حزب (به‌اصطلاح منحله) توده ایران در آبادان، محسوب‌می‌شده و به داشتن تعصب زیاد در مرام و مسلک آن حزب شهرت داشته‌است.

چون یکی از شرایط بسیار ضروری در شرکت نفت برای اشغال پست‌های بالا (تا جایی‌که به ایرانیان داده‌می‌شده) و نیز اعزام به انگلیس، نداشتن افکار چپی و تمایل به حزب توده بوده‌است، لذا هیچ‌کس (حتی خود **جعفری**) کوچک‌ترین امیدی درمورد پذیرفته شدن وی در آن امتحانات نداشته‌است.

جریان نام‌نویسی افراد واجد شرایط و برگزاری آزمایش‌های مختلف ازآنان (کم‌وبیش همزمان با دور دوم انتخابات دوره شانزدهم از تهران) انجام‌شده و اسامی پذیرفته‌شدگان، که نام **حسن جعفری** نیز (برخلاف انتظار همگان) در میان آنان بوده، در نیمه دوم اسفند ۱۳۲۸ (نیمه اول مارچ ۱۹۵۰) اعلام گردیده‌است و در همین زمان کارگزاران مربوط، روز ۲۹ شهریور ۱۳۲۹ (۲۰ سپتامبر ۱۹۵۰) را به‌عنوان تاریخ اعزام پذیرفته‌شدگان به انگلستان تعیین‌کرده اند.

اما، بطوری‌که شواهد نشان می‌دهد اعلام پذیرفته‌شدن **حسن جعفری** جهت اعزام به انگلیس به منزله طعمه‌ای بوده که برای گرفتارساختن وی در دام توطئه‌ی تعبیه‌شده بوده‌است زیرا **۶ ساعت بعد از آنکه نام وی به‌عنوان یکی از پذیرفته‌شدگان اعزام به انگلستان اعلام شده‌بوده، وی توسط حکومت نظامی آبادان تحت بازداشت قرار گرفته‌است** و همین امر یکی از دلایل روشن جهت اثبات وجود تبانی بین مقامات **شرکت نفت انگلیس و ایران و رکن ۲ در ستاد ارتش** به‌شمارمی‌رود.

مأموران ارتشی، در زندان، به آگاهی **حسن جعفری** رسانده‌اند که آزادی وی و ادامه تحصیلش در انگلستان موکول به قبول همکاری با رکن دوم ستاد ارتش می‌باشد و در نخستین وهله از او درخواست‌کرده‌اند که تمام فعالیت‌های مخفیانه خود در **حزب توده ایران** را شرح‌دهد و افرادی را که با وی در انجام آن فعالیت‌ها شرکت‌داشته‌اند و نیز سایر افراد کارساز از اعضای آن حزب را که می‌شناخته‌است معرفی‌نماید.

چون رفتن به انگلستان و کسب عنوان مهندسی و بازگشت به ایران، جهت خدمت در همان شرکت نفت (که سرانجام وی را در ردیف رؤسای عالی‌رتبه و **صاحب‌ها** قرارمی‌داده) بزرگترین آرزوی **جعفری** به‌شمارمی‌رفته و از طرفی برای وی در زندان محدودیت‌هایی فراهم‌ساخته و حتی او را تحت شکنجه قرار داده‌بوده‌اند، لذا وی جهت رهایی از زندان و شکنجه و رفتن به انگلستان حاضر شده‌است که با مأموران حکومت نظامی همکاری نماید.

توطئه نخست برای قتل سرلشکر فضل‌الله زاهدی

آنسان که پیداست اقدامات محرمانه و خلاف قانون وی، به‌موجب اعترافات خود او و اسناد موجود، تا آن اندازه مهم بوده که می‌توانسته‌است به محکومیت خود او و تعدادی دیگر از افرادی که وی آنان را لوداده بوده‌است در دادگاه نظامی منجرگردد. انجام این محکومیت نه تنها وی را از رفتن به انگلستان محروم می‌ساخته و شغل و آزادی‌اش را از او سلب می‌نموده بلکه وی را به‌شدت منفور تمام دوستان و هم‌مسلکان حزبی هم قرار می‌داده‌است.
حسن جعفری هر کاری را که مأموران حکومت نظامی و رکن ۲ ستاد ارتش از وی خواسته‌اند به‌انجام رسانده، ولی هر یک از آن کارها پس از انجام، به‌عنوان وسیله‌ای برای وادارساختن و تهدید او جهت انجام کاری بدتر و شرم‌آورتر مورد سوءاستفاده قرار گرفته‌است.
ما از جزییات کارهایی که **حسن جعفری**، یکی پس از دیگری، مجبور به انجام آنها شده‌است، آگاهی نداریم. ولی خود او در آخرین دفاع خود در دادگاه، بطور سربسته و کلی راجع به آنها و نیز برای مجسم کردن وضع خود در آن ایام چنین گفته‌است:

" ... من برای آنکه وقت دادگاه را تلف نکرده‌باشم، همین‌طور می‌گویم اگر ما را به یک عده کوهنورد تشبیه کنید، درست به این طریق به‌نظر می‌رسد: یک کاروان کوهنورد ابتدا راه صاف و هموار دارند، کم‌کم صعود از کوه مشکل می‌شود. تا جایی که عبور از بعضی موانع برای هر یک جز با کمک دیگران میسر نیست و چه‌بسا اغلب اتفاق افتاده شخصی که با کمک رفقایش به نکته‌ای [نقطه‌ای] رسیده که دیگر به‌علت وجود صخره‌های بلند نمی‌تواند جلو برود، اگر تنها بماند برگشتن هم برایش بدون راهنمایی همان رفقایش مشکل بلکه غیرممکن است و آن بزنگاه‌هایی که پشت سر گذاشته و راه‌های مشکلی که با کمک آنها طی کرده او را تهدید می‌کند.
وضعیت من بی‌شباهت به آنها نمی‌باشد. مرا اجباراً به کوهنوردی واداشتند، با تهدید و تشویق و کمک از موانع موجود گذراندند. ***تا بالاخره به نقطه‌ای رسیدم که جلوی خود پرتگاهی مخوف و هولناک را مشاهده نمودم. یا به‌عبارت دیگر به صخره عظیم برخوردم که پیشرفت بیشتر برایم محال بود*** *و هر دقیقه و لحظه از عقب و به وسیله همانهایی که به‌عنوان همراهی جبراً تا این جا مرا کشانده بودند، تهدید می‌شدم.*
برای من پیشروی بیشتر امکان‌پذیر نبود. برگشتم. تقاضا کردم و گفتم: آقا، دیگر امکان جلورفتن برای من نیست. ***بازهم تهدیدشدم. بازهم گفتند: تنها راه چاره پیش‌رفتن است.*** *... "*
(روزنامه آهنگ شرق، بجای شاهد- شماره ۲۰۱- مورخ ۲۹ شهریور ۱۳۲۹)

سرانجام، به **حسن جعفری** فهمانده‌اند که آزادی و حفظ آبرو و اعتبار او نزد رفقای حزبی و همچنین عزیمتش به انگلستان برای تحصیلات عالیه، در گرو این‌است که به تهران برود و در آنجا **سرلشکر فضل‌الله زاهدی**، رئیس شهربانی کل کشور، را به‌قتل برساند.
در آن زمان حکومت نظامی در تهران حکم‌فرما بوده، یعنی در صورت وقوع قتل سر و کار **حسن جعفری** با مأموران دژبان، به فرماندهی **سرتیپ محمد دفتری** می‌افتاده که ریاستشان با ستاد ارتش و **سپهبد رزم‌آرا** بوده‌است.
در این شرایط توطئه‌گران به **جعفری** گفته‌بوده‌اند که چون خودشان هم شریک‌جرم وی محسوب‌می‌شوند، لذا برای جلوگیری از افشای این راز هم که باشد، تا آنجا که ممکن‌است، او را بی‌درنگ بعد از تیراندازی فراری خواهندداد و هرگاه این امر امکان‌پذیر نگردد، فراری‌دادن او از زندان، مانند **خسرو روزبه** و یا سران **حزب توده ایران** کار مشکلی نخواهدبود.

همچنین، چون یکی از اقدامات **حسن جعفری** در آبادان دریافت و توزیع **روزنامه‌مردم**، **ارگان وقت سازمان ضد فاشیست ایران**، بوده، و به این‌جهت سرنخ‌هایی از نحوه انتشار آن روزنامه دراختیار داشته‌است لذا توطئه‌گران ارتشی، علاوه بر مأموریت اصلی، یعنی ترور **سرلشکر زاهدی**، بطور فرعی به وی مأموریت داده بوده‌اند که تا آنجا که ممکن‌است درمورد کشف محل پنهانی آن روزنامه نیز کوشش نماید.

درهرحال، **حسن جعفری** به‌ناچار، و نیز با توجه به آن قول و قرارها، انجام این جنایت را به‌عهده می‌گیرد و چند روزی پیش از پایان سال ۱۳۲۸، برای انجام آن به تهران اعزام‌می‌شود و در **هتل اروپا در خیابان لاله‌زار** (که رئیسش با **رکن ۲ ستاد ارتش** ارتباط داشته) اقامت‌می‌نماید.

در زمان ورود **حسن جعفری** به تهران، هنوز تجزیه و تحلیل‌هایی که بعضی از روزنامه‌ها به‌مناسبت نخستین سالگرد سوءقصد نافرجام به جان **محمدرضا شاه پهلوی** آغاز کرده‌بوده‌اند، ادامه داشته‌است. اتفاق نظر تمام تجزیه و تحلیل کنندگان در این‌که **ناصر فخرآرایی، عامل تیراندازی به شاه،** توسط توطئه‌گران به‌قتل رسیده‌است، **جعفری** را به‌وحشت می‌افکند و حتی مطمئن می‌سازد که او نیز بعد از به‌قتل رساندن **سرلشکر زاهدی** توسط توطئه‌گران به‌قتل خواهد رسید.

گویا در این زمان، **جعفری** عدم تمایل خود را نسبت به قتل **سرلشکر زاهدی** درمقابل انصراف از اعزام به انگلستان به **سرگرد مرتضی نقشینه** که رابط وی با رکن ۲ ستاد ارتش بوده‌است، اعلام‌می‌نماید ولی پاسخ می‌شنود که: **دیگر خیلی دیر شده‌است.**

سرگرد نقشینه به او تفهیم‌می‌نماید که چون وی از اسرار زیادی آگاهی یافته‌است، لذا درصورت انصراف از انجام دستورهای صادره، به‌قتل خواهد رسید.

وی همچنین به‌خوبی متوجه‌می‌شود که زیر نظر و مراقبت شبانه‌روزی و دقیق **مأموران مخفی رکن ۲ ستاد ارتش** قرار دارد و حتی رئیس هتل اروپا نیز از همان مأموران می‌باشد. یعنی با این ترتیب نه امکان فرارداشته و نه می‌توانسته‌است که به‌نحوی مطلب را به آگاهی فردی دیگر، برای نمونه **سرلشکر زاهدی**، برساند و خود را در آن زمان و بعد از آن، در پناه وی قراردهد.

در این زمان که حفظ جان و جلوگیری از مرگ، برای **حسن جعفری**، از هر چیز دیگر مهم‌تر و بزرگتر جلوه‌گر بوده و شب و روز وی در فکر پیداکردن راه چاره برای نجات از نابودی مسلم و قطعی سپری می‌شده‌است، سرانجام به این فکر می‌افتد که شرح کامل داستان خود را به آگاهی برادر بزرگترش، **جوادجعفری** (که به‌علت اقدام وی در لودادن فعالان توده ای در آبادان با او قطع رابطه کرده بوده‌است) رسانده و برای حل این مشکل بسیار بزرگ از او چاره‌جویی نماید.

وی فکر خود را به این ترتیب عملی‌می‌سازد که یک روز به‌بهانه دیدار خواهرش به خانه او می‌رود و در آنجا علاوه بر شرح داستان گرفتاری خود بطور شفاهی برای وی، نامه ای را هم که حاوی همان شرح، به اصطلاح از سیر تا پیاز، بوده‌است برای برادر خود، **جواد**، به خواهرش می‌دهد.

ما می‌دانیم که برادر بزرگ **حسن جعفری**، به نام **جواد جعفری**، نیز در آن زمان و تا مدتی پس از آن از اعضای متعصب و فعال حزب توده ایران، در تهران، و از نویسندگان سرمقاله‌های **روزنامه رهبر**، دومین ارگان آن حزب، به مدریت **ایرج اسکندری**، بوده‌است.

دو جمله از دیباچه‌ای را که **دکتر فریدون کشاورز**، از اعضای کمیته مرکزی **حزب توده ایران**، بر کتاب «**تونل تمام شد**» به‌قلم همین **جواد جعفری** نوشته است، به‌شرح زیر بازگومی‌نماید:

> *" ... **جواد جعفری**، در زمره روشنفکران و هنرمندان و تحصیل‌کرده‌ها و متخصصین بسیار بودند که در ایام فعالیت علنی **حزب توده ایران**، به آن روی آوردند. ... "*

ج- انصراف از انجام توطئه

خوشبختانه (البته در آن زمان از نظر **جعفری**)، از آغاز سال ۱۳۲۹، وقایعی در کشور رخ می‌دهد که **ترور سرلشکر زاهدی را به‌نحوی که مورد نظر سپهبد رزم‌آرا بوده‌است، ناممکن می‌سازد.**
یعنی در روز سوم فروردین آن سال **علی منصور** به‌جای **محمد ساعد** به نخست‌وزیری منصوب‌می‌شود و دولت جدید نیز از تاریخ ۱۶ فروردین کلیه مقررات حکومت نظامی در تهران و حومه را لغو می‌نماید.
با این ترتیب، درصورتی که **سرلشکر زاهدی** طبق برنامه قبلی به‌قتل می‌رسیده، دیگر صلاحیت رسیدگی به آن از دادگاه‌های نظامی، که درتسلط **رزم‌آرا** بوده‌اند، سلب و به دادگاه‌های دادگستری محول می‌شده‌است.
در این شرایط به **جعفری** اطلاع‌داده‌اند که برنامه ترور **سرلشکر زاهدی** منتفی‌شده و از وی خواسته‌اند که به آبادان مراجعت نماید.
جواد جعفری پس از دریافت پیغام و نامه برادرش، **حسن**، و آگاهی از گرفتاری بزرگ او بهتر آن دیده‌است که مطلب را به آگاهی هیأت اجراییه موقت حزب توده، که به آسانی به آنان دسترسی داشته‌است، برساند تا علاوه بر تبرئه برادرش از خیانت، درمورد لودادن فعالان حزب توده آبادان، از آنان برای نجات وی از آن گرفتاری و بدبختی عظیم راهنمایی و کمک بخواهد.

> در آن زمان، " *فقط دو نفر از اعضاء هیأت اجرائیه- **[دکتر محمد] بهرامی** و **[دکتر غلامحسین] فروتن**- به کمک سه تن از اعضاء کمیته مرکزی- **[نادر] شرمینی**، **[امان‌الله] قریشی**، **[علی] متقی**- اداره امور حزب را عهده‌دار گردیدند.* "
> (سیاست و سازمان حزب توده، از آغاز تا فروپاشی- مؤسسه مطالعات و پژوهشهای سیاسی- جلد نخست- صفحه ۱۷۱)

تردیدی نیست، این افراد (که بطور مخفی در تهران فعالیت‌می‌کرده‌اند) بی‌درنگ مطلب را با رابطهای خود در سفارت شوروی و نیز با کادر رهبری حزب توده ایران درمیان گذاشته‌اند. چون ما می‌دانیم:

> *" ... انتشار اولین شماره مخفی روزنامه مردم (در [۲] اکتبر ۱۹۴۹ - دهم مهر ۱۳۲۸) ثابت می‌کند **که کادر رهبری حزب که در زندان به‌سر می‌بردند، توانسته بودند، تماس خود را با هیأت اجرائیه موقت حفظ و سازمان مخفی حزب را از زندان اداره کنند**.... "*
> (تاریخ جنبش کمونیستی در ایران- سپهر ذبیح- ترجمه: محمد رفیعی مهرآبادی- صفحه ۳۲۵)

توطئه دوم برای قتل دکتر مظفر بقائی کرمانی

الف- قدرت‌یابی دوباره‌ی رزم‌آرا و تسلط بر شهربانی

در تاریخ ۵ اردیبهشت ۱۳۲۹ **امان‌الله اردلان**، که با سمت استاندار فارس، در شیراز سکونت‌داشته، به سمت وزیرکشور تعیین‌شده و به تهران آمده‌است. **امان‌الله اردلان** از ایادی **رزم‌آرا** و از اعضای باند وی محسوب‌می‌شده و سپس در کابینه خود **رزم‌آرا** نیز همین سمت را عهده‌دار بوده‌است.
پس از انتصاب مزبور و در همین اردیبهشت ماه که اقدامات مربوط به انتقال جسد **رضاشاه** به تهران صورت‌گرفته، **رزم‌آرا** خدماتی ارزنده انجام‌داده و کاردانی خود را، از نظر **شاه**، به ثبوت رسانده‌است.
بد نیست که بقیه داستان را از قول **امان‌الله اردلان** نقل نماید:

*" ... **سپهبد رزم‌آرا**، که آن‌وقت رئیس ستاد ارتش بود، در نظم و ترتیب و حرکت و تشییع جنازه خیلی مراقب بود و به‌واسطه شایعات بدی که داده بودند کاملاً انتظامات را شخصاً عهده‌دار بود. **ریاست کل شهربانی با سپهبد [سرلشکر صحیح است] زاهدی بود ولی ایشان در کار انتظامات آن روز که تشییع جنازه می‌شد، دخالتی نداشتند[؟!] و تمام کارهای انتظامی و تشریفاتی به عهده رزم‌آرا بود** و با نظم و ترتیب، بدون سر و صدا خاتمه یافت.*
در مدت وزارت کشور که خیلی طول نکشید یک سفر به گیلان و مازندران رفتم و به کارهای آنجا رسیدگی کردم.
***سپهبد [سرلشکر] زاهدی**، رئیس کل شهربانی، برای تبریک به دیدن من آمد و من برای بازدید و دیدن وضعیت شهربانی کل به اداره کل شهربانی رفتم. **سپهبد [سرلشکر] زاهدی** درحالی‌که رئیس کل شهربانی بود، به سناتوری انتخاب یا منصوب شده‌بود و چون با سمت سناتوری ممکن نبود رئیس کل شهربانی هم باشد، از من خواست در هیأت دولت تصویب‌نامه صادرکنم گذرنامه سیاسی برای ایشان صادرشود و با سمت سناتوری سفری به اروپا بروند. صدور تصویب نامه از این جهت بود که مطابق قانون و آیین‌نامه گذرنامه، نمایندگان مجلس شورای ملی و سناتورها با تصویب‌نامه دولت می‌توانستند با گذرنامه سیاسی مسافرت نمایند.*
من تقاضای سپهبد [سرلشکر] زاهدی را انجام دادم و ایشان با گذرنامه سیاسی و سمت سناتوری به اروپا رفتند.
*برای ریاست شهربانی نخست‌وزیر با من مشورت کرده درنظرداشتند **یک نفر غیرنظامی [؟!]** منصوب شود و با مشورت یکدیگر، **میرزا مهدی‌خان فرّخ، معتصم‌السلطنه**، را حضور اعلیحضرت معرفی نمودیم.*
***نخست‌وزیر و من متفقاً شرفیاب شده و فرّخ به سمت رئیس کل شهربانی معرفی شدند.** "*
(خاطرات حاج عزالممالک اردلان- زندگی در دوران شش پادشاه- تنظیم و تحشیه: دکتر باقر عاقلی- صفحه ۳۲۸)

بطوری‌که خوانندگان گرامی ملاحظه می‌فرمایند، **سرلشکر زاهدی**، فعال‌ترین رقیب نظامی **سپهبد رزم‌آرا**، نه تنها از سمت مهم ریاست کل شهربانی برداشته شده، بلکه با مسافرت به اروپا میدان را برای یکه‌تازی رزم‌آرا خالی گذاشته‌است. و به‌جای او، از تاریخ یکم خردادماه ۱۳۲۹، **یک‌نفر**

توطئه دوم برای قتل دکتر مظفر بقائی کرمانی

غیرنظامی؟!، از رجال؟ همیشه مطیع و باقی‌مانده از دوران احمدشاه قاجار، که همواره نان را به‌نرخ روز خورده‌بوده، منصوب شده‌است.

تاریخ انتصاب **مهدی فرخ**، معتصم‌السلطنه، به ریاست شهربانی کل کشور، درست ۲۵ روز بعد از حضور **دکتر مظفر بقائی کرمانی** در دوره شانزدهم مجلس شورای ملی می‌باشد. بطوری‌که **در پیوست شماره یک** این بخش از کتاب، با تفصیل و بطور مستند، شرح‌داده خواهدشد، انتخاب **دکتر بقائی** از تهران، که علی‌رغم اقدامات مخالفت‌آمیز و شدید رزم‌آرا و با شکست بسیار شرم‌آور این اقدامات صورت‌گرفته بوده، وی را، در این رابطه، به‌صورت ببری خشمناک و تیرخورده درآورده بوده‌است.

در این شرایط که **حاجیعلی رزم‌آرا** به نفوذ و قدرتی بی‌رقیب در کشور دست یافته‌بوده، موقع را برای ترور **دکتر بقائی** مناسب‌دیده و دستور فرستادن دوباره **حسن جعفری** را، که دیگر بطور کامل در اختیار و گوش به فرمان ستاد ارتش بوده‌است، به تهران برای انجام آن ترور صادر می‌نماید.

ب- طرح و تنظیم توطئه

شرح دلایل دشمنی بسیار شدید **حاجیعلی رزم‌آرا** با **دکتر مظفر بقائی کرمانی**، در «**پیوست شماره یک**» این بخش از کتاب، به‌تفصیل درج شده‌است. بی‌گناه شناخته‌شدن **دکتر بقایی** در دادگاه جنایی و راه‌یافتن وی به **مجلس شورای ملی** (به‌شرح مندرج در پیوست مزبور) گذشته از اینکه یک شکست بزرگ سیاسی برای رزم‌آرا محسوب می‌گردیده، مانعی سرسخت و خطرناک نیز در **مجلس شورای ملی** در راه تحقق اهداف بلندپروازانه او به‌شمار می‌آمده است.

با این ترتیب به‌یقین می‌توان گفت که در آن زمان خارج ساختن **دکتر بقایی** از صحنه سیاسی کشور، ولو اینکه با ترور و قتل وی انجام می‌گرفته، یکی از آرزوهای سیاسی رزم‌آرا بوده‌است.

ج- دخالت محرمانه شرکت نفت در تعیین احمد دهقان برای ترور

همان‌گونه که در قسمت «**دوم**» شرح داده‌شده، انتخاب **احمد دهقان** برای ترور، به‌جای **دکتر مظفر بقائی کرمانی**، به‌ظاهر، توسط **حزب توده ایران** صورت‌گرفته بوده‌است ولی با توجه به نفوذ غیرقابل انکار **شرکت نفت انگلیس و ایران** در آن حزب (با توجه به‌شرح مندرج در قسمت «**نخست**» زیر) و آگاهی مسلم این شرکت از تمام اقدامات محرمانه و دست اول حزب مزبور و نیز نظر به همکاری‌های شرکت نفت در اعزام **حسن جعفری**، تروریست انتخابی، به تهران، ما می‌توانیم کم‌وبیش یقین داشته‌باشیم که این شرکت بطور غیرمستقیم در انتخاب **احمد دهقان** دخالت داشته‌است:

نخست- نفوذ غیر قابل انکار شرکت نفت در حزب توده ایران

ما می‌دانیم تعدادی از افرادی که به «**شازده‌های اسکندری**» شهرت دارند، در حکم عروسک‌های خیمه‌شب‌بازی گوش به فرمان «**سیرنگ**» بوده‌اند و به‌دستور این سازمان وحشتناک در صحنه سیاسی ایران در زمان‌های مختلف مرتب رنگ عوض‌کرده و انجام بازی در نقش‌های مختلف را به‌عهده گرفته‌اند.

اعضای این خاندان، از بالاترین نیا به «**سیرنگ**» پیوسته‌اند و آن عده از آنانکه همزمان با نهضت مشروطیت زندگی می‌کرده‌اند و مورد نظر ما می‌باشند از پیروان **میرزاملکم‌خان** و از پایه‌گذاران

۲۲۴

سازمان شبه فراماسونی «**جامع آدمیت**» بوده‌اند و ما اسامی سه نفر از بزرگانشان (یعنی **یحیی‌میرزا اسکندری**، **سلیمان‌میرزا اسکندری**، و **محمدعلی‌میرزا اسکندری** مشهور به **شازده‌علیخان**) را جزو ۱۲ نفر اعضای هیأت‌مدیره آن سازمان مشاهده می‌نماییم. (فراموشخانه و فراماسونری در ایران- جلد نخست- اسمعیل رائین- صفحه ٦٣٥)
(**یحیی‌میرزا** و **سلیمان‌میرزا** با هم برادر و برادرزاده‌های **محمدعلی میرزا** بوده اند.)
بعد از شهریور شوم ۱۳۲۰، که «**سیرنگ**» پایه‌گذاری یک حزب سیاسی، از سوی دولت شوروی، در ایران را مسلم می‌دانسته، تصمیم گرفته‌است که چنین حزبی را توسط ایادی خود بنا نماید و آن‌را به‌عنوان یک **حزب کمونیست** به روسیه قالب‌کند. انجام نقش جدید از سوی «**سیرنگ**» به **خاندان اسکندری** و چند نفر دیگر از ایادی مسلم انگلیس محول‌شده‌است.
این افراد بی‌درنگ با **سفارت شوروی** تماس گرفته، و به‌عنوان علاقمندان به شوروی و کمونیسم، تصمیم خود را به آگاهی مقامات آن سفارتخانه رسانده‌اند. چون در میان آنان تعدادی از زندانیان کمونیست دوران **رضاشاه بزرگ**، مشهور به **٥٣ نفر**، هم وجود داشته‌اند لذا مقامات **سفارت شوروی** از آن تصمیم استقبال کرده‌اند و شخصی به نام **حیدر علی‌اف** را، که اهل آذربایجان شوروی، و از مأموران امنیتی روسی بوده ولی در پوشش **رایزن** سفارت در ایران به خدمت اشتغال داشته‌است، جهت مذاکره و درحقیقت سرپرستی و هدایت آنان تعیین و معرفی نموده‌اند.
آن عده، از همان آغاز، طبق برنامه‌ای که «**سیرنگ**» فرموده، راجع به کمی تعداد علاقمندان به مرام کمونیسم در ایران و اینکه حزبی با این مرام در این کشور پانخواهد گرفت با **علی‌اف** مذاکره‌کرده و او را به این نتیجه رسانده‌اند که در آن زمان حاضر از راه‌اندازی حزبی به‌نام «**کمونیست**» خودداری‌شود و فقط جبهه‌ای مردمی و گویا «**ضدفاشیست**» و با اهدافی مترقی! تشکیل دهند که بتواند در جلب نظر اقشار و طبقات متوسط و محروم جامعه موفق‌باشد و به‌تدریج مردم را با مرام کمونیسم آشنا نماید.
البته درصورت پایه‌گذاری چنین حزبی، افراد غیرکمونیست، به‌ویژه ایادی «**سیرنگ**» هم به‌عنوان این‌که «**ضدفاشیست**» هستند به‌آسانی می‌توانسته‌اند در آن عضو شوند و اعمال نفوذ نمایند.
حیدر علی‌اف نیز که هر روز خلاصه مذاکره با این کمونیست‌های ایرانی را تلگرافی به مسکو گزارش می‌داده، خیلی سریع موافقت **کمینترن** را با تشکیل چنین حزبی جلب نموده است.
در تاریخ ۷ مهرماه ۱۳۲۰، که فقط ۱۳ روز از استعفای اجباری **رضاشاه بزرگ** گذشته بوده، جمعی به تعداد ۲۷ یا ۲۸ نفر (به ظاهر) از علاقمندان به کمونیسم، به‌عنوان اعضای پایه‌گذار حزب مورد نظر، در منزل **سلیمان‌میرزا اسکندری**، و به ریاست او، در حضور **حیدر علی‌اف**، تشکیل جلسه داده‌اند.
در این جلسه، پس از انجام مذاکره راجع به همان هدف و موضوعی که در بالا ذکرشد، با قبول و موافقت **علی‌اف** نام «**حزب توده ایران**» برای سازمان مورد نظر تعیین‌می‌گردد و قرارمی‌شود که در جلسه بعد از افراد **غیرکمونیست** (ولی **ضدفاشیست**) نیز برای شرکت دعوت به‌عمل آید.

> *" ... بدین‌سان در ۱۵ مهر ۱۳۲۰، جلسه هیأت مؤسسان **حزب توده** با شرکت بیش از ۸۰ نفر در منزل **سلیمان[میرزا]محسن اسکندری** تشکیل شد. از این تعداد، حدود ۳۷ نفر از کمونیست‌های زندانی بودند. عناصر هوادار انگلیس نیز، در چارچوب سیاست «**جبهه واحد ضد فاشیستی**» در این جلسه شرکت داده شدند. **حیدر علی‌اف** نیز، که **ایرانی‌الاصل** بود، در جلسه شرکت داشت ولی اکثریت شرکت کنندگان او را نمی‌شناختند، و چند نفری نیز که می‌شناختند، او را معرفی نکردند.*

در جلسه، از سوی برخی از کمونیست‌های قدیمی، که از تصمیمات کمینترن اطلاع نداشتند پوشش غیرکمونیستس حزب مورد اعتراض قرار گرفت. آنان خواستار احیاء نام «حزب کمونیست ایران» بودند.
***علی‌اف** به‌عنوان یک کمونیست ایرانی که از آذربایجان آمده، به سخنرانی پرداخت و چنین استدلال کرد:*
«باتوجه به شرایط و اوضاع و احوال ایران، حزبی باید تأسیس‌شود که معتدل و میانه‌رو باشد تا بتواند کلیه طبقات را در خود جمع کند. بدین‌لحاظ نام حزب کمونیست در شرایط فعلی برای ایران مناسب نیست.»
*بدین‌سان نام **حزب توده ایران** برای حزب فوق انتخاب شد. جلسه پس از ۱۳ ساعت بحث و انتخاب ۱۵ نفر اعضای کمیته مرکزی موقت و کمیسیون تفتیش، که مسئولیت تشکیلات تهران نیز به آنها محول شده بود، به کار خود پایان داد و رئوس **«اولین مرامنامه»** حزب را تصویب کرد. این مرامنامه بعدها در نخستین کنفرانس ایالتی تهران (۱۷ مهر ۱۳۲۱) مبسوطتر و مدون‌تر شد.*
*اسامی اعضای موقت کمیته مرکزی، که مسئولیت **«کمیته ایالتی تهران»** را نیز به‌عهده داشتند به‌شرح زیر است: ۱ - **سلیمان‌میرزا اسکندری (رئیس حزب)** ۲ -**عباس اسکندری** ۳ -**ایرج اسکندری** ۴ - ..."*
(سیاست و سازمان حزب توده از آغاز تا فروپاشی- جلد نخست- مؤسسه مطالعات و پژوهش‌های سیاسی- صفحه ۱۰۱)

ما در میان ۱۲ نفر از اعضای هیأت‌مدیره **جامع آدمیت** اسامی ۳ نفر از **خاندان اسکندری** را مشاهده کرده‌ایم که در زمان بنیانگذاری **حزب توده ایران** دو نفرشان (**یحیی‌میرزا** و **محمدعلی‌میرزا** از دنیا رفته‌بودند و به‌جایشان فرزندان آن دو نفر به‌ترتیب: **ایرج‌میرزا** و **عباس‌میرزا**، در کمیته موقت مرکزی **حزب توده ایران** عضویت داشته‌اند.
همچنین بد نیست خوانندگان گرامی بدانند که **عباس میرزا** دایی **ایرج میرزا** هم بوده‌است.
ایرج اسکندری، که از عوامل نفوذی **«سیرنگ»** در نخستین **حزب کمونیست ایران**، به رهبری **دکتر تقی ارانی**، در دوران **رضاشاه** و از زندانیان مشهور به ۵۳ نفر بوده‌است از آغاز کار حزب تا پایان فروپاشی **حزب توده ایران** نیز همواره در **کمیته مرکزی آن حزب** عضویت داشته و حتی چندی‌هم رهبری آن‌را عهده‌دار بوده و بی‌گمان در تمام این مدت، **«سیرنگ»** را از خدمات خود بی‌بهره نمی‌گذاشته‌است.
حال برای این‌که خوانندگان گرامی، روشن‌تر از نحوه شرکت و دخالت **سیرنگ** در پایه‌گذاری **حزب توده ایران** آگاهی یابند، مطالبی را در این ارتباط از کتاب **«خاطرات سیاسی ایرج اسکندری»** (به‌کوشش **علی دهباشی**- انتشارات علمی- چاپ نخست) انتخاب کرده و آنها را، درزیر، با ذکر شماره صفحه، در پایان هر مطلب، درج می‌نماییم:

*" ... ما آمدیم گفتیم روزنامه ضدفاشیستی داشته‌باشیم. برای این‌کار لازم‌بود امتیاز روزنامه‌ای می‌داشتیم. **در آن موقع قانونی گذارده‌بودند که هیچ‌گونه امتیاز روزنامه به کسی نمی‌دهند، مگر به روزنامه‌نگاران قدیمی که دارای امتیاز بودند و تنها این روزنامه‌ها می‌توانستند منتشر شوند. ...***
***عباس اسکندری** که هنوز با حزب بود، **روزنامه سیاست** را در اختیار حزب گذاشت و ما هم آن‌را به‌عنوان ارگان حزب منتشرمی‌کردیم. ولی ما می‌خواستیم یک روزنامه ضدفاشیستی انتشاردهیم و انجام این مقصود مستلزم تحصیل امتیازبود و ما آن‌را نداشتیم.*

پس از انتشار اعلامیه حزب و تشکیل کنفرانس، **مصطفی فاتح** در این گیر و دار با ما تماسی پیدا کرد.
در آن موقع [مصطفی] فاتح با [بزرگ] علوی و [احسان] طبری ارتباط داشت و آنها را می‌شناخت. در قسمت تبلیغات سفارت انگلیس برای آنها به‌عنوان ترجمه و غیره، کاری درست کرده‌بود که از آنجا حقوق می‌گرفتند.
[احسان] طبری و [بزرگ] علوی نزد میس لمپتون در یک دفتر تبلیغاتی که داشتند (راستی علوی یکی از همین عده پانزده نفری بود که الان یادم آمد) ...
بابک: یعنی از طریق **طبری** و **علوی** تماس برقرارشده بود؟
اسکندری: حالا درست یادم نیست که چطور شد، ولی گمان می‌کنم از طریق آنها **فاتح** خواست با من ارتباطی بگیرد. یک وقتی از من گرفت و ملاقاتی بین **فاتح** و من به‌عمل آمد. در آن موقع ما ابا و امتناعی از ملاقات با آنها نداشتیم. زیرا آنها جزو متفقین و بنابراین از نیروی ضدفاشیستی بودند.
در این ملاقات **فاتح** اظهار داشت: چرا شما یک **روزنامه ضدفاشیستی** منتشر نمی‌کنید؟
آذرنور: بعد از کنفرانس یا قبل از کنفرانس؟
اسکندری: بعد از کنفرانس. به او گفتم: ما امتیاز نداریم. گفت: اگر شما، یعنی حزب توده، حاضرشود اتحادی برضد فاشیسم به‌وجود آورد، من هم در آن شرکت می‌کنم و امتیاز روزنامه را هم برای شما می‌گیرم. به او گفتم: من باید مسئله را در **کمیته مرکزی حزب** مطرح کنم تا بعد.
موضوع را در **کمیته مرکزی** موقت طرح و آنها را در جریان گفتگوها قرار داده و پیشنهاد وی را هم مبنی براین‌که او حاضر است و می‌تواند امتیاز **روزنامه ضدفاشیستی** تحصیل و با ما اتحادی برقرارسازد و در تبلیغات ضدفاشیسم با ما همکاری کند، به استحضار کمیته رساندم و نظر آنها را دراین‌باره جویا شدم. البته دراین باب من خودم نظر مثبت داده ...
گفتند حالا شما مجدداً با او گفتگو بکنید. بعد یک پیشنهاد منجزی به کمیته عرضه نمایید تا مبنای بحث و مداقه قرار گیرد.
من بار دیگر با **فاتح** ملاقات و صحبت کردم. او گفت:
اولاً، شما یک نفر را از حزب خودتان معرفی کنید که من روزنامه را به نام او بگیرم.
ثانیاً، برای روزنامه یک هیأت‌تحریریه‌ای مرکب از پنج نفر تشکیل می‌دهیم، چهار نفر را کمیته مرکزی شما معلوم و تعیین بکند، یکی هم من باشم، به‌عنوان نفر پنجم هیأت‌تحریریه و با این ترتیب تبلیغات را انجام می‌دهیم.
بعد به او گفتم که: ما هیچ‌گونه وسایلی دراختیار نداریم. این کار احتیاج به دفتری، اداره‌ای و لوازمی دارد.
گفت: **من آن‌را متقبل می‌شوم، جا ومحل را فراهم و میز و صندلی و وسایل را تهیه می‌کنم. تلفن را هم برای شما می‌گیرم. خلاصه تمام این کارهای فنی و اداری را چنآنچه موافق باشید، انجام‌می‌دهم.**
من تمام این مطالب را با جزییاتش در اختیار کمیته قرار دادم.
البته رفقا، **یعنی اردشیر و اینها مسئله را ظاهراً برده بودند با شوروی‌ها صحبت کرده‌بودند.**
بابک: اینها که می‌گویید منظورتان کی بودند؟
اسکندری: روستا و اینها.
بابک: دیگر کی؟ آیا از حرفی که می‌زنید مطمئن هستید؟

__اسکندری__: دیگر نمی‌دانم، شاید هم __بقراطی__، نمی‌دانم دیگر کی، ولی این دونفر به‌خصوص چون ارتباط داشتند، فکر می‌کنم که مشورت کرده بودند. ...
خلاصه تصویب شد. کمیته مرکزی به من مأموریت داد که دنبال این کار را بگیرم.
ما __صفر نوعی__ را که یک کارگر قدیمی بود و از زندان مرخص شده بود و بی پول و وضع خیلی بدی داشت اسماً به‌عنوان مدیر معرفی کردیم و قرارشد ماهی صد تومان به او حقوق بدهند که زندگی‌اش هم تأمین بشود. ...
درحالی‌که به هیچ‌کس امتیاز نمی‌دادند، __فاتح رفت و در ظرف یک هفته امتیاز روزنامه مردم را گرفت__. این اسم را ما معین‌کردیم. __روزنامه مردم ارگان ضدفاشیست__، اسمش __مردم__ بود. ...
به‌هرحال این امتیاز را __فاتح__ برای ما گرفت و ما هم __هیأت‌تحریریه‌ای از طرف کمیته مرکزی معلوم کردیم که از پنج نفر تشکیل می‌شد که چهار نفر از طرف ما و نفر پنجمی فاتح بود.__
چهار نفر عبارت بودند از __دکتر__ [مرتضی] __یزدی__، __عباس نراقی__، [بزرگ] __علوی__ __و من__ [ایرج __اسکندری__] که قرارشد تحت نظر من باشد. __فاتح__ هم به این هیأت ملحق شد و کار روزنامه شروع شد. ...
همان‌طوری که گفتم مسئله کاغذ مطرح بود تا آنکه چندی بعد تلفنی به روزنامه شد از طرف شخصی، اسمش را فراموش کرده‌ام. همان کسی که در زمان __استالین__ گرفته حبسش کردند، الان در شوروی است. در __انستیتوی خاورشناسی__ آنجا کار می‌کند. فارسی را هم خیلی خوب می‌داند.
به‌هرحال اسمش را فراموش کرده‌ام. تلفن کرد و گفت: من اسمم فلان است و می‌خواستم با شما ملاقات کنم.
__آذرنو__: گفت که از کجا تلفن می‌کند؟
__اسکندری__: بله، بله، گفت من از مخبرین جراید شوروی هستم و مایل به گفتگو با شما هستم. گفتم بفرمایید و آمد. گفت خیلی به شما تبریک می‌گویم که چنین روزنامه خوبی تهیه کرده‌اید و از این تعارفات. از او تشکر کردیم.
این شخص گفت که: من آمده‌ام اینجا که اگر شما چیزی لازم داشته‌باشید از قبیل کاغذ و غیره به شما کمک کنم. برای این‌که مبارزه شما ضدفاشیستی است و ما هم در آن سهیم و شریک هستیم و می‌توانیم کاغذ و چیزی دراختیارتان بگذاریم. گفتم: حقیقت آن‌است که احتیاج البته داریم. گفت: بسیار خوب، ما مقداری کاغذ دراختیار شما می‌گذاریم ولی آقای __فاتح__ هم به نوبه خود بایستی کمک کند. گفتم: آن‌را من نمی‌دانم ولی تاکنون این‌مقدار کمک‌کرده ولی به‌هرصورت موضوع را با او درمیان می‌گذارم.
__آذرنو__: یعنی انگلیسی‌ها هم باید کمک کنند.
__اسکندری__: گفت یعنی می‌خواهیم بگوییم باید با هم باشیم. گفتم می‌خواهید یک ترتیب ملاقاتی بدهیم که ایشان هم باشد، ما هم بنشینیم و صحبت کنیم.
به هرجهت موضوع را به فاتح گفتم. قبول کرد و وقتی را معین کردیم که آمدند و __هر سه نفر__ [؟!] با هم بودیم و صحبت کاغذ و این حرف‌ها شد و بالاخره __فاتح__ اظهارداشت که من کاره‌ای نیستم. این مسئله را بایستی با __میس لمپتون__ درمیان‌بگذارم چون او __رئیس کل تبلیغات سفارت انگلیس است و__ از نظر تبلیغات ضدفاشیستی صلاحیت و بصیرت کامل‌دارد.
گفت: خوب شما با همدیگر صحبت کنید.
من گفتم: آقا شما دو نفر، هر دو مربوط به تبلیغات دو کشور متفق هستید، بهترنیست که مسئله را بین خودتان حل کنید؟ ما که دراین‌باره نقشی نمی‌توانیم داشته‌باشیم.

خلاصه آمدند و پس از گفتگو و تبادل‌نظر قرارشد مقداری کاغذ بدهند و مسائل مالی را هم نمی‌دانم چگونه با هم حل کردند و آخرالامر مقداری کاغذ دراختیار روزنامه مردم قرارگرفت و روزنامه یواش‌یواش راه افتاد.
آذرنو: *پول از کجا تأمین می‌شد؟*
بابک: پول از انگلیس‌ها و کاغذ از شوروی‌ها!
اسکندری: پول برای پرداخت حقوق و غیره، پولی که فاتح و اینها می‌آوردند. *ما که خودمان پولی نداشتیم. از فروش روزنامه هم البته مبلغی عاید می‌شد ولی مقدار آن خیلی کم بود. بعدها روزنامه شهرت و موفقیت زیادی پیدا کرده بود ولی درعین حال مخالفین زیادی هم داشت. در خیابآنها می‌ریختند، روزنامه‌ها را پاره کرده می‌سوزاندند."*
(خاطرات سیاسی- ایرج اسکندری- به‌کوشش علی دهباشی- صفحات ۳۳۷/۳۴۴)

ادامه همان مصاحبه:

*" ... **اسکندری:** کاغذ را [روس‌ها] به‌وسیله نمایندگی تجارتی می‌دادند. **روستا واسطه‌اش** بود و آن‌را می‌گرفت و تحت نظر یک کمیسیون مالی که **امیر خیزی** هم جزو آن بود، مصرف می‌شد. یعنی آن‌را به روزنامه می‌دادند. ما آن‌وقت چیز دیگری نداشتیم. همین روزنامه بود. **مدتی روزنامه سیاست بود. پس از این‌که سیاست رفت روزنامه مردم بود که ما امتیازش را گرفته‌بودیم. دیگر، نامه مردم بود. بعد هم ظفر و روزنامه اتحادیه درآمد که آنها هم به‌نوبه خود مقداری کاغذ مصرف داشتند.** کمکی که به ما می‌کردند همین بود. البته از کاغذهایی که به ما می‌دادند، **ما حق داشتیم چنانچه مازادی برمصرف داشت آن‌را بفروشیم و از محل فروش آن درآمد قابل توجهی به‌دست ما می‌آمد که توانستیم آن‌را صرف دیگر کارهای روزنامه بکنیم. بعد هم مجله مردم را در آوردیم** که آن هم مطلب دیگری است و هیأت‌تحریریه جداگانه داشت. این بعد از کنگره اول است ... "*
(همان- صفحه ۳۵۱)

اظهار نظر درباره‌ی متن بالا:
همان‌گونه که در بالا نیز اشاره شد، این **اسکندری‌های به اصطلاح «شازده»** بیشتر هنرپیشه‌های همیشگی تاتر سیاسی **«سیرنگ»** در ایران بوده و همواره آمادگی داشته‌اند تا، طبق تعلیمات کارگردان کل، گریم پیشین خود را تغییرداده و در نقش جدیدی به فعالیت‌های خائنانه‌ی خود ادامه‌دهند. بین آنان تنها **ایرج اسکندری** از آغاز تا پایان بازی نقش یک کمونیست متعصب و دو آتشه را به‌عهده داشته‌است.
بطوری‌که در متن بالا خواندیم، **مصطفی فاتح**، برای نخستین‌بار، پیشنهاد راه‌اندازی حزبی ضدفاشیستی را با **ایرج اسکندری** درمیان‌گذاشته و از آن به بعد نیز این شخص به‌صورت رابط بین **مصطفی فاتح** و **کمیته مرکزی حزب توده** عمل می‌کرده و بیش از دیگران مورد اعتماد و اطمینان بوده‌است.
همچنین **ایرج اسکندری** از قول **مصطفی فاتح** چنین گفته است:

*" من کاره‌ای نیستم. این مسئله را بایستی با **میس لمپتون** درمیان بگذارم چون او رئیس **کل تبلیغات سفارت انگلیس** است و از نظر تبلیغات ضدفاشیستی صلاحیت و بصیرت کامل دارد."*

توطئه دوم برای قتل دکتر مظفر بقائی کرمانی

با این ترتیب، حداقل از این زمان به بعد **ایرج اسکندری** می‌دانسته است که وجود پرداختی توسط **مصطفی فاتح** با موافقت **رئیس کل تبلیغات سفارت انگلیس** انجام شده و تمام فعالیت‌های تبلیغاتی مورد پیشنهاد وی درحقیقت در جهت منافع دولت استعماری انگلیس بوده‌است.
باز هم این اعتراف را از قول خود او خواندیم که:

" [احسان] طبری و [بزرگ] علوی نزد میس لمپتون در یک دفتر تبلیغاتی که داشتند ... " خدمت می‌کرده‌اند.

و نیز درجای دیگر ضمن خاطرات وی درمورد **مصطفی فاتح** چنین می‌خوانیم:

*" ... بعد از این قضایا رفت و یک حزبی به‌نام همرهان به‌اصطلاح سوسیالست یا به‌رغم خودش **لیبورپارتی** راه‌انداخت که آن‌هم کارش زیاد نگرفت. البته یکی دو نفر را جلب کرده و موفق شده بود آنها را همراه سازد از جمله **شهیدزاده** و **عباس نراقی**.*
***شهیدزاده** هیچ‌وقت عضو حزب توده نبود ولی **عباس نراقی را توانسته بود قر زده و ببرد ...** "*
(همان- صفحه ۳٤۸)

حال چون ما می‌دانیم که **احسان طبری**، از آغاز **حزب توده ایران** تا پایان فروپاشی آن، نظریه‌پرداز بزرگ حزب توده محسوب می‌شده‌است و نیز در بالا دیدیم که پنج نفر اعضای هیأت‌تحریریه **روزنامه مردم** عبارت بوده‌اند از: **دکتر مرتضی یزدی، بزرگ علوی، ایرج اسکندری، و مصطفی فاتح،** در این‌صورت آیا نباید پذیرفت که تعیین‌کننده اصلی خط مشی این روزنامه از همان آغاز انتشار، **میس لمپتون، رئیس کل تبلیغات سفارت انگلیس،** و درحقیقت، یکی از رؤسای **اینتلیجنت سرویس** بوده‌است.
البته بالاتر از این روزنامه، تمام حزب توده که در آغاز به ریاست **سلیمان‌میرزا اسکندری** (که مختصر شرحی از عبودیت وی به **«سیرنگ»** پیشتر درج شد) پایه‌گذاری‌گردید و در پایان به رهبری **نورالدین کیانوری** (که راجع به عبودیت و هم شرحی مختصر در همین کتاب وجود دارد) از هم فروپاشید هرگز از زیر نفوذ و تسلط **«سیرنگ»** خارج نبوده است.
البته کارشکنی‌ها و خرابکاری‌های حزب توده، در ایام ضعیف، همواره مورد قبول انگلستان قرارداشته‌است ولی همین‌که آن حزب با بالارفتن از پله‌های قدرت، تا رسیدن به حکومت و دولت فاصله چندانی نداشته بی‌درنگ دولت انگلیس توسط همان رهبران به ظاهر روسی ولی درحقیقت انگلیسی ترتیب سرنگونی آن‌را می‌داده‌است که از جمله این موارد می‌توان غیرقانونی‌شدن حزب توده بعد از سوءقصد نافرجام به جان شاه در ۱۵ بهمن ۱۳۲۷(با توطئه **نورالدین کیانوری**) و نیز شکست نزدیک به نابودی آن حزب در ۲۸ مرداد ۱۳۳۲ (با صدور دستور بیرون نیامدن اعضای آن حزب از خانه) باز هم توسط همین **نورالدین کیانوری** را نام برد.

دوم- انتخاب احمد دهقان به‌جای دکتر مظفر بقائی کرمانی

پیشتر شرح داده شد، که **حسن جعفری**، در زمانی که هنوز در برنامه مربوط به **قتل سرلشکر زاهدی** در تهران به‌سر می‌برده، داستان گرفتاری خود را، توسط خواهر خود، به آگاهی برادرش **جواد جعفری** رسانده و او نیز هیأت‌اجرائیه موقت دو نفری را (که در آن زمان بطورمخفی در تهران

فعالیت‌می‌کرده‌اند) از این امر آگاه ساخته‌است و آنان نیز بی‌درنگ مطلب را با رابطهای خود در **سفارت شوروی** و نیز با کادر رهبری **حزب توده ایران** (که در زندان بوده‌اند) درمیان‌گذاشته‌اند.
آنسان که پیداست نتیجه مذاکرات و مشورت‌های آنان، به‌صورت پیشنهادی به مضمون زیر بوده که در آبادان، بطور محرمانه و بدون آگاهی **جواد جعفری**، به **حسن جعفری** داده شده‌است:

> *" با توجه به قدرت عظیم و بی‌رقیب رزم‌آرا در ایران و نیز نظر به وضع و امکاناتی که شما درحال‌حاضر دارید، امکان تمرد از دستورات صادره و یا فرار از دست او وجودندارد و درصورت اجرای آن دستورات نیز قتل شما مسلم می‌باشد. ما هم به‌علت خیانت عظیمی که از شما دیده‌ایم، شما را خائن می‌دانیم و کوچکترین اعتمادی به شما نداریم و از مساعدت و کمک به شما در شرایط فعلی معذوریم.*
> *ولی هرگاه از این به بعد، مأموریت ترور فرد دیگری را به شما واگذارنمایند، **بهترین راه این است که شما به‌جای ترور آن فرد، با ترتیباتی که حزب توده برایتان فراهم خواهدساخت، یکی از مخالفان و دشمنان سرسخت حزب توده را به‌قتل برسانند.***
> *چون در حال حاضر مقررات حکومت نظامی لغو شده است، و مأموران رکن ۲ ستاد ارتش نیز به‌علت بی‌اطلاعی، در محل وقوع قتلی که حزب پیشنهاد خواهند کرد، حضور نخواهند داشت، لذا درصورت انجام آن:*
>
> *۱ـ خیانت عظیم شما نسبت به حزب توده ایران و دوستان حزبی‌تان بطور کامل مورد بخشودگی قرارمی‌گیرد.*
> *۲ـ با ترتیبی که حزب فراهم خواهد نمود امکان دارد که بتوان شما را، بلافاصله بعد از ترور و پیش از دستگیری، فراری داد.*
> *۳ـ هرگاه فرار شما امکان‌پذیر نباشد و گرفتار شوید، در اختیار شهربانی قرارمی‌گیرید که رئیس آن **سرلشکر زاهدی** است و از سرسخت‌ترین دشمنان رزم‌آرا به‌شمار می‌رود. درآن‌صورت شما می‌توانید با شرح داستان واقعی خود و این‌که شما با تحریک ستاد ارتش مأمور ترور خود او بوده‌اید، انتقامتان را از رزم‌آرا و ایادی او بگیرید. حتی با دلایل و شواهد مستند شما احتمال برکناری و حتی محاکمه رزم‌آرا هم وجود خواهدداشت.*
> *۴ـ درهرحال، باتوجه به وضع استثنائی شما و این‌که شما با مقتول پیشنهادی اختلاف یا دشمنی شخصی نداشته‌اید و تنها به‌منظور نجات جان خویش به ترور آن شخص اقدام کرده‌اید، مسلماً در مجازات شما تخفیف قابل توجه داده خواهد شد.*
> *۵ـ **حزب توده ایران** با ایادی فراوانی که در زندان دارد شما را از زندان فراری خواهدداد و زندگی امن و راحتی در ایران یا روسیه برایتان فراهم خواهد نمود.*
> *۶ـ نام شما، به‌عنوان یک قهرمان در تاریخ باقی خواهدماند. "*

د- دوباره فرستادن جعفری به تهران برای ترور دکتر بقائی و آگاهی وی از پیشنهاد ترور دهقان

در اواخر اردیبهشت ۱۳۲۹، بار دیگر **حسن جعفری** از طرف توطئه‌گران، در آبادان، احضار و به او اطلاع داده شده‌است که باید به تهران برود و در آنجا شخصی را که از سوی **سرگرد مرتضی نقشینه** به او معرفی خواهدشد، به‌قتل برساند.

توطئه دوم برای قتل دکتر مظفر بقائی کرمانی

این‌دفعه، **جعفری**، به ترتیبی که پیشتر توسط حزب توده به او پیشنهاد شده‌بود، تاریخ عزیمت خود به تهران را (که روز یکم خرداد ۱۳۲۹ و درست با انتصاب **مهدی فرخ** به ریاست شهربانی کل کشور هم‌زمان بوده‌است) به آگاهی **حزب توده ایران** رسانده بوده‌است و از سوی آن حزب، پیش از رسیدن **جعفری** به تهران، افرادی به‌عنوان مسافر در **هتل اروپا** اتاق گرفته‌بوده‌اند.
این افراد، هر شب بعد از نیمه شب، به دور از چشم مأموران رکن ۲ ستاد ارتش، با **حسن جعفری** ملاقات‌می‌کرده‌اند.
حسن جعفری، پس از رسیدن به تهران از **مأموران رکن ۲** شنیده‌است که باید **دکتر مظفر بقائی کرمانی** را در روز **۵ خرداد** ۱۳۲۹ در جلوی مجلس شورای ملی به‌قتل برساند و **مأموران حزب توده ایران** نیز به آگاهی او رسانده‌اند که **احمد دهقان برای ترور (به‌جای دکتر بقائی) توسط او تعیین شده‌است.**
در نخستین جلسه محاکمه جعفری، پرسش و پاسخ‌های زیر بین او و رئیس دادگاه ردوبدل شده‌است:

" ...
س: کی به تو پارابلوم داد؟
ج: جاوید [دهقان نائینی].
س: برای چه به تو پارابلوم دادند؟
ج: به من دستوردادند که بروم جلو مجلس آقای دکتر بقائی را بزنم ... "
(بی‌گناهی که به‌دار آویخته شد- ابوالقاسم تفضلی- صفحه ۸۵ و نیز روزنامه شاهد- شماره ۱۸۷- مورخ ۱۱ شهریور ۱۳۲۹)

نکات بیشتری از ماجرا را به نقل از یادداشت‌های خود **حسن جعفری** که وی آنها را در جلسه مورخ ۱۵ شهریور ۱۳۲۹ دادگاه جنائی خوانده‌است، نقل می‌نماییم:

" ...

دوشنبه ۱ [خرداد ۱۳۲۹]- *گرفتن پول ۷۰۰ تومان از شرکت نفت و حرکت به تهران. ملاقات سرگردی از رکن ۲ [ستاد ارتش که بی‌گمان زیر نظر* ***سپهبد رزم‌آرا*** *بوده‌است]*

سه‌شنبه [۲ خرداد ۱۳۲۹]- *دیدن* ***[ستوان] پدرام،*** *جلو ستاد [ارتش]. تجدید حرف‌های* ***[سرگرد مرتضی] نقشینه.***
ضمناً ملاقات ***[احمد] دهقان،*** *مدیر تهران‌مصور.*
سه‌شنبه ۲ [خرداد]، *طبق دستور [دستور کی؟ نمایندگان حزب توده یا مأموران رکن ۲ ؟]، رفتن برای ملاقات* ***احمد دهقان*** *و عدم موفقیت برای ملاقات ...*

چهارشنبه ۳ [خرداد۱۳۲۹]- *دیدن* ***[رحیم] مدنی*** *و تقاضای کارت ورودی [به مجلس شورای ملی]- سپس دیدن* ***جاوید [دهقان نائینی]*** *در ستاد [ارتش] و تعیین سه جای مختلف در سه ساعت متفاوت برای ملاقات* ***پدرام*** *و اظهارنظر لزوم ملاقات* ***احمد دهقان.***

تعیین دکتر بقائی برای ترور در وقت تعطیل مجلس.

روز پنجشنبه ۲۹/۳/۴ ، پنج‌شنبه ۴ *[تکرار از اصل]- رفتن جلو مجلس برای دریافت کارت ورودی به‌منظور تحصن در مجلس و عدم موفقیت در به‌دست‌آوردن آن و بازگشت به مسافرخانه و انشاء کاغذ و شرح جریان پنجشنبه و سپردن آن به یکی از*

*دوستانم برای ارسال به مجله خواندنی‌ها، درصورتی‌که من نتوانم متحصن شوم و خبری از من به او نرسد و عصر همان روز ملاقات **[احمد] دهقان**.*
*پس از این‌که **پدرام** مرا دید و این‌که به مجلس نرفته بودم به‌سختی سرزنشم می‌کرد ولی **[احمد] دهقان** به‌عکس خود را خوشحال نشان‌می‌داد و بعداً فهمیدم که او هم مخالف بوده‌است.*
*حرف‌های او مرا بیشتر دلگرمی داد تا به‌کلی از انجام کار علناً امتناع‌کنم و من هم همین کار را کردم و به‌دستور **پدرام** پارابلوم را بناشد روز پنجشنبه به **دهقان نائینی** بدهم. او هم آمد به مهمانخانه و گرفت.*
از روی نقشه‌ای که همراه داشت گفت: در دفترچه‌ام نقشه او را کپی کردم. این نقشه به‌نظر من بیشتر برای گم‌کردن پلیس بوده‌است.

بنا شد دوباره یکشنبه [۷ خرداد ۱۳۲۹] به سروقت دکتر [بقائی] برویم.
*نوشته‌های فاتح و غیره هم برای سرگرم‌کردن ایشان بود که می‌بایستی من بدهم و باز هم قرار شده‌بود صبح شنبه برای دیدن **[احمد] دهقان** برویم.*
*درضمن **احمد دهقان** به من گفته بود برای تضمین، نامه‌ای هم به او بدهم که به‌عنوان مدرک او بتواند ستاد را خاموش نگه‌دارد و من‌هم نامهٔ خواهرم را نوشتم. چون دو هزار تومان **[احمد] دهقان** برای من داده بود به **پدرام**، بنا شده‌بود او هم به آدرس خواهرم بفرستد من آن‌را هم به‌عنوان نشانی ذکرکردم و این در برابر مخارجی بود که من در این دو بار متحمل شده‌بودم.*

*جمعه قبلی [۵ خرداد ۱۳۲۹] با **دهقان نائینی (جاوید)** گشتیم.*

*شنبه [۶ خرداد ۱۳۲۹]- [روز وقوع قتل **احمد دهقان**]- صبح من رفتم دفتر **[احمد] دهقان** چون بنا شده‌بود نقشه طرح شده [؟!] را از نظر او هم بگذرانیم، گفت: عصر بیایید. وقتی راجع به کاغذ گفتم جواب داد: آن هم عصر...*

*در این هنگام آقای **دکتر شاهکار** [وکیل متهم]، خطاب به **جعفری** گفتند: بس است برو بنشین، بقیه را خودم در موقعی خواهم گفت ... "*
(روزنامه شاهد- شماره ۱۹۲- مورخ ۱۹ شهریور ۱۳۲۹)

ترور احمد دهقان

در ساعت هفت ونیم بعد از ظهر همین روز (شنبه ٦ خرداد ۱۳۲۹- ۲۷ می ۱۹۵۰) **احمد دهقان**، مدیر مجله تهران‌مصور و مدیر تاتر و تماشاخانه تهران، هدف گلوله قرارگرفته و پس از انتقال به بیمارستان شماره ۲ ارتش درگذشته‌است.

فوق‌العاده‌ی روزنامه مردم، ارگان (مخفی) حزب (منحله) توده‌ایران

حزب توده ایران، به‌شرحی که گفته شد، از جزییات دو توطئه جهت ترور **سرلشکر زاهدی** و **دکتر بقائی** آگاهی یافته‌بوده و طبق نظر اربابان خارجی برنامه ترور **احمد دهقان** را تنظیم و به **حسن جعفری** پیشنهادکرده بوده‌است.
این حزب از پیش به‌خوبی می‌دانسته‌است که انتخاب **حسن جعفری**، باتوجه به عضویت وی در **حزب توده ایران** و به این منظور انجام‌شده بوده‌است که پس از انجام ترور، گناه آن‌را به‌گردن آن حزب بیاندازند.
از این رو حزب مزبور پس از ترور **احمد دهقان**، بی‌درنگ طی فوق‌العاده‌ای که به‌نام **روزنامه مردم**، منتشرساخته، جزییاتی از مشخصات، سوابق اداری و نحوه انتخاب **حسن جعفری** را برای ترور، همراه با اسامی توطئه‌گران منتشرساخته و به روشی به آنان هشدار داده‌است که مبادا به فکر چسباندن اتهام قتل **احمد دهقان** به آن حزب بیافتند، زیرا در این صورت اسرار ناگفته بسیاری فاش خواهد گردید و زمینه‌های رسوایی توطئه‌گران را فراهم خواهدساخت.
در زمانی که هنوز **دکتر مظفر بقائی**، به‌عنوان وکیل **حسن جعفری** انتخاب نشده‌بوده و اطلاعی از حقیقت امر نداشته‌است، به نسخه‌ای از فوق‌العاده مزبور دست‌می‌یابد و چون نام خودش را به‌عنوان کسی که می‌بایست به‌جای **احمد دهقان** تروری‌شود، در مقاله می‌بیند، در پایان سخنرانی خود در روز یکشنبه پانزدهم خرداد ۱۳۲۹، آن‌را در مجلس شورای ملی می‌خواند و ما هم متن مزبور را به‌نقل از سخنرانی **دکتر بقائی** (از روزنامه صفیر [به‌جای شاهد]- شماره ۱۳۰- دوشنبه شانزدهم خرداد ۱۳۲۹- با چند جمله اضافی که وی پس از خواندن آن بیان نموده‌است) در زیر نقل می‌نماییم:

[نقل از فوق‌العاده روزنامه مردم، نشریه حزب توده ایران]:
*"**حسن جعفری** ۲۳ سال پیش در شهر کاشان به‌دنیا می‌آید. تا سن ۱۷ سالگی گوشه‌گیر است. کم‌کم فشار زندگی او را برمی‌انگیزاند. برای ادامه تحصیل به آبادان می‌رود.*
*محیط شرکت نفت ابتدا در وی تأثیر عکس می‌کند و او را مانند صدهزار کارگر و کارمند شرکت نفت به مبارزه دسته‌جمعی وامی‌دارد. او حتی هنگام اعتصاب معروف خوزستان یکی از اعتصابیون است. بعدها از جریان خارج می‌شود و **حتی در ماه‌های اخیر علیه حزب توده ایران اقداماتی نیز می‌کند و عده‌ای بی‌گناه را به‌نام توده‌ای به رکن ۲ ستاد ارتش معرفی می‌نماید و رسماً در جبهۀ مخالف توده قرارمی‌گیرد.***
*زحمت‌کشان خوزستان دیگر او را می‌شناسند و از او دوری می‌کنند. او خود را در میان تنفر شدید اهالی حس می‌کند. **تمام سرنوشتش در دست رکن ۲ است.***
۹ روز (در سه ماه پیش) به زندان می‌افتد و با وساطت رکن ۲ ستاد [ارتش] آزادمی‌شود. دو سال است که از بیماری سل رنج می‌برد و به زندگی خود امیدی ندارد.
*در زندان آبادان به او به دروغ خبر می‌دهند که شهربانی [تهران] برادرش را دستگیرکرده و زجر فراوان داده‌است. **احساساتش را علیه سرلشکر [فضل‌الله] زاهدی برمی‌انگیزانند.***
قبل از این دستگیری در کنکور اعزام محصلین آموزشگاه فنی نفت که فارغ‌التحصیل آن بوده‌است شرکت‌می‌کند و اتفاقاً قبول‌می‌شود. شرکت نفت این آتو را برای تحریک او به انجام مأموریتی دردست می‌گیرد.
او خیلی مایل به مسافرت به انگلستان است. همان روزی که رئیس مدرسه به او اطلاع‌می‌دهد که برای معاینه پزشکی به بیمارستان برود، ساعت ۹ بعد از ظهر، ده

دوازده نفر سرباز مسلح و چند مأمور آگاهی و ۲ نفر مأمور رکن ۲ نیروی دریایی او را دستگیرمی‌کنند. تحت تأثیرش قرارمی‌دهند و علیه حزب توده از او اعترافاتی می‌گیرند و اشخاصی را توسط او دستگیرمی‌سازند.
مثلاً یکی از دستگیرشدگان جوان غیرواردی بوده‌است که در ازای مقاومت در برابر هتک ناموس خود توسط افسری دستگیرمی‌شود.
*[**سرگرد مرتضی] نقشینه** معروف، با مأموریت مهمی از تهران وارد آبادان می‌گردد و در **چهارمین جلسه بازپرسی جعفری شرکت می‌کند** و رل رهبری را به‌دست می‌گیرد و با او طرح دوستی می‌ریزد. تصورمی‌کند که شکار خوبی برای مأموریت آینده به چنگش افتاده‌است. به او وعده کمک می‌دهد و او را به خرمشهر نزد **دریادار ظلی، فرمانده نیروی دریایی جنوب، عضو مؤثر باند رزم‌آرا و مطلع از مأموریت جدید سرگرد نقشینه می‌برد.***
*در راه معلوم نیست چطور **نقشینه**، **جعفری** را حاضرمی‌کند که: اولاً دو نفر از جاسوسان شهربانی را به‌نام رابطین حزبی آبادان به ستاد معرفی کند و بدین ترتیب **شهربانی زاهدی** را بیش از پیش، به نفع **ارتش رزم‌آرا** خراب کند و ثانیاً، در نزد **ظلی** همه‌گونه مأموریتی را متقبل شود.*
سرتیپ ظلی** به **جعفری** تفقد فراوان می‌کند و حتی بطوری‌که بعدها شنیدیم، از او **می‌خواهد که در کشف روزنامه مردم، به ارتش و نه به شهربانی، کمک کند** و **جعفری** هم قول مساعد می‌دهد و چون مخصوصاً در روزهای آخر **جعفری** خود را کاملاً در اختیار ارتش گذاشته است، **ظلی** خوشوقت می‌شود **و به شرکت نفت، که خود در جریان قضیه است، توصیه می‌کند که دوباره با همان حقوق مکفی به کار گمارده شود.
*حکم مجدد استخدام **جعفری** در شرکت نفت صادرمی‌شود. **شرکت نفت موافقت‌می‌کند که جعفری قاتل سرلشکر زاهدی**، رئیس **شهربانی**، **و دکتر بقائی باشد.***
جعفری با مرخصی از شرکت نفت به تهران اعزام می‌شود.
هنوز قبل از عید نوروز ۱۳۲۹ است**. در تهران **جعفری مأمورمی‌شود با حزب توده ایران تماس‌بگیرد** ولی چون نقش او و ارتباطش با **ستاد** [ارتش] و **سرگرد نقشینه** مخصوصاً معلوم‌است، **هیچکس به او روی نشان‌نمی‌دهد.** دو نفر رابطین آبادان را طبق دستور **نقشینه** به ستاد معرفی می‌کند و **نقشینه** او را نزد **سرتیپ گیلانشاه** می‌برد. **گیلانشاه** که همکار **سرتیپ ظلی** و بلاواسطه مربوط به رزم‌آرا است، **جعفری** را مورد تفقد قرارمی‌دهد و از اینکه حاضر شده‌است ضمناً محل **روزنامه مردم** را نشان‌دهد، ابراز خوشوقتی می‌کند و به او قول می‌دهد که **اگر مأموریتی را انجام دهد با خود رزم‌آرا ملاقاتش دهد.** اما خبری که حاکی از این ملاقات باشد به دست ما نرسیده است. **نقشینه مأمور می‌شود که او را برای ترور زاهدی آماده کند. اسمی از بقائی حالا درمیان نیست.
***جعفری** هر روز به منزل **نقشینه** در رفت‌وآمد است. حالا دیگر با عده کثیری از اعضای **رکن ۲** آمیزش دارد ولی نزدیکی او با **نقشینه** و خانواده‌اش بیشتر است.*
پس از یک هفته با او راز را درمیان می‌نهد و می‌گوید که محمد مسعود تحت سرپرستی او و به کمک کسانی کشته شد که بعداً از سر بازشدند.
به او وعده می‌دهد که اگر در قتل زاهدی اقدام کند، اولاً وسایل فرارش را آماده‌می‌کند و ثانیاً احمد دهقان در مجلس از او طرفداری‌می‌کند، از همه مهم‌تر رزم‌آرا او را به انگلستان می‌فرستد و اگر حاضر نشود ... ؟
جعفری می‌فهمد که اگر حاضرنشود ازبین‌می‌رود زیرا دیگر از سرّی باخبر است که مطلعین آن نباید زنده باشند، قبول‌می‌کند.

*ده، دوازده روز از عید نوروز گذشته است به **جعفری** خبرمی‌دهند که **فردا موعد ترور زاهدی است**. شب قبل از فردای عمل **نقشینه** باز در خانه‌اش از او پذیرایی می‌کند.*
*بدین‌ترتیب یک جوان بی‌تجربه مسلول ناامید از زندگی که دیگر شل می‌شود. **صبح فردا** به او خبرمی‌رسد که اجرای نقشه به عقب افتاده و به آبادان برمی‌گردد.*
دراین‌مورد حدس‌هایی زده‌می‌شود که یکی از آنها مربوط به انتخابات تهران است.
***جعفری** بیش از پیش تنفر زحمتکشان را نسبت به خود حس می‌کند. حتی [؟] گنجشک در دست ستاد ارتش است، مسحور. یکبار تصمیم به انتحارمی‌گیرد ولی منصرف‌می‌شود.*
*باری چندی پیش **جعفری** از طرف **ظلی** احضارمی‌شود. **ظلی** خیلی کوتاه به او می‌گوید: دوباره همان مأموریتی را که می‌بایست انجام دهی لازم شده، تا دو روز دیگر باید به تهران حرکت کنی. باید طوری بروی که نگویند ستاد یا شرکت دستورداده.*
*به‌این‌ترتیب ستاد ارتش ایران و شرکت نفت جنوب در یک توطئه خود را متحد نشان‌می‌دهند. او هم مرخصی می‌گیرد. شرکت به او مرخصی می‌دهد و به تهران می‌آید و در **اتاق شماره ۱۱ مهمانخانه اروپا** مسکن می‌گزیند. قبل از حرکت به تهران، **ظلی** به او می‌گوید:*
*همین‌که در فرودگاه تهران از هواپیما پیاده شدی، **نقشینه** منتظر توست، دستورات او را باید اجرا کنی.*
*در فرودگاه **نقشینه** به استقبالش می‌رود و همان روز نخست **پابلوم خودکار شماره ۱۲۰۹** را به‌اضافه ۳۲ فشنگ و یک دستور تیر به او می‌دهد و **می‌گوید روز پنجشنبه ۲۹/۳/۴[۱۳]، ساعت ۱۲، نه زودتر، جلو مجلس برود و بقائی را بزند. اولین‌بار اسم دکتر بقائی را برای ترورمی‌شنود. به‌خصوص به او وعده‌می‌دهند که وسیله فرارش جلو مجلس مهیاست.***
*باری هدف این ترور ارعاب وکلا و جراید و محافل مخالف رزم‌آرا بوده‌است تا هم زمینه دیکتاتوری رزم‌آرا فراهم‌ترگردد و هم امپریالیسم آمریکا در مبارزه نفت دچار ناکامی بیشتری نشود. **قرار بوده‌است جعفری همین‌که بقائی را کشت، مانند فخرآرائی بلافاصله کشته‌شود** و وسیله نیز از هرجهت فراهم بوده‌است. لابد برای **زاهدی**، دیگری را درنظرگرفته‌بودند. **روز پنجشنبه جعفری اصلاً به مجلس نمی‌رود. رزم‌آرا، گیلانشاه، نقشینه و دهقان گیج هستند. دهقان مأمور است که به او قوت قلب بدهد!** این‌که می‌گویند او را نمی‌شناخته، دروغ محض است. چند روز مرتب برای همین کار به دفتر **دهقان** می‌رفته و بالاخره روز ماقبل آخر قرارمی‌شود شنبه شب نزد او برود و او اتاق را خلوت کند و درهمین‌باره صحبت کنند. **جعفری** به قول خود وفامی‌کند نزد او می‌رود و [او] با دلی آرام می‌خواهد یک‌بار دیگر به خیانت رزم‌آرا روح بدهد **که همان پارابلوم نقشینه کبدش را سوراخ می‌کند.***

*[توضیح اضافی **دکتر بقائی**:] این ورقه که بنده خواندم یک ورقه‌ایست مربوط به **حزب منحله توده**، به اسم **مردم**. **روزنامه مردم** منتشرمی‌شود و گاهی برای بنده می‌فرستند و گاهی هم نمی‌فرستند. این شماره به‌وسیله یکی از رفقا به دست بنده می‌رسد و چند شماره دیگرش را هم بنده خوانده‌ام ..."*

همکاری مصدق در اجرای برنامه ترور دکتر بقائی

در آن زمان در روزهای فرد، نمایندگان مجلس شورای ملی و در روزهای زوج، نمایندگان مجلس سنا، در ساختمان مجلس تشکیل جلسه می‌داده‌اند، همیشه در روزهایی که موضوع مهمی در یکی از دو مجلس مطرح نبوده و یا اینکه دعوتی از مردم به تظاهرات، توسط فرد یا گروهی، در مقابل مجلس به‌عمل نیامده بوده‌است، میدان بهارستان خلوت بوده و افراد زیادی در آنجا دیده نمی‌شده‌اند.
در این شرایط، هرگاه فردی مثل **حسن جعفری**، در روز خلوت جلوی مجلس، به منظوری بد، مانند ترور یکی از نمایندگان، در آنجا پیدامی‌شده، که بدون شک دارای وضعی غیرعادی هم بوده‌است، بی‌گمان حس کنجکاوی نگهبانان علنی و مخفی مجلس یا نمایندگان و تماشاچیانی را که به مجلس می‌رفته‌اند برمی‌انگیخته و مورد پرسش و مراقبت قرار می‌گرفته‌است.
اما می‌بینیم که **محمد مصدق**، با یک ابتکار عجیب و غیرعادی مشکل را حل‌کرده و موجب شده‌است در روز پنجشنبه ٤ خرداد ١٣٢٨ (که روز تعیین شده برای ترور **دکتر بقائی** بوده) جمعیت زیادی، برای پشتیبانی از خودش و نیز به امید اینکه وی به‌میان آنان آمده و برایشان سخنرانی‌کند، در جلوی مجلس اجتماع می‌نمایند و آن ابتکار چاپ آگهی زیر، در روز چهارشنبه ٣ خرداد ١٣٢٨، در تمام روزنامه‌های طرفدار جبهه‌ی ملی بوده‌است:

" [٢ خرداد ١٣٢٩]

ریاست محترم مجلس شورای ملی

*خواهشمندم از مجلس شورای ملی تحصیل اجازه فرمایند که در جلسه آینده، یعنی روز **پنجشنبه چهارم خرداد**، پاره‌ای از حقایق را که لازم است به عرض ملت ایران برسد، قبل از دستور بیان نمایم.*
*امیدوارم مجلس شورای ملی از بذل این اجازه دریغ نفرمایند **والا مجبور خواهم بود وظیفه خود را به نحو دیگری به انجام برسانم.***

دکتر محمد مصدق "

(روزنامه صفیر [به‌جای شاهد]- شماره ١٢٠- مورخ چهارشنبه سوم خرداد ١٣٢٩- صفحه نخست)

طرفداران **مصدق**، همگی می‌دانسته‌اند که منظور از نحوه دیگر این بوده‌است که **در جلوی مجلس به میان مردم خواهم رفت و سخنان خود را در آنجا بیان خواهم نمود.**
بی‌گمان خوانندگان گرامی به‌خوبی می‌دانند که برای سخنرانی قبل از دستور نیاز به تهدید و ایجاد هیاهو و گرفتن اجازه از مجلس نبوده، و تنها شرط برای هر نماینده‌ای که می‌خواسته سخنرانی کند، این بوده‌است که پیش از تشکیل جلسه در مجلس حضوریابد و نام خود را در تابلویی که به این منظور وجود داشته‌است، بنویسد. نخستین چهارنفری که نام خود را زودتر از دیگران نوشته‌بوده‌اند، هر کدام به مدت ربع‌ساعت، یعنی روی‌هم یک ساعت، صحبت‌می‌کرده‌اند.
در اینجا، **مصدق**، با آن اقدام غیرعادی و بی‌سابقه خود، آنسان که پیداست توقع داشته‌است که مجلس برخلاف روش معمول تمام یک ساعت جمع مدت سخنرانی‌های پیش از دستور را به او اختصاص‌دهد. البته این کار به آسانی و به‌نحو دیگری هم امکان‌پذیر بوده و آن این‌که بسیاری از نمایندگان، از جمله اعضای جبهه‌ی ملی، آمادگی داشته‌اند که صبح زود برای سخنرانی پیش از دستور نامشان را روی تابلو بنویسند و وقت خود را، بی‌سروصدا و تهدید، به **مصدق** بدهند. البته در

ترور احمد دهقان

آن صورت، از یکسو هیاهویی ایجادنمی‌شده و توجه مردم به سخنرانی وی جلب نمی‌گردیده‌است و از سوی دیگر اجتماع مردم برای ایجاد پوشش جهت اقدام مورد نظر **حسن جعفری** عملی نمی‌شده‌است.
با اینکه در آن روز بیشتر نمایندگان مجلس شورای ملی با اختصاص تمام مدت یک ساعت مربوط به سخنرانی‌های پیش از دستور به **محمد مصدق** موافقت‌کرده‌اند و جمعیت زیادی هم از مردم با آگاهی از احتمال سخنرانی مصدق در جلوی مجلس، در آنجا اجتماع کرده‌بوده‌اند، اما، همان‌گونه که می‌دانیم در آن روز **حسن جعفری**، از قتل دکتر بقائی منصرف‌شده و به جلوی مجلس نرفته بوده‌است.

انگیزه‌های موافقت مقامات شوروی با ترور احمد دهقان

البته در آن زمان، **دولت شوروی** و **حزب توده ایران** مخالفان و دشمنان فراوانی در ایران داشته‌اند ولی بی‌گمان هیچ‌یک از آنان فعال‌تر، کارسازتر، و بی‌پرواتر از احمد دهقان، مدیر مجله **تهران‌مصور** نبوده‌است.
در اینجا، به‌عنوان مثال، به درج مختصر مطالبی از قول دیگران در این رابطه مبادرت‌می‌شود:

"...
مبارزه دهقان از درافتادن با حزب توده پا فراترگذاشت و به مبارزه با دولت شوروی و مرام آن مبدل شد.
از یکی دو سال قبل از ترور، دهقان در مجله خود به شوروی‌ها حمله می‌کرد و هر مطلب و خبری را که به‌نحوی لطمه به شوروی‌ها می‌زد، با دل و جان می‌خرید و چاپ می‌کرد. مبارزه او سرسختانه ادامه داشت ..."
(زندگی سیاسی رزم‌آرا- جعفر مهدی‌نیا- مقاله احمد دهقان و رزم‌آرا- صفحه ۲۶۰- گفته‌شده از خاطرات سیداحمد هاشمی در روزنامه‌های اتحاد ملی سال ۱۳۳۰)

"... سلسله مقالاتی تحت عنوان «**من جاسوس شوروی در ایران بودم**» در مجله **تهران‌مصور**، به‌قلم یک ایرانی که خود را فریب‌خورده معرفی‌می‌کرد، ماه‌های متوالی منتشر شد.
این مقالات قبل از خرداد ۱۳۲۸ شروع و به خرداد ۱۳۲۹، یعنی پایان حیات احمد دهقان و ترور او، نیمه‌کاره خاتمه‌یافت. با اندک تأمل، در آن آغاز و این انجام، شما را متوجه خواهد‌ساخت که این سلسله مقالات باید نقشی در حیات و ممات احمد دهقان، مدیر این مجله بازی کرده‌باشد.
این مقالات «**من جاسوس شوروی در ایران بودم**» ایران را تکان داد و اسرار هول‌انگیزی که در آن درج شده بود، سفارت کبرای شوروی را بیش از ایران تکان داد ...
مقالات «**من جاسوس شوروی در ایران بودم**» از همان روز اول مواجه با اعتراض و خشم شدید اولیای شوروی قرارگرفت. چون حقایقی را دربرداشت آن‌را **خیلی خطرناک** می‌دیدند، به رزم‌آرا فشارآوردند از انتشار آن جلوگیری‌کند. رزم‌آرا مدتی آن‌ها را بازی‌می‌داد تا خوب آن‌ها را تشنه‌کرد و بعد در قبال قول و مزایا و قرارهایی که از آن‌ها می‌گیرد در صدد جلوگیری از انتشار آن‌ها برمی‌آید. ... رزم‌آرا از هر راه که در‌ماند به این راه متوسل شد و خدمت مقدس زیر پرچم بهانه‌ای بود که به همه این ماجراها خاتمه‌می‌داد. تصمیم‌می‌گیرند برای مرتبه دوم نویسنده مقالات را به دانشکده افسری

*بکشند. کار این نویسنده بالامی‌گیرد و بر سر احضار او به نظام وظیفه یا عدم احضار بین رزم‌آرا، **دهقان** و **شوروی‌ها** و **آمریکایی‌ها** فعالیت شروع می‌شود و **از یک طرف** رزم‌آرا و **شوروی‌ها** و **از طرف دیگر احمد دهقان و آمریکایی‌ها کشمکش می‌کنند**. ..."*
(زندگی سیاسی رزم‌آرا- مقاله عناصر نفوذی شوروی و رزم‌آرا- از همان خاطرات- صفحات ۲۱۱/۲۱۳)

بعضی از انگیزه‌های مخالفت دولت انگلیس و حاجیعلی رزم‌آرا با احمد دهقان

در آن دوران استثنایی و کم‌نظیر تاریخ، که شرکت‌های نفتی آمریکایی، باحمایت دولت آمریکا، برای تصاحب منابع نفتی جهان، به‌ویژه خاورمیانه، با انگلستان به رقابت و مبارزه برخاسته و در ایران نیز به همین منظور به میدان آمده‌بوده‌اند، مجبوربوده‌اند که برای پیش‌برد هدف خود در کشورهای این مناطق افرادی را با دادن امتیازهای ارزنده به خدمت بگیرند و چون در کشور ایران بیشتر رجال سیاسی که وابسته به خاندانهای قدیمی، مشهور به هزارفامیل، بوده‌اند پدردرپدر حلقه عبودیت صاحب را به گوش داشته‌اند و شهرت انگلیسی بودنشان **اظهرمن‌الشمس** بوده‌است لذا این ایادی آمریکا، بیشتر تازه به‌دوران رسیده‌هایی بوده‌اند که با حمایت آن دولت، به اصطلاح، سری از بین سرها بیرون آورده و در صحنه سیاسی ایران به اسم و رسم و شغل و مقامی رسیده‌بودند که **عبدالحسین هژیر**، **احمد دهقان** و **حاجیعلی رزم‌آرا** را می‌توان در زمره همین افراد محسوب‌داشت.
حتی تردید نمی‌توان‌داشت که مبارزه شدید **احمد دهقان** با **حزب توده ایران** و **دولت روسیه شوروی** نیز مورد حمایت **مقامات سفارت آمریکا** در ایران قرارداشته‌است.
افزون‌برآن، **احمد دهقان** به‌شدت خود را وابسته و علاقمند به **شاه** و **دربار** نشان‌می‌داده و دربرابر **دربار** و **شاه** نیز از وی حمایت می‌کرده‌اند.

*" ... **دهقان** نفوذ خود را در **دربار** نیز تا آن حد تثبیت کرده‌بود که برنامه تشییع جنازه **[رضاشاه بزرگ]** دو مرتبه به‌خاطر او عوض شد!*
*متصدی تنظیم برنامه گفته بود رزم‌آرا خیال نداشت **دهقان** را از طرف مطبوعات در این تشریفات شرکت دهد و یا او را با **شاهپورها** و به‌نام **عضو هیأت رسمی ایران** به مصر بفرستد. **دهقان** خود از مجرای **دربار** اقدام کرد و به رزم‌آرا دستوردادند **دهقان** را هم در برنامه بگنجاند. همین شخص گفته بود دو مرتبه برنامه چاپ شده را به‌هم زدیم و تجدید چاپ کردیم تا **دهقان** آن‌را پسندید و نام **دهقان** درست در همانجایی که مایل‌بود به‌چاپ‌رسید.*
*این عوامل، طوفانی در روابط دوستانه رزم‌آرا و **دهقان** ایجاد کرده‌بود. **دهقان** به‌علت نزدیکی به دربار، دوست و مخزن اسرار نگفتنی شده بود. دوستی مملو از رموز نگفتنی درباره ترور **محمد مسعود** و سایر اسرار.*
*اگر روزی بنا بود **دهقان** بین رزم‌آرا و **دربار** یکی را انتخاب کند، قطعاً **دربار** را انتخاب می‌کرد و بسیاری از نقشه‌ها را نقش بر آب می‌نمود. دوستی شده بود که آرام نمی‌نشست و نمی‌توانست هم آرام بنشیند که مثلاً مقدمات کودتای رزم‌آرا را علیه **شاه** ببیند و ساکت‌باشد. قطعاً اسرار را از پرده بیرون‌می‌ریخت و به طرفداری از **شاه** و **دربار** همه رشته‌ها را پاره‌می‌کرد. دوستی شده‌بود که در مبارزه با شوروی سرسختی هولناک نشان‌می‌داد.*

*دوستی شده‌بود که در راه زمامداری دوست خود به‌عنوان مانع مؤثری جلوگیری می‌کرد. می‌گفتند شوروی‌ها به رزم‌آرا گفته‌بودند به شرطی با زمامداری او موافقت می‌کنند که این دشمن سرسخت و یک‌دنده- **دهقان**- از میان برداشته شود.*
اندک‌اندک، دادن رشوه به شوروی‌ها ضروری به‌نظر می‌رسید. "
(زندگی سیاسی رزم‌آرا- جعفر مهدی‌نیا- صفحه ۲۷۰)

"اسرار قتل دهقان در میان اسناد خانهٔ سدان

*کشف صندوق[؟] **سدان** نقطه عطفی در تاریخ معاصر ایران شد. اسراری که از این صندوق [؟] بیرون آمد. به روشنی نشان‌داد که امپریالیسم انگلیس در تمام مراحل اوج‌گیری بحران نفت در کار نوشتن و چاپ و انتشار خبرها و مقالات مربوط به نفت بود و درواقع تمام نوشته‌های مطبوعاتی را سردبیری می‌کرد.*
نامه‌های مطبوعاتی که از این صندوق به‌دست آمد مؤید آن است که دستکاری در افکار عمومی ایران توسط عوامل خارجی تا چه حد واقعیت‌دارد و مطبوعات چه سنگ گران‌قدری برای سیاست‌های خارجی حاکم بر ایران به‌شمارمی‌رود.
در بحران نفت جانب‌داری از این نوع هجوم استعماری را مشاهده‌می‌کنیم و می‌بینیم به‌علت برخورد نوشتجات عناصر وابسته به انگلیس با دیگر نوشتجات در مطبوعات چه دودستگی خطرناکی در افکار مردم ایجاد شده‌است.
دست‌های پنهان سیاست انگلیس از راه مطبوعات تفرقه را تشدیدمی‌کرد، درضمن با تقویت یا تضعیف رجال سیاسی وقت، مسیر حوادث را مطابق با خواسته‌های خود شکل می‌داده‌است.
*در صندوق [؟] **سدان** علاوه بر افشای نامه‌های مطبوعات وابسته به انگلیس، از چند شخصیت نیز که جزو عوامل ترور **دهقان** بوده‌اند نام‌برده شده‌است. در گزارش آمده‌است **ترور دهقان توسط رزم‌آرا، مهتدی، دکتر نامدار و شاهرخ انجام گرفته‌است.***

...

اسرار قتل دهقان

*از همه اوراق مهم‌تر رونوشت گزارش مربوط به **قتل دهقان** می‌باشد. در این پرونده صرف‌نظر از اسامی چند نفر انگلیسی که یکی از آنها به نام **آرچی** ذکرشده اسامی چهار نفر ایرانی به ترتیب: **رزم‌آرا، مهتدی، دکتر نامدار، شاهرخ** نیز ثبت گردیده‌است.*
*در این ورقه کمی پایین‌تر از اسامی این چهارنفر نوشته شده‌است که: **درباره قتل دهقان توافق شده.***
*ضمیمه همین ورقه که شبیه یک صورت‌مجلس است، هزینه مخارج هم تحت عنوان مخارج آشتی‌کنان **شاهرخ** و **دکتر نامدار** درج شده‌است. "*
(زندگی سیاسی رزم‌آرا- جعفر مهدی‌نیا- صفحات ۲۷۷ و ۲۸۰)

البته ما یقین داریم که **شرکت نفت انگلیس و ایران** و **حاجیعلی رزم‌آرا**، هر دو، با قتل **احمد دهقان** موافق‌بوده‌اند ولی از نظر **رزم‌آرا** ترور **دکتر مظفر بقائی کرمانی** به مراتب بر ترور **دهقان** برتری داشته‌است.

با این ترتیب، ما بر این باور هستیم که شرکت نفت بدون آگاهی **رزم‌آرا** در پیشنهاد ترور **دهقان** به‌جای **دکتر بقائی** نفوذ و دخالت‌داشته و شرکت **رزم‌آرا** در توطئه قتل **دهقان** پس از ازخطر جستن او از تیراندازی و بستری شدنش در بیمارستان صورت گرفته‌است.

برمبنای این نظر، که انگیزه‌های آن به‌تفصیل در همین کتاب وجوددارد، می‌توان حدس‌زد که توافق نوشته‌شده در سند بدون تاریخ بالا مربوط به جلسه‌ای می‌باشد که بی‌درنگ پس از تیرخوردن دهقان تشکیل‌شده بوده‌است.

داستان قتل احمد دهقان
(به قول دادستان)

قسمتی از متن کیفرخواست دادستان در شرح جنایت

" ۱۳۲۹/۴/۱۰

دیوان‌عالی جنایی تهران

در ساعت هفت و نیم بعد از ظهر روز ششم خرداد [۱۳۲۹]، آقای احمد دهقان، نماینده مجلس شورای ملی، در دفتر اداره تهران‌مصور، واقع در خیابان لاله‌زار، مورد اصابت گلوله قرارگرفته و بلافاصله در همانجا حسن جعفری با اسلحه کمری (پارابلوم) دستگیر[شده و] مجروح به بیمارستان اعزام، معالجات مفید واقع نیفتاده و به فاصله کمی فوت نموده‌است.

موضوع مورد تعقیب بازپرس قرارگرفته و حسن مزبور متهم‌است که برای ارتکاب قتل، در آبادان اسلحه کمری مزبور را خریداری و به تهران آمده، در ساعت دوازده و نیم روز شنبه از مرحوم دهقان برای هفت و نیم بعد از ظهر روز مزبور وقت ملاقات گرفته و در ساعت مذکور به نزد مشارالیه رفته و نامه‌ای را که به خواهرش نوشته بوده به وی داده، مقتول که به نامه مزبور مشغول بوده هدف گلوله‌اش قرار داده، گلوله به زیر پستان راست مرحوم دهقان اصابت_ احشاء داخلی را پاره‌کرده و موجب مرگ مشارالیه شده‌است. ... "

دادستان در پایان کیفرخواست، برای متهم:
- از لحاظ ارتکاب قتل طبق ماده ۱۷۰ قانون مجازات عمومی
- از نظر قاچاق اسلحه طبق ماده ۴۳ و ۴۵ قانون مرتکبین قاچاق تقاضای مجازات کرده‌است.

بیمارستان شماره ۲ ارتش، کشتارگاه سیاسی رزم‌آرا

در آن روزها بیمارستانهای ارتشی از حسن شهرت زیادی برخوردار بوده‌اند و بسیاری از بزرگان و سیاستمداران در هنگام بیماری، به‌ویژه در زمانی که نیاز به بستری‌شدن داشته‌اند ترجیح‌می‌داده‌اند که در بیمارستانهای ارتشی مورد معالجه قرارگیرند.

ولی در دوران قدرت رزم‌آرا به‌تدریج شایعه‌ای در میان رواج‌یافته بوده‌است که هر یک از رجال و سیاستمداران مخالف با رزم‌آرا، که در یکی از بیمارستانهای ارتشی بستری‌شود، در آنجا به دست عزرائیل سپرده خواهدشد.

بیمارستان شماره دو ارتش کشتارگاه سیاسی رزم‌آرا

نگارنده فرصت و امکان بررسی درمورد درستی یا نادرستی این شایعه را نداشته‌است، اما درمورد سه توطئه قتل که در آن دوران و بی‌گمان با شرکت رزم‌آرا تنظیم و به مورد اجرا گذاشته شده‌بوده، می‌تواند اظهارنظر کند که این شایعه بی‌اساس نبوده‌است.
وکلای مدافع **حسن جعفری** پیش از آغاز دادرسی، لایحه‌ای به دادگاه تسلیم‌کرده و ضمن آن در سیزده مورد درخواست رفع نقض از پرونده متهم را کرده‌بوده‌اند، که مورد سیزدهم آن به‌شرح زیر بوده‌است:

" نظر به این‌که طبق گزارش موجود در پرونده، گلوله از احشائی عبورکرده که درصورت اعمال وسایل فنی، ازقبیل تزریق پلاسما و ترانسفوژن و غیره، حفظ حیات مجروح تا پایان عمل، و حصول نتیجه مساعد و بالاخره نجات قطعی وی مقدور بوده- که تشخیص این موضوع در نتیجه دادرسی مؤثراست، ***تحقیق در اعمال یا عدم اعمال وسایل مزبور با حضور پزشک قانونی و آقایان دکتر لطیفی و سرتیپ خوشنویسان لازم و مورد تقاضا است."***
(بی‌گناهی که به‌دار آویخته شد- ابوالقاسم تفضلی- دفتر ادبیات انقلاب اسلامی- صفحه ٦٧)

یکی از وکلای **حسن جعفری** به نام **احمد شریعت‌زاده** نیز، کم‌وبیش مضمون همان متن بالا را به شرح زیربیان کرده‌است.

*" ... طبق علوم فلسفهٔ تحققی، عدم اعمال وسایل نجات موجب فوت شناخته‌می‌شود.
این‌حقیقت به درجه‌ای واضح است که در قضیه کنونی بیان استدلال آن مورد احتیاج نیست.
از توجه به گواهی پزشک قانونی علت فوت* ***احمد دهقان*** *خونریزی داخلی بوده‌است و همچنین گزارش پزشک قانونی حکایت ندارد که گلوله به قلب یا مغز اصابت کرده باشد.
برعکس طبق این گواهی [گلوله] از احشائی عبور کرده، مانند کیسه صفرا- و علوم قرن بیستم نشان داده‌است که یک شخص بدون کیسه صفرا می‌تواند به زندگی ادامه‌دهد.
علاوه‌براین که توضیح دادم اگر برای جبران کم‌خونی ناشی از خونریزی، فوراً تزریق پلاسما و خون انجام‌می‌یافت، حیات* ***دهقان*** *تا پایان عمل جراحی ممکن بوده‌است.*
بنابراین، سبب فوت عدم اعمال وسایل قطعی نجات بوده‌است نه اصابت گلوله ضارب *... "*
(روزنامه شاهد- شماره ١٩٠- چهارشنبه ١٥ شهریور ١٣٢٩- صفحه ٥- ستون ٣ و ٤)

در کتاب «**بی‌گناهی که به‌دار آویخته شد**» در زیر مدافعات **احمد شریعت‌زاده**، (زیرنویس صفحه ١٩٧) رویداد زیر برای نمونه ذکر شده است:

" در جریان محاکمه ***مرحوم حسن جعفری***، *شخصی در خیابان ناصرخسرو، مقابل شمس‌العماره، به دکتر* ***حسن امامی، امام جمعه تهران***، *حمله‌کرد و با چاقو او را مجروح‌ساخت. بلافاصله* ***امام جمعه*** *را به* ***بیمارستان نجمیه*** *منتقل‌ساختند. در بیمارستان او را تحت عمل جراحی قراردادند و به او خون تزریق‌کردند و درنتیجه وی از مرگ حتمی نجات‌یافت. "*

هرگاه این شخص را نیز به **بیمارستان ارتش** برده‌بودند به احتمال بسیار زیاد سرنوشت **هژیر** و **دهقان** در انتظارش‌بود.

شرحی اضافی در قبول مطالب بالا:

" به قلم یکی از پزشکان کشور

فوت دهقان و هژیر بیشتر نتیجه عدم وسایل کافی بیمارستانهای ما بوده‌است.
هژیر را خون دادند ولی عمل نکردند، دهقان را عمل کردند ولی خون ندادند.

می‌گویند مرحوم احمد دهقان تا آخرین لحظه‌ای که به‌دست جراحان بیهوش شده خیلی خوب صحبت می‌کرده‌است.
حتی از هنگام اصابت گلوله، تمام اطاق و پله‌های تماشاخانه تا توی تاکسی را به پای خود طی‌کرده‌است. *احتمالاً هم‌شاید مسافت دراز بیمارستان را تا اتاق عمل با پای خود یا به کمک دیگری رفته و خلاصه احتمال مرگ بعد از عمل بعید می‌رفته‌است.*
کسی از جراید نوشته بود حتی پیراهن او زیاد خونی نشده بوده‌است تا این‌که به دست جراحان به عالم بیهوشی می‌رود و می‌رود که می‌رود.
ضایعاتی که گلوله در بدن دهقان تولید کرده‌بود، گفتند پردهٔ حجاب حاجز و جدار کبد و کیسه صفرا بوده و روده بزرگ را هم سوراخ نموده بود. اگر کبد زیاد صدمه ندیده و تنها ضایعه مهمش پارەشدن کیسه صفرا بوده‌است که وجود آن‌هم در انسان زنده زیاد مهم به‌نظر نمی‌رسد والا بستن سوراخ روده یا برداشتن مقداری از آن نبایستی علت مرگ شود.
*بنا به اقرار **تیمسار دکتر خوشنویسان و سرهنگ دکتر لطیفی، جراح عمل کننده،** خون‌ریزی زیادی به‌صورت قطعات منعقد شده در داخل محوطه شکم شد. و علت اصلی مرگ به احتمال قوی کم‌خونی و خون‌ریزی شدید بوده‌است.*
چون بیمار تا آخرین لحظاتی که پنجه‌ها بر روی شکم می‌خورده زنده بود و نفس می‌کشید منتها قیافه‌ای سفید و به‌شدت پریده داشت و این دلیل بر عدم وجود خون کافی در بدن او بود.
چه مانعی داشت اگر وسایل انتقال خون به‌نحو کافی در بیمارستان فراهم بود، همان وقتی که پوست شکم را بازمی‌کردند و خون‌ریزی شدیدی را ملاحظه کردند، دهنده‌های خون ضمن عمل به‌قدر لازم به او خون می‌دادند و شاید همین سبب نجات یک فردی می‌شد که در شب تصادف شاید یک‌صد نفر از کله‌گنده‌ها برای ملاقات او به همین بیمارستان آمده بودند.
پس اینکه می‌گویند بیمارستان شماره ۲ ارتش در خاورمیانه بی‌نظیر است زیاد هم درست نیست و شاید در کوچک‌ترین ممالک مهم خاورمیانه وسایلی کامل‌تر برای انتقال خون فراهم باشد که در بیمارستان شماره ۲ ارتش حتی یکی دوتایی هم دهنده خون حاضر نداشته باشد.
*قابل انکار نیست که ما جراحان بسیار زبردست داریم که می‌توانیم ادعا کنیم در خاورمیانه و خیلی جاهای دیگر کم‌نظیر هستند و در این عمل هم **دکتر هنجن و دکتر لطیفی،** جراحان مشهور و **سرتیپ دکتر خوشنویسان،** رئیس بیمارستان دخالت داشته‌اند و حتی **پروفسور عدل** هم در اواخر عمل رسیده بود.*
ولی جراح چه تقصیر دارد که وسایل خون کافی برای نجات بیمار فراهم نیست.
حتی شنیدیم یک نفر دهنده خون هم در آخر عمل حاضر بود ولی موضوع انتقال خون آن‌هم خونی که این‌گونه بیماران لازم دارند کار یک‌نفر دونفر نیست، چندین نفر می‌خواهد تشکیلاتی می‌خواهد، سازمانی می‌خواهد، اصلاً بیمارستان حاضرالسلاح کافی می‌خواهد که تشکیلاتش طوری باشد که در عرض کمترین مدت به‌قدری دهنده‌های خون باشند که بتوان حتی تمام خون یک موجود زنده را به او داد.

البته اگر چنین وسایل کاملی موجود باشد شاید هزاران مسمومیتی که خونشان به‌کلی فاسدشده و باید تمام آن‌را عوض کرد با آن وسایل نجات پیدا کنند و اگر لااقل این تشکیلات کوچک هم حاضر و مجهز باشد که به درد نجات این‌قبیل اشخاص بخورد چه عیبی دارد؟
*مرحوم **عبدالحسین هژیر** در همین بیمارستان مرد. البته شاید بیمارستان در مرگ او تقصیری نداشته‌باشد ولی با عکس‌برداری که از او به‌عمل‌آمد، ضایعات زیادی نشان نداده‌بود و با خون مختصری که به او دادند خون‌ریزی‌اش را جبران‌نمودند. چرا با وجود حالت خوبش شکم او را بازنکردند که مراکز خون‌ریزی غیرمرئی در عکس را بگیرند و مانع مرگ او گردند؟*
***هژیر** را هم می‌گفتند پس از انتقال خون حالش بسیار خوب بوده و خوب صحبت می‌کرده‌است ولی غفلتاً که خون‌ریزی شدید پیش می‌آید، به مرگ می‌افتد، که تصمیم می‌گیرند عمل فوری انجام [دهند که] آن‌هم در نجات او کمکی نمی نماید.*
*از ساعت پنج بعد از ظهر تا ۸ صبح فردا که **هژیر** عمل گردید، ۱۵ ساعت فاصله بود و فکرنمی‌کنید اگر عمل در این فاصله و زودتر انجام می‌گرفت نجات پیدامی‌کرد؟ "*
(روزنامه شاهد- شماره ۱۹۰- چهارشنبه ۱۵ شهریور ۱۳۲۹- صفحه ۳)

نمونه‌هایی از دخالت‌های علنی و خلاف قانون سرتیپ محمد دفتری در رخداد قتل دهقان

۱ - تلاش جهت انتقال حسن جعفری به زندان دژبان

پس از آنکه تیراندازی به سوی **احمد دهقان** انجام شد، **حسن جعفری** توسط تعدادی از کارکنان مجله **تهران‌مصور** دستگیر و به کلانتری ۳ اعزام گردیده‌است.
آنچه که در اینجا عجیب و جالب توجه می‌باشد این است که **سرتیپ محمد دفتری**، به‌منظور جلوگیری از افشای جنایات دار و دسته و همکاران تروریست‌پرور خود، بی‌درنگ در کلانتری حضوریافته و با پافشاری درصدد انتقال **حسن جعفری** به زندان دژبان؟! برآمده‌است.
این اقدام **سرتیپ دفتری** در همان روزها در روزنامه‌ها منعکس شده، ازجمله اینکه روزنامه شاهد دو روز پس از وقوع حادثه چنین نوشته است:

*" آیا راست است؟- روز شنبه پس از سوءقصد ناجوانمردانه که نسبت به **مرحوم دهقان** به‌عمل آمد، **سرتیپ دفتری** در محل و در کلانتری ۳ حاضرگردیده و **سعی و اصرار داشته‌اند که قاتل را به دژبانی ببرند؟** ولیکن **سرتیپ همایونفر**، رئیس قسمت انتظامی شهربانی، که حاضر بود، شدیداً اعتراض نموده و مانع این کار شد؟ "*
(روزنامه شاهد- شماره ۱۲۳- مورخ دوشنبه هشتم خرداد ۱۳۲۹)

۲ - شرکت در انجام نخستین بازپرسی‌ها از حسن جعفری و تلاش جهت تحریف حقایق

باز هم خوانندگان گرامی تعجب خواهندنمود که بدانند **سرتیپ محمد دفتری**، رئیس وقت دژبان و رئیس باند ترور **رزم‌آرا**، **سرتیپ بیژن گیلانشاه**، رئیس وقت رکن دوم ستاد ارتش، و **پدرام**، رابط

رکن دوم ستاد ارتش با **حسن جعفری**- نخستین بازجویان **حسن جعفری** و یا دست‌کم، بازجویان اصلی وی در شب وقوع حادثه در شهربانی بوده‌اند!!
حسن جعفری ضمن یکی از پاسخ‌های خود به رئیس دادگاه، این مطلب را به‌شرح زیر بازگونموده و مورد اعتراض قرار داده‌است:

*" ... در شب اول دستگیری من جز رئیس آگاهی هیچ‌کس حق نداشت از من تحقیق کند، درصورتی‌که در همان شب آقای **سرتیپ دفتری** و آقای **سرتیپ گیلانشاه** و آقای **پدرام** در بازجویی شرکت داشتند.*
من می‌خواهم بدانم که در کجا یک نفر هم عامل جرم است و هم تحقیق‌می‌کند و هم به زندان می‌فرستد؟
*آقای سرتیپ گیلانشاه به من می‌گفت که: **جعفری اگر تو بگویی که تو دهقان را زده‌ای، دست تو را در دست شاهنشاه می‌گذارم.***
به‌عقیده من این توهین به مقام سلطنت است.
*باید از **پدرام** سؤال شود که چرا از اول شب تا صبح از من تحقیق کرد، **صبح این تحقیقات پاره شد؟** ... "*
(روزنامه شاهد- شماره ۱۸۹- ۱۲ شهریور ۱۳۲۹)

آشکار بود که در چنین جلسه بازپرسی که **پدرام**، یعنی کارگزار رکن ۲ ستاد ارتش و رابط رزم‌آرا با **جعفری**، حاضربوده و خود او از روز ورود **جعفری** به تهران نه تنها موشکافانه در جریان کارهای او قرارداشته بلکه حتی در نقش رهبر و فرمانده وی انجام‌وظیفه می‌کرده‌است و دو نفر دیگر رؤسای مافوق و دستوردهندگان به **پدرام** بوده‌اند، مذاکراتی به‌ظاهر دوستانه و محبت‌آمیز جریان‌داشته و این افراد در لباس خیرخواهی و به‌صورت مشورت و تبادل نظر به **حسن جعفری** وانمودمی‌کرده‌اند که ابراز بعضی بیانات و اعترافات جهت بی‌گناه شناخته‌شدن وی ضرورت دارد.
در این زمان دست‌های **حسن جعفری** در دست‌بند قرارداشته و خود بازجویان هر پرسش و پاسخی را که می‌خواسته‌اند به نام وی می‌نوشته و به امضای او می‌رسانده‌اند.
البته در این نخستین ساعات پس از تیراندازی که **حسن جعفری** به ناگهان خود را در مقابل واقعیات وحشتناکی مشاهده‌می‌کرده، بی‌گمان در حال و شرایطی نبوده‌است که درست را از نادرست تشخیص‌دهد و بازجویان نیرنگ‌باز به آسانی می‌توانسته‌اند که هر مطلبی را به وی بقبولانند و هر نظری را به وی تحمیل نمایند.
چنین به‌نظر می‌رسد که بازجویان مجرم و نیرنگ‌باز، در آغاز برآن شدند که تمام گناه قتل **احمد دهقان** را به گردن **حسن جعفری** بیاندازند و وانمودنمایند که خود وی به تنهایی و بدون وجود محرک اقدام به آن جنایت کرده بوده‌است، زیرا در نخستین برگ از بازجویی‌های قلابی پرسش و پاسخ‌هایی از این قبیل به چشم می‌خورد:

" س: منظوری را که از این کار داشتی، لازم‌است شرح‌دهی که آیا این منظور فقط به فکر شخص خودتان بوده یا رفقای دیگر در این منظور با شما شرکت داشته‌اند؟
ج: تنها به فکر شخص خود من بوده‌است. "
(روزنامه شاهد- همان)

اما آنسان‌که پیداست در زمانی که بازجویی جریان‌داشته، دادستان تهران در آن جلسه حضوریافته و در بازجویی شرکت کرده‌است. **حسن جعفری** ورود ناگهانی دادستان را موهبتی تلقی‌کرده و او را

به‌منزله فرشته نجات خود پنداشته و به‌گمان این‌که وی تا پایان بازجویی حضور خواهدداشت به شرح واقعیات پرداخته‌است.
وی در این شرح محرکان اصلی خود را معرفی کرده و مأموریت جنایتکارانه‌ای را که از طرف ستاد ارتش به وی محول شده بوده به اطلاع دادستان رسانده‌است.
ولی بدبختانه حضور دادستان تهران در آن جلسه به‌طول نیانجامیده و وی بعد از مدت کوتاهی آنجا را ترک کرده‌است.
بعد از رفتن دادستان، بار دیگر وضع به حال نخست برگشته‌است.

۳ - نوشتن نام دکتر محمد مصدق به‌جای دکتر مظفر بقائی

بازجویان توطئه‌گر پس از پایان نخستین جلسه بازجویی به‌سراغ رهبران توطئه رفته و راجع به‌اینکه چه مطالبی را باید در روز بعد، به‌عنوان اعترافات **حسن جعفری** به امضای او برسانند به بحث و اظهارنظر پرداخته‌اند. نگارنده تردیدی ندارد که در همان شب **محمد مصدق** نیز از سوی **سرتیپ دفتری** مورد مشورت قرار گرفته‌است.
به‌همین جهت و برمبنای این مشورت‌ها، قرار شده‌است به **حسن جعفری** بقبولانند که اگر وی اعتراف نماید که از طرف **احمد دهقان** مأمور ترور رهبر **جبهه‌ی ملی**، یعنی محمد مصدق، شده بوده ولی در آخرین لحظات به انگیزه وجدان و احساسات وطن‌خواهی خود **دهقان** را هدف قرار داده‌است بی‌گمان علاوه بر **شاه** و **رزم‌آرا** که، به ادعای بازجویان، با **احمد دهقان** مخالفت‌داشته‌اند، بیشتر مردم ایران را هم، که طرفدار **جبهه‌ی ملی** بوده‌اند، با خود موافق خواهدساخت و زمینه‌های بی‌گناهی و آزادی خود را فراهم خواهدنمود.
بدین‌سان، صبح روز بعد برگ‌های بازجویی شب پیش را (به استثنای چهار صفحه که در حضور دادستان انجام‌شده بوده‌است) پاره و اوراق دیگری به‌جای آنها تهیه کرده و با نوشتن مطالب تازه‌ای به‌عنوان بازجویی‌های **حسن جعفری**، روکرده بوده‌اند. نخست، اظهارات شب قبل وی در حضور دادستان تکذیب‌شده، دوم، نام **محمد مصدق** نیز به‌عنوان فردی که وی قصد ترور او را داشته، به‌جای نام **دکتر مظفر بقائی** جای گرفته‌است (بی‌گمان این امر بنابر توصیه خود **مصدق** بوده تا علاوه بر رفع هر نوع سوءظن درمورد شرکت خود در آن توطئه زمینه‌های افزایش محبوبیت خود را نیز فراهم‌سازد.) سوم، مسیر اتهام تحریک **حسن جعفری** به قتل، که متوجه ستاد ارتش بوده به‌سوی **احمد دهقان** منحرف شده‌است و چهارم، مطالب متناقض و انبوهی از دروغ‌های دیگر نیز افزوده‌شده که درصورت اثبات کذب هر یک از ادعاهای غیرواقعی مزبور امکان یافتن حقایق در آن پرونده، البته با اوضاع آن ایام، برای هیچ دادگاهی وجود نداشته‌باشد.
پرسش و پاسخ‌های زیر که مربوط به **حسن جعفری** در یکی از جلسات علنی دادگاه می‌باشد، بخشی از مطالب فراوانی است که گواهی ادعای بالا می‌باشد:

"...
*رئیس: **تو در جلسه قبل گفتی به من دستور داده‌بودند جلو مجلس بروم دکتر بقائی را بزنم ولی در تحقیقاتی که به خط‌ توست گفته‌ای که به من گفتند: برو و دکتر مصدق را بزن.***
علت این اختلاف چیست؟
جعفری**: من همان‌طور که عرض کردم **تمام تحقیقاتی که در سابق شده به زور گرفته شده و در شرایط نامناسبی بوده و خلاف حقیقت است.
رئیس: تو گفتی: اظهاراتی را که در حضور آقای ریاحی دادستان کرده‌ام، قبول دارم.

***جعفری**: آنچه که در حضور شخص ایشان بوده است قبول دارم.*
***رئیس**: پس اظهاراتی را که در صورت‌مجلس منعکس و در حضور **آقای ریاحی** بوده‌است برای تو می‌خوانم نسبت به این چه می‌گویی؟*
س: نقشه و اطلاعاتی که در دفترچه بوده‌است؟
*ج: **خط مال خودم است.***
*[در بقیه مطالبی هم که درحضور **ریاحی**، دادستان تهران، گفته شده‌بوده، نامی از* **محمدمصدق** وجود نداشته‌است.]...
***رئیس**: خلاصه اظهارات تو این‌است که آنچه را در تحقیقات گفته‌ای بنا به‌دستور دیگران بوده، چه منظور داشتند؟ تو چه شخصیتی داشته‌ای که بیایند به شما بگویند تو اقرارکنی تا خودشان نجات یابند؟*
***جعفری**: وقتی که مرا بدون جهت دستگیر کردند، در واقع در حضور **رئیس اداره آگاهی** و **سرتیپ دفتری** و **سرتیپ گیلانشاه** صریحاً گفتند: من منظورم این است که شما را که بی‌جهت به اینجا آمده‌اید نجات بدهیم و این درصورتی می‌شود که این خون لوث شود.*
... "
(روزنامه شاهد- همان شماره)

ادعای خنده‌دار رزم‌آرا!!

سپهبد رزم‌آرا نیز، به‌تقلید از **محمد مصدق**، به‌فکر رفع اتهام از خود افتاده و به‌شرح زیر، از قول **سروان گُلبو** مدعی شده‌است که **حسن جعفری**، در آغاز قصد کشتن او را داشته و بعد به‌جای او **احمد دهقان** را به‌قتل رسانده‌است.

*" ... **سروان گلبو**، افسر رکن دوم ستاد ارتش، که روز جمعه گذشته افسر نگهبان ستاد ارتش بود، گزارش داده‌است که در ساعت ۷ بعد از ظهر روز جمعه رئیس ستاد ارتش به دفتر خود آمده و تنها بود. ده دقیقه بعد دو جوان آمدند و به اصرار می‌خواستند رئیس ستاد را ببینند و چون آجودان نبود، **سروان گلبو** ممانعت‌کرد و نگذاشته که ملاقات‌نمایند.*
*آنها از **سروان** پرسیده‌اند چه ساعت بیرون می‌رود و وی اظهار داشته‌است نمی‌دانم متفاوت است و بعد رفته‌اند دم در ستاد ارتش ایستاده‌اند.*
***سروان گلبو** مظنون شده، رفته جلو می‌پرسد چه‌کار دارید؟ و آنها را رد می‌کند و می‌گوید فردا صبح بیایید.*
ساعت ۹ بعد از ظهر، رئیس ستاد ارتش خارج می‌شود.
***سروان گلبو** که جراید را می‌بیند **چون شنیده بود که قاتل دهقان می‌خواسته است رئیس ستاد را هم بزند** [از کجا؟!] باتوجه به عکس [؟!] او را می‌شناسد.*
*آنها دو نفر بوده‌اند یکی قاتل **دهقان** و دیگری شخص بلندقدتری و یک کیف هم دست یکی از آنها بوده‌است.*
***سروان گلبو** نزد رئیس شهربانی فرستاده‌می‌شود و قاتل **دهقان** جریان را اعتراف‌می‌کند که بله من بودم و بعد قرارمی‌شود رئیس شهربانی جریان را تعقیب کند.*

*بطوری‌که **سروان گلبو** گفته‌است، اشخاص مزبور اصرارداشتند که با شخص رئیس ستاد ارتش ملاقات کنند نه با آجودان، و بدین ترتیب مقامات انتظامی متوجه می‌شوند که قتل **سپهبد رزم‌آرا** حتمی‌الوقوع بوده‌است."*
(روزنامه صفیر، به‌جای شاهد- شماره ۱۲۴- مورخ سه‌شنبه نهم خرداد ۱۳۲۹- صفحات ۱ و ٤)

تأیید شرکت حزب توده در قتل احمد دهقان

آقای دکتر فریدون کشاورز، عضو کمیته مرکزی و هیأت اجرایی حزب توده ایران، که یکی از هشت نماینده توده‌ای در دوره چهاردهم مجلس شورای ملی، و یکی از سه وزیر توده‌ای در کابینه **قوام‌السلطنه** بوده، در آذرماه ۱۳۵٦ (دسامبر۱۹۷۷)، گفت و شنودهایی با **شاهرخ وزیری** داشته‌است که یکی از آنها به‌شرح زیر در ارتباط با قتل **احمد دهقان** می‌باشد:

" ...

*س: **آیا کمیته ترور در حزب توده ایران وجود داشت؟** ممکن است دراین‌باره صحبت کنید؟*
*ج: **بله، چنین کمیته‌ای وجودداشت**. ما از وجود چنین کمیته‌ای فقط در مهاجرت و در مسکو، به‌خصوص در پلنوم چهارم وسیع حزب در سال ۱۹۵۷ مطلع شدیم. دراین پلنوم تقریباً ۸۰ نفر حضورداشتند. باید گفت که فقط در مهاجرت، کادرهایی که بعضی از «اسرار» را می‌دانستند زبانشان باز شد و جرأت گفتن [پیدا]کردند.*
در مهاجرت معلوم شد که این کمیته را کامبخش و کیانوری با وسایل حزبی و به‌کارگرفتن چند نفر از افراد حزب، کاملاً مخفی از حزب و کمیته مرکزی و هیأت اجراییه و حتی دبیر کل [وقت] حزب به‌وجودآورده بودند.
افرادی که برای این کارها انتخاب‌می‌شدند، تصورمی‌کردند که دستورات حزب را اجرامی‌کنند، زیرا این دو نفر یکی بعد از دیگری مسئول تشکیلات حزب و سازمان افسری بودند.
*فراموش نکنیم که **رفیق روزبه** در محاکمه خود گفت: من هر کاری که کردم، به‌دستور مقام مافوق حزبی خود انجام‌دادم. ما در مسکو شنیدیم که **کامبخش** و **کیانوری** گاهی نیز بعضی از افراد ساده حزب را به‌کارمی‌گرفتند و به آنها می‌گفتند: **این کار مربوط به دوستان است و باید مخفی بماند. منظور از دوستان شوروی‌ها بودند**. این افراد نیز با اعتقادی که به اتحاد شوروی داشتند سِر را بروزنمی‌دادند.*
*پس از خروج **کامبخش** در سال ۱۹٤٦ از ایران، این کمیته را **کیانوری** از او تحویل‌گرفت.*
من برای شما یکی از موارد عمل این کمیته ترور را که در مسکو اطلاع‌یافتم، شرح‌می‌دهم و آن کشتن احمد دهقان، مدیر مجله تهران‌مصور و نماینده مجلس، است که در اواخر ماه می ۱۹۵۰ کشته‌شد.
*درست‌است که **احمد دهقان** یک شخص مرتجع ضد حزب توده و ضد شوروی و مردی فاسدبود ولی آخر اشخاص مرتجع شبیه به او و خیلی بالاتر و مؤثرتر و مهم‌تر از او در ایران اقلاً صدها نفر بودند.*

چگونه یک حزب جدی که مدتی دارای فعالیت پارلمانی بود و هشت وکیل در مجلس داشت و در ۱۹۵۰ مشغول تلاش بود که وسایل علنی‌شدن خود را فراهم‌کند- چنانکه در زمان **دکتر مصدق** اگر این‌همه خیانت به حزب نشده‌بود، این امکان به‌وجودمی‌آمد- **چگونه چنین حزبی ممکن‌است به خود اجازه‌بدهد که یکی از مخالفین بی‌اهمیت و یا حتی بااهمیت خود را تروركند؟ این‌كار آن روز چه فایده‌داد؟ و چه فایده‌ای می‌توانست داشته‌باشد؟**

... شبی در مسکو با پسرم **فرهاد** در خانه نشسته‌بودیم ... آن شب برای شام، رفیق افسر و مهاجر دیگری، **سرگرد [احمد] شفائی**، نیز نزد من بود. او اکنون در دانشگاه باکو سمت استادی دارد. تقریباً ساعت هفت بود، زنگ در به‌صدادرآمد. **ستوان یکم، پلیس ایران [حسین] قبادی**، رفیق دیگر افسر ما، بود که به گفته خودش دلش تنگ شده بود و به دیدن ما آمد. سر میز شام نشستیم و در ضمن شام و پس از آن **قبادی** شروع به شکایت از رهبری حزب و به‌خصوص **[عبدالصمد] کامبخش** و **[نورالدین] کیانوری** کرد. او برای ما بعضی از فعالیت‌های خود را که در ایران به‌نفع حزب انجام داده‌بود، شرح داد، از جمله چگونگی **فراردادن ده نفر از اعضای رهبری حزب از زندان قصر را که به‌وسیله او و رفیق دیگر افسر پلیس، [ستوان مسعود] اخگر [رفعت محمدزاده]، انجام گرفت** و درضمن می‌گفت که **با لباس افسری و با جیپ شهربانی ایران، مریم فیروز (همسر نورالدین کیانوری) را با [دکتر غلامحسین] فروتن (رفیق فراکسیونی کیانوری) به ونک می‌برد** تا این دو اطلاعات و دستورات کمیته مرکزی را مبادله‌کنند و می‌گفت: همه می‌دانند که اگر من در این حالت گیرمی‌افتادم مجازات من اعدام بود. در اینجا او به گریه‌افتاد و گفت: آنچه را که من از اینها در ایران دیدم و آنچه را که من راجع به جنایات آنها در مهاجرت دانستم و دیدم که در شوروی کاری برای مردم ایران انجام‌نمی‌دهند و حاضرنیستند که به ایران مراجعت‌کرده و مخفیانه فعالیت‌کنند، درحالی‌که من برای این اشخاص حاضربودم جانم را فداکنم، مرا کم‌کم معتاد به مشروب‌خوردن کرد تا این چیزها را فراموش کنم.

من دیگر به‌قدری متنفر و مأیوس شده‌ام که تصمیم‌گرفته‌ام درخواست‌کنم به ایران فرستاده‌شوم و در آنجا به‌محض ورود کاری خواهم‌کرد که اعدامم‌کنند تا بتوانم شرف و حیثیت خود را برگردانم و به رفقای اعدام شده‌ام بپیوندم. **قبادی همین کار را هم کرد و به تقاضای خود او رهبری حزب توده و شوروی‌ها او را در مرز خراسان تحویل ارتش ایران دادند ودر مرز ایران فوراً تیرباران شد.**

قبادی چنین ادامه داد: **وقتی که حسن جعفری، عضو حزب توده ایران، احمد دهقان، مدیر تهران‌مصور را کشت (٦ خرداد ۱۳۲۹) او را به زندان قصر آوردند. فردای آن‌روز کیانوری مرا به محل مخفی [؟!] خواست و به من دستورداد که با جعفری صحبت کنم و به او بگویم که حزب مشغول تهیه فرار اوست و به او بگویم نترسد و اسمی از حزب نبرد.**

باید دانست که وکیل مدافع **جعفری** از او به‌عنوان کسی که به علل شخصی و نه سیاسی **احمد دهقان** را کشته‌است، دفاع کرد. از طرف دیگر **کیانوری** یکی از اعضای حزب را از راه آشنایی‌های رفقای حزبی به‌عنوان استاژیر وکیل مدافع وارد محکمه کرد و این شخص مأموریت‌داشت که به **حسن جعفری** امیدواری‌بدهد تا او راجع به حزب سکوت‌کند. این شخص هنوز زنده‌است و این مطلب را خود او برای من [**قبادی**] تعریف کرده.

قبادی می‌گفت: **جعفری که می‌دید حزبی که حتی افسر شهربانی مخفیانه عضو آن است، به‌فکر فرار اوست، جرأت یافته و نامی از حزب و کیانوری نبرد.**

__قبادی__ گفت: برای این‌که افسران دیگر و رؤسا به من مظنون [ظنین] نشوند به آنها می‌گفتم که من با __جعفری__ طرح دوستی ریخته‌ام و سعی می‌کنم که ته و توی این قضیه را دربیاورم.
بالاخره __قبادی__ روزی به دستور __کیانوری__ به او گفت: کار فرار تو درست شده و روزی که تو را برای اعدام به میدان سپه می‌آورند، وقتی که می‌خواهند تو را اعدام کنند، عده زیادی از اعضای حزب به‌عنوان تماشاچی در میدان حاضربوده و تو را از دست چند پلیس و نظامی خلاص کرده و فرار می‌دهند و به‌جای امنی می‌برند.
__قبادی__ با گریه برای ما تعریف کرد که __جعفری__ حرف‌های او را باور کرده‌بود و به‌راحتی به‌پای دار رفت و وقتی که خواستند حلقه طناب را به گردن [او] بیندازند ناراحت‌شد و نگاهی با تعجب به من کرد که برای تسلی او با او رفته بودم. ولی دیگر دیر شده بود.
__قبادی__ می‌گفت: من غالباً در خواب قیافه __جعفری__ را با نگاه تعجب‌آمیزش در پای چوبه دار می‌بینم و من مشروب می‌خورم تا فراموش کنم و فکرنکنم.
__قبادی__ رو به من کرده گفت: شما که دکتر هستید باید بفهمید من چرا به این روز افتاده‌ام.
... "
(من متهم می‌کنم کمیته مرکزی حزب توده را- [گفت و شنود شاهرخ وزیری با] فریدون کشاورز- صفحات ٤٤ / ٤٢)

تکذیب نورالدین کیانوری

نورالدین کیانوری، مطالب بالا را به‌شرح زیر تکذیب کرده‌است:

" ... یکی از حوادثی که در دورانی که ما در زندان یزد بودیم رخ‌داد، ترور __احمد دهقان__ بود ...
__اول-__ تاریخ ترور __احمد دهقان__ ٦ خرداد ۱۳۲۹ است. ما در ١٥ بهمن ۱۳۲۷ دستگیرشدیم.
__در ٢٤ بهمن ۱۳۲۸ به زندن یزد تبعید شدیم. اول مهرماه ۱۳۲۹ به زندان قصر بازگردانده__ شدیم. پس من چهارماه بعد از قتل __دهقان__ به تهران منتقل شدم. بنابراین چگونه می‌توانستم در قتل __دهقان__ نقش داشته باشم؟
__دوم-__ __حسن جعفری__ در تاریخ ۲۵ فروردین ۱۳۳۰ اعدام شد. __ستوان قبادی__ در ۲۲ آذر ۱۳۲۹ به اتفاق ما فرارکرد و مخفی شد. پس در زمان اعدام __جعفری__ او افسر نگهبان زندان نبود که در مراسم اعدام حاضر باشد.
__سوم-__ پس از قتل __احمد دهقان__، __حسن جعفری__ در یک دادگاه جنجالی محاکمه شد و __دکتر مظفر بقائی__ وکالت او را قبول‌کرد و در دادگاه تمام حرفش این بود که قاتل __دهقان__، __رزم‌آرا__ است... "
(خاطرات نورالدین کیانوری- مؤسسه تحقیقاتی و انتشاراتی دیدگاه- صفحات ۱۹۷ / ۱۹٦)

بررسی دو نظر بالا

نگارنده با شرح زیر درباره **نورالدین کیانوری** موافقت دارد:

*" ... از میان **سیدعلی محمدباب** به این‌سو، بر روی [هر] نامی از میان سلاطین، سیاستمداران قاجاری، رضاشاهی، محمدرضا شاهی و یا پس از انقلاب، انگشت بگذارید، برای انتخاب شما- هر که باشد- در میان اسناد و افکار معاصر پایگاهی یافت خواهدشد: یا مورد پسند دست راستی‌هاست، یا میانه‌روها و لیبرال‌ها قبولش دارند، یا رادیکال‌ها تأییدش می‌کنند و یا انقلابیون پشت سرش قرارمی‌گیرند. اما اگر **نورالدین کیانوری** را انتخاب کرده‌باشید، آن‌گاه جنازه‌ای روی دستتان مانده‌است که هیچ خاکی او را نمی‌پذیرد: دست راستی‌ها تف و لعنتش می‌کنند، میانه‌روها و لیبرال‌ها وطن‌فروشش می‌دانند، رادیکال‌ها معتقدند که او جاسوس امپریالیست‌هاست و انقلابیون به خونش تشنه‌اند.*
افتخار او در این‌است که توانسته در ذهن مردم عادی غیرسیاسی هم، نام خود را با بی‌وطنی و مزدوری بیگانه مترادف‌سازد و حتی توده‌ای‌ها، که به خیانت رهبرانشان عادت کرده‌اند، حاضرنیستند از سر تقصیرات این یکی درگذرند.
*برای رسیدن به چنین اوجی در ذلت، باید در کسب یک نفس خبیث سال‌ها زحمت کشید. **کیانوری** به این اوج دست‌یافته و خاطرات او، بر این همه، یک مهر تأیید ابدی نهاده‌است.*
*خاطرات **کیانوری** سراپا تناقض، تضاد و دروغ است. می‌توان در افشای آن هزاران برگ نوشت تا به روشنی معلوم شود که وی درباره همه کس و همه چیز دروغ گفته‌است. ... "*
(چند بگوومگو درباره حزب توده، طبری، کیانوری، و ...- ناصر پورپیرار- صفحات ۱۸۰ / ۱۷۹)

نگارنده با نویسنده کتاب بالا هیچ‌گونه آشنایی ندارد و از پیشینه‌ها و باورهای سیاسی او نیز چندان آگاه نیست. تنها شنیده‌است که وی در حال حاضر مدیر شرکت انتشاراتی **کارنگ** در تهران می‌باشد و تاکنون کتاب‌های زیادی به‌چاپ رسانده‌است که ازجمله آنها **مجموعه‌ای هفت جلدی در انتقاد از عملکرد حزب توده ایران** می‌باشد. با این ترتیب، به‌یقین می‌توان گفت که او بسیار بیش از نگارنده، **نورالدین کیانوری** را می‌شناسد.
درهرحال نگارنده هنگام ورق‌زدن کتاب چند بگوومگو درباره ...، به متن بالا رسیده و چون آن‌را با واقعیات موجود درمورد **کیانوری** مطابق یافت تصمیم گرفت که به درج آن، **مانند این‌که از زبان خود او می‌باشد**، مبادرت نماید.
دکتر **فریدون کشاورز** نیز در مصاحبه خود بارها **کیانوری** را با همان خصوصیات بالا ولی با جملاتی دیگر معرفی کرده است. برای مثال در جملات زیر:

*" چیزهایی که من برای شما در این مصاحبه تعریف می‌کنم به‌قدری عجیب است که انسان تصورمی‌کند که **ماکیاول و رکمبول و جیمزباند با هم در جسم این مرد، یعنی کیانوری، وارشده‌اند** که با دروغ‌گویی و حقه‌بازی و ارعاب بعضی از کادرها و رهبران و کشتن و گیرانداختن عده‌ای از شواهد و مخالفین، به جنایات خود ادامه‌می‌دهد و حتی دبیر حزب می‌شود. ... "*
(من متهم می‌کنم کمیته مرکزی حزب توده ایران- دکتر فریدون کشاورز- صفحه ۷۰)

آنچه که نگارنده در اینجا به نظرات **دکتر کشاورز** و **پورپیرار** اضافه می‌نماید این‌است که این شخص و همسرش، **مریم فرمانفرماییان** (هر یک مانند پدر خود، یعنی **شیخ مهدی نوری** و **عبدالحسین‌میرزا**

فرمانفرما) از ایادی انگلیس به‌شمارمی‌رفته و از عوامل نفوذی **اینتلیجنت سرویس** در **حزب توده ایران** بوده‌اند.
این شخص موفقیت‌های خود در حزب توده را با حمایت‌های پنهانی همان سازمان جاسوسی به‌دست می‌آورده و درمواقع لازم (برای نمونه در زمانی که حزب توده نیرومند و خطرناک شده‌بوده) با فریب‌دادن روسیه و بدون آگاهی سایر رهبران آن حزب، در توطئه‌هایی (مانند سوءقصد به‌جان **محمدرضا شاه پهلوی**) شرکت‌می‌کرده که درصورت موفقیت نفعش به انگلستان می‌رسیده ولی درهرحال زیانش نصیب روسیه و آن حزب نیرومند می‌شده و آن‌را به‌شدت تضعیف می‌کرده‌است.
حال برای اینکه خوانندگان گرامی دریابند که **کیانوری** دربیان همین مطلب بالا نیز صداقت نداشته‌است، توضیحات زیر را بایسته می‌داند:
بطوری‌که می‌دانیم، پس از غیرقانونی شناختن حزب توده ایران، ۲۸ نفر از رهبران و اعضای ارشد آن حزب بازداشت شده‌اند.
این افراد را پس از محاکمه و محکومیت به زندان (به مدت‌های مختلف، بین یک تا ده سال)، در بهمن‌ماه سال ۱۳۲۸، به سه گروه تقسیم کرده و هرگروه را جهت ادامه زندان به یکی از شهرهای بندرعباس، یزد، و کاشان تبعید نموده‌اند.
نورالدین کیانوری که جزو چهارده نفر زندانیان تبعیدی به یزد بوده، درمورد برگرداندن این گروه و دو گروه دیگر، به زندان قصر چنین گفته‌است:

> " ... **پس از یکسال** و تنها **پس از این‌که اتحاد شوروی اولین بمب اتمی خود را آزمایش کرد** و **بر اثر فشار خانواده‌های زندانیان سیاسی تبعید شده، که جلوی مجلس به تظاهرات پرداختند**، ما را به زندان قصر منتقل کردند ... "
> (خاطرات نورالدین کیانوری- مؤسسه تحقیقاتی و انتشاراتی دیدگاه- صفحه ۱۹۳)

اتحاد جماهیر شوروی نخستین بمب اتمی خود را در تاریخ ۲۹ آگوست ۱۹۴۹ (۷ شهریور ۱۳۲۸) آزمایش کرده‌است و گروه ۱۴ نفری همراه با **آقای کیانوری** در حدود ۵ ماه بعد از این آزمایش تازه به یزد تبعیدشده‌اند و متجاوز از یکسال پس از آزمایش مزبور، یعنی در تاریخ اول مهرماه ۱۳۲۹ (۲۳ سپتامبر ۱۹۵۰) آنان را به زندان قصر برگشت‌داده‌اند.
در این تاریخ **حسن جعفری** در زندان قصر بسرمی‌برده و تا تاریخ ۲۴ آذر ۱۳۲۹ (۱۵ دسامبر ۱۹۵۰) که زندانیان توده‌ای از زندان فرارکرده‌اند، **یعنی به‌مدتی درحدود سه ماه**، با **نورالدین کیانوری** و سایر زندانیان توده‌ای هم‌زندان بوده‌است.
فرار زندانیان توده‌ای با همکاری دو نفر افسر شهربانی، به اسامی **ستوان‌یکم رفعت‌الله محمدزاده** و **ستوان‌یکم حسین قبادی** انجام شده‌است و این افسران از آغاز زندانی‌شدن **حسن جعفری** تا روز فرار زندانیان توده‌ای امور حفاظتی زندان قصر را عهده‌داربوده‌اند.
در صفحات ۲۶۲/۲۶۳ کتاب «**بی‌گناهی که به‌دار آویخته‌شد**» رونوشت یک نامه چند سطری وجوددارد که **حسن جعفری** آن‌را در تاریخ ۱۳۲۹/۶/۲۱، یعنی دوازده روز بعد از شروع محاکمه و پنج روز پیش از اعلام رأی دادگاه خطاب به رئیس زندان نوشته و **ستوان محمدزاده** به آن نامه چنین پاسخ داده‌است:

> *" **آقای جعفری**،*
> *چند دقیقه پیش **ریاست بازداشتگاه** برای تعیین تکلیف و کسب دستور به دادگاه جنایی تشریف‌برده‌اند و البته پس از مراجعت جواب داده خواهدشد. "*

این نامه نشان‌گر اختیارات سرپرستی یکی از آن دو افسر در نبود رئیس زندان و امکان تماس وی با **جعفری** می‌باشد.
در خاطرات **مریم فیروز**، همسر **نورالدین کیانوری**، نیز راجع به وضع این زندانیان، پس از انتقال به زندان قصر و نیز پس از فرار **کیانوری** از زندان چنین می‌خوانیم:

*" ... وقتی زندانیان به تهران آمدند، دیگر راه بازبود. یک روز برای دیدن **کیانوری** چادر به‌سرکرده و به زندان قصر رفتم.*
البته با این آگاهی که دو افسری که در آنجا هستند با ما همکاری می‌کنند**. به‌دلیل مخاطراتی که ما را تهدیدمی‌کرد، زندانیان گفتند: چرا آمدی؟ به هرحال من رفته بودم. خیلی هم شجاعت نمی‌خواست. **چون آن دو افسرس که آنجا بودند و من از بابت آنها اطمینان داشتم، می‌دانستم که آنها مراقب هستند و لطمه‌ای بر من وارد نخواهدشد.
در همان روزها بود که ده نفر از زندانیان سیاسی از زندان فرارکردند.
آنها با کمک آن دو افسر شهربانی که یکی داخل زندان کشیک داشت و دیگری در بیرون، نقشه‌ای را با تمام جزییات طراحی و اجراکردند و درنهایت طرح فرار با موفقیت انجام‌شد و همگی از زندان گریختند.
من از برنامه فرار زندانیان اطلاعی نداشتم. وقتی روزنامه‌ها مطلب را چاپ‌کردند، من درحین عبور از خیابان لاله‌زار، از فریاد روزنامه‌فروش‌ها که فرار ۱۰ زندانی توده‌ای را اعلام می‌کردند، متوجه قضایا شدم. مأمورین رژیم هم ابتدا در ارتباط با این جریان واقعاً گیج شده‌بودند و نمی‌توانستند کاری‌بکنند. ازسویی وقتی زندانیان فراری آمدند، یافتن محل اختفا و شرایط نگهداری و حفظ آنها بسیار مشکل و فوق‌العاده سنگین بود.
در خانه‌ای که من بودم بایستی آن دو نفر افسر فوق‌الذکر و کیانوری را نیز نگهداری کرد. درهرحال زندگی سخت و پرمسئولیتی بود. ..."
(خاطرات مریم فیروز، فرمانفرماییان- مؤسسه تحقیقاتی و انتشاراتی دیدگاه- صفحه ۷۷)

چنین به‌نظرمی‌رسد که **دکتر کشاورز** در بیان اتهامات خود صداقت‌داشته، به‌ویژه این‌که **سرگرد احمد شفائی** را، که در آن زمان هنوز زنده بوده، به شهادت گرفته‌است. اما باید درنظرداشت که اعترافات **ستوان قبادی** راجع به حوادثی مربوط به سال‌ها پیش از آن بوده که **دکتر کشاورز** در زمان وقوع آنها در ایران حضور نداشته‌است و نیز چون **دکتر کشاورز** سال‌ها پس از شنیدن، به‌نقل آنها می‌پرداخته، بنابراین پس‌وپیش بودن وقایع و عدم تطابق بعضی از آنها با تاریخ واقعی قابل توضیح و توجیه می‌باشد. برای نمونه **دکتر کشاورز** از قول **قبادی** چنین گفته‌است:

" وقتی که حسن جعفری، عضو حزب توده ایران، احمد دهقان، مدیر تهران‌مصور را کشت (٦ خرداد ۱۳۲۹) او را به زندان قصر آوردند. فردای آن روز کیانوری مرا به محل مخفی [؟!] خواست و به من دستورداد که با جعفری صحبت‌کنم و به او بگویم که حزب مشغول تهیه فرار اوست و به او بگویم نترسد و اسمی از حزب نبرد. "

از همین نقل قول مشخص می‌شود که **کیانوری** در آن زمان در زندان قصر نبوده و ما می‌دانیم که او به‌صورت تبعید در یزد زندانی بوده‌است. بازهم ما می‌دانیم که در آن زمان،

وحشت رزم‌آرا از اعدام حسن جعفری

" فقط دو نفر از اعضای هیأت اجراییه- [دکتر محمد] بهرامی و [دکتر غلامحسین] فروتن- به کمک سه تن از اعضای کمیته مرکزی- [نادر شرمینی، [امان‌الله] قریشی، [علی] متقی- اداره امور حزب را عهده‌دار گردیدند."
(سیاست و سازمان حزب توده، از آغاز تا فروپاشی- مؤسسه مطالعات و پژوهش‌های سیاسی- جلد نخست - صفحه ۱۷۱)

و این ۵ نفر، که از «**محلی مخفی**» امور حزب را ادارمی‌کرده‌اند، مرتب با **نورالدین کیانوری**، رهبر حزب نیز تماس‌داشته‌اند و نیز **حسن جعفری** درمورد انتقال خود به سلول انفرادی در زندان قصر چنین نوشته‌است:

*" زندانی که سلول من در آن قراردارد، بنای تازه‌سازیست که با ورود من افتتاح شد. پس از **چهارده روز** که در اداره آگاهی بازداشت‌بودم و تحقیقات مقدماتی تقریباً می‌رفت که تمام‌شود، به اینجا منتقل‌شدم. ... "*
(بی‌گناهی که به‌دار آویخته‌شد- همان- صفحه ۲۶۵)

و ما می‌دانیم **حسن جعفری** در مدت **چهارده روز** که در اداره آگاهی در بازداشت به‌سر می‌برده، در اختیار **سرتیپ دفتری** و سایر مأمورین رکن دوم ستاد ارتش بوده و اعترافات منسوب به وی را نیز همانها نوشته و به‌زور به امضای او رسانده‌بوده‌اند و با این ترتیب برای هیچ‌یک از دست‌اندرکاران در توطئه، ازجمله **حزب توده ایران**، جای نگرانی وجود نداشته‌است.
اما، کارگزاران حزب توده که در مدت **چهارده روز** فرصت کافی برای بحث و اتخاذ تصمیم داشته‌اند، در نخستین روز بعد از انتقال **جعفری** به زندان قصر، به‌نام **کیانوری**، **ستوان‌یکم قبادی** را به محل مخفی هیأت مدیره موقت خواسته و در آنجا پیغام **کیانوری** را به‌شرح بالا به او ابلاغ‌کرده‌اند.
و ما می‌دانیم که **نورالدین کیانوری**، دست‌کم تا زمستان ۱۳۳۴ («سیاست و سازمان حزب توده، از آغاز تا فروپاشی»- همان، زیرنویس صفحه ۱۳۷)، در تهران بطور مخفی زندگی می‌کرده‌است و فراردهندگان وی و دیگران، یعنی **ستوان‌یکم قبادی** و **ستوان‌یکم محمدزاده**، نیز تا مدتی بعد از فرار از زندان، در تهران زندگی می‌کرده و با **کیانوری** هم‌خانه بوده‌اند، پس امکان این‌که **ستوان قبادی**، بطور ناشناس، در صبح ۲۵ فروردین ۱۳۳۰ خود را به‌موقع به میدان سپه رسانده و در زمانی که **جعفری** را اعدام‌می‌کرده‌اند در نزدیکی محل اعدام، در جلوی سایر تماشاچیان، روبه‌روی وی ایستاده بوده، وجود داشته‌است.

وحشت رزم‌آرا از اعدام حسن جعفری

سپهبد رزم‌آرا پیش‌تر، از اینکه **جواد جعفری**، برادر بزرگ **حسن جعفری**، از اعضای رده بالا و فعال در **حزب توده ایران** و نیز از نویسندگان **روزنامه مخفی رهبر** می‌باشد، آگاهی داشته‌است و به‌همین جهت بعد از قتل **احمد دهقان**، که اعمال نفوذ و دخالت حزب توده در توطئه مربوط به آن قتل بر وی مشخص و روشن گردیده، بی‌درنگ به نقش **جواد جعفری** در آن توطئه پی‌برده و به‌ویژه مقاله افشاگرانه مندرج در **روزنامه مردم** را نیز حاصل آگاهی‌هایی دانسته که از سوی همین شخص در اختیار آن روزنامه قرارگرفته بوده‌است.

با این ترتیب، به‌دستور رزم‌آرا تمام رکن ۲ ستاد ارتش و حتی ادارات آگاهی و کارآگاهی شهربانی برای پیداکردن و بازداشت **جواد جعفری**، به این بهانه که وی توده‌ای و فراری است، بسیج شده‌اند. شرح زیر از قول **احمد هاشمی**، مدیر هفته‌نامه **اتحادملی**، نشان‌دهنده این مطلب می‌باشد:

*" ... بعد از قتل **مدیر تهران‌مصور**، برادر قاتل **دهقان**، **جواد جعفری**، که از دوستان زمان تحصیل من است و از **کارگردانان فعال حزب توده** بود و آن روز در حالت متواری به‌سرمی‌برد و بعدها دبیر دبیرستان‌های تهران شد، نزد نویسنده آمد و به سابقه مؤدت و صمیمیت دوران تحصیلی، خواست از نخست‌وزیر (رزم‌آرا) تقاضا کنم دستوربدهد رکن دوم ستاد ارتش دست از تعقیب او که پرونده توده‌ای داشت، بردارد، تا بتواند برای تبرئه برادرش، **حسین جعفری**، اقدام‌نماید.*

*من‌هم عین تقاضا را به رزم‌آرا گفتم، و ضمن صحبت اظهارداشتم مخالفینی که دستشان از مبارزه با شما کوتاشد، انتشارمی‌دهند که نخست‌وزیر قاتل **دهقان** است. درصورتی‌که اگر این‌طور بود، برادرش امروز مرا وسیله توصیه قرارنمی‌داد.*

*رزم‌آرا که معلوم بود از این شایعه خیلی نگران شده‌است، گفت: من دوستی صمیمی‌تر از **دهقان** از کجا پیدامی‌کنم. **دهقان** در راه من از جان و مال مضایقه‌نداشت و حیثیت خودش را در گرو موقعیت من گذاشته‌بود. حتی نزدیک‌بود سجل قضائیش را برای حفاظت ستاد ارتش من مسکوت‌کند ...*

*درهمین حال من مرتب و دقیق به حرف رزم‌آرا گوش‌می‌دادم و وقتی بر حیرتم افزوده‌شد که او گفت: حالا که گذشته‌ها گذشت. جنابعالی به برادر قاتل مرحوم **دهقان** که از شما این تقاضا را کرده‌است بگویید به رکن دوم ستاد ارتش دستورمی‌دهم حکم آزادی ایشان را صادرنماید یا خود شما زحمت بکشید، حکم ایشان را الساعه از **سرتیپ گیلانشاه** بگیرید....*

*نیم‌ساعت بعد که از اتاق نخست‌وزیر خارج شدم در اتاق انتظار کاخ ییلاقی رئیس‌الوزرا سرپل رومی با **گیلانشاه** روبه‌رو گردیدم. مرا با خود به ستاد هدایت‌کرد و بلافاصله حکمی به دستم داد که در آن نوشته‌بود:*

«مأمورین انتظامی، آقای جواد جعفری عضو سابق حزب منحله توده از اتهامات منتسبه تبرئه‌شده و آزاداست.

رئیس رکن دوم ستاد ارتش- سرتیپ گیلانشاه»

*من خوشحال و خرم حکم را گرفتم و به منزل برادر **جعفری** رفتم. پس از این‌که نظری به متن حکم انداخت، شماره تلفن مخصوص نخست‌وزیر را از من خواست. گفتم: ٦٤٠٢. گوشی را برداشت، آن شماره را گرفت. بلافاصله صدای رزم‌آرا شنیده‌شد. **جعفری** گفت: **حضرت اجل** بنده **جواد جعفری** برادر **حسن جعفری** هستم. با اعتماد به حکم مرحمتی جنابعالی به خیابان آمده‌ام. یک نفر افسر شهربانی که ملایری است به‌نام **ستوان‌دوم حمیدی** بنده را می‌شناسد. اصراردارد که به شهربانی جلبم کند. می‌گوید حکم ستاد ارتش برای شهربانی ارزش‌ندارد.*

*در جواب **جعفری**، رزم‌آرا گفت: نترسید گوشی را به آن افسر بدهید.*

*من که از این ابتکار **جعفری** مات و مبهوت شده‌بودم، متوجه شدم آقای **جعفری** به‌سرعت گوشی را روی گوش من گذاشت و با اشاره مرا وادار به صحبت کرد.*

آهسته گفتم: بله قربان

در جوابم گفت: ***آقای ستوان این مرد عضو خطرناک فراری حزب توده ایران است که برادرش بزرگترین ضربت را به ایران زده و دهقان را کشته‌است!! باید فوراً دستگیر و به رکن دوم تحویل‌شود. الساعه او را به ستاد ببرید تا من دستور بدهم که تعقیبش کنند!!***
*من دچار بهت و لکنت زبان شده، نمی‌دانستم خودم را معرفی کنم یا نه. با **جعفری** بودم. گفتم: **چشم**، و گوشی را روی تلفن گذاشتم.*
***جعفری** که دست رزم‌آرا را خوانده و نقشه و نیرنگش را ملاحظه‌کرد، کلاهش را تا روی ابرو پایین آورد. عینکش را روی دماغش قرارداد و با سرعت و عجله از من خداحافظی‌کرد و از خانه خارج شد و مثل سابق متواری‌شد."*
(زندگی سیاسی رزم‌آرا- جعفر مهدی‌نیا- صفحات ۲۶۱/۲۶۳- به‌نقل از مجله خواندنی‌ها- شماره ۸۰ سال ۱۲- صفحات ۷ و ۸- که به نوبه خود از خاطرات احمد هاشمی- روزنامه اتحاد ملی سال ۱۳۳۰- نقل شده‌است.)

محکومیت و اعدام

حسن جعفری در تمام مدتی که محاکمه‌اش جریان‌داشته از ابراز کوچکترین مطلب یا اشاره‌ای درمورد نقش حزب توده در تعیین و پیشنهاد **احمد دهقان** برای ترور (به‌جای **دکتر بقائی**) خودداری‌نموده و ، بطوری‌که پیش‌تر، در نوشته **دکتر فریدون کشاورز** خواندیم، این شخص، این امر را به‌علت اطمینان‌بخشی‌های **نورالدین کیانوری**، به **جعفری** جهت آزادسازی او دانسته‌است.
هرچند ممکن است که این نظر **دکتر کشاورز**، تا اندازه‌ای، نزدیک به حقیقت باشد، اما نگارنده بر این باورمی‌باشد که وحشت **حسن جعفری** از کشیده‌شدن پای برادرش، **جواد**، به ماجرای قتل **دهقان** که به احتمال زیاد زمینه‌های محاکمه و محکومیت او را نیز فراهم‌می‌ساخته، بیش از اطمینان‌بخشی‌های **کیانوری** کارساز بوده‌است.
درهرحال، دادگاه در تاریخ ۲۶ شهریور ۱۳۲۹ (۱۷ سپتامبر ۱۹۵۰) با اکثریت سه نفر در برابر دو نفر مخالف، رأی به اعدام **جعفری** داده‌است.
وکلای مدافع **جعفری** لایحه فرجام‌خواهی را تهیه‌کرده و در زمان مقرر به دیوان عالی کشور تسلیم‌نموده‌اند. رسیدگی به این لایحه (آنسان که پیداست) با اعمال نفوذ **رزم‌آرا**، در حدود شش‌ماه، دیرکرد داشته‌است و تا زمانی که او زنده بوده رأی دیوان مزبور در این مورد صادر نشده‌است.
گویا **رزم‌آرا** از واکنش و افشاگری‌های **جواد جعفری** (درصورت اعدام **حسن جعفری**) درمورد نقشی که رکن ۲ ستاد ارتش و خودش از ابتدا در اقدامات **حسن جعفری** داشته‌اند در وحشت بوده و می‌خواسته‌است که راه حل رضایت‌بخشی جهت آن پیدانماید.

" ... به همین جهت می‌گویند روزی که حسن جعفری، قاتل دهقان، پس از نه ماه [که از این قتل گذشته‌بود]، خبر ترور رزم‌آرا را در زندان شنید، دو دست به‌هم رساند و گفت: دیگر کار من هم گذشت و اتفاقاً چند روز بعد به‌دار آویخته‌شد."
(زندگی سیاسی رزم‌آرا- جعفر مهدی‌پناه- صفحه ۲۷۱- به‌نقل از خاطرات احمد هاشمی)

حاجیعلی رزم‌آرا در روز ۱۶ اسفند ۱۳۲۹ (۷ مارچ ۱۹۵۱) به‌قتل‌رسید و چند روز بعد از این واقعه:

" ... تقاضای فرجامی وکلای مدافع به شعبه ۸ دیوان کشور ارجاع‌شد و قضات آن شعبه، در یک حکم‌کوتاه و مختصر حکم دادگاه بدوی را ابرام‌نمودند."
(بی‌گناهی که به‌دار آویخته‌شد- ابوالقاسم تفضلی- صفحه ۲۷۳)

وکلای مدافع در نخستین روز بعد از تعطیلات نوروز، یعنی در ۸ فروردین ۱۳۳۰ (۲۹ مارچ ۱۹۵۱) ضمن لایحه‌ای درخواست اعاده دادرسی نموده‌اند.
در این زمان **جواد جعفری**، برادر **حسن جعفری**، با این‌که تحت پیگیری قرارداشته‌است، با ترتیبی که بعضی از دوستان توده‌ای وی داده‌بوده‌اند، به اصفهان رفته و ضمن دیدار با مادر **احمد دهقان**، موافقت وی را برای بخشش برادر خود جلب نموده‌است.
جواد جعفری در این مورد چنین می‌نویسد:

*"باری مادر **احمد دهقان** در محضر **آیت‌الله کلباسی** شخصاً از من خیلی دلجویی‌کرد و گفت: هرشب بعد از نماز برای رفع اتهام از **حسن جعفری** دعامی‌کنم.*
*بعد از این حرف‌ها و کلی مذاکرات به صلاح‌دید **آیت‌الله کلباسی**، مادر **احمد دهقان**، تلگرافی که سپس در تمام جراید تهران منتشرشد برای مستند اعاده دادرسی به دربار و وزیر دادگستری وقت، **امیر علائی**، و **دکتر مظفر بقائی کرمانی**، وکیل مدافع **حسن جعفری** و **علی خاوری**، وکیل شخصی خودش، به تهران مخابره‌کرد.*
متن تلگراف چنین بود:

*«تهران پیشگاه مبارک بندگان اعلیحضرت همایونی **محمدرضا شاه پهلوی**- درتعقیب عریضه مورخ ۲۹/۴/۲۷ باکمال عجز و انکسار، خاکسار **صغری‌بیگم متفقی**، **مادر مرحوم احمد دهقان**، فدایی اعلیحضرت به‌عرض می‌رساند:*
*چون محاکمه **حسن جعفری** به‌هیچ‌وجه قانونی و قانع‌کننده نبوده‌است و **بر من قاتل حقیقی فرزندم معلوم است، بنابراین من حسن جعفری را قاتل فرزندم نمی‌دانم و به‌هیچ‌وجه با اعدام او راضی‌نیستم.***
*اگر طبق حکم این محکمه‌های ساختگی باید او را اعدام‌کنند، **با کمال صراحت او را می‌بخشم** ...*
***... بنابراین استدعای بخشش** **حسن جعفری** و تشکیل یک دادگاه بی‌طرف را از خاک پای شاهنشاه معظم می‌نمایم.*

امضاء»

(گفت و شنفت- جواد جعفری- به‌کوشش دکتر کیانوش جعفری- صفحات ۱۴۹/۱۵۰)

اما، کارگزاران مربوط بی‌درنگ پس از رسیدن این تلگرام به تهران و پیش از آنکه اقدامی درمورد آن به‌عمل‌بیاید، به‌سرعت، ترتیب اعدام **حسن جعفری** را داده‌اند. به این معنی:

-در **روز پنجشنبه** ۲۲ فروردین ۱۳۳۰ به وکلای مدافع اطلاع داده‌اند که روز پیش از آن با درخواست اعاده دادرسی آنان موافقت نشده‌است.
-همان روز و پیش از آنکه درخواست یک درجه تخفیف به دست **شاه** برسد ترتیب اعدام **حسن جعفری** داده‌شده و او را در سپیده‌دم روز بعد (**یکشنبه** ۲۵ فروردین ۱۳۳۰) در میدان سپه به‌دار آویخته‌اند.

پیوست شماره ۱

انگیزه‌های دشمنی شدید رزم‌آرا با دکتر مظفر بقائی کرمانی

نخست- شرح کوتاهی درباره مبارزه شجاعانه دکتر بقائی با رزم‌آرا

الف- افشای رازی گفته‌نشده درباره آغاز این مبارزه

در اینجا فرصتی بی‌نظیر و ارزنده برای نگارنده پیش‌آمده‌است که به‌منظور شرح دلیل دشمنی شدید **سپهبد حاجیعلی رزم‌آرا** با **دکتر مظفر بقائی کرمانی**، به افشای یک راز ناگفته و شرح ماجرایی غیرمنتظره بپردازد که زندگی سیاسی **دکتر بقائی** را تغییرداده و موجب شده‌است که مدت کوتاهی بعد، این نماینده گمنام شهر دورافتاده کرمان به اوج شهرت و محبوبیت دست‌یابد.

برای شرح آن راز ناگفته باید یک سال و چند ماه به عقب برگشته و داستان را از یک سفر چندساعته غیررسمی **محمدرضا شاه پهلوی** به کرمان آغازنماییم:

سفر چند ساعته محمدرضا شاه به کرمان و ملاقات او با دکتر بقائی

در زمانی که **دکتر بقائی**، ریاست **فرهنگ کرمان** را به عهده داشته، **دانشسرای مقدماتی کرمان** دارای یک دبیرستان ضمیمه به‌نام **دبیرستان شاهپور** بوده‌است.

دکتر بقائی، دبیرستان مزبور را جدا ساخته و بطور موقت برای آن در جایی دیگر ساختمانی را اجاره کرده و یکی از فرهنگیان قدیمی به‌نام **یدالله میرحسینی** را به ریاست آن منصوب نموده‌است. **دکتر بقائی** همزمان با انتزاع دبیرستان مزبور، دستور احداث ساختمانی در اراضی مشتاق، توسط فرهنگ، برای آن دبیرستان را داده بوده‌است که این ساختمان در اوایل سال ۱۳۳۰ پایان یافته و دبیرستان شاهپور از آغاز سال تحصیلی ۳۱/ ۱۳۳۰ به محل جدید خود منتقل شده‌است.

اما، **یدالله میرحسینی**، رئیس دبیرستان شاهپور، که در اوایل سال تحصیلی ۲۸/ ۱۳۲۷ به تهران منتقل شده‌بوده و (شاید بعد از انتقال افراد خانواده به تهران و دادن ترتیب مقدماتی زندگی در آنجا) برای انجام آخرین کارهای شخصی و دادن ترتیب حمل لوازم خانه و اثاثه‌ای که در کرمان داشته به این شهر برگشته و قراربوده‌است که در صبح یکی از همان نخستین روزهای ورود **دکتر بقائی** به کرمان، با هواپیما به تهران مراجعت نماید.

در آن زمان فرودگاه کرمان، در همین محل فعلی، عبارت از زمین آسفالت شده وسیعی بوده که هنوز هیچ اتاق و ساختمانی در آن برای جا دادن استقبال‌کنندگان و بدرقه‌کنندگان وجودنداشته و هواپیمای ایران‌تور، متعلق به تنها **شرکت هواپیمایی ایران** در آن زمان، هر چند روز یک بار، در

پیوست یک - سفر محمدرضا شاه به کرمان و ملاقات او با دکتر بقائی

حدود ساعت ۸ تا ۸:۳۰ صبح به کرمان وارد می‌شده و پس از سوارکردن مسافران کرمان، در حدود یک یا یک و نیم ساعت بعد به سوی تهران برمی‌گشته‌است.
در روز مسافرت **یدالله میرحسینی**، عده‌ای از فرهنگیان کرمان و دوستان وی، از جمله **دکتر مظفر بقائی کرمانی**، که برای بدرقه وی به فرودگاه رفته‌بوده‌اند، با وضعی غیرعادی در آنجا مواجه‌شده‌اند.
چند کامیون نفربر ارتشی پر از سرباز همراه دو سه جیپ نظامی، حامل افسر به فرودگاه می‌آیند و سربازان را دورتادور فرودگاه نگاه‌می‌دارند و افسران نیز در اینجا و آنجا به گشت‌زنی مشغول‌می‌شوند.
این بدرقه‌کنندگان از هر یک از افسران و سربازان که جریان را می‌پرسند، وی به راست یا به دروغ اظهار بی‌اطلاعی می‌نماید. تا اینکه یکی از افسران، که با یکی از بدرقه‌کنندگان نسبتی داشته‌است، بطور آهسته و سربسته می‌گوید: **خبر داده‌اند که شاه به کرمان می‌آید.**
همان‌گونه که می‌دانیم، **محمدرضا شاه پهلوی** خلبان خوبی بوده، گواهی‌نامه خلبانی نیز داشته و به راندن هواپیما نیز بی‌اندازه علاقمند بوده‌است.
شاه در آن زمان، پیوسته در صدد بوده‌است تا اینکه فرصت مناسبی پیدا کند و بتواند خود را به یک هواپیمای ارتشی برساند و یکی دو ساعت با آن، البته همراه با خلبان و کادر فنی ورزیده، پروازنماید.
اما چون در آن ایام، **حزب توده ایران** در اوج قدرت به‌سرمی‌برده و ایادی آن حزب و سایر مخالفان **شاه** در همه‌جا از جمله در نیروی هوایی، پراکنده بوده‌اند، طبیعی‌است که پروازهای **شاه** با هواپیماهای ارتشی، به منظور تفریح و تفنن (که نوعی سوءاستفاده شخصی از اموال دولتی محسوب‌می‌شده و می‌توانسته‌است بر ضد وی مورد استفاده تبلیغاتی قرارگیرد) به‌نحوی بسیار مخفیانه و محرمانه صورت‌می‌گرفته و اخباری درمورد آن به خارج داده نمی‌شده‌است.
گویا همین علاقه **محمدرضا شاه** به هواپیمارانی در همان ایام مورد بحث ما، از یک‌طرف، جان وی را از یک خطر سوءقصد نجات‌داده و از طرف دیگر، نزدیک بوده‌است که به قیمت جان وی تمام‌شود.
دریک سفر رسمی که **شاه** در روز ۵ مهر ۱۳۲۷ برای زدن نخستین **کلنگ تونل کوهرنگ و افتتاح پل زاینده‌رود** به اصفهان رفته‌بوده و طبق برنامه تنظیمی قراربوده‌است که مدت این مسافرت فقط ۵ روز باشد، به‌بهانه بازدید از **نائین و اردستان** ولی به احتمال زیاد به منظور تمرین پرواز با هواپیمای اختصاصی، که (البته با خلبان و کادرفنی) برای استفاده وی و همراهان، در اختیارش قرارداشته، برنامه مسافرت و تاریخ بازگشت را تغییر داده‌است.
در کتاب «**زندگی سیاسی رزم‌آرا**» به‌نقل از هفتگی‌نامه **اتحادملی** پس از اقامه دلایلی راجع به اینکه در این مسافرت قصد ترور **شاه** را داشته‌اند، چنین نوشته شده‌است:

> *" ... این مسافرت انجام گردید، ولی روزهای آخر این برنامه به‌هم خورد، زیرا بنا به درخواست **دکتر طبا** نماینده نائین، به نائین و اردستان نیز مسافرت کردند و مدت مسافرت طولانی‌تر و خط سیر نیز عوض شد، درهمین سفر بود که مردم شنیدند **طیاره حامل شاه در موقع پرواز به‌طرف کوهرنگ سقوط کرد اما آسیبی به وجود شاه نرسید [!]** ...*
> (زندگی سیاسی رزم‌آرا- جعفر مهدی‌نیا- صفحه ۲۹۸)

پنج ترور تاریخی راه‌گشای صدارت مصدق

*" ... **سوءقصد به جان شاه** [به‌جای ۱۵ بهمن ۱۳۲۷ در دانشگاه تهران] می‌بایستی در سفر اصفهان و کاشان انجام‌می‌گردید. محل عمل نطنز بوده. از نزدیکان به دستگاه قدرت در این کار خیلی بوده‌اند.*
رزم‌آرا در این ماجرا شرکت داشته ...
***سفر شاه به نائین و اردستان برخلاف برنامه پیش‌بینی‌شده و تغییر خط سیر و طولانی شدن مسافرت، اجرای این نقشه را خنثی کرده** ... "*
(زندگی سیاسی رزم‌آرا- جعفر مهدی‌نیا- صفحه ۳۰۳)

درهرحال، بعد از به‌هم‌خوردن برنامه مسافرت، که دیگر تاریخ معینی برای بازگشت به تهران وجودنداشته و اختیار رفتن به هر شهر و بازگشت از آن تابع تصمیمات خلق‌الساعه **شاه** قرارگرفته بوده‌است، وی بطور معمول برنامه پروازهای خود برای ورود و خروج از هر شهر را طوری تعیین و اعلام می‌نموده تا چند ساعتی هم فرصت هواپیمارانی! داشته‌باشد.
چون درمورد نحوه سقوط هواپیما در حین این مسافرت، به‌علت اینکه خود **شاه** رانندگی آن‌را به‌عهده داشته، اعتراض‌ها و سرو صدای فراوانی بلند شده‌بوده، لذا **محمود جم**، وزیر وقت دربار، طی اعلامیه‌ای خبر وقوع این حادثه را تکذیب‌کرده بوده‌است.
دکتر بقائی در جلسه مورخ ۳۰ فروردین ۱۳۲۸ مجلس شورای ملی، ضمن استیضاح خود از دولت، در شرح مذاکره‌ای که درمورد این حادثه با **محمود جم** به‌عمل آورده چنین گفته‌است:

*" ... به ایشان عرض کردم **اعلیحضرت** تشریف برده‌بودند به اصفهان، خدای ناکرده سوءتصادفی پیش‌آمد. طیاره سقوط کرده و بطوری هم سقوط کرد که پای مبارک **اعلیحضرت همایونی** زخم شد. بطوری هم سقوط کرد که ما در تهران نگران شدیم و جناب آقای رئیس مجلس تلگرافاً از سلامتی **اعلیحضرت همایونی** استفسار کردند و از طرف قرین‌الشرف **اعلیحضرت** هم جواب آمد که بحمدالله خطری نرسید، درست شد.*
*آن وقت روز روزنامه‌ها را بازکردیم دیدیم که وزارت دربار شاهنشاهی می‌گوید: **طیاره‌ای سقوط نکرد و اعلیحضرت رأی مبارکشان قرارگرفت که آنجا پایین بیایند وضعیت را تماشاکنند**.*
*آخر آقایان! اگر این‌ها خیانتکار نیستند، این دروغ چه لزومی دارد که اعلامیه دروغ صادرکنند؟ چرا این‌کار را می‌کنند؟ اگر در آن‌موقع گفته‌بودند که **طیاره سقوط کرد ولی خداوند شاه محبوب ما را نگاه‌داشت، بهتر نبود؟** ... "*
(استیضاح حسین مکی، دکتر مظفر بقائی، ابوالحسن حائری‌زاده از دولت ساعد- انتشارات امیرکبیر- صفحه ۱۲۱)

خلاصه اینکه، بعد از حادثه مزبور، پروازهای تفننی **شاه** به‌نحوی محرمانه‌تر صورت می‌گرفته‌است و سعی می‌کرده‌اند که درمورد آنها خبری به خارج، به اصطلاح، درز ننماید.
در دهه یکم بهمن ۱۳۲۷، در همان نخستین روزهای ورود **دکتر بقائی** به کرمان، **محمدرضا شاه پهلوی** ترتیب یک مسافرت تمرینی و تفریحی تا اصفهان را داده و پس از صرف صبحانه و برداشتن ناهار کافی برای همه همراهان، با یک هواپیما، گویا به قصد اصفهان، از تهران به پرواز درآمده‌است.
پس از پرواز، **شاه** اعلام نموده‌است که چون خیلی زود می‌باشد و فرصت کافی وجوددارد، بد نیست که تا کرمان هم بروند و یا پس از توقفی بسیار کوتاه در آنجا فقط به‌منظور سوخت‌گیری، مراجعت نمایند.

پیوست یک - سفر محمدرضا شاه به کرمان و ملاقات او با دکتر بقائی

دیگران هم خواه‌ناخواه، این تصمیم شاهانه را قبول‌کرده و مراتب را با بیسیم هواپیما به ستاد ارتش در کرمان و مقامات کشوری و نظامی دیگر که پیوسته با هواپیمای **شاه** در تماس‌بوده و مسیر پرواز آن‌را کنترل‌داشته‌اند، می‌رسانند.
البته از این اطلاعات چندی بعد بدرقه‌کنندگان مورد بحث ما نیز آگاهی پیداکرده‌اند.
فرمانده لشکر کرمان در آن زمان شخصی بوده‌است به‌نام سرتیپ قَدَر.
بعد از آنکه **سردار فاخر حکمت**، که تا اوایل تابستان سال ۱۳۲۶ استانداری کرمان را به‌عهده‌داشته و در آن زمان برای شرکت در **دوره پانزدهم مجلس شورای ملی**، **به‌عنوان نماینده منتخب شیراز** (قبل از آنکه **ابراهیم زند** به‌جایش تعیین‌گردد) به تهران رفته‌بوده، همین **سرتیپ قدر** تا آمدن **ابراهیم زند به کرمان**، با حفظ سمت خود، کفالت استانداری آن استان را نیز عهده‌دار بوده‌است.
درهرحال، **سرتیپ قدر** تا زمان سوارشدن مسافران به هواپیمای ایران‌تور و پرواز آن به‌سوی تهران، که در آن روز بسیار سریع انجام گردیده‌است، یکی دو دفعه در اتومبیل سواری نظامی مخصوص خود به فرودگاه می‌آید و پس از چرخیدن به دور فرودگاه و دادن دستوراتی به افسران مأمور در آنجا، باز بیرون‌می‌رود.
بعد از رفتن هواپیمای **ایران‌تور**، چون بدرقه‌کنندگان همچنان در جای خود ایستاده‌بوده‌اند، لذا افسری از طرف **سرتیپ قدر** به نزد آنان آمده و علت توقفشان را پرسید.
یکی از آنان، که فرهنگی و از بستگان **دکتر بقائی**، به‌نام **حسن بقائی** بوده‌است، پاسخ می‌دهد:
ما می‌خواهیم شاه را ببینیم!
افسر با لحنی حاکی از تعجب و بدگمانی می‌پرسد: **کی به شما گفته‌است که شاه می‌آید؟**
همان شخص که می‌فهمد اشتباه کرده‌است، می‌گوید: من دیشب خواب دیده‌ام که **شاه** امروز به کرمان می‌آید، حال در اینجا به امید دیدار **شاه** ایستاده‌ایم، اگر **شاه** آمد معلوم می‌شود که خواب من رویای صادقانه بوده‌است و اگر هم نیامد که ما ضرری نکرده‌ایم.
درهرحال، ظاهرشدن هواپیمای حامل **شاه** و وجود **دکتر بقائی** در میان این گروه باعث می‌شود که جهت خروج آنان از محوطه فرودگاه اصراری به‌عمل نیاید.
با فرود هواپیما، **سرتیپ قدر** نیز از اتومبیل پیاده می‌شود تا به محل توقف هواپیما برود، در همین وقت یکی از این بدرقه‌کنندگان از دور با صدای بلند، خطاب به وی می‌گوید:
به اعلیحضرت عرض‌کنید که دکتر بقائی هم در اینجا است و می‌خواهد که از سوی مردم کرمان خیرمقدم به‌عرض برساند.
چند دقیقه بعد افسری دوان‌دوان به‌نزد بدرقه‌کنندگان می‌آید و اطلاع می‌دهد که **اعلیحضرت**، **دکتر بقائی** را احضارفرموده‌اند.
دکتر بقائی از سایر بدرقه‌کنندگان جدا شده به‌سوی **شاه** می‌رود و اندکی بعد آنان می بینند که **شاه** و **دکتر بقائی** از دیگران فاصله گرفته و دوبه‌دو مشغول قدم‌زدن و گفتگو هستند.
در حدود سه‌ربع تا یکساعت بعد بدرقه‌کنندگان می‌بینند که **دکتر بقائی** به‌سوی آنان به راه افتاده‌است و در همان زمان هم می‌بینند که آنتن‌های بی‌سیم هواپیما را به بالا می‌کشند تا مطلبی را مخابره‌نمایند و همگی خیال می‌کنند که **شاه** آماده مراجعت شده‌است، اما با رسیدن **دکتر بقائی** معلوم‌می‌شود که می‌خواسته‌اند **دیرکرد بازگشت شاه** را گزارش دهند.
دکتر بقائی به آگاهی می‌رساند که مکانیسین‌های هواپیما، بازکردن و بازدید دستگاهی از هواپیما را ضروری تشخیص داده‌بودند و در ابتدا گمان‌می‌کرده‌اند که این کار حدود یکساعت به‌طول می‌انجامد، ولی چون اکنون گفته‌اند که مدتی بیشتر برای آزمایش کامل از هواپیما لازم‌می‌باشد لذا وی از **اعلیحضرت** درخواست کرده‌است که در این مدت کوتاه دیداری از شهر کرمان به‌عمل بیاورند. ولی درهرحال برای ناهار در کرمان نخواهندبود.

سپس از **علی یاسائی** که جزو بدرقه‌کنندگان بوده و اطلاعات وسیعی راجع به تاریخ کرمان و امور و مسایل مربوط به آن داشته‌است، می‌خواهد که برای ادای توضیحات لازم به **شاه** راجع به نقاط مورد بازدید و وضع و امور شهر کرمان، آماده‌باشد و همچنین از او می‌پرسد که: **کجا صلاح می‌دانید برویم؟**
با توجه به کوتاه بودن مدت، تصمیم می‌گیرند که **شاه** را به دیدار **مسجد جامع** و **پرورشگاه صنعتی** ببرند.
در میدان توپخانه تهران، در گوشه شمال‌غربی آن، و نیز در خیابان حافظ (سابق) بین خیابانهای شاهرضا و تخت‌جمشید (سابق) دو نمایشگاه کوچک به‌نام موزه صنعتی‌زاده وجودداشته (که گویا هنوز هم وجوددارند) که در آنها تعدادی مجسمه و تابلوی زیبا به معرض تماشاگذاشته‌شده (بوده)است.
این مجسمه‌ها و تابلوها همگی کار هنرمندی است که پسرخوانده بنیان‌گذار و شاگرد همان پرورشگاه بوده‌است و پرورشگاه مزبور در کرمان هم‌اکنون نیز دارای آثار هنری فراوانی می‌باشد که توسط شاگردان همان پرورشگاه به‌وجود آمده‌اند.
درهرحال، **شاه** به همراه تعدادی از کسانی که همراه خود داشته و پیشبازرفتگانی که هر لحظه، با آگاهی از آمدن **شاه** به کرمان بر تعدادشان افزوده می‌شده‌است، ابتدا از **مسجد جامع شهر** و سپس از **پرورشگاه صنعتی** دیدار کرده‌است.
ورود وی به پرورشگاه مصادف‌می‌شود با وقت صرف ناهار بچه‌ها که در آن روز نان با سیب‌زمینی آب‌پز داشته‌اند.
شاه یک سیب‌زمینی پخته را برمی‌دارد، آن‌را پوست می‌کند، به آن نمک می‌زند و درحالی‌که مشغول خوردن آن بوده رو به **ابراهیم زند**، استاندار، که کمی بعد از ورود **شاه**، از این امر آگاهی یافته و خود را رسانده بوده‌است، کرده و می‌پرسد: **کالری سیب‌زمینی در هر صدگرم چقدر است؟**
ابراهیم زند اظهار بی‌اطلاعی می‌نماید. **شاه** روی خود را به سوی دیگر کرده، همین پرسش را از **محمود جم**، وزیر دربار، و **سرتیپ قدر**، فرمانده لشکر، به‌عمل می‌آورد. آنان هم چیزی نمی‌دانسته‌اند.
محمد ارجمند کرمانی، مشهور به **سلطان قالی**، که **دکتر بقائی** در خانه وی سکونت داشته‌است، پس از آگاهی از ورود **شاه** به کرمان، بی درنگ لباس رسمی، که آن‌را برای مراسم سلام و رفتن به تهران و به حضور **شاه** تهیه‌کرده بوده‌است، پوشیده و خود را به پرورشگاه می‌رساند و در زمانی به آنجا می‌رسد که **شاه** در حال پرسش از همراهان خود **درمورد میزان کالری سیب‌زمینی بوده‌است.**
وی پس از ادای سلام و تعظیم در مقابل **شاه**، در کنار دیگران قرارمی‌گیرد. و چون پرسش **شاه** را درمورد «**کالری**» می‌شنود، گمان‌می‌کند که **پرسش درمورد واحد قدیم وزن در کرمان یعنی «مَن» و مقایسه آن با واحد وزن جدید یعنی «کیلو» می‌باشد.** به این‌جهت یکی دو قدم جلوگذاشته و پس از تعظیم با صدای بلند می‌گوید: **قربان هر سه کیلو یک من است!!**
همه حاضران به‌علت حضور **شاه**، با زحمت جلوی خنده خود را می‌گیرند و **شاه** نیز با لبخندی مختصر و با تکان‌دادن سر این اظهارنظر را تصدیق‌می‌کند.
پس از این دیدار کوتاه از شهر، **شاه** به فرودگاه برمی‌گردد و بعد از خداحافظی با مقامات دولتی و محترمین کرمان، از جمله **دکتر بقائی**، به داخل هواپیما می‌رود و چند دقیقه بعد به‌سوی مقصدی که داشته‌اند پرواز می‌نمایند.
عکس صفحه بعد، که توسط «**عکاسی مشکوة**» در کرمان گرفته شده‌است یادگاری از این سفر **شاه** به کرمان می‌باشد که خبر آن در جایی درج نشده‌است.
(لازم به یادآوری می‌داند که نگارنده، آگاهی‌های مربوط به مسافرت بالا را بارها و بارها در جلسه‌های خانوادگی و دوستانه، از زنده‌یاد **علی یاسائی**- پدر همسر نگارنده، چند سال بعد- درمورد

پیوست یک ـ سفر محمدرضا شاه به کرمان و ملاقات او با دکتر بقائی

اینکه در آن روز، وظیفه ادای توضیحات راجع به تاریخچه نقاط مورد بازدید **شاه** را به‌عهده داشته‌است، و نیز از زنده‌یاد **محمدحسین شفیعی**، رئیس وقت کارپردازی فرهنگ کرمان، و چند نفر دیگر از کسانی که در آن روز از آغاز تا پایان آن مسافرت در همه جا شاهد و ناظر داستان بوده‌اند، شنیده‌است.)

عکسی منحصربه‌فرد
از سفر چند ساعته محمدرضا شاه پهلوی به کرمان
زمستان ۱۳۲۷

درطرف چپ عکس، ابراهیم زند، استاندار کرمان،
و در طرف راست آن سرتیپ قدر، فرمانده لشکر،
در حال دادن گزارش به شاه دیده‌می‌شوند.
دکتر بقائی نیز در پشت سر و دست راست شاه می‌باشد
و سر محمود جم، وزیر دربار وقت،
نیز به‌خوبی از روی شانه چپ شاه قابل تشخیص است.

پیوست یک – تصمیم دکتر بقائی برای مبارزه با دیکتاتوری رزم‌آرا

ب- تصمیم جدید دکتر بقائی، پس از مذاکره با شاه برای مبارزه با دیکتاتوری رزم‌آرا

درمورد اینکه چه مطالبی، در گفتگوی دو نفری، در فرودگاه کرمان بین **محمدرضاشاه** و **دکتر بقائی** مطرح شده‌است، اطلاع دقیقی در دست نیست اما آن‌چه می‌توان اظهارنظرنمود این‌است که **دکتر بقائی** در پایان آن از بعضی اسرار ناگفتنی درمورد اختلافات شدید بین **شاه** و **رزم‌آرا** آگاه شده و شاید قول و قرارهایی نیز بین او و **شاه** جهت مبارزه با **رزم‌آرا** گذاشته‌شده بوده‌است.
حداقل وی آگاهی یافته بوده‌است که اطلاعات نظامی **رزم‌آرا** از **شاه** و در مقابل ابراز اعتماد **شاه** نسبت به **رزم‌آرا**، تظاهراتی است مصلحت‌آمیز که کوچکترین ریشه‌ای در حقیقت ندارد.
وی از سخنان **شاه** به این نتیجه رسیده بوده‌است که **رزم‌آرا** تا آن زمان به تدریج با جلب حمایت دولت‌های خارجی بیگانه، به‌صورت قدرتی غیرقابل کنترل درآمده و برخلاف میل **شاه**، در حال سوق‌دادن کشور به‌سوی یک دیکتاتوری شدید نظامی می‌باشد و مردم ایران دورانی بسیار تاریک از عدم آزادی و خفقان در پیش خواهند داشت.
خلاصه اینکه، تصور حاصله در **دکتر بقائی** این بوده‌است که موقعیت **شاه** در برابر **رزم‌آرا**، درآن زمان، کم‌وبیش همانند موقعیت **احمدشاه**، در آخرین سال‌های حکومتش می‌باشد، یعنی در تنگنایی قرارگرفته‌است که هر روز بیش از روز پیش، به انتهای آن رانده می‌شود، و سرانجام سرنوشتی جز نابودی یا فرار در انتظارش نخواهدبود.
چند روزی بعد از ملاقات شاه و دکتر بقائی، در کرمان، حادثه تیراندازی به شاه در دانشگاه تهران پیش‌آمده‌است. این حادثه در نظر **دکتر بقائی** به منزله مهر تأییدی بر اظهارات خصوصی **شاه** به وی، تلقی شده و زنگ هرگونه شک و تردید نسبت به آن اظهارات را از دل وی زدوده است.
دکتر بقائی، بر اساس اظهارات خصوصی **شاه**، انگشت **رزم‌آرا** را در این توطئه عیان دیده و اطمینان کامل یافته‌است که **رزم‌آرا** درصدد نابودی **شاه** می‌باشد تا حکومت را قبضه کند و بساط دیکتاتوری خفقان‌آور خود را بگستراند.
در این شرایط و موقعیت بوده، که **دکتر بقائی** تصمیم گرفته‌است که برای نجات کشور از این دیکتاتوری قریب‌الوقوع به کاری خطرناک دست بزند، یعنی با استفاده از مصونیت پارلمانی و تریبون مجلس با **رزم‌آرا** به مبارزه برخیزد وسعی نماید که با رسوا ساختن وی و افشای اسرار، آشی را که وی در حال پختن آن برای این ملت می‌باشد، تاآنجا که ممکن است سبب سرنگونی دیگ حاوی آن آش را قبل از آماده‌شدن فراهم‌سازد.
نگارنده که در آن زمان هفده ساله بوده، و در یک مجلس شکرگزاری که درپی واقعه سوءقصد در مسجد جامع کرمان تشکیل شده‌بود، به سخنرانی **دکتر مظفر بقائی** گوش می‌داده‌است، به خوبی بیاد دارد که سخنان **دکتر بقائی** با چنین جملاتی آغاز گردید:

> *" تیری که به‌سوی شاه رها شد، کمانه کرد و به قلب آزادی خورد. اکنون من به تهران می‌روم تا از خون خود به رگهای آزادی تزریق نمایم و از نابودی آن جلوگیری کنم ... "*

اقداماتی که متعاقب حادثه سوءقصد، توسط مأموران ارتش در کرمان به‌عمل آمده، از طرف **دکتر بقائی** به‌عنوان «**مشت نمونه خروار**» در سایر نقاط کشور تلقی شده و نه تنها وی را در تصمیم خود راسخ‌تر ساخته، بلکه آن تصمیم را به‌صورت وظیفه‌ای ملی برای خود شناخته‌است.
همان‌گونه که خود او ضمن نامه سرگشاده مورخ پنجم فروردین ۱۳۲۸ به‌حضور **شاه**، نوشته‌است:

" ... پس از مطالعه دقیق اوضاع و مشاهده مقدمات خواب ناروایی که برای این ملت ستمکشیده دیده‌اند، از لحاظ وظیفه ملی و وجدانی بر خود لازم و واجب شمردم راه مبارزه با روش خلاف آزادی و ناشایسته‌ای که ملت ایران را تهدید می‌کند، در پیش گرفته از اصول مقدس آزادی و عدالت دفاع نمایم و به این جهت از ارواح مقدس تمام شهدای آزادی، که عم بزرگوارم نیز در بین آنها می‌باشد، الهام گرفته و با قلب قوی و عزم راسخ مصمم شدم در این طریق قدم گذارم و به دنیای بزرگ ثابت کنم که ملت ایران هنوز نمرده و یک نفر از کوچکترین افراد آن قادر است ندای حق و آزادی را در این هنگام که روش تحریم آزادی و تضییق عدالت در کشور حکم‌فرما است با کمال از خودگنشتگی و شجاعت به گوش ملت ایران و جهانیان برساند.

این بود که در روز جمعه ۱۳ اسفند ۱۳۲۷ طی سخنرانی تودیعی در [دبیرستان پهلوی] کرمان پرده‌ها را بالا زده و حقایق و دانستنی‌ها را به همشهری‌ها و موکلین خودم اعلام داشتم و از همان‌جا به این رویه حق‌کشی و بی‌عدالتی اعلان جنگ داده و فوراً به پایتخت عزیمت نمودم ...

بعد از وقوع سانحه شوم دانشگاه، در کرمان شاهد و ناظر بروز احساسات شاه‌دوستی مردم بودم و طی سه سخنرانی در مجامعی که برای شکرانه سلامتی تشکیل یافته بود در احساسات واقعی مردم شرکت کردم ...

*جشن‌ها و شکرگذاری‌ها خاتمه پیداکرد و مردم با خوشوقتی تمام از سلامتی و صحت ذات ملوکانه به کارهای خویش پرداختند، ولی پس از چند روز به **«اولیای نظامی» دستور رسید که ابراز احساسات ادامه پیداکند و پیدا هم کرد** ولی اعلیحضرتا خیلی متأسفم به عرض برسانم، احساساتی که پس از این دستور ابرازشد، قابل مقایسه با آن احساسات اولیه نبود و اگر عرض کنم جنبه‌های تصنعی و اغراق‌آمیز آن بی‌اکراه نبود، شاید خیلی کمتر از حقیقت واقع را بیان کرده باشم ...*

نمی‌توانم قبول کنم که این اعمال از روی نادانی و عدم تعمد صادر شده باشد، بلکه یقین دارم این تظاهرات به اضافه اعمالی که تکذیب عملی فرمایشات ملوکانه بود، صرفاً برای دورساختن قلوب مردم بیچاره از شاهنشاه مهرپرور آنان صورت گرفته‌است ... "

(استیضاح حسین ملکی، دکتر مظفر بقائی، ابوالحسن حائری‌زاده از دولت ساعد- همان- صفحات ۱۸/ ۱۳)

ج- چگونگی آغاز مبارزه سیاسی توسط دکتر بقائی

حسین مکی، که از مذاکرات **محرمانه و دو نفری شاه و دکتر بقائی در کرمان** آگاه نبوده، این مطلب را به شرح زیر بیان داشته‌است:

*" ورود **دکتر بقائی** به جبهه اقلیت*

دکتر بقائی تا قبل از ۱۵ بهمن ۱۳۲۷ جزو اکثریت مجلس بود**، و دو ماه مرخصی گرفته بود که در حوزه انتخابی‌اش در کرمان باشد و **چون جزو اکثریت بود، از دستوراتی که از طرف دولت داده‌می‌شد، مطلع می‌گردید.

پیوست یک - تصمیم دکتر بقائی برای مبارزه با دیکتاتوری رزم‌آرا

چند روز پس از ۱۵ بهمن از تلگراف رمز و دستورهایی که از طرف دولت و ستاد ارتش برای درخواست مجلس مؤسسان و تغییر بعضی از اصول قانون اساسی مخابره شده‌بود، مسبوق می‌گردد.
همان‌جا تصمیم خود را می‌گیرد که از مرخصی صرف‌نظر نموده، به تهران آمده وظیفه نمایندگی‌اش را انجام دهد، که خود شرح آن را ضمن استیضاح بیان کرده است ...
دکتر بقائی ضمن صحبت با بعضی از همکاران و سایرین درباره استیضاح ما اطلاعاتی به‌دست می‌آورد که علاوه بر اینکه استیضاح صورت نخواهدگرفت، برای من و حائری‌زاده مخاطراتی در پی خواهدداشت. بنابراین وقتی خواست استیضاح خود را تقدیم نماید، به‌علت عدم تأمین جانی اعلام نمود که تا خاتمه استیضاح در مجلس متحصن خواهدگردید.
تحصن دکتر بقائی علاوه بر اینکه استیضاح را به مرحله عمل درآورد، این فایده را نیز داشت که از ما دو نفر هم رفع خطر گردید.
بدین ترتیب دکتر بقائی به اقلیت پیوست و تا آخر دوره ۱۵ با تمام مخاطرات متصوره با ما همکاری کرد ..."
(استیضاح حسین مکی، دکتر مظفر بقائی، ابوالحسن حائری‌زاده- همان- صفحات ۱۶/ ۱۵ بخش مقدمه)

د- آغاز مبارزه سیاسی توسط دکتر بقائی

دکتر بقائی استیضاح خود را در روز پنجشنبه ۱۹ اسفند ۱۳۲۷ (۱۰ مارچ ۱۹۴۹) به مجلس تقدیم کرده و اعلام نموده‌است که:

" ... *چون تأمین جانی هم ندارم از حالا که استیضاح را تقدیم می‌کنم، در مجلس تحصن اختیار می‌کنم تا اینکه حرف‌های خود را بزنم ...* "
(استیضاح حسین مکی، دکتر مظفر بقائی، ابوالحسن حائری‌زاده- همان- صفحه ۱۹ مقدمه)

استیضاح دکتر بقائی در تاریخ ۲۳ فروردین ۱۳۲۸ (۱۲ آوریل ۱۹۴۹- ۱۳ جمادی‌الثانی ۱۳۶۸)، طی ۸ جلسه ادامه یافته‌است.
در زیر شرح کوتاهی از نکات اصلی و عمده این استیضاح را به آگاهی خوانندگان گرامی می‌رساند:

۱- **دکتر بقائی** در آغاز به آگاهی مجلس رسانده‌است که وی بعد از تقدیم استیضاح، عریضه‌ای برای **شاه** ارسال داشته بوده و چون دیده است که ترتیب اثری به آن داده نشده لذا در تاریخ ۵ فروردین ۱۳۲۸، یعنی روز پیش از آغاز انتخابات مجلس مؤسسان، عریضه سرگشاده‌ای برای **شاه** نوشته و آن را برای درج در روزنامه‌های کثیرالانتشار فرستاده است ولی هیچ یک از آن روزنامه‌ها آن‌را چاپ نکرده‌اند.
دکتر بقائی درصدد برآمده‌است که با هزینه شخصی به چاپ آن مبادرت نماید، اما بنا به گفته مسئولان چاپخانه‌ها، از آنان التزام گرفته شده بوده‌است که بدون کسب اجازه از شهربانی چیزی را چاپ ننمایند.
وی در روزهای ۵ و ۱۲ فروردین دو نامه به اداره شهربانی نوشته و با ارسال عریضه مزبور درخواست اجازه برای چاپ آن‌را کرده که به دریافت پاسخی توفیق نیافته‌است.

پنج ترور تاریخی راهگشای صدارت مصدق

تا اینکه در روز ۱۴ فروردین موضوع را در مجلس مطرح ساخته که رئیس مجلس با چاپ آن در چاپخانه مجلس موافقت کرده‌است.
چاپخانه مجلس حروف‌چینی مربوط به آن عریضه را انجام داده و سه نسخه هم از آن چاپ‌کرده و برای غلطگیری به **دکتر بقائی** داده ولی بعد از آن، هر یک از مقامات مسئول چاپخانه هر روز به بهانه‌ای از چاپ آن خودداری نموده‌اند و رئیس مجلس نیز پس از دخالت در این امر متوجه جریان شده و او هم برای پرده‌پوشی بر واقعیت امر به بهانه‌سازی پرداخته‌است.
درهرحال، **دکتر بقائی** بعد از مقدمه‌ای به مضمون مزبور عین عریضه سرگشاده خود را در مجلس خوانده‌است که ما پیش‌تر جملاتی از آن را نقل نموده‌ایم.

۲- **دکتر بقائی** استیضاح خود را، در دومین جلسه، با سخنانی درمورد حکومت بر مردم، منشاء و انواع آن بیان داشته و **تا جایی رسیده که سخنان وی طرفداری علمی و علنی از نظرات مارکس و انگلس بوده‌است.**
در این موقع تعدادی از نمایندگان به سخنان وی اعتراض کرده و آن‌ها را تبلیغ مرام اشتراکی دانسته‌اند. ولی **دکتر بقائی** بدون توجه به اعتراضات این افراد و نایب رئیس مجلس، باز هم به خواندن جملات بیشتری از این سخنان ادامه داده و بعد از نمایندگان پرسیده‌است:

" آقایان تصدیق می‌کنید که این‌ها تبلیغ مرام اشتراکی است و با این عقیده مخالفید؟ "

همین‌که نمایندگان به پرسش مزبور پاسخ مثبت داده‌اند وی اظهار داشته‌است:

*" ... خیلی معذرت می‌خواهم، این‌ها و چیزهای دیگری که بنده خواندم به قلم یک نفر بی‌حیثیتی است که الان عِرض و ناموس و آزادی و همه چیز مردم این مملکت در دست اوست و **این آقای سرهنگ مهتدی دادستان نظامی است** ... "*
(استیضاح حسین مکی، دکتر مظفر بقائی، ابوالحسن حائری‌زاده- همان- صفحات ۲۳/ ۲۲)

دکتر بقائی پس از آن به خواندن خلاصه پرونده این شخص پرداخته که **با درجه ستوان‌یکمی، به‌علت تمرد، در ردیف افسران فراری محسوب شده و قراربوده‌است که پس از دستگیری به دادگاه تسلیم‌گردد.**
هرگاه این شخص محاکمه می‌شد و بی‌گناه شناخته‌می‌شد و یا عفومی‌گردید و می‌خواست که به ارتش برگردد، این امر با یک درجه تنزل رتبه و یا، تحت شرایطی، با همان درجه سابق امکان‌پذیر بوده‌است. اما، **وی با اعمال نفوذ رزم‌آرا با درجه هم‌ردیف سرهنگ دوم استخدام شده و در سمت دادستان ارتش به خدمت پرداخته‌است!**
افسران هم‌ردیف، از نظر قوانین مربوط افسر تلقی‌نمی‌شده و فقط از نظر حقوق در ردیف افسران قرارمی‌گرفته‌اند و **چون دادستان ارتش می‌بایست که از بین افسران انتخاب‌گردد، لذا شخص مذکور صلاحیت انتصاب به سمت دادستانی ارتش را نداشته‌است.**
(خوانندگان گرامی توجه دارند، در آن زمان که حزب توده ایران تازه غیرقانونی شده‌بوده و گناه توده‌ای و کمونیست بودن برای بازداشت و محکومیت هرکس کفایت می‌کرده، **همین آقای دادستان ارتش با آن عقاید و سوابق کمونیستی و طرفداری‌اش از تغییر رژیم، گویا فعالانه مشغول زندانی‌کردن، محاکمه و محکوم ساختن اعضای قدیم، جدید و حتی مستعفی حزب توده بوده‌است!**

۳- در تاریخ ۲ بهمن ۱۳۲۷، یک **سرهنگ بازنشسته ارتش**، در صحن مجلس شورای ملی، به گوش **مهندس سیداحمد رضوی**، نماینده کرمان، سیلی‌نواخت. اما، نه‌تنها کوچکترین مجازاتی از طرف

پیوست یک – تصمیم دکتر بقائی برای مبارزه با دیکتاتوری رزم‌آرا

مقامات قضایی درمورد وی انجام نشده، بلکه **در بانک صنعتی یک اداره جدید برایش ایجادکرده و ماهی نهصد تومان حقوق، همچنین اتومبیل و مزایا، برایش تعیین نموده‌اند.**
دکتر بقائی با شرح مورد بالا، همراه با دلایل لازم و ذکر شماره حکم استخدامی صادره اضافه کرده‌است:

*" ... وقتی که برای یک سیلی که به **مهندس رضوی** زده‌شود، یک اداره و نهصد تومان حقوق و یک دانه اتومبیل و مزایا [بدهند] برای جلوگیری از این حرف‌هایی که من حالا زدم و بقیه‌اش را خواهم زد، خیلی بیشتراست. برای این، که ممکن است وزارت بدهند، وکالت که چیز پیش پاافتاده‌ایست. چیزهای دیگر بدهند ... "*
(استیضاح حسین مکی، دکتر مظفر بقائی، ابوالحسن حائری‌زاده- همان- صفحه ٤٠)

دکتر بقائی در قسمت دیگری از استیضاح خود اظهارداشته‌است:

*" ... **جناب آقای دکتر اقبال**، در موقعی که وزیر فرهنگ بودند، دستور دادند که از دانشجویان تعهد گرفته‌شود که در سیاست مداخله نکنند ...*
*جوان‌های بیست ساله و بیست و چند ساله حق اظهارنظر در امور سیاسی را ندارند، در همین مملکت **دانش‌آموزان، که حداقل سنشان ١٥ سال است، این‌ها دخالت در سیاست می‌کنند و اظهارنظر می‌کنند** ... "*
(استیضاح حسین مکی، دکتر مظفر بقائی، ابوالحسن حائری‌زاده- همان- صفحه ٥٤)

اسناد مربوط به این قسمت تعدادی تلگرام بوده که به‌نام دانش‌آموزان دبیرستان‌های مختلف، از تهران و سایر نقاط ایران، در طرفداری از تصمیم **اعلیحضرت همایونی** مبنی بر تشکیل مجلس مؤسسان جهت تغییر موادی از قانون اساسی، به روزنامه‌های اطلاعات و کیهان مخابره و در آن روزنامه‌ها به چاپ رسیده بوده‌است.

٤- در ادامه استیضاح **دکتر بقائی** چنین می‌خوانیم:

" ... دولت تصمیم گرفت کسانی که وارد حزب توده بودند یا منتسب به حزب توده بوده‌اند، اخراج کند ... من اینجا اسامی دبیران و آموزگارانی را دارم که نه‌تنها منتسب به حزب توده نبوده‌اند، حتی بعضی از این‌ها را من شخصاً اطلاع دارم که جزو مبارزین با حزب توده بوده‌اند. این‌ها را هم از کار برکنار کرده‌اند.
*خودتان نمی‌دانید چرا؟ ولی من می‌دانم. این‌ها برکنار شده‌اند برای‌اینکه در دوران تصدی **جناب آقای دکتر اقبال**، وزیر محترم کشور، که در آن موقع وزیر محترم فرهنگ بودند، این‌ها حاضر به اطاعت کورکورانه نشده بودند. این‌ها حق خودشان را مطالبه می‌نمودند.*
*دستور بدهید تمام توده‌ای‌ها را بکشند، ولی هرکس که گفت: «**حق**»، نگویید: این توده‌ای است. هرکس گفت: «آزادی». نگویید: این توده‌ای است.*
به خدا قسم این حربه مبتذلی است.
یک مرغ حقی اینجاست تنها مونس من است. دائماً حق، حق، می‌زند. این هم توده‌ای است... "
(استیضاح حسین مکی، دکتر مظفر بقائی، ابوالحسن حائری‌زاده- همان- صفحه ٦٤)

۵- در استیضاح مورد بحث از فریب‌خوردگان توده‌ای نیز به‌شرح زیر حمایت شده‌است.

" ... من اینجا یک تقاضایی دارم. من می‌دانم که در حزب توده یک عده معدودی خائن وجودداشت که نوکر روس‌ها بودند و از روس‌ها پول می‌گرفتند و کمک می‌کردند (صحیح است) ولی اکثریت، جوان‌هایی بودند که توده‌ای شده‌بودند و در جهل بودند و حرف‌های ظاهر فریب آنها را فریفته‌بود (صحیح است) ...
استدعای شخصی می‌کنم و آن این‌است که بفرمایید به پرونده این‌هایی که حالا گرفته‌اند و آن‌ها را که بعد می‌گیرند، قضات از روی وجدان رسیدگی کنند و آن‌هایی را که گول خورده بودند با آن‌هایی را که از روی احساسات وطن‌پرستی و آزادی‌خواهی رفته بودند آن‌جا، این‌ها را با آن خائنین توی یک گونی نریزند (صحیح است) "
(استیضاح حسین مکی، دکتر مظفر بقائی، ابوالحسن حائری‌زاده- همان- صفحات ٦٧/ ٦٦)

٦- بنا به گفته **دکتر بقائی**، **دبیرفیزیک و شیمی دبیرستان پهلوی** به فرهنگ تهران شکایت کرده‌است که:

" نمرات خردادماه [۱۳۲۷] ایشان بدون اطلاع و مجوزی دست‌خورده و تحریف شده‌است. از طرف اداره کل فرهنگ تهران این موضوع تحت تعقیب قرارگرفت و معلوم شد که درحدود هشتاد درصد، بله هشتاد درصد، کارنامه‌های دانش‌آموزان بدون اطلاع دبیران مربوطه از طرف اولیای دفتر تصحیح و کارنامه قبولی صادرشده‌است ... "

(استیضاح حسین مکی، دکتر مظفر بقائی، ابوالحسن حائری‌زاده- همان- صفحات ٦٦/ ٦٥)

بنا به دستور وزیر فرهنگ، پرونده چهار نفر عاملان تقلب و سوءاستفاده به دادگاه اداری فرستاده‌می‌شود. دادستان دادگاه اداری علیه متهمان ادعانامه صادرکرده و تقاضای انفصال آنان را به‌عمل آورده. دادگاه جرم آنان را محرز دانسته‌است. **حکم تعلیق هر چهار نفر صادرشده و پرونده آنان به دیوان کیفر ارسال گردیده‌است.** اما، این افراد با وجود تعلیق از دریافت حقوق محروم نشده‌اند و بنا به سفارش یکی از وزرا، حکم تعلیق آنان لغو و آقایان به سمت‌های مختلف تعیین گردیده‌اند.

۷- قسمتی دیگر از دلایل و اظهارات **دکتر بقائی** به‌شرح و مضمون زیر بوده‌است:
در سرمقاله روزنامه اطلاعات مورخ ۱۵ آبان ۱۳۲۷، تحت عنوان پیش‌گویی سیاسی، خبری به‌نقل از رادیو لندن، مربوط به تاریخ ۱۲ آبان، نوشته شده‌است. به این مضمون که:

*" دیروز وزیر خارجه ایران بطور غیررسمی وارد لندن شد **و قراربود امروز بعد از ظهر با مستر بوین، وزیر امور خارجه انگلیس، ملاقات کند. مخبر سیاسی ما می‌گوید انتظار می‌رود که وزیر خارجه ایران چند موضوع را با مستر بوین مورد بحث قراردهد که از جمله آن‌ها تجدیدنظر در قانون اساسی و مسائل مربوط به طرح هفت‌ساله اقتصادی ایران است.** "*

روزنامه اطلاعات اعلام کرده‌است که چون:

*" **هرگز نمی‌توان قبول کرد که ممکن است وزیر خارجه ایران در بابت تجدیدنظر در قانون اساسی ایران با وزیر خارجه انگلستان صحبت کند**، لذا آن روزنامه با تحقیقاتی که از منابع*

پیوست یک – تصمیم دکتر بقائی برای مبارزه با دیکتاتوری رزم‌آرا

رسمی و غیررسمی داخلی و خارجی به‌عمل آورده، برایش مسلم شده‌است که آن خبر دروغ محض می‌باشد.
اداره کل انتشارات و تبلیغات نیز خبر مزبور را رسماً تکذیب کرده، اما دولت ایران اعتراضی به پخش آن خبر به‌عمل نیاورده و خود رادیو لندن نیز درمورد تکذیب آن مطلبی منتشر نکرده‌است.
درهرحال، معلوم می‌شود که رادیو لندن قبل از ۱۲ آبان ۱۳۲۷، از اینکه می‌خواهند در قانون اساسی ایران تجدیدنظر به‌عمل آورند آگاهی داشته‌است. درحالی‌که اعلیحضرت در تاریخ ۵ اسفند ۱۳۲۷ به نمایندگان مجلس که حضورشان شرف‌یاب شده بودند، فرمودند:
„ من مصمم شده‌ام و با این آقایان که عناصر صدر مشروطه می‌باشند مشاوره نموده‌ام که تشکیل مجلس مؤسسان بدهم و نواقصی که در قانون اساسی است به‌وسیله مجلس مؤسسان رفع نمایم. „ "
(استیضاح حسین مکی، دکتر مظفر بقائی، ابوالحسن حائری‌زاده- همان- صفحه ۸۰)

در ۸ اسفند ۱۳۲۷، دولت و مجلس موافقت خودشان را با تصمیم ملوکانه اعلام داشتند و:

" در تاریخ نهم اسفند، یعنی بعد از تمام شدن آن جریانات، تلگرافی از ستاد ارتش، تلگراف را بنده خودم دیده‌ام ... تلگراف کردند فوری به تمام لشکرها که ابراز احساسات از طرف ملت و تقاضای تشکیل مجلس مؤسسان بشود.
به‌این‌دلیل که شما تلگرافی به تاریخ قبل از ۹ اسفند نمی‌توانید ارائه بدهید ... "
(استیضاح حسین مکی، دکتر مظفر بقائی، ابوالحسن حائری‌زاده- همان- صفحه ۹۷)

۸- بنا بر گفته **دکتر بقائی**، وی در سال ۱۳۱۲ شمسی در بروکسل با **محمد مسعود** آشنایی‌یافته و بعد از آن‌هم چندبار در پاریس با او ملاقات‌کرده و از آن‌وقت بینشان یک نوع حس اعتماد و اطمینانی پیدا شده‌است.
در سال ۱۳۱۸ دوباره او را در تهران دیده و از آن به بعد هر چند مدتی یک‌بار با هم ملاقات‌می‌کرده‌اند و چون **محمد مسعود** می‌دانسته‌است که **بقائی** اسرارش را به کسی نخواهدگفت، لذا با او درددل می‌کرده و شرح حالش را به او می‌گفته‌است.
آخرین باری که **دکتر بقائی**، **محمد مسعود** را دیده، چند روزی پیش از کشته‌شدن او و در منزل خود او بوده‌است و در هنگام مراجعت که **محمد مسعود**، **دکتر بقائی** را به منزلش می‌رسانده، **دکتر بقائی** از او پرسیده که: برای این شماره روزنامه چه چیزی حاضرکرده‌ای؟ و او پاسخ داده‌است:

" این شماره روزنامه من مثل بمب اتم در تهران خواهد ترکید."

و در مقابل این پرسش دکتر بقائی که: ***" موضوعش چیست؟ "*** گفته‌است:

" گراور یک سندی است که من می‌خواهم آن‌را در روزنامه خودم منتشر کنم ... این سند عبارت از کاغذی است به خط تیمسار سرلشکر رزم‌آرا که به سروان روزبه نوشته شده‌است و پس از افشای آن دیگر رزم‌آرا قدرت نخواهد داشت ... "
(استیضاح حسین مکی، دکتر مظفر بقائی، ابوالحسن حائری‌زاده- همان- صفحه ۱۱۱)

اما آن شماره روزنامه هرگز منتشرنشده و **دکتر بقائی** نیز دیگر بعد از آن ملاقات **محمد مسعود** را زنده ندیده‌است.
اما، در سر سال کشته‌شدن **محمد مسعود** مأموران شهربانی یا حکومت نظامی به روزنامه‌ها مراجعه و به آنها ابلاغ کرده‌اند که:

" حق ندارید راجع به شهادت محمد مسعود چیزی بنویسید. "

و نیز قبر او را با سرباز و یا پاسبان محاصره کرده‌بودند که کسی برای فاتحه‌خوانی به آنجا مراجعه ننماید.
(با مدارک و شواهدی که در بخش نخست همین کتاب درج شده است، درحال‌حاضر، دیگر تردیدی وجود ندارد که **خسرو روزبه** با آگاهی و تأیید **کیانوری**، **دبیرکل حزب توده ایران**، و با حمایت رزم‌آرا، توطئه قتل **محمد مسعود** را به مرحله اجرا درآورده‌است.)
دکتر بقائی در همان سخنرانی بی‌درنگ پس از بیان مطلب مزبور گفته‌است:

" ... یک‌بار هم جریان این صحبت‌هایی که بین من و آن مرحوم ردوبدل شده‌بود، بوسیله یکی از محارم اعلیحضرت به حضور مبارک ایشان پیغام فرستادم ... "
(استیضاح حسین مکی، دکتر مظفر بقائی، ابوالحسن حائری‌زاده- همان- صفحه ۱۱۲)

ه- سپهبد حاجیعلی رزم‌آرا، طرف اصلی دکتر بقائی در مبارزه سیاسی

مطالعه متن استیضاح **دکتر بقائی** به روشنی و وضوح نشان‌می‌دهد که وی بر مبنای شواهد بسیار، یقین داشته‌است که **رزم‌آرا** با استفاده از حمایت بیگانگان، به جاده دیکتاتوری واردشده و با سرعت در حال پیشروی‌می‌باشد.
به‌خوبی می‌توان این عقیده را در وی در آن زمان استنباط نمود: که تاریخ در حال تکرار می‌باشد و به همان ترتیب که **رضاخان سردار سپه** با گام نهادن در جاده دیکتاتوری **احمدشاه** را کنارزد و خود بر جای او قرارگرفت، **رزم‌آرا** نیز به هر ترتیب که باشد، با کنارزدن و یا نابودکردن **محمدرضا شاه**، به‌صورت دیکتاتوری مطلق‌العنان جلوه‌گر خواهد گردید.
دکتر بقائی دستوراتی را که گویا به‌عنوان شاه‌دوستی، از طرف مقامات ارتشی، صادرمی‌شده و درعمل زمینه‌های ناراحتی مردم را فراهم‌می‌ساخته به‌عنوان اقداماتی به‌حساب می‌آورده‌است که **رزم‌آرا** به عمد در جهت منفورساختن تدریجی **محمدرضا شاه** انجام‌می‌داده و سرانجام به برکناری **شاه** و استقرار دیکتاتوری خفقان‌آور مورد نظر منجر می‌گردیده‌است.
در نظر **دکتر بقائی** حتی تشکیل مجلس مؤسسان، برای تغییر موادی از قانون اساسی جهت افزایش اختیارات **شاه** نیز از قبیل همین اقدامات بوده که از یک طرف به منفورکردن **شاه** کمک می‌کرده و از طرف دیگر بر قدرت دیکتاتور آینده می‌افزوده‌است.
در این شرایط، **دکتر بقائی** مبارزه جهت جلوگیری از استقرار این دیکتاتوری را برای خود رسالتی قائل شده و گمان می‌کرده‌است که وی در صورت رسواساختن **رزم‌آرا** و آگاهی دادن به همه مردم، به ویژه سردمداران و رجال متنفذ کشور به منظور ایجاد آمادگی و شهامت در آنان جهت ایستادگی در برابر این دیکتاتوری قریب‌الوقوع، می‌توان **شاه** را نجات بخشید و امیدواربود که از استقرار چنین رژیم خودکامه‌ای جلوگیری به‌عمل آید.

پیوست یک – تصمیم دکتر بقائی برای مبارزه با دیکتاتوری رزم‌آرا

در متن استیضاح **دکتر بقائی** می‌بینیم که وی بارها و بارها و در هر کجا که فرصتی یافته، آشکارا، به **رزم‌آرا** به‌عنوان دیکتاتور آینده ایران، حمله، و از شاه طرفداری کرده‌است. در اینجا از نکات بی‌شماری که وی در قسمت‌های مختلف استیضاح در این‌رابطه بیان داشته‌است صرف‌نظر کرده، فقط به‌نقل جملاتی از قسمت پایانی آن که مؤید ادعای بالا می‌باشد، اکتفامی‌نماید:

*" ... **جناب آقای ساعد،** [نخست‌وزیر]، و سایر آقایان وزرا به‌خوبی مطلع‌اند چگونه تیمسار محترم، رئیس ستاد ارتش، سیاست دربارشاهنشاهی را تحت اقتدار و سلطه خود درآورده‌اند.*
*آقایان **خیانت آن تیمسار محترم به مقام شامخ سلطنت مشروطه ایران و شخص شخیص اعلیحضرت پهلوی، پدر تاجدار ملت ایران، همین است که اولاً ایشان بدون مجوز قانونی در میدان سیاست قدم گذارده‌اند** و ثانیاً تمام بازی‌های سیاسی را به نفع خود می‌چرخانند و در تمام مراحل با حساب‌گری کامل **سعی دارند مهر و محبت شاهنشاه محبوب را از قلوب ملت زائل سازند...***
آیا ملت ایران راضی می‌شود شاهنشاه محبوب ما که مظهر مهر و محبت و سمبل رحم و شفقت و جوانمردی می‌باشد دچار چنین سیاست خیانت‌بار و جنایت‌خیزی بشوند؟
*مهر **شاه جوان** در قلوب تمام اهالی کشور جای دارد و ما او را از صمیم قلب دوست می‌داریم (صحیح است) و به او عشق می‌ورزیم (صحیح است).*
***شاه ایران** دارای فطرتی است ملکوتی و سرشتی است آسمانی و بسا دیده شده‌است و من خود دیده‌ام برای کمترین تشدد به زیردستان ساعت‌ها متأثر و پریشان بوده (صحیح است) و از صمیم قلب سعی می‌کند غبار کدورت از دل او بزداید ...*
*آقایان هرچند ذات مقدس شاهانه مظهر رحم و شفقت و مهر و محبت می‌باشد، **تیمسار معظم حاجیعلی‌خان رزم‌آرا مرد عمل [است] و طینتی بسیار بی‌رحم و سنگدل دارد و به کمال درجه قسی‌القلب می‌باشد.***
*کسانی که از نزدیک او را می‌شناسند و کارهای او را دیده و شنیده‌اند، خوب می‌دانند که در **طریق مقصود از هیچ‌گونه بی‌رحمی و شقاوت دریغ ندارد و در مقابل ارضاء جاه‌طلبی‌های خود شریف‌ترین عناصر بشری را زیر چکمه‌های خود خرد می‌کند...***
*ای فرشته آزادی، ای مشروطیت، ای پادشاه محبوب و مهرپرور و تو ای ملت نجیب ایران، در این دقیقه حس می‌کنم که نسبت به شما همه، مختصری از دین خودم را اداکرده‌ام و روح و وجدانم می‌تواند در عوالم فراغت و رضایت سیر خود را در پیش گیرد، زیرا در این دقیقه یقین دارم که اگر از این پس قرار باشد به شعبده فریسیان و فرمان قهرآلود این دستگاه زور و دیکتاتوری صلیب خود را تا فراز تپه به دوش بکشم، **نهال آزادی و آزادگی را با عرق پیشانی و قطرات خون خود آبیاری کرده‌ام...** "*
(استیضاح حسین مکی، دکتر مظفر بقائی، ابوالحسن حائری‌زاده- همان- صفحات ۱۶۵/ ۱۶۳)

دکتر بقائی، فقط به‌سبب همین مخالفت با **رزم‌آرا** و افشای شجاعانه بسیاری از اقدامات دیکتاتورمنشانه، خلاف قانون، غیرانسانی و بی‌رحمانه وی در مدت چند روز به‌صورت مشهورترین و محبوب‌ترین سیاستمدار کشور درآمده و درعوض **رزم‌آرا** که تا آن زمان به قدرت و انضباط، درستکاری، و قانون‌دوستی شهرت‌داشته به‌صورت فردی وحشتناک و منفور جلوه‌گر شده‌است.
این استیضاح غیرمنتظره **دکتر بقائی** کمر رزم‌آرا را شکسته و به‌اصطلاح پشت او را خم کرده‌است.

در اینجا این یادآوری به خوانندگان گرامی را ضروری می‌داند که **محمدرضا شاه پهلوی** متجاوز از سی و هفت سال بر این کشور پادشاهی کرد و **دکتر بقائی** سخنرانی و استیضاح مورد بحث ما را در زمانی به‌عمل آورده که تنها نزدیک به هشت سال از سلطنت آن پادشاه می‌گذشته‌است.
اشغال ایران توسط نیروهای بیگانه که زمینه‌ی خلع **رضا شاه** و انتصاب **والاحضرت محمدرضا** را به پادشاهی فراهم ساخته‌بود، تا مدت کوتاهی پیش از این زمان ادامه داشته و روشن‌است که در طول آن دوران شوم برای **شاه** و دولت ایران اختیار چندانی باقی‌نمانده بوده‌است.
یکی از نتایج این بی‌اختیاری و دخالت نکردن در اداره امور کشور این بوده‌است که به محبوبیت **شاه** در بین مردم لطمه‌ای واردنگردد. حتی بسیاری از توده‌ای‌های عادی نیز که بر طبق تئوری‌های حزبی و از نظر اصولی می‌بایست در ردیف مخالفان **شاه** باشند، در آن زمان هنوز از ابراز علاقه قلبی به او خودداری نمی‌نموده‌اند.
احساسات مردم در سرتاسر ایران در نخستین روزهای پس از حادثه تیراندازی به **شاه** نشان‌داده که وی از چه محبوبیت عظیمی برخوردار بوده‌است.
با این ترتیب، هرگاه تعدادی از خوانندگان گرامی، هنوز هم به **دلایلی** نسبت به **محمدرضا شاه پهلوی**، مخالفت‌می‌ورزند، نویسنده این سطور احتمال می‌دهد که آن **دلایل** هرگز به زمان تقدیم استیضاح **دکتر بقائی**، که فقط ۳۷ روز پس از حادثه تیراندازی و در اوج محبوبیت آن **پادشاه** بوده‌است، نمی‌رسد و در شرایط آن روز می‌توان قبول‌کرد که حفظ دموکراسی و آزادی در ایران مستلزم حفظ آن **پادشاه دموکرات و محبوب** بوده و تحقق این هدف نیز از راه آگاهی دادن به آن مردم شاه‌دوست و بزرگان وطن‌پرست و وادارکردن آنان به قیام و ایستادگی- اقدامی صددرصد عملی و ممکن به‌نظر می‌رسیده‌است.

دوم- اقدامات رزم‌آرا برای مجازات دکتر مظفر بقائی

محکومیت دکتر بقائی در دادگاه به‌منظور محروم‌ساختن او از حق وکیل‌شدن

مطالعه استیضاح **دکتر بقائی** از دولت **محمد ساعد**، به تنهایی، برای اثبات این مطلب کفایت‌می‌کند که هیچ‌کس دیگر به اندازه **دکتر بقائی** با **سپهبد رزم‌آرا** مخالفت علنی و سرسختانه نورزیده و با اقامه دلایل کوبنده و روکردن اسناد غیر قابل انکار این شخص را مورد حمله قرارنداده بوده‌است.
به همین جهت در این ایام که دور نخست انتخابات دوره شانزدهم در تهران باطل شده و تمام شواهد حاکی از انتخاب تعدادی از اعضای جبهه‌ی ملی از این شهر بوده‌است، **سپهبد رزم‌آرا** در صدد برمی‌آید تا **دکتر بقائی** را از سایر کاندیداهای جبهه‌ی ملی جداسازد و با محاکمه و محکومیت وی امکان انتخاب او را بر اساس قانون منتفی‌نماید.
دکتر بقائی به همراه سایر افرادی که درپی قتل **عبدالحسین هژیر** و به اتهام شرکت در این قتل بازداشت شده‌بوده‌اند، در تاریخ ۱۷ آذرماه ۱۳۲۸ از زندان آزاد شده‌است ولی **۲۳ روز بعد**، یعنی در تاریخ ۱۰ دی ۱۳۲۸، گویا به جرم نوشتن سرمقاله‌ای زیر عنوان: «**اینجا نادرستی و بی‌کفایتی مانع احراز مقامات عالی نیست**» در روزنامه صفیر (به‌جای شاهد) مورخ **۸ دی ۱۳۲۸**، و به اتهام اهانت به ارتش، طبق مقررات حکومت نظامی بازداشت گردیده‌است.
در پی این بازداشت، فرمانداری تهران از عده‌ای که گویا نمایندگان طبقات مختلف تهران بوده‌اند دعوت کرده‌است که در تاریخ **۲۸ دی ۱۳۲۸** در استانداری تهران تشکیل جلسه‌بدهند و اعضای

جدید انجمن نظارت بر انتخابات دوره شانزدهم را انتخاب‌نمایند و چون این زمان به‌عنوان آغاز انتخابات تهران محسوب می‌شده‌است لذا مقامات ارتشی، به دستور **سپهبد رزم‌آرا**، تصمیم گرفته‌بوده‌اند که پیش از آن با ترتیب دادن یک محاکمه فرمایشی زمینه‌های محکومیت **دکتر بقائی** را فراهم‌سازند.
البته این رأی قطعی محسوب‌نمی‌شده و **دکتر بقائی** به مدت ده روز وقت داشته‌است که نسبت به آن درخواست تجدیدنظر کند ولی چون مقرر بوده‌است که دولت مقررات حکومت نظامی را دست‌کم در جریان رأی‌گیری، موقوف‌الاجرا اعلام‌نماید و درصورت لغو این مقررات، صلاحیت محاکمه تجدیدنظر **دکتر بقائی** از دادگاه‌های نظامی سلب و به دادگاه‌های عادی در دادگستری محول می‌شده‌است، لذا محکومیت اولیه **دکتر بقائی** می‌بایست به‌نحوی صورت پذیرد که حتی پس از پایان مهلت ده روزه تجدیدنظر مزبور، هنوز حداقل چند روزی تا لغو مقررات حکومت نظامی برای رأی‌گیری انتخابات مانده‌باشد تا اینکه محاکمه و محکومیت قطعی وی در همان روزها در دادگاه‌های نظامی انجام گردد و پایان پذیرد.
با توجه به این موارد، مقامات ارتشی ساعت یک ونیم بعد از ظهر روز ٢٤ دی ١٣٢٨ را به‌عنوان نخستین جلسه محاکمه **دکتر بقائی** تعیین نموده‌اند.
شواهد زیادی نشان‌می‌دهد که وی در زمان دریافت اطلاعیه مربوط به زمان تشکیل محاکمه خود، به‌راستی به‌علت قولنج کبدی و درد شدید کلیه بیمار و بستری‌بوده و با توجه به گواهی **پزشک معالج** خود نیاز به چند روز استراحت داشته‌است.
اما، رئیس دادگاه **گواهی پزشک معالج** را نپذیرفته و ابتدا از **پزشک رسمی زندان** و بعد از **بهداری شهربانی** درخواست نموده‌است که **دکتر بقائی** را معاینه و راجع به وضع وی نظر خود را ابراز‌نمایند.
چون پاسخ‌های رسیده از **پزشک زندان** و **بهداری شهربانی** نیز نظر **پزشک معالج** را تأییدمی‌کرده، لذا رئیس دادگاه، تصمیم به انجام امری بی‌سابقه گرفته، یعنی جلسات دادگاه را، در همان روز و ساعت مقرر، در بهداری زندان و نزدیک به اتاقی که **دکتر بقائی** در آن بستری بوده، تشکیل داده‌است.
در روزنامه صفیر (به‌جای شاهد)- شماره ٥٩- مورخ ٢٦ دی‌ماه ١٣٢٨- زیرعنوان در حاشیه دادرسی **دکتر بقائی** چنین نوشته شده‌است:

> *" ... بعد از استشاره از طبیب مخصوص آقای **دکتر بقائی** و طبیب زندان و طبیب رسمی شهربانی کل کشور، جلسه محاکمه را تا پای تخت‌خواب بهداری زندان موقت شهربانی کشانیدند **و گذشته از نقض تشریفات قانونی درباره آقای دکتر بقائی، از رعایت بدوی‌ترین ملاحظه روحی و جسمانی که درباره پلیدترین افراد بشر در جوامع متمدن و مترقی رعایت می‌شود، خودداری به‌عمل آمد و این جلسه دادرسی قسمی بود به‌نحوی که قلم از توصیف آن عاجز است. [جلسه محاکمه] با حال نقاهت و درد شدید کلیه و کبد متهم برگزار شد ...**"*

آقای دکتر شاهکار، وکیل متهم، در نخستین جلسه دادگاه چنین اظهار داشته‌است:

> *" ... اگر وکلای مجلس در **مسجد مجد** دور هم جمع شوند، آن جلسه، جلسه رسمی و پارلمانی نیست. اگر قضات در اتاق بهداری جمع شوند، جلسه دادرسی نیست.*
> *جلسه دادرسی معلوم است. اتاق دادگاه باید مزین به عکس **شاه** باشد. جنابعالی امر فرمودید ما اینجا حاضر شدیم. اما این جلسه خصوصی است. من وقتی وکیل‌مدافع هستم که در جلسه رسمی حاضر باشم. جناب سرهنگ و سایر اعضای دادگاه وقتی برای ما قاضی هستند که در جلسه دادگاه باشند."*

آقای هوشیار، وکیل دیگر متهم، سخنان دکتر شاهکار را با این جملات تأیید و تکمیل نموده‌است:

" ... *این جلسه رسمی نیست. به‌موجب بخشنامه‌ها و دستوراتی که دارید،* ***دادگاه باید تمثال شاه را داشته‌باشد و در زیر آن پرچم باشد****. این کار را ممکن بود رئیس دادگاه در کریدور شهربانی بکنند، هروقت دادگاه را بطور رسمی تشکیل‌دادید، می‌توانید از متهم سؤال‌کنید.* "

اما رئیس دادگاه با این اظهارنظر که:

" شرایط دادگاه حضور قضات و متهم و وکیل است. "

به خیال خود به دادرسی؟! ادامه داده و در مقابل تذکر یکی از وکلای مدافع که این دادگاه طبق ماده ۱۹۱ قانون دادرسی ارتش می‌بایست به‌صورت علنی تشکیل شود، پاسخ داده‌است:

" می‌خواستند بیایند مانعی نداشت.[؟!] "

این سرهنگ وقیح که نامش **جهانشاهی قاجار** بوده در هنگام ادای این جمله خجالت نکشیده‌است که علاقمندان به حضور در دادگاه چگونه می‌توانسته‌اند از تشکیل آن دادگاه آگاهی یابند و درصورت آگاهی چگونه می‌توانسته‌اند به بهداری زندان واردشوند؟!

در سه روز نخست دادگاه، ٦ نفر وکلای **دکتر بقائی**، دلایل خود را به تفصیل درمورد عدم صلاحیت دادگاه و نواقص فراوان موجود در پرونده بیان‌نموده‌اند ولی در جلسه صبح روز ۲۷ دی ۱۳۲۸، که دادگاه! صلاحیت خود را اعلام نموده‌است، وکلای مدافع وظیفه داشته‌اند با توجه به دلایل و مطالب مندرج در کیفرخواست به دفاع بپردازند اما کیفرخواست دادستان نظامی، که غیر از مقدمه و هویت متهم، فقط چند جمله داشته، دارای دلایلی که مربوط به جرم باشد و بتوان به آنها پاسخ‌داد، نبوده‌است.

برای اینکه خوانندگان گرامی نیز بر این حقیقت آگاهی یابند جملات مزبور را عیناً نقل می‌نماید:

" ... *به دلایل زیر:*

۱ - *اعتراف صریح متهم به اینکه سرمقاله مذکور به قلم ایشان بود.*

۲ - *سرمقاله شماره ٥۷ روزنامه شاهد که عیناً پیوست پرونده می‌باشد.*

۳ - *صریح بودن موارد اهانت.*

جرم *انتسابی را محرز می‌داند ...* "

چون دادستان در سخنان خود در دادگاه نیز نتوانسته بوده‌است این مطب بسیار ضروری و اساسی را روشن سازد که چه جملاتی در سرمقاله روزنامه شاهد «**اهانت به ارتش و مقامات عالیه**» تلقی شده‌است، لذا وکلای مدافع اعلام نموده‌اند که به‌علت عدم آگاهی از دلایل جرم، قادر به دفاع از متهم نمی‌باشند.

خلاصه‌ای بسیار فشرده از مطالبی که وکلای مدافع در این زمینه بیان نموده‌اند به شرح زیر بوده‌است:

۱ - دادستان به هیچ یک از ایرادهایی که در مورد خلاف قانون بودن بازداشت متهم، عدم صلاحیت دادگاه، لزوم حضور هیأت منصفه و از این قبیل وارد شده‌بوده، پاسخ منطقی نداده‌است.
۲ - دادستان تاکنون نتوانسته‌است به هیچ یک از پرسش‌هایی که در مورد دلایل اتهام و ابهامات فراوان مربوط به آن از وی به‌عمل آمده بوده‌است، به‌نحوی روشن پاسخ‌دهد.
۳ - دادگاه و دادستان تاکنون به هیچ یک از درخواست‌های قانونی وکلای مدافع، از جمله آوردن اسناد، مدارک و پرونده‌های ضروری به دادگاه کوچکترین توجهی ننموده‌اند.

بطور خلاصه، همانطور که گفته شد، **نظر وکلای مدافع این بوده است که چون آنان درمورد اصل اتهام و دلایل مربوط به آن آگاهی روشن و کافی ندارند، نمی‌توانند به مدافعات خود ادامه دهند.**
چند جمله از آخرین سخنان دکتر شاهکار را در این مورد نقل می‌نماید:

> *" ... در ضمن ذکر اعتراضات عرض کردم: ادعانامه آقای دادستان مبهم است و ذکر دو جمله* ***«توهین به ارتش و مقامات عالیه» نه برای متهم و نه برای وکلای مدافع او و نه برای دادگاه محترم روشن نیست. در پاسخی که آقای دادستان خواستند به اعتراضات وکلا و من‌جمله ۱۳ فقره اعتراضات خود بنده جواب دهند، معلوم شد که این مطلب بر خود ایشان هم روشن نیست و الان که نماینده دیگر دادستان در دادگاه خواستند پاسخ بدهند، مسلم شد که ایشان هم معما را نمی‌دانند[؟!].***
> *وکیل‌مدافع حضورش در دادگاه جزا برای این است که از اتهام صریح و منجز موکل خود دفاع کند.* ***جناب آقای دکتر شایگان*** *از طرف خود و از زبان همکاران خودشان (وکلا- صحیح است) رسماً، با درج در صورت‌جلسه، یک تقاضای قانونی کردند که عبارت ساده آن این بود:* ***به ما بگویند گناه موکلمان چیست؟ تا از آن دفاع کنیم.*** *این سنگ بنای اتهام است. اگر به سؤال جواب داده‌نشود چگونه ریاست محترم دادگاه انتظاردارند که وکلا به اظهارات خود ادامه دهند ... "*

همان‌گونه که گفته‌شد، قرار بوده‌است که در روز ۲۸ دی ۱۳۲۹، دعوت‌شدگان از طبقات مختلف تهران در استانداری تهران تشکیل جلسه دهند و اعضای انجمن نظارت انتخابات را انتخاب نمایند و چون روز مزبور به‌عنوان آغاز انتخابات تهران محسوب‌می‌شده، لذا **رزم‌آرا** تصمیم داشته‌است که پیش از رسیدن آن روز حکم محکومیت **دکتر بقائی** را صادرنماید.
آخرین جلسه این محاکمه در ساعت شش و نیم بعد از ظهر روز ۲۷ دی ۱۳۲۹ تشکیل شده **و دکتر بقائی** که با تزریق آمپول، درد کبد و کلیه خود را موقت تسکین داده‌بود، در آن جلسه حضور یافته‌است.
در آغاز این جلسه ابتدا دادستان (**سرهنگ جهانگیری**) به ایرادها و درخواست‌های منطقی و قانونی وکلای مدافع پاسخ‌های بی‌سروته داده و باز هم ثابت کرده‌است که هیچ‌گونه دلیل منطقی درمورد اینکه بتوان مفاد سرمقاله مورد بحث را به‌عنوان **«توهین به ارتش و مقامات عالیه»** تلقی نمود وجودندارد و سرانجام در پایان سخنان خود به شرح زیر انجام درخواست وکلا را از وظایف دادگاه دانسته‌است:

> *" ... نکته دیگری که باید به عرض برسانم ین است که توضیح بزه منتسبه در کیفرخواست و انتساب آن به متهم طبق ماده ۲۰۹ قانون دادرسی در آئین کیفری ارتش از وظیفه دادگاه است. "*

در این موقع چون دادستان و رئیس دادگاه قادر به توضیح وروشن کردن اتهام به متهم نشده و وکلای متهم نیز از ادامه دفاع در مورد اتهام نامشخص اظهار عجز نموده‌بودند، لذا **دکتر بقائی** طی نامه‌ای که در ساعت هشت و چهل‌وپنج دقیقه بعد از ظهر خطاب به رئیس دادگاه نوشته، عزل وکلای خود را اعلام کرده و از آن ساعت به بعد، خودش دفاع از خود را به عهده گرفته‌است.
دفاع جالب و مستدل **دکتر بقائی** تا دو و نیم بامداد روز ۲۸ دی ۱۳۲۸ به‌طول انجامیده و در آن ساعت رئیس دادگاه با قطع سخنان وی، پایان مذاکرات را اعلام داشته‌است.
قسمت آخر از گزارش مربوط به این آخرین جلسه را از صفحه ۵ روزنامه صفیر (به‌جای شاهد)- شماره ۶۰- مورخ ۱۹ بهمن ۱۳۲۸- نقل می‌نماید:

" ...
*رئیس: چون آقای **دکتر مظفر بقائی** چیزهای دیگری درخصوص دفاع خود که اهانت به ارتش است، نمی‌فرمایند و بیانات ایشان غالباً مکرر است، **علیهذا دادگاه مذاکرات را کافی دانسته و به شور می‌پردازد.***
*__دکتر بقائی__: من نمی‌دانم. **دفاع بدوی‌ترین حقی است که باید بکنم**. من کراراً تذکر داده‌ام که هروقت من مکررات صحبت کنم، تذکر دهند و **از ساده‌ترین و بدوی‌ترین حقوقی که در دوره استبداد هم اجرا می‌شده مرا می‌خواهند محروم کنند**. من از محکومیت نمی‌ترسم. برای من هیچ اهمیتی ندارد.*
ساعت دو و سی‌وپنج دقیقه جلسه تمام و [دادگاه] به شور پرداخت.
ساعت چهار و نیم صبح چهارشنبه ۲۸/۱۰/۲۸ دادگاه به اکثریت دو در مقابل یک رأی به محکومیت زندانی صادرکرد. "

با این ترتیب یکی از عجیب‌ترین محاکمات در تاریخ مشروطیت ایران خاتمه یافته‌است و فقط چند ساعت پیش از تشکیل جلسه مربوط به انتخاب اعضای انجمن نظارت بر انتخابات در استانداری تهران، رأی دادگاه نظامی، مبنی بر محکومیت **دکتر بقائی** صادرشده و گویا همان‌گونه که **رزم‌آرا** مایل بوده، **دکتر بقائی** به‌سبب محکومیت، از حق انتخاب شدن محروم گردیده‌است.
اما در آن زمان که آغاز نهضت بزرگ ملی ایران محسوب می‌گردیده و **دکتر بقائی**، محبوب‌ترین و یا دست‌کم، دومین فرد محبوب بعد از **مصدق**، در این نهضت به‌شمار می‌رفته‌است، این نحوه محاکمه ظالمانه و غیرانسانی وی، که یک نمونه از خودسری‌های بی‌منطق و دیکتاتورمآبانه **رزم‌آرا** را نشان می‌داده نه تنها موجی از تنفر و انزجار بر ضد وی درمیان مردم به‌وجودآورده بلکه حتی **شاه** و دولت و بسیاری از رجال را نیز از آینده خود نگران ساخته‌است.
گویا مقامات آمریکایی در ایران نیز که در آن زمان هنوز از **نهضت ملی ایران** حمایت‌می‌کرده‌اند درمورد این محاکمه ظالمانه به **شاه** و دولت ایران اعتراض نموده‌اند.
به این‌جهت می‌بینیم که ناگهان دور گردون و چرخ‌های سیاسی همگی بر مراد **دکتر بقائی** و در جهت آزادی و تبرئه وی به گردش درآمده و مقررات حکومت نظامی به مناسبت برگزاری انتخابات در تاریخ ٤ بهمن ۱۳۲۸، یعنی فقط ٦ روز بعد از تشکیل انجمن نظارت بر انتخابات (و در حالی‌که هنوز چهار روز از مهلت ده روزه جهت تجدیدنظر برای **دکتر بقائی** باقی مانده‌بود) موقوف‌الاجرا گردیده‌است.
با این‌ترتیب پرونده **دکتر بقائی** به دادگستری انتقال یافته و در تاریخ ۲۳ بهمن ۱۳۲۸ (یعنی یک روز پیش از پایان اخذ آرای انتخابات تهران) با صدور قرار موقت از زندان آزاد شده‌است.

پیوست یک - اقدامات رزم‌آرا برای مجازات دکتر بقائی

در تاریخ ۲۲ فروردین ۱۳۲۹ـ انجمن نظارت بر انتخابات تهران، حائزین اکثریت را به شرح زیر اعلام نمود:

(۱)- **دکتر محمد مصدق ۳۰۷۳۸ رأی**   (۲)- **دکتر مظفر بقائی کرمانی ۲۷۵۱۴ رأی**
(۳)- ...

بقیه اخبار مربوط به این داستان را از جلد نخست روزشمار تاریخ‌ایران نوشته باقر عاقلی نقل‌می‌نماید:

" ۲ اردیبهشت ۱۳۲۹ ـ دادگاه جنایی تهران به ریاست عبدالله معقول و عضویت [سیدهدایت‌الله] فلسفی و [مرتضی] قاموس، مستشاران شعبه اول، با حضور هیأت‌منصفه و وکلای مدافع و نمایندگاه دادستان به پرونده اتهامی دکتر مظفر بقائی کرمانی، به اتهام اهانت به ارتش از طریق روزنامه شاهد، رسیدگی‌کرد.
دادگاه جنایی تهران سرانجام حکم بر برائت متهم صادرنمود و در حکم نوشت:
انتقاد در شأن نویسنده است و جرم نیست.

۵ اردیبهشت ۱۳۲۹ ـ دکتر مصدق و شش نفر از نمایندگان تهران در مجلس حضور یافتند.

۱۱ اردیبهشت ۱۳۲۹ ـ اعتبارنامه یازده نفر از نمایندگان تهران در مجلس به تصویب رسید. درمورد اعتبارنامه آقای سیدابوالقاسم کاشانی مذاکراتی به‌عمل آمد ولی رأی‌گیری نشد. "

پیوست شماره ۲

مختصری از شرح حال دکتر بقائی

دکتر مظفر بقائی کرمانی در تاریخ ۸ شعبان ۱۳۳۰ (یکم مرداد ۱۲۹۱- ۲۳ جولای ۱۹۱۲) در شهر کرمان تولد یافته‌است. تاریخ تولد وی را، به سال‌های قمری از اسم مرکب، «**مظفرعلی**» نیز می‌توان به‌دست آورد:

م	ظ	ف	ر	ع	ل	ی	
۴۰ +	۹۰۰ +	۸۰ +	۲۰۰ +	۷۰ +	۳۰ +	۱۰ =	۱۳۳۰

پدرش به‌نام **آقامیرزاشهاب کرمانی**، از مبارزان و پیشوایان مشروطه و از نخستین مروجان آموزش و پرورش جدید در شهر کرمان بوده و نخستین مدرسه به سبک جدید در آن شهر، به‌نام **مدرسه نصرت ملی** در سال ۱۲۸۵ شمسی، به کوشش وی بنیان شده‌است.

مدرسه نصرت ملی در آغاز دارای چهارکلاس ابتدایی بوده و پس از تدوین برنامه‌های جدید آموزشی، به دبستان شش‌کلاسه تبدیل‌شده و نخستین فارغ‌التحصیلان دوره کامل ابتدایی! را به استان کرمان تحویل داده‌است.

مظفر تا کلاس سوم، در همان مدرسه به تحصیل پرداخته و بعد به همراه پدر خود به تهران آمده، بقیه تحصیلات ابتدایی و قسمتی از متوسطه خود را تا سال ۱۳۰۸ شمسی، در این شهر انجام داده‌است.

> *" [**مظفر بقائی**] ... در سال ۱۳۰۸ شمسی در کنکور [دومین گروه] محصلین اعزامی به خارج شرکت و پس از توفیق در این امتحان به فرانسه اعزام گردید و در دانشسرای مقدماتی **لیموز** مشغول تحصیل شد.*
>
> *او در سال ۱۹۳۲ میلادی [۱۳۱۱ش.] سال چهارم دانشسرا را که مقدمه ورود دانشجویان به دانشسرای عالی کشور فرانسه بود، به پایان رسانید و در سال ۱۹۳۳ م. [۱۳۱۲ ش.] وارد دانشسرای عالی **سن کلو** شد.*
>
> *او دوره دو ساله دانشسرای عالی را که می‌گذراند، در رشته فلسفه **دانشگاه سوربن** هم تحصیل می‌کرد و پایان‌نامه دکتری او در **دانشگاه سوربن** راجع به **اخلاق ابن مسکویه** بود.*

پیوست دو - کوتاهی از زندگینامه دکتر بقایی

در سال ۱۳۱۷ [ش. - ۱۹۳۸ م.] که روابط ایران و فرانسه قطع شد، **دکتر بقائی** [به دستور دولت] به ایران بازگشت و در مهرماه ۱۳۱۸ به خدمت وظیفه گسیل‌گردید.
در شهریور ۱۳۲۰ با هجوم متفقین به ایران، ارتش ایران متلاشی‌شد و او که خدمتش پایان یافته‌بود، در همین سال وارد خدمت در دانشکده ادبیات گردید و به دانشیاری کرسی بدون استاد اخلاق در دانشگاه تهران، که برای رسیدن به مقام استادی آماده‌تر از دیگر کرسی‌ها بود به تدریس اشتغال یافت...
دکتر بقائی در سال ۱۳۲۰ ازدواج کرد و این ازدواج بیش از هشت سال دوام نیافت و ثمره این ازدواج هم پسری بود که در یازده‌ماهگی درگذشت.
در سال ۱۳۲۳ با اصرار مداوم نمایندگان کرمان در مجلس شورای ملی، او به‌صورت مأمور از دانشگاه تهران، به ریاست فرهنگ کرمان منصوب شد و تا آبان‌ماه ۱۳۲۴ ریاست فرهنگ کرمان را به عهده داشت ..."
(درپیشگاه تاریخ- چه کسی منحرف شد، دکتر مصدق یا دکتر بقائی- مقدمه- صفحات ۳/۴)

در آن زمان وظیفه انجام امور اوقاف هر شهر نیز به عهده اداره فرهنگ آن شهر قرارداشته و شخصی به‌نام **علی یاسائی** به ریاست **دایره تحقیق اوقاف** منصوب شده‌است.
وی به نگارنده مطالبی به مضمون زیر اظهار داشته‌است:

" **سیدمصطفی کاظمی** و **سیدمحمد هاشمی**،نمایندگان کرمان در دوره چهاردهم مجلس شورای ملی، هر دو از دوستان نزدیک **آقامیرزاشهاب**، پدر **دکتر بقائی**، بودند و به‌علت رفت‌وآمد خانوادگی که در زمان حیات **آقامیرزاشهاب** با او داشتند، با خود **دکتر بقائی** نیز آشنایی یافته‌بودند، به‌ویژه اینکه **سیدمصطفی کاظمی** با پدر **دکتر بقائی** در زمان نخستین جنگ جهانی ، در حزب دموکرات آن‌زمان، همرزم بوده‌است.
ایشان از **دکتر بقائی** درخواست کرده‌بودند که به‌منظور خدمت و اصلاح فرهنگ استان کرمان، ریاست آن را بپذیرد و به کرمان بیاید.
چون خانواده همسر **دکتر بقائی** از شیخیه کرمان بوده‌اند و **سرکارآقا**، **پیشوای شیخیه**، و سایر خانواده‌های **ابراهیمی** و **شیخی**، **دکتر بقائی** را داماد طایفه خود به‌حساب می‌آورده‌اند لذا انتصاب وی، در آغاز، از طرف این طایفه با رضایت خاطر مواجه شده‌است.
اما **دکتر بقائی**، پس از ورود به کرمان، ضمن سایر برنامه‌های اصلاحی خود تصمیم گرفته‌است که وضع اوقاف کرمان را نیز روشن‌ساخته و اساس آن را بر نظم و ترتیب صحیحی استوارسازد.
با اعلام این هدف نه‌تنها بیشتر متولیان اوقاف بلکه تاحدودی تمام کارمندان«**دایره تحقیق اوقاف**» نیز به مخالفت و کارشکنی برخاستند و بطور علنی و مخفی علم مبارزه با **دکتر بقائی** را برافراشتند.
بزرگترین موقوفه‌دار کرمان **سرکارآقا**، پیشوای شیخیه، بود. قسمت عمده‌ای از آن موقوفات، توسط **حاج‌محمد کریم‌خان**، بنیان‌گذار مذهب شیخی، برای ترویج و اشاعه آن مذهب وقف شده و سمت تولیت آنها نیز به عهده **سرکارآقای وقت** واگذار گردیده بوده‌است. به عبارت دیگر، همواره **سرکارآقای وقت** اختیار خرج درآمد و هر نوع تصمیم‌گیری مقتضی درمورد آن موقوفات را داشته‌است.
قسمت دیگری از آن موقوفات را، در طول زمان، تعدادی دیگر از معتقدین به مذهب شیخیه وقف‌کرده و در وقف‌نامه‌های مربوط نیز **سرکارآقای وقت** را متولی قرارداده و از

او خواسته بوده‌اند که درآمد حاصله از آن موقوفات را صرف پیشرفت مذهب شیخیه نماید.

وجود این اختیارات همراه با احترام مذهبی و اجتماعی **سرکارآقا** از یک طرف و حق و حساب قابل توجهی که هر سال از طرف **سرکارآقا** به رئیس و کارکنان اوقاف کرمان می‌رسیده، موجب شده بوده‌است که هیچ گونه نظارت دولتی بر امور این موقوفات اعمال نگردد و صورت حساب سالانه‌ای را که از طرف و یا با امضای **سرکارآقا** درمورد درآمد و مخارج این موقوفات واصل می‌شده‌است، صحیح، قطعی و در حکم مفاصا حساب املاک مزبور تلقی نمایند.

در این شرایط، **دکتر بقائی** تصمیم گرفته‌است که کار مورد نظر خود درمورد موقوفات استان کرمان را با بازرسی و رسیدگی به امور موقوفات تحت تولیت **سرکارآقا** و تعیین درآمد واقعی آنها آغازکند تا گذشته از اینکه این مجموعه عظیم را به زیر نظارت فرهنگ درمی‌آورد و نظم و ترتیبی به‌کار آنها می‌دهد، **روحانیون شیعه مذهب، مردم عادی و به‌ویژه متولیان سایر موقوفات را که همواره به عدم نظارت فرهنگ بر این موقوفات اعتراض داشته‌اند، راضی سازد و نیز این گروه را برای تن دادن به رسیدگی درمورد موقوفات خود آماده نماید.**

اما این تصمیم **دکتر بقائی** بیش از حد تصور **سرکارآقا** را برآشفته ساخته و زمینه‌های ناراحتی او را فراهم کرده بوده‌است. وی این اقدام، **دکتر بقائی** را توهین بزرگی به خود تلقی کرده و پیغام داده بود که به هیچ یک از کارشناسان فرهنگ اجازه ورود به موقوفات زیرتولیت خود را نخواهدداد.

دکتر بقائی نیز از جوانب مختلف، از طرف مقامات دولتی و وزارت فرهنگ و نمایندگان کرمان در مجلس شورای ملی تحت فشار شدید قرارگرفته‌بود که از تصمیم خود درمورد موقوفات سرکارآقا عدول نماید.

همسر **دکتر بقائی** نیز که از خانواده‌ای شیخی بود و نمی‌توانست انجام هیچ اقدامی برخلاف میل **سرکارآقا** را تحمل نماید، با خواست‌ها، اعتراض‌ها و اوقات‌تلخی‌های مداوم و گاه و بی‌گاه خود، زندگی خانوادگی را به کام خود و **دکتر بقائی** تلخ ساخته‌بوده، به‌ویژه اینکه **سرکارآقا** و طرفداران او از این زن به‌عنوان رابط جهت رساندن پیغام و اتمام حجت به **دکتر بقائی** نیز استفاده می‌کرده‌اند.

روزی نماینده **سرکارآقا** به نزد **دکتر بقائی** می‌آید و پیغام می‌آورد که **سرکارآقا** با او قطع رابطه کرده‌است و دیگر هرگز حاضر به پذیرفتن وی نمی‌باشد!

دکتر بقائی با لبخند جواب می‌دهد: از قول من به **آقا** سلام برسانید و بگویید که:

دکتر بقائی با کمال میل این قطع رابطه را می‌پذیرد و در ضمن خواهش دارد که **سفیرتان** را هم از خانه او احضارفرمایید!

(که منظور **دکتر بقائی** از **سفیر سرکارآقا**، همسر خودش بوده‌است.)

هرچند **دکتر بقائی** در تصمیم خود پا برجا مانده و حاضر به بازگشت از موضع خود نبوده، اما پخش اخبار مربوط به اقدامات مزبور و واکنش‌های مخالفت‌آمیز **سرکارآقا**، مردم شیعه مذهب کوچه و خیابان را بر ضد آن پیشوای شیخی مذهبان چنان به هیجان آورده‌بوده که جز با تحمل افتضاح و رسوایی، راهی برای بازگشت **دکتر بقائی** وجود نداشته‌است.

البته **آیت‌الله شهر** و سایر روحانیون و آخوندان شیعه مذهب نیز فرصتی به‌دست آورده و در مساجد و بالای منابر به آتش هیجان مردم دامن می‌زده‌اند.

درحقیقت بحرانی پدید آمده بوده که راه حلی برای آن به‌نظر نمی‌رسیده‌است.
من **[علی یاسائی]** در آن زمان رئیس کارگزینی فرهنگ کرمان بودم و چون به **دکتر بقائی** درجهت حل بعضی از مشکلات بغرنج اداری کمک کرده‌بودم و او از این جهت به من اعتمادی پیدا کرده‌بود، لذا در آن شرایط از من درخواست کرد که ریاست **دایره تحقیق اوقاف** را برعهده بگیرم و حتی‌الامکان راهی را که متضمن تحقق هدف مورد نظر و جلب رضایت مردم و درعین حال تخفیف نارضایتی **سرکارآقا** باشد، پیداکرده و به مرحله اجرا درآورم.
من پس از رفتن به «**دایره تحقیق اوقاف**» ابتدا چند روزی را صرف مطالعه پرونده‌های مربوط به اوقاف **سرکارآقا** کردم و فهرست‌های منطقی با مشخصات و اطلاعات کامل و دقیق درمورد هر موقوفه تهیه نمودم وبعد یک روز صبح دستوردادم که تمام کارکنان در اتاق کنفرانس جمع شوند.
درآنجا ضمن سخنرانی که برایشان ایراد کردم به آنان گفتم:
من می‌دانم سال‌های سال است که هر یک از شما هر سال از درآمد موقوفات **سرکارآقا** سهمیه‌ای دارید و آن را نوعی حق مکتسبه برای خود تصور می‌کنید.
من هم به همه شما قول می‌دهم که تا زمانی که در این سمت هستم این حقتان! محفوظ بماند و هرگز کمتر از مبلغی که سال قبل دریافت داشته‌اید به شما داده‌نشود. اگر روزی نتوانستم این قول را انجام دهم بی‌درنگ استعفا خواهم‌داد.
اما، پرداخت این پول یک شرط دارد، اینکه هم‌اکنون هر یک از شما به تنهایی به اتاق من بیایید و مبلغی را که سال گذشته از این بابت دریافت کرده‌اید بطور محرمانه به من اطلاع دهید و مطمئن باشید که این اعتراف شما به رسم امانت نزد من باقی خواهدماند و هرگز در جایی فاش نخواهدشد.
ولی اگر ثابت شود که حتی یک شاهی بیشتر یا کمتر از مبلغ واقعی گفته‌اید، دیگر حقی از این بابت نخواهید داشت.
بعد از این سخنرانی، تمام کارکنان، یکی پس از دیگری به اتاق من آمدند و مبلغ دریافتی سال قبل خود را به من اطلاع دادند و من یادداشت کردم.
سپس از **سرکارآقا** وقت گرفته، به ملاقاتش رفتم و بعد از تشریح وضع ناخوش‌آیند موجود و هیجان مردم، از وی خواستم که به کارشناسان اوقاف اجازه بدهد که آزادانه به موقوفات تحت تولیت وی رفته و درآمد سالانه هر یک را برآورد نمایند.
و خاطرنشان نمودم که وی با این عمل، تمام شایعه پراکنی‌های مخالفان را خنثی خواهدکرد، خود را از اتهام موقوفه‌خواری تبرئه خواهدساخت، آتش هیجان مردم را فروخواهد نشانید و بر محبوبیت خود نزد پیروان خود و سایرین خواهد افزود.
سرکارآقا پرسید: آن‌وقت تکلیف صورت‌حسابی که من باید هر سال درمقابل آن درآمد هنگفت به اداره اوقاف تحویل دهم چه می‌شود؟
گفتم: چون شما پیشوای شیخیه می‌باشید لذا قسمت عمده‌ای از مخارج زندگی شخصی و خانوادگی شما در طول سال هم، در جهت پیشرفت و ترویج این مذهب به حساب می‌آید و من به‌عنوان رئیس اوقاف تصدیق می‌کنم که تمام این مخارج درجهت منویّات واقفان به‌مصرف رسیده است.
برای نمونه، اتومبیلی که شما خریده‌اید، راننده‌ای که برای آن استخدام کرده‌اید، بنزینی که برای آن مصرف می‌کنید، حتی مخارج تعمیرات آن همگی درجهت ترویج و اشاعه مذهب شیخی به‌کار گرفته‌می‌شوند و می‌توان آنها را جزو مخارج موقوفات صورت داد.

تمام مهمانی‌هایی که می‌دهید تمام مسافرت‌هایی که می‌روید، کلیه هزینه‌های مربوط به نگهداری، تعمیرات، برگزاری نماز و سایر مراسم در **مسجد حاج‌آقاعلی** (مسجد شیخی‌ها) نیز در جهت ترویج مذهب شیخی می‌باشد.
بطور کلی تشخیص اینکه چه هزینه‌ای موجب پیشرفت و ترویج مذهب شیخی می‌شود، طبق نظر واقفین، به‌عهده شما، که رئیس آن مذهب می‌باشید، گذاشته شده است و شما می‌توانید کلیه هزینه‌های خانوادگی و شخصی خود را نیز در زمره همین هزینه‌ها به‌شمار بیاورید.
به همین ترتیب، درمورد مخارج موقوفات دیگر هم که اختیارات **سرکارآقا** به‌نحوی دیگر بیان شده بود، پیشنهادات دیگری دادم.
سرکارآقا با خوشحالی پیشنهادات مرا پذیرفت و باز هم به توصیه من برای اینکه اعزام کارشناس از طرف اوقاف به موقوفات زیر تولیت وی به‌صورت عملی که به زور و برخلاف میل وی انجام شده‌است، قلمداد نگردد، در همان‌جا نامه‌ای از دفتر وی به‌عنوان دایره تحقیق اوقاف گرفتم به این مضمون که **سرکارآقا** با نظر آن دایره جهت اعزام کارشناس به موقوفات تحت نظر ایشان به‌منظور بازدید، بازرسی و برآورد درآمد موافقت دارند و به مأموران مربوط دستور هر نوع همکاری با کارشناسان آن دایره داده شده‌است.
قبل از ترک منزل **سرکارآقا** به وی گفتم:
همچنین یک قلم خرج وجود دارد که شما تا کنون هر سال آن را انجام داده‌اید و امسال هم من از طرف شما قول انجام آن‌را داده‌ام و در صورت‌حساب مخارجی که به اوقاف خواهید داد، نمی‌توان نامی از آن به‌میان‌آورد و آن هدیه سالانه شما به کارکنان دایره تحقیق اوقاف می‌باشد. امسال من که رئیس اوقاف هستم و رئیس بالاتر از من که **دکتر بقائی** است چیزی نمی‌خواهیم ولی اسامی بقیه کارکنان و مبلغی که هر‌یک در سال گذشته گرفته‌اند در این صورت نوشته شده‌است. اگر موافقت می‌فرمایید، من از کارشناسان اوقاف بطور خصوصی تقاضا خواهم کرد که هدیه شما به کارکنان اوقاف را نیز به‌عنوان مخارج ضروری جهت تحصیل درآمد تلقی کرده و مبلغی معادل آن‌را از رقم نهایی مبلغی که به‌عنوان کل درآمد خالص موقوفات شما برآورد کرده‌اند کسر نمایند و مابقی آن‌را به‌عنوان درآمد خالص موقوفات به استحضار شما برسانند. در این‌صورت شما نیز این مبلغ را مانند سایر وجوهی که در طول سال در موقوفات خرج کرده‌اید، بطور نقد پرداخت خواهید‌نمود.
سرکارآقا نه تنها با این پیشنهاد موافقت کرد بلکه مبلغ مندرج در صورت را نیز افزایش داد و مبلغ قابل توجهی به‌عنوان سهمیه خود من بر آن افزود.
همان روز به نزد **دکتر بقائی** رفتم و نامه **سرکارآقا** را به وی نشان دادم ولی درمورد موافقتم با نحوه صورت دادن هزینه‌های مصرفی و پیشنهادم جهت ادامه پرداخت رشوه به کارکنان اوقاف مطلبی بیان ننمودم زیرا اگر درمورد موافقت یا مخالفت وی با نحوه تنظیم صورت هزینه‌های مصرفی دچار تردید بودم، بطور قطع می‌دانستم که او نه تنها با عصبانیت تمام با پرداخت آن رشوه مخالفت خواهد کرد، بلکه حتی مجازات کارکنان مذکور را نیز مورد توجه قرار خواهد داد و به هرصورت، تمام رشته‌های مرا به‌صورت پنبه درخواهد‌آورد.

*درهرحال، **دکتر بقائی** از دیدن آن نامه بی‌نهایت خوشحال گردید و از من درخواست کرد که هر چه زودتر بقیه کار را به اتمام برسانم.*
*همچنین به‌نحو مقتضی به تنها **آیت‌الله شهر** و تعدادی دیگر از روحانیون متنفذ شیعه یادآوری کردم که درآمد موقوفات زیر نظر **سرکارآقا**، طبق وقف‌نامه‌های مربوط، باید در جهت اشاعه و پیشرفت مذهب شیخی مصرف گردد که درحقیقت بطور مستقیم یا غیرمستقیم بر ضد مذهب شیعه می‌باشد. به این‌جهت روحانیون شیعه باید خوشحال هم باشند که قسمتی از درآمد واقعی این موقوفات توسط **سرکارآقا** حیف و میل شود و طبق نظر واقفین به‌مصرف نرسد. به این ترتیب آنان را نیز از ادامه اصرار و تبلیغ درمورد جلوگیری از موقوفه‌خواری **سرکارآقا** بازداشتم.*
*به‌زودی کارشناسان اوقاف درآمد نسبتاً واقعی موقوفات مورد بحث را برآورد کرده و با امضای اینجانب به اطلاع **سرکارآقا** رساندند و صورت‌حساب‌های واصله نیز از همان سال به بعد به ترتیب مورد توافق، پذیرفته شد.*
*رشوه یا هدیه کارکنان، بیش از سال قبل، توسط اینجانب پرداخت گردید و همه راضی و خشنود شدند. و از همه بالاتر، مردم کوچه و خیابان و ضدشیخی که گمان می‌کردند نظرشان تأمین شده‌است، احساس رضایت خاطر نمودند و هیجانشان فرونشست، برمحبوبیت **دکتر بقائی** افزوده‌گشت و از آن به بعد دیگر کسی **سرکارآقا** را موقوفه‌خوار به‌حساب نیاورد.*
*اما نه تنها کدورت بین **سرکارآقا** و **دکتر بقائی** هرگز رفع نگردید بلکه با گذشت زمان و در اثر وقایع بعدی بر دامنه آن افزوده شد و به همین نسبت بر زندگی خانوادگی **دکتر بقائی** در روابط وی و همسرش تأثیر گذاشت تا اینکه به جداشدن آنان از یکدیگر منجر گردید."*

عضویت دکتر بقائی در حزب دموکرات احمد قوام، قوام‌السلطنه

پیشگفتار

گزارش کوتاهی درباره وضع سیاسی کشور در آن ایام

فرمان این دوره نخست‌وزیری **قوام‌السلطنه** در تاریخ ۷ بهمن ۱۳۲٤ و در زمانی صادرگردیده که دولت روسیه شوروی، از یک طرف، از طریق سفارت‌خانه خود در تهران (با کمک‌های مادی و معنوی)، و از طرف دیگر، از طریق ارتش تجاوزگر خود (با دخالت‌های ناروا) در سرتاسر ایران نفوذ شوم خود را گسترده و با توافق محرمانه با انگلستان، زمینه‌های بلعیدن نیمی از این کشور را فراهم می‌کرده‌است.
این دولت ظاهرالصلاح و توسعه‌طلب، دقیقاً در همان زمان، دو استان آذربایجان شرقی و غربی را به‌عنوان نخستین لقمه در دهان منحوس خود قرارداده و مشغول فروبردن آن بوده و در همان حال استان کردستان را به‌عنوان لقمه بعدی خود مهیا و آماده می‌کرده‌است.

حزب توده ایران، که نه تنها قدرت متشکل و بی‌رقیب درمیان مردم را تشکیل‌می‌داده، هزاران نفر از افراد ملت ایران، به ویژه جوانان فریب‌خورده، را در خود جای داده بوده و برای کشاندن این کشور به پشت پرده آهنین و یا به اصطلاح خودشان «**اردوگاه جهانی سوسیالیزم**» فعالیت می‌کرده‌است.
بدون تردید، هر انتخاباتی که در آن شرایط و اوضاع در ایران برگزارمی‌شده، کاندیداهای **حزب توده ایران** اکثریت قاطع مجلس شورای ملی را به خود اختصاص می‌داده‌اند، زیرا هم پول کافی برای فعالیت و تبلیغ در اختیارشان داشته‌اند و هم از فریب‌خوردگان گوش به فرمان خود به بهترین وجه ممکن برای رأی دادن با تهدید و ارعاب و شاید ضرب و شتم و جرح مخالفان و یا اعضای انجمن‌های نظارت بر انتخابات استفاده و سوءاستفاده می‌کرده‌اند.
البته دولت انگلیس نیز پیش‌ترازاین پیش‌بینی‌های لازم را به‌عمل آورده و ترتیب تصاحب نیمه جنوبی ایران، و یا حداقل استان‌های خوزستان و فارس، را داده بوده‌است.
برای اینکه خوانندگان گرامی به نحوی بهتر از اوضاع شوم آن روزگار آگاهی یابند، بی‌مناسبت نمی‌داند که اخباری از رویدادهایی که در این رابطه، از چند ماه قبل از انتصاب **قوام‌السلطنه** به نخست‌وزیری تا روز صدور فرمان انتخابات دوره پانزدهم مجلس شورای ملی، در این کشور رخ داده‌است، در زیر (از جلد نخست روزشمار تاریخ ایران- نگارنده **باقر عاقلی**) نقل نماید:

*" **۲٤ مرداد ۱۳۲٤**- عده زیادی از افسران و درجه‌داران و سربازان لشکر خراسان بنا به تصمیم قبلی از پادگان مشهد فراری شده و با مقدار زیادی اسلحه و مهمات از راه بجنورد به‌سوی دشت گرگان عزیمت نمودند.*
این عده در مسیر خود پادگان مراوتپه را خلع سلاح کرده و عده‌ای از افراد پادگان را همراه خود نموده‌اند.

***۲۹ مرداد ۱۳۲٤**- درگنبدکاووس بین افسران فراری مشهد و گروهان ژاندارمری گنبد و مأمورین شهربانی زد و خورد شدیدی روی داد. درنتیجه هفت نفر از افسران فراری مقتول و دو نفر مجروح شدند. یک ژاندارم و دو پاسبان نیز کشته شدند.*

***۱ شهریور ۱۳۲٤**- در شهرهای ساری و شاهی بین اهالی و افراد حزب توده زد و خوردی به‌وقوع پیوست. عده زیادی از طرفین مجروح شدند.*
از طرف دولت دویست ژاندارم برای ایجاد امنیت گسیل شد که در فیروزکوه نیروی شوروی جلوی آنها را گرفت و اجازه حرکت به سمت شمال را نداد.

***۲۲ شهریور ۱۳۲٤**- حزب توده آذربایجان الحاق خود را به حزب دموکرات [آذربایجان] اعلام کرد.*

***۵ مهر ۱۳۲٤**- زد و خورد شدیدی بین دموکرات‌ها و عده‌ای از اهالی زنجان درگرفت.*
در این نزاع مسلحانه عده‌ای مقتول و مجروح شدند.

***۲۶ آبان ۱۳۲٤**- وزارت امور خارجه طی یادداشتی که به سفارت کبرای شوروی فرستاد متذکرشد دخالت نیروهای ارتش شوروی موجب گردیده‌است در استانهای شمالی و کردستان وقایعی به‌وجود آید که موجبات ناامنی و اختلاف در امور می‌باشد.*
در این نامه درخواست [؟!] شد به مقامات نظامی شوروی دستور دهند که با آزادی عمل ارتش و قوای تأمینیه ایران در استان‌های شمالی موافقت نمایند[؟!].

۲۸ آبان ۱۳۲۴- در شهرهای اهر، سراب، مراغه، میانه از طرف افراد حزب دموکرات شورش‌هایی به‌عمل آمد.

*۲۱ آذر ۱۳۲۴- شهر تبریز توسط نیروهای فرقه دموکرات محاصره شد و سه ساعت قبل از ظهر **مجلس ملی آذربایجان** افتتاح گردید و **شبستری** به ریاست مجلس انتخاب گردید.*
***پیشه‌وری** وزرای کابینه خود را به این شرح معرفی کرد:*

...

***پیشه‌وری** به‌هنگام معرفی وزیران افزود: وزیر خارجه آذربایجان، وزیر خارجه ایران است.*

*۲۱ آذر ۱۳۲۴- از طرف **قاضی محمد**، رئیس **حزب کومله کردستان** هیأتی برای تبریک به تبریز اعزام شدند.*

*۲۲ آذر ۱۳۲۴- بین **سیدجعفر پیشه‌وری**، رئیس فرقه دموکرات، و **سرتیپ علی‌اکبر درخشانی**، فرمانده لشکر سوم آذربایجان، قراردادی تنظیم گردید. به موجب این قرارداد لشکر سوم آذربایجان تسلیم بلاشرط [؟!] شد.*

۲۳ آذر ۱۳۲۴- قوای کمکی برای پادگان تبریز که در شریف‌آباد قزوین، از طرف قوای شوروی متوقف شده بودند، پس از تسلیم لشکر آذربایجان به تهران مراجعت نمودند.

۲٤ آذر ۱۳۲۴- مستشاران [مالی] آمریکایی، با موافقت وزارت دارایی، به خدمت خود خاتمه‌دادند[؟!]

۲۶ آذر ۱۳۲۴- به‌دستور قاضی محمد، رئیس حزب کومله کردستان، پرچم ایران از فراز عمارت دولتی پایین کشیده شد و پرچم استقلال کرد بر فراز عمارت کردستان برافراشته شد.

۲۷ آذر ۱۳۲۴- سرانجام تیپ رضاییه در اثر چندین روز زد و خورد با فرقه دموکرات از پای درآمد.
در این نبرد قریب سه هزار نفر از طرفین کشته شدند.

*۲۸ آذر ۱۳۲۴- **دکتر محمد مصدق** در جلسه امروز مجلس درباره آذربایجان سخن گفت و اضافه‌کرد **با آذربایجان نباید جنگ کرد، بلکه باید از آنها رفع شکایت[؟!] نمود تا مطیع‌شوند[؟!].***

۷ بهمن ۱۳۲۴- احمد قوام نخست‌وزیری را پذیرفت و فرمان وی صادرشد.

*۲۹ بهمن ۱۳۲۴- هیأتی تحت ریاست **احمد قوام**، نخست‌وزیر، برای مذاکره پیرامون تخلیه ایران به شوروی رفتند.*

۱۱ اسفند ۱۳۲۴- کلیه نیروهای انگلیس طبق عهدنامه سه جانبه خاک ایران را ترک‌گفتند ولی نیروهای شوروی از تخلیه ایران خودداری نمودند...

*۱۹ اسفند ۱۳۲۴- **احمد قوام**، نخست‌وزیر، و همراهان وارد تهران شدند.*

*۲۹ اسفند ۱۳۲۴- **سادچیکف**، سفیرکبیر جدید شوروی، وارد تهران شد. وی دارای اختیارات کامل برای حل اختلافات ایران و شوروی می‌باشد.*

۱۵ فروردین ۱۳۲۵ - مذاکرات **قوام** و **سادچیکف**، سفیر جدید شوروی، پایان یافت و اعلامیه مشترکی صادرکردند.
در متن اعلامیه آمده است:

۱ -ارتش شوروی ظرف یک ماه ونیم خاک ایران را ترک خواهدکرد.

۲ -**قرارداد ایجاد شرکت نفت ایران و شوروی** که می‌بایست پیش از انقضای مدت هفت ماه برای تصویب به مجلس پانزدهم پیشنهاد شود.

۳ -درمورد آذربایجان، چون مسئله داخلی ایران است، ترتیب مسالمت‌آمیزی اتخاذگردد.

۱۸ فروردین ۱۳۲۵ - **مهندس احمد مصدق** رئیس کل بنگاه راه‌آهن دولتی شد.

۲ اردیبهشت ۱۳۲۵ - شورای عالی انتخابات تشکیل شد تا در موقع انتخابات ناظر جریان برای صحت عمل باشد.
الهیار صالح منشی شورای عالی انتخابات گردید.

۹ تیر ۱۳۲۵ - اعلامیه‌ای مبنی بر ائتلاف حزب توده و حزب ایران [؟!] به امضای آقایان الهیار صالح و مهندس غلامعلی فریور، از طرف حزب ایران، و آقایان دکتر فریدون کشاورز و ایرج اسکندری و ضیاءالدین الموتی از طرف حزب توده، انتشاریافت.

۲۵ تیر ۱۳۲۵ - از طرف سفارت انگلیس در تهران درمورد وقایع خوزستان اعلامیه‌ای انتشاریافت.
در این اعلامیه آمده‌بود **روز یکشنبه ۱۴ جولای (۲۳ تیر) اعتصاب عمومی کارگران شرکت نفت ایران و انگلیس شروع شد.**
دولت ایران در ساعت ۸ صبح اعلام حکومت نظامی نمود. عصر ۱۴ جولای بین اعراب محلی و طرفداران حزب توده نزاعی رخ داد.
در این زد و خورد خونین ۱۷ نفر کشته و ۱۵۰ نفر زخمی شدند.
روز ۱۵ جولای اعتصاب ادامه یافت.
مظفر فیروز، نماینده نخست‌وزیر، و **احمد آرامش**، کفیل وزارت پیشه و هنر، [و] نماینده حزب توده وارد آبادان شدند.
این اعتصاب به دلایلی کاملاً سیاسی داده شده‌بود.

۲۶ تیر ۱۳۲۵ - در سمنان بین کارگران عضو حزب توده و کارگران مخالف زد و خورد شدیدی روی داد.
عده کثیری از طرفین مجروح شدند. به دستور دولت در سمنان حکومت نظامی استقراریافت.
آیت‌الله سیدابوالقاسم کاشانی، که به عزم زیارت مشهد در سمنان اقامت داشت، مسبب بلوا و زد و خورد خونین شهر سمنان شناخته‌شد و طبق ماده پنج حکومت نظامی بازداشت گردید.
دولت در این مورد اعلامیه‌ای انتشارداد و مشروحاً به مخالفت **سیدابوالقاسم کاشانی** اشاره‌کرد.

۱۰ مرداد ۱۳۲۵ - عصر امروز احمد قوام، نخست‌وزیر، کابینه ائتلافی خود را با شرکت وزیران حزب توده ایران، حزب دموکرات ایران و حزب ایران به این شرح به شاه معرفی کرد: ...
الهیار صالح، وزیر دادگستری، سرلشکر [محمدحسین] فیروز، وزیر راه، ... ، مظفر فیروز، وزیر کار و تبلیغات، ... دکتر مرتضی یزدی، وزیر بهداری، ایرج اسکندری، وزیر پیشه و هنر و بازرگانی، دکتر فریدون کشاورز، وزیر فرهنگ.

۲۲ مرداد ۱۳۲۵ - سفارت کبرای انگلیس عزیمت قوای خود را از هند به عراق، برای ورود به ایران تکذیب کرد و از اقدامات دولت در اعاده امنیت در مناطق نفت‌خیز تشکرکرد.

۱ شهریور ۱۳۲۵ - عشایر فارس دست به یاغی‌گری زدند و از اطاعت دولت مرکزی سرپیچی نمودند.

۲۸ شهریور ۱۳۲۵ - پادگان کازرون توسط خوانین ممسنی- قشقایی- بویراحمدی و افراد آن‌ها محاصره شد و جنگ سختی در آن‌جا درگرفت.

۳۰ شهریور ۱۳۲۵ - پست‌های ژاندارمری بین اصفهان و شیراز و بوشهر مورد تعرض ایلات متمرد جنوب قرارگرفت.

۳۱ شهریور ۱۳۲۵ - برادران قشقایی طی تلگرافی از نخست‌وزیر خواستند:
۱ -تشکیل انجمن‌های ایالتی و ولایتی در فارس
۲ -خودمختاری
۳ -اصلاح امور کشور و برکناری وزرای توده‌ای
مدت تصمیم‌گیری برای خواسته‌ها تا غروب شنبه اول مهرماه تعیین‌شد.
باوجودی‌که سران قشقایی برای دولت مهلت قائل شده‌بودند، ولی تمام منطقه فارس زیر سلطه آن‌ها قرارداشت و مأمورین دولتی در هر اموری مسلوب‌الاختیار بودند.

۱ مهر ۱۳۲۵ - عشایر یاغی جنوب، شهر بوشهر را به‌تصرف خود درآوردند، عده زیادی از نظامیان و اهالی مقتول شدند.

۳ مهر ۱۳۲۵ - یاغی‌گری عشایر فارس در تمام منطقه ابعاد گسترده‌ای پیداکرد. شهر کازرون مورد حملات خون‌بار عشایر قرارگرفت.

۱۳ مهر ۱۳۲۵ - پادگان کازرون پس از پانزده روز زد و خورد با عشایر به‌علت نرسیدن نیروی کمکی سقوطکرد.

۱۴ مهر ۱۳۲۵ - فرمان انتخابات دوره پانزدهم مجلس شورای ملی صادرشد."

خلاصه اینکه در آن زمان دولت روسیه برای الحاق آذربایجان و کردستان به کشور خود گام‌های نخستین و اساسی را برداشته و دولت انگلستان نیز توسط خوانین خیانت‌کار قشقایی، ممسنی و بویراحمدی عملاً استان فارس را از کنترل دولت مرکزی خارج‌ساخته بوده‌اند.
افزون‌بر آن بطوری که دیدیم، دولت انگلستان غیر از تحریک خوانین مذکور، ترتیب اعتصاب خونین و دامنه‌داری را داده‌بوده و قصد داشته‌است که به بهانه حفظ جان اتباع خود و نگهبانی از تأسیسات نفتی، استان خوزستان را توسط قوایی که آن‌ها را به همین منظور از هند به عراق آورده بوده‌است، به‌تصرف خود درآورد.

پنج ترور تاریخی راهگشای صدارت مصدق

در اینجا بد نیست که قسمت‌هایی از خاطرات سیاسی احمد آرامش، معاون وزارت بازرگانی و پیشه و هنر در کابینه قوام‌السلطنه و دبیر کل حزب دموکرات وی را در اینجا نقل نماید:

" ... در مقابل وضعی که روس‌ها در شمال غربی ایران به‌وجود آورده‌بودند، انگلیس‌ها برای اینکه مبادا غافلگیر شوند و از حریف عقب بمانند، با **ناصرخان قشقایی** تماس گرفتند و موجبات قیام فارس و نواحی جنوب را، که پس از چندی قوت گرفت و مشکلات عظیمی برای دولت ایجاد کرد، فراهم ساختند. ....
انگلیس‌ها درعین‌حال که در جنوب به تحریک قشقایی‌ها گرم بودند، در آبادان و مسجدسلیمان هم اجرای برنامه‌های دقیقی را دنبال می‌کردند.
بدین‌معنی که ظاهراً به فعالیت افراد توده‌ای و مسئولین شورای متحده مرکزی درنهایت بی‌اعتنایی می‌نگریستند و گاهی نیز درجا وسایل پیشرفت کار و توسعه تظاهرات کمونیست‌مآبانه آن‌ها را فراهم می‌ساختند.
انگلیس‌ها از اتخاذ چنین رویه‌ای دو منظور داشتند، نخست آنکه افزایش و قدرت عامل حزب توده در خوزستان موجب نگرانی **قوام‌السلطنه** می‌شد و ممکن بود وی را از اتخاذ رویه مسالمت‌آمیز نسبت به دست‌نشاندگان شوروی و افراد حزب توده و فرقه دموکرات آذربایجان و حزب کومله کردستان منصرف نماید.
با تأمین این منظور، آن‌ها می‌توانستند عوامل چپ را به‌دست **قوام** سرکوب کنند و درنتیجه روابط او را با روس‌ها تیره سازند و آن‌گاه با شعله‌ور ساختن آتش غضب زمامداری شوروی، دولت او را بدون رادع و به آسانی ساقط کنند.
دوم اینکه، اگر در اجرای منظور فوق توفیق حاصل نگردید، پس از اینکه تظاهرات حزب توده در خوزستان و مناطق نفت‌خیز جنوب به منتهای شدت رسید، به‌عنوان اینکه منافع و جان افراد امپراطوری انگلستان در آن ناحیه به خطر افتاده‌است، ناگهان جهازات جنگی خود را از بصره و سواحل عراق به سواحل ایران نزدیک و نیرو پیاده‌کنند و با استفاده از فرودگاه حبانیه- واقع در عراق- قوای چترباز به نقاط مختلف خوزستان فرو ریزند و بدین ترتیب آن‌ها نیز می‌توانستند، مانند رقبای روسی خود که بر شمال ایران پنجه افکنده بودند، مناطق حساس و مهم استان خوزستان را اشغال کنند.
اما چنان‌که سابقاً ذکر شد، چون روس‌ها در لباس جانبداری از مردم آذربایجان و کردستان، بر آن نواحی دست یافته‌بودند، انگلیسی‌ها نیز بر آن شدند که ظاهر پسندیده‌ای به تجاوزات خود بدهند و لذا فوراً با **شیخ‌عبدالله** پسر **شیخ‌خزعلی**، که در عراق به‌سر می‌برد، تماس گرفتند و او را واداشتند که با مخبرین جراید خارجی در خاک عراق مصاحبه کند و **خوزستان** ایران را **جزئی** از خاک عراق قلمدادنماید و **خود نیز به داعیه جانشینی پدرش**، که روزگاری حاکم مطلق آن سامان بوده، علم طغیان برافروزد.
انگلیسی‌ها باطناً با اعضای مطمئن و متنفذ حزب توده ارتباط داشتند و بنابراین از یک‌طرف از مفاد دستورهای روس‌ها باخبر می‌شدند و از طرف دیگر به‌وسیله ایشان آن قسمت از نقشه عمال حزب توده را که موافق مصالح خود نمی‌دانستند، بر هم می‌زدند.
در نیمه دوم خرداد ۱۳۲۵ اعتصاب بزرگی در تمام مناطق نفت‌خیز خاورمیانه [؟] آغاز شد. دامنه این اعتصاب به‌حدی وسیع بود که حتی کرکوک و موصل را نیز فرا گرفت.
وسعت تظاهرات دسته‌های افراطی چپ و کارگران و عمق نفوذ عمال کمینترم (کمینترن سابق)، آمریکایی‌های مقیم خاورمیانه را به سختی دچار نگرانی کرد و اینان متوجه‌شدند

پیوست دو – عضویت دکتر بقایی در حزب دموکرات قوام‌السلطنه

با جریاناتی که در پس پرده سیاست به‌وسیله روس‌ها در خاورمیانه و نزدیک وجوددارد، این رشته را سری دراز است و ضرورت دارد که آنان مستقلاً قدم به‌میدان گذارند و پیشرفت مقاصد کرملین را متوقف سازند.
انگلیسی‌ها، چنانکه سابقاً ذکرشد، ظاهراً با بی‌اعتنایی به حوادث و اوضاع ایران نظاره‌می‌کردند و باطناً دامنه اغتشاشات و کشمکش‌ها را وسعت می‌بخشیدند.
قوام‌السلطنه کموبیش متوجه‌این نکات بود و با اخباری که دریافت می‌داشت نسبت به اوضاع خوزستان و نتایج بازی عمال انگلیسی و روسی که ممکن‌بود به تجزیه خاک ایران منتهی‌گردد، بسیار مشوش و ناراحت بود.
در اعتصاب اول، نگارنده [احمد آرامش]، معاون وزارت بازرگانی و پیشه و هنر، از طرف قوام‌السلطنه مأموریت یافت به خوزستان عزیمت‌کند و اعتصاب کارگران را خاموش‌سازد و مبدأ و ریشه تشنجات جنوب را تشخیص و گزارش‌دهد.
نگارنده بدین منظور به آبادان رفت و پس از مذاکره با سران شورای متحده مرکزی اغتشاش را فرونشاند و مشکل را به‌صورت مطلوب و مسالمت‌آمیزی فیصله داد.
اما هنوز یک‌ماه از خاتمه این اعتصاب عظیم نگذشته‌بود که مجدداً اعتصابی به همان وسعت و شدت در آبادان به‌وقوع پیوست.
گزارش‌های رسمی که از خوزستان واصل‌می‌شد مشعر بر این بود که اگر ریشه اعتصاب قطع نگردد ممکن است نتایج نامطلوبی بر آن مترتب گردد.
بار دیگر قوام‌السلطنه نگارنده [احمد آرامش] را که در آن زمان کفایت وزارت پیشه و هنر را، پس از تبعید مورخ‌الدوله به کاشان، برعهده‌داشت، مأمور رسیدگی به امر اعتصاب کارگزاران خوزستان کرد ... "
(خاطرات سیاسی احمد آرامش- به کوشش غلامحسین میرزاصالح- صفحات ۱۴۰/۱۳۶)

احمد آرامش به تفصیل شرح داده‌است که پس از انتصاب وی توسط قوام‌السلطنه، به‌شرح بالا، مظفر فیروز و حامیان روسی وی به فعالیت افتاده و قوام‌السلطنه را برای انتخاب مظفر فیروز جهت اعزام به خوزستان تحت فشار قرارداده و درآخر وی را به انجام این‌کار مجبورساخته‌اند.
اما، قوام‌السلطنه هر دو نفر مذکور را انتخاب کرده و به مظفر فیروز گفته‌است که:

" ... چون اداره کل کار، که مرجع رسیدگی به امور کارکنان است، از ادارات تابعه وزارت پیشه و هنر می‌باشد، مسئولیت امر از لحاظ تشکیلات کشوری با شخص آرامش، کفیل وزارتخانه مذکور است و لذا اقتضا دارد هر تصمیمی که در محل اتخاذ می‌شود با امضای شما که نماینده اینجانب هستید و آرامش، که مسئول امور کارگران است به مراجع رسمی ابلاغ‌گردد. ... "
(همان- صفحه ۱۴۱)

احمد آرامش قسمتی از داستان مسافرت خود به خوزستان را به‌شرح کوشش‌های مظفر فیروز جهت توسعه دامنه اعتصاب و اغتشاش کارگران شرکت نفت و نتایج و واکنش‌های مربوط به آن، اختصاص داده و درخاتمه این داستان چنین نوشته‌است:

" ... مظفر فیروز این‌بار هم که نتوانست منظور خود را آن‌چنان بود پیش ببرد و اوضاع خوزستان را با تحریک کارگران آشفته سازد، سخت عصبانی شد و به‌عنوان اینکه با نظرهای او مخالفت می‌شود، جلسه را ترک گفت و با غروب آفتاب، به‌جای آنکه به

*محل اقامت هیأت اعزامی مراجعت کند، از آبادان به خرمشهر عزیمت کرد و به‌وسیله منشی مخصوص خود به نگارنده [**احمد آرامش**] پیغام داد که شب را در خرمشهر خواهد گذراند و بامداد روز بعد برای ادامه رسیدگی به امر اعتصاب به آبادان بازخواهدگشت.*
*نگارنده بدگمان شده بود که مبادا **مظفر** برای تشدید وخامت اوضاع نواحی نفت‌خیز، با نمایندگان کارگران شورشی ملاقات کند و دستورهایی برای ابراز شدت عمل و ایجاد اغتشاشات تازه‌ای به آنان بدهد. صبح روز بعد برخلاف انتظار بنا به گزارش شهربانی و دو نفر مأمور مخصوصی که استاندار شخصاً برای رفت و آمد **مظفر فیروز** گمارده‌بود، اطلاع حاصل شد که ساعت ده و نیم شب پیش، **مظفر** به تنهایی از محل اقامت خود خارج شده و کمی دورتر از آن، در ساحل کارون در جای خلوتی، با کنسول [شوروی در] اهواز و معاون او که در عین حال وظیفه مترجمی را برعهده داشته و هر دو نفر همان شب به خرمشهر واردشده‌اند، ملاقات کرده است و متجاوز از پنجاه دقیقه مذاکرات ایشان به‌طول انجامید و سپس هر سه نفر متفرق شده‌اند.*
*ملاقات **مظفر فیروز** با کنسول شوروی و معاونش نشانه توطئه‌چینی خطرناکی از جانب آنان به‌منظور تشدید عملیات کارگران اعتصابی بود و بیم آن می‌رفت که نقشه توطئه، یکی دو روز بعد در آبادان و سایر مناطق نفت‌خیز به موقع اجرا گذاردهشود.*
*رؤسای شرکت نفت نیز که از ارتباط **مظفر** با عمال شوروی آگاه شده‌بودند، به‌عنوان حفظ جان اتباع انگلیسی مقیم نواحی نفت‌خیز، بلافاصله به‌وسیله تلفن از فرمانده قوای انگلیسی متمرکز در خاک عراق تقاضا کردند کشتی‌های جنگی را که در بندر بصره لنگر انداخته‌بودند و همچنین قسمتی از قوای متمرکز در حبانیه را به آبادان و مسجد سلیمان گسیل دارند تا در صورت حمله دسته‌جمعی کارگران به محله انگلیسی‌نشین آبادان و اتباع انگلیسی از آنان دفاع کنند.*
***مصباح فاطمی**، استاندار خوزستان که از جریان استمداد رؤسای شرکت نفت باخبر شده‌بود، موضوع را به‌اطلاع نگارنده رسانید. نگارنده از او درخواست کرد که بلادرنگ با رؤسای شرکت نفت تماس گیرد و به آنان اطلاع دهد که اگر یک ملوان انگلیسی و یا سرباز خارجی بدون اطلاع و موافقت قبلی دولت به خاک ایران قدم‌گذارد، بدون شک قوای نظامی ایران به حکم وظیفه ملی و نظامی خود به مقابله خواهدآمد ...*
***مصباح** موضوع را با انگلیسی‌های مقیم آبادان درمیان‌گذارد و آنان نیز به شرط آنکه دولت ایران جداً در این باب اقدام کند، حاضرشدند موقتاً از اجرای تصمیمی که اتخاذ کرده‌بودند، عدول نمایند ...*
*میسیون اعزامی به آبادان، به‌محض ورود به تهران **قوام‌السلطنه** را ملاقات و گزارش اقدامات خود را به وی تسلیم‌کرد. اما، **قوام** همان تاریخ پس از صرف شام و بدون اطلاع **مظفر** و بطور مخفیانه نگارنده را به کاخ ییلاقی نخست‌وزیر احضارکرد و بیان حقایق پشت پرده را از وی طلبید.*
نگارنده استنباط خود را مبنی بر اینکه انگلیسی‌ها مایلند با سکوت خود عملیات ماجراجویانه عمال شوروی را در محافل و دسته‌های کارگری وسعت دهند و زمینه را برای مداخله قوای انگلیس مهیاسازند، برای قوام‌السلطنه تعریف‌کرد ...
***قوام** با اندک تفکر و تأمل دریافت که نقشه تجزیه خاک ایران ... هنوز مورد توجه انگلیسی‌ها است ... از این‌رو پس از یکی دو روز مطالعه و علی‌رغم وسوسه‌ای که*

__مظفر__ برای رسیدن به هدف مطلوب خود می‌کرد، بانهایت بصیرت و هنرمندی و با اعمال قدرت از تحقق‌یافتن چنین سرنوشت دردناکی جلوگیری کرد.
یقیناً این خدمت گرانبهای __قوام‌السلطنه__ بیش از موفقیتی که وی در واژگون‌کردن حکومت‌های دست‌نشانده آذربایجان و کردستان به‌دست آورد، از نظر کسانی که در آتیه تاریخ حقیقی ایران را تنظیم نمایند واجد اهمیت است ... "
(همان- صفحات ۱٤٤/٤۸)

درهرحال، تمام شواهد موجود نشان‌می‌دهد که در آن زمان دولت‌های روسیه و انگلستان، بطور محرمانه، توافق کرده‌بوده‌اند که تمام آذربایجان (یعنی استانهای فعلی آذربایجان شرقی و آذربایجان غربی و اردبیل) و کردستان را به‌صورت دو سرزمین به‌ظاهر خودمختار و تحت نفوذ شوروی درآورند و درمقابل دو استان فارس و خوزستان نیز به‌همان ترتیب و تحت نفوذ انگلیس اداره‌شوند.
رؤسای خیانت‌کار فرقه دموکرات آذربایجان و حزب کومله کردستان، به‌ترتیب ایادی روسیه شوروی در استان‌های مربوط به خود بوده‌اند و خوانین خیانت‌کار ایلات قشقایی، ممسنی و بویراحمدی، ایادی انگلیس در استان فارس را تشکیل می‌داده‌اند.
همچنین دولت انگلیس ترتیب داده بوده‌است که ابتدا کارگران صنعت نفت را آشکارا با تحریکات توده‌ای‌ها، به اغتشاش بکشاند و توسط آنان حملاتی به جان و مال اتباع انگلیس در خوزستان به‌عمل آورد و سپس به بهانه محافظت از جان و مال این عده، نیروهای خود را از عراق (که هنوز تحت‌الحمایه انگلیس بوده‌است) به خوزستان واردنماید و سرانجام با یک شورش و اغتشاش که اعراب خوزستان به حمایت از **شیخ‌عبدالله**، پسر **شیخ‌خزعل**، انجام می‌داده‌اند، خودمختاری خوزستان را زیر ریاست این عروسک دست‌آموز خود تأمین‌نماید.
همچنین هر یک از دو دولت مزبور برای خود حزبی به رهبری تعدادی از ایادی گوش به فرمان خود تشکیل داده‌بوده و آن‌را تقویت می‌کرده‌است تا اینکه زمینه‌های ادامه و توسعه نفوذ آن دولت را در سایر نقاط فراهم‌سازد.
حزب توده ایران و **حزب ایران**، به ترتیب مطیع و خدمتگزار دولت‌های **روسیه شوروی** و **انگلیس** بوده‌اند و افزون‌برآن **دولت انگلیس** در **حزب توده ایران** نفوذی قطعی و نامرئی داشته و تعدادی از ایادی مسلم و وفادار خود را جزو رهبران درجه اول در آن حزب جازده بوده‌است.
بطوری‌که دیدیم این دو حزب نیز، در آن زمان، با یکدیگر ائتلاف کرده و هم‌بسته درجهت اجرای نقشه شوم مزبور به فعالیت اشتغال داشته‌اند.
حزب توده ایران، به‌عنوان پیروی از اصول سوسیالیزم، طرفداری از حقوق تمام ملت‌ها! و خلق‌های زیر ستم ایران را، که شامل اعراب خوزستان و عشایر فارس نیز می‌شده‌است، از وظایف اصلی خود به‌شمار می‌آورده و داشتن خودمختاری را از حقوق حقه و مسلم آنان می‌دانسته‌است.
حزب ایران، مؤتلف رسمی **حزب توده**، نیز با استفاده از نیروی نظامی در مقابله با تجزیه‌طلبان مخالفت می‌ورزیده و همانطور که در اعلامیه مشترک **سادچیکف** و **قوام‌السلطنه** پیش‌بینی شده‌بود، ترتیب مسالمت‌آمیز و مذاکره را توصیه می‌کرده‌است.
دیدیم که **محمد مصدق** نیز در جلسه مورخ ۲۸ آذر ۱۳۲٤ مجلس شورای ملی؛

" ... درباره آذربایجان سخن گفت و اضافه کرد با آذربایجان نباید جنگ کرد بلکه باید از آن‌ها رفع شکایت نمود تا مطیع شوند "
(روزشمار تاریخ ایران- جلد نخست - باقر عاقلی- صفحه ۲۷۳)

روز بعد از ایراد این سخنرانی، **الهیار صالح**، **دبیرکل حزب ایران** و دوست صمیمی و هم‌مسلک **مصدق**، جهت اجرای همان سیاست مسالمت‌آمیز! به وزارت کشور منصوب شده‌است.
سخنرانی **مصدق** در زمانی ایرادمی‌شده که فرقه دموکرات آذربایجان درعمل خودمختاری آن استان را تحقق بخشیده بوده‌است. یعنی مجلس ملی! خود را افتتاح کرده، نخست‌وزیر خود را تعیین و کابینه وزرای خویش را تشکیل داده، پادگان‌های مهم تبریز و رضائیه و سایر مراکز نظامی در سرتاسر آن استان را به‌تصرف خود درآورده و بطورکلی بر سرتاسر آذربایجان تسلط یافته بوده‌است.
در این شرایط، که بدون تردید فرقه دموکرات حتی یک قدم از مواضعی که به‌دست آورده‌بوده، حاضر به عقب‌نشینی نبوده و به چیزی کمتر از همان خودمختاری که در اختیارداشته رضایت نمی‌داده‌است، پیشنهاد **مصدق**، که تعلیق به محال بوده، فقط به‌منظور دفع‌الوقت اقامه شده بوده‌است.
دلایل بسیار برای اثبات این مدعا وجوددارد که مهمترین آن‌ها همان شکست تمام اقدامات صلح‌طلبانه و مسالمت‌آمیز و فتح نظامی آذربایجان در آذرماه ۱۳۲۵ می‌باشد.
همان‌گونه که از شواهد موجود می‌توان استنباط نمود، **قوام‌السلطنه** در آغاز توسط دولت نیرومند آمریکا که هجوم سهمگین خود را برای تصاحب منابع نفتی خاورمیانه آغازکرده بوده‌است، دولت انگلیس را از اجرای نقشه شوم خود بازداشته و چون با این ترتیب تعادل کفه‌های ترازوی نفوذ این دولت با روسیه بر هم می‌خورده و کفه نفوذ روسیه به‌میزان زیادی به سنگینی می‌گراییده‌است، لذا این دولت در صحنه‌های جهانی و بین‌المللی و همچنین در داخل ایران، با همکاری آمریکا به حمایت از دولت ایران برخاسته و به‌صورت مشترک زمینه شکست برنامه‌های دولت روسیه را فراهم ساخته‌اند.

داستان عضویت دکتر بقائی در حزب دموکرات ایران از زبان خود او

داستان زیر، که نگارنده آن‌را از زبان خود **دکتر بقائی** شنیده‌است، شرح عضویت وی در **حزب دموکرات ایران**، به رهبری **قوام‌السلطنه**، می‌باشد.
با اینکه بین زمان شنیدن تا زمان نوشتن آن داستان مدتی فاصله وجود داشته، با این وجود به خوانندگان گرامی اطمینان می‌دهد که در مضمون آن تغییری رخ نداده‌است:

*" روزی در اوایل تابستان سال ۱۳۲۵ نامه‌ای به امضای **قوام‌السلطنه**، نخست‌وزیروقت، برایم رسید که از من دعوت به‌عمل آورده‌بود تا برای مذاکره درمورد امر مهمی، در بعد از ظهر چند روز بعد، در ساعتی که تعیین شده‌بود، به کاخ ییلاقی وی که در جاده قدیم شمیران نزدیک میدان تجریش قرارداشت، بروم.*
با مذاکراتی که پیش‌تر توسط بعضی از نزدیکان وی با من به عمل آمده‌بود و نیز به‌علت اینکه چند نفر از دوستان و همکاران من نظیر آن نامه را دریافت داشته‌بودند، کم‌وبیش می‌دانستم که موضوع چیست؟
روز موعود به کاخ ییلاقی نخست‌وزیر رفتم و در جمع افرادی که قبل از من به آنجا رفته‌بودند، جای گرفتم، تعدادی هم بعد از من آمدند.
*بعد از مدت کوتاهی **قوام‌السلطنه** واردشد و درحالی‌که با تعظیم‌های بسیار کوتاه و کلماتی حاکی از تشکر، به کف‌زدن‌های حاضران پاسخ‌می‌داد، آرام‌آرام در پشت تریبون جای گرفت و به سخنرانی پرداخت.*

مضمون سخنان وی بطور خلاصه این بود:

«در شرایط و اوضاعی که متعاقب تخلیه نیروهای متفقین از این کشور به‌وجود خواهدآمد، ضرورت دارد که جوانان وطن‌پرست و با انرژی، که علاقمند به ترقی و پیشرفت این آب و خاک هستند، از بی‌تفاوتی خارج و در یک حزب مترقی و ملی متشکل گردند و با برنامه‌ریزی صحیح و مشترکاً به فعالیت و اقدام‌بپردازند.
*من (**قوام‌السلطنه**) که از چندی پیش به ضرورت این امر پی‌برده بودم، از تعدادی از دوستان قابل اعتماد و مطلع خود خواستم که اگر از این‌قبیل جوانان روشنفکر و علاقمند سراغ دارند برای همکاری جهت تشکیل چنین حزبی یا تشکیلاتی معرفی نمایند.*
درمورد افرادی که به این ترتیب توسط هر یک از دوستان معرفی شده‌بودند، تحقیقات و بررسی‌های لازم به‌عمل آمده و افرادی که امروز دعوت شده‌اند کسانی هستند که از حسن نیت، وطن‌پرستی و علاقمندی آنان به خدمت اطمینان کافی حاصل شده‌است.
حال از شما می‌خواهم که برای تشکیل چنین حزبی با من همکاری به‌عمل آورید و پس از تأسیس، دیگر خودتان آن‌را اداره کنند و تمام همت خود را درجهت ادامه حیات آن مبذول‌نمایید.
اما همواره مواظب من هم باشید و در هر زمان که متوجه شدید که من از هدف‌هایی که برای این حزب تعیین شده‌است، انحراف حاصل کرده‌ام، مرا طرد کنید ولی حزب را پایدار نگه دارید و به راه خود ادامه دهید.»

*بعد از پایان سخنان **قوام‌السلطنه** اکثریت قریب به اتفاق حاضران از پیشنهاد **قوام‌السلطنه** به گرمی استقبال و موافقت کردند که به عنوان هیأت مؤسس حزب **دموکرات ایران** کار خود را آغاز کنند و چند روز بعد نیز **قوام‌السلطنه** طی یک سخنرانی رادیویی خبر پایه‌گذاری آن را به اطلاع ملت ایران رسانید.*
***قوام‌السلطنه** با زرنگی خاص خود سعی کرده‌بود که از افراد مارک‌دار یا بدنام کسی برای شرکت در آن جلسه دعوت نشده‌باشد تا اینکه از همان ابتدا اثری بد درخاطر جوانان خالی‌الذهن و خوش‌قلب حاضر در آنجا نگذارد. اما از روز بعد، هر روز از جمعی از افراد مشهور یا گمنام، خوش سابقه، بدسابقه یا مشکوک برای پیوستن به حزب و یا عهده‌دارشدن مشاغل عمده حزبی و اداره آن دعوت به‌عمل می‌آورد و نیز چون حزبی دولتی به‌شمار می‌رفت، لذا عده قابل توجهی نیز به طمع شغل و مقام داوطلب عضویت در آن حزب شدند.*
*درمیان این پذیرفته‌شدگان افراد بسیار بدنام و بدسابقه‌ای امثال **حسن عرب** و **عباس شاهنده و ...** وجودداشتند که من و تعداد دیگری از اعضای هیأت مؤسس با عضویت آنان به‌سختی مخالف بودیم و همکاری با آنان را در داخل حزب برای خود ننگی عظیم می‌شمردیم.*
*در این شرایط من (**دکتر بقائی**) نامه‌ای خطاب به **قوام‌السلطنه**، رهبر حزب، نوشتم و آن‌را به امضای تعدادی از اعضای مؤسس و هم‌فکران خود رساندم و برای **قوام‌السلطنه** ارسال‌نمودم.*
مضمون نامه این بود که اگر تا فلان روز، این عده (که اسامی آنان نوشته شده‌بود) از حزب اخراج نشوند، این نامه به منزله استعفای ما از عضویت در حزب خواهد بود.
***قوام‌السلطنه** که می‌دانست نویسنده آن نامه من هستم، مرا به دفتر خود احضار و از من درخواست کرد که تا پایان برگزاری **مراسم جشن صدمین روز پایه‌گذاری حزب** صبرکنم و*

بعد از آن، هرگاه در تصمیم خود پایداربودم، مستعفی گردم واین درخواست را، از طرف او از سایر امضاکنندگان آن نامه نیز به‌عمل آورم.
*قراربود که مراسم **جشن صدمین روز پایه‌گذاری حزب** در تهران و شهرستان‌ها همزمان برگزار گردد و افراد حزب از مقابل تصویر **شاه** و کارگزاران حزبی، که بیشتر مقامات محلی دولتی بودند، رژه بروند و میدان بهارستان برای برگزاری این جشن و رژه در تهران درنظر گرفته شده‌بود.*
من که از یک‌طرف میتینگ‌های عظیم حزب توده در میدان بهارستان را دیده بودم و از طرف دیگر از تعداد واقعی اعضای حزب دموکرات در تهران آگاه بودم، برگزاری این جشن را آبروریزی عظیمی برای حزب می‌دانستم و دائم در دل مشوش و نگران بودم و یقین داشتم که هرگاه تمام اعضای حزب منتهای کوشش خود را هم به‌کار ببرند و هر یک از آنان تعدادی از بستگان، دوستان و آشنایان خود را، با هر خواهش و تمنا و وسیله‌ای که باشد، به‌عنوان اعضای حزب، برای رژه رفتن آماده سازند باز هم به سختی خواهند توانست که تعداد رژه روندگان را به چند هزار نفر برساند.
*در روز موعود، اعضای هیأت مؤسس و سایر مقامات و مسئولان حزبی، از ساعتی قبل از ورود **قوام‌السلطنه**، در طبقه دوم ساختمانی که در **میدان بهارستان** برای آنان آماده شده‌بود، به‌تدریج حضوریافته و به انتظار ورود رهبر ایستاده بودند.*
تمام میدان و خیابان‌های اطراف آن تا شعاع وسیعی پر از جمعیت بود. مأموران انتظامات حزب که با لباس و بازوبندهای مخصوص حفظ نظم را به عهده داشتند، به‌زحمت توانسته بودند که خیابان جلوی ساختمان را برای رژه اعضای حزب بازنگاه‌دارند.
*سرانجام **قوام‌السلطنه** وارد شد و از پله‌ها بالاآمد و ما در همان بالای پله‌ها به حال احترام از ایشان استقبال‌کردیم.*
***قوام‌السلطنه** پس از بالا آمدن، همین‌که به جلوی من رسید، درحالی‌که به عصای خود تکیه داده‌بود، نگاهی به جمعیت عظیم انداخت و سپس رو به من کرده و با اشاره به جمعیت پرسید:*
مظفر! چطوره؟** پاسخ دادم: **فوق‌العاده است!
***به‌راستی هم فوق‌العاده بود،** زیرا صرف‌نظر از جمعیت عظیم تماشاچی فقط تعداد افرادی که به‌عنوان **اعضای حزب دموکرات ایران** از مقابل رهبر و ما رژه‌رفتند، چیزی بسیار بیش از حد انتظار ما به‌حساب می‌آمد.*
*بعد از پایان رژه، **قوام‌السلطنه** به من اشاره‌کرد که به نزدش بروم و برای بار دوم پرسید:*
*- **خوب مظفر، چطور بود؟** باز هم پاسخ دادم:*
- بسیار عالی و فوق‌العاده بود. من به هیچ‌وجه نمی‌توانستم تصورکنم که چنین جمعیت عظیمی چه به‌عنوان تماشاچی و چه به‌عنوان علاقمندان به حزب و چه به‌عنوان اعضای حزب در اینجا جمع‌شوند.
***قوام‌السلطنه** درحالی‌که سر خود را تکان می‌داد، گفت:*
ترتیب حضور این همه جمعیت را همان چند نفری داده‌اند که شما طالب اخراجشان بودید. حال آیا باز هم درمورد اخراج آنان و یا استعفای خود از حزب اصرار می‌ورزید؟ ..."

چون **دکتر بقائی** در آن زمان به عضویت و فعالیت خود در حزب دموکرات ادامه داده‌است و هیچ یک از افراد مورد اعتراض وی نیز از آن حزب اخراج نشده‌اند، لذا خوانندگان گرامی، خود می‌توانید پاسخی را که **دکتر بقائی** در آن روز به پرسش **قوام‌السلطنه** داده‌است، حدس بزنید.

موضع خانواده دکتر بقائی از نظر سیاسی در ارتباط با دو کفه ترازوی خیانت در کرمان

در اینجا آغاز سخن را به دکتر **محمدابراهیم باستانی‌پاریزی** محول می‌نماییم:

" ***نیروی سوم در کرمان***
*پس از فتح تهران وشکست **محمدعلی شاه**، در تهران دو حزب پیداشد که اولی انقلابی بود و **دموکرات عامیون** نام داشت و دومی **اعتدالی** بود و **اجتماعیون یا اعتدالیون** نام گرفت.*
***حزب دوم پناهگاه اعیان و شاهزادگان بود**، ولی **دموکرات‌ها** با اساس‌نامه‌ای تند و تیز هدف‌های درخشانی را مطمح نظر قراردادند که از آن‌جمله انفکاک کامل قوه سیاسی از قوه روحانی و نظام اجباری و تقسیم املاک بین رعایا و قانون منع احتکار و تعلیم اجباری و مخالفت با مجلس اعیان (سنا) بود.*
*شعاع این جنبش تحزب به کرمان کشید و **کرمانیان که سالها در زیر سلطه خوانین قاجار [ابراهیمی‌ها] و قدرت خاندان وکیل‌الملک [اسفندیاری‌ها] و هم دخالت انگلیسی‌ها و تقویت آنان گاه‌وبی‌گاه از این دو خانواده، در جستجوی مفر و روزنه امیدی بودند، این تشیکلات را مورد نظر قراردادند وطولی نکشید که پرچم حزب دموکرات بالا رفت.***
*معروف‌ترین کسانی که در تقویت این حزب دخالت داشتند، عبارت بودند از **سیدمصطفی‌خان کاظمی، محمود درگاهی (دبستانی)، آقا مهدی رئیس‌بلد، حاج حسین یاسائی** [پدر **علی یاسائی** که در بالا از او یاد شد]، **عبدالله‌خان پامناری، محمدمیرزا ابوالفتح، آقاسیدجواد، ناظم‌التجار، آقامیرزا غلامحسین، احمد دهقان (بهمنیار)، ابوالقاسم (معروف به ابوالقاسم شمر)** [به‌علت اینکه در شبیه‌های مذهبی، در ماه محرم، در نقش شمر بازی می‌کرده‌است.]، علی **کاکو، آقامیرزاشهاب (پدر دکتر بقائی)، و میرزا حسین‌خان، رئیس نظمیه**.*
*تبلیغات این حزب و جرایدی که داشتند، چنان در شهر کرمان و نواحی اطراف جنبشی پدیدآورد که شهر کرمان را یکپارچه آتش ساخته‌بود، روزهای میتینگ، سراسر بازار کرمان از جمعیتی که فریاد «**یا مرگ یا استقلال**» می‌کشیدند، موج می‌زد. دانش‌آموزان مدارس ملی خصوصاً در آن ایام تظاهرات بی‌سابقه‌ای داشتند ..."*
(پیغمبر دزدان- به‌کوشش باستانی پاریزی- صفحه ۳۹)

" *... جنگ اول جهانی پیش آمد و دولت ایران در ۱۲ ذیحجه ۱۳۳۲، یعنی اول نوامبر ۱۹۱۴ بی‌طرفی خود را اعلام‌کرد، اما این بی‌طرفی دوامی‌نیافت.*
در کرمان، اعضای [حزب] دموکرات که هسته طبقه آزادی‌خواهان محلی بودند و همیشه کمک و همراهی مقامات خارجی و خصوصاً انگلیسی‌ها را از متنفذان محلی به رأی‌العین مشاهده می‌کردند، به‌فکر استفاده از متحدین، یعنی آلمان‌ها افتادند ...

*نقطه مقابل دموکرات‌ها در همراهی با آلمان‌ها، [یعنی در جهت همراهی با انگلیسی‌ها] **میرزاحسین‌خان سردارنصرت** [ناپسری مادر **محمد مصدق**]، نوه **وکیل‌الملک بزرگ**، بود که درعین حال مقام ریاست قشون را نیز داشت.*
*یک هیأت آلمانی به سرپرستی **زوگمایر اتریشی** با هفتاد نفر همراهان به کرمان آمد. این هیأت هرچه کوشش کرد که **سردار نصرت و سردار ظفر** [**بختیاری**، حاکم کرمان] را که در عین‌حال با هم اختلاف داشتند، از خود کُند ممکن نشد.*
*در شهر توطئه‌ای پیش‌آمد که آن را منسوب به دموکرات‌ها دانستند، توضیح آنکه: یک روز که **سردار نصرت** بر اسب سوار بود و از منزل خود- باغ نشاط- به شهر می‌آمد، در نزدیکی خرابه‌ای، نارنجکی به سویش پرتاب و منفجرشد که اسب **سردار** را پاره‌پاره کرد ولی خود **سردار** از اسب پرتاب‌شده و نجات‌یافت و پسر **حسین‌شاه جوپاری**، که همراه **سردار** بود، **سردار** را بر شانه گذاشت و از معرکه گریخت ...*
سروصدای دموکرات‌ها در شهر [بالا] گرفت و انقلابی پدیدآمد، تا جایی که به تاریخ ۱۱ جمادی‌الاول ۱۳۳٤ ق. (۱۲۹۵ شمسی، ۹ مارچ ۱۹۱۶ م.) [۱۱ جمادی‌الاول ۱۳۳٤ با ۲۶ اسفند ۱۲۹٤ و ۱۶ مارچ ۱۹۱۶ مطابق بوده‌است.] این تلگراف به سفارت روس در تهران مخابرشد.

«توپخانه و ارگ در تصرف دموکرات‌ها و ژاندارمری [طرفدار آلمان‌ها] است، تمام برج‌های شهر سنگربندی و به‌دست آلمان‌ها می‌باشد، ایالت (= حاکم، سردارظفر) در باغ ناصری و سردار [نصرت] در باغ نشاط محاصره می‌باشند و (سردار) ده ساعت مهلت گرفته که حرکت نماید (به رفسنجان)، نقداً تمام شهر در تصرف سنگر مجاهدین [دموکرات‌ها] و ژاندارمری و آلمان‌هاست.» "

(همان- صفحات ۸۵/۸۶- به‌نقل از «ایران در جنگ بزرگ»- مورخ‌الدوله سپهر)

*" مسلم بود که انگلستان و متفقین در برابر چنین وضعی که در بسیاری از شهرهای ایران، از جمله کرمان و یزد و اصفهان، پیش آمده‌بود نمی‌توانستند ساکت بنشینند، در ماه مارچ ۱۹۱٤ [۱۹۱۶ صحیح است] (جمادی‌الاول ۱۳۳٤) بود که میسیون سیاسی و نظامی بریتانیا به ریاست **ژنرال پرسی سایکس**، سرقنسول سابق [انگلیس در] کرمان به بندرعباس واردشد.*
این هیأت مرکب از ۲۶ افسر انگلیسی و هندی و یک اسکورت ۲۶ نفری سوار و اسلحه و مهمات فراوان بود ... "

(همان- صفحه ۸۶)

بعد هم همان‌گونه که می‌دانیم، همین هیأت به‌زودی موفق گردیده‌است که ایادی فرومایه خود را وادارسازد که آلمانی‌ها، اتریشی‌ها، ترک‌های عثمانی و ژاندارمری‌های طرفدار آن‌ها را خلع سلاح کرده و آنان را همراه با جمعی از دموکرات‌های کرمان به‌عنوان اسیر به نوکر گوش به فرمان دیگر انگلیس در شیراز، یعنی **قوام‌الملک**، تحویل دهند تا زندانی شوند.
ما اکنون به روشنی از این آگاهی داریم که در تهران پیشوایان فراماسونری ایران، **حزب دموکرات عامیون** را بنیان‌کرده و شماری از پیشوایان انگلواسلامیست هم، **حزب اعتدالیون** را به‌وجود آورده‌بوده‌اند. به‌عبارت دیگر در آن زمان این دو حزب نیز، به نوبه خود، دو کفه ترازوی خیانت را تشکیل می‌داده‌اند.

اما آشکاراست که هواخواهان عادی این دو حزب در سراسر ایران، همگی از ایادی مستقیم انگلیس نبوده‌اند. به‌ویژه در کرمان که **خاندان‌های ابراهیمی و اسفندیاری**، پیش از این در دو کفه ترازوی خیانت جای‌گرفته و آن‌را تراز ساخته‌بوده‌اند.
به‌همین روی دموکرات‌های کرمان، که پیدایش آن‌ها به‌عنوان مخالف با هر دوکفه ترازوی خیانت و با طرفداری از آلمان و یا به‌قول **باستانی‌پاریزی** به‌صورت نیروی سوم انجام گرفته‌بود، درخششی چشم‌گیر داشتند ولی درمدتی بسیار کوتاه به نابودی کشانده‌شدند.
درهرحال، **آقامیرزاشهاب کرمانی**، پدر **دکتر مظفر بقائی کرمانی**، از اعضای فعال و گردانندگان حزب دموکرات کرمان محسوب می‌شده‌است، که همین امر را می‌توان به‌عنوان نشانه‌ای از عدم وابستگی سیاسی وی به دو کفه ترازوی خیانت در آن شهر به‌شمارآورد.

انتخاب دکتر بقائی به نمایندگی مجلس از کرمان و شباهت آن با انتخاب پدرش

با بررسی سوابق و شواهد تاریخی موجود، مسلم‌می‌گردد که در تمام دوران مشروطیت، هرگز انتخابات مجلس شورای ملی به‌صورت آزاد انجام نگرفته و به‌علت نبودن احزاب متشکل و قدرتمند، همانند آنچه که در کشورهای غربی وجود دارد، و بودن کاندیداهای بسیار با باورهای سیاسی گوناگون و حتی متخاصم با شماری طرفدار در هر حوزه، که سبب برخورد و خونریزی در بسیاری از حوزه‌ها می‌شده‌است، شاید بتوان‌گفت که انجام انتخابات صد در صد آزاد، به‌معنایی که از واژه آزاد مستفادمی‌شود، امکان‌پذیر نبوده‌است.
یک نمونه از انتخابات دولتی در بسیاری از نقاط ایران را در دوره پانزدهم مجلس شورای ملی مشاهده‌می‌نماییم که در آن دوره **دکتر مظفر بقائی** به مجلس شورای ملی راه یافته‌است.
پیش‌تر دیدیم که **قوام‌السلطنه** در چه شرایط وحشتناکی به نخست‌وزیری منصوب‌گردید. دولت‌های انگلیس و روس پیش از این برادروار برنامه تجزیه ایران را تنظیم کرده‌بوده‌اند. برنامه‌ای که به موجب آن، استان‌های آذربایجان و کردستان به‌صورت دو استان به ظاهر خودمختار ولی زیر تسلط روسیه و دو استان فارس و خوزستان نیز به همانگونه ظاهری خودمختار ولی زیر چیرگی انگلیس قرار می‌گرفته‌است. و مجلس شورای ملی که در نظر بوده‌است، در پی آن اعضایش از ایادی روسیه، به‌عنوان **کاندیداهای حزب توده ایران** و از ایادی انگلیس، به‌عنوان **کاندیداهای حزب ایران**، انتخاب‌شوند، بر این خودمختاری‌ها صحه می‌گذاشته‌است.
اما **قوام‌السلطنه**، که با خدمات ارزنده خود در این دوران حق بزرگی بر گردن ملت ایران دارد، از یک‌طرف، با کمک آمریکا و حمایت **شاه**، برنامه برپایی خودمختاری‌های مزبور را به‌هم‌زده و از طرف دیگر با تشکیل **حزب دموکرات ایران** دست‌کم از ورود کاندیداهای **حزب توده ایران** و بسیاری از ایادی انگلیس به‌مجلس شورای ملی جلوگیری نموده‌است.
در این دوره **دکتر بقائی**، به‌عنوان نماینده **حزب دموکرات ایران**، برای برپا کردن شعبه آن حزب به کرمان رفته و پس از انجام این امر، به‌عنوان کاندیدای آن حزب، از آن شهر انتخاب شده‌است.
هرچند که **دکتر بقائی**، به‌علت استفاده از شهرت و محبوبیت پدرش، **آقامیرزاشهاب**، و نیز به‌علت شهرت و محبوبیتی که خود وی در سمت ریاست فرهنگ کرمان برای خود کسب کرده‌بوده، تا اندازه زیادی دارای زمینه محلی برای انتخاب‌شدن بوده‌است اما با نفوذ و قدرت بسیار زیادی که در آن زمان **حزب توده ایران** در شهر کرمان داشته و ترس و هراسی که ایادی آن حزب برای مخالفان به‌وجود آورده‌بودند، از یک‌طرف، انتخاب **دکتر بقائی**، درصورت برگزاری انتخابات، با تردید

پنج ترور تاریخی راهگشای صدارت مصدق

فراوان روبه‌رو بوده و از طرف دیگر، با نظارت پیوسته اعضای آن حزب در تمام مراحل برگزاری انتخابات، برای اعضای انجمن‌های نظارت مرکزی و فرعی انتخابات دیگر کسی دست به تقلب و تخلف نتواند بزند.
اما، طرفداران **دکتر بقائی** با تمهیداتی که اندیشیده‌بودند، موفق‌شده‌اند که انتخابات را زیر نظارت اعضای **حزب توده ایران**، به‌درستی آزاد برگزارکنند و دو نفر کاندیدای **حزب دموکرات ایران** را از صندوق‌ها بیرون بیاورند.
توده‌ای‌ها معتقد بوده‌اند که ترتیب تمهیدات مزبور را **علی یاسائی**، از دوستان نزدیک **دکتر بقائی**، داده بوده‌است و به همین جهت ضمن مسمطی که در همان زمان راجع به انتخابات کرمان در آن دوره سروده‌بودند، این دو بیت را درمورد **علی یاسائی** در آن جای داده‌بودند:

انتخابات مگو مایه رسوایی بود
زدوخوردی، کمدی، عشقی و یغمایی بود
صحنه‌گردان چنین معرکه **یاسائی** بود
به حقیقت خودمانیم، تماشایی بود

علی یاسائی و برادرش، **محمدعلی یاسائی**، پسران **حاج‌حسین یاسائی** بوده‌اند که ما نام پدرشان را جزو اعضای حزب دموکرات کرمان، در زمان نخستین جنگ جهانی، همراه با نام پدر **دکتر بقائی** مشاهده‌کردیم. این دو برادر از دوستان صمیمی **دکتر بقائی** بوده‌اند.
انتخابات دوره پنجم مجلس شورای ملی نیز نخستین انتخاباتی بوده که بعد از کودتای ۱۲۹۹ و در دوران **سردارسپهی رضاخان پهلوی** انجام شده‌است.
قسمتی از انتخابات این دوره ازجمله انتخابات تهران، پیش از انتصاب وی به سمت نخست‌وزیری صورت‌گرفته بوده‌است.
در این دوره، ریاست انجمن نظارت مرکزی انتخابات تهران را **میرزاحسن مشیرالدوله**، یکی از استادان فراماسونری، به‌عهده داشته که در انجام این وظیفه انواع نیرنگ‌ها، تقلب‌ها و اقدامات خلاف قانون را به‌عمل آورده‌است تا جمعی از پیشوایان دو گروه خیانتکار فراماسونری و انگلواسلامیست به مجلس راه‌یابند. راه ورود به مجلس شورای ملی، از طریق صندوق‌های لواسانات، در این دوره ابداع‌شده و رسوایی حاصل از این عمل آن‌چنان عاملان آن‌را فراگرفته که تا مدت‌ها آنان، به ویژه **سیدحسن مدرس** را در ردیف منفورترین سیاستمداران وقت قرارداده‌بوده‌اند.
درهرحال، **آقامیرزاشهاب کرمانی**، به سبب دگرگونی‌هایی که در این زمان در اوضاع کشور پیش آمده‌بوده، از خارج از دو کفه ترازوی خیانت در کرمان، در دوره‌های چهارم و پنجم، به‌ترتیب از سیرجان و رفسنجان به مجلس شورای ملی و نیز به مجلس مؤسسان راه‌یافته و به انقراض سلسله قاجار نیز رأی مثبت داده‌است.

ورود دکتر بقائی به صحنه مبارزات سیاسی

پیشگفتار

هدف دکتر بقائی از مسافرت به کرمان در سال ۱۳۲۷ شمسی

حکومت قاجاریه، که برای تمام مردم ایران بدبختی‌های فراوان به ارمغان آورده، از همان آغاز تا پایان، برای مردم ستمکشیده کرمان بیش از پیش شوم بوده‌است.
شاید نتوان در تاریخ ایران و سایر کشورهای جهان نمونه دیگری را مثال زد که پادشاه یک کشور بعد از فتح یکی از شهرهای یاغی در همان کشور، زنان و کودکان آن شهر را، به‌عنوان کنیز و غلام، به سپاهیان خود ببخشد و نیز دستور دهد که سایر مردان آن شهر را یا کورکنند و یا به‌قتل برسانند و روز بعد باز هم فرمان به قتل تمام کورشدگان روز پیش و سایر مردان زنده‌مانده را بدهد و بقیه زنان و کودکان باقی‌مانده در شهر را نیز اسیرکند و در سایر نقاط به‌عنوان برده بفروش برساند! و بعد هم از حاکم منصوب بر آن شهر التزام بگیرد که:

> ***" ... دیگر چراغی کاشانه‌افروز احدی در آن سرزمین نگردد و کسی رحل اقامت در آن ولایت نیفکند ... "***
> (تاریخ کرمان- احمدعلی‌خان وزیری- به‌کوشش دکتر محمدابراهیم باستانی‌پاریزی- جلد دوم- زیرنویس صفحه ۷۵۸)

آیا به‌راستی سزاوار نیست که مردم تا ابد به روح این جنایتکار پلید و خبیث از ته دل لعنت بفرستند؟
اما خوشبختانه دوران حکومت **نخستین و تنها حاکم کرمانی!؟** بر کرمان (در تمام دوران پادشاهان قاجار و پهلوی) که آن‌هم به پاداش خدمات پدر خائنش، **آقاعلی**، به **آغامحمدخان**، در فتح کرمان، و به قیمت آن جنایات فوق تصور و توسط همان پادشاه ظالم و خونخوار به این سمت منصوب شده‌بود، بیش از یک سال دوام نیافته و **آغامحمدخان سفاک** بنا به‌درخواست حاکم بعدی، **محمدتقی‌خان یزدی**،

> ***" اختیار آن ولایت [کرمان] را به اولیای آن حضرت [محمدتقی‌خان یزدی] مفوض، واهالی آن‌جا را به آن بزرگوار بخشیده، رخصت انصراف به موطن خود ارزانی فرمود. "***
> (همان- همان صفحه)

هرچند با این ترتیب، چند هزار نفر مردم تهی‌دست که در روز بسیار شوم فتح کرمان توسط **سپاهیان جنایتکار آغامحمدخان**، با پناهندگی به خانه **آقاعلی**، جان سالم به‌در برده‌بوده و به **فریزن** در نزدیکی کرمان تبعید شده‌بودند، اجازه مراجعت به موطن خود را پیداکرده‌اند، اما از چند سال بعد که دوران حکومت **ابراهیم ظهیرالدوله**، نخستین جد خاندان حکومت‌گر کرمان آغاز شده‌است، تا انقراض سلطنت قاجاریه، **همواره وصیت آغامحمدخان، درمورد جلوگیری از آبادی کرمان مورد توجه شاهان وقت و حکمرانان کرمان قرارداشته و به مورد اجرا گذاشته شده‌است.**
در این شرایط آیا نباید به مردم کرمان حق داد که از انقراض این سلسله ننگین، شادمان باشند؟
در دوران کوتاه سلطنت **رضاشاه پهلوی** تا زمان مورد بحث ما در این بخش از تاریخ، که ۱۳۲۷ خورشیدی می‌باشد، با اینکه چیرگی همان دو خاندان غیرکرمانی و حکومت‌گر بر استان کرمان ادامه داشته و با اینکه مردم این استان، **حتی یک حکمران یا استاندار کرمانی ندیده بوده‌اند**، بااین‌حال

پنج ترور تاریخی راهگشای صدارت مصدق

مختصر تکانی خورده و همچنین بر تعدادی نه‌چندان زیاد افراد با ثروت و درآمد متوسط، دو سه نفری هم اف راد کم و بیش ثروتمند از خود کرمانی‌ها و دو نفر ثروتمند هم از اهالی یزد (همگی از راه‌هایی غیر از ملک‌داری و کشاورزی که در انحصار دو خاندان حکومتگر غیر کرمانی بوده‌است) در شهر کرمان پیدا شده‌بوده که از نظر سیاسی قدرت و نفوذی نداشته‌اند.

این ثروتمندان تازه به دوران رسیده، به‌تدریج برای ثروتمندان قدیمی و وابسته به آن دو خاندان حکومتگر قدیمی کرمان به‌صورت رقیبانی خطرناک جلوه‌گرشده و ادامه تسلط سیاسی آنان را با تردید فراوان مواجه ساخته‌بوده‌اند.

روحانیون شیعی مذهب کرمان نیز که تا آن زمان به‌علت نداشتن حمایت دولتی و وسایل مادی یارای رویارویی با رقبای شیخی مذهب خود را نداشته و شاید هم به‌علت بی‌فایده دیدن این رویارویی (جز یک بار آن‌هم قبل از آغاز نهضت مشروطیت) مصلحت را در سکوت دیده و بیشترشان به‌صورت جیره‌خواران سرکارآقا درآمده‌بوده‌اند، در این وقت از نظر شخصی و اجتماعی برای قبول این فکر و پیشنهاد آمادگی داشته‌اند که از راه برقراری اتحاد با ثروتمندان تازه به دوران رسیده، که همگی شیعه مذهب بوده‌اند، و حمایت از یکدیگر و نیز استفاده از نیروی عظیم بیشتر مردم شیعه مذهب کرمان می‌توانند به‌قدرت و تسلط مذهبی خاندان حکومتگر شیخی بر کرمان پایان داده و این قدرت و تسلط را به خود منتقل سازند.

این عوامل را می‌توان به مواد غذایی خام، متعلق به تعدادی افراد گرسنه، برای پختن غذایی مطلوب برای آنان، تشبیه نمود که برای پختن و آماده‌ساختن آن غذا، فقط به‌وجود یک نفر آشپز ماهر احتیاج باشد.

دکتر بقائی همان آشپز ماهری بوده که در آن شرایط، هم گرسنگی افراد و علاقه آنان را به غذای مورد نظر استنباط کرده‌بوده، هم مواد غذایی حاضر را به‌خوبی می‌شناخته و هم اینکه خود او به‌شدت احساس گرسنگی می‌کرده‌است.

دکتر بقائی در آن شرایط و موقعیت استثنایی به‌عنوان رئیس شعبه **حزب دموکرات ایران** در کرمان، از صندوق انتخابات آن شهر، به‌عنوان نماینده در پانزدهمین دوره مجلس شورای ملی، سر درآورده‌است.

حال در این زمان مورد بحث ما، که دومین سال از آن دوره مجلس در جریان بوده، **دکتر بقائی** به‌فکر افتاده بود که به بهانه سرکشی به حوزه انتخابیه خود، به کرمان مسافرت کرده و با استفاده از کمک‌های مادی ثروتمندان تازه به دوران رسیده، فعالیت‌های تبلیغاتی روحانیون شیعه و همکاری دوستان فراوانی که از دوران ریاست فرهنگ خود در کرمان داشته‌است و بیشترشان غیرشیخی و خارج از دو خاندان حکومتگر کرمان بوده‌اند، مردم کوچه و بازار را به میدان مبارزه بکشاند و نیروی عظیم، که جنبه ملی و مذهبی داشته‌باشد، برای مبارزات انتخاباتی خود در سال بعد فراهم‌سازد.

وی دو ماه آخر سال ۱۳۲۷ را مرخصی گرفته و در اوایل بهمن این سال، به تنهایی و بدون زن و فرزند، به کرمان وارد شده‌است.

پیوست دو – انتخاب دکتر بقایی به نمایندگی مجلس از کرمان

دشواری‌های دکتر بقائی در راه تحقق هدف خود

چنانچه پیداست **دکتر بقائی** پس از ورود به کرمان، بیش از پیش متوجه شده‌است که با مواد خام اجتماعی موجود در آن شهر فقط غذاهایی را می‌توان‌پخت که معده سیاسی وی به آسانی قادر به هضم آنها نمی‌باشد.

برای نمونه، **حزب توده ایران**، که در سال ۱۳۲۷ خورشیدی، تا زمان تیراندازی به **شاه**، در ۱۵ بهمن این‌سال، در تمام نقاط ایران از جمله کرمان، به‌معنای واقعی کلمه به اوج قدرت رسیده بوده‌است، به‌عنوان حمایت از طبقات کارگر و کشاورز، با تمام ثروتمندان و سرمایه‌داران خصومت می‌ورزیده و آنان را بورژوا و استثمارگر می‌نامیده‌است.

حال در این شرایط، چگونه **دکتر بقائی** می‌توانسته‌است که در زیر علم حمایت از گروهی ثروتمند به جنگ کسانی برود که علم حمایت از کارگران تحت ستم و تسلط همان ثروتمندان را برافراشته‌بودند؟

و بااینکه این نگارنده با یقین کامل می‌داند که **دکتر بقائی** نماز نمی‌خوانده، روزه نمی‌گرفته و بطورکلی پایبندی زیادی به مذهب نداشته‌است، در نظر وی تفاوتی بین شیخی، شیعه، درویش و حتی کلیمی و مسیحی موجودنبوده و به‌علت همین نداشتن تعصب مذهبی با خانواده‌ای شیخی مذهب وصلت کرده و گویا مادر خودش هم شیخی بوده‌است!

همچنین هر روز به میزانی در حدود یک یا دو استکان «عرق»، که گویا چیزی شبیه «ودکا» می‌باشد، می‌نوشیده که این مطلب را همه دوستان وی اعم از متدین و غیرمتدین به‌خوبی می‌دانسته‌اند.

حال، باز هم چگونه می‌توانسته است که علم طرفداری از مذهب شیعه را در مقابل مذهب شیخی به‌راه بیندازد، درحالی‌که خودش افزون‌بر مطالبی که ذکرشد، قلباً با به راه‌انداختن هر نوع جنگ مذهبی مخالف بوده‌است؟

درهرحال، مدت اقامت **دکتر بقائی** در این سفر در کرمان، کمتر از دو ماه به‌طول انجامیده و وی در این مدت در خانه یکی از همان ثروتمندان تازه به دوران رسیده به‌نام **محمد ارجمندکرمانی**، که به سلطان قالی مشهور بوده، سکونت داشته‌است.

دکتر بقائی در نظرداشته‌است که در این مسافرت با مطالعه اوضاع و احوال و تمام جوانب امر و از طریق مذاکره با افراد و خانواده‌های متنفذ، روحانیون مختلف، معتمدان و سردمداران محلات، رؤسای اصناف و بازاریان، فرهنگیان قدیمی و بطورکلی نمایندگان اقشار و طبقات مختلف اجتماعی، راهی مناسب یافته و برنامه سیاسی آینده خود را بر آن مبنا تنظیم‌نماید، اما، در همان نخستین روزهای ورود وی به کرمان ورود غیرمنتظره **محمدرضا شاه پهلوی** به این شهر، بیش از سایر امکانات و اقدامات، الهام‌بخش وی جهت آغاز مبارزه‌ای خطرناک و بزرگ شده‌است که شرح آن پیش‌تر، ضمن مطالب اصلی این بخش از کتاب، به آگاهی خوانندگان گرامی رسید.

در هر جنایت
برای پیدا کردن جنایتکار حقیقی باید ببینید که چه کسی از آن سود می‌برد

بخش پنجم

توطئه قتل سپهبد حاجیعلی رزم‌آرا

آخرین برنامه در این سلسله ترورها، قتل **حاجیعلی رزم‌آرا** می‌باشد و بطوری که خوانندگان گرامی بر مبنای دلایل و شواهد موثق، در همین کتاب ملاحظه خواهندفرمود، کارگردان، هم‌آهنگ کننده و مجری اصلی آن ترور نیز همین **سرتیپ محمد دفتری** بوده که در آن زمان در سمت ریاست شهربانی کل کشور خدمت! می‌کرده‌است.

در اینکه **سودبرنده اصلی داخلی** از قتل رزم‌آرا نیز **محمد مصدق** بوده و انجام آن ترور آخرین مانع عمده در راه رسیدن وی به نخست‌وزیری را برطرف ساخته‌است، درحال حاضر دیگر جای بحث و تردید وجود ندارد.

چند روز پس از قتل **حاجیعلی** رزم‌آرا، **حسین علاء**، به‌صورت محلل، به نخست‌وزیری می‌رسد و یک ماه پس از آن **محمد مصدق** نخست‌وزیر می‌شود.

استیضاح کارساز و کوبنده **دکتر مظفر بقائی کرمانی** بر ضد **حاجیعلی رزم‌آرا**، در اواخر دوره پانزدهم مجلس شورای ملی، مبنی بر اینکه وی در صدد رسیدن به قدرت مطلق و استقرار دیکتاتوری در ایران می‌باشد، به‌میزان زیادی **دکتر بقائی** را مشهور و محبوب ساخته و **رزم‌آرا** را منفور و بدنام نموده‌بود.

ادامه تبلیغات شدید اقلیت محبوب و مشهورشده دوره پانزدهم پس از پایان این دوره و پس از تشکیل **جبهه‌ی ملی** به رهبری **محمد مصدق**، با روزنامه‌های بی‌شماری که خودشان راه انداخته و یا دیگران به طرفداری از آن بوجود آورده‌بودند و راه یافتن شماری از آنان به دوره شانزدهم مجلس شورای ملی، به‌ویژه در دوره کوتاه نخست‌وزیری **رزم‌آرا** که همین افراد به‌عنوان اقلیت مجلس شدیدترین حملات پرهیاهو با بدترین اتهامات را بر ضد وی به‌عمل آورده‌بودند، **رزم‌آرا** را به‌صورت منفورترین فرد در میان مردم ایران درآورده بود تا جایی‌که بدون تردید بیشتر مردم آن روز ایران، در آرزوی مرگ وی بسرمی‌بردند و قتل او را با شادی و پایکوبی و پخش نقل و شیرینی استقبال‌کردند.

در آن زمان جو سیاسی ایران به منتهی درجه برضد **رزم‌آرا** و گماشتگان حکومتی وی در جریان بوده و اتهام همکاری با **رزم‌آرا**، در نظر مردم به‌عنوان سندی غیرقابل انکار جهت خیانت تلقی‌می‌گردیده، تا جایی که چون نمایندگان اقلیت دوره شانزدهم، در تاریخ ۱۶ مرداد

۱۳۳۱، طرح آزادی **خلیل طهماسبی**، قاتل اسمی **رزم‌آرا**، را با قید سه فوریت در مجلس شورای ملی مطرح ساختند، هیچ نماینده‌ای زهره مخالفت با آن را نداشت و این طرح بی‌درنگ بدون ابراز نظر مخالفت از سوی نمایندگان به‌تصویب رسید.

سرتیپ محمد دفتری هم پس از قتل **رزم‌آرا** و تغییر دولت از پست شهربانی برکنارمی‌شود و برای فرار از مجازات به‌صورتی محرمانه به اروپا می‌گریزد.
اما این **سرتیپ**، برنامه ترور **رزم‌آرا** را با موافقت و تصویب **محمدرضا شاه پهلوی**، یعنی گویا در جهت اجرای منویات ملوکانه به‌انجام رسانیده و او را از شر رقیبی سرسخت نجات داده بوده‌است، بنابراین **محمدرضا شاه پهلوی**، بی‌گمان وی را از پاداش‌های مادی بی‌نصب نگذاشته و خود را ازنظر اخلاقی موظف می‌دانسته‌است که او را بی‌شغل و مقام هم نگذارد.
در کتاب «**خاندان مستوفیان آشتیانی، از بالاترین نیا تا محمد مصدق**» ضمن شرح حال **سرتیپ محمد دفتری** به آگاهی خوانندگان گرامی رسیده‌است که نگارنده در آخرین ملاقاتی، که در زمستان سال ۱۳۶۵ خورشیدی، با **دکتر مظفر بقائی** داشته، به مناسبتی داستان ترور **علی‌اصغرخان اتابک** را برای او شرح می‌داده‌است.

دکتر بقائی که خود نیز با انگیزه‌های گوناگون، در جریان ترور **رزم‌آرا** قرارداشته و حتی، چنان که گفته خواهد شد، به اتهام شرکت در توطئه آن ترور چندی نیز زندانی شده بوده‌است، متوجه وجود بعضی شباهت‌های عجیب بین قتل آن دو نخست‌وزیر شده و این نویسنده را از آنها مطلع ساخته‌است.
سخنان **دکتر بقائی** درباره قتل **رزم‌آرا** به منزله سرنخ‌هایی بوده که نویسنده این سطور را به دنبال خود کشانده و وی را بر اسرار زیادی از ترورهای دوران **رزم‌آرا** و ازجمله ترور خود وی آگاه ساخته‌است.

هرچند که داستان قتل **امین‌السلطان اتابک**، پیش‌تر در یک کتاب مستقل نوشته شده‌است و همچنین چکیده‌ای از آن (در شرح حال **سرتیپ محمد دفتری** در کتاب بالا) شرح داده شده‌است، بنابراین باز هم بی‌مناسبت نمی‌باشد که در آغاز ماجرای قتل **حاجیعلی رزم‌آرا** را با توجه به شباهت‌های آن با قتل **امین‌السلطان اتابک** به آگاهی خوانندگان گرامی برساند:

نخستین شباهتی که در ماجرای کشته شدن **اتابک** و **رزم‌آرا**، دو نخست‌وزیر مقتدر ایران، مشاهده‌می‌شود این‌است که مبارزات مخالفان توطئه‌گر در دو مسیر جداگانه درجریان بوده‌است و هدف‌های موردنظر و مضامین و دلایل مورد استفاده در هریک از آن دو مسیر، درمورد آن دو نفر، با یکدیگر تشابه فراوان داشته‌اند.

مسیر نخست اینکه مردم را به‌شدت بر ضد نخست‌وزیر بشورانند و به آنان تلقین‌نمایند که وی به‌دستور **انگلستان** و توسط **پادشاه وقت** بر کشور تحمیل شده‌است و قصد دارد که با نابودی آزادی و ایجاد خفقان در کشور، منافع حامیان بیگانه خود را فراهم سازد.

مسیر دوم هم اینکه، **شاه** را به‌شدت از نخست‌وزیر بترسانند و او را نگران سازند که نخست‌وزیر درصدد نابودی او و تبدیل رژیم سلطنتی به جمهوری می‌باشد.

در ادامه نمونه‌های کوتاهی از نوع فعالیت‌هایی که از همان نخستین روزهای نخست‌وزیری **رزم‌آرا** در این دو مسیر جریان داشته است و نقش **سرتیپ محمد دفتری** (که در حکم مار در آستین **رزم‌آرا** بوده و در همان نخستین روزهای نخست‌وزیری وی به سمت **ریاست شهربانی کل کشور** گمارده شده بوده‌است)، در انجام آن فعالیت‌ها و تحقق هدف‌های موردنظر از آنها (که همگی فعالیت‌های مطلوب **مصدق**، و **انگلستان**، به‌شمار می‌رفته‌اند) یادآوری می‌نماید:

مسیر نخست- اتهامات مردم‌فریب به رزم‌آرا
(ایجاد حکومت دیکتاتوری به‌دستور بیگانگان برای از بین بردن حقوق ملت ایران)

نگارنده که در آن روزگار در اوان جوانی و در دومین سال آگاهی از جریانات سیاسی کشور قرارداشته و به نوبه خود یکی از طرفداران بسیار فعال و پروپاقرص **جبهه‌ی ملی** محسوب می‌گردیده‌است، به‌خوبی به یاد دارد که هر ادعایی از طرف **مصدق** و یا سایر اعضای **جبهه‌ی ملی**، برای او و دیگر طرفداران نهضت ملی (که بیشتر مردم سیاست‌دوست ایران در آن زمان را تشکیل می‌دادند) در حکم وحی منزَل بود و بدون ابراز کوچکترین شک وتردید مورد قبول قرارمی‌گرفت.
قسم خوردن و قسم دادن «**به جان دکتر مصدق**» در میان ما جوانان آن روزگار رواج کامل داشت و در بیشتر موارد طرف مقابل را از صحت گفتار ابرازشده مطمئن می‌نمود و یا او را وادارمی‌ساخت که تا جایی که ممکن است درخواست قسم‌دهنده را برآورد.
اکنون که این نویسنده رخدادهای آن دوران را با کمک‌گیری از روزنامه‌ها به‌یاد می‌آورد، به این نکته پی‌می‌برد که به‌راستی رهبران **جبهه‌ی ملی** هیچ فرصت کوچکی را هم برای تبلیغ بر ضد **رزم‌آرا** ازدست نمی‌دادند.
اکنون ببینیم که این رهبران چگونه از این اعتماد مردم برای ایجاد تنفر بیش ازاندازه نسبت به شخص **رزم‌آرا** سوءاستفاده نموده‌اند.

۱ - آغاز عملیات بر ضد دولت رزم‌آرا پیش از معرفی دولت به مجلس

در روز یکشنبه ٦ تیر ۱۳۲۹ که قراربود **رزم‌آرا** برای معرفی وزرای کابینه و اعلام برنامه دولت خود به مجلس شورای ملی برود، سه نفر از وکلای اقلیت (**مصدق**، **بقائی و آزاد**)، وکلای اکثریت را غافلگیر ساخته و به‌عنوان سخنران پیش از دستور نام‌نویسی کرده‌بودند. با این ترتیب در زمانی که هنوز مجلس وارد دستورنشده و **رزم‌آرا** در مجلس حضور نیافته‌بود، تبلیغات شدید خود را با آن سخنرانی‌ها بر ضد **رزم‌آرا** و دولت او آغازنمودند.
این تبلیغات شدید به‌صورتی وسیع تا زمان قتل **رزم‌آرا** ادامه‌داشته و بیشتر مردم این کشور آنها را واژه به واژه باورمی‌نموده‌اند.
چند جمله‌ای از سخنان پیش از دستور هر یک از سه نفر نمایندگان نامبرده در روز مزبور را می‌توان به‌عنوان مشتی از تبلیغات **جبهه‌ی ملی** که نمونه‌ای از خروارها تبلیغات آن جبهه تا پایان نخست‌وزیری و زندگی **رزم‌آرا** می‌باشد، دراینجا بازگونمود:

الف - از سخنرانی محمد مصدق

" ... ***مطامع بیگانگان برای پایمال‌کردن حقوق سیاسی و محو قانون اساسی و لگدکوب‌کردن استقلال و حق حاکمیت ملی ما دست از آستین صدیق و خدمتگزار خود بیرون آورده‌است و می‌خواهد زیر عنوان حکومت قوی خاطره‌های استبداد صغیر را تجدید کند.***
*دولت فعلی با انجام عملیات زیرپرده که بی‌شباهت به یک کودتای نظامی نیست، می‌خواهد زمام امور را به‌دست بگیرد. تمام پست‌های حساس انتظامی برای مرعوب‌کردن افکار تحت کنترل شدید نظامی قرارداده [حساس‌ترین آنها پست ریاست شهربانی کل کشور بوده که در اختیار **سرتیپ دفتری** قرارگرفته بوده‌است] ...*
*و زمینه را طوری چیده است که **چندی نخواهد گذشت ملت ما را در عزای آزادی و عدالت و در مرگ قانون و حریت خواهد نشانید** ...* "
(روزنامه شاهد- شماره ۱۴۳- ۷ تیرماه ۱۳۲۹)

مصدق ضمن این سخنرانی پیش از دستور، اعلامیه‌ای را هم که آیت‌الله **کاشانی** در مخالفت با دولت رزم‌آرا صادرکرده‌بود، خواند.
از آنجا که آیت‌الله **کاشانی** رهبر مذهبی **جبهه‌ی ملی** محسوب می‌شده‌است، بی‌مناسبت نمی‌داند که چند جمله‌ای از آن اعلامیه را نیز بازگو نماید:

" ***... اینکه مع‌التأسف می‌بینم باز می‌خواهند مملکت را در چنگال دیکتاتوری بیاندازند*** *و ملت ستمدیده ایران را که سال‌ها طعم تلخ دیکتاتوری را چشیده و از حکومت مطلقه هزارگونه مصیبت و شکنجه دیده، مجدداً گرفتار این بدبختی عظیم نمایند.*
... به تبعیت از افکار عامه مسلمین، ***ناچارم مخالفت شدید و قطعی خود را با حکومتی که برخلاف افکار عمومی و به کمک بیگانگان و تحریک و تثبیت آنان می‌خواهد زمام امور را در دست بگیرد اظهارکنم و عموم مردم را برای مقاومت درمقابل این بلای عظیم که جامعه اسلامیت و ایرانیت را به فنای عاجل رهسپار خواهد کرد، دعوت نمایم ...*** "
(روزنامه شاهد- همان)

ب - از سخنرانی دکتر مظفر بقائی کرمانی

" *... آقایان به‌خاطر دارند که در ۱۵ ماه قبل در پشت همین تریبون، بنده راجع به حکومت دیکتاتوری صحبت کردم و در پشت همین تریبون* ***گفتم که عمّال سیاست نفت می‌خواهند دیکتاتوری نظامی را بر ما تحمیل کنند...***
الان می‌بینید که پس از ۱۵ ماه آن پیش‌گویی جامه عمل به خود پوشیده‌است برای اینکه ***اگر در آن موقع فقط سیاست انگلیس پشتیبان این حکومت زور بود، امروز هم وضع عوض‌شد و سیاست آمریکا هم گول سیاست انگلیس را خورد ...***
نخست‌وزیر فعلی [رزم‌آرا] به‌واسطه عدم اتکاء به افکارعمومی و اعتماد قاطبهٔ مردم ... ناگزیرخواهدبود به اعمال خلاف قانون و خلاف آزادی و خلاف بشریت دست بزند و ناچار- این سیر تاریخ است- ناچار ***از سراشیب تند حکومت مطلقه به پرتگاه خطرناک حکومت دیکتاتوری فرو خواهد رفت*** *...* "
(روزنامه شاهد- همان)

ج - از سخنرانی عبدالقدیر آزاد

*" ... **خارجی‌ها یک منافعی در کشور ما دارند که این مجلس و این مردم منافع آنها را تأمین‌نمی‌کنند و باید یک حکومت دیکتاتوری ایجادبشود تا درخواست‌های آنها را انجام بدهد و منافع خارجیان را تأمین کند.***
درنتیجه پیداشدن چنین حکومتی طبعاً آزادی تمام شما آقایان و مردم ایران ازبین می‌رود و هرکس بخواهد یک کلمه صحبت‌کند نابود می‌شود ... "
(روزنامه شاهد- همان)

۲ - مخالفت شدید نمایندگان جبهه‌ی ملی در هنگام معرفی کابینه رزم‌آرا به مجلس

فرمان نخست‌وزیری رزم‌آرا در تاریخ ۵ تیر ۱۳۲۹ (۲۶ جون ۱۹۵۰) صادرشده و او روز پس از آن، کابینه خود را در شرایط زیر به **مجلس** شورای **ملی** معرفی نموده‌است:

" ... جثه کوچک رزم‌آرا که کت وشلوار قهوه‌ای رنگی آن‌را پوشانیده بود وارد تالار مجلس شد. و دم تالار ورودی تعظیمی‌کرد ... و بعد یک ردیف اشخاص دیگر وارد تالار جلسه شدند.
به‌محض ورود آنها یک‌دفعه دکتر مصدق، بقائی، مکی، دکتر شایگان، الهیار صالح، آرام [آزاد؟]، و نریمان از جای خود بلند شده، شروع به اعتراض و فریاد کردند.
***سپهبد** رزم‌آرا که لباس سیویل پوشیده‌بود، لبخندمی‌زد. اول نمی‌دانست کجا باید بنشیند. او را راهنمایی کردند و تازه به‌جای اینکه مطابق معمول در وسط محل مخصوص هیأت دولت جلوس کند، در گوشه چپ روی صندلی نشست.*
در این موقع تالار جلسه می‌لرزید، نمایندگان جبهه‌ی ملی هم‌صدا فریاد می‌زدند:
ملت ایران با دیکتاتوری مخالف است. بروید بیرون. بروید بیرون.
*... چندین نفر از وکلا بلند شده، شروع به پرخاش و اعتراض به وکلای **جبهه‌ی ملی** کردند ...*
رئیس مجلس دستش را از روی زنگ برنمی‌داشت. ولی صدای همهمه وکلا قوی‌تر از آن بود که با این زنگ‌ها خاموش‌شود. رزم‌آرا همچنان به این‌گوشه و آن‌گوشه نگاه‌می‌کرد و می‌خندید! تماشاچیان هم در لژ دست راست و دست چپ بیکار ننشسته‌بودند. فریادهای مرده‌باد و زنده‌باد در فضای تالار پیچیده بود و تمام کوشش رئیس برای خاموش‌کردن آنها بی‌فایده بود.
نمایندگان جبهه‌ی ملی همچنان ایستاده داد می‌زدند: ما با دیکتاتور مخالفیم.
و وکلای اکثریت جواب می‌دادند: شما دیکتاتور هستید.
*کار جاروجنجال بالا گرفته بود. **دکتر مصدق که مرتب دادوقال می‌کرد. بالاخره** [طبق روش همیشگی خود] **یک‌دفعه روی صندلی و بعد روی زمین افتاد و از هوش رفت.***

*وکلای **جبهه‌ی ملی** هیکل نحیف او را بلند کرده، بردند وسط تالار روی فرش درازکردند و بعد **دکتر طبا** فوراً از جای خود پرید و به سراغ **دکتر مصدق** رفت. چند نفر از تماشاچیان فریاد زدند:*
آی مردم، آی مردم، دکتر مرد. مکی جعبه انژکسیون را بازکرده و سوزن را آماده می‌کرد...
*بالاخره نمایندگان **جبهه‌ی ملی**، **مصدق** را روی دست گرفته از تالا جلسه بیرون بردند و خودشان مراجعت کردند.*
فقیه‌زاده غرولند می‌کرد و می‌گفت: تمام این غش‌کردن‌ها حقه‌بازی است.
هنوز چند دقیقه نگذشته بود که یک‌دفعه در تالار باز شد و دکتر مصدق با یقه باز و حال آشفته باعجله وارد شد و دوان‌دوان[!] خود را به صندلی رسانید.
*در این‌موقع رزم‌آرا از جا بلند شد و پشت تریبون رفت و به سمت وکلا تعظیمی کرد که **یک‌دفعه دادوقال و جنجال شدید بلند شد...***
رزم‌آرا درمیان یک چنین جاروجنجال بی‌نظیر شروع به معرفی هیأت دولت کرد، ولی صدای اعتراض وکلای اقلیت در تمام مدت قطع نمی‌شد. در دنبال اسم هر وزیر وکلای اکثریت دسته‌جمعی می‌گفتند:
*«**مبارک است**» و از وکلای اقلیت این صدا بلند می‌شد: «**دزد، جاسوس**».*
رزم‌آرا پشت میکروفن با صدای بلند با یک استقامت و خونسردی فوق‌العاده، خیلی شمرده و با متانت مطالب خود را که راجع به برنامه دولت و اوضاع نامطلوب کشور بود، بیان کرد.
دکتر مصدق دستمال گرفته گریه می‌کرد. رنگ از چهره مکی پریده بود و تقریباً به‌حال اغما افتاده بود. صدای محکم دکتر بقائی مرتب کلام نخست‌وزیر را قطع می‌کرد. دکتر شایگان و آزاد هم مطالبی می‌گفتند. ولی نریمان و صالح زیر لب اعتراضات خود را بیان‌می‌کردند.
اعتراضات وکلای موافق و مخالف به‌واسطه شدت جاروجنجال به‌زحمت شنیده‌می‌شد، ولی این چند جمله بیشتر به گوش می‌رسید:
«شما دیکتاتور هستید. بروید گم شوید بیرون. عدم امنیت را شما ایجاد کرده‌اید.» به‌علاوه مکرر کلمات: «دار، خون، خیانت، جنایت، خائن، دزد، جاسوس، و غیره» به‌گوش می‌رسید...
بالاخره نخست‌وزیر درمیان این هیاهوی بی‌نظیر نطق خود را تمام‌کرده و به‌جای خود نشست و بعد یک‌دفعه یکی از پیشخدمت‌های مخصوص مجلس که گویا از یکی از وکلا پیغامی آورده بود، دهن در گوش رزم‌آرا گذاشت و چیزی گفت که بلافاصله رزم‌آرا سری تکان داد و از جا بلندشد. رزم‌آرا اول رو به رئیس و بعد رو به وکلای مجلس تعظیمی‌کرد و از جلسه خارج گردید ..."
(زندگی سیاسی رزم‌آرا- جعفر مهدی‌نیا- صفحات ۴۲/۴۳)

۳ - نمایش دیکتاتوری رزم‌آرا و تبلیغ سرتیپ دفتری برای جبهه‌ی ملی

سپهبد حاجیعلی رزم‌آرا برای اینکه اتهام دیکتاتوری را از خود و دولت خود دورنماید منتهای کوشش را به‌کار می‌برده‌است. بطوری که دیدیم در هنگام معرفی هیأت دولت به مجلس لبخند به لب داشته و درمقابل آن‌همه توهین و بی‌ادبی که از طرف وکلای اقلیت نسبت به وی به‌عمل آمده، کوچکترین واکنشی که حاکی از خشم و نفرت و یا عصبانیت باشد، از خود بروز نداده‌است و بی‌گمان با اینکه کم‌وبیش یقین داشته که با نرمش کاری از پیش نمی‌رود، مایل نبوده‌است که سر به بی‌حرمتی

کشیده‌شود و کاری که در نظر مردم و مهم‌تر از آن در نظر خبرنگاران خارجی نشان‌دهنده وجود خصلت دیکتاتوری در دولت وی باشد انجام گردد.
اکنون ببینیم که در همان روز **سرتیپ محمد دفتری** که تازه به ریاست شهربانی کل کشور گماشته شده‌بود، چه کرده‌است؟
این قسمت را از زبان یک گواه که آنجا حاضر بوده، یعنی **مهدی عراقی**، که از اعضای **فدائیان اسلام** بوده‌است، بیان‌می‌کنیم:

" ... هر دولتی که می‌آید در مجلس، برنامه‌اش را که ارائه‌می‌دهد دیگر نباید توی مجلس باشد. باید برود. بعد موافق و مخالف می‌آیند روی این مسئله صحبت‌می‌کنند. رأی اعتماد می‌دهند. یا رأی عدم اعتماد می‌دهند.
چون [رزم‌آرا] یک آدم سربازی بود، توی سیاست هم ورزیده نبود، نمی‌دانست.
وقتی که می‌رود [برای معرفی دولت] درعین‌حالی که شلوغ می‌کردند توی صحبت‌هایش، وقتی دادوبیداد می‌کردند، این سکوت می‌کرد، هیچی نمی‌گفت. یک خرده صداها که می‌افتاد به کارش ادامه‌می‌داد. سخنرانیش تمام شد، برنامه‌اش را که گفت، آمد، گرفت نشست.
***سردار فاخر** [**حکمت**، رئیس مجلس] به او اخطارکرد که: شما جایتان اینجا نیست، بفرمایید بروید بیرون.*
*این خیال کرد که مثلاً **سردار فاخر** خواسته به او توهین کند. باز گرفت نشست. تا بعد اخطار شدید کرد، رئیس مجلس به او، گفت: آقا قانون حکم می‌کند که تو دیگر اینجا ننشینی، بفرمایید بروید بیرون.*
وقتی که می‌آید بیرون، مصادف می‌شود با تظاهرات. بچه‌ها به ماشین او حمله می‌کنند که نزدیک بود ماشینش چپ بشود. نقطه مقابل از آن‌ور از کلانتری یک مقدار زیادی پلیس، با اسب آمده بودند و با شمشیر به بچه‌ها حمله می‌کنند. زدوخورد می‌شود، بین بچه‌ها و آنها، و نزدیک به ۳۸ نفر بازداشت شدند.
*در آن روز، البته در ایام ماه مبارک رمضان [۱۲ رمضان ۱۲۶۹] بود. بچه‌ها دسته‌جمعی حرکت کردند و آمدند خانه **کاشانی**، داستان را برای **کاشانی** تشریح کردند و گفتند اینجوری شد.*
ساعت سه یا سه‌ونیم بعدازظهر بود. کاشانی تلفن می‌کند به شهربانی. سرتیپ دفتری هم رئیس شهربانی بود، اخطارمی‌کند به آنها که باز شماها چکمه‌هایتان را به‌پا کرده‌اید. روز اول حکومت شماست. خلاصه دست به ضرب و جرح بچه‌ها کرده‌اید؟ اگر این بچه‌ها را ولشان کردید که کردید وگرنه خودم حرکت می‌کنم می‌آیم آنجا.
*حالا، **دفتری** پشت تلفن چه گفت، دیگر آن‌را هم ما نمی‌دانیم.*
*فقط وقتی **کاشانی** تلفن را گذاشت زمین، گفت: الان بچه‌ها می‌آیند. خرده‌خرده افطار نزدیک می‌شد. قرارشد ما آنجا یک بساط افطاری درست کنیم که اگر بچه‌ها آمدند، افطار هم همانجا باشند.*
بچه‌ها را سوار دو تا اتوبوس می‌کنند از توی شهربانی، این‌ها شعار علیه حکومت رزم‌آرا و به نفع کاشانی، جبهه‌ی ملی و این‌ها می‌دهند. و از توی شهربانی یک ماشین جیپ با دو تا موتورسیکلت سوار، آنها را اسکورت می‌کرد. دو تا اتوبوس هم پشت سرش، اینها آمدند اول غروب خانهٔ کاشانی.

یک سرهنگی بود از شهربانی آمد و دست کاشانی را ماچ کرد و گفت: این امانت‌های خود را تحویل بگیرید.
*پس اولین روز حکومت رزم‌آرا یک همچنین برخوردی بین مردم و دولتی‌ها شده بود که ۳۸ تا بازداشت، و با وساطت **کاشانی** تقریباً منجر به آزادیشان شد ..."*
(ناگفته‌ها- خاطرات شهید حاج‌مهدی عراقی- صفحات ٦٢/٦٤)

در آن روزها از یک‌طرف وجود رزم‌آرا، آخرین مانع پیش روی **مصدق** برای رسیدن به نخست‌وزیری و قدرت محسوب‌می‌شده و از طرف دیگر، همانطور که پیش‌تر هم گفته‌شد، **آیت‌الله کاشانی** هرگز تبعید بسیار موهن خود (گویا) به‌دستور رزم‌آرا را فراموش‌نکرده بوده‌است و از این‌رو افزون‌بر جنبه سیاسی، از نظر شخصی نیز در حد اعلای قدرت خود آمادگی مبارزه با **رزم‌آرا** و دولت او را داشته و همچنین در آن زمان یار و همکار سیاسی **مصدق** هم محسوب می‌شده‌است.
اکنون ببینید، **سرتیپ دفتری** که در روز مورد بحث بالا، در برابر **مجلس شورای ملی** و در برابر چشم خبرنگاران خارجی و داخلی، با صدور دستور سرکوبی مخالفان دولت توسط پلیس‌های اسب‌سوار آن سیمای پرخشونت و دیکتاتوری را برای دولت **رزم‌آرا** رسم‌نموده و درعمل ادعاهای اقلیت مجلس را در این مورد به اثبات رسانده‌بود، در شب همان روز با زبون‌نمایی و تظاهر به ضعف و عقب‌نشینی درمقابل تهدید و قدرت‌نمایی **آیت‌الله کاشانی** و با فرستادن سرهنگ شهربانی برای دست‌بوسی وی بر وجهه، محبوبیت و قدرت این پیشوای روحانی- سیاسی، نزد ده‌ها نفر از مریدان وی و افراد **فداییان اسلام**، که در آن شب آنجا حاضر و ناظر بوده‌اند، افزوده و همچنین نسبت به گسترش و توسعه این خصوصیات، از طریق این افراد، در بین سایر افراد به اصطلاح مؤمن و بطورکلی در میان تمام اقشار جامعه نیز کمک بسیار ارزنده و شایانی نموده‌است.
افزون‌برآن با جادادن ۳۸ نفر در دو اتوبوس! و عبوردادن آنان از وسط شهر، درحالی که بطور دسته‌جمعی در مخالفت با دولت شعار می‌داده‌اند، به تبلیغ بزرگی به‌سود مخالفان دولت دست‌زده و در همان روز نخست ترس مردم از آن دولت را متزلزل ساخته‌است.
صبح روز پس از رخداد مزبور، **روزنامه شاهد** که ارگان **جبهه‌ی ملی** محسوب‌می‌گشت، در قسمت بالای صفحه نخست خود، یعنی در سمت راست روزنامه، با خط درشت در ٤ سطر چنین پرسیده‌بود:

" آیا این رئیس شهربانی جدید همان رئیس دژبانی پانزدهم بهمن ۱۳۲۷ نیست که حضرت آیت‌الله کاشانی را با روش مخصوص ابتکاری خود از خانه بیرون کشید؟ "
(روزنامه شاهد- شماره ١٤٣- ۷ تیر ۱۳۲۹)

٤ - نخستین و مهم‌ترین اقدام انتقادآمیز رزم‌آرا از دید رهبران جبهه‌ی ملی

در آغاز نخست‌وزیری **رزم‌آرا**، ادعای **جبهه‌ی ملی** مبنی بر اینکه وی توسط بیگانگان بر سر کار آمده‌است، مطلبی نبود که بتوان آن‌را با اسناد و دلایل کافی برای مردم به اثبات رسانید و نیز اتهام اینکه **رزم‌آرا** درصدد استقرار حکومت دیکتاتوری در ایران می‌باشد، مطلبی بود که درستی آن تنها در صورت ادامه حکومت **رزم‌آرا** و با گذشت زمان روشن‌می‌شد.

اما نخستین اقدام **رزم‌آرا** که خارج از اتهام و ادعا به‌عنوان دلیلی روشن مبنی بر شروع دیکتاتوری مورد استفاده **مصدق** و سایر اعضای **جبهه‌ی ملی** قرارگرفت، همان انتصاب چند نفر نظامی به چند پست مهم و حساس کشوری بود که مهم‌ترین آنها از نظر حساسیت، انتصاب **سرتیپ محمد دفتری** به پست **ریاست شهربانی کل کشور** به‌شمارمی‌رفت که نه‌تنها از نظر نظامی بودن وی، بلکه به‌علت بدنامی و شایعه شرکتش در ترورهای منتسب به **رزم‌آرا** از جمله قتل **محمد مسعود**، مدیر روزنامه مردامروز، وقتل **احمد دهقان**، مدیر مجله تهران‌مصور، و نیز دخالت مستقیمش در توقیف و تبعید بسیار موهن **آیت‌الله کاشانی** مورد انتقاد بسیار شدید قرارگرفت.
در روز پنجشنبه ۸ تیرماه که برنامه دولت در دستورکار مجلس قرار داشته‌است، شماری تظاهرکننده که گویا از مردم عادی و از طرفداران دولت ولی بیشتر از مأموران آگاهی و رکن دوم ستاد ارتش و جمع زیادی هم از اجیرشدگان سلاخ‌خانه و میادین بوده‌اند، با ترتیباتی که توسط **سرتیپ دفتری** فراهم شده‌بود به جلوی مجلس آورده‌می‌شوند. این افراد دسته‌های گل فراوانی بین نمایندگان طرفدار دولت تقسیم‌می‌کنند تا آنان نیز به‌نوبه خود آن گل‌ها را در وقت ورود نخست‌وزیر و سایر وزرا نثار قدوم آنان بنمایند!
همچنین بیشتر کارت‌های دعوت تماشاچی به مجلس، که نمایندگان مجلس در اختیار داشته‌اند، پیش‌تر بطور پنهانی توسط شهربانی جمع‌آوری شده و به منظور شعاردهی و تظاهرات بر ضد نمایندگان **جبهه‌ی ملی** در اختیار همان مأموران قرارگرفته بوده‌است.
جالب توجه اینکه **سرتیپ دفتری** در همان روز شماری مأمور پلیس را نیز برای حفظ نظم در داخل مجلس و جلوگیری از حمله آنان به نمایندگان مخالف دولت، به آنجا فرستاده بوده‌است.
در این روز،

> ***" به محض ورود هیأت دولت، آقای دکتر مصدق فریاد زد: باز شما آمدید؟ (زنگ ممتد رئیس) باز شما حیا نکردید؟ باز شما آمدید؟ "***
> (روزنامه شاهد- شماره ۱۴۵- ۱۰ تیر ۱۳۲۹)

و در پی آن، گویا به منظور اعتراض به دخالت‌های **سرتیپ دفتری** در امر انتظامات داخل مجلس شورای ملی، و با اعلام اخطار به‌موجب ماده ۲۰۱ نظام‌نامه داخلی مجلس پشت تریبون مجلس قرارگرفته و بدون آنکه درباره اصل منظور، یعنی اقدامات خلاف قانون نوه عموی خود در مجلس آشکارا اعتراضی به‌عمل آورد، سخنانی بیان نموده‌است که چند جمله‌ای از آنها و نیز نحوه رفتاری را که وی پس از پایان سخنان مزبور با هیأت دولت داشته‌است، در زیر بیان‌می‌نماید:

> *" ... آن روزی که رئیس شهربانی را گفتیم عوض نکنند و از ارتشی‌ها نگذارند برای همین روز بود که ارتش در کار مملکت دخالت نکند و فقط به وظایف خود عمل نماید.*
> ***امروز یک افسری را آنجا گذارده‌اند که به‌تمام معنی تابع حکم ستاد ارتش است.***
> *امروز در این مملکت همان مقدرات دیکتاتوری چند سال پیش را فراهم می‌آورند. و رئیس شهربانی را از ارتش گذاشته‌اند ...*
> *... ولی خدا شاهد است، اگر ما را بکشند، پارچه‌پارچه کنند، زیر بار این حکومت و این اشخاص نمی‌رویم و **در این مجلس خون می‌کنیم[؟!]**.*
> *(زنگ رئیس) در این‌موقع آقای **دکتر مصدق** از پشت تریبون پایین آمده و جلوی هیأت دولت ایستادند [و] گفتند: شما نظامی هستید. بروید توی سربازخانه. شما حق ندارید در کار مملکت مداخله کنید. من سرباز وطن هستم.*

رئیس: این اخطار نظام‌نامه که کردند مربوط به آن توضیحاتی که دادند نبوده‌است.
آقای مکی: *چرا مربوط به حفظ انتظامات مجلس بود.*
آقای دکتر بقائی: *غرض این بود که نظم محوطه مجلس را باید تأمین نمود.*
رئیس: *من وظیفه خود را انجام می‌دهم.*
آقای آزاد: *کجا انجام می‌دهید؟ الان در میان تماشاچیان یک عده با اسلحه نشسته‌اند.*
رئیس: *در آن جلسه دو سه نفر بودند که فوراً اخراج شدند...»*
(روزنامه شاهد- شماره ۱٤۵- ۱۰ تیر ۱۳۲۹)

در زیر جملاتی از سخنرانی‌های نمایندگان **جبهه‌ی ملی** را که در همین جلسه و یا در جلسه آتی، باز هم به‌عنوان سخنرانی پیش از دستور یا در مخالفت با برنامه دولت ایرادشده‌اند، در این رابطه بازگومی‌نماید:

- از سخنرانی دکتر بقائی (مخالف با برنامه دولت)

*« [ناطق سطور زیر را از **روزنامه کشور** خوانده‌است:]*
*... با اصراری که نخست‌وزیر دارد که می‌گوید قانون اساسی را حفظ خواهم‌کرد، پاره‌ای انتصابات اخیر خلاف آن اظهارات ایشان را نشان داده و مثل این‌است که با افکار عمومی سر ستیز و جدال دارند وگرنه درمورد شخصی که درموقع تبعید **حضرت‌آیت‌الله کاشانی** آن اعمال زشت را مرتکب شد، چه اصراری است که دارای یک پست مهم بشود و در این موقع که **حضرت‌آیت‌الله کاشانی** پیشوای مذهبی ما تعقیب مسئولین تبعید خود را از مجلس می‌خواهد چه معنی دارد که مقام بهتر و بالاتری به او بدهند؟*
*[**دکتر بقائی** پس از خواندن متن بالا، چنین به سخنان خود ادامه داده‌است:]*
آقایان اگر به اخبار روزنامه‌ها و انتصابات جدیدی که به‌عمل آمده، مراجعه‌نمایند صحت نوشته این روزنامه کاملاً آشکارمی‌شود.
*این رئیس شهربانی همان کسی است که نصف شب به امر و دستور همین آقای نخست‌وزیر، که لباس بیرون آورده که کسی از او نترسد (خنده حضار) نصف شب ریخت به خانه **کاشانی** و این پیرمرد بزرگوار را با آن اهانت‌ها و خفت‌ها به نظمیه برد.*
*(**مکی**: به دژبانی برد.) و با آن وضع فجیع تبعیدش کردند...*
*شما در اول کار خود **سرتیپ دفتری** را رئیس شهربانی کردید که آن اهانت‌ها را به **حضرت‌آیت‌الله کاشانی** کرد، رئیس شهربانی شود. دیگر به شما اعتماد ندارند و شما را مصلح نمی‌پذیرند.*
*[؟]: **دفتری** آدم درستی است.*
***بقائی** با عصبانیت: نه‌خیر آقا، او **آیت‌الله کاشانی** را زد، فحش‌داد و او را نیمه شب از خانه‌اش بیرون کشاند. خود **آیت‌الله** در نامه خودشان نوشته‌اند **دفتری خبیث ملعون**.*
آقا، این نظر پیشوای شیعه و نماینده ملت تهران است ...»
(روزنامه شاهد- شماره ۱٤۵- ۱۰ تیر ۱۳۲۹)

- از سخنرانی حسین مکی (پیش از دستور جلسه بعد)

*" ... حفظ انتظامات مجلس با رئیس مجلس است نه با **سرتیپ دفتری**، وقتی تماشاچیان برخلاف معمول تظاهراتی می‌کنند.*
وضع مجلس در جلسه سه‌شنبه و پریروز به‌قدری غیرعادی بود که هیچ فردی نمی‌توانست تحمل کند.
... حتی جیب چند نفر از مخبرین را هم بریده بودند.
... وقتی در لژ مطبوعات مجلس چاقوکش‌ها راه پیداکنند و جیب مخبرین را بزنند وای به حال مردم عادی مملکت.
*جناب آقای رئیس! ... شما نباید اجازه بدهید که **شهربانی در انتظامات داخلی مجلس دخالت‌کند.***
تماشاچیان هیچ‌وقت تاکنون مرتکب تظاهری نشده‌اند واین چاقوکشان هستند که برای تظاهر و زنده‌باد گفتن اجیر شده‌اند. ما می‌خواستیم متحصن شویم.
کدام قانون اجازه داده که رئیس شهربانی در امور داخلی مجلس دخالت کند؟
الان هم اگر تفتیش کنند اسلحه کمری نزد کارآگاهانی که در لژ تماشاچیان حضوردارند پیدا خواهد شد ... "
(روزنامه شاهد- شماره ۱۴۷- ۱۲ تیر ۱۳۲۹)

- از سخنرانی دکتر علی شایگان (مخالف با برنامه دولت)

" ... دیکتاتور برای ضرب شصت نشان‌دادن مخصوصاً سعی می‌کند که بگوید من به افکار عمومی بی‌توجهم. منم که می‌توانم یک تنه ایران را نجات بدهم.
مردم هیچ‌اند. حرف‌هایشان بی‌جاست. تکلیف خودشان را نمی‌دانند مردم. من نباید یک کاری را بکنم، می‌کنم.
ایشان در این کار به حد کمال اقدام کرده.
یک دو مثال کوچک حضورشان عرض می‌کنم.
***سرتیپ دفتری**، این مرد محترم[!] (صحیح است) محترم است برای آنها که می‌خواهند محترمشان بشمارند. (**افشار صادقی**: از خانواده محترمی است) احترام به خانواده نیست.*
***ابولهب هم خویش پیغمبر بود.** [اشاره به نسبتش با **مصدق**] (خنده نمایندگان)*
ایشان همان کسی هستند که عمل ناهنجاری انجام دادند و آن عمل ناهنجار عبارت از این بود که پیشوای مسلمین را آمدند با طرز بسیار نازیبایی، به وضع بسیار زننده‌ای، شب با یک‌تا پیراهن از بالاخانه کشاندند و بردند به فلک‌الافلاک. به کوری چشم دشمنان مملکت مقام معنوی ایشان رفت به فلک‌الافلاک.
این شخص معنوی را از ایران بیرون کردند کسی هم در آن موقع نبود که صحبت کند.
ملت ایران تأمل می‌کند، خیلی هم تأمل می‌کند. کمی منتظر فرصت شد تا ایشان برگشتند.
آقا، تمام تهران، غیر از اکثریت مجلس، آمدند و استقبال کردند، اظهار ارادت کردند، اظهار خلوص کردند، چه کردند و چه کردند. نه پولی بود و نه اجرتی. این‌ها خودشان به‌صرف طبع آمدند ... "
(روزنامه شاهد- شماره ۱۴۸- ۱۳ تیر ۱۳۲۹)

لازم به‌تذکر می‌داند که در همین روزها **سرتیپ دفتری** طی نامه‌ای که به‌عنوان مجلس شورای ملی نوشته‌بوده، اتهام دخالت در توقیف و تبعید **آیت‌الله کاشانی** را تکذیب‌کرده وضمن آن نوشته بوده‌است:

" ... روز اول حکومت نظامی از عمارت دژبان استفاده کردند و بنده متأسفانه با ایشان مصادف شدم و در طی چند دقیقه صحبتی که با معظم‌له کردم با اینکه فوق‌العاده از واقعه شوم چند ساعت قبل متأثر بودم، ابداً مذاکرات خلاف ترتیب به‌میان نیامد. بنده سرباز هستم و زبانم زبان سربازی است ... "
(روزنامه شاهد- شماره ۱۵۰- ۱۷ تیر ۱۳۲۹)

در آن زمان، صحبت از این بوده که **سرتیپ دفتری** با صدور تکذیب‌نامه مزبور نسبت به حامی و رئیس خود، یعنی **رزم‌آرا**، حق‌ناشناسی و ناسپاسی کرده و تمام گناه را به گردن او انداخته‌است. اما آن تکذیب هرگز مورد تأیید **آیت‌الله کاشانی** قرارنگرفته و وی تا پایان عمر همواره **سرتیپ دفتری** را، عامل بیرون کشیدن شبانه و تبعید خود معرفی می‌کرده‌است.

۵ - سرکوب دوباره مردم به‌دستور سرتیپ محمد دفتری

در روز یکشنبه ۱۱ تیرماه ۱۳۲۹ که سخنرانی‌های نمایندگان موافق و مخالف با برنامه دولت رزم‌آرا، در مجلس شورای ملی در جریان بوده‌است، هر دو طرف متخاصم یعنی طرفداران و مخالفان دولت، گروهی را برای حمایت از نمایندگان مورد نظر خود به‌راه انداخته و به جلوی مجلس آورده‌بودند.
گروه مخالف دولت را بیشتر اصناف و بازاریان، یعنی طرفداران **آیت‌الله کاشانی** تشکیل می‌داده‌اند.
ولی گروه طرفدار دولت، همانطور که دراین‌قبیل تظاهرات معمول‌بوده و هست، از مأموران مخفی دولت تشکیل‌می‌شده و شمار زیادی را نیز با دادن پول از میدان‌های میوه‌فروشی و سلاخ‌خانه به آنجا آورده‌بوده‌اند.
روزنامه **شاهد** یک روز پس از آن (۱۲ تیرماه) درباره این تظاهرات چنین نوشته‌است:

" دیروز پس از ختم جلسه علنی مجلس واقعه تأسف‌آوری رخ داد. جماعت کثیری از اهالی بازار و اصناف و طبقات مختلف تهران به‌عنوان اعتراض به دولت تحمیلی رزم‌آرا جلو مجلس حضور یافته بودند. مأمورین رکن دوم و کارآگاهی و دسته گاوکشان، که بر اثر کثرت جمعیت هوا را پس دیده و یارای مقابله با سیر احساسات عمومی را نداشته، مظفرانه عقب‌نشینی کردند ...
البته طبیعی بود که این عده کثیر، که برخلاف چاقوکش‌های شهربانی و کارآگاهی برای گرفتن (اجر) خویش می‌آمدند، تنها برای ابراز احساسات و اعتراض ضد دولت تحمیلی آمده‌بودند و بدون هیچ‌گونه تردیدی قصد برهم‌زدن نظم و آرامش را نداشته‌اند ...
*درهرحال، دولت که از ملی‌بودن خویش اطمینان کامل داشت پیش از بیرون‌آمدن خویش دستورداد که جمعیت را متفرق‌کنند ولی وقتی دیدند مردم از جلو مجلس متفرق‌نمی‌شوند، **سرتیپ‌زاده**، معاون شهربانی، ضمن عبارت بسیار رکیک و مستهجنی که از ذکر آن معذرت می‌خواهم دستور داد که مردم را بزنند.*

به‌مجرد صدور این دستور، پاسبانان سوار شهربانی با شمشیرهای برهنه و پاسبانان پیاده با باتون به جان مردم افتادند و آنها را شمشیرکش به عقب راندند.
در این میانه پاسبان‌ها، هر سه چهار نفر، یکی از مردم بی‌گناه را درمیان می‌گرفتند و به قصد کشتن کتک می‌زدند.
*بسیاری از افراد، زیر دست و پای اسبان سوار افتاده و زخمی و مجروح شدند وحتی یکی از ناظرین این صحنه دلخراش به چشم خود دیده بود که **پای اسب یکی از پاسبانان به شکم پیرمردی فرو رفته بود.***
*جمعیت تظاهرکنندگان، مجروحینی را که تا سرحد مرگ زخمی شده‌بودند به دوش گرفته به منزل **آیت‌الله کاشانی** یا به‌طرف بیمارستان بردند. عده دیگری را نیز در محوطه بهارستان دستگیرکرده به شهربانی بردند ..."*
(روزنامه شاهد- شماره ۱۴۷- ۱۲ تیر ۱۳۲۹)

در کتاب «زندگی سیاسی رزم‌آرا» صفحه ۴۷ درباره این تظاهرات چنین نوشته شده‌است:

*" تظاهرات مخالفین و موافقین که روز دوم هفته در جلوی مجلس روی داد، منجر به تصادم با پلیس گردید. ظاهراً مخالفین دولت تحریک شده و با سنگ و آجر و چوب به پلیس حمله‌کردند. **گفته‌می‌شود در این حمله مقدم پلیس بوده‌است.** به‌هرحال، دراین زدوخورد بیش از ۱۹ نفر از مردم و چند نفر از افراد پلیس سخت مجروح شدند که **حال یک‌نفر از پاسبان‌ها و یک‌نفر از افراد تظاهرکننده وخیم‌است.***
*مخبرین خارجی ماهیت سیاسی این عده را طرفداری از **آیت‌الله کاشانی** می‌دانند ..."*

۶ - قبول و توجیه عملیات پلیس توسط رزم‌آرا

رزم‌آرا پس از پایان تظاهرات روز یکشنبه ۱۱ تیرماه در جلوی مجلس شورای ملی، اعلامیه‌ای صادرمی‌نماید.
اعلامیه مزبور تاریخ روز بعد را داشته، ولی در همان شب چاپ و منتشر شده‌است.
متن کامل اعلامیه مزبور به شرح زیر می‌باشد:

" دیروز تظاهراتی در مقابل مجلس شورای ملی از طرف عده‌ای به‌عمل آمده‌بود.
افراد پاسبانان و مأمورین شهربانی باکمال ادب و خونسردی[!] از عملیات این عده جلوگیری و آنها را به مراعات نظم و آرامش دعوت نمودند. متأسفانه گذشته از اینکه این تقاضا مورد اجابت قرارنگرفت، ماجراجویان با توسل به چوب و سنگ به افراد و پاسبانان و مأمورین شهربانی حمله نمودند، چند نفر را مضروب و مجروح کردند و نسبت به افراد و درجه‌داران هتاکی و فحاشی نمودند.
مأموران شهربانی ماجراجویان را با خونسردی [؟!] متفرق و چند نفر از مسببین را دستگیر[نمودند] و برای دستگیری بقیه که کاملاً شناخته شده‌اند اقدام لازم معمول خواهند داشت.
به استحضار خاطر عموم هموطنان می‌رساند، دولت وظیفه‌دار است که نظم و انتظام عمومی را حفظ و با هرگونه تحریکات و عملیاتی که منجر به اغتشاش و برهم‌زدن نظم

عمومی می‌شود با کمال قدرت جلوگیری‌کند زیرا نمی‌توان نظم عمومی را برعلیه [ملعبه؟] و بازیچه مشتی اشخاص ماجراجو قرار داد.
دربین ماجراجویان دو نفر از مستخدمین دولت نیز دیده شده‌بودند که فوراً از خدمت دولت برکنار[شده] و مورد تعقیب قانونی قرارگرفته[اند]. در انجام این دستور اوامر لازم صادرگردید که در آتیه این مجرمین فوراً دستگیر و شدیداً تحت تعقیب قانونی قرارگیرند.

نخست‌وزیر- رزم‌آرا "

(روزنامه شاهد- شماره ۱۵۰- ۱۷ تیر ۱۳۲۹)

صدور این اعلامیه و قدرت‌نمایی دولت موجب گردید که در روز سه‌شنبه ۱۳ تیرماه (که قراربود نخست‌وزیر پس از پاسخگویی به سخنان مخالفان و دفاع از برنامه دولت، از مجلس شورای ملی رأی اعتماد بگیرد) دیگر هیچ‌گونه تظاهرات مخالفت‌آمیزی در جلوی مجلس انجام‌نشود و دولت به‌آسانی موفق‌گردد که با ۹۳ رأی موافق در مقابل ۸ رأی مخالف و ۳ رأی ممتنع اعتماد مجلس را به‌دست آورد.
البته باید یادآوری نمود که دولتی‌ها نیز از آوردن تماشاچیان و گروه‌های طرفدار خود به داخل و به جلوی مجلس، به‌منظور تظاهرات بر ضد اقلیت خودداری کرده‌بودند.

- شرح کوتاهی از دیگر رویارویی‌های سرتیپ دفتری با نهضت ملی ایران

سرتیپ محمد دفتری از اعتماد و اطمینان کامل **رزم‌آرا** برخورداربوده و به همین جهت هم از نخستین روز نخست‌وزیری او به یکی از حساس‌ترین پست‌های کشور یعنی **ریاست شهربانی کل کشور** گماشته شده‌است.
اما بطوری‌که خواهیم دید، وی در این دوران به **رزم‌آرا** خیانت ورزیده و با نزدیک‌شدن به **محمدرضا شاه پهلوی** و جلب اعتماد او، وسایل قتل **رزم‌آرا** را فراهم ساخته و او را توسط تروریست‌های خود به دیار عدم فرستاده‌است.
باز هم بطوری‌که می‌دانیم، وی نسبت به **شاه** نیز صمیمی نبوده و همواره چه قبل و چه پس از **رزم‌آرا** تمام اقدامات سیاسی خود را با راهنمایی و دستور **محمد مصدق**، عموی پدر خود، که در عین‌حال پدرزن برادرش نیز بوده، انجام می‌داده و برای به‌قدرت رسیدن او فعالیت می‌کرده‌است.
با این ترتیب، باید پذیرفت که انجام این سه وظیفه مختلف و حتی گاهی متضاد برای این «**خیانتکار سه‌جانبه**» به ترتیبی که زمینه‌های بدگمانی هیچ یک از دو مقامی که مورد خیانت قرار گرفته‌بوده‌اند، یعنی **شاه** و **رزم‌آرا**، فراهم نشود، کار سهل و ساده‌ای نبوده‌است.
بطوری‌که از شواهد امر برمی‌آید، **سرتیپ دفتری** اقدامات اصلی خود را طبق خط مشی و دستوراتی که **مصدق** به او می‌داده، به انجام می‌رسانده‌است. برای نمونه، وی با راهنمایی **مصدق** اطلاعات خلاف واقع درمورد قصد **رزم‌آرا** به انجام کودتای نظامی و قبضه‌کردن قدرت در ایران، در اختیار **شاه** قرارمی‌داده و او را نسبت به کشتن **رزم‌آرا** تحریک و مصمم می‌ساخته‌است.
اما درمواردی که به وظایف روزمره اداری او ارتباط داشته، پیش از انجام اقدامات مهم، آنها را به‌آگاهی **مصدق** می‌رسانده و درجهت اجرای آنها به‌نحوی که موردنظر **رزم‌آرا** و سایر مقامات دولتی بوده، نهایت شدت عمل ممکن را به‌کار می‌برده‌است.

پنج ترور تاریخی راهگشای صدارت مصدق

مصدق نیز با آگاهی قبلی که از عملیات آینده شهربانی داشته، برحسب منافع و آینده‌نگری خود اقدامات لازم را به‌عمل می‌آورده‌است.
برای نمونه، ما می‌دانیم که در آغاز تشکیل **جبهه‌ی ملی** و تا مدت‌ها پس از آن، فقط جناح مذهبی نهضت نوپای ملی به رهبری **آیت‌الله کاشانی** می‌توانسته‌است که با تجهیز اصناف و تعطیل بازار و کشاندن مؤمنان مسجدی به جلوی مجلس یا میادین دیگر و مساجد، تظاهرات گسترده‌ای را به سود **جبهه‌ی ملی** و بر ضد دولت‌های وقت به‌راه اندازد. در این شرایط، بدیهی است که **مصدق** به حمایت **آیت‌الله کاشانی** بیش از اندازه نیازمند بوده‌است.
ولی هرچه که از عمر نهضت ملی می‌گذشته، مردم بیشتری که نسبت به مسجد و مذهب بستگی زیاد نداشته‌اند به صحنه سیاست کشانده می‌شده و زمینه‌های تقویت و تشکیل جناح مستقل ملی به رهبری **مصدق** را فراهم می‌ساخته‌اند.
با این ترتیب و به موازات تقویت کفه جناح ملی، **مصدق** بی‌میل نبوده‌است که با تضعیف کفه جناح مذهبی توسط شهربانی، آن‌را به‌سوی تعادل و یا کمی هم پایین‌تر بکشاند تا از میزان چیرگی و قدرت‌نمایی **آیت‌الله کاشانی** در نهضت ملی کاسته گردد.
درهرحال، در تمام دوران نخست‌وزیری **رزم‌آرا** که فعالیت‌های ضد دولتی **جبهه‌ی ملی** با کمال شدت ادامه داشته‌است، **سرتیپ دفتری** به‌عنوان ریاست کل شهربانی، فرماندهی و هم‌آهنگ‌سازی عملیات مبارزه با مخالفان دولت را، به‌صورت‌های قانونی و خلاف قانون عهده‌دار بوده‌است.
وی در همان نخستین روزهای اشغال آن پست ***" ششصد نفر سرباز را لباس پاسبانی پوشانده"*** (سرمقاله روزنامه سریر به جای شاهد ـ شماره ۱۶۹ ـ ۱۲ امرداد ۱۳۲۹) و به مقابله با تظاهرکنندگان و میتینگ‌های طبقات و گروه‌های مختلف مخالف دولت گمارده است.
روزنامه شاهد که در آن زمان **ارگان جبهه‌ی ملی** محسوب می‌گردید، در روز شنبه ۲۴ تیر ۱۳۲۹ (۱۵ جولای ۱۹۵۰) توسط شهربانی، توقیف شد و از چاپ و انتشار آن در آن روز جلوگیری به‌عمل‌آمد.

این روزنامه از یک روز پس از آن تا پایان امرداد همان سال، چهارده بار! دیگر نیز توقیف‌گردیده و هربار با نام و امتیازی دیگر انتشار یافته‌است.
روزنامه مزبور هر روز پس از توقیف، با نام جدیدی که اجازه انتشار آن را از صاحب امتیازش به‌دست آورده‌بوده، منتشرمی‌شده ولی پایین‌تر از نام جدید، **آرم شاهد** و شماره مسلسل واقعی آن (همچنین آرم کوچک شده سایر روزنامه‌هایی که تا آن روز به‌جای شاهد انتشار یافته بوده و توقیف شده‌بوده‌اند) به‌چاپ می‌رسیده‌است و برای اینکه قانونی باشد، با درج دو کلمه: «**توقیف است**»، در زیر آرم **شاهد**، و گاهی هم یک کلمه «**آگهی**» در بالای آن، این قسمت از صفحه نخست را به‌صورت آگهی درمی‌آورده‌است.
اسامی روزنامه‌هایی که در این مدت یک‌ماه و چند روز به‌جای **شاهد** منتشرگردیده، به‌ترتیب، به‌شرح زیر بوده‌است:

آهنگ شرق، عطار، صفیر، بهلول، نمایشگاه، سمندر، مهر میهن، سریر، لرستان، بیان ایران، پرخاش، کشاورزان، صلح جهان، خرد، و آهنگران.
ولی پیش از آنکه این آخری توقیف‌شود، آقای نخست‌وزیر با انتشار اعلامیه‌ای به آگاهی عموم رسانده‌است که:

" ... دولت از حق قانونی خود صرف‌نظر کرده، و بلافاصله کلیه جرایدی که در زمان این حکومت به‌عناوین مختلف توقیف شده‌اند، از تاریخ صدور این اعلامیه آزاد می‌شوند ... "
(روزنامه شاهد- شماره ۱۷۹- ۳۱ مرداد ۱۳۲۹)

روزنامه شاهد در نخستین شماره‌ای که دوباره با نام خود در تاریخ ۳۰ امرداد ۱۳۲۹ (۲۱ آگوست ۱۹۵۰) منتشرساخته، درمورد اینکه رئیس دولت حق و اختیار آزادکردن روزنامه‌های توقیف‌شده را ندارد به بحث پرداخته و سرمقاله خود را با عنوان درشت به این پرسش اختصاص‌داده بوده‌است:

" آیا رئیس دولت حق دارد کلیه جراید توقیف شده را آزاد نماید؟ "
(روزنامه شاهد- شماره ۱۷۸«شماره این روزنامه در روی آن به اشتباه ۱۷۷ چاپ شده است.»)

لحن بسیار خشن **روزنامه شاهد** به‌ویژه انتقاد بسیار شدیدی که از دستگاه تروریستی **رزم‌آرا**، طی سرمقاله مورخ ۲۷ شهریور ۱۳۲۹ (۱۸ سپتامبر ۱۹۵۰) آن روزنامه به‌عمل آمده‌بود، موجب شده‌است که روزنامه مزبور باز هم توقیف و شماره‌های آن روز آن در تهران و بسیاری از شهرهای دیگر ایران جمع‌آوری گردد.
روزنامه **آهنگ شرق** که از روز پس از آن به‌جای آن روزنامه منتشر شده‌بود، انتشارش متجاوز دو ماه دوام‌یافته و در تاریخ ۲ آذر ۱۳۲۹ (۲۲ نوامبر ۱۹۵۰) توقیف گردیده‌است و پس از آن به مدتی درحدود بیست روز، چهار روزنامه دیگر به اسامی **نمایشگاه**، **عطار**، **مریم**، و **کشاورزان**، که به‌جای **شاهد** منتشر شده‌بودند، به محاق توقیف کشیده‌شده‌اند.
اما گویا چون دولت وشهربانی دریافته‌بوده‌اند که با توقیف **روزنامه شاهد** کاری از پیش نمی‌رود و هر روز روزنامه‌ای با نام دیگر به‌جای آن منتشرمی‌گردد، پس درصدد برآمده‌اند که دستگاه‌های چاپ **روزنامه شاهد** را خراب و غیرقابل استفاده سازند و درجهت اجرای این تصمیم شماری از اوباش توسط **سرتیپ دفتری** به **چاپخانه موسوی**، محل چاپ روزنامه، اعزام‌شده‌اند و دستگاه‌های چاپ را شکسته و از کار انداخته‌اند.
بد نیست که از این پس رشته سخن را به‌دست یکی از اعضای **فداییان اسلام**، یعنی **حاج مهدی عراقی** بدهیم:

*" ... خوب، رزم‌آرا وقتی آمد سر کار، به این فکر افتاد که یک مقدار رعب و وحشت و ترس در مردم ایجاد بکند ... **یک شب عده‌ای از اوباش را جمع می‌کند، سرتیپ دفتری توی دفترش در شهربانی.***
*البته سرپرستی همه اینها را هم آن **مصطفی پادگان** به‌عنوان **مصطفی دیوانه**، که پیش‌تر صحبتش بود، به‌عهده داشت.*
*از اینها می‌خواهند که **می‌روید امشب چاپخانه موسوی توی کوچه خدابنده‌لو، توی ناصریه، که روزنامه شاهد در آنجا چاپ می‌شده، آنجا را به‌هم بزنید ...***
*آن شب می‌ریزند در را می‌شکنند و می‌آیند تو، خلاصه‌اش چاپخانه را به‌هم می‌زنند و نمی‌گذارند فردا صبح روزنامه منتشرشود. **صبح بقائی عوض روزنامه، یک بیانیه می‌دهد و از مردم استمدادمی‌کند** و یک پیغام شفاهی می‌دهد برای **مرحوم نواب[صفوی]**، که جریان این‌جوری شده، اگر شما می‌توانید بچه‌ها را بگویید بیایند اینجا.*
*[بطوری که ملاحظه می‌شود **نواب‌صفوی** در آن زمان در اختفای کامل به‌سر نمی‌برده و ارتباط گردانندگان **جبهه‌ی ملی** با وی به آسانی امکان‌پذیر بوده‌است]*

خوب، عده زیادی در حدود ۵۰ تا ۶۰ نفری، صد نفری، که در حدود ۲۷ تا ۳۰ نفرشان هم از بچه‌های **فدائیان** بودند، ازجمله **مرحوم خلیل طهماسبی**، رفتیم آنجا و داستان را پرسیدیم. گفتند جریان این‌جوری شده، آنها آمده‌اند و دستگاه چاپ را خراب کرده‌اند، البته یک دستگاه دیگر هست که با آن دستگاه نمی‌توانیم صفحات بزرگ چاپ کنیم. بطور بیانیه کوچک چاپ می‌شود، الان هم مشغول هستند که آن ماشین بزرگ را درست کنند.
آن شب نزدیک به ۶۰ نفر یا ۵۰ نفر توی چاپخانه ماندند. البته، بدون اینکه بنشینند فکرکنند که اگر امشب هم مثل دیشب تکرار شد، دربرابر آنها چه کاری انجام بشود. نه بچه‌هایی که آنجا بودن به این فکر بودند و نه خود **دکتر بقائی** به این فکر بود. خوب، به‌عنوان یک شب که دور هم بودند و گپی با هم زدند، نشسته بودند توی یکی از این سالن‌ها صحبت می‌کردند.
یک وقت چراغ‌ها خاموش شد، در به صدا درآمد، انگار یک تنه‌ای با فشاری به در آمد و اشکلک در شکست و سه، چهار نفر آمدند تو با چراغقوه و شروع کردند به بد و بی‌راه گفتن. چند تا از بچه‌ها رفتند جلو، البته آنها نایستادند و از در زدند بیرون.
وقتی ما آمدیم توی کوچه، دیدیم همه چراغ‌های کوچه خاموش‌است. فقط یک جیپ سر کوچه ایستاده‌است چراغ‌هایش را انداخته توی کوچه، که این‌ها با معیت روشنایی چراغ‌های جیپ آمده‌بودند داخل چاپخانه.
بچه‌ها، ازجمله **خلیل طهماسبی**، این‌ها را دنبال‌کردند که جلوگیری از آنها شد، که درهرحال ما در تاریکی هستیم اگر برویم جلوتر، آنها ممکن‌است در یک قسمتی مخفی شده‌باشند و ضربه‌ای بزنند. ما هم که نمی‌توانیم آنها را ببینیم و مجهز هم حتی به چراغقوه نبودیم. که اینها نگو، از یک کوچه آمده‌اند و کوچه پایین‌تر هم همین‌جوری است. آنجا هم چراغ‌ها خاموش‌است و یک جیپ هم سر آن کوچه ایستاده چراغ‌هایش را روشن‌کرده که بعد از اینکه اینها کار خرابکاریشان را کردند، بروند سوار آن جیپ بشوند و بروند و همین کار هم شد.
یکی دو نفر از این‌ها شناخته شدند، به‌غیر از خود **مصطفی**، فردا صبح که با این افراد تماس گرفته‌شد، داستان را گفتند که آره، دیشب **[سرتیپ] دفتری** ما را برده‌بود، یعنی با **مصطفی** صحبت کرده‌بود، بعد هم **مصطفی** آمد سراغ ما، ما را برداشت برد آنجا، و **حتی دستور تیراندازی هم داده‌بودند به مصطفی**، که اگر آنجا برخوردی، چیزی شد، شما حق تیراندازی هم دارید. ولی، وقتی از آنجا آمدیم بیرون، **مصطفی** خودش مخالفت‌کرد و گفت نه بچه‌ها، فقط یک مقدار آنها را بترسانید و برخوردی نکنید.
فردا، در بیانیه‌ای که باز **بقائی** داد، دعوت بیشتری از مردم کرد که از **خانه دکتر مظفر بقائی دفاع کنید. خوب جمعیت به طرز جالب‌تری و زیادتری بطور کلی آمد، هم توی کوچه هم داخل منزل.**
و از طرف دستگاه هم **سرگرد اردلان**، رئیس کلانتری ۹ با تعداد زیادی درحدود ۲۰۰ تا ۲۵۰ نفر مأمور آمدند توی کوچه که دو طرف در را اینها محاصرمکردند. البته مأمورین توی کوچه ایستاده‌اند، افسران دم در هستند و تعدادی نزدیک به ۷۰ تا ۸۰ نفر [از مردم] داخل خود چاپخانه هستند، نزدیک به ۴۰۰ تا ۵۰۰ نفر [از مردم] هم توی کوچه.
بعدازظهر که شد، پیشنهادشد به **دکتر بقائی** که ما مثل دیشب درمقابل [کار] انجام‌شده قرارنگیریم، بهتر این‌است که بیاییم و بنشینیم صحبت کنیم که چه‌کار بکنیم. اگر یک همچنین حادثه‌ای مثل دیشب اتفاق افتاد.

***دکتر بقائی** هم خودش پسندید و آمد توی جلسه.*
*هنوز جلسه رسمیت پیدا نکرده بود، یعنی مسئله‌ای مطرح نشده‌بود که تلفن زنگ زد. **بقائی** تلفن را برداشت، بعد از سلام وعلیک، یک وقت ما متوجه شدیم که به زبان انگلیسی یا فرانسه، خلاصه به زبان خارجی صحبت می‌کند. صحبت او که تمام شد و گوشی را گذاشت زمین، بچه‌هایی که تقریباً وابسته به **فدائیان اسلام** بودند بالاتفاق از جا بلند شدند و گفتند که پس ما از اینجا می‌رویم، چون اینجا جای ما نیست.*
***دکتر بقائی** گفت: چه شده؟ چرا؟ اعتراض‌کردند به نحوه برخورد **بقائی**، گفتند: یا این‌هایی که اینجا هستند مورد اعتماد هستند یا مورد اعتماد نیستند. اگر مورد اعتماد هستند شما حق نداشتید غیر از زبان مادری صحبت دیگری بکنید. اگر مورد اعتماد نیستند و شما اینجا این‌ها را نگه داشته‌اید، خیانت کرده‌اید و به درد رهبری نمی‌خورید شما اصلاً.*
***بقائی** گفت که یک مسائلی هست که من نمی‌توانم بگویم. خطاب کرد به یکی از برادرها: آیا اگر شما جای من بودید، غیر از این رفتار می‌کردید؟ یا همه این آقایان که اینجا هستند صددرصد مورد اطمینان شما هستند؟ یا صلاح‌است این حرف‌ها جلوی این‌ها زده‌بشود؟...*
***دکتر بقائی** گفت: درهرحال من می‌گویم الان که آن داستان چه بود. این کسی که تلفن زد **دکتر مصدق** بود. به من گفت: الان به من **[مصدق]** خبرداده‌اند [کی؟ **سرتیپ دفتری**؟] که **به سرگرد اردلان دستورداده‌اند که حادثه مسجد گوهرشاد را در چاپخانه تو به‌وجود بیاورند. یعنی در رابشکنند بیایند تو و یا با نردبان بیایند تو. اگر که بچه‌ها بخواهند مقاومت بکنند همه را به رگبار مسلسل ببندند، نابودشان کنند.** من **[مصدق]** پیشنهاد می‌کنم که تو هم مثل سایر دوستانت که الان در مجلس متحصن هستند، تو هم متحصن بشو، برو آنجا متحصن بشو [در آن زمان ۱۳ یا ۱۴ نفر از مدیران جراید پایتخت به‌عنوان اعتراض به عدم آزادی و تضییقات دولت در راه انتشار روزنامه در ایران در مجلس متحصن بوده‌اند] من در جواب گفتم که عده زیادی از دوستان اینجا هستند اجازه بدهید پس من با این‌ها مشورت بکنم و نتیجه را به شما بگویم. حالا هرچه نظر شماست بگویید.*
البته، یک سکوت سرتاسر مجلس را گرفت. بعضی‌ها گفتند که هرچه شما صلاح می‌دانید، اگر صلاح است بروید، بروید. اگر صلاح است بمانید، بمانید.
*باز یکی از برادرها خطاب کرد به **دکتر [بقائی]** که: آقای **دکتر**! [این] اولین برخورد عملی است که بین ما و دشمن دارد به وقوع می‌پیوندد. اگر ما این سنگر را خالی بکنیم و در اختیار دشمن بگذاریم، سنگرهای دیگری را هم یکی پس از دیگری تخلیه می‌کنیم. البته، ما برای شما تعیین تکلیف نمی‌کنیم که چه کار بکنید، هرجور که خودتان صلاح می‌دانید.*
ولی، ما چون تصمیم گرفته‌ایم اینجا بمانیم، اینجا هستیم و از این سنگر دفاع می‌کنیم و معتقدیم اگر هم کشته شدیم، شهید هستیم، چون در راه هدفمان بوده.
*بعد از اینکه این صحبت از طرف یکی دو تا از برادرها شد، اکثریت بچه‌ها که آنجا بودند، قبول کردند. **خود دکتر بقائی هم قبول کرد که بماند.***
*گفت: **من هم می‌مانم اینجا. گفت: پس ما تلفن بزنیم و به دکتر مصدق بگوییم.***
*مخالفت شد به اینکه توی تلفن این حرف گفته شود. قرارشد که به **دکتر [مصدق]** تلفن‌بزند و بگوید که من یکی از دوستانم را فرستادم، می‌آید خدمت شما و تصمیم‌ها را آنجا به عرضتان می‌رساند.*

*بعد از این نشست و صحبت، پیشنهاد شد که **دکتر [بقائی]** برود پشت بام و از پشت بام شروع کند برای مردم و پلیس صحبت بکند. اول اینکه حداقل استفاده‌اش این است، پلیس اگر که بفهمد که ما موضعش را فهمیده‌ایم و برنامه‌اش را می‌دانیم، یا منصرف می‌شود، یا ممکن است یک کار دیگری، مثلاً انجام بدهد.*
دوم اینکه، مردم توی کوچه هم وقتی متوجه شدند که یک چنین برنامه‌ای هست، حداقلش این است که خودشان را مجهزتر بکنند، یا اینکه بروند تعداد دیگری را به خودشان ملحق بکنند که جمعیتشان را بیشتر بکنند.
وقتی جمعیت توی کوچه هم بیشترشد، دولت هم کمتر اتفاق می‌افتد که دست به اقدامی بزند، مگر اینکه تصمیم به یک کشتار جمعی بطور کلی داشته باشد.
*این نظر به رأی گذاشته شد و اکثریت موافقت کردند و به‌اتفاق **دکتر بقائی** و چند تا از برادران آمدند پشت بام. شعاری دادند، صلواتی فرستادند و **دکتر بقائی** (شروع به صحبت کرد.)*
*(صحبت‌های **بقائی** رسید به آنجایی که) **امام حسین** در روز عاشورا آمد در جلوی صفوف دشمن خودش را معرفی کردن، که من کی هستم، پسر کی هستم، مادرم کیست، پدرم کیست و برای چی اصلاً من حرکت کردم. ما هم در اینجا خودمان را معرفی‌می‌کنیم. به‌خصوص به برادران پلیسی که در زیر پای ما هستند. مدت سی سال، چهل سال است سرمایه خدادادی شما که در زیرزمین بوده، به‌عنوان ذخایر، آمده‌اند حکومت‌ها که دست‌نشانده استعمار بوده‌اند، در اختیار استعمار گذاشتند و برده‌اند و به ما هم هیچ‌چیز نداده‌اند. ما حرکت کرده‌ایم که حداقل این ذخایرمان را در اختیار خودمان بگیریم. به هر کسی که دلمان می‌خواهد بفروشیم و پولش را برگردانیم توی این مملکت و برای خودمان خرج کنیم. ولی، **دشمن و دولت که رئیس شماست، این دست‌نشانده همین استعمار و امپریالیست است.** شما را تحریک کرده که بیایید اینجا دست به کشتار بزنید.*
*برنامه‌هایی برای **سرگرد اردلان** که رئیس شماست تنظیم کرده‌است. **من قبلاً اعلام می‌کنم اینجا منزل دکتر بقائی است و هر کسی به هر نحوی که بخواهد به حریم منزل من تجاوز بکند، با عکس‌العمل شدید روبه‌رو می‌شود.***
و درضمن از مردمی که توی کوچه بودند، تقدیرکرد و گفت شما هستید که می‌توانید از حقوق از دست‌رفته ما و خودتان دفاع کنید و سعی‌کنید که حداقل وسایل دفاعی با خودتان داشته‌باشید. دشمن با برنامه است که اینجا ایستاده‌است. این صحبت‌ها را کرد و بعد هم چند تا صلواتی فرستادند و از پشت بام آمدند پایین.
*خوشبختانه آن شب حادثه‌ای اتفاق نیفتاد و روزنامه هم [در دو صفحه به نام **بیانیه دکتر بقائی**] چاپ شد و فردا صبح از پشت بام روزنامه را منتقل کردند به خیابان و خود **دکتر بقائی** و یکی دو تا دیگر از وکلایی که در مجلس متحصن شده بودند، شروع کردند به روزنامه فروشی. روزنامه را خودشان شروع کردند به فروختن. البته به این صورت بود که فرض کنید آقای **بقائی** ایستاده بود و ۷ تا ۸ نفر از بچه‌ها دور و ور او بودند، روزنامه‌ها را آنها می‌فروختند. مأمورین دیگر هم نمی‌توانستند بیایند از دست او روزنامه را بگیرند، چون در اختیار فرض کن **بقائی** یا یک وکیل دیگری که آنجا بود، قرار داشت.*
آن روز تا فردا ۲ بعد از ظهر، هم جمعیت و هم پلیس در چاپخانه بود. ولی دو بعد از ظهر خرده‌خرده پلیس‌ها رفتند، ولی تا شب هم توی کوچه بودند. ولی جمعیت داخل

منزل، همان‌هایی که بودند، بودند. و آن شب بعد هم باز توی چاپخانه ماندند. دو سه روز گذشت خبری نشد، دیگر خرده‌خرده چاپخانه را تخلیه کردند ..."
(ناگفته‌ها- خاطرات شهید حاج‌مهدی عراقی- صفحات ٦٤/٦٩)

درهرحال، در آن روزها به‌علت اینکه بعضی از لوازم اساسی به دستگاه اصلی چاپ، در **چاپخانه موسوی** توسط خرابکاران اعزامی از طرف **سرتیپ دفتری** شکسته‌شده بوده‌است، پس **دکتر مظفر بقائی** به‌ناچار با استفاده از دستگاه چاپ کوچکتری که در آنجا وجود داشته، هر روز به‌جای روزنامه توقیف‌شده **شاهد**، یک بیانیه دو صفحه‌ای منتشرمی‌ساخته و خود نیز در فروش آن شرکت می‌نموده‌است.
گویا این کار درآمد بسیار زیادی نیز در بر داشته‌است، زیرا بسیاری از کسانی که روزنامه را می‌خریده‌اند، به منظور کمک به نهضت ملی، اسکناس‌های درشت می‌داده و یا حداقل، وجهی بیش از بهای روزنامه پرداخت می‌نموده‌اند.
انتشار بیانیه‌های دو صفحه‌ای **دکتر بقائی** تا اوایل بهمن‌ماه ۱۳۲۹ ادامه‌داشته و پس از آن نیز که **روزنامه شاهد** از توقیف خارج شده‌بود، باز هم تا زمان کشته شدن **رزم‌آرا**، موفق به انتشار روزنامه (با نام **شاهد**) در بیش از دو صفحه نشده‌بوده‌اند.
در چند روزی که محاصره **چاپخانه موسوی** از طرف نیروهای پلیس جریان‌داشته، می‌توان‌گفت که توجه بیشتر مردم ایران، به‌ویژه اهالی تهران به این نقطه جلب بوده‌است و مردم بیانیه‌های دو صفحه‌ای **دکتر بقائی** را (چه در این روزها و چه پس از آن) با زحمت زیاد و با بهای گزاف به‌دست آورده و پس از مطالعه، بطور مجانی و با بهایی بیشتر در اختیار دیگران قرارمی‌داده‌اند.
هنگامی‌که مردم در یکی از این بیانیه‌ها می‌خوانده‌اند که **دکتر بقائی** وضع خود را با وضع **امام حسین** در روز عاشورا و در صحرای کربلا مقایسه کرده‌است، **رزم‌آرا** را **یزید زمان** می‌دانستند که توسط شیاطین استعمارگر، یعنی دولت‌های آمریکا و انگلیس، فریفته‌شده و **ابن زیاد** ستمگر را در قیافه **سرتیپ محمد دفتری** (که به نوبه خود از پیروان همان شیاطین می‌باشد) به جنگ حق و حقیقت فرستاده‌است.
درهرحال این نویسنده بدون اینکه در اینجا بخواهد نسبت به صحت و سقم اتهامات وارده بر **رزم‌آرا** اظهار نظری به‌عمل آورد و یا اینکه آنها را در شرایط آن روز به صلاح و یا به ضرر کشور بداند، تنها می‌خواهد نشان دهد که بیشتر مردم ایران آن تبلیغات را باور کرده‌بوده و بطور قطع و یقین **سپهبد رزم‌آرا** را عامل استعمار و وی را خیانتکار به وطن تلقی می‌نموده‌اند.
حال اگر اتهامات وارده به **رزم‌آرا** تا اندازه‌ای غیرمرئی و نامحسوس محسوب می‌شده‌است، هنگامی که مردم می‌شنیده‌اند که **سرتیپ دفتری** در سمت دژخیم و جلادی بی‌رحم، وظیفه قتل و کشتار مبارزان مظلوم و بی‌گناه ضد استعمار را به‌عهده گرفته‌است، این مطلب برایشان محسوس بوده و آن‌را هر روز، در عمل و پی‌درپی مشاهده و درک می‌کرده‌اند.

مسیر دوم - تبلیغات شدید به منظور ترساندن شاه از رزم‌آرا

۱ - نقش اعضای جبهه‌ی ملی

تبلیغات مربوط به ترساندن **شاه** از **رزم‌آرا** و اینکه **رزم‌آرا** در صدد برچیدن بساط سلطنت پهلوی و برقراری حکومت مطلق‌العنان و دیکتاتوری برای خود می‌باشد از مدت‌ها پیش از آن تاریخ آغازشده بوده‌است و حتی استیضاحی که سه نفر نمایندگان اقلیت دوره پانزدهم، درپی توقیف و تبعید **آیت‌الله کاشانی** از دولت وقت به‌عمل آوردند، موضوع عمده مورد ادعای استیضاح‌کنندگان را مطالبی در همین رابطه تشکیل می‌داده‌است.
پس از آن نیز تا زمان نخست‌وزیری **رزم‌آرا** این قبیل تبلیغات کم وبیش ادامه داشته و به‌ویژه پس از پایه‌گذاری **جبهه‌ی ملی** شدت بیشتری یافته بوده‌است.
از آنجا که مطالب این بخش ارتباط مستقیم چندانی با **سرتیپ محمد دفتری** ندارد و تنها قصد این است که خوانندگان گرامی در جریان واقعیات زمان قرار گیرند و نیز به‌صورت خلاصه از شباهت‌های عجیبی که بین کشته‌شدن **رزم‌آرا** و **اتابک** وجود داشته‌است آگاهی یابند، پس این بخش را بطور خلاصه برگزارکرده و تنها به یکی دو نمونه بسنده‌می‌نماید:
روزنامه شاهد در تاریخ هشتم تیر ۱۳۲۹، یعنی سه روز پس از صدور فرمان نخست‌وزیری رزم‌آرا، در صفحه نخست خود، فرمان نخست‌وزیری **رزم‌آرا** را در بالا و فرمان نخست‌وزیری **رضاخان سردارسپه** را، که توسط **احمدشاه قاجار** صادر شده‌بود، در زیر آن به‌چاپ رسانده و باتوجه به وجود شباهت‌هایی بین آن دو (که کم وبیش بین تمام فرامین نخست‌وزیری در سرتاسر تاریخ مشروطیت وجود داشته) در پایین آنها نوشته‌است:

> *" حقیقتاً تاریخ بطور اضطراب‌آوری تکرار می‌شود. خاطره ابلاغ ریاست وزرای **مرحوم سردار سپه** ما را متوجه این نکته ساخت، که اگر خدای ناکرده **اعلیحضرت محمدرضا شاه پهلوی** هم مجبورشوند روزی مثل **مرحوم احمدشاه** فرمان نخست‌وزیری به‌نام **تیمسار سپهبد رزم‌آرا** را صادربفرمایند اجباراً فرمان مزبور با جملات و کلماتی نظیر همین فرمانی‌که در بالا نقل‌کردیم نوشته خواهدشد.*
> *... ما غیبگو نیستیم ... و در این مورد به‌خصوص، تحقق پیشگویی ما صرفاً اتفاقی و تصادفی بوده و آرزومندیم پیش‌بینی‌های دیگری را که در صفحات این روزنامه کرده‌ایم هرگز صورت تحقق به خود نگیرد."*

اقلیت دوره شانزدهم به رهبری **مصدق** نیز در هنگام مخالفت با برنامه دولت **رزم‌آرا** از این مطلب غفلت نورزیده و برخی از سخنرانی‌های خود را به ترساندن **شاه** از **رزم‌آرا** اختصاص داده‌بودند.
برای نمونه **دکتر بقائی** قسمت‌هایی از سخنرانی **رضاخان سردارسپه** را که پیش از گرفتن فرمان نخست‌وزیری و در هنگام اعلام برنامه دولت خود در مجلس شورای ملی ایراد کرده‌بود، با سخنرانی **رزم‌آرا** در هنگام اعلام برنامه دولت، مقایسه و سربسته از شباهت‌هایی که بین آنها وجود داشته، چنین نتیجه‌گیری کرده‌است که **رزم‌آرا** نیز مانند **رضاخان سردارسپه** در اندیشه خلع **شاه** و رسیدن به تاج و تخت می‌باشد. تا جایی که شماری از روزنامه‌ها و مجلات هم آگاهانه و یا ناآگاهانه به یاد شاهان مخلوع افتاده و به درج مطالبی در این زمینه پرداخته‌بودند.

در صفحه چهارم روزنامه **شاهد** در تاریخ ۱۲ تیرماه ۱۳۲۹ (۷ روز پس از صدور فرمان نخست‌وزیری **رزم‌آرا**) چنین می‌خوانیم:

*" از روزی که دولت جناب آقای **رزم‌آرا** تشکیل شده‌است، جراید هفتگی کثیرالانتشار مانند **اطلاعات هفتگی** و **تهران‌مصور** و امثال آن، البته بدون هیچ‌گونه غرض و قصدی، مطالب تاریخی خود را دربارهٔ تغییر سلطنت‌های سابق نوشته‌اند.*
***تهران‌مصور** این هفته مقالهٔ مفصلی درباره **محمدعلی شاه**، ششمین شاه قاجاریه که بر اثر فشار افکار عمومی خلع‌شد، انتشار داده‌است.*
***اطلاعات هفتگی** نیز مقاله‌ای در این زمینه دارد که عنوان آن چنین است: **طرح تغییر سلطنت را من به سردار سپه ارائه دادم** ... "*

۲ - نقش سرتیپ دفتری در سمت ریاست شهربانی کل کشور

برای اینکه خوانندگان گرامی از نقش **سرتیپ دفتری** در ترغیب **شاه** به قتل **سپهبد رزم‌آرا** به نحو روشن‌تری آگاه‌گردند، بهتر آن می‌داند که چند سالی به عقب برگشته و مطلب را از آغاز همکاری نظامی این دو نفر با یکدیگر شروع نماید:

۱ - از اینکه نخستین آشنایی **حاجیعلی رزم‌آرا** با **محمد دفتری** در چه زمانی صورت گرفته‌است، آگاهی دقیقی نداریم ولی می‌دانیم که **حاجیعلی رزم‌آرا** در بهمن ۱۳۲۲، درحالی که چهار سال از گرفتن درجه سرتیپی‌اش می‌گذشته، به فرماندهی دانشکده افسری منصوب‌شده و در این سمت **محمد دفتری** را به‌عنوان آجودان دانشکده در اختیار داشته‌است.
این دو نفر در سمت‌های مزبور به‌خوبی همدیگر را شناخته و دریافته‌اند که می‌توانند برای یکدیگر کارساز و مفید باشند.
محمد دفتری مردی بوده‌است بسیار سنگدل و بی‌رحم که جاه‌طلبی چندانی نداشته و درعوض اهل دزدی و سوءاستفاده و حیف‌ومیل به‌شمار می‌آمده‌است. وی به مردم‌فریبی و کسب شهرت و محبوبیت درمیان مردم توجه زیادی نداشته و نیز از انجام کارهای محرمانه و مخفی برای جلب نظر رؤسای سودرسان، ولو اینکه به ضرب و جرح و قتل دیگران تمام‌شود، روی‌گردان نبوده‌است.
هرگاه او را به پست آب و نان داری می‌گماشته‌اند و کاری هم به دزدی‌هایش نداشته‌اند، درمقابل این موهبت بزرگ! برای انجام هر جنایتی آمادگی داشته‌است.
رزم‌آرا از نظر هوش و تدبیر و زیرکی به مراتب بر **دفتری** فزونی‌داشته و برخلاف **دفتری**، از یک‌طرف بسیار جاه‌طلب، برتری‌جو و تشنه‌ی قدرت بوده و از طرف دیگر، علاقه چندانی به جمع‌آوری مال و منال نداشته و اهل دزدی و سواستفاده مادی هم نبوده‌است.
حسین فردوست درست گفته‌است که:

*" ... **رزم‌آرا** فردی فوق‌العاده مقام‌پرست بود و این مقام‌پرستی ناشی از استعداد خاصی بود که در او وجود داشت. فوق‌العاده شجاع بود. کار غیر ممکن، ولو واقعاً غیرممکن برای او وجود خارجی نداشت.*

پنج ترور تاریخی راهگشای صدارت مصدق

دارای حافظه‌ای بسیار قوی و فوق‌العاده سریع‌الانتقال بود. در اتخاذ تصمیم سریع و قاطع بود و تردید به خود راه نمی‌داد ...
*به سیاست ایران و منطقه و جهان وارد نبود و در مسایل سیاسی اطلاعات او سطحی بود. رزم‌آرا فوق‌العاده عجول بود و منطق نداشت. تنها منطق او مبادرت به انجام غیرممکن‌ها بود. از هیچ فردی حساب نمی‌برد و اطاعت او از **محمدرضا پهلوی** هم فقط برای وصول سریع به هدف‌های خودش بود. هدف او هم همیشه حداکثر بود. مثلاً از نظر مقام به کمتر از ریاست حکومت (یعنی کشور) قانع نبود ...*
اهل باندبازی بود و تا می‌توانست افسران ارتش و نیروهای انتظامی را جزو دسته طرفدار خود می‌نمود.
به درستی معتقد نبود. البته خود او سوءاستفاده را رواج نمی‌داد، ولی اگر افسری سوءاستفاده می‌کرد و جزو دسته او بود، مبرا از مجازات بود. ولی اگر افسر فوق جزو دستهٔ او نبود، برای فرار از مجازات باید به رزم‌آرا می‌پیوست ..."
(ظهور و سقوط سلطنت پهلوی- خاطرات ارتشبد سابق، حسین فردوست- جلد نخست- صفحات ١٦٤/١٦٥)

باتوجه به مطالب فوق به‌خوبی روشن‌می‌شود که چگونه دو نفر مورد بحث توانسته‌بودند با هم کنارآمده و مهم‌ترین نیازهای اجتماعی یکدیگر را برآورند.

٢ - با خصوصیاتی که ذکرشد، هنگامی‌که **(سرلشکر) رزم‌آرا** در سال ١٣٢٥ به ریاست ستاد ارتش منصوب‌گردیده، **(سرهنگ) محمد دفتری** را که در همان سال به وزارت جنگ منتقل شده‌بود، به فرماندهی دژبان مرکز تعیین نموده‌است.
دژبان مرکز تا زمان نخست‌وزیری **رزم‌آرا** توسعه‌ای غیرمنطقی و بیش از حد نیاز داشته‌است.
روزنامه شاهد، چند ماه پس از انتصاب **رزم‌آرا** به نخست‌وزیری، در شماره مورخ ١٤ آبان ١٣٢٩ (٥ نوامبر ١٩٥٠) چنین نوشته‌است:

*" بطوری‌که در شماره‌های پیش خبردادیم، در زمان ریاست ستادی **تیمسار رزم‌آرا** اقداماتی در ارتش می‌شد که قسمت‌های مختلف آن و به‌خصوص واحدهای مقیم مرکز بتوانند در هرگونه عملی که مورد نظر ایشان است، شرکت کنند و خطرات این کار را هم کراراً گوشزدکردیم. ازجمله نوشتیم در پایتخت یک مملکتی که دو لشکر کامل سرباز، یک نیروی بزرگ شهربانی و چندین هنگ ژاندارمری وجود دارد، نگاه داشتن واحد بزرگ دژبان که قدرت عملش بیش از یک لشکر و تماماً مجهز به وسایل موتوری هستند مورد ندارد و اگر برای کنترل افسران و سربازانی که احیاناً از حدود وظایف خود تجاوزکنند هم باشد، چند صد نفر هم کافیست.*
معهذا چون نظرات سوئی در بین بود و هست، تشکیلات آن‌را هر روز وسیع‌تر و مجهزتر کردند و حتی به این هم اکتفانشد و تعداد ٨٠٠ نفر از دژبانان تعلیم‌یافته را برای شهربانی اختصاص‌دادند که از یک طرف شهربانی را هم در اختیار داشته‌باشند و از طرف دیگر بتوانند برای جانشینی این‌ها عده دیگری را استخدام‌کنند."

٣ - در طول ریاست **(سرهنگ) محمد دفتری** در دژبان، کم‌کم در آنجا گروه‌های بی‌شماری برای انجام وظایف مختلف از قبیل عملیات کوماندویی، ترور، تظاهرات و جلوگیری از تظاهرات و از این قبیل، تربیت و آماده خدمت بوده‌اند.

نقش سرتیپ دفتری در سمت ریاست شهربانی کل کشور

بطوری‌که می‌دانیم، در هر کلانتری یکی دو اتاق در اختیار شماری از افراد دژبان گذاشته‌شده که در مواقع لزوم به انجام وظایف مخصوص به‌خود بپردازند.
اما در آن زمان، در هر کجای تهران که رخدادی مورد علاقه و یا در ارتباط با **رزم‌آرا** رخ می‌داده‌است، اعم از اینکه عاملان آن از ایادی خود **رزم‌آرا** و یا سایر گروه‌های موافق یا مخالف وی بوده‌اند، بی‌درنگ **افسران و افراد دژبان** به دستور **سرتیپ دفتری** با تجاوز از اختیارات خود و بدون توجه به اعتراضات احتمالی کارگزاران کلانتری مربوط، رسیدگی به آن رخداد را دراختیار می‌گرفته‌اند.
بیشتر در این قبیل مواقع خود **سرتیپ دفتری** نیز برای اعمال نفوذ و جلوگیری از اقدامات رؤسای کلانتری‌ها و یا رئیس شهربانی در محل حضور می‌یافته‌است.
رزم‌آرا در این روزها، کنترل لشکر ۲ مرکز را بطور کامل دراختیار داشته‌است. اکنون با توجه به اینکه دژبان مرکز هم با وضعی که شرح داده‌شد، به ریاست **سرتیپ محمد دفتری** و رکن دوم ستاد ارتش نیز به ریاست، **سرتیپ بیژن گیلانشاه**، گوش به فرمان وی بوده‌اند و در همان حال فرماندهی ژاندارمری هم به‌عهده‌ی شوهرخواهر او به‌نام **سرتیپ گلپیرا** قرار داشته‌است، به‌خوبی می‌توان دریافت که قدرت وی در آن روزها، دست‌کم در تهران، چه در امور نظامی و چه در غیر آن از هر شخص دیگری زیادتر بوده‌است.

۴ - بطوری‌که پیش‌تر هم گفته‌شد، در آن زمان هنوز «**ساواک**» را پایه‌گذاری نکرده‌بوده‌اند و وظایف مربوط به این سازمان، شاید به نحوی محدودتر، به‌عهده‌ی ادارات آگاهی شهربانی و رکن دوم ستاد ارتش قرار داشته‌است.
هرگاه امور مربوط به جرایم عادی و غیرسیاسی را که رسیدگی به آنها هم‌اکنون نیز از وظایف ادارات آگاهی مستقر در کلانتری‌ها و شهربانی‌ها می‌باشد، از وظایف آن زمان ادارات آگاهی کنارمی‌گذاشتیم، دیگر مرز روشنی بین بقیه وظایف ادارات آگاهی و وظایف رکن دوم ستاد ارتش وجود نداشته‌است و هر دو اداره، بررسی و تحقیق و کشف جرایم سیاسی و امنیتی را در حوزه اختیارات خود می‌دانسته‌اند و تنها وظیفه مربوط به جاسوس‌گماری‌های احتمالی ایران برای کسب اطلاعات نظامی و مهم از کشورهای خارجی و مقابله با جاسوسان آن کشورها از وظایف اختصاصی رکن دوم ستاد ارتش به‌شمار می‌رفته‌است.
با این ترتیب، قبل از آنکه **رزم‌آرا** به نخست‌وزیری گمارده شود، کارگزاران شهربانی، به‌ویژه اداره آگاهی تهران، بیشتر از مداخلات بی‌رویه و خلاف قانون دژبان و رکن دوم ستاد ارتش در وظایف قانونی خود شاکی و گله‌مند بوده‌اند و از این‌رو اختلافاتی بین آنان بوجود می‌آمده‌است. اما پس از آنکه **سرتیپ دفتری** به ریاست شهربانی کل کشورگمارده‌شد، شهربانی نیز بطور کامل در قلمرو نفوذ و قدرت **رزم‌آرا** قرارگرفت و زمینه از بین رفتن همه ناسازگاری‌ها و نگرانی‌های **رزم‌آرا**، هم فراهم گردیده‌است.

۵ - **سرتیپ محمد دفتری** پس از گمارده شدن به سمت رئیس شهربانی کل کشور، صدها نفر افراد تعلیم‌دیده دژبان را به شهربانی منتقل‌کرده و آنان را به لباس پلیس درآورده‌است که بی‌گمان در این نقل و انتقال‌ها، تروریست‌های تعلیم‌دیده در دژبان جزو نخستین افرادی بوده‌اند که انتقال یافته‌اند.
بدیهی‌است، افرادی که ما در حال حاضر از آنان به‌عنوان تروریست یا خرابکار یاد می‌نماییم، در آن زمان در دژبان چنین عنوانی نداشته‌اند بلکه گروهشان دارای نامی زیبا بوده و خودشان نیز افرادی بسیار باصداقت! و مورد اعتماد تلقی می‌شده‌اند.

درهرحال **رزم‌آرا** پس از نخست‌وزیر شدن، مجبور به خروج از حصار ستاد ارتش شده و می‌بایستی که برای دیدوبازدیدها و شرکت در مراسم و تشریفات گوناگون در سطح شهر رفت‌وآمد داشته‌باشد، و پی‌درپی در بین مردم حضور پیدامی‌کرده، بیش از هرچیز، به افرادی واجد شرایط برای محافظت از جان خود نیاز داشته‌است.
طبیعی است که این افراد می‌بایست:

نخست- از نظر جسمی و روانی از سلامتی کامل برخوردار بوده و همچنین از جهت قدرت بدنی و هوش در سطح بالایی قرار داشته‌باشند. چابکی، حضور ذهن، سرعت در تصمیم‌گیری، و مشخصات جسمی دیگری، به‌ویژه قد بلند از شرایط حتمی به‌شمار می‌رفته‌است.

دوم- آموزش‌های بسیار ضروری برای عملیات کوماندویی را دیده و به‌ویژه در تیراندازی و یا به اصطلاح «**هفت‌تیرکشی**» از مهارتی بسیار زیاد برخوردارباشند.

سوم- از همه چیز بالاتر، از آزمایش وفاداری بی چون و چرا و اطاعت کورکورانه در انجام هر دستور، موفق و سرافراز بیرون آمده و از هر لحاظ اطمینان و اعتماد کامل رؤسای مربوط را جلب کرده‌باشند.

در این زمان، سرتیپ دفتری از بین تروریست‌هایی که تحت نظر خود او در دژبان تربیت شده‌بودند (والبته عنوان تروریست نداشته‌اند) شش نفر را انتخاب‌کرده و آنان را مأمور محافظت از جان رزم‌آرا نموده‌است.
همان‌طور که گفته‌شد، شش نفر مذکور تمام شرایط لازم را داشته‌اند، منتهی اینکه برای انجام دستورات خلاف قانون و جنایتکارانه فقط رویشان به **سرتیپ دفتری**، به‌عنوان فرمانده، بازبوده و تا آن زمان همواره وفاداری به او و اطاعت از او را تمرین کرده و بر خود فرض و لازم دانسته‌بوده‌اند.
به عبارت دیگر این **سرتیپ دفتری** بوده که به شش نفر مذکور اعتماد و اطمینان کافی داشته و می‌دانسته‌است که آنان در هر زمان، درصورت لزوم از او حرف‌شنوی خواهند داشت و دستورات وی را هراندازه که جنایتکارانه باشد، البته درمقابل دستمزد کافی، به مرحله اجرا درخواهندآورد.

۶ - در بیشترین قسمت از دوران سلطنت دو پادشاه پهلوی، رسم بر این بوده‌است که هر روز و یا در فواصل معین و مرتب مقامات مهم مملکتی، از جمله شاغلین دو پست بسیار مهم و حساس ستاد ارتش و شهربانی کل کشور به حضور **شاه** رسیده و گزارش کار واحدهای زیر نظر خود، به‌ویژه کشفیاتی را که توسط نیروهای مخفی آن واحدها (رکن ۲ و آگاهی) از جریانات و اسرار سیاسی پشت پرده به‌عمل آمده‌بود، به‌اصطلاح آن روز «**به شرف عرض ملوکانه**»! برسانند و «**اوامر مبارک**» را آویزه گوش کنند.
این وضع در تمام دوران نخست‌وزیری **رزم‌آرا** ادامه‌داشته و از آنجا که وی همواره کوشش می‌کرده‌است که هرگونه بدگمانی نسبت به خود را از ذهن و فکر **شاه** خارج سازد، پس در وضع و میزان ملاقات‌های **شاه** با خود و سایر دست‌اندرکاران دولتی، از جمله **سرتیپ محمد دفتری**، رئیس شهربانی کل کشور، تغییر و یا کاهشی بوجود نیاورده‌است.
بی‌گمان هنگامی که **مصدق** و سایر رهبران **جبهه‌ی ملی** با آن قاطعیت و شدت، چه در مجلس شورای ملی و چه در خارج از آن، از استقرار دیکتاتوری و خلع **شاه**، به‌عنوان قصد و نیت واقعی **رزم‌آرا** صحبت می‌نموده‌اند، **سرتیپ محمد دفتری** نیز در ملاقات‌های خود با **شاه** نه تنها عموی پدر خود را دروغگو قلمداد نمی‌کرده، بلکه با راهنمایی خود **مصدق**، آنها را تأیید هم می‌نموده‌است و

نقش سرتیپ دفتری در سمت ریاست شهربانی کل کشور

تردیدی نباید داشت که به محض نخستین تأیید، دیگر برای وی امکان اینکه در مقابل **شاه**، خود را با **رزم‌آرا** و یا با قصد و نیت او موافق نشان دهد، وجود نداشته‌است.
سرتیپ دفتری در این ملاقات‌های روزانه و یا چند بار در هفته‌ی خود که با **شاه** داشته، از یک طرف اخباری راست یا دروغ در تأیید قصد رزم‌آرا به کودتا و برکناری یا قتل **شاه** به آگاهی وی می‌رسانده، و از طرف دیگر با ابراز مراتب شاهدوستی و وفاداری دروغی نسبت به **شاه**، آمادگی صمیمانه خود را برای هر نوع فداکاری و جانبازی در راه **شاه** اعلام می‌کرده‌است.
خلاصه اینکه، شاید ضمن همین ملاقات‌های مکرر، برنامه همکاری بین **شاه** و **دفتری** تنظیم‌گردیده، و **دفتری** با دریافت پول و امتیازات مورد علاقه خود از **شاه**، درظاهر خود را دراختیار او قرار داده‌است.
نقشه‌ی «**یک قتل با دو توطئه**» که از نقشه‌ی قتل **میرزاعلی‌اصغرخان اتابک** و توسط **مصدق** که در هر دو قتل شرکت و دخالت داشته، کپی‌برداری شده بوده‌است، از طریق **سرتیپ دفتری** (و البته به‌نام خودش) برای اجرا درمورد رزم‌آرا به **شاه** پیشنهاد شده و مورد تصویب قرار گرفته‌است.
می‌گفتند که قتل رزم‌آرا، برای **شاه**، «**عدم‌الضرر**» به ارمغان آورده و او را از شر کودتایی که **رزم‌آرا** قصد انجام آن‌را داشته، رهایی بخشیده‌است.
اما بدون تردید، **محمد مصدق** را باید به‌عنوان «**برنده اصلی**» داخلی در قتل رزم‌آرا معرفی‌نمود، زیرا موجب‌گردید که وی از حالت یک نماینده اقلیت در مجلس شورای ملی، بر مسند نخست‌وزیری قرارگیرد و پس از آن‌هم با اقداماتی که در این پست بر ضد **شاه** به انجام رسانید و با فراری‌ساختن او، تا چند قدمی پادشاهی یا ریاست جمهوری نیز پیش برود.
درهرحال در برنامه‌ی همکاری بین **شاه** و **دفتری**، دستمزد جنایت را **شاه** پرداخت‌کرده، جنایت را **دفتری** توسط تروریست‌های دژبان به‌انجام رسانده، زیان اصلی را رزم‌آرا دیده، اما سود نهایی و مهم در داخل کشور از آن **محمد مصدق** شده‌است!

۷ - بدون تردید قسمت عمده‌ای از اطلاعات سیاسی مورد نیاز رزم‌آرا توسط **شهربانی کل کشور و رکن دوم ستاد ارتش** فراهم‌می‌شده، و وی از طریق همین دو سازمان در جریان وقایع مهم داخلی، اعم از علنی و مخفی، قرارمی‌گرفته و تصمیمات سیاسی خود را بر مبنای اطلاعات بدست آمده از همین سازمان‌ها اتخاذ می‌نموده‌است. با این ترتیب می‌توان گفت که این دو مرکز درحقیقت **چشم‌های سیاسی** رزم‌آرا را تشکیل‌می‌داده‌اند.
هر انسانی که دارای دو چشم سالم باشد، انتظار دارد که تمام رنگ‌های موجود در جهان را با هر یک از دو چشم خود بطور یکسان مشاهده‌نماید. حال اگر یک چشم انسان رنگ جسمی را سبز و چشم دیگر همان رنگ را قرمز ببیند، متوجه‌می‌شود که یکی از دو چشم او بیمار شده‌است و احتیاج به درمان دارد.
از زمانی که **سرتیپ دفتری** با فروش خود به **شاه** به خیانت روی آورده و درجهت اجرای توطئه قتل رزم‌آرا به فعالیت پرداخته‌است می‌توان‌گفت که در یکی از دو چشم سیاسی رزم‌آرا شیشه‌ی رنگین خیانت کارگذاشته شده‌بود و او واقعیات دنیا را با آن چشم، به رنگی غیرواقعی مشاهده می‌نموده‌است.
اما ادامه این وضع خلاف میل توطئه‌گران بوده‌است زیرا رزم‌آرا با دریافت اطلاعات واقعی از **رکن دوم ستاد ارتش**، به‌زودی به دروغ‌بودن اطلاعات رسیده از شهربانی و یا کتمان و تحریف حقایق توسط این واحد پی‌می‌برده و از خیانت **سرتیپ دفتری** آگاهی می‌یافته‌است، به این‌جهت تصمیم گرفته‌اند که با برچیدن **رکن دوم ستاد ارتش** چشم سالم رزم‌آرا را کور نمایند تا او مجبورگردد که از همان دریچه چشم خیانتکار **شهربانی** اوضاع سیاسی ایران را مشاهده‌نماید و آن مشاهدات خلاف

واقع را نیز عین واقعیت بپندارد و با گرفتن تصمیمات غلط براساس آنها راه نابودی خود را هموار سازد. به‌ویژه اینکه در همان نخستین روزهای شروع خیانت، رزم‌آرا به اقداماتی دست می‌زند که حاکی از وجود بدگمانی نسبت به **سرتیپ دفتری** بوده‌است.

برای نمونه، **روزنامه شاهد** (به احتمال قوی بنابر توصیه **مصدق** و به‌منظور وادارکردن **شاه** به انحلال **رکن دوم ستاد ارتش**) در سرمقاله مورخ ۲۷ شهریور ۱۳۲۹ (۱۸ سپتامبر ۱۹۵۰)، اقدامات **رکن دوم ستاد ارتش** را به‌شدت به باد انتقاد گرفته‌است.

درپی آن رزم‌آرا به کاری غیرمعمول دست زده و آن اینکه ابتدا از طریق همان رکن دوم به شهربانی‌های شهرستان‌ها دستور داده‌است که تمام نسخه‌های آن شماره **شاهد** را (که توسط اتوبوس‌های مسافربری از تهران به شهرستان‌های بزرگ، مراکز استان و از آنجا دوباره با وسایل نقلیه‌ای از همین قبیل به شهرستان‌های کوچکتر ارسال‌می‌شده و به هرجا پس از چند روز می‌رسیده‌است) پیش از توزیع، توقیف نمایند.

پس از آن به شهربانی تهران هم دستور توقیف **روزنامه شاهد** را صادرمی‌نماید و این دستور ده دقیقه پیش از نیمه شب به اداره روزنامه ابلاغ می‌گردد.

پس از اینکه روزهای آتی، در روزنامه‌هایی که به‌جای **شاهد** منتشرمی‌شده، خبرهایی درباره‌ی جمع‌آوری آن شماره روزنامه در شهرستان‌های مختلف درج‌شده و نسبت به آن اعتراض به‌عمل آمده‌است، **شهربانی کل کشور** طی نامه‌ای که در تاریخ ۱۳۳۱/۷/۶ به آن روزنامه نوشته خبر مزبور را تکذیب و از آن اظهار بی‌اطلاعی نموده‌است.

درهرحال در اجرای برنامه کور کردن چشم واقع‌بین سیاسی رزم‌آرا، در روزنامه مورخ ۱۳ مهرماه (۵ اکتبر ۱۹۵۰) **آهنگ شرق** (به‌جای **شاهد**) چنین می‌خوانیم:

" *... بنا به امر اعلیحضرت همایونی قسمت جاسوسی رکن دوم ستاد ارتش منحل گردید. ما از طرف خود و از طرف ملت ایران و از طرف کلیه بیچارگانی که می‌بایست طعمه این دستگاه مخوف بشوند، تشکرات قلبی خود را به پیشگاه اعلیحضرت همایونی عرضه می‌داریم ...* "

هرگاه آن خواننده گرامی جریان قتل رزم‌آرا را در روزنامه‌های آن زمان و کتب مختلف مورد مطالعه قراردهد، متوجه خواهد شد که از چند روز پیش از وقوع آن، بیشتر اعضای **فدائیان اسلام**، **آیت‌الله کاشانی** و شماری از محارم او، **مصدق** و تعدادی از سایر رهبران **جبهه‌ی ملی** و بسیاری از کارگزاران دولتی و سایر مردم از قصد فدائیان اسلام در این مورد (که ما آن‌را **توطئه نخست نام نهاده‌ایم**) آگاهی داشته‌اند و با این ترتیب تعجب خواهد نمود که چطور اداره آگاهی، که بی‌گمان در تمام گروه‌های مزبور حتی در بین همان اعضای متعصب فدائیان اسلام، نیروهای مخفی داشته‌است، از این قصد بی‌اطلاع مانده و نسبت به جلوگیری از آن اقدامی به‌عمل نیاورده‌است؟!

بدون تردید این امر به آن علت بوده که **سرتیپ دفتری** در هماهنگی کامل با آن توطئه، و با بی‌خبر نگه‌داشتن رزم‌آرا از قصد **فدائیان اسلام** و به اصطلاح با خواب‌کردن او، وسایل و مقدمات اجرای موفقیت‌آمیز **توطئه دوم** را فراهم می‌ساخته‌است.

۸ ـ در مرور وقایع تاریخی مربوط به آن زمان، هرچه که به تاریخ قتل رزم‌آرا نزدیک‌تر می‌شویم به اقداماتی از جانب **شاه** برمی‌خوریم که نشانگر ترس درونی شدید او از رزم‌آرا به‌حساب می‌آید و این ترس بی‌گمان ناشی از اخباری بوده‌است که درمورد قصد رزم‌آرا به کودتا و تغییر رژیم به اطلاع وی می‌رسانده‌اند.

یکی دیگر از اقدامات مهم **شاه** در این رابطه انحلال لشکر ۲ مرکز بوده‌است. خواهشمنداست به خبر زیر که از روزنامه «**آهنگ شرق**» به‌جای «**شاهد**»، مورخ ۱۳ آبان ۱۳۲۹ (٤ نوامبر ۱۹۵۰) بازگو شده‌است، توجه فرمایند:

*" در شماره ۲۱۶ **شاهد** نوشتیم: متعاقب نخست‌وزیر شدن **تیمسار رزم‌آرا** اقداماتی به‌عمل می‌آید که به‌تدریج نفوذ **تیمسار** از محیط ارتش کم شود و تشکیلاتی که این شخص برای مقاصد خاصی داده و به‌وسیله **رکن ۲ بازرسی**، هدایت می‌شد، برهم زده شود و برای این منظور درنظر است **لشکر ۲** منحل شود و **لشکر گارد** به‌جای آن مستقرگردد، بطوری که **تنها قدرت نظامی تهران لشکر گارد باشد**...*
*اینک مجدداً **شاهد**، اطلاع‌می‌دهد که **لشکر ۲ منحل‌گردیده و یک هنگ آن ضمیمه لشکر گارد می‌شود و لشکر گارد به‌جای لشکر ۲ مستقر و تنها قدرت رسمی نظامی مرکز خواهد بود...***
***تیمسار** رئیس دولت هنگام ریاست ستادی، با تغییر و تبدیلاتی که در کادر افسران لشکرها داد و تشکیلاتی که تحت نظارت و کنترل **جاسوسان رکن ۲** به‌وجود آورد، آرزوداشت به‌صورت یک عمل قاطع نظامی، یا از طریق اشغال کرسی نخست‌وزیری با زور بیگانه و منحل کردن مجلسین و تشکیل مجلس مؤسسان شخص اول شود و چون پس از ناامیدی از راه اول به امید طی طریق دوم سنگر ریاست ستادی را رها کرد. مقاماتی که از این نقشه‌ها زیان می‌دیدند[؟!] برای از هم پاشیدن آنها شروع به‌عمل نمودند.*

اول دستور انحلال سازمان جاسوسی رکن ۲ داده‌شد، بعد از آن تغییر و تبدیل بعضی فرماندهان لشکرها و بالاخره دستور انحلال لشکر ۲ که گویا عمیق‌تر از دیگر واحدها از نفوذ رئیس دولت برخوردار بود. "

لازم به تذکر می‌داند که پس از قتل **رزم‌آرا**، به‌دستور **شاه**، تحقیقات وسیعی درباره‌ی کودتایی که بنا به ادعای مخالفان وی در شرف وقوع بوده‌است، و افرادی که از آن آگاهی و در طرح آن شرکت داشته‌اند، به‌عمل آمد ولی درباره‌ی کشف سند موثق و یا حتی دلیل قانع‌کننده‌ای که نشان دهنده‌ی ادعای مزبور باشد مطلبی منتشرنگردید.

فتوادهندگان سیاسی و مذهبی و آگاهان قبلی از برنامه قتل رزم‌آرا (در توطئه نخست با شرکت خلیل طهماسبی)

آنسان که پیداست پس از تعیین مجری قتل رزم‌آرا (در توطئه نخست) و تهیه اسلحه برای این امر، یعنی حدود یک ماه پیش از تحقق آن، **نواب‌صفوی** (شاید بنا بر توصیه یکی از معاشران خود) به فکر انجام کاری می‌افتد که نشانگر عاقبت‌اندیشی و آینده‌نگری وی می‌باشد و آن اینکه در صدد برمی‌آید صحنه‌هایی با حضور جمعی از دوستان و همفکران قابل اعتماد خود بوجود آورد که در آنها گردانندگان **جبهه‌ی ملی** در مورد لزوم قتل **رزم‌آرا** به مذاکره و اعتراف بپردازند و نیز **آیت‌الله کاشانی** همین لزوم و اعتراف را به‌صورت نظر و فتوای لازم‌الاجرای شرعی بیان نماید.

سپس هنگامی که **نواب‌صفوی** همراه با شماری دیگر از **فداییان اسلام**، درپی سوءقصد نافرجام به جان **حسین علاء** نخست‌وزیر (در تاریخ ۲۵ آبان ۱۳۳٤- ۱۷ نوامبر ۱۹۵۵)، توسط یکی از افراد **فداییان اسلام**) دستگیر و در دادگاه نظامی به جرم توطئه برای برهم زدن اساس حکومت و تحریک مردم به مسلح‌شدن بر ضد قدرت سلطنت، به اعدام محکوم گردیده‌است (شاید با تشویق دادستانی ارتش و با این امید که با گشودن دوباره پرونده **رزم‌آرا** و به جریان افتادن آن، دلیلی برای تعویق اجرای احکام او و دیگران فراهم گردد)، اعترافات جدید و قابل توجهی درمورد نحوه قتل رزم‌آرا و ترتیبات مربوط به آن بیان می‌کند و **آن را برپایه‌ی فتوای شرعی صادره از سوی آیت‌الله کاشانی و فتوای سیاسی صادره از طرف مصدق و سایر رهبران جبهه‌ی ملی اعلام می‌نماید.**
درپی این اعترافات، چندین جلسه‌ی رو در رو بین **نواب صفوی** با کسانی که به‌موجب اعترافات مزبور اتهاماتی پیدا کرده‌بودند، ترتیب داده‌شده و طی آنها حقایق بسیار جالبی درمورد قتل رزم‌آرا افشا گردیده‌است.
ما در این بخش پس از ذکر مقدماتی که ضروری به‌نظر می‌رسیده و با استفاده از حقایق مزبور و نیز مطالبی در این ارتباط از منابع دیگر، خوانندگان گرامی را در جریان فتاوی مورد بحث و دخالت‌های دیگری که اشاره شد قرار خواهیم داد:

۱ - آیت‌الله کاشانی فتوادهنده شرعی و همکاری فدائیان اسلام با وی

بطوری که می‌دانیم، بعد از اشغال ایران توسط نیروهای بیگانه، **آیت‌الله کاشانی**، همراه با شمار دیگری از ایرانیان توسط این نیروها دستگیر شد. وی ابتدا چندی در اراک در بازداشت بود و پس از آن تا پایان جنگ در کرمانشاه به حالت تبعید به‌سر می‌برد. وی پس از پایان جنگ، آزادی خود را باز می‌یابد و چون برگزاری استقبالی ارزنده برای وی در تهران، از نظر سیاسی با مشکلاتی مواجه بوده‌است، پس ابتدا در میان استقبال باشکوهی که از طرف روحانیون درجه یک قم برایش ترتیب داده شده‌بود، به آن شهر واردمی‌شود و پس از چند روز با صرف‌نظر کردن از استقبال مردم در تهران! شبانه همراه با شماری از مریدان و خواص خود که از تهران به قم رفته بودند به تهران برمی‌گردد.
آیت‌الله کاشانی پس از بازگشت به تهران برضد دولت **قوام‌السلطنه** مبارزاتی را آغازمی‌نماید و در نتیجه در ۲۰ شعبان ۱۳٦۵ (۲۹ تیر ۱۳۲۵- ۲۰ جولای ۱۹٤٦) در راه مسافرت به مشهد، در سبزوار دستگیر و به بهجت‌آباد در قزوین تبعید می‌گردد و این تبعید، یکسال و چند ماه به‌طول می‌انجامد.
چنین به‌نظر می‌رسد که پیمان بیعت و اطاعت **سیدمجتبی میرلوحی**، معروف به **نواب‌صفوی**، از فتاوی **آیت‌الله کاشانی** پس از آزادی **آیت‌الله** از تبعید بوده‌است.
حاج مهدی عراقی، که خود از **اعضای فدائیان** اسلام بوده، ضمن نوشته‌های خود در این باره چنین گفته است:

> *" ... مرحوم **نواب** وقتی که از ایران حرکت می‌کند برود برای عشایر، نزدیک به دو ماه، دوماه و نیم مسافرتش طول می‌کشد. از این قسمت مرز آذربایجان و ترکیه گرفته، می‌رود تا قسمت قشقایی ... [به‌قول **عراقی**، وی ضمن این مسافرت از مشاهده روابط بسیار ظالمانه خوانین با افراد عادی عشایر و سرسپردگی خوانین به استعمار، ناراحت‌می‌شود.]*

فتوا دهندگان سیاسی و مذهبی و آگاهان قبلی از برنامه قتل رزم‌آرا

*نتیجه این شد که گفت بیایم مرکز بهتر می‌توانم کار بکنم. بعد از آمدن مصادف می‌شود با آزاد شدن **مرحوم کاشانی**. خلاصه‌اش با **کاشانی** می‌روند صحبت می‌کنند و نظرات خود را به **کاشانی** می‌دهند، که اگر تو آماده باشی ما یک مبارزه‌ای را شروع می‌کنیم برای ایجاد یک حکومت اسلامی.*
*کاشانی موافقت می‌کند، این به حساب میثاق و پیوند، مصادف می‌شود با اوائلی که **هژیر** آمده بود روی کار ... "*
(ناگفته‌ها- همان- صفحه ۳۲)

ما می‌دانیم که دولت **عبدالحسین هژیر** در تاریخ ۲۷ خرداد ۱۳۲۷ (۱۷ جون ۱۹۴۸) بر سر کار آمده بوده‌است.

۲ - تبعید آیت‌الله کاشانی به لبنان و بازگشت وی

آیت‌الله کاشانی تا روز ۱۵ بهمن ۱۳۲۷ (٤ فوریه ۱۹٤۹) آزاد بوده و با همکاری **فدائیان اسلام** با دولت‌های وقت مخالفت و مبارزه می‌کرده‌است.

*" ... شب ۱۶ بهمن [۱۳۲۷، در پی سوءقصد نافرجام به جان **شاه**] هم می‌ریزند خانهٔ **کاشانی**، یک تانک می‌آید در خانه و **کاشانی** را با پیراهن و زیرشلواری، **سرتیپ دفتری** که رئیس شهربانی [دژبان صحیح است] بوده، می‌گیرند و یک چک هم توی گوشش می‌زنند و می‌فرستند به قلعه فلک‌الافلاک در خرم‌آباد. از صبح بگیربگیر راه می‌افتد. البته هرچه کنکاش می‌کنند که بتوانند **مرحوم نواب** را پیدا کنند، نمی‌توانند پیدا کنند، او را ... "*
(ناگفته‌ها- همان- صفحه ۳۵)

آیت‌الله کاشانی پس از چند روز، به‌عنوان تبعید به لبنان فرستاده می‌شود. ولی در انتخابات دوره شانزدهم مجلس شورای ملی و به‌عنوان کاندیدای **جبههٔ ملی** از تهران، در ردیف پنجم، انتخاب‌می‌گردد. در پی آن **علی منصور**، که به نخست‌وزیری انتخاب شده‌بود، در تاریخ ۱۶ اردیبهشت ۱۳۲۹، تلگرامی به‌شرح زیر برای **آیت‌الله کاشانی** به لبنان مخابره می‌کند:

" جناب حجت‌الاسلام آیت‌الله کاشانی دامت برکاته

*چون مدت مسافرت جناب عالی طولانی شده‌است، اکنون مراتب عطوفت و ملاطفت **اعلیحضرت همایون شاهنشاهی** را ابلاغ و با تجدید ارادت خود، مراجعت جنابعالی را انتظار و التماس دعا دارم.*

نخست‌وزیر- علی منصور "

(روزنامه‌های وقت)

در این روزها تلگرام‌های فراوان دیگری هم از سوی افراد و طبقات مختلف، از جمله اعضای جبهه ملّی و بیشتر از سوی اصناف و بازاریان تهران، از طریق سفارت ایران در لبنان به **آیت‌الله کاشانی** در لبنان مخابره می‌شود که مضمون همه آنها درخواست از وی جهت بازگشت به ایران بوده‌است.

در کتاب روزشمار تاریخ ایران، تألیف **باقر عاقلی**، در مقابل تاریخ ۲۰ خرداد ۱۳۲۹ چنین نوشته شده است:

*" بنا به دعوت و اصرار دولت، آیت‌الله **سید ابوالقاسم کاشانی** که پس از واقعه ۱۵ بهمن ۱۳۲۷ به لبنان تبعید شده بود، در میان شور و هیجان و استقبال و تظاهرات پرشکوه مردم تهران، مخصوصاً علمای اعلام، اعضای جبهه‌ی ملی، اصناف، بازرگانان وارد فرودگاه مهرآباد شد. در مسیر **آیت‌الله** مردم در صفوف مختلف ایستاده و ابراز احساسات میکردند. **این استقبال تا آن تاریخ در ایران سابقه نداشت.** "*

*دو نفر شاهد عینی نیز مشاهدات خود از مراجعت آیت‌الله **کاشانی** را چنین شرح داده‌اند:*

الف – حاج مهدی عراقی، از اعضای فدائیان اسلام

*" . . . یک استقبال خیلی پرشوری از **کاشانی** به عمل آمد بازار بسته شد. از مسیر راهش، اول میدان سپه تا درب منزلش چندین طاق نصرت زده شد. در توی فرودگاه عدهٔ زیادی از وکلاء از **جمله خود مصدق** به استقبال آمده بودند و قرار هم بر این بود که **مصدق و کاشانی** هر جفتشان در یک ماشین سفید شیری رو باز کروکی بنشینند و این مسیر را با هم بیایند. ولی، **مصدق بعد از ملاقات با کاشانی حالش به هم میخورد** و خلاصه روال همیشگی‌اش بوده، خود **کاشانی** توی ماشین میشینند و **مصطفی** پسرش هم در کنارش. اقلاً در حدود ۴۰۰ تا ۵۰۰ تا سواری خالی بود، حالا غیر از اتوبوس و وسائل دیگر که از ایشان استقبال میکردند. از اول پامنار هم فرش کرده بودند تا درب منزلش . . . "*
(ناگفته‌ها – خاطرات شهید حاج مهدی عراقی – صفحات ۵۸/۹)

البته در اینکه ضعف و بیهوشی **مصدق** غالباً تصنعی ومصلحتی بوده است، تردیدی وجود ندارد ولی شاید این بار، این شخص، که هرگز نمیتوانسته است کسی را بالادست و بالاتر از خود ببیند، از یک سو به علت گرمی فوق‌العادهٔ هوا و از سوی دیگر با مشاهدهٔ آن استقبال باشکوه از **آیت‌الله کاشانی** واقعاً دچار ضعف و بیهوشی شده بوده است!

ب – حجت‌الاسلام علی دوانی مؤلف تعدادی کتاب، از جمله دورهٔ ۱۰ جلدی نهضت روحانیون ایران

" . . . هوا بسیار گرم بود و مردم روحانیون را جلو می‌انداختند. درها و پنجره‌های فرودگاه بسته بود و چون باز نمیکردند، مستقبلین پنجره‌ها را شکستند و در را باز کردند و علما را به داخل سالن بردند. آن موقع ساختمان سالن فرودگاه اینطور نبود که امروز هست. کوچک و عادی بود . . .
*در این موقع **دکتر مصدق** که تازه جبهه ملی را تشکیل داده و رهبر جبهه بود با قامت بلند و در حالی که عصائی را در دست داشت، با بعضی از اعضای جبهه ملی وارد سالن شدند. علماء **مصدق** را پهلوی خود نشاندند. **مرحوم سید محمود نریمان**، که بعدها وزیر اقتصاد **مصدق** شد [وزیر دارائی شد]، با بادبزن حصیری ایستاده بود و **دکتر مصدق** را باد میزد . . .*
*همینکه **آیت‌الله کاشانی** از پله‌های هواپیما پیاده شد، جمعیّت مثل سیل خروشان به طرف ایشان هجوم برد و دیگر ندیدیم چه شد. همه به طرف اتوبوسها و سایر وسیله‌ها رفتیم که در*

فتوا دهندگان سیاسی و مذهبی و آگاهان قبلی از برنامه قتل رزم‌آرا

*برگشتن جا نمانیم. حرکت آن همه وسائل نقلیه با آن همه جمعیّت در خیابانهای تهران تا منزل آیت‌الله **کاشانی** واقع در خیابانهای پامنار، به قدری انعکاس داشت که جرائد نوشتند: **چنین استقبالی تاکنون در تهران سابقه نداشته است.***
*سه ساعت و نیم طول کشید تا جمعیّت به پامنار و منزل آیت‌الله **کاشانی رسید** . . . "*
(نشریه شاهد یاران – بنیاد شهید و امور ایثارگران – شماره ۱۶ - مقاله زیر عنوان آیت‌الله کاشانی و رویداد خلع ید به قلم حجت‌الاسلام والمسلمین علی دوانی - صفحات ۱۸/۱۹)

با این حال، آیت‌الله **کاشانی** پس از ورود به ایران، ازنظر سیاسی در مسیری قرارگرفته که **مصدق** آنرا از پیش تعیین کرده‌بوده، و به‌ناچار مجبور شده‌است که رهبری سیاسی **مصدق** را در این مسیر بپذیرد و از این‌جهت حتی در نظر مریدان خود به‌صورت دنباله‌رو **مصدق** درآید.

۳ - تهیه اسلحه برای قتل رزم‌آرا

تا آنجا که شواهد موجود نشان‌می‌دهد، نزدیک به پنج ماه پس از انتصاب رزم‌آرا به نخست‌وزیری، **فداییان اسلام** بنا به دستور و یا بهتر بگوییم، طبق فتوای لازم‌الاجرای شرعی **آیت‌الله کاشانی** به تهیه مقدمات قتل **رزم‌آرا** پرداخته و درمدتی حدود یک ماه پس از آن **خلیل طهماسبی** را برای آن کار درنظر گرفته و آمادهکرده‌اند.
شرح رو در رویی **نواب صفوی** با **حسن لشکری**، مشهور به **حسن زرگر** (فرزند **غلامحسین**، شناسنامه شماره ۲۲۹۰۹، صادره از تهران، چهل ساله، کارمند بانک ملی و جواهرساز، عضو مجمع مسلمانان مجاهد) در تاریخ ۱۹ دی ۱۳۳٤ (۱۰ ژانویه ۱۹۵٦)، در دادستانی ارتش، که مؤید دخالت و شرکت آیت‌الله **کاشانی** در تهیه اسلحه برای قتل **رزم‌آرا** می‌باشد، ما را از هر گونه توضیح اضافی بی‌نیاز می‌سازد. (این رو در رویی در زمانی که بازجویی از **حسن لشکری** به‌عنوان متهم در امر تهیه اسلحه برای قتل **رزم‌آرا** جریان داشته انجام گرفته‌است):

*" ... در این موقع، ساعت ۱۹:۰۰، دستور داده‌شد **نواب‌صفوی** حاضرشود.*

سؤال از سیدمجتبی نواب‌صفوی:
س: این شخص که پهلوی شما نشسته می‌شناسید یا خیر؟
*ج: بله می‌شناسم. آقای **حسن لشکری** هستند. امضاء*

سؤال از حسن لشکری:
س: این شخص را که پهلوی شما نشسته و گفت شما را می‌شناسد، می‌شناسید یا خیر؟
*ج: بله می‌شناسم. آقای **نواب‌صفوی***

سؤال از نواب‌صفوی:
*س: از چه موقع شما **حسن لشکری** را می‌شناسید و موجبات آشنایی چه بود؟*
*ج: به‌خاطردارم که از سال‌های ۲۷ تقریباً با ایشان در اجتماعات منزل آقای **[آیت‌الله] کاشانی** آشنا شدم. امضاء*

سؤال از حسن لشکری:
*س: اظهار **نواب‌صفوی** را قبول داری یا نه؟*
ج: بله قبول دارم.

سؤال از نواب‌صفوی:
س: اسلحه‌ای را **خلیل طهماسبی** با آن **سپهبد** رزم‌آرا را به‌قتل رسانید، چگونه تهیه نمودید؟
ج: آقای **حسن لشکری** همان اسلحه را آوردند و گفتند صاحبش به مبلغ ۲۵۰ تا سیصد تومان می‌فروشد، تقریباً در همین حدود، و یک مختصری پول آن‌را شخصاً تهیه و پرداخته‌بودند و بقیه را هم بنده از برادران ۱۰ تومان بیست تومان گرفتم و به ایشان پرداختم. امضاء

سؤال از حسن لشکری:
س: ملاحظه می‌کنید **نواب‌صفوی** چه گفت؟ گفته او قرائت شد، خودتان هم بخوانید و هر توضیحی دارید بنویسید.
ج: بنده در موقع قتل رزم‌آرا در کرمانشاه بودم. در منزل **نادعلی کریمی** مسکن داشتم. بنده در چه موقعی این اسلحه را به ایشان دادم؟
س: به موقع کاری نیست، **نواب‌صفوی** راست می‌گوید یا دروغ؟
ج: آقای **نواب‌صفوی** راست می‌گوید.
س: **نواب‌صفوی** چه موضوعی را راست می‌گوید؟ آن موضوع را تشریح کنید.
ج: **نواب‌صفوی** در موضوع اسلحه که می‌گوید از **حسن لشکری** گرفتم، راست می‌گوید و بنده که اول انکار کردم، نمی‌دانستم یادم نبود.
س: گفته شد جریان را تشریح‌کن. مفصلاً شرح‌بده. موضوع از چه قرار بود؟ جزئیات امر را بنویس.
ج: اسلحه را بنا به‌دستور آقای **کاشانی** و **شمس قنات‌آبادی** [رهبر مسلمانان مجاهد وابسته به **آیت‌الله کاشانی**]، از **حسن میرزائی**، استوار یک ارتش، گرفته به **نواب** دادم.
س: گفته‌شد، جریان را تشریح‌کن و مفصلاً شرح بده، منظور این است هرگونه مذاکراتی و اقداماتی در این مورد به‌عمل آمده، کم و کیف قضیه را بنویسید و توضیح دهید که موضوع به‌خوبی روشن باشد. نقطه تاریکی وجود نداشته باشد.
ج: موضوع این است که یک شب در اتاق آقای **کاشانی** نشسته بودیم. آقا رو کردند به **شمس قنات‌آبادی** که اگر یک اسلحه بنده داشتم خوب بود. **شمس قنات‌آبادی** گفت: پولش را نداریم. **کاشانی** گفت: بگویید پیدا کنند تا پولش فراهم شود.
بنده چون **حسن میرزائی** را می‌شناختم، از ایشان پرسیدم. ایشان گفت یک نفر است که دارد. و بنده به آقای **کاشانی** گفتم. ایشان گفت: بگیرید بدهید به **نواب** و پولش را از ایشان بگیرید.
بنده پولش را از آقای **نواب** گرفتم و دادم به **حسن میرزائی** و اسلحه را گرفتم بنا به‌دستور **کاشانی** دادم به ایشان.
س: در آن محضر که صحبت‌های بالا شد، چه اشخاصی حضور داشتند؟
ج: **آقای کاشانی بود و شمس قنات‌آبادی و دکتر [محمود] شروین و مصطفی کاشانی [پسر آیت‌الله]، بنده هم بودم، دیگر کسی یادم نمی‌آید.**
س: این واقعه چه وقت قبل از کشته شدن **سپهبد رزم‌آرا** روی داد؟
ج: درست یادم نیست، ولی تقریباً به نظرم یک ماه پیش از قتل رزم‌آرا بود.

سؤال از سیدمجتبی نواب‌صفوی:
س: چه مدت قبل از قتل **سپهبد** رزم‌آرا شما اسلحه موصوف را از **حسن لشکری** گرفتید؟

فتوا دهندگان سیاسی و مذهبی و آگاهان قبلی از برنامه قتل رزم‌آرا

*ج: درست به‌خاطر ندارم، ولی تقریباً یکی دو ماه قبل از واقعه قتل **تیمسار رزم‌آرا** بود. امضاء*

سؤال از حسن لشکری:

*س: اسلحه را در کجا تحویل گرفتید و در کجا به **نواب‌صفوی** دادید؟*

*ج: در منزل **حسن میرزایی** تحویل گرفتم. منزلش در سلسبیل است، سه راه اول توی کوچه دست راست، درب چندم است نمی‌دانم. در منزل آقای **نواب** که در خیابان خراسان بود و کوچه‌اش را نمی‌دانم، تحویل آقای **نواب** دادم.*

[پرسش از نواب‌صفوی]:

*س: آیا شما اسلحه را در همین جایی که **حسن لشکری** گفت تحویل گرفتید یا خیر؟*

ج: در آن ایام یک منزل کوچکی در خیابان خراسان کوچه آهنکوب (ظاهراً) در اجاره داشتم. و یکی هم آن منزل ما در میدان فوزیه بود که خانواده [عیال] فوت شدهٔ بنده در آنجا بودند. به نظرم در یکی از این دو منزل بود. ولیکن خیابان خراسان و آن منزل کوچک منکور در ذهنم روشن‌تر آمد. امضاء

سؤال از حسن لشکری:

س: شما خدمت نظام وظیفه کرده‌اید یا خیر؟

ج: خیر

*س: با **حسن میرزائی** چه سابقه‌ای داشتی که اسلحه را از او گرفتی و به او چه گفتی؟*

*ج: بنده با **حسن میرزائی** قوم و خویش هستم. پسردایی پدر بنده است. به ایشان گفتم: یک نفر است از اشخاص برجسته، یک اسلحه می‌خواهد، داری؟*

ایشان گفت: سراغ می‌گیرم و بعد به شما می‌گویم.

چند روز بعد آمد و گفت: بله آن شخص دارد.

*س: اسلحه چه نوعی بود و چند فشنگ داشت که شما تحویل گرفتید؟ به **حسن میرزائی** چه مبلغ دادید و چه مبلغ از **نواب‌صفوی** گرفتید؟*

*ج: اسلحه سیاه رنگی بود که می‌گفتند هفت‌تیر است و به‌نظر بنده ۱۳ عدد فشنگ داشت. بنده تعداد فشنگ درست یادم نیست و مبلغ دویست و پنجاه تومان پولش بود. تمام پولش را از **نواب‌صفوی** گرفتم و به **حسن میرزائی** دادم.*

سؤال از سیدمجتبی نواب‌صفوی:

*س: شما چه مبلغ به **حسن لشکری** پرداختید؟ اسلحه از چه نوع بود؟ و چند فشنگ داشت؟ ضمناً توضیح دهید [شما؟] به **حسن جعفری** گفته بودید اسلحه‌ای برای شما تهیه کند یا کسی دیگر؟*

*ج: آنچه به‌خاطر دارم این است که چون از بعضی برادران ۱۰ تومان و بیست تومان می‌گرفتم خود آقای **لشکری** هم مقدار هفتاد و یا پنجاه تومان آن‌را تهیه کرده و یا خودشان پرداخته‌بودند و مبلغ صد و هشتاد تومان هم تقریباً بنده پرداختم و اسلحه از نوع بلژیکی بود و رنگش سیاه و فشنگ هم تقریباً ۱۴ و ۱۵ تا داشت. و نظرم هست که پیغامی برای بنده آوردند که آقای **لشکری** اسلحه‌ای سراغ دارند و می‌خواهند برای شما بخرند و بنده هم قبول کردم، همین وسیله برای تهیه آن اسلحه شد. امضاء*

سؤال از آقای نواب‌صفوی:

س: **حسن لشکری** می‌گوید اسلحه که به دست آورد آقای **کاشانی** گفتند او بدهد به شما و پولش را از شما بگیرد. از این گفته **حسن لشکری** چنین معلوم می‌شود که شما به آقای **کاشانی** گفته‌اید اسلحه می‌خواهیم. در این مورد چه می‌گویید؟

ج: آنچه در نظردارم این است که آقای **کاشانی** به نحو مذکور در گذشته، منتظر این بودند که **تیمسار رزم‌آرا** از بین برود و می‌دانستیم که ایشان برای این امر فعالیت هم می‌کند، از قبیل تهییج داوطلبین مذکور در گذشته [؟]، و نمی‌دانستیم که آقای **لشکری** هم تماس خصوصی با ایشان دارند و بنده اسلحه‌ای از آقای **کاشانی** نخواسته بودم و آن روز هم که آقای **لشکری** اسلحه را آوردند، همین قدر گفتند از کسی می‌خواهم بخرم به این قیمت. دیگر بنده سؤال از ایشان نکردم. چون طبعاً نمی‌خواستند اسم فروشنده برده شود. بنده هم اصراری نکردم. لکن ... امضاء

سؤال از آقای حسن لشکری:

س: **نواب‌صفوی** می‌گوید شما تماس خصوصی با آقای **کاشانی** داشتید. توضیح‌دهید تماس خصوصی شما با ایشان از چه قرار بود؟

ج: بنده یکی از **افراد مجاهدین اسلام** بودم که آقای **کاشانی** رهبر آن مجمع بود و درخصوص مجمع با ایشان مذاکره می‌کردیم و چون جزء افراد مخصوصی بودیم و در کارهای مجمع با ایشان مذاکره می‌کردیم ...

سؤال از نواب‌صفوی:

س: **حسن لشکری** چطور سلاحی که خرید و تهیه کرد او را به شما داد. **حسن لشکری** که در برابر شما نشسته است، از کجا می‌دانست شما طالب اسلحه هستید؟

ج: آنچه می‌دانم این است که همهٔ دوستان نزدیک بلکه **بعضی از دوستان دور آن روز بنده و آقای کاشانی و جبههٔ ملی قضیه مخالفت شدید با تیمسار رزم‌آرا و از بین بردن او را می‌دانستند و موافق و مجوز آن بودند** و ایشان یعنی آقای **لشکری** هم از دوستان نزدیک آقای **کاشانی** بودند، مطلب را بنا بر آن اطلاع عمومی لااقل می‌دانستند. این آنچه است که بنده معتقد بوده و هستم، نسبت به آن روز. امضاء

سؤال از حسن لشکری:

س: در برابر اظهار **سیدمجتبی نواب‌صفوی** چه می‌گویید؟

ج: بنده هیچ اطلاع از ترور **سپهبد رزم‌آرا** نداشتم. همین جوری که می‌فرمایید اگر معلوم شود که بنده اطلاع داشتم هر چه می‌خواهید بکنید.

س: **علی احرار، رضا قدوسی، علی ذوالفقاری، چه نظریاتی نسبت به سپهبد رزم‌آرا داشتند؟**

ج: بنده چون تماس نزدیک با ایشان نداشتم نظر ایشان را نمی‌دانستم.

س: شما نوشتید الان هم قوم و خویش‌های **سیدابوالقاسم کاشانی** اسلحه دارند، آنها را معرفی کنید.

ج: **حسن سالمی** نوه ایشان، بنده دیدم که اسلحه داشت و **علی‌زاده** که یکی از نزدیکان ایشان بود، اسلحه داشت.

در ساعت ۲۲:۰۰ به این جلسه خاتمه دادهشد. ۳۴/۱۰/۱۹

دادستان ارتش- **سرلشکر آزموده**

کیهانخدیو

سروان شهاب " (اسرار قتل رزم‌آرا- محمد ترکمان- صفحات ۴۱۵/۴۲۰)

فتوا دهندگان سیاسی و مذهبی و آگاهان قبلی از برنامه قتل رزم‌آرا

٤ ـ اعلام فتوای شرعی در برابر شاهدان مخفی

بر اساس نوشته‌های **حاج مهدی عراقی** تاریخ جلسه مورد نظر **نواب‌صفوی** برای شنیدن نظر رهبران **جبهه‌ی ملی** درباره لزوم قتل رزم‌آرا، ١٥ یا ١٦ بهمن‌ماه ١٣٢٩ بوده و نیز در همان نوشته‌ها گفته شده‌است که پس از آن جلسه:

*" ... فردا نه، پس‌فردا، شب یک ملاقاتی باز بین **مرحوم نواب** و **کاشانی** به‌عمل آمد، **خانه حاج ابوالقاسم رفیعی**. طرز اتاق **خانه حاج ابوالقاسم** جوری بود که دو تا اتاق، تو کلهٔ همدیگر می‌خورد و یک پرده وسطش بود. مرحوم **نواب** به ما گفت که: چون دیگر هرچه باشد، این از هم‌لباس‌های خود من است، من نمی‌خواهم جلوی روی شما بعضی حرف‌ها که به او بزنم خجالت بکشد. حالا اگر می‌خواهید شما بشنوید، بروید پشت پرده بنشینید، بگذارید ما حرف‌هایمان را با این یکسره بکنیم. **کاشانی** آمد دوتایی گرفتند نشستند ... "*
(ناگفته‌ها- همان- صفحه ٧٥)

شرح گفتگوهای آن دو نفر به موضوع مورد نظر ما ارتباط چندانی ندارد و به همین جهت تنها به بازگوکردن قسمتی از سخنان **آیت‌الله کاشانی** که حاوی اصل مطلب می‌باشد، بسنده شده‌است:

*" ... **کاشانی** باز شروع‌کرد از خودش صحبت‌کردن که من دیگر عمرم را کرده‌ام، من که شهوت ندارم. من که مقام نمی‌خواهم. من که چیزی نمی‌خواهم. فلان نمی‌خواهم. تنها مسئله‌ای که اینجا مطرح است، **٧ نفر باید زده شوند تا ما بتوانیم برنامه‌مان را پیاده بکنیم. اولین رزم‌آرا است. [سرتیپ محمد] دفتری، دکتر [رضا] فلاح، دکتر [هادی] طاهری، دو سه تا دیگر که من الان یادم نیست. گفت ٧ نفر باید زده شوند** ... "*
(ناگفته‌ها- همان- صفحه ٧٦)

نواب‌صفوی ضمن رو در رویی با **محمد مصدق** در دادستانی ارتش، در تاریخ ١٣٣٤/١٠/١٦ گفته‌است:

*" رأی و تجویزکردن آقای **کاشانی** و آقای **دکتر مصدق‌السلطنه** علنی و صریح بود، نسبت به اینکه **سپهبد رزم‌آرا** باید ازمیان برود و او دست انگلیس‌ها است ...
و آقای **کاشانی** هم در منزل **حاج ابوالقاسم رفیعی** صراحتاً این رأی را پیش روی **بنده** و آقای **حاج سیدهاشم حسینی** بیان کردند ... "*
(اسرار قتل رزم‌آرا- همان- صفحه ٤٠٠)

و نیز در دادنامه‌ی شماره ١٦٣٨ ب ١ به‌تاریخ ١٣٣٤/١٠/١٨ رئیس شعبه یک بازرسی ارتش به‌عنوان تیمسار دادستان ارتش، جمله زیر از زبان **نواب‌صفوی** بازگو شده‌است:

" ... یکی از افراد آن جماعت عقیده داشت هفت نفر بایستی از بین برود ... "
(اسرار قتل رزم‌آرا- همان- صفحه ٤١٣)

که این مطلب را می‌توان به‌عنوان تأکیدی بر گفتار **حاج مهدی عراقی** به‌شرح فوق تلقی‌نمود.

۵ - آگاهی قبلی آیت‌الله کاشانی از هویت قاتل و قتل قریب‌الوقوع

نواب‌صفوی در رو در رویی مورخ ۱۶/ ۱۰/ ۱۳۳٤ خود با **دکتر مظفر بقائی** (که در صفحات آینده درباره آن گفتگو خواهدشد) **خلیل طهماسبی** را درباره‌ی درستی ادعای خود، به‌عنوان شاهد معرفی کرده‌است.
چنین به‌نظر می‌رسد که روز پس از آن، **خلیل طهماسبی** به دفتر دادستان ارتش احضارشده و درباره این ادعا مورد بازجویی قرار گرفته‌است.
ما قسمت نخست از این بازجویی را در اینجا و قسمت دیگر از آن‌را در بحث مربوط به فتوادهندگان سیاسی مورد استفاده قرار خواهیم داد:

*" **تحقیق از خلیل طهماسبی درباره قتل مرحوم رزم‌آرا***

در تاریخ ۱۳]۳٤/۱۰/۱۷]
*در ساعت ۱۱ صبح روز ۳٤/۱۰/۱۷ **خلیل طهماسبی** در دفتر **دادستان ارتش** حاضر، به‌شرح زیر از او تحقیقات به‌عمل آمد:*

*س: قبل از کشته‌شدن **سپهبد** رزم‌آرا شخص شما درمورد قتل ایشان با چه اشخاصی ملاقات کردید؟*
*توجه داشته باشید سؤالات روی قتل **مرحوم** رزم‌آرا است نه روی جریانات دیگر، مقصود این است چه اشخاصی تجویز قتل رزم‌آرا را کردند و از اینکه رزم‌آرا باید کشته شود و از بین برود اطلاع داشتند، دقیقاً مراتب را بیان نمایید.*
*ج: فقط **کاشانی** که در منزلش اجتماعاتی می‌کرد، اجتماعاتی می‌شد، او مردم را علیه حکومت وقت تحریک می‌کرد. **موقعی که من می‌خواستم بروم پی این کار، آنکه مرا تجویز و تحریک برای این کار می‌کرد، آقای نواب‌صفوی و سیدعبدالحسین واحدی بودند و سه روز قبل از رفتن پی این کار من با کاشانی ملاقات کرده و به او قضیه را گفتم، آن هم گفت: برو ولی اسم مرا نبر[!]. این [چیزی] بوده که من می‌دانستم ...*** "
(اسرار قتل رزم‌آرا- همان- صفحه ٤۰۸)

٦ - فتوادهندگان سیاسی قتل رزم‌آرا [بنابر ادعای نواب‌صفوی]

(۱) از بررسی مطالب موجود در مورد جلسه‌ای که **نواب‌صفوی** به قول خودش برای «**اتمام حجت دینی**» با شرکت بعضی از گردانندگان **جبهه‌ی ملی** و عده‌ای دیگر از افراد متدین و مورد اعتماد خود تشکیل‌داده بوده‌است، چنین برمی‌آید که دعوت شرکت در این جلسه، در ابتدا و به‌ظاهر، برای صرف شام و از طرف یکی از آهن‌فروشان معروف بازار به‌عمل آمده بوده و بیشتر دعوت شدگان نیز از اینکه در آن شب **نواب‌صفوی** برایشان سخنرانی خواهد نمود، آگاهی نداشته‌اند.
از آنجا که اکثریت به اتفاق افراد متدین و مسجدی، بر اساس روشی که دارند، بیشتر وقت‌ها چنین دعوت‌هایی را با کمال میل پذیرامی‌شوند، پس درابتدا چنین تصور می‌شده‌است که بیشتر گردانندگان **جبهه‌ی ملی** نیز، با همان روحیه، دعوت مزبور را مغتنم شمرده و با حضور خود در آن میهمانی، فرصت مناسبی جهت سخنرانی و اتمام حجت مورد نظر برای **نواب‌صفوی** فراهم خواهند نمود.

فتوا دهندگان سیاسی و مذهبی و آگاهان قبلی از برنامه قتل رزم‌آرا

اما از آنجا که بیشتر رجال سیاسی و مذهبی بسیار محتاط می‌باشند و جز در مواقعی، ازقبیل نزدیک بودن انتخابات مجلس، که کاری به دست مردم دارند، از شرکت در این قبیل مهمانی‌ها گریزان هستند، پس چنین به‌نظر می‌رسد که فقط شماری از سران **جبهه‌ی ملی** در آن شب، در مهمانی مورد بحث، شرکت کرده‌بوده‌اند و ما درحال حاضر فقط از حضور دو نفر از آنان در آن‌شب، در خانه مزبور آگاهی قطعی داریم که عبارت بوده‌اند از:
سیدابوالحسن حائری‌زاده و **عبدالقدیر آزاد**

(۲) هنگامی‌که **نواب‌صفوی**، چند روزی پیش از اعدام خود، به اعترافات جدیدی درمورد قتل **رزم‌آرا** پرداخته و زمینه‌های بازداشت **آیت‌الله کاشانی** و بازجویی از چند نفر دیگر از اعضای **جبهه‌ی ملی** را فراهم ساخته‌بوده، **ابوالحسن حائری‌زاده** نیز جهت ادای پاره‌ای توضیحات و بی‌گمان برای رو در رویی با **نواب‌صفوی** به **دادستانی ارتش** احضار شده‌است.
اما چون وی در آن زمان هنوز وکیل مجلس شورای ملی بوده، پس با استفاده از مصونیت پارلمانی از اجابت درخواست و یا درحقیقت دستور مزبور خودداری کرده‌است.
وی پس از پایان آن دوره مجلس، بار دیگر به‌عنوان مطلع، به دادستانی ارتش احضارشده و در تاریخ ۱۳۳۵/۳/۸ (که نزدیک به سه ماه و نیم از اعدام **نواب‌صفوی** و **خلیل طهماسبی** گذشته بود) مورد بازجویی قرار گرفته‌است.
پرسش و پاسخ زیر مربوط به این بازجویی می‌باشد:

*" س: آقای **نواب‌صفوی** را از کجا می‌شناسید و چند بار با هم ملاقات کرده‌اید؟*
*ج: آقای **نواب‌صفوی** را می‌شناسم، اولین دفعه ...*
دفعه دوم ...
*دفعه سوم در منزلی‌که واقع است در کوچه عین‌الدوله، منزل یکی از دوستان ایشان بود که اشخاص زیادی بودند و بیش از ۲۰ دقیقه من در مجلس نماندم، و کسانی‌که در این مجلس می‌شناختم، **یکی آقای نواب‌صفوی بوده و آقای عبدالقدیر آزاد و آقای کرباسچیان بودند** ...*
*موضوع اینکه از آمدن **عبدالقدیر** آزاد پنج دقیقه گذشته بود که من از خانه خارج شدم، و اینکه بعد از بنده چه کسانی آمده‌اند اطلاعی ندارم ...*
س: میهمانی منزل آقائی در خیابان عین‌الدوله به شام بود یا ناهار، و در چه فصلی بود، آیا قبل از ترور رزم‌آرا بود یا بعد از ترور؟
ج: سر شام بود، و چون منقل در اتاق بود، حدس‌می‌زنم هوا سرد بود یا اول بهار بود یا اول پاییز، و این قبل از ترور رزم‌آرا بود یا بعد از آن، اطلاع صحیحی ندارم.
س: ...
ج: ...
*س: **میزبان شما کی بود، و چه کسی از شما دعوت کرد؟ آقایان دکتر بقائی، مکی، نریمان، زهری، و سایر آقایان جبهه‌ی ملی در منزل آقائی بودند یا خیر؟***
*ج: دعوت‌هایی را که ما اجابت می‌کردیم، از طرف موکلین بوده، و برای قبول دعوت آنها هرکسی دعوت‌می‌کرد می‌رفتیم و اینکه میزبان و دعوت‌کننده چه کسی بود به‌خاطرم نیست. **آقایان دکتر بقائی، مکی، نریمان و سایر اعضای جبهه‌ی ملی را در آن منزل من ندیدم شاید بعد از من آمده‌اند.***
س: ...

ج: ...

س: در منزلی که دعوت شده بودید چند نفر میهمان دیگر بود و از چه طبقاتی بودند؟

*ج: وقتی به خانه مذکور وارد شدم **نواب‌صفوی** با چهار نفر دیگر دور منقل نشسته بودند، و اتاق دیگری متصل به همین اتاق بود که دارای مبل و وسایل پذیرایی از قبیل مرکبات و شیرینی در آنجا موجود بود، با آقایان به اتاق مبله رفتیم و متدرجاً اشخاصی آمدند. از واردین فقط **کرباسچیان** و **عبدالقدیر آزاد** را شناختم و بقیه را نمی‌شناختم و بحثی که با **نواب** شروع کردم موضوع حرمت و حلّیت استعمال ظروف نقره بود و در حدود ۲۰ دقیقه آنجا بودم ...*

*س: اظهارات **سیدمجتبی نواب‌صفوی** در اینکه در قتل رزم‌آرا با ایشان و دسته **فداییان اسلام** معاونت داشته‌اید، قرائت می‌شود، [آیا] صحیح است؟*

*ج: اظهارات **نواب‌صفوی** را درمورد اینکه من معاونت در قتل داشته‌ام، یا اینکه در منزل آقائی صحبت از ترور رزم‌آرا شده با شدت تکذیب می‌کنم ..."*

(اسرار قتل رزم‌آرا- همان- صفحات ۴۳۲/۴۳۴)

همان‌طور که پیش‌تر اشاره شد در آن شب، منظور **نواب‌صفوی** از نظر حضور بیشتر اعضای **جبهه‌ی ملی** و طرفداران آن جبهه عملی نشده‌بوده و وی مجبور شده‌است که صبح روز پس از آن برای دعوت و آوردن هر یک از اعضای **جبهه‌ی ملی** که شب پیش غیبت داشته‌اند، یکی از افراد **فداییان اسلام** را مأمور و روانه نماید و از آنان با پافشاری درخواست‌کند که ظهر آن روز برای صرف ناهار و شنیدن سخنان وی در همان خانه حضوریابند.

اینکه دادستان ارتش در بازجویی بالا از **حائری‌زاده** پرسیده است که" ***میهمانی ... به شام بود یا به ناهار؟*** " قصدش آگاهی از این مطلب بوده‌است که آیا **حائری‌زاده** در شب نخست به آن خانه رفته‌است یا در ظهر روز دوم؟

*" ... **سید** در آن شب در دو وهله صحبت‌می‌کند، یکی قبل از شام، یکی بعد از شام، وهله اول علت تسلط غرب بر شرق را تبیین می‌کند[!] و در بین بياناتش هم تاریخچه‌ای از اندلس تعریف می‌کند برای این‌ها [!] ...*

درحدود دو ساعت ونیم یا سه ساعت صحبت اولیشان طول کشید، تا اینکه شام آوردند و ساعت ۱۱ الی ۱۱:۳۰ بود شام آوردند و غذا خوردند و بعد از شام، ساعت نیم یا یک بعد از نیمه شب دو مرتبه ایشان شروع کرد به صحبت کردن[!] ...

... سید اضافه هم کرد که تنها سد راه حرکت ما یا سد اجرای این برنامه‌ها، وجود آخرین تیر ترکش انگلستان، یعنی رزم‌آرا است.

اگر رزم‌آرا از سر راه برداشته بشود ما به پیروزی نزدیک هستیم، چه‌بسا پیروزی را در دو قدمی خودمان می‌بینیم و به یاری خدا این کارها را انجام خواهیم داد ...

دیگر نزدیکی‌های ساعت ۴ – ۵، این‌جورها شده بود، موقع نماز هم بود، بعضی‌ها نمازشان را خواندند و همانجا خوابیدند، و بعضی‌ها هم رفتند، لابد رفتند خانه‌شان نماز بخوانند. نمی‌دانم خدا بهتر می‌داند ..."

(خاطرات شهید حاج مهدی عراقی- همان- صفحات ۷۲/۷۵)

(۳) **حائری‌زاده** در خانواده‌ای روحانی تولد و پرورش‌یافته و خود در آغاز در سلک روحانیون قرارداشته و معمم بوده‌است، و با اینکه با این ترتیب از نظر قانونی می‌بایست از بسیاری دیگر از کارگزاران **جبهه‌ی ملی** به معتقدات و افکار **نواب‌صفوی** نزدیک‌تر باشد و آنها را بهتر درک نماید، با

فتوا دهندگان سیاسی و مذهبی و آگاهان قبلی از برنامه قتل رزم‌آرا

این حال می‌بینیم که همین شخص در سخنرانی مورخ ۱۹ بهمن ۱۳۳٤ (۹ فوریه ۱۹٥٦) خود در مجلس شورای ملی، درباره **نواب‌صفوی** و عقاید او، چنین گفته‌است:

*" ... **نواب‌صفوی** که مقام علمی‌اش خیلی ضعیف است، یک تئوری‌هایی برایش پیدامی‌شود، یک کسالت مزاجی هم ممکن است داشته باشد که اگر به **دکتر لقمان‌الدوله** مراجعه می‌کرد، معلوم می‌شد این نقص مزاجی یا کسالت روحی [؟!] دارد.*
*دیگری هم معتقد می‌شود که مسلح است، دنبال او می‌رود. من کتابی را دیدم ۹۰ ورق همچو چیزی هست. [آنسان که پیداست منظور **بیان‌نامه فدائیان اسلام** می‌باشد] این را فرستاده‌اند برای من و نخوانده بودم. ولی این روزها که این بحث شروع شد، شروع کردم به خواندن آن یک چیزهایی در این هست که بچه ده ساله می‌خندد. تشکیلاتی که نوشته مثل اینکه دنیا را خواسته باشند عوض کنند، می‌نویسند اداره می‌کنیم، ملت‌ها را تغییر می‌دهیم. یک چیزهایی عجیب و غریبی نوشته که بچه ده ساله می‌خندد.*
خوب درنتیجه یک کسالتی که یک همچو فکری برایش پیش آمده‌است، اگر به دکترها مراجعه کند تشخیص می‌دهند[!] ... " (متن نطق‌های سیدابوالحسن حائری‌زاده در هجدهمین دوره قانون‌گذاری- صفحات ۱۷٥/۱۷٦)

حال آیا به‌راستی دعوت از **حائری‌زاده** (که گویا فقط برای صرف شام بوده ولی تا ساعت ٤ یا ٥ بامداد روز پس از آن، یعنی به‌مدت ۹ یا ۱۰ ساعت بدون استراحت و خواب به‌طول انجامیده و ٦ تا ۷ ساعت آن به دو سخنرانی از **نواب‌صفوی** و بی‌گمان پر از همان نکات خنده‌دار و بی‌مغز اختصاص داشته‌است) جز به نادانی و ساده‌لوحی و یا همان بیماری روانی که **حائری‌زاده** در سخنرانی خود به آن اشاره کرده بوده‌است به چه چیز دیگری می‌توان تعبیرنمود؟
سعدی در گلستان چه نیکو گفته‌است:

" نادان را به از خامشی نیست، وگر این مصلحت ندانستی نادان نبودی.

چون نداری کمال فضل آن به
که زبان در دهن نگه‌داری
آدمی را، زبان فضیحه کند،
جوز بی‌مغز را، سبکباری "

(٤) جلسه رو در رویی **دکتر مظفر بقائی** با **نواب‌صفوی** درباره اتمام حجت شخص اخیر با حاضران در شب مورد بحث و بامداد متصل به آن و نیز ظهر و شب پس از آن، که در تاریخ ۱۳۳٤/۱۰/۱٦ در دادستانی ارتش انجام شده‌است، به‌شرح زیر می‌باشد:

*" ... در ساعت ۱۸:۰٥ **نواب‌صفوی** احضارشد، و پس از حضور سؤالات زیر به‌عمل آمد:*

سؤال از نواب‌صفوی:
س: این آقا را که در برابر شما نشسته‌اند، می‌شناسید یا خیر؟
*ج: بله ایشان را می‌شناسم، آقای **دکتر بقائی** هستند. امضاء*
*س: شما قبل از اینکه بنا به اعتراف خودتان از لحاظ **فدائیان اسلام** قتل **سپهبد** رزم‌آرا را ضروری بدانید، و اقدام به کشتن **سپهبد** رزم‌آرا بنمایید، آیا در این مورد آقای **دکتر بقائی** از موضوع قتل رزم‌آرا، قبل از انجام قتل، اطلاع داشتند یا نداشتند؟*

*موضوع سؤال از شما این‌نیست که آیا **دکتر بقائی** از کشته‌شدن رزم‌آرا راضی بودند یا خیر، بلکه سؤال این است آیا آقای **دکتر بقائی** به نحوی از انحاء درمورد قتل رزم‌آرا دخالتی داشته‌اند یا خیر؟*

*ج: چند ماه پیش از کشته شدن رزم‌آرا در ملاقاتی که میان بنده و آقای **دکتر بقائی** در منزل آقای **حاج محمود آقائی** رخ داد، ایشان یعنی آقای **دکتر بقائی** پس از بیان همان عقاید مذکور خود نسبت به آقای **تیمسار رزم‌آرا** گفتند که: ایشان وجودش خطرناک بوده، مانع است و بایستی از‌بین برود و نیز قبل از کشته شدن رزم‌آرا از موضوع قتلش خبر داشتند. سایر افراد **جبهه‌ی ملی** تجویز و تحریص هم می‌نمودند. امضاء*

سؤال از آقای دکتر بقائی:

*س: جواب **سیدمجتبی نواب‌صفوی** را استماع فرمودید، چه می‌فرمایید؟ راست می‌گوید یا دروغ؟*

*ج: درخصوص عقاید من نسبت به سیاست **سپهبد** رزم‌آرا بر همه معلوم‌است و در استیضاح دوره پانزدهم و شماره‌های روزنامه شاهد طبع و منتشر شده‌است و مطلبی نیست که کسی از آن اطلاعی نداشته‌باشد.*

*اما درخصوص ملاقات با آقای **نواب‌صفوی** قبل از کشته‌شدن **سپهبد** رزم‌آرا شدیداً و صراحتاً تکذیب می‌کنم.*

سؤال از نواب‌صفوی:

*س: توضیح آقای **دکتر مظفر بقائی** را مبنی بر اینکه [بین] شما و ایشان در منزل **حاج محمود آقائی** ملاقاتی دست داده، و آقای **دکتر بقائی** گفته‌اند وجود رزم‌آرا خطرناک است و مانع است و بایستی از بین برود، تکذیب می‌فرمایند، شنیدید چه می‌گویید؟*

*ج: آن شبی که منزل آقای **حاج محمود آقائی** آمدند، آقای **حاج محمود آقائی** مسلماً درنظر دارند، و نیز فردای آن شب که باز برای ظهر به آنجا یعنی منزل آقای **حاج محمود آقائی** تشریف آوردند در آنجا آقای **نریمان و آقای فاطمی و آقای مکی** هم بودند و لابد آن آقایان فراموش نکرده‌اند و نیز آقای **حاج ابوالقاسم رفیعی هم بودند** و در یکی از این دو وقت یعنی در آن شب و یا فردای آن شب، آقای **خلیل طهماسبی** هم بودند و به‌یاد دارم همان اظهارنظر مذکور را راجع به آقای **تیمسار رزم‌آرا** کردند. امضاء ..."*

(اسرار قتل رزم‌آرا- همان- صفحات ٤٠٣/٤٠٤)

نگارنده فقط با مطالعه پرسش و پاسخ‌های بالا، و پیش از آنکه بازجویی از **خلیل طهماسبی** را بخواند یقین حاصل نمود که ادعای **نواب‌صفوی** به‌علت ترس وی از اعدام قطعی خود (که رأی آن درمورد پرونده‌ای دیگر صادر شده‌بود و ۱۱ روز پس از این تاریخ یعنی در روز ١٣٣٤/١٠/٢٧ به مرحله اجرا درآمده‌است) و به‌منظور بازکردن پرونده قتل رزم‌آرا و تشکیل دادگاهی دیگر و انجام محاکماتی جدید بوده که امید داشته‌است در آن‌صورت، دست‌کم تا پایان این محاکمات، اجرای حکم صادره درباره وی و دو نفر دیگر به‌تعویق افتد. زیرا:

نخست: در زمان مورد ادعا **دکتر بقائی**، به‌اصطلاح فرصت سر خاراندن نداشته، و وظایف شغلی و سیاسی که مسئولیت انجام آنها را به‌عهده گرفته بوده‌است به‌قدری وسعت و تعدد داشته‌اند که فقط افراد اندکی با شرایط و خصوصیات او می‌توانسته‌اند با زحمات و کوشش‌های طاقت‌فرسای شبانه‌روزی تاحدودی آنها را به انجام برسانند.

فتوا دهندگان سیاسی و مذهبی و آگاهان قبلی از برنامه قتل رزم‌آرا

وی استاد دانشگاه تهران بوده و وظایف مربوط به این شغل را تا روز بازنشستگی، جز در مواقعی ازقبیل بیماری، زندان، و یا مسافرت، ترک نکرده بوده‌است.
نوشتن سرمقاله‌های روزنامه **روزانه شاهد** که به تنهایی بیش از یک شغل تمام‌وقت نیاز به وقت و آرامش و تفکر داشته، و بطوری که می‌دانیم وی این وظیفه را به‌نحوی به انجام می‌رسانده‌است که مردم، هر روزنامه را تا چند روز مانند ورق زر دست به دست می‌گردانده‌اند.
حضور در چاپخانه در سرتاسر شب و به هنگام چاپ روزنامه، و اغلب حضور در خیابان به‌هنگام فروش آن، برای اینکه بتواند با داشتن عنوان نمایندگی مجلس شورای ملی و مصونیّت پارلمانی از جمع‌آوری و ضبط روزنامه‌ها توسط مأموران شهربانی جلوگیری نماید.
افزون بر این‌ها نماینده مجلس شورای ملی هم بوده و شرکت در جلسات مجلس و گاهگاهی تهیه سخنرانی‌های پیش از دستور و یا ضمن دستور و ایراد آنها در مجلس را در آن زمان به‌عهده داشته‌است.
حال در این شرایط شخصی ساده‌لوح و یا نادان، مانند **نواب‌صفوی**، ممکن بوده‌است تصورنماید که **دکتر بقائی** صرفاً با یک دعوت ساده برای صرف شام، آن‌هم توسط یک بازاری ناشناس، به خانه میزبان برود و درحالی‌که هر لحظه از وقتش بیش از تمام سخنرانی‌هایی که **نواب‌صفوی** در سرتاسر عمر ایراد کرده‌بوده، دست‌کم برای خودش، ارزش داشته‌است به مدتی درحدود ده ساعت در آنجا بماند و به‌جای خواب و استراحت ساعت‌ها به سخنرانی‌هایی که در نظرش چرندیاتی بیش نبوده‌است گوش فرادهد.

دوم: فرض کنیم که **دکتر بقائی** با وجود آن همه گرفتاری، با کمال میل و یا با بی‌میلی به خانه مورد بحث رفته و یا حتی او را به‌زور به آنجا برده‌اند، حال آیا امکان داشته‌است که یک انسان سیاستمدار و عاقل در آنجا در حضور جمع زیادی از مردم، که اغلبشان ناشناس بوده‌اند، با منتهای بی‌احتیاطی درباره قتل **رزم‌آرا** اظهارنظر نماید و بی‌پروا آنرا قبول کند و لازم و ضروری بشمارد؟
مشهور است که یک فرد سیاستمدار حتی حرف‌های روزمره و خانوادگی خود را صریح و روشن بر زبان جاری نمی‌سازد بلکه آنها را دو پهلو و مبهم بیان می‌کند، با این ترتیب چگونه ممکن است که **دکتر بقائی**، آن سیاستمدار بسیار شجاعی که به دوراندیشی و احتیاط معروف بوده و همان مبارزات شجاعانه خود را نیز کاملاً حساب شده به‌انجام می‌رسانده‌است، به آن حماقت مسلم مبادرت ورزیده باشد؟

سوم: بازهم فرض می‌کنیم که **دکتر بقائی** در آن شب و یا در ظهر روز بعد، در خانه مورد بحث با **نواب‌صفوی** ملاقات کرده بوده‌است، بی‌گمان یک فرد عاقل هرگز چنین ملاقاتی را که افراد زیادی گواه آن بوده‌اند، آن‌طور «**به‌روشنی و به‌شدت**» دروغ نمی‌شمارد زیرا یقین دارد که خیلی زود دروغ او روشن خواهدگردید. به‌ویژه اگر فردی مانند **دکتر بقائی** باشد که همواره «**راستگویی**» را مهم‌ترین افتخار خود می‌دانسته‌است.

در اینجا برای آگاهی خوانندگان گرامی توضیح‌می‌دهد که **دکتر بقائی** همواره دو خصوصیت را در خود تمرین و تقویت می‌کرده‌است که عبارت بودند از: «**راستگویی**» و «**اراده**» و وی همواره برای تقویت این دو خصوصیت در خود کوشش می‌نموده‌است.
برای نمونه وی چای فراوان (با قند طبی که خود همراه داشت) می‌نوشید و پیپ و سیگار زیاد می‌کشید، اما سالی دست‌کم یک بار و به مدتی دست‌کم یک ماه تمام این‌ها و یا فقط سیگار و پیپ را ترک می‌کرد و درست تا روز پایان یک ماه لب به هیچ‌یک از آنها نمی‌زد، وی اقداماتی از این قبیل را برای آزمایش و تقویت اراده خود لازم می‌دانست.

خصوصیت دیگری که دوستان و آشنایان **دکتر بقائی** بارها و در موارد مختلف از او مشاهده کردهبودند، راستگویی بودهاست.
درطول زندگی **دکتر بقائی** دوستان فراوانی بهعلت همین خصوصیت رکگویی و پرهیز از دروغ و رودربایستی که در وی وجود داشته، از وی رنجیدهخاطر شده و او را ترک کردهبودند.
دکتر بقائی نخستین شماره روزنامه شاهد را با شعار:

" ما برای راستی و آزادی قیام کردهایم "

منتشرکرد و تا پایان همین شعار را ادامه داد و نیز همین جمله را برای تمام سازمانها و حزب زحمتکشان ملت ایران که پس از آن تشکیل داد، بهعنوان شعار اصلی انتخاب نمود.
حال اگر تمام کارهای وی ظاهرسازی هم بوده، بی گمان همان شهرت و یا دستکم تظاهر به راستگویی را به آن سادگی فدای چنین دروغ بزرگی نمیکردهاست.
درحالی که اگر به آن خانه رفتهبود، میتوانست حضور خود را بهعلت وجود آن همه شاهد، اعترافکند ولی سخنان خود را بهنحوی توجیه و یا انکارنماید و از همه بالاتر حتی درصورت اثبات ادعای **نوابصفوی** مبنی براینکه:

*" آقای **دکتر بقائی** ... گفتند: که ایشان (یعنی رزمآرا) وجودش خطرناک بوده، مانع است و بایستی ازبین برود. "*

بیگمان هیچ دادگاهی این گفتار را بهعنوان مجوز قتل **رزمآرا** مورد قبول قرار نمیدادهاست.

(۵) از مطالعهی پاسخی که **خلیل طهماسبی** درمورد شرکت **دکتر بقائی** در جلسات مورد ادعای **نوابصفوی** دادهاست، و با بررسی سایر شواهد موجود میتوان نتیجه گرفت که:

الف- در میهمانی شب نخست که دعوتشدگان بسیاری از افراد بهظاهر مورد اعتماد، اعم از **اعضای فداییان اسلام**، **طرفداران آیتالله کاشانی** و **اعضای جبههی ملی** به خانهی **حاج محمود آقائی** فراخوانده شدهبودند، بطور قطع **دکتر بقائی** حضورنداشته و به همین جهت **نوابصفوی مجبور شدهاست که صبح روز بعد خلیل طهماسبی را به دنبالش بفرستد و مصرانه از او بخواهد که برای ظهر آن روز و صرف ناهار به خانه مزبور برود.**

ب- بطوریکه خواهیم دید، باز هم **دکتر بقائی** بهعلت زیادی کارهای روزمرهاش، امکان رفتن به آن خانه را، در ظهر آن روز پیدا نکردهاست.
ج- گویا برای **نوابصفوی** امکان توقف بیشتر در آن خانه خطرناک بوده، زیرا با سخنرانیهای طولانی که شب پیش و ظهر آن روز در آنجا و در حضور افراد بیشمار ایراد و ضمن آنها به نحوی روشن قصد خود را نسبت به قتل نخستوزیر وقت اعلام کرده بودهاست، هرلحظه امکانداشته که مأموران شهربانی از طریق جاسوسانی که درمیان آن جمع داشتهاند، از وجود **نوابصفوی** در آن خانه آگاهییافته و برای دستگیری او به آنجا بیایند.

در عین حال چنین معلوم میشود که بعضی دیگر از افراد **جبههی ملی** ازجمله **حسین مکی** و **حسین فاطمی** نیز تا اندازهای به همان درد **دکتر بقائی** یعنی فراوانی مشغله گرفتاربوده و نه در شب پیش و نه در ظهر آن روز موفق به رفتن به آن خانه شدهبودهاند.

فتوا دهندگان سیاسی و مذهبی و آگاهان قبلی از برنامه قتل رزم‌آرا

منتهی چون این افراد در اوایل شب دوم (پس از ناهار) و پیش از **دکتر بقائی** به آن خانه رسیده‌بوده‌اند، پس **نواب‌صفوی** به دیدارشان توفیق‌یافته ولی وی به احتمال زیاد پیش از رسیدن **دکتر بقائی** به آن خانه، از آنجا رفته بوده‌است.
بطوری‌که در شهادت **خلیل طهماسبی** خواهیم دید، وی از جریانات همان روز، یعنی ظهر و ادامه آن تا شب و اسامی برخی از افراد طرف مذاکره با **نواب‌صفوی** در آن شب آگاهی داشته ولی درباره‌ی جلسه یا میهمانی شب پیش اطلاعی به او داده‌نشده بوده‌است.
قسمت نخست شهادت **خلیل طهماسبی** پیش‌تر به آگاهی خوانندگان گرامی رسیده و اینک بقیه‌ی آن از همانجا که قطع شده‌بود:

*" ... و یک مجلسی هم که چند وقت قبلش در منزل **حاج محمود** آقائی تشکیل‌شد، که وکلای اقلیت در آنجا ظهر و شب اجتماع کرده‌بودند و شبش آقای **نواب** من را پی **دکتر بقائی** فرستاد و او را آوردم در همین منزل، مذاکرات درمورد همین قتل، یعنی تصمیم به قتل رزم‌آرا با آقای **نواب** مذاکراتی کرده‌بودند و **من که به منزل آمدم با دکتر بقائی، از قرار دکتر ظهر نرسیده‌بود و صحبت‌هایی که ظهر شده‌بود البته ایشان نبودند و شب هم مختصری آقای نواب و همین چند نفری که من آنجا دیدم: مکی- دکتر فاطمی.***
*از قرار **همهٔ وکلا ظهر مفصلاً که من نبودم صحبت‌ها را کرده‌بودند. شب که من به‌اتفاق بقائی رفتم که شب مکی و دکتر فاطمی خاطرم هست بودند، یکی دو نفر از وکلا نیز بودند که خاطرم نیست.** امضاء*
س: جواب شما قرائت می‌شود اگر صحیح‌است امضاءکنید و همچنین هر جوابی می‌دهید بعد از نوشتن قرائت می‌شود. درصورت صحت امضاءکنید.
*پس از خواندن جواب، **خلیل طهماسبی** توضیح زیر را می‌دهد:*
*موقعی که **صبح مرا آقای نواب فرستادند عقب آقای دکتر بقائی تا غروب معطل شده تا ایشان کارهایش را انجام‌دادند و به‌اتفاق ایشان به آن منزل، یعنی منزل حاج محمود آقائی رفتیم.** امضاء*
*[چون **دکتر بقائی** در شام شب در منزل **حاج محمود آقائی** حضورنداشته، پس **نواب‌صفوی** صبح روز بعد **خلیل طهماسبی** را به دنبالش فرستاده‌است تا اینکه او را برای ظهر و جلسه ناهار به آن خانه ببرد. بازهم **دکتر بقائی** تا غروب آن روز به آن خانه نرفته بوده‌است.]*
*س: در منزل **حاج محمود آقائی از فداییان اسلام چه** اشخاصی بودند؟*
*ج: ظهر که من نبودم، شب هم از قرار **آقاسیدعبدالحسین واحدی و حاج محمود آقائی در آنجا بودند،** اگر کسی دیگر هم بوده در نظر ندارم فراموش شده. امضاء*
س: از صبح که رفتید دنبال آقای دکتر بقائی و گفتید تا غروب معطل‌شده‌اید تا ایشان کارهایشان را انجام‌داد، در کجا معطل شدید؟
*ج: کوچه خدابنده لوها، خیابان ناصرخسرو، چاپخانه‌ایست که محل کار آقای **دکتر بقائی** بود.*
س: ناهار در آن روز کجا خوردید و چگونه از صبح تا غروب معطل شدید؟
*ج: چاپخانه محل اجتماعات **دکتر بقائی** بود، **نزدیک ظهر، دکتر بقائی آمد، به او گفتم آقای نواب شما را خواسته‌اند. ایشان گفتند: حالا که کار دارم[!]. گفتم: بالاخره آقای نواب شما را خواسته‌اند، بالاخره ایشان حاضر شدند که بعد از انجام کارهایشان با من به خدمت آقای نواب بیایند.***

پنج ترور تاریخی راهگشای صدارت مصدق

*این شد که تا نزدیک **غروب طول کشید** و ناهار را هم در همانجا خوردم. امضاء*
*س: غروب به چه وسیله و با چه اشخاصی به منزل **حاج محمود آقائی** رفتید؟ منزل او کجا بود؟*
*ج: درست نظرم نیست، به‌نظرم تاکسی بود. **من و آقای دکتر بقائی و سید محمد واحدی هم آمده‌بود. چون من دیر کرده‌بودم،** درست خاطرم نیست او هم با ما آمد یا نه، دیگر کسی نظرم نیست.*
*س: این جریان، یعنی موضوع اینکه وکلای اقلیت در روز و شبی [در] خانه **حاج محمود آقائی** جمع شدند، قبل از قتل رزم‌آرا بود یا بعد؟*
ج: قبل از قتل رزم‌آرا بود.
*س: اگر آقایان بگویند مثلاً آقای **دکتر بقائی** بگوید بعد از قتل رزم‌آرا بود، چه می‌گویید؟*
*ج: البته قبل از قتل بود واضح است، لابد از سایرین هم می‌پرسید حقیقت امر روشن خواهدشد همان‌طور که عرض‌کردم موضوع **کاشانی** و این اجتماعی که گفتم عین حقیقت است. اگر اجتماعات دیگری هم بعد از قتل کرده‌باشند من اطلاعی ندارم.*
*س: شما مطلبی را که گفتید حاضرید روبه‌روی آقای **حاج سیدابوالقاسم کاشانی** و سایرین بگویید یا خیر؟*
ج: بله حاضرم."
(اسرار قتل رزم‌آرا- همان- صفحات ۴۰۸/۴۱۰)

۷ - احتمال آگاهی قبلی دکتر مظفر بقائی از قتل سپهبد حاجیعلی رزم‌آرا

منظور این نویسنده از درج مطالبی که پیشتر نوشته‌شده این نبوده و نیست که چون **دکتر بقائی** در دو جلسه میهمانی مورد ادعای **نواب‌صفوی** (که میهمانی نخست به شام و دومی یک روز پس از آن به ناهار بوده)، حضورنداشته، به این‌جهت در روزهای پیش از قتل **رزم‌آرا** نیز از آن توطئه که بزودی رخ می‌داده بی‌خبر بوده‌است. برعکس بنا بر عقیده‌ی این نویسنده، بیشتر دعوت‌شدگان دو میهمانی مزبور را کسانی تشکیل‌می‌داده‌اند که یا از توطئه آگاهی داشته و یا می‌دانسته‌اند که **فدائیان اسلام** در صدد طرح و اجرای چنین توطئه‌ای هستند و **نواب‌صفوی** قصد داشته‌است که در آینده، درصورتی که سر و کارش درمورد آن قتل به محاکمه و دادگاه کشیده‌شود (یعنی همان وضعی که در دادگاه نظامی برایش پیش آمد) از اظهارنظرهای موافقی که این افراد درمورد قتل **رزم‌آرا** در آن میهمانی‌ها به‌عمل خواهندآورد به‌عنوان فتوای سیاسی و مجوز آن قتل استفاده‌نماید و آنان را نیز به‌عنوان معاون جرم معرفی‌کند.

درهرحال احتمال اینکه **محمد مصدق**، و نیز افرادی چون **دکتر مظفر بقائی**، **حسین فاطمی** (که محرم اسرار سیاسی **مصدق** بوده) یا **حسین مکی** و چند نفری دیگر، پیش‌تر از رخداد آن قتل آگاهی داشته‌اند، خیلی زیاد می‌باشد.

دکتر بقائی، در **جبهه‌ی ملی** از نظر سیاسی دومین فرد (پس از **مصدق**) به‌حساب می‌آمده و بیش از **مصدق** با **آیت‌الله کاشانی** ارتباط و دوستی داشته‌است.

ما درحال حاضر به درستی می‌دانیم که **آیت‌الله کاشانی**، یعنی **رهبر مذهبی جبهه‌ی ملی**، در تدارک وسایل قتل **رزم‌آرا** با **نواب‌صفوی** شریک بوده‌است و به‌زودی درباره اینکه **محمد مصدق** از مسیر وی نیز در جریان امر قرار گرفته‌است، بحث خواهیم‌کرد.

فتوا دهندگان سیاسی و مذهبی و آگاهان قبلی از برنامه قتل رزم‌آرا

حال هرگاه به علت لزوم برنامه‌ریزی سیاسی درمورد اقدامات آینده **جبهه‌ی ملی** پس از قتل **رزم‌آرا**، از نظر آن دو نفر، مشورت با فرد سومی در آن جبهه ضروری دانسته شده‌باشد، به احتمال زیاد این شخص جز **دکتر بقائی** شخص دیگری نبوده‌است. بدیهی‌است که بنا به مصلحت و یا درصورت ضرورت، افراد مناسب بیشتری مورد مشورت و در جریان امر قرارگرفته‌اند.
ما می‌دانیم که **خلیل طهماسبی** از نظر مذهبی مرید **نواب‌صفوی** و مقلد **آیت‌الله کاشانی** بوده و با **دکتر بقائی** نیز، دستکم از دوران هم‌زندانی بودن پس از قتل **هژیر**، آشنایی داشته‌است.
خود او در مصاحبه با خبرنگار مجله **تهران‌مصور** داستان آشنایی خود با **دکتر بقائی** را چنین تعریف کرده‌است:

*" ... یک شب در مسجد قائمیه در دروازه دولت [که حوزه اخذ رأی بوده] کشیک می‌دادم. وقتی کارم تمام‌شد به سازمان نظارت آزادی انتخابات [که **دکتر بقائی** آن‌را رهبری می‌کرده‌است] رفتم. در بین راه شنیدیم که **هژیر** را کشتند. وقتی به سازمان نظارت رسیدیم عده زیادی پلیس و مأمور آگاهی به آنجا ریختند و ما را به زندان بردند. چهار روز ما را در زندان نگاه داشتند. **دکتر بقائی** را هم به آنجا آوردند. در آنجا با **دکتر بقائی** که مبارزات او را در خارج شنیده بودم از نزدیک آشنا شدم ... "*
(اسرار قتل رزم‌آرا- همان- صفحه ٤٦٩)

افزون‌برآن پس از قتل **رزم‌آرا**، **دکتر مظفر بقائی** یکی از افرادی بوده که **خلیل طهماسبی** آنان را به‌عنوان وکلای مدافع خود به دادگاه معرفی‌کرده بوده‌است.
پیش از پایان دادن به مطلب در این بخش، بد نیست قسمتی از بازجویی شخصی به‌نام **محمدعلی حمامیان** فرزند **جلیل** را که طبق تأیید اداره اطلاعات شهربانی، در سال ۱۳۳۱ به‌عنوان «**مأمور ویژه**» و بی‌گمان به‌صورت کارآگاه مخفی و خبربیار در آن اداره خدمت می‌کرده است، در اینجا درج نماید. این بازجویی توسط بازپرس شعبه سوم دادسرای تهران انجام شده‌است:

*" ... به تاریخ ۱۳]٤٠/٨/٨] آقای **محمدعلی حمامیان** که به‌عنوان مطلع احضارشده‌اند، در این شعبه حضوریافته‌اند و به‌شرح زیر از ایشان تحقیقات می‌شود:*

...
*س: شما در سال ۱۳]٣٤]، در دی‌ماه آن سال به‌عنوان مطلع مطالبی درمورد نقش [در قتل؟] در بازپرسی ارتش راجع به **دکتر بقائی** اظهار نموده‌بودید. برای اینکه جریان بیشتر روشن شود، مجدداً اطلاعات خود را مشروحاً بیان فرمایید.*
*ج: در موقع زمامداری **رزم‌آرا**، بنده و عده‌ای دیگر جزء **حزب زحمتکشان** بودیم. در آن موقع **روزنامه شاهد** توسط حکومت وقت توقیف، و چاپخانه در محاصره مأمورین بود. بنده به اتفاق دیگر آقایان شب‌ها در چاپخانه بیتوته می‌نمودیم. روزی که **سپهبد رزم‌آرا** به‌قتل رسید، بنده از طرف **دکتر بقائی** مأموریت پیداکردم که به **مسجد شاه** بروم ولی آقای **دکتر بقائی** چیزی به من نگفتند. در موقعی که **مرحوم رزم‌آرا** به‌قتل رسید اینجانب برای آنکه خبر آن‌را به **دکتر بقائی** برسانم، هراسان به محل حزب رفتم. به‌مجرد اینکه وارد حزب شدم، آقای **دکتر بقائی** بدون مقدمه به آقای **علی‌زاده** که در محل حزب بودند، گفتند: **رزم‌آرا به‌قتل رسید**.*
من بنده حدثاً [حدساً] می‌گویم شاید این از جریان قتل قبلاً اطلاع داشته‌است، و عیناً هم این جریان را در دادرسی ارتش اظهارنمودم. امضاء

س: ...
ج: ...
س: شما شخص ضارب را دیدید، و آیا در موقع دادن خبر قتل اسم ضارب را هم گفتید یا نه؟
*ج: در موقع قتل، در اثر جنجال و ازدحام مردم و مأمورین تا چند دقیقه اینجانب و اطرافیانمان از قتل خبری نداشتیم. ولی بنده دیدم مأمورین انتظامی دنبال شخصی دویدند به‌طرف غرب، و بعداً درست به‌خاطر دارم که آقای **سیدابراهیم ابطحی** که شغل ایشان مدیریت مراسم ختم در تمام مجالس می‌باشد، به‌اتفاق دو نفر افسر شهربانی جنازهٔ **مرحوم رزم‌آرا** را به داخل یک ماشین در درب شمال بردند، و من هم دنبال آنها رفتم، و تا موقعی که جراید عکس و اسم قاتل را درج‌کردند، از هویت او مطلقاً اطلاع نداشتم. امضاء "*
(اسرار قتل رزم‌آرا- همان- صفحات ۴۹۳/۴۹۴)

۸ - آگاهی قبلی مصدق از توطئه (نخست) فداییان اسلام، برای ترور رزم‌آرا

محمد مصدق بطور یقین و مسلم، نه‌تنها از برنامه قتل **رزم‌آرا** توسط **فداییان اسلام** آگاهی داشته، بلکه به احتمال زیاد طرح‌ریزی روش اجرای آن‌را به‌نحوی که با دومین برنامه توطئه کاملاً هم‌آهنگ باشد عهده‌دار بوده‌است.
البته **مصدق** در میهمانی‌هایی که به شام و ناهار (و همچنین شام بدون دعوت پس از ناهار) در خانه **حاج محمود آقائی** بوده، حضور نداشته‌است.
حاج مهدی عراقی (که در تقریرات خود بسیاری از شنیده‌های خود را نیز به‌حساب مشهودات خود گذاشته‌است) گویا در میهمانی شام در شب نخست (که شماری از **اعضای اصلی و طرفداران سرشناس جبههٔ ملی و مریدان آیت‌الله کاشانی** اتاق پذیرایی و اتاق کنار آن‌را در آن خانه پر کرده‌بوده‌اند) حضورداشته و از آنجا که هدف اصلی از آن میهمانی اجتماع **اعضای اصلی جبههٔ ملی** جهت اعلام موافقت درباره قتل **رزم‌آرا** درمقابل شهود بوده‌است پس هنگامی که **نواب‌صفوی** بیاناتی درباره افرادی ازقبیل **دکتر بقائی و دکتر سنجابی** ابراز می‌کرده‌است، فدائیان حاضر در اتاق دیگر بر این تصوربوده‌اند که خود آن افراد نیز در زمره شنوندگان می‌باشند.
درهرحال **حاج مهدی عراقی** دربارهٔ حضور اعضای **جبههٔ ملی** در آن شب، برخلاف واقع گفته‌است:

*" ... این‌ها **همه‌شان** می‌آیند. **جبههٔ ملی به غیراز مصدق- مرحوم فاطمی** وقتی می‌آید، می‌گوید: من اصالتاً از طرف خودم هستم و وکالتاً از طرف **مصدق**، چون ایشان کسالت داشتند- طبق معمول سنواتی- و گفته‌اند که من نمی‌توانم بیایم ولی هر تصمیمی که در این مجلس گرفته شود برای خود من هم لازم‌الاجرا است ... "*
(ناگفته‌ها- همان- صفحه ۷۲)

هرگاه بیان این مطلب از طرف **حسین فاطمی** صحت داشته‌باشد، دراین‌صورت باید آن‌را مربوط به شب دوم دانست که بعدها **عراقی** خبر آن‌را از دیگران شنیده و با محفوظاتی که از مشهودات قبلی در ذهن داشته مخلوط کرده‌است.

فتوا دهندگان سیاسی و مذهبی و آگاهان قبلی از برنامه قتل رزم‌آرا

در رو در رویی **نواب‌صفوی** با **محمد مصدق** که در ساعت ۱۲ صبح روز ۱۳۳۴/۱۰/۱۶ در دادستانی ارتش انجام گرفته پرسش و پاسخ‌هایی به‌شرح زیر به‌عمل آمده‌است:

" ...

سؤال از نواب‌صفوی:
س: از شما سؤال می‌شود، این شخص را که مقابل شما نشسته‌اند، می‌شناسید یا خیر؟
*ج: بله می‌شناسم. آقای **دکتر مصدق‌السلطنه** می‌باشند. امضاء*
*س: در توطئه قتل **مرحوم سپهبد** رزم‌آرا چه اشخاصی دست داشتند و قبل از کشته شدن آن **مرحوم** تجویز قتل کردند؟*
*ج: آقای **آیت‌الله کاشانی و آقای دکتر مصدق‌السلطنه و آقای دکتر بقائی و آقای شایگان و آقای نریمان و آقای حسین فاطمی و آقای عبدالقدیر آزاد و ... آقای حسین مکی** ... (با خودش ۲۵ نفر) و آقای **سیدمحمد واحدی** (که فقط خبر داشت) سایر آقایان منکور در فوق خبر داشتند و تجویز می‌نمودند. امضاء*

*ملاحظات: **وقتی سیدمجتبی نواب‌صفوی وارد اتاق شد و سؤال به‌عمل آمد، آقای دکتر مصدق فرمودند: حالا می‌فهمم می‌خواهید پرونده‌سازی کنید. آرزو به دل شما می‌ماند[؟!].***
*و موقعی که به **نواب‌صفوی** گفته‌شد پاسخ خود را بخواند، گوش‌های خود را گرفته، چشم‌های خود را بر هم گذاشتند.*
*امضاء **سرلشکر آزموده***
*امضاء **سرتیپ کیهانخدیو***

سؤال از آقای نواب‌صفوی:
*شما بر صحت گفتهٔ خود چه دلایلی دارید مبنی بر اینکه آقایانی را که نام بردید معاونت در قتل **مرحوم سپهبد** رزم‌آرا داشته‌اند. از جمله آقای **مصدق‌السلطنه؟***
*دادستان ارتش **سرلشکر آزموده***
*امضاء **کیهانخدیو***
*امضاء **سروان شهاب***
*ج: رأی و تجویزکردن آقای **کاشانی** و آقای **دکتر مصدق‌السلطنه** علنی و صریح بود، نسبت به اینکه **تیمسار سپهبد** رزم‌آرا بایستی ازبین برود و او دست انگلیس‌ها است. مثل اینکه آقای **دکتر مصدق‌السلطنه** صراحتاً در مجلس بیان کردند، در پشت تریبون مجلس ... آقای **کاشانی** هم در منزل **حاج ابوالقاسم رفیعی** صراحتاً این رأی را پیش روی بنده و آقای **حاج سیدهاشم حسینی** بیان کردند ... "*
(اسرار قتل رزم‌آرا- همان- صفحات ۳۹۹/۴۰۰)

هرچند که به نظر نگارنده، مطالب فوق را نمی‌توان به‌عنوان دلیلی قاطع بر آگاهی قبلی **مصدق** از توطئه قتل رزم‌آرا مورد استناد قرارداد، اما همان‌طور که پیش‌تر اشاره شد، این نویسنده به دلائلی دیگر معتقداست که **مصدق** از طریق **آیت‌الله کاشانی** نه‌تنها از جزئیات **توطئه (نخست) فدائیان اسلام** درباره قتل رزم‌آرا آگاه بوده، بلکه در تنظیم و حتی در تعیین شیوه‌ی اجرای آن دخالت‌داشته و آن‌را با **توطئه دوم** که توسط خود او طرح‌ریزی شده بود، هم‌آهنگ کرده‌است.

افزون‌بر‌آن، **سرتیپ محمد دفتری** در سمت ریاست شهربانی کل کشور و جاسوسان خود **مصدق** در بین **فدائیان اسلام**، منابع دیگری بوده‌اند که او را از برنامه‌ها و اقدامات روزمره آن سازمان تروریستی آگاه می‌ساخته‌اند.
در زیر به شرحی کوتاه درباره‌ی منابع مزبور مبادرت می‌نماید:

الف- آیت‌الله سیدابوالقاسم کاشانی

بنابرآنچه که تاکنون به اطلاع خوانندگان گرامی رسیده‌است، در اینکه **آیت‌الله کاشانی** در جریان اقدامات مربوط به قتل رزم‌آرا قرارداشته و حتی در تهیه مقدمات آن از جمله تهیه اسلحه برای قتل شریک بوده‌است، جای کوچکترین تردید وجود ندارد. اما **آیت‌الله کاشانی** دست‌کم به دو دلیل مجبور بوده‌است که **محمد مصدق** را نیز درجریان جزئیات این توطئه قراردهد:

دلیل نخست:

محمد مصدق و آیت‌الله **کاشانی** در آن زمان به‌ترتیب، به‌عنوان **رهبران سیاسی و مذهبی جبهه‌ی ملی** شمرده می‌شده‌اند و هیچ‌یک از اعضای پایه‌گذار و گردانندگان آن جبهه نیز مجاز نبوده‌اند که بدون آگاهی و قبول رهبر سیاسی جبهه مزبور به انجام اقدامات مهم و اساسی مبادرت نمایند.
همچنین این نکته قابل انکارنیست که تمام مبارزات سیاسی اعضای جبهه مزبور در درجه نخست برای رسیدن به قدرت بوده و فردفرد آنان هدفی از این مهم‌تر نداشته‌اند و اجرای توطئه قتل رزم‌آرا که درصورت موفقیت متضمن نتایج بسیار ارزنده و مطلوبی برای تمام اعضای مذکور بوده، نمی‌توانسته است بدون آگاهی رهبر سیاسی آن جبهه صورت بگیرد و **آیت‌الله کاشانی** مسئولیت تمام عواقب زیان‌بخش و ناخوشایندی را که درصورت شکست و ناکامی توطئه، به‌عنوان معاون جرم برای او فراهم می‌گردیده، به تنهایی مورد قبول قرار داده‌باشد.
آیت‌الله کاشانی از نظر تدبیر و آینده‌نگری به‌مراتب بر **نواب‌صفوی** برتری داشته‌است، حال در جایی‌که شخص اخیر با دوراندیشی به فکر آینده خود بوده و بطوری‌که دیدیم در صدد کسب فتوای سیاسی و مذهبی برای قتل **رزم‌آرا** برآمده‌است، چطور می‌توان قبول کرد که **آیت‌الله کاشانی** قول و قسم همکاری با **جبهه‌ی ملی** را درجهت انجام کاری بس خطرناک زیر پا بگذارد که درصورت موفقیت، تمام اعضای **جبهه‌ی ملی** به‌ویژه **مصدق**، را بهره‌مند سازد و درصورت شکست و باقی‌بودن **رزم‌آرا** در سمت نخست‌وزیری، فقط و فقط خود او را به رسوایی و زندان و مجازات دچار بنماید؟
افزون‌بر‌آن قتل نخست‌وزیر وقت کار ساده و پیش پا افتاده‌ای نبوده که **آیت‌الله کاشانی** به‌تنهایی توانایی گرفتن تصمیم درباره‌ی آن‌را داشته‌باشد و وی نه‌تنها از نظر عضویت در **جبهه‌ی ملی** بلکه برای بررسی تمام جوانب و اطراف کار و پیش‌بینی عواقب مفید و مضر احتمالی که در موفقیت یا شکست توطئه پیش می‌آمده، مجبور بوده‌است که موضوع را با رهبر سیاسی جبهه یعنی **محمد مصدق** درمیان بگذارد و حتی موافقت دست‌کم چند نفری از سایر رهبران درجه یک آن جبهه را نیز جلب‌کند و در این راه پر خطر بدون درنظر گرفتن تمام اطراف و جوانب امر و پیدا کردن معاونان و شرکای جرم بی‌شمار، نخستین گام را بردارد.

آگاهی قبلی مصدق از توطئه فداییان اسلام برای ترور رزم‌آرا

دلیل دوم:

هرچند می‌توان قبول‌کرد که **آیت‌الله کاشانی** قسمتی از اقدامات خود درباره‌ی تهیه وسایل قتل **رزم‌آرا** را به انگیزه‌ی شخصی و به‌منظور انتقام‌گیری از مردی که در پی سوءقصد نافرجام به جان شاه دستور توقیف و تبعید اهانت‌آمیز او را صادر کرده‌بود، انجام داده‌است. اما وی خود را یک رهبر بزرگ سیاسی و مذهبی می‌دانسته و درجهت رسیدن به قدرت تلاش می‌کرده‌است و از این‌جهت بدون تردید باید هدف اصلی وی از شرکت در توطئه قتل رزم‌آرا را رفع بزرگترین مانع موجود در راه رسیدن **جبهه‌ی ملی** به قدرت به‌حساب آورد.

نهضت ملی ایران در آن زمان را می‌توان به داربستی تشبیه‌نمود که در زیر درخت قدرت و حکومت و برای بالابردن و رساندن اعضای **جبهه‌ی ملی** به میوه‌های لذت‌بخش آن درخت تشکیل شده‌بود و با اینکه هر روز بر عظمت و ارتفاع داربست مزبور افزوده‌می‌شده، با این وجود میوه‌های قدرت و حکومت خیلی دور از دست‌های کوتاه اعضای **جبهه‌ی ملی** و بر بالای درخت قرار داشته‌است. **حاجی‌علی** رزم‌آرا با استفاده از قدرت نظامی و پشتیبانی آمریکا بر بالای آن درخت نشسته و به چیدن میوه‌های آن مشغول بوده‌است و تا هر زمان که آن وضع ادامه می‌یافته هیچ امکانی برای بالارفتن **جبهه‌ی ملی** و نشستن به جای او متصور نبوده‌است.

در رأس **جبهه‌ی ملی** و بر بالای آن داربست دو نفر به اسامی **محمد مصدق و سیدابوالقاسم کاشانی** به عناوین رهبر سیاسی و رهبر مذهبی، ولی نه در یک سطح، قرار گرفته‌بوده‌اند. **سیدابوالقاسم کاشانی** که بنابر عقیده و سنت مذهبی قدیمی، دراز‌کردن دست خود به سوی میوه نخست‌وزیری را دون مقام آیت‌اللهی خود می‌دانسته، با تظاهر به بی‌نیازی کامل نسبت به آن، برتری سیاسی **مصدق** نسبت به خود را قبول کرده‌بوده ولی بی‌گمان انتظار داشته‌است که وی پس از توفیق در چیدن میوه نخست‌وزیری، او را بطور کامل در استفاده از آن سهیم و شریک سازد. با این ترتیب بی‌گمان برای وی به نحوی غیرقابل اجتناب ضرورت داشته‌است که پیشاپیش نقش خود را در سرنگونی و نابودی **رزم‌آرا** که مهمترین و تنها مانع در راه نخست‌وزیری **مصدق** به‌شمار می‌رفته‌است، به آگاهی او برساند و با این کار افزون بر انجام وظیفه‌ی سیاسی خود به‌عنوان عضو **جبهه‌ی ملی**، و استفاده از نظرات و راهنمایی‌های بسیار مفید وی در این راه، قول و قرارهای لازم را برای آینده بگذارد و به‌خوبی دریابد که در‌صورت نخست‌وزیر شدن **مصدق**، سهم و نقش وی در حکومت به چه میزان و تا چه اندازه خواهد بود؟

بطوری‌که می‌دانیم پس از افتتاح هفدهمین دوره مجلس شورای ملی در زمان نخست‌وزیری **مصدق**، **آیت‌الله کاشانی** به ریاست آن انتخاب گردیده، یعنی درحالی‌که رهبر سیاسی **جبهه‌ی ملی** ریاست بر قوه مجریه (و قوه قضاییه) را عهده‌دار بوده، رهبر مذهبی همان جبهه هم ریاست قوه مقننه را در‌اختیار گرفته‌است.

حال این پرسش پیش می‌آید که آیا این تقسیم قدرت درنتیجه‌ی همان قول و قرارهایی نبوده که پیش از قتل رزم‌آرا بین این دو رهبر سیاسی و مذهبی **جبهه‌ی ملی** گذاشته‌شده بوده‌است؟

ب- سرتیپ محمد دفتری

سرتیپ محمد دفتری، نوه‌ی برادر و برادر داماد مصدق، رئیس شهربانی کل کشور که اداره آگاهی نیز زیر نظر او بوده‌است، منبع مهم مصدق جهت آگاهی از تمام وقایع و جریانات سیاسی مهم کشور ازجمله برنامه قتل رزم‌آرا، توسط فداییان اسلام بوده‌است.
بطوری که دیدیم، **فداییان اسلام** دارای تشکیلات منظم و حساب شده زیرزمینی و مخفی به‌نحوی که نفوذ در آن برای نیروهای شهربانی مشکل باشد، نبوده‌اند. در شرایطی که برای هر فرد علاقمند عادی با مختصر جستجو و تحقیق امکان راهیابی به محل **نواب‌صفوی** موجود بوده‌است، باید قبول کرد که اداره آگاهی با آن‌همه امکانات، تجربیات و نیروهای مخفی که در بین تمام طبقات، ازجمله مؤمنان مسجدرو داشته‌است از این خطرناک‌ترین گروه مخالف دولت نیز غافل نبوده و بی‌گمان در نقش فعال‌ترین اعضای آن نیروهایی را از خود جای داده بوده‌است.
البته نقش **سرتیپ محمد دفتری** در اجرای دو توطئه قتل **رزم‌آرا** منحصر به همین خبررسانی از توطئه مربوط به **فدائیان اسلام** نبوده‌است و بدون تردید باید اذعان نمود که اگر این شخص، طبق راهنمایی‌های دقیق و بسیار کارساز **مصدق،** ضمن ملاقات‌های روزانه خود با **شاه،** ذهن او را نسبت به **رزم‌آرا** مشوب نکرده و موافقت او را درمورد اجرای توطئه دوم جلب ننموده بود، بی‌گمان **رزم‌آرا** به این سادگی و آسانی به قتل نمی‌رسید و خون او به‌عنوان خیانت به کشور! لوث نمی‌گردید.

ج- فداییان اسلام

بطوری‌که دیدیم، **جبهه‌ی ملی** در آستانه برگزاری انتخابات شانزدهمین دوره مجلس شورای ملی بنیان گذاشته شده‌بود.
در آن زمان **آیت‌الله کاشانی** که هنوز به‌صورت تبعید در لبنان اقامت داشته، از **فدائیان اسلام** با پافشاری خواسته بوده‌است که از کاندیداهای **جبهه‌ی ملی** در آن انتخابات پشتیبانی کنند. شواهد فراوان، چون نوشته‌های **حاج مهدی عراقی،** نشان دهنده این امر می‌باشد.
بطوری‌که شواهد موجود ازجمله همان نوشته‌ها نشان می‌دهد، در آن زمان به اقتضای همکاری سیاسی که بین **جبهه‌ی ملی و فدائیان اسلام** به‌وجود آمده‌بود، **محمد مصدق** با **نواب‌صفوی** ارتباط برقرارکرده و این ارتباط، دست‌کم تا ورود **آیت‌الله کاشانی** به تهران در تاریخ ۲۰ مرداد ۱۳۲۹ (۱۰ جون ۱۹۵۰) ادامه یافته‌است.

در این مدت که **مصدق** در فعالیت‌های سیاسی و انتخاباتی خود بیشتر **فداییان اسلام** را به کمک فرامی‌خوانده، با آنان آشنایی یافته و همانگونه که دیدیم، در همین مدت و با یاری همین افراد برنامه ترور **عبدالحسین هژیر** را طرح‌ریزی کرده و به مورد اجرا گذاشته‌است و بی‌گمان این مدت برای یک سیاستمدار مکار و دوراندیش بس بوده‌است که در آن سازمان نفوذیافته و جاسوسان خود را درمیان افراد آن قراردهد. حال ممکن است که این افراد به‌ظاهر متدیّن، پیش‌تر به استخدام **مصدق** درآمده و سپس در زمره‌ی **فدائیان اسلام** جای گرفته‌اند و یا اینکه افرادی از **فدائیان اسلام** بوده‌اند که **مصدق** آنها را به نحوی تطمیع کرده و به سوی خود کشیده بوده‌است.

۹ - حقایقی از قتل رزم‌آرا- دو توطئه برای یک ترور

الف- نمودار طراحان و مجریان اصلی دو توطئه

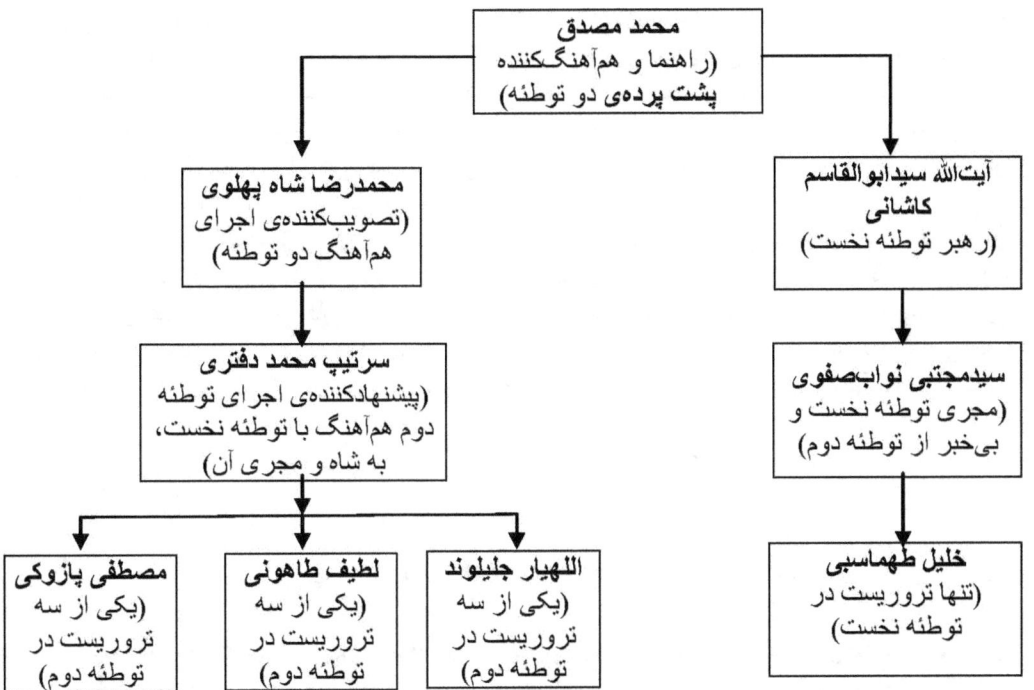

ب- همدستان سرتیپ محمد دفتری

بدبختانه اکنون ما از هویت همه‌ی شرکا و معاونان اجرای توطئه دوم قتل رزم‌آرا آگاهی کافی نداریم ولی بدون تردید می‌توانیم درباره اینکه رئیس اداره آگاهی وقت به‌نام **سرتیپ یوسف بهرامی** و رئیس قسمت انتظامی پلیس شهربانی به‌نام **سرتیپ غلامحسین دانشپور** در اجرای توطئه دوم و در جهت ایجاد هم‌آهنگی بین آن با توطئه نخست شرکت مستقیم داشته‌اند، اظهارنظر نماییم.

محو اسناد و شواهد واقعی و جعل اسناد و مدارک جدید برای آن جنایت، جز با شرکت رئیس آگاهی وقت امکان‌پذیر نبوده، و نیز تمام آنچه را که ما در صفحات آینده به‌عنوان وظیفه **اسدالله فرخنده‌کلام** در داخل مسجد، شرح خواهیم‌داد بخشی کوتاه از وظایف **سرتیپ دانشپور** نیز به‌حساب می‌آید. به‌عبارت دیگر اسدالله **فرخنده‌کلام** اقدامات خود را با تشریک مساعی **سرتیپ دانشپور** به‌انجام رسانده‌است.

۳۵٦

پنج ترور تاریخی راه‌گشای صدارت مصدق

خوانندگان گرامی خود می‌توانند هنگام مطالعه آنچه پیش آمده را در صفحات آتی، و تا اندازه‌ای از میزان دخالت دو نفر مذکور و همچنین افراد دیگری از قبیل **سرتیپ ایروانی**، معاون شهربانی آگاهی‌یابند و در این باره اظهارنظر نمایند.
انتصاب این افراد به مشاغل مزبور توسط **سرتیپ دفتری** انجام گرفته‌بوده و همگی گوش به فرمان وی بوده و از او اطاعت می‌کرده‌اند.

پ - توضیحاتی درباره تنها تروریست توطئه نخست

بطوری‌که از بازجویی‌های **خلیل طهماسبی** مشخص می‌شود، وی مانند بیشتر اعضای دیگر **فدائیان اسلام**، خدمت سربازی را انجام نداده‌بوده و می‌توان اسلحه‌ای را که با آن به‌سوی **رزم‌آرا** شلیک کرده‌بود، نخستین و آخرین سلاح گرم و کشنده‌ای دانست که به دست او رسیده بوده‌است.
همان‌طور که در رو در رویی بین **نواب‌صفوی** و **حسن لشکری** دیدیم، **لشکری** با ذکر جمله" *درست یادم نیست* " تعداد فشنگ‌های خریداری شده همراه با هفت‌تیر را" *۱۳ عدد* " و **نواب‌صفوی** آنها را در حدود ۱۴ - ۱۵ تا ذکر کرده‌بودند.
خلیل طهماسبی ضمن مصاحبه‌ای که در پی بخشش و آزادی خود از زندان پس از قتل **رزم‌آرا** با خبرنگار مجله **تهران‌مصور** به‌عمل آورده، بدون اینکه درمورد نقش **نواب‌صفوی** در تهیه اسلحه مزبور مطلبی را فاش سازد، درباره آن چنین گفته‌است:

> *" ... بالاخره یک ماه قبل از وقوع این حادثه توانستم هفت‌تیری را به مبلغ صد و بیست تومان، با ده فشنگ از شخصی بخرم. پس از خرید اسلحه یک روز به **صفائیه** رفتم، در محیط آرام و خاموش **صفائیه** فشنگ‌ها را داخل اسلحه نموده و برای آزمایش، سه گلوله خالی کردم. بعد به شهر مراجعت کرده و مترصد فرصت بودم ... "*
> (اسرار قتل رزم‌آرا- همان- صفحات ۴۷۰/۴۷۱)

با این ترتیب، می‌توان حدس زد که در **صفائیه**، **خلیل طهماسبی** و یک یا چند نفر دیگر از **فداییان اسلام** نیز با اسلحه مزبور، برای یاد دادن و یا آموختن طرز تیراندازی، چند فشنگی را مصرف‌کرده‌اند. ولی **خلیل طهماسبی** فقط سه گلوله خالی‌کرده و هفت گلوله دیگر نیز از ۱۳ یا ۱۴ گلوله نخستین باقی مانده بوده‌است.
درهرحال همان خالی‌کردن سه گلوله در **صفائیه**، تمام تجربه‌ی قبلی **خلیل طهماسبی** در تیراندازی را تشکیل می‌داده‌است. و اگر ما بخواهیم این تجربه را بیش از این هم به‌حساب بیاوریم، بی‌گمان نمی‌توان آن‌را از کل ۶ یا ۷ فشنگی که تا پیش از قتل **رزم‌آرا** به‌مصرف رسیده بوده‌است، زیادتر دانست.

حال خوانندگان گرامی می‌توانند خودشان وضع این تیرانداز صد در صد ناشی را با وضع سه تروریست توطئه دوم که هریک افزون‌بر دوره آموزشگاه دژبان دوره‌های ویژه کوماندویی را نیز گذرانده و صدها مرتبه تیراندازی با انواع سلاح‌ها انجام داده‌بوده‌اند، مقایسه‌نمایند.

ت- توضیحاتی درباره تروریست‌های توطئه دوم

همانگونه که می‌دانیم، **سپهبد حاجیعلی رزم‌آرا** در نخستین روز انتخاب به نخست‌وزیری، **سرتیپ محمد دفتری**، رئیس دژبان مرکز و قاتل آینده خود را به ریاست شهربانی کل کشور گمارده‌است.
این شخص نیز بی‌درنگ سازمان تروریستی خود در دژبان را که همگی از نظر عملیات کوماندویی آموزش‌های ضروری را فراگرفته و در امتحانات مربوط نیز آمادگی کامل خود را برای ارتکاب اعمالی ازقبیل قتل، جرح، ارعاب و تهدید به اثبات رسانده‌بودند، به شهربانی کل کشور منتقل‌کرده و شش نفر از قابل اعتمادترین، ماهرترین و مطمئن‌ترین آنان را به‌عنوان محافظ شخصی و خانوادگی برای **رزم‌آرا** اختصاص داده‌است که از این عده، چهار نفر در نخست‌وزیری و دو نفر در خانه او خدمت می‌کرده‌اند.
این افراد از نخستین روز استخدام در دژبان، **سرهنگ (وقت) محمد دفتری** را به‌عنوان فرمانده خود شناخته و از زمانی هم که برای عملیات کوماندویی و تروریستی امتحان و انتخاب شده‌بوده‌اند، از او اطاعت و حرف‌شنوی داشته‌اند. به‌عبارت دیگر اینان از نظر قابلیت اعتماد و اطاعت، بطور کامل واجد شرایط لازم بوده‌اند، اما نسبت به خود **تیمسار دفتری**!
خواهشمنداست به مطالب زیر که قسمتی از بازجویی‌های دو نفر از سه تروریست توطئه دوم، بی‌درنگ پس از وقوع در شهربانی می‌باشد توجه فرمایند:

از بازجویی‌های اللهیار جلیلوند:

" س: چند وقت است داخل خدمت دولتی شده‌اید؟
ج: در سه سال قبل داخل خدمت شده‌ام. یعنی قبلاً در ارتش بودم و تقریباً در چهارماه قبل به شهربانی منتقل شده‌ام.
س: در ارتش در کدام قسمت مشغول خدمت بوده‌اید؟
ج: در دژبان بودم و مأمور انتظامات بودم.
س: به موجب وظیفه به خدمت ارتش احضارشدید یا داوطلب بودید؟
*ج: داوطلب به خدمت آموزشگاه گروهبانی دژبان رفتم و معرف من به آموزشگاه گروهبانی [به‌نام] آقای **بهرامی** رئیس اداره **آگاهی** بودند. امضاء*
*س: چه سابقه و آشنایی بین شما و آقای رئیس اداره **آگاهی** هست که شما را معرفی نمودند؟*
*ج: زنی به‌نام **خدیجه** که از شناسان ما بوده، آقای **رئیس** را می‌شناخت، ایشان سفارش کرده بودند. امضاء*
س: ...
ج: ...
س: مأموریت شما اخیراً در شهربانی چه شده است؟
*ج: از اول نخست‌وزیری جناب آقای **رزم‌آرا** موقعی که ایشان نخست‌وزیر شدند، ما شش نفر بودیم که در بخش ۳ دژبان مأموریت داشتیم[!] [و همه با هم] به شهربانی منتقل و مأمور نخست‌وزیر در اداره بودیم. امضاء "*
(اسرار قتل رزم‌آرا- همان- صفحات ۴۱/۴۲)

از بازجویی‌های مصطفی پازوکی:

" س: چند وقت است در ارتش هستید؟
ج: سه سال است و گویا دو ماه اضافه باشد. امضاء
س: شما چه شغلی دارید؟
*ج: **بنده الان مأمور محافظ نخست‌وزیر بودم**. امضاء*
س: چند وقت است که این شغل را دارید؟
*ج: **از بدو نخست‌وزیری تیمسار رزم‌آرا**. امضاء*
س: غیر از شما چند نفر دیگر این سمت را دارند؟
*ج: **غیر از من پنج نفر دیگر هستند که دو نفر همیشه در منزل نخست‌وزیر، و چهار نفر هم در اداره نخست‌وزیری هستند**. امضاء "*
(اسرار قتل رزم‌آرا- همان- صفحه ۵۱)

ث - همدست تروریست‌های توطئه دوم

سه نفر تروریست توطئه دوم دارای یک نفر همدست به‌نام **اسدالله فرخنده‌کلام** در **مسجد شاه** بوده‌اند که وظیفه اصلی‌اش محو کلیه شواهد و دلایل ارتباط قتل رزم‌آرا با قاتلان واقعی او بوده‌است.
هرچند که این شخص جزو شش نفر محافظان جان! نخست‌وزیر نبوده ولی مانند آنان در دژبان مرکز و تحت فرمان **سرتیپ دفتری** به‌انجام خدمات مخصوص؟! اشتغال‌داشته و نیز مانند آنان از همان روزهای انتخاب **سرتیپ دفتری** به ریاست شهربانی کل کشور، با درجه پاسبان سومی، به شهربانی انتقال‌یافته و در آموزشگاه پاسبانی به خدمات سرپرستی و تعلیم مهارت‌های ویژه؟! به کارآموزان مستعد؟! مشغول شده‌است.

ج - درگذشت آیت‌الله فیض زمان مناسب برای اجرای دو توطئه

پس از آنکه هر دو توطئه مربوط به قتل رزم‌آرا طرح‌ریزی و تکمیل گردیده و هم‌آهنگی‌های لازم در جهت اجرای آنها پیش‌بینی و فراهم شده‌است، دست‌اندرکاران توطئه‌گر در انتظار فرصت مناسبی بوده‌اند تا آنها را به مرحله‌ی عمل درآورند و این فرصت را مرگ **آیت‌الله حاج‌میرزامحمد فیض** دراختیار آنان قرار داده‌است.
در روز یکشنبه ۱۳ اسفند ۱۳۲۹، همزمان با غروب آفتاب، تلفنی از قم به **آیت‌الله کاشانی** اطلاع داده شده‌است که **آیت‌الله** مذکور در سن ۹۰ سالگی درگذشته است.
بر اساس آگهی که روز پس از آن به امضای دو **آیت‌الله، سید ابوالقاسم کاشانی و سید محمد بهبهانی** (که رقیبان یکدیگر هم شمرده‌می‌شده‌اند) در روزنامه‌ها به چاپ رسیده، مجلس ترحیم **آیت‌الله** درگذشته از ساعت سه بعدازظهر روز سه‌شنبه ۱۵ اسفند در **مسجد مروی** برگزار می‌شده‌است.
در همین روز آگهی دیگری نیز در روزنامه‌ها انتشاریافته، مبنی بر اینکه از ساعت ۹ تا ۱۱ روز چهارشنبه ۱۶ اسفند، مجلس ترحیم دیگری از طرف دولت در **مسجد شاه** برگزار خواهدگردید و

حقایقی از قتل رزم‌آرا – دو توطئه برای یک ترور

طبیعی است که با انتشار این آگهی انتظار می‌رفته‌است که **حاجیعلی** رزم‌آرا به‌عنوان «**صاحب‌عزا**» در این مراسم حضور داشته‌باشد.

چ- وظیفه ویژه هر یک از تروریست‌های توطئه دوم و همدست آنان در جریان قتل

وظایف اصلی تروریست‌های توطئه دوم و همدست آنان از لحظه شلیک نخستین گلوله توسط **خلیل طهماسبی** به‌سوی رزم‌آرا آغاز می‌شده‌است و طبق شواهد موجود، پس از آن لحظه هر یک از آنان وظیفه مشخصی به‌شرح زیر داشته‌است:

۱ - مصطفی پازوکی:

این شخص در تیراندازی به **رزم‌آرا** نقشی به‌عهده نداشته و وظیفه‌ی وی این بوده‌است که در طرف راست نخست‌وزیر حرکت نماید و بی‌درنگ پس از تیراندازی **خلیل طهماسبی** به‌سوی رزم‌آرا، با نعره و فریاد و هیاهو و به روالی که توجه عموم حاضران را جلب کرده‌باشد، نسبت به دستگیری وی اقدام‌کند و او را با یاری کارآموزان پلیس که به فرمان **اسدالله فرخنده‌کلام** بوده‌اند، زنده دستگیر نماید. زیرا دستگیری این شخص که سرانجام به افشای توطئه نخست منجر می‌گردیده، زمینه‌های زدودن هرگونه بدگمانی از توطئه‌گران و تروریست‌های توطئه دوم را فراهم می‌ساخته‌است.

از این رو توطئه‌گران توطئه دوم نسبت به دستگیری **خلیل طهماسبی** در زمان تیراندازی و یا بی‌درنگ در پی جنایت اهمیت فراوانی قائل بوده و به‌ویژه ترجیح می‌داده‌اند که این کار توسط **مصطفی پازوکی** که محافظ نخست‌وزیر بوده‌است، انجام‌گردد.

مسجد شاه در حوزه فعالیت کلانتری ۸ قرارداشته و بر اساس نقشه توطئه‌گران قرار بوده‌است که **خلیل طهماسبی**، شاهدان عینی تیراندازی و شرکت‌کنندگان در دستگیری او، و بطور کلی هر آنچه که با توطئه نخست ارتباط داشته‌است، از قبیل اسلحه، فشنگ یا فشنگ‌های خالی‌شده و پوکه‌های آن‌ها (به‌جز **لطیف طاهونی و اللهیار جلیلوند**) به کلانتری ۸ تحویل داده‌شوند و نخستین رسیدگی‌ها نسبت به آنان در آن کلانتری انجام‌گردد.

اما **مصطفی پازوکی** که نقشی در تیراندازی نداشته و در عین حال، در امر دستگیری **خلیل طهماسبی** عامل اصلی به‌شمار می‌آمده، تنها استثناء درمیان محافظان در این برنامه محسوب‌می‌شده و قرار بوده‌است که به کلانتری ۸ برده‌شود، تا اینکه در آنجا به‌عنوان محافظ رزم‌آرا و دستگیرکننده قاتل وی، با چشمهایی به‌ظاهر اشک‌آلود و قیافه‌ای گریان، درحالی که بغض راه گلویش را گرفته بوده‌است! درباره‌ی نحوه‌ی کشته‌شدن رزم‌آرا توسط قاتل سنگدل! مذکور و طرز دستگیری او بازجویی شود و توضیحات بدهد.

۲ و ۳ - لطیف طاهونی و اللهیار جلیلوند

چنین به‌نظر می‌رسد که در برنامه اولیه ترور، وجود **اسدالله علم** پیش‌بینی نشده بوده‌است و درصورت تنها‌بودن رزم‌آرا، **اللهیار جلیلوند** در طرف چپ (قرینه با پازوکی) و **لطیف طاهونی** در پشت سر قرار می‌گرفته‌اند.

پنج ترور تاریخی راهگشای صدارت مصدق

درعین حال وجود **علم** (مشروط بر اینکه در طرف چپ نخست‌وزیر باشد) نه تنها مشکلی ایجاد نمی‌کرده، بلکه حتی تا اندازه‌ای نیز اجرای توطئه مورد نظر را آسان‌تر می‌ساخته‌است. زیرا بطوری‌که خواهیم دید، با حضور این دو نفر (که وظیفه تیراندازی به رزم‌آرا را به‌عهده داشته‌اند) با هم در ردیف دوم و پشت سر نخست‌وزیر قرارگرفته‌اند و انجام آن وظیفه برایشان آسان‌تر شده‌است. وضع قرارگرفتن این سه نفر نسبت به **رزم‌آرا** و **علم** در نمودار صفحه شماره ۳۶۶ نشان‌داده شده است.

با اینکه طبق آن نمودار، **طاهونی** و **جلیلوند** در پشت سر نخست‌وزیر قرارداشته‌اند ولی هرکس که **پازوکی** را مانند **علم** به‌عنوان یکی از رجال کشور تصورمی‌کرده، می‌توانسته که **طاهونی** را محافظ طرف راست نخست‌وزیر و **جلیلوند** را محافظ طرف چپ وی به‌حساب آورد و بطوری که خواهیم‌دید این اشتباه را **اسدالله فرخنده‌کلام** (هم‌دست تروریست‌ها) مرتکب شده‌است. یعنی وی ابتدا همین دو نفر را به‌عنوان محافظان طرف راست و چپ نخست‌وزیر تصورکرده و اقداماتی را که طبق برنامه توطئه می‌بایست درمورد محافظ واقعی طرف راست نخست‌وزیر (یعنی **پازوکی**) به‌انجام برساند، درمورد **طاهونی** انجام داده و ندانسته او را به کلانتری ۸ فرستاده‌است.
درهرحال این دو نفر محافظ وظیفه تیراندازی به‌سوی رزم‌آرا و کشتن او را عهده‌دار بوده‌اند. یعنی قرار بوده‌است که اینان پس از شنیدن صدای گلوله (از اسلحه **خلیل طهماسبی**)، سلاح‌های خود را بیرون بکشند و هر یک دست کم یک دو گلوله به یکی از نقاط حساس بدن رزم‌آرا خالی کنند.
پس از آن این افراد وظیفه داشته‌اند که بی سروصدا خود را از صحنه جنایت دورسازند و **اسدالله فرخنده‌کلام** نیز وظیفه کمک به این دو نفر جهت فرار از صحنه را به‌عهده داشته‌است. در پی آن، این افراد می‌بایست خودشان به اداره آگاهی رفته و با یاری و راهنمایی رؤسای شهربانی و آگاهی و نیز با توجه به آنچه که به‌راستی رویداده بوده‌است، داستان مناسبی برای بازجویی و ادای شهادت جعل نمایند. و اگر امکان فرار برای آنان پیدا نمی‌شده (همان طور که نشده‌است) **اسدالله فرخنده‌کلام** وظیفه داشته‌است که آنان را به‌جای کلانتری ۸، به شهربانی اعزام دارد.

٤ - اسدالله فرخنده‌کلام

این شخص وظیفه داشته‌است که درحدود ساعت ۷:۳۰ صبح روز وقوع حادثه، به محل خدمت خود یعنی آموزشگاه شهربانی مراجعه‌کند و سپس ۵۰ نفر از کارآموزان آن آموزشگاه را تحویل بگیرد و به شهربانی کل ببرد و از آنجا آنان را با سرپرستی افسری که از پیش معلوم شده بوده‌است، با وسایل نقلیه شهربانی، به مسجد شاه منتقل سازد.
در مسجد شاه، این افراد می‌بایست توسط همان شخص در دو صف موازی در سرتاسر صحن مسجد، یعنی از جایی که دالان شمالی مسجد پایان می‌یابد تا جایی که با پرده‌های کلفت شبستان مسجد را از صحن جداکرده‌اند، بایستند. یعنی در واقع وی وظیفه داشته‌است که با دو دیواره گوشتی از کارآموزان پاسبانی، مسیری غیرقابل تغییر برای عبور نخست‌وزیر ایجادنماید تا تیراندازی به سوی او و در هر نقطه‌ای از این مسیر به آسانی امکان‌پذیر باشد.

شنیده‌ام که در اغلب سلاخ خانه‌ها یک راهرو باریک برای عبور گوسفندان به‌صورت تک‌تک وجود دارد و همین که گوسفندی در ابتدای آن راهرو قرارگرفت جز رفتن به سوی سلاخی که در انتظار او ایستاده‌است، راهی دیگر درپیش نخواهد داشت.

حقایقی از قتل رزم‌آرا – دو توطئه برای یک ترور

در هرحال این راه عبور را برای نخست‌وزیر به‌سوی قربانگاه در روز وقوع قتل، از حدود ساعت ۸:۳۰ صبح آماده کرده‌بوده‌اند.
قسمتی از وظایف دیگر اسدالله **فرخنده‌کلام** در روز مزبور به‌شرح زیر بوده‌است:

(الف)- توجه به اینکه پس از تیراندازی به نخست‌وزیر (فقط) محافظ طرف راست وی، آن هم به‌عنوان شاهد، به کلانتری ۸ اعزام‌گردد و در آنجا نیز به‌عنوان مهم‌ترین عامل در دستگیری **خلیل طهماسبی** معرفی‌شود که البته این امر به هیچ‌وجه دور از واقعیت نبوده و طبق برنامه تنظیمی می‌بایست به همین ترتیب هم عمل شده‌باشد.

(ب)- مراقبت در دستگیری **خلیل طهماسبی** و انتقال او به‌عنوان عامل جرم به کلانتری ۸ بازار.

(ج)- مراقبت در پیداکردن فشنگ یا فشنگ‌هایی که توسط **خلیل طهماسبی** خالی می‌شده‌است و پوکه‌ی آن‌ها و تحویل‌شان به‌عنوان مدرک جرم به کلانتری ۸.

(د)- مراقبت جدی در پیداکردن فشنگ‌هایی که محافظان نخست‌وزیر به‌سوی او شلیک می‌کرده‌اند و پوکه‌های آن‌ها، و تحویل آن‌ها به خود **سرتیپ دفتری** و یا شخص دیگری که از پیش تعیین‌شده بوده‌است.

(ه)- درصورت امکان، عدم ایجاد مزاحمت برای سایر محافظان نخست‌وزیر (که قاتلان واقعی بوده‌اند) و در غیراین‌صورت، اعزام آنان به شهربانی کل کشور.

(و)- مراقبت در اعزام تمام شاهدان عینی احتمالی که محافظان مذکور را در حال تیراندازی به نخست‌وزیر مشاهده کرده بودند، به شهربانی کل کشور.

(ز)- ادای شهادت قطعی در کلانتری به عنوان سرپرست کارآموزان اعزامی به مسجد شاه، درباره‌ی اینکه شخصاً شلیک تمام گلوله‌ها را از سوی همان تروریست متعلق به فداییان اسلام، یعنی **خلیل طهماسبی**، به نخست‌وزیر مشاهده‌کرده و نیز شاهد دستگیری قاتل!، از طرف محافظ طرف راست نخست‌وزیر بوده‌است.

ح- آماده ساختن خلیل طهماسبی

نواب‌صفوی حتی پیش از انتشار روزنامه از راه‌های مختلف از برگزاری مجلس ترحیم مزبور و شرکت رزم‌آرا در آن آگاهی‌یافته و **خلیل طهماسبی** را برای اجرای توطئه مورد نظر آماده ساخته‌است.
داستان زیر را می‌توان نمونه‌ای از فعالیت همه‌جانبه‌ای دانست که در آن زمان برای قتل رزم‌آرا در جریان بوده‌است:

" ... آقای **حاج ابوالقاسم رفیعی**، از بنیان‌گذاران اولیه فدائیان اسلام و مدیر انتظامات آن گروه، که شب قبل از قتل رزم‌آرا، میزبان مرحومان **نواب‌صفوی**، برادران **واحدی** و آقای **سیدهاشم حسینی‌تهرانی** بوده‌اند، برای راقم [محمد ترکمان] چنین فرمودند:

قبل از غروب [روز پیش از قتل] آقای **سیدهاشم حسینی‌تهرانی** هیجان‌زده به منزل ما آمدند و فرمودند: آقای [احمد] **فریدونی** گفته‌اند: اگر می‌خواهید رزم‌آرا را به‌قتل برسانید،

آماده‌باشید، چون نامبرده فردا صبح برای شرکت در مراسم ختم، در مسجد سلطانی [شاه] حضور خواهدیافت[!].
آقای رفیعی سپس اضافه فرمودند: پس از گذشت ساعتی خود فریدونی شخصاً به منزل ما، که در خیابان لرزاده قرارداشت، آمد و همان مطلب را مجدداً تذکرداد و رفت[!].
در ادامه آقای رفیعی اظهارداشتند: منسوبین من در روز وقوع حادثه فریدونی را درمقابل مسجد سلطانی مشاهده کرده بودند ..."
(اسرار قتل رزم‌آرا- همان- صفحه ۲۹)

به موجب توضیحاتی که محمد ترکمان داده؛

فریدونی " سالیان دراز در پست کفالت و معاونی وزارت کشور مشغول رتق و فتق امور بوده‌است . "
(اسرار قتل رزم‌آرا- همان- صفحه ۲۹)

ما از نوشته‌های حاج مهدی عراقی دریافتیم که نواب‌صفوی در منزل همین حاج ابوالقاسم رفیعی دربرابر شماری شاهد که پنهان شده بودند، از آیت‌الله کاشانی فتوای قتل رزم‌آرا را گرفته‌است و نیز در یکی از پاسخ‌هایی که نواب‌صفوی در رو در رویی با محمد مصدق در دادستانی ارتش داده‌است چنین می‌خوانیم:

" ... آقای کاشانی هم در منزل حاج ابوالقاسم رفیعی صراحتاً این رأی را پیش روی بنده و آقای حاج سیدهاشم حسینی بیان کردند و سایر آقایان مذکور هم به شرحی که عرض شده‌بود کمک می‌کردند و تجویزمی‌نمودند. "
(اسرار قتل رزم‌آرا- همان- صفحه ۴۰۰)

با این ترتیب، تعجب می‌نماییم که چگونه این کفیل یا معاون وزارت کشور، نه‌تنها سیدهاشم حسینی را می‌شناخته و از ارتباط نزدیک و خصوصیت وی نزد نواب‌صفوی آگاهی‌داشته، بلکه حتی می‌دانسته‌است که در آن روز نواب‌صفوی در کدام خانه سکونت دارد!

حال ای خواننده‌ی گرامی، تو خود حدیث مفصل بخوان از این مجمل و حدس بزن که «اداره آگاهی شهربانی کل کشور» تا چه حد از وضع «فدائیان اسلام» آگاهی داشته‌است؟

خ- نقش و وظیفه امیراسدالله علم

امیراسدالله علم، وزیر کار دولت رزم‌آرا و پسر محمدابراهیم‌خان شوکت‌الملک، امیر قائنات بوده و روابط بسیار صمیمانه‌ای با محمدرضا شاه پهلوی داشته‌است.
وی که از چند روزی پیش از وقوع قتل به‌عنوان بررسی و بازدید از اوضاع کارگری و وضع کارخانه‌های اصفهان، به آن شهر سفر کرده بوده‌است، بعدازظهر روز پیش از قتل به تهران برمی‌گردد و وظیفه‌ی بردن رزم‌آرا به مسجد شاه را به‌عهده می‌گیرد.
حال این قسمت از داستان را از زبان خود او که در تاریخ ۱۳۳۰/۲/۲۴ به‌عنوان مطلع در دادگستری بیان داشته‌است، بشنوید:

" اینجانب عصر روز پانزدهم از اصفهان مراجعت، و صبح شانزدهم اسفند، ساعت هشت آن هم برای ملاقات نخست‌وزیر به نخست‌وزیری رفتم. تا حدود ساعت ده معطل شدم. ایشان به نخست‌وزیری نیامدند.
*در این مدت انتظار، در اتاق آقای **هدایت**، معاون نخست‌وزیر، بودم.*
ایشان فرمودند: آقای نخست‌وزیر باید مسجد باشند، شما اگر عجله دارید که ایشان را ببینید، بیایید با هم برویم مسجد. آنجا شاید ملاقاتشان نمایید.
*اینجانب به‌واسطهٔ کارهایی که داشتم، مایل بودم به وزارت کار مراجعت کنم [؟!]. ولی آقای **هدایت** اصرارکردند که با ایشان به مسجد بروم. لهذا به اتفاق ایشان به مسجد رفتم. آقای نخست‌وزیر آنجا نبود. چند دقیقه صبرکردم و فاتحه خواندم. بعد از مسجد بیرون آمدم. آقای **هدایت** را آنجا گذاشتم. چون با اتومبیل آقای **هدایت** رفته بودم و اتومبیل خودم جلوی نخست‌وزیری بود، با اتومبیل آقای **هدایت** برگشتم به نخست‌وزیری که از آنجا با اتومبیل خودم بروم ... "*
(اسرار قتل رزم‌آرا- همان- صفحات ۱۸۱/۱۸۲)

اما مطالبی که **محمود هدایت** (برادرزن و معاون نخست‌وزیر) در زمان بازجویی به تاریخ ۱۳۳۰/۲/۱۸، به‌عنوان آگاه، در دادگستری ابراز داشته‌است با گفته‌های بالا سازگاری ندارد. برای نمونه اینکه نه‌تنها اشاره‌ای در آنها از قصد **اسدالله علم** برای بازگشت به وزارت کار وجود ندارد، بلکه گفته‌است:

*" ... به آقای **علم** گفتم: بفرمایید برویم مسجد. ایشان گفتند: می‌خواستم بمانم و خدمت آقای **نخست‌وزیر** برسم. گفتم: در مراجعت هم می‌شود این کار را کرد. ما با هم راه افتادیم و رفتیم ...*
*پس از چند دقیقه، آقای **علم** برخاست، گفتم: کجا؟ گفت من می‌روم بلکه بتوانم زودتر آقای **نخست‌وزیر** را ببینم. و رفت.*
*چند دقیقه بعد دیدم آقای [آیت‌الله] **بهبهانی** تشریف آوردند. "*
(اسرار قتل رزم‌آرا- همان- صفحه ۱۷٤)

به همین روش به بقیه‌ی گفته‌های **علم** هم که برای بی‌گناه نشان‌دادن خود در شرکت در توطئه قتل رزم‌آرا بیان شده‌است، اعتمادی نمی‌باشد. برای نمونه همان‌گونه که در بالا خواندیم، **آیت‌الله بهبهانی** که اجازه خواندن الرحمن و برچیدن مراسم را داده‌بوده، چند دقیقه‌ای پس از خروج **اسدالله علم** از مسجد، به آنجا وارد شده‌است. و بدین معنا که در هنگام بیرون رفتن **علم** از مسجد، هنوز خبری از برچیدن مراسم درمیان نبوده‌است.
اما همانگونه که در زیر ملاحظه‌می‌شود، **اسدالله علم** ضمن بیانات خود به دروغ وانمودکرده که قصد منصرف‌ساختن رزم‌آرا از رفتن به مجلس ترحیم را داشته‌است:

" ... از نخست‌وزیری می‌رفتم بیرون، بین پله‌های کاخ ابیض به نخست‌وزیر برخوردم. به‌اتفاق ایشان به اتاق کارشان رفتم و گفتم: چون کارهای لازمی راجع به امور اصفهان داشتم، حتی به مسجد آمدم، شاید جنابعالی را آنجا پیدا کنم ولی تشریف نداشتید.
ایشان به‌خاطر آوردند که باید به مسجد بروند و اظهارداشتند: بس کار لازم دارم، این‌گونه امور فراموش می‌شود، حال بیا با هم برویم.

به ایشان عرض کردم: ***وقتی بنده از مسجد بیرون می‌آمدم از طرف آقایان علماء دستور خواندن الرحمن داده شده‌بود، باید دیر باشد و دیگر فاتحه نخواهید رسید.***
ایشان منصرف شدند و مجدداً راجع به امور اصفهان مشغول مذاکره شدیم ...
مجدداً گفتند: *بیا برویم مسجد.*
به ایشان عرض کردم: من آنجا بودم، حالا دیگر نمی‌آیم. بعد که مراجعت فرمودید تلفن بفرمایید، خدمت برسم.
اصرارکردند: بیا برویم. چند دقیقه در راه وقت داریم، صحبت کنیم ...
... بین راه صحبت از امور اصفهان بود. جلوی مسجد باز خواستم برگردم اصرارکردند بیا برویم تو، باز هم صحبت کنیم ..."
(اسرار قتل رزم‌آرا- همان- صفحات ۱۸۲/۱۸۳)

بی‌گمان خوانندگان گرامی در صحت این قسمت از فرمایشات آقای **علم** تردید ندارند زیرا ایشان پس از اطمینان از رفتن **رزم‌آرا** به مسجد، ترجیح می‌داده‌است که در زمان وقوع جنایت در آنجا حضور نداشته‌باشد تا هم از تیررس گلوله‌های یک تیرانداز ناشی مانند **خلیل طهماسبی** دورشود و هم بدنامی شرکت در توطئه را از خود دورسازد.

د- بازدید شتاب‌آمیز سرتیپ دفتری از انجام ترتیبات مورد نظر در داخل مسجد

شاید یکی دو دقیقه از ساعت ده و نیم صبح روز ۱٦ اسفند ۱۳۲۹ گذشته بوده‌است که **سپهبد حاجیعلی رزم‌آرا** همراه **اسدالله علم** در یک اتومبیل، از نخست‌وزیری حرکت‌کرده و با گذشتن از مسیر خیابانهای سپه، ناصرخسرو و بوذرجمهری به بالای پلکان واقع در جلوی در شمالی مسجد شاه رسیده‌اند.
بازجویی‌های شماری از شهود نشان‌می‌دهد که چند دقیقه‌ای پیش از رسیدن نخست‌وزیر به جلوی مسجد، **سرتیپ دفتری** با شتاب به داخل مسجد رفته و با حصول اطمینان از اینکه ترتیبات انجام شده به‌نحو مطلوب و مورد نظر! می‌باشد، بازگشته‌است.
چنین به‌نظر می‌رسد که این بازدید شتاب‌آمیز **سرتیپ دفتری** از وضع داخل مسجد درست در لحظات آماده‌شدن **رزم‌آرا** برای حرکت به‌سوی مسجد (که با وسایل مخابراتی و توسط ایادی او، و یا حتی توسط انتظامات نخست‌وزیری و بنا بر وظیفه‌ی شغلی به آگاهی وی رسیده‌بوده) آغاز شده‌است.
ممکن است بعضی از خوانندگان گرامی این بازدید سریع را به‌حساب انجام وظیفه **سرتیپ دفتری**، به‌عنوان رئیس شهربانی بگذارند، اما چون وی بی‌درنگ پس از خروج از مسجد ناپدیدشده و دیگر تا زمانی که برای دیدن جسد **رزم‌آرا** به بیمارستان سینا رفته‌بوده، کسی او را ندیده‌است، پس نگارنده نمی‌تواند چنین نظری داشته‌باشد و عقیده دارد که درصورت حضور **سرتیپ دفتری** در جلوی مسجد، در هنگام رسیدن **رزم‌آرا** به آن محل وی مجبور می‌شده‌است که به‌عنوان احترام و انجام وظیفه و یا حتی به درخواست نخست‌وزیر، برای دادن دستوراتی به او و یا شنیدن گزارشاتی از او، به همراه نخست‌وزیر به داخل مسجد برود و این کار درحالی که برنامه‌ی خالی‌شدن چندین گلوله به‌سوی رزم‌آرا در پیش بوده، شرط عقل به‌حساب نمی‌آمده‌است.

درهرحال داوری در این امر را به‌عهده‌ی خوانندگان گرامی واگذارمی‌نماید.

نمودار وضع رزم‌آرا و سایرین در لحظه وقوع جنایت

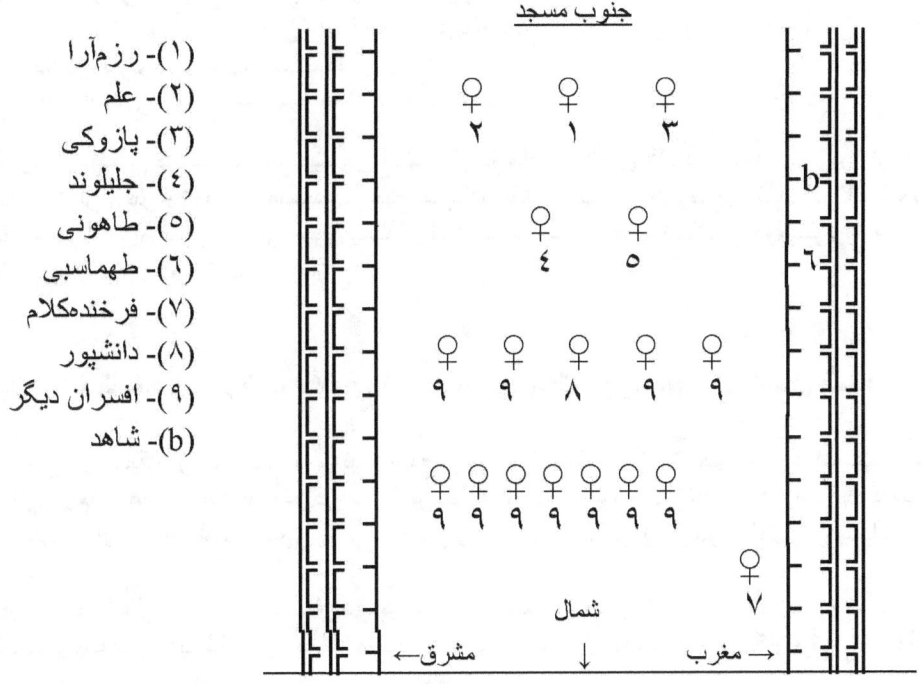

(۱)- رزم‌آرا
(۲)- علم
(۳)- پازوکی
(٤)- جلیلوند
(٥)- طاهونی
(٦)- طهماسبی
(۷)- فرخنده‌کلام
(۸)- دانشپور
(۹)- افسران دیگر
(b)- شاهد

انتهای دالان و ابتدای صحن مسجد شاه

درنمودار بالا از علامات ┤ و ├ برای نشان‌دادن کارآموزان پاسبان، که در دو صف به‌فاصله ۳ متر روبه‌روی هم ایستاده‌بوده‌اند، و از علامات ╢ و ╟ برای نشان‌دادن جمعیتی که پشت سر آنان بوده‌اند، استفاده شده‌است.

ذ- جایگاه هر یک از متهمان و مظنونان درلحظه‌ی تیراندازی

مطالبی که شهود، مظنونان و متهمان به قتل در بازجویی‌های خود اظهارداشته‌اند، نه‌تنها دارای مغایرت‌هایی با یکدیگر می‌باشند بلکه در بازجویی‌های مربوط به هر یک از متهمان و مظنونان در زمان‌های مختلف نیز دوگانگی وجود دارد.
نگارنده قسمت‌هایی از بازجویی‌های مزبور درمورد وضع و موقعیت هر یک از آنان را در لحظه‌ی وقوع قتل، که از یک طرف با بازجویی‌های دیگران هم‌آهنگی داشته و از طرف دیگر قابل قبول بوده‌است، انتخاب کرده و برپایه آنها نمودار صفحه قبل را رسم نموده‌است:
اظهارات مورد استناد از زبان شهود و مظنونان به قتل برای ترسیم آن نمودار، به‌شرحی که در زیر ملاحظه خواهدشد، از کتاب «اسرار قتل رزم‌آرا» اقتباس شده‌است:

از زبان خلیل طهماسبی «شماره (٦) در نمودار»:

" ... من پشت یک پاسبان بودم و از پشت به نخست‌وزیر حمله کردم ... "
(اسرار قتل رزم‌آرا- همان- صفحه ١٤١)

از زبان فریدون محمدی (شاهد) «شماره (b) درنمودار»:

" صبح که ما را به اتفاق چند نفر از پاسبان‌های کارآموز به مسجد سلطانی بردند، هریک از پاسبان‌ها را به فاصلهٔ پنج قدم به خط سیر عابرین گذاشتند، و من طرف دست راست، موقع ورود به صحن حیاط مسجد، نفر چهارمی واقع شده‌بودم و ایستاده‌بودم و موقعی‌که آقای نخست‌وزیر تشریف‌می‌آوردند، از پشت سر من همین کسی را که دستگیرکرده‌اند پرید جلو ... نخست‌وزیر دو قدم از من جلوتر بود، یعنی رد شده بود که این شخص ضارب به جلو پرید ... "
(اسرار قتل رزم‌آرا- همان- صفحات ٧٩/٨٠)

از زبان مصطفی پازوکی «شماره (٣) در نمودار»:

" ... وزیر کار دست چپ ایشان قرارداشت، و بنده سمت راست ایشان حرکت می‌کردم و دو نفر مأمور دیگر از عقب می‌آمدند ... "
(اسرار قتل رزم‌آرا- همان- صفحه ٥٢)

" ... من سمت راست نخست‌وزیر بوده و حرکت می‌کردم، دو نفر دیگر از مأمورین ما پشت سر ما بودند ... "
(اسرار قتل رزم‌آرا- همان- صفحه ٨٢)

*" ... عقب ما هم عده‌ای از افسران شهربانی بودند، جلوتر از همه **سرتیپ دانشپور** بود که او را می‌شناختم، در این بین صدای تیر بلند شد، من به سمت راست متوجه شدم و دیدم یک نفر از این صف پاسبان‌ها یک قدم خود را جلو گزارده [گذارده] بود، اسلحه در دست اوست ... "*
(اسرار قتل رزم‌آرا- همان- صفحه ٢٥٤)

از زبان اللهیار جلیلوند «شماره (٤) در نمودار»:

*" ... جلو مسجد پیاده شدم، از پله‌ها سرازیر شده رفتم وارد حیاط مسجد شدم، **با چند نفر از افسران شهربانی پشت سر جناب آقای نخست‌وزیر بودیم و سرتیپ دانشپور هم تشریف داشتند** ...* (اسرار قتل رزم‌آرا- همان- صفحه ٤٤)

*" ... سمت دست چپش بودم، به اندازهٔ یک‌مترونیم فاصله داشتم ... افسر و **تیمسار دانشپور** و پاسبان و غیره بودند ... "*
(اسرار قتل رزم‌آرا- همان- صفحه ١٠٥)

*" ... موقعی که وارد مسجد شدیم **من سمت دست چپ نخست‌وزیر پشت سر وزیر کار بودم**، وقتی که صدای تیر بلند شد، من متوجه سمت راست شدم، دیدم یک نفر از صف پاسبان‌ها جلو آمده که یک پای او در جلوی پاسبان‌ها قرارگرفته و یک پای دیگرش عقب سر پاسبان‌ها بین جمعیت می‌باشد ... "*
(اسرار قتل رزم‌آرا- همان- صفحه ٢٥٦)

از زبان لطیف طاهونی «شماره (٥) در نمودار»:

" ... در حیاط مسجد شاه، یک‌مرتبه که درحرکت بودم صدای تیر از عقب ما بلند شده..."
(اسرار قتل رزم‌آرا- همان- صفحات ٥٩/٦٠)

*" ... بنده سرم را برگرداندم به طرف راست، این شخص حاضر [اشاره به **خلیل طهماسبی**] را که می‌گوید **عبدالله موحد** است، بغل دستم دیدم، به‌فاصلهٔ یک قدم، که اسلحه در دست داشت ... "*
(اسرار قتل رزم‌آرا- همان- صفحه ١٠٧)

*" ... من این را یعنی **عبدالله موحد** را در سمت راست خودم دیدم، که اسلحه کوچکی بود که [در] دستش ... "*
(اسرار قتل رزم‌آرا- همان- صفحه ١٠٨)

" ... موقعی که صدای تیر بلند شد و من متوجه سمت راست شدم و قاتل را دیدم که اسلحه در دست دارد، از صف پاسبان‌ها یک قدم به جلو آمده بود، ... "
(اسرار قتل رزم‌آرا- همان- صفحه ٢٥٥)

از زبان اسدالله فرخنده‌کلام «شماره (٧) در نمودار»:

" ساعت ٨ صبح تعداد پنجاه نفر پاسبان به سرپرستی اینجانب به شهربانی کل آمده و به‌دستور افسر نگهبان نیروی احتیاط شهربانی با یک افسر که درجهٔ ستوانی داشت و اسمش را نمی‌دانم، با کامیون اداره، ما را به درب مسجد شاه آورده، پیاده شدیم و به‌دستور سرهنگ رئیس کلانتری بخش ٨، ما را به خط سیر در محوطه مسجد مانند کوچه به دو ردیف از درب داخلی مسجد تا درب ورودی مجلس ختم گمارده بودند. بنده جلو نفرات دم درب ایستاده بودم ... "
(اسرار قتل رزم‌آرا- همان- صفحه ٦٦)

*" بنده اول صف و نزدیک درب ورودی حیاط بودم، ابتدا **رئیس شهربانی آمد و بعد نخست‌وزیر با عده‌ای وارد شدند** ... "*
(اسرار قتل رزم‌آرا- همان- صفحه ۱۱۵)

*" ... **بعد از خروج سرتیپ دفتری**، رئیس شهربانی، **یک سرگرد شهربانی از دالان با اشاره دست به پاسبانان، [دستور داد] که به حالت خبردار بایستند**، و اینجانب که درب ورودی حیاط مسجد، طرف مغرب، ایستاده بودم، مشاهده شد که جناب آقای **نخست‌وزیر** و دو سه نفر شخصی و **چند نفر افسر** که در پشت سر ایشان قرار گرفته بودند، وارد صحن حیاط شدند ... "*
(اسرار قتل رزم‌آرا- همان- صفحه ۲۵۸)

ر- اشتباه اسدالله فرخنده‌کلام

همان‌گونه که گفته‌شد، قرار بوده‌است پس از اجرای برنامه‌ی توطئه، **اسدالله فرخنده‌کلام** با حمایت **سرتیپ غلامحسین دانشپور**، ترتیبی دهد که **فقط محافظ دست راست رزم‌آرا**، همراه با فردی که از میان مردم به‌سوی **رزم‌آرا** شلیک می‌کند به کلانتری ۸ اعزام شوند و در آنجا درباره‌ی تیراندازی ضارب ناشناس و اقدام محافظ دست راست نخست‌وزیر برای دستگیری وی، شهادت کتبی خود را تسلیم‌نماید.
اما آنسان که پیداست **اسدالله فرخنده‌کلام** ندانسته به‌جای **مصطفی پازوکی**، محافظ واقعی طرف راست نخست‌وزیر را، شاید به‌علت قرینه‌بودن با **اسدالله علم** و خوش‌قیافه و شیک‌پوش بودن، به‌عنوان یکی از رجال همراه با نخست‌وزیر تصورکرده و **لطیف طاهونی** را محافظ دست راست شناخته و ترتیب اعزام او را به کلانتری داده‌است.
اظهارات **فرخنده‌کلام**، به‌شرح زیر، که مربوط به نخستین بازجویی از وی می‌باشد، این مدعا را گواهی می‌دهد:

*" ... بین ساعت ۱۰ و ۱۱ بود که جناب آقای **نخست‌وزیر**، و دو نفر مأمورین کارآگاهی که یک نفر از آنها را بنده می‌شناسم که از دژبانی ما منتقل به شهربانی شده، وارد شدند. تقریباً ٤٠ الی ٥٠ قدم که از بنده رد شد یک مرتبه متوجه شدم که صدای **سه تیر پشت سر هم** آمد و بنده فوراً نزدیک رفته مشاهده‌کردم آن یک نفر از مأموران که سمت راست نخست‌وزیر بود با اسلحهٔ کمری محکم به سر ضارب نخست‌وزیر زد و یک نفر از کارآموزان مدرسه پرید و اسلحه را از دست ضارب گرفت ... "*
(اسرار قتل رزم‌آرا- همان- صفحه ٦٧)

درهرحال این اشتباه مشکلاتی فراهم‌ساخته و موجب شده‌است که یکی از دو قاتل اصلی نخست‌وزیر، همراه با شاهدان عینی فراوانی که او را درحال تیراندازی دیده‌بودند، به کلانتری ۸ برود و درعوض **مصطفی پازوکی** که می‌بایست به‌عنوان محافظ دست راست نخست‌وزیر و عامل اصلی در دستگیری قاتل وی در کلانتری ۸ حضور داشته‌باشد، توسط دیگران، به شهربانی کل اعزام‌گردد. اعزام **طاهونی** به کلانتری، که احتمال افشای دومین توطئه را به‌همراه داشته، پرونده‌سازان شهربانی را سخت پریشان‌خاطر نموده و آنها را وادار ساخته‌است که خلاف برنامه‌ی

جایگاه هر یک از متهمان و مظنونان در لحظه تیراندازی

قبلی، یعنی پیش از آنکه کلانتری ۸ طبق رویه مورد عمل و وظیفه قانونی خود بازجویی‌های معمول از شهود حاضر را به‌انجام رسانده و به حقیقت امر دست یابد، پرونده ناقص را به شهربانی انتقال دهد.
پرونده‌سازان شهربانی به‌قدری عجله داشته‌اند که پرونده قتل **رزم‌آرا** را همراه با قاتل واقعی یعنی **طاهونی**، از کلانتری ۸ به اداره آگاهی در شهربانی فرستاده، که کلانتری مزبور از نظر تسریع در این امر به یک رکود جدید در تاریخ جنایی ایران دست یافته‌است!

ما با توجه به محتویات پرونده قتل درمی‌یابیم که کلانتری ۸ با چنان سرعتی پرونده امر را تکمیل! و به همراه متهمان مذکور به اداره آگاهی فرستاده که در ساعت دوازده و چهل‌وپنج دقیقه همان روز، جلسه بازپرسی از **خلیل طهماسبی** در آن اداره درجریان بوده‌است.
حال اینکه جلسه بازپرسی مزبور از چه مدتی پیش از آن تشکیل شده و **خلیل طهماسبی** در چه ساعتی به شهربانی رسیده و چه زمانی از کلانتری ۸ بیرون آمده بوده‌است، مجهولاتی است که جز با حدس و گمان نمی‌توان آنها را تعیین نمود.

ز- بررسی شمار گلوله‌های شلیک‌شده به‌سوی رزم‌آرا

همانگونه که می‌دانیم، سه گلوله به **رزم‌آرا** اصابت کرده بوده‌است و به همین جهت هم پرونده‌سازان شهربانی می‌خواسته‌اند ثابت نمایند که درست به همین تعداد گلوله توسط **خلیل طهماسبی** به‌سوی **رزم‌آرا** شلیک شده و تمام آنها به هدف اصابت نموده‌است.
اما با تمام کوشش‌هایی که این مأموران به‌عمل آورده‌اند، هنوز خوشبختانه دم خروس‌های فراوانی در لابلای صفحات پرونده وجود دارد که بیشتر مربوط به همان یکی دو روز نخست پس از وقوع قتل می‌باشد که هنوز از سوی توطئه‌گران درباره‌ی نحوه‌ی عمل نسبت به هر یک از شاهدان عینی و مدارک فراوان جرم، اتفاق نظر وجود نداشته و یا اینکه گرفتن تصمیم قطعی به‌عمل نیامده بوده‌است.
این دم‌های خروس و یا درحقیقت «**شواهد از زیر دست در رفته‌ی موجود**» می‌توانند از یک طرف کذب ادعاهای به‌عمل آمده را به اثبات برسانند و از طرف دیگر آنچه را که به‌راستی در آن روز روی داده بوده‌است از زیر پرده‌های دروغ و تزویر بیرون بکشند و در برابر چشمان کنجکاو و حیرت‌زده علاقمندان قراردهند.

شواهد موجود در پرونده، حقایق زیر را درباره‌ی گلوله‌هایی که در آن روز شلیک شده بوده‌است روشن می‌سازد و عاملان آنها را مشخص می‌نماید:

۱ - در آن روز روی‌هم رفته چهار گلوله به‌سوی **رزم‌آرا** شلیک شده که فقط نخستین گلوله از اسلحه **خلیل طهماسبی** بوده‌است و از سه گلوله‌ی بعدی، یکی را **اللهیار جلیلوند** و دو تای دیگر را **لطیف طاهونی** شلیک کرده‌بوده‌اند.

۲ - گلوله‌ای که مربوط به اسلحه **خلیل طهماسبی** بوده به رزم‌آرا اصابت نکرده بلکه به دیوار شرقی مسجد خورده‌است.

پس از وقوع حادثه، نخست تنها پوکه‌ی آنرا در نزدیک محل قتل پیداکرده و سپس با وضع و ترتیبی که برای ما مشخص نیست گلوله‌ی خالی‌شده را یافته و پیوست پرونده نموده‌اند. همانگونه که خواهیم‌دید از آنجا که این گلوله به دیوار رو به رو خورده، دارای فرورفتگی بوده‌است. درحالی‌که جای اصابت گلوله‌ها در بدن رزم‌آرا چنان سخت و سفت نبوده‌است که فرورفتگی مزبور را ایجاد نمایند.

۳ - سه گلوله‌ای که به بدن **رزم‌آرا** اصابت‌کرده بوده‌است، بی‌گمان ۳ پوکه‌ی خالی هم داشته‌اند. یعنی از این روی می‌بایست ٦ مدرک جرم (سه گلوله‌ی خالی‌شده و سه پوکه‌ی آنها) وجود داشته‌باشد. علت اینکه آن‌همه پاسبان و کارآگاه فقط یک گلوله‌ی خالی و یک پوکه را پیدا کرده‌بوده‌اند، آن بوده‌است که این گلوله و پوکه‌ی مربوط به آن سه گلوله‌ای که **رزم‌آرا** را به‌قتل رسانده، نبوده‌است ولی گلوله‌ها و پوکه‌های اصلی توسط هر فرد، اعم از جمعیت تماشاچی یا مأموران پلیس پیداشده، سرانجام تحویل **سرتیپ دانشپور** گردیده و به جایی غیر از پرونده، که قراربوده رفته‌است.

٤ - گلوله‌ای که توسط **خلیل طهماسبی** شلیک شده دارای صدای بسیار ضعیف بوده‌است به همین علت افرادی که کمی دورتر، برای نمونه، خارج از مسجد بوده‌اند فقط صدای سه گلوله‌ای را شنیده‌اند که دو محافظ **رزم‌آرا** شلیک کرده‌بوده‌اند.

اینک به ذکر دلایلی (**به نقل از کتاب اسرار قتل رزم‌آرا**) می‌پردازد که موارد مذکور در بالا را تأیید می‌نماید:

- **داستان اسلحه خلیل طهماسبی**

- اشاره به اسلحه در گزارش کلانتری

چون قرار بوده‌است که اسلحه‌ی **خلیل طهماسبی** و همچنین فشنگ‌ها و پوکه‌های شلیک شده از آن، به‌عنوان مدرک جرم همراه با خود او به کلانتری ۸ ارسال‌گردد، پس هیچ‌کس از سوی شهربانی کل وظیفه‌ای برای ضبط و تحویل آنها به افراد معین نداشته‌است و به همین جهت هم برخلاف فشنگ‌ها و پوکه‌های خالی‌شده از اسلحه‌های محافظان نخست‌وزیر، از صحنه جنایت ناپدید نشده‌اند. اسلحه **خلیل طهماسبی** و پوکه مربوط به یک فشنگ آن، که خالی شده‌بوده، توسط پاسبانان کلانتری ۸ ضبط می‌شود ولی افسری به نام **سرگرد محبوبین** که از برنامه‌ی توطئه‌گران آگاهی نداشته، برای خود شیرینی، آنها را پیش از تحویل به کلانتری دریافت داشته و در شهربانی به **سرتیپ دانشپور** داده‌است.
کلانتری ۸ در برنامه‌ای که منضم به پرونده‌ی ۱۰ برگی (که درباره‌ی قتل **رزم‌آرا** تنظیم کرده‌بوده) برپایه گزارش یکی از پاسبانان خود درباره اسلحه **خلیل طهماسبی** چنین آگاهی داده‌است:

> *" .. اسلحه کوچک او را که در دستش بوده و به‌وسیله آن تیراندازی نمود، **سرپاسبان ۲ محمد بیات** مأمور این کلانتری از دست مشارالیه گرفته، هم یک دانه از پوکه‌های فشنگ را پیداکرده، اسلحه و پوکه فشنگ را **سرگرد محبوبین** از سرپاسبان نامبرده دریافت نموده ..."* (اسرار قتل رزم‌آرا- همان- صفحات ۹۸/۹۹)

- صورت‌مجلس تحویل اسلحه به اداره آگاهی

" شیر و خورشید
وزارت کشور
شهربانی کل کشور
صورت‌مجلس

*در ساعت ۱۲:۴۵ روز چهارشنبه ۱۶/۱۲/۲۹[۱۳] در موقعی که آقایان امضاءکنندگان زیر در دفتر ریاست اداره آگاهی مشغول بازجویی از **عبدالله موحد** متهم به قتل جناب **رزم‌آرا** نخست‌وزیر بودند، **تیمسار سرتیپ دانشپور** ریاست قسمت پلیس انتظامی با یک قبضه اسلحه سیستم هفت‌تیر بلژیکی (براونیک) که یک عدد پوکهٔ فشنگ در لولهٔ آن گیرکرده و قسمتی از نوک آن خارج شده بود، ارائه و اظهار داشتند اسلحه مزبور متعلق به قاتل نخست‌وزیر می‌باشد که عیناً به **مصطفی پازوکی** مأمور [؟!] دستگیری قاتل ارائه‌داده و **پازوکی** نامبرده، گواهی‌نمود این اسلحه همان اسلحه است که پس از وقوع تیراندازی به نخست‌وزیر بلافاصله از دست **عبدالله موحد** گرفتم.*
[امضاء از مقامات دادگستری و آگاهی، من‌جمله رئیس آگاهی] "
(اسرار قتل رزم‌آرا- همان- صفحه ۹۷)

زمانی که آن هفت‌تیر بی‌گناه! به اعضای جلسه بازجویی از **خلیل طهماسبی** تحویل شده، در حدود ۲ ساعت از قتل **رزم‌آرا** می‌گذشته‌است.

در آن زمان شاهدان فراوانی که دو محافظ **رزم‌آرا** را درحال تیراندازی به‌سوی او دیده‌بودند یا هنوز در شهربانی حضورداشته و یا به احتمال زیاد به خانه خود نرسیده بوده‌اند.
می‌گویند از ویژگی‌های کارآگاهان شهربانی این است که به هر کسی در ارتباط با هر جنایتی، بدگمان می‌شوند، مگر اینکه خلاف آن به اثبات رسیده‌باشد ولی در رویداد قتل **رزم‌آرا** می‌بینیم که رئیس کل شهربانی و عالی‌ترین مقامات اداره آگاهی کشور، برای اظهارات شهود عینی فراوانی که تیراندازی محافظان **رزم‌آرا** به‌سوی او را گواهی می‌داده‌اند، به اندازه پشیزی هم ارزش قائل نشده و آنان را حتی در خور توجه و ضبط در پرونده هم ندانسته بوده‌اند! و بی‌درنگ با پوزش خواستن، سلاح‌های محافظان مذکور را پس داده و بدون وارد ساختن هیچ گونه اتهامی آزادشان ساخته‌اند.
آیا این اقدام عجیب و غیرعادی را جز بر سوءنیت و اعمال غرض و اینکه رؤسای شهربانی و آگاهی، خود در توطئه قتل **رزم‌آرا** دست داشته‌اند، به چیز دیگری می‌توان تعبیرنمود؟
هرگاه یک فرد عادی و ناآگاه به‌جای رؤسای شهربانی و آگاهی وقت در آن جلسه بررسی حضورداشت، در هنگام تنظیم صورتجلسه برای تحویل گرفتن آن اسلحه می‌دانست که برای جلوگیری از تعویض آن باید شماره سریالش را ذکر نمایند و نیز شمار گلوله‌های موجود در آن‌را در همان جلسه مشخص سازند.

به اعتقاد نگارنده هرگاه در حضور آن ۹ نفر که افزون‌بر بالاترین مقامات آگاهی کشور، یک نفر بازپرس رسمی دادگستری و سه نفر نماینده دادستان (دو نفر دادیار و یک نفر سردادیار) در میانشان بوده‌است، فشنگ‌های داخل آن اسلحه را بیرون آورده و صورت‌مجلس کرده‌بودند، در

همان جلسه بی‌گناهی **خلیل طهماسبی** هویدا می‌گردید، زیرا ٦ فشنگ از آن بیرون می‌آمد و ثابت‌می‌شد که فقط یک فشنگ از آن خالی شده‌است.
اگر هم به‌راستی آن سه گلوله که سبب قتل **رزم‌آرا** شده‌بودند، **خلیل طهماسبی** آنها را شلیک کرده‌بود، حداکثر ٤ فشنگ مصرف نشده از آن خارج می‌گردید و این شمار و شباهتشان با آن پوکه و فشنگ خالی‌شده مدرک دیگری برای محکومیت **خلیل طهماسبی** که در آن زمان هنوز انجام قتل را منکر بوده‌است، فراهم می‌گردید.

حال چرا رئیس آگاهی ترجیح داده‌است که از بازکردن اسلحه در آن جلسه خودداری نماید و این کار را به زمانی مناسب و در جایی خلوت و در پنهان موکول سازد، جز این دلیلی نداشته که می‌خواسته‌است بعدها و دور از چشم دیگران، از فشنگ‌های باقی‌مانده در آن اسلحه دو عدد بردارد تا بتواند وانمودکند که سه گلوله‌ی خالی‌شده توسط محافظان **رزم‌آرا** مربوط به همان اسلحه بوده‌است.
خلیل طهماسبی در روز پس از قتل که به روشنی انجام دادن آن‌را اعتراف نموده، در دو وهله و هنگام پاسخگویی به دو پرسش بدون هیچ ابهامی اعلام کرده‌است که در آن روز ٧ فشنگ در هفت‌تیر خود داشته‌است.
بی‌گمان پاسخ مزبور مربوط به مواردی نیست که احتمال کذب در آن وجود داشته‌باشد زیرا درحالی که وی تمام گناه کشتن **رزم‌آرا** را بطور کامل پذیرفته بوده‌است، دیگر نمی‌توان تصورنمود که وی درباره‌ی شمار فشنگ‌های هفت‌تیر خود مطلبی برخلاف واقع گفته‌باشد.
آنچه را که رئیس آگاهی همراه با اسلحه **خلیل طهماسبی** به دادگستری ارسال‌داشته، عبارت بوده‌است از یک پوکه فشنگ، یک فشنگ خالی‌شده و سه عدد فشنگ سالم.

اکنون هرگاه فرض کنیم که اقدامات رئیس آگاهی از روی درستی انجام گرفته و به‌راستی همین تعداد فشنگ در آن هفت‌تیر وجود داشته‌است، باید قبول کنیم که در روز وقوع قتل ٤ فشنگ از لوله آن خارج شده‌بوده ولی سه تای آنها به **رزم‌آرا** اصابت کرده‌است.
و اگر هم دلایل و شواهد موجود را بپذیریم باید بگوییم که رئیس آگاهی برای اینکه شمار فشنگ‌های باقی‌مانده در هفت‌تیر مزبور را با واقعیت رویداد منطبق سازد سه تا از آن فشنگ‌ها را برداشته‌است. قبول این فرض نیز نیازمند پذیرش این است که در آن روز رویهم رفته ٤ گلوله در مسجد شلیک شده بوده‌است.

- **اظهارات خلیل طهماسبی**

خلیل طهماسبی در نخستین روز وقوع قتل، خود را **عبدالله موحد رستگار** معرفی نموده و مبادرت به قتل **رزم‌آرا** را انکار نموده‌است.

با اینکه وی به زمین افتادن **رزم‌آرا** را دیده‌بوده، اما از کشته‌شدن وی اطمینان نداشته‌است. خود وی به خبرنگار مجله **تهران‌مصور** در این مورد چنین گفته‌است:

> *" ... در شهربانی مدتی از من بازجویی نمودند. چون فکر می‌کردم ممکن است با عمل جراحی رزم‌آرا را معالجه کنند به این جهت تصمیم گرفتم که پیش از اخذ نتیجه خود را تسلیم نکنم، به این‌جهت جواب قطعی به سؤالات آنها ندادم ...*

داستان اسلحه خلیل طهماسبی و گلوله‌های شلیک شده

روز بعد مرا به اتاق **بهرامی** بردند، در آنجا ناگهان صدای روزنامه فروشی را شنیدم که در خیابان با فریاد خبر کشته‌شدن رزم‌آرا را می‌داد، در این موقع بود که مطمئن شدم کار رزم‌آرا تمام شده‌است، به این‌جهت حاضر شدم به سؤالاتی که از من می‌کردند جواب بدهم ..."
(اسرار قتل رزم‌آرا- همان- صفحات ۴۷۲/۴۷۳)

بی‌گمان وی در زمان حادثه به اقتضای موقعیت خود به هیجان و اضطرابی وصف ناشدنی و عظیم دچار بوده و همچنین چون بی‌درنگ پس از خالی‌شدن نخستین گلوله و گیرکردن گلوله‌ی بعدی، مورد هجوم و حمله‌ی باتون و مشت و لگد، از طرف پلیس و مردم قرارگرفته و حتی یکی از کارآموزان پلیس بیضه‌ی او را گرفته‌بوده و فشار می‌داده‌است، طبیعی است که در آن شرایط و حالت برای وی امکان توجه به تیراندازی‌های محافظان رزم‌آرا وجود نداشته و فقط با دیدن افتادن رزم‌آرا بر زمین گمان کرده‌است که وی با خالی‌کردن همان یک گلوله مسبب آن بوده‌است. حال ببینید که وی پیش از آگاهی از قتل رزم‌آرا به پرسش‌هایی در این رابطه چگونه پاسخ داده‌است:

"س: چه قضیه در مسجد سلطانی روی داد که شما را گرفتند؟
ج: من دیدم مردم فرار می‌کنند، **صدای تقّی** بلند شد و مرا هم گرفتند.
س: در موقعی که **صدای تق** بلند شد شما کجا بودید؟
ج: من در محوطه مسجد بودم. امضاء "
(اسرار قتل رزم‌آرا- همان- صفحه ۱۰۱)

همان‌گونه که می‌بینیم در اینجا **تنها صحبت از یک «تق» می‌باشد نه چند صدای تق و تق.**
پرسش و پاسخ‌های زیر نیز که مربوط به روز بعد می‌باشد، در زمانی انجام‌شده که هنوز وی حاضر به افشای هویت خود نبوده‌است.

"س: دیروز در **مسجد شاه** چه ساعتی مجلس ترحیم تمام شد و چه جریانی اتفاق افتاد؟
ج: من **صدای تیری** شنیدم، دیدم مردم به هم افتادند و پاسبان‌ها مردم را می‌زنند و من هم یکی از مردم بودم که مرا هم می‌زدند. امضاء
س: **صدای تیر** از کدام طرف مسجد بلند شد؟
ج: از مسجد، و من دور بودم. امضاء "
(اسرار قتل رزم‌آرا- همان- صفحه ۱۳۳/۱۳۴)

در همین بازجویی پس از اینکه بازجو هنگام پرسشی قتل رزم‌آرا را به **خلیل طهماسبی** اطلاع داده، او نیز هویت خود را فاش کرده‌بوده، پرسش و پاسخ‌های زیر به‌عمل آمده‌است:

"س: **چند تیر** به‌طرف آقای **نخست‌وزیر** خالی کردید و کجای او را هدف قراردادید؟
ج: رزم‌آرا را هدف قراردادم، چون شلوغ بود دیگر **توجهی به این نداشتم که چند تیر از لوله خارج شد**. امضاء
س: سرش را هدف قراردادید یا جای دیگر او را، و آیا حمله از پشت بود یا از جای دیگر؟
ج: من پشت یک پاسبانی بودم و از پشت به **نخست‌وزیر** حمله نمودم، زیرا گذشته بود. امضاء
س: افتادن رزم‌آرا را دیدی و ناظر بودی؟

پنج ترور تاریخی راه‌گشای صدارت مصدق

ج: من ناظر بودم که همانجا افتاد. امضاء
س: فریادی کرد یا خیر؟
ج: خیر. امضاء "
(اسرار قتل رزم‌آرا- همان- صفحه ۱۴۱)

همانگونه که می‌بینیم، **خلیل طهماسبی** حتی پس از آگاهی از قتل نخست‌وزیر نیز از شمار گلوله‌هایی که خالی شده‌بوده اظهار بی‌اطلاعی نموده‌است و جالب اینکه دو مرتبه درباره‌ی محل هدف‌گیری در بدن نخست‌وزیر از او پرسیده شده ولی پاسخی به این پرسش‌ها نداده، و چنین به‌نظر می‌رسد که این تیرانداز ناشی که به هیچ وجه تمرین تیراندازی نکرده و فقط با خالی‌کردن چند گلوله طرز کار با هفت‌تیر را فرا گرفته‌بوده، پاسخی در این مورد نیز نداشته‌است، جز اینکه باز هم بگوید:

" رزم‌آرا را هدف قراردادم، چون شلوغ بود دیگر توجهی به این نداشتم که کجای او هدف قرار گرفت! "

- **اظهارات اللهیار جلیلوند**

اظهارات زیر مربوط به نخستین بازجویی از **اللهیار جلیلوند** می‌باشد که به احتمال زیاد، زننده‌ی گلوله‌ی اصلی به مغز **رزم‌آرا** بوده‌است. این بازجویی در ساعت ۱۲ روز وقوع قتل، یعنی در زمانی صورت گرفته که هنوز **لطیف طاهونی** از کلانتری به شهربانی انتقال نیافته بوده‌است.
در این زمان، **جلیلوند** فقط از خالی‌شدن دو گلوله اطلاع قطعی داشته، نخست گلوله‌ی **خلیل طهماسبی** و دوم گلوله‌ای که خود او به پشت گردن **رزم‌آرا** خالی‌کرده بوده‌است.

وی با موقعیت بسیار هولناک، حالت پر دغدغه و پریشانی خاطری که در آن لحظات داشته، متوجه نشده‌است که آیا **طاهونی** نیز مانند او، دست کم یک گلوله به **رزم‌آرا** زده‌است یا خیر؟ و اگر هم زده‌باشد، محل آن (ویا آنها) در کجای بدن **رزم‌آرا** قراردارد؟

در آن زمان، هنوز فرصت ملاقات با رؤسای شهربانی و آگاهی و کسب راهنمایی نیز پیدا نشده‌است.

اینک به بازجویی **جلیلوند** در این زمینه توجه فرمایید:

*" ... یک موقع از سمت راست که پاسبان‌ها خط سیر چیده بودند، یک نفر از وسط پاسبانان خودش را انداخت بیرون. تقریباً مابین او ونخست‌وزیر یک متر فاصله داشت. تا رسید تیر اول را انداخت به پشت گردنش زد. تا تیر دوم که صدا کرد، **من و پازوکی و لطیف طاهونی ضارب را گرفتیم، اسلحه را پازوکی از دست ضارب گرفت**. بنده هم او را گرفتم و زدم زمین [!] یک موقع دیدم باتون و لگد به سر من ریخت ...*
*... یک مرتبه از سمت راست که جمعیت ایستاده بود، ضارب [؟] به میان جمعیت دوید جلو، تقریباً فاصله داشت با **نخست‌وزیر** که تیر را خالی کرد و خورد به نخست‌وزیر، تا من دست او را گرفتم تیر دوم هم خالی شد، نفهمیدم خورد به **نخست‌وزیر** یا خیر که **نخست‌وزیر** خورد به زمین. امضاء*

س: ضارب چند تیر خالی کرد؟
*ج: **بنده دست و پاچه شدم نفهمیدم دو تا یا سه تا ولی دو تا تیر را که حتماً درنظر دارم خالی‌شد.** امضاء*
(اسرار قتل رزم‌آرا- همان- صفحه ٤٤)

بازجویی بعدی از **جلیلوند** نیز بی‌درنگ پس از جا به جایی **طاهونی** و **طهماسبی** به شهربانی و رو در رو بین این مأمور محافظ! **رزم‌آرا** با **طهماسبی** انجام شده‌است. وی در این رو در رویی نیز کم‌وبیش همان مطالب قبلی را، به‌شرح زیر، بیان نموده‌است:

*" ... از طرف راست پشت یک پاسبان پرید وسط ما، اسلحه هم دستش حاضر بود، تا پرید مجال نداد، از پشت گردن نخست‌وزیر یک تیر زد، **تا تیر دومی را که آمد خالی بکند، بنده گرفتم، ولی تیر دومی هم خالی شد، نفهمیدم تیر خورد یا نه** ... "*
(اسرار قتل رزم‌آرا- همان- صفحه ١٠٣)

یعنی باز دو گلوله‌ی نخست و دوم را به‌حساب **طهماسبی** گذاشته‌است.

- ## اظهارات مصطفی پازوکی

نکته‌ی جالب توجه درمورد **پازوکی** این است که نخستین سطرهای پرونده‌ی وی در شهربانی به‌شرح زیر می‌باشد:

*" ساعت ١١:٣٠ روز ١٦/١١/٢٩[١٣] **مصطفی پازوکی متهم به سوءقصد به جناب آقای نخست‌وزیر** بازرسی بدنی گردید. اشیاء زیر به‌دست آمد و صورت‌مجلس گردید: ... "*
(اسرار قتل رزم‌آرا- همان- صفحه ٥٠)

همان‌گونه که گفتیم، گویا این شخص وظیفه‌ای درمورد تیراندازی به **رزم‌آرا** به‌عهده نداشته و به‌همین روی هم نسبت به دو نفر دیگر دارای آسایش خیال بیشتر و دغدغه خاطر کمتری بوده‌است. وی در نخستین بازجویی خود که شاید در ساعت ١٢ همان روز انجام‌شده، لحظات تیراندازی را چنین شرح داده‌است:

*" ... شنیدم صدای شلیک تیر از لب سر من بلند شد، صدای تیر به‌قدری بلند بود که گوش من کر شد، من برگشتم ببینم چه شد دیدم یک نفر اسلحه به دست را، و بلافاصله دو تیر دیگر به‌طرف آقای **نخست‌وزیر** شلیک کرد، من دو دستی دست ضارب را که اسلحه در دست داشت گرفتم ... "*
(اسرار قتل رزم‌آرا- همان- صفحه ٥٢)

از مجموع بازجویی‌ها به‌خوبی می‌توان دریافت که گلوله **خلیل طهماسبی** از فاصله موجود بین دست چپ **پازوکی** و دست راست **طاهونی** عبورکرده و به این‌جهت گوشی که **پازوکی** در شرح بالا صحبت از کر شدن آن به‌میان آورده، گوش چپ وی بوده‌است.
پازوکی پس از شنیدن صدای نخستین گلوله و پیچیدن به چپ، با هر دو دست خود دست چپ **خلیل طهماسبی** را که با آن تیراندازی می‌نموده، چسبیده و از نزدیک‌ترین فاصله شاهد خالی‌شدن سه گلوله‌ی دیگر از سوی دو همکار خود به‌سوی **نخست‌وزیر** بوده‌است.

پرسش و پاسخ زیر مربوط به همان نخستین بازجویی از **پازوکی** می‌باشد:

*" س: آیا مشخصاً سه تیر خالی شد و می‌دانید چند گلوله به **نخست‌وزیر** اصابت کرد؟*
*ج: **بله**، من سه تیر شنیدیم، و آن‌طور که من دیدم هر سه به **نخست‌وزیر** اصابت کرد، که دو تیر آن به پشت، و یکی هم به سرشان اصابت کرد که بلافاصله به زمین افتادند. امضاء "*
(اسرار قتل رزم‌آرا- همان- صفحه ۵۳)

اکنون برای اینکه خوانندگان گرامی باور نمایند که منظور **پازوکی** از سه تیر که در بالا از آنها سخن گفته، گلوله‌هایی بوده‌است که همکاران خودش آنها را شلیک کرده‌بودند، خواهشمنداست به پرسش و پاسخ‌های زیر که فقط چند ساعت پس از بازجویی بالا از وی به‌عمل آمده‌است، توجه فرمایند:

" س: صدای چند تا تیر استماع کردید که متوجه شدید این شخص تیر خالی می‌کند و شلیک می‌کند؟
*ج: **بنده چهار[؟!] تا تیر شنیدم**. امضاء*
*س: بعد از آنکه صدای **چهار تیر** شنیدید متوجه شدید که این شخص تیر خالی می‌کند؟*
*ج: بنده صدای تیر اول را که شنیدم متوجه شدم که به [**نخست‌وزیر**] تیر خالی می‌کند. تا برگشتم دیدم ایشان (اشاره به **عبدالله**) که اسلحه در دستش است، تا خواستم بگیرم **سه تا تیر دیگر خالی کرد که یکی به سرش و دو تا به پهلویش [؟!] اصابت کرد**. امضاء "*
(اسرار قتل رزم‌آرا- همان- صفحه ٥٤)

خوانندگان گرامی در متن بالا آشکارا مشاهده می‌فرمایند که از اصابت گلوله‌ی نخست به رزم‌آرا سخنی به‌میان نیامده، زیرا این گلوله به‌هدر رفته بوده‌است. اما در همان متن، **پازوکی** به روشنی اعتراف کرده‌است که ضارب ***" سه تا تیر خالی کرد که یکی به سرش و دو تا به پهلویش اصابت‌کرد. "***

• اظهارات لطیف طاهونی

از بیانات **طاهونی** نیز که در همان روز وقوع قتل، هنگام رو در رویی با **خلیل طهماسبی** ابراز شده‌است، سربسته می‌توان دریافت که در آغاز فقط یک تیر شلیک شده و آن‌هم با صدای شلیک خفیف بوده‌است:

*" ... از دالان دست راست وارد حیاط مسجد شدیم. در حیاط مسجد مردم و جماعت زیاد بود، و از دو طرف صف کشیده بودند و به هر دو قدم هم پاسبان بود. ما به اندازهٔ ده یا پانزده قدمی طی کردیم، در وسط این صف یک مرتبه من ملتفت شدم که **صدای تیر بلند شد، و البته صدای تیر خیلی خفیف بود**. بعد از شلیک چند تیر بنده سرم را برگرداندم به طرف راست، این شخص حاضر را که می‌گوید **عبدالله موحد** است، بغل دستم دیدم، به فاصله یک قدم، که اسلحه در دست دارد ... "*
(اسرار قتل رزم‌آرا- همان- صفحه ۱۰۷)

خوب توجه می‌فرمایید که ***" ابتدا صدای تیر [یک تیر؟] بلند شد، و البته صدای تیر [همان یک تیر؟] خیلی خفیف بود. "***

ولی او پس از شلیک **چند تیر دیگر** (که دوتای آن مربوط به اسلحه‌ی خودش بوده) سرش را به راست برگردانده‌است.

- **شهادت‌دهندگان شلیک سه گلوله**

بعضی از شهودی که در زمان وقوع قتل در داخل مسجد و یا در بیرون آن حضور داشته‌اند، دیدن شلیک سه گلوله و یا شنیدن صدای آنها را گواهی نموده‌اند.
این افراد را می‌توان به دو دسته تقسیم نمود:

دسته نخست: کسانی که خود در اجرای توطئه معاونت داشته‌اند.
دسته دوم: کسانی که از محل تیراندازی دور بوده و در اجرای توطئه شرکت نداشته‌اند.

دسته نخست: معاونان اجرای توطئه

این افراد کسانی هستند که به‌علت همکاری با طراحان توطئه دوم، رفع هرگونه سوءظن از قاتلان واقعی را به سود خود می‌دانسته و حداکثر کوشش را در این مسیر به‌کار می‌برده‌اند.
آنان در هنگام ادای شهادت این هدف را داشته‌اند که سه گلوله‌ای را که به بدن نخست‌وزیر اصابت کرده بوده‌است، به‌حساب **خلیل طهماسبی** بگذارند.
دو نفر از افراد این گروه را که ما می‌شناسیم و بر حسب تصادف هر دو نفر **اسدالله** نام داشته‌اند، عبارت بوده‌اند از:
امیر اسدالله علم و اسدالله فرخنده‌کلام

شهادت امیر اسدالله علم

بخشی از شهادت **اسدالله علم** که در تاریخ ۱۳۳۰/۲/۲۴ به‌عنوان مطلع در دادگستری ادا شده‌است، به‌شرح زیر می‌باشد:

> *" ... از در مسجد که داخل شدم دو طرف در کمال نظم پاسبان‌ها ایستاده بودند. با هم مذاکره می‌کردیم و می‌رفتیم. غفلتاً **صدای سه تیر** از پشت سر به گوشم رسید، و نخست‌وزیر با صورت به زمین غلطید. من قدری متوجه ایشان شدم و بعد به عقب برگشتم ببینم چه اتفاق افتاده، دیدم عده‌ای پاسبان و جمعیت به هم ریخته‌اند و گلاویز هستند.*
> *مجدداً در بالین نخست‌وزیر نشستم که اگر کمکی از دستم برآید به ایشان بکنم. پرسیدم آقا چطور شدید؟ جواب ندادند. خوب دقت کردم دیدم گلوله مغز آن مرحوم را متلاشی‌کرده و معلوم می‌شود در دم جان سپرده است.*
> *قدری بالین ایشان به‌سر کردم تا جمعیت و من‌جمله آقای **هدایت (محمود)** از داخل مسجد آمدند، یک عده افسران شهربانی هم بر بالین نخست‌وزیر جمع شدند، آن‌وقت اینجانب از مسجد بیرون آمدم. امضاء*

س: آیا جنابعالی قیافهٔ ضارب و اسلحه را ندیدید؟
ج: چنانچه اظهارشد گلوله‌ها از پشت سر شلیک می‌شد، وقتی مرحوم نخست‌وزیر به زمین افتاد و بنده به ایشان توجه کردم. بعد به عقب برگشتم ببینم چه اتفاق افتاده و چطور شد، جز جمعیت و پاسبان‌ها که به هم ریخته بودند فرد مشخصی را ندیدم. امضاء "
(اسرار قتل رزم‌آرا- همان- صفحه ۱۸۳)

شهادت بالا با توجه به خصوصیات انسان و واکنش‌های ذاتی و طبیعی انسان غیرقابل قبول می‌باشد.
فرض کنیم که وی بدون آگاهی قبلی از توطئه‌ای که برای قتل نخست‌وزیر درجریان بوده، او را در رفتن به مسجد همراهی می‌کرده و بطور ناگهانی صدای یک یا چند گلوله شنیده‌است، بی‌گمان علاقه به زنده‌ماندن و یا حتی خصوصیت ذاتی و طبیعی که در هر انسان وجود دارد او را بی‌اراده و بی‌اختیار وادارمی‌نموده که پس از شنیدن صدای نخستین گلوله بی‌درنگ سر خود را به‌طرف منبع و ریشه آن متوجه سازد.

هر انسانی ادعانماید که صدای گلوله‌هایی را از پشت سر شنیده و بی‌درنگ روی خود را متوجه محل بلندشدن صدا ننموده‌است در دروغگو بودن وی نمی‌توان کوچک‌ترین تردیدی به خود راه‌داد.
حال **اسدالله علم** مدعی شده‌است که صدای شلیک سه گلوله را شنیده ولی نخست متوجه **رزم‌آرا** شده و حتی یک نگاه بسیار سریع و گذرا هم به پشت سر نیانداخته‌است تا شلیک‌کنندگان آنها را مشاهده‌نماید و تنها زمانی نگاه خود را به پشت سر متوجه ساخته که مردم و پلیس به هم ریخته و با هم گلاویز شده‌بودند.
آیا چنین شهادتی را می‌توان منطقی‌دانست و آن‌را به‌عنوان مدرکی محکمه‌پسند مورد قبول قرارداد؟

شهادت اسدالله فرخنده‌کلام

گزارش این شخص به کلانتری ۸ بسیار مختصر و مفید! بوده و فقط شش سطر کتاب «اسرار قتل رزم‌آرا» را اشغال کرده‌است و ما هم نزدیک به نیمی از آن‌را که حاوی لُب مطلب می‌باشد در اینجا بازگومی‌نماییم:

*" در موقع تشریف فرمایی جناب آقای **نخست‌وزیر** مشاهده نمودم که **شخصی به‌نام عبدالله فرزند موحد** به‌سمت معظم‌له تیراندازی نمود **[چگونه تشخیص داده‌است که او عبدالله فرزند موحد می‌باشد!]** و **بلافاصله به‌وسیلهٔ اینجانب و ... و ... دستگیر و به کلانتری هدایت گردید** ... "*
(اسرار قتل رزم‌آرا- همان- صفحه ٦١)

بد نیست خوانندگان گرامی بدانند که غیراز این شخص هیچ شاهد دیگری ادعای مشاهده‌ی تیراندازی از طرف **خلیل طهماسبی** را به‌عمل نیاورده و این شاهد دروغگو نیز در بازجویی‌های بعدی خود، در همان روز و روز بعد دیگر این ادعای دروغ را تکرارنکرده و فقط مدعی شنیدن صدای سه گلوله شده‌است.

دسته دوم: دارندگان فاصله از محل تیراندازی که در اجرای توطئه شرکت نداشته‌اند

از آنجا که شلیک گلوله از اسلحه **خلیل طهماسبی** صدای خفیف و ضعیفی داشته و به‌قوت و بلندی صدای گلوله‌های شلیک‌شده از سلاح‌های محافظان نخست‌وزیر نبوده‌است، پس کسانی که کمی دورتر بوده‌اند، مانند **سرپاسبان محمد بیات** (که در خارج از مسجد در جلو در ایستاده‌بوده) و یا **محمود هدایت**، برادرزن و معاون رزم‌آرا (که جزو جمعیت در داخل شبستان مسجد نشسته بوده‌است) فقط شنیدن صدای سه گلوله را شهادت داده‌اند.

- **شهادت سه نفر از کارآموزان پاسبانی حاضر در صحنه جنایت**

همان‌طور که بارها گفته شده‌است و می‌دانیم، در آن روز ۵۰ نفر از کارآموزان پاسبانی را به مسجد شاه برده و در آنجا در دو صف موازی در برابر هم در سرتاسر صحن به پاسداری گماشته‌بوده‌اند.
از این عده فقط سه نفرشان که در دستگیری **قاتلان واقعی رزم‌آرا** سهمی داشته و بی‌درنگ پس از قتل در جریان وقایع به کلانتری ۸ کشانده شده‌بودند، هریک به‌نحوی خیلی مختصر و طی گزارشی چند سطری، مشهودات و اقدامات خود را در این رابطه به کلانتری مزبور گزارش داده‌اند.
از آنجا که این گزارش به‌صورت سند رسمی و ضمن پرونده ارسالی از طرف آن کلانتری به اداره آگاهی فرستاده‌شده‌اند، پس از دستبرد و نابودی در همان روزهای نخست نجات یافته و دو فقره آن هم‌اکنون در کتاب «اسرار قتل رزم‌آرا»، پس از مقدمه و پیش‌گفتار، نخستین صفحات را به خود اختصاص داده‌اند.

در زیر عین دو گزارش مزبور برای آگاهی خوانندگان گرامی درج می‌شود تا خود داوری نمایند که اگر اندک توجهی به مفاد آنها مبذول شده‌بود، موضوع به کجا منجرمی‌گردید؟ درمورد متن و سرنوشت نامعلوم گزارش سومین کارآموز پاسبانی نیز پس از این صحبت خواهد شد:

" [نخست]- گزارش پاسبان علی‌اصغر سلطانی، حاضر در صحنه قتل رزم‌آرا
مورخه ۱۶/۱۲/۲۹[۱۳]

*گزارش پاسبان کارآموز آموزشگاه شهربانی **علی‌اصغر فرزند محمداسمعیل، شهرت سلطانی**، به‌عرض می‌رساند، در ساعت ۱۰:۳۰ صبح روز ماه جاری که مأمور انتظامات داخل مسجد شاه بودم، درحین انجام مأموریت صدای **خفیف** تیری استماع شد، فوراً به طرف صدای تیر رفته و با کمک پاسبانان مأمور کلانتری **شخصی را به‌نام اللهیار جلیلوند که اسلحه لخت در دست داشت، از عقب دستگیر و در حرکت بودیم که رفیق او را که مشغول حمله به پاسبانی بود و دارای دو اسلحه والتر بود و به همان پاسبان حمله‌می‌نمود، دستگیر و با کمک پاسبان‌های دیگر با جیپ شهربانی به اتاق تیمسار ایروانی، معاونت شهربانی معرفی کردیم.***
مراتب گزارشاً عرض شد.

سلطانی "

گویا در پی وصول گزارش بالا به اداره آگاهی، مجبورشده‌اند که بی‌درنگ در رابطه با آن از شاهد مذکور بازجویی نمایند تا افزون‌بر انجام وظیفه قانونی، از آنچه که وی به‌راستی دیده بوده‌است، به‌خوبی آگاهی یابند.
در زیر به قسمتی از این بازجویی نیز توجه فرمایند:

" ...

س: ...

ج: ... در ساعت ۱۰:۳۰ ***صدای تیر بلند شد،*** *من دیدم جلو، آقای* ***اللهیار جلیلوند*** *یک اسلحه لخت در دست داشت و من او را از عقب گرفتم. یک نفر پاسبان دیگر، اسم و هویت او را نمی‌دانم ولی شماره داشت و معلوم شد پاسبان قدیمی است، آمد به من کمک کرد* ***اللهیار*** *را آوردیم. در موقع حرکت چند نفر پاسبان دیگر هم رسیدند و به ما کمک کردند.*

چون در این بین دیدم یک نفر از پاسبان‌های مأمور کلانتری ۸ ***رفیق اللهیار را که اسم او را نمی‌دانم، دستگیر کرده و از عقب جمعیت به آن پاسبان حمله کردند و من به کمک او رفتم. یک اسلحه در جیب آن شخص بود که من با کمک آن پاسبان، مأمور کلانتری ۸، اسلحه را از جیب او درآوردیم و دادیم به پاسبان دیگری، در این بین دیدیم که همان شخص دست خودش را می‌گذارد روی کمر خودش، گفتم: مگر اسلحه دیگری هم دارید؟ گفت: خیر. بعد که دامن کت او را بالا زدیم دیدیم یک اسلحه با جلد در کمرش می‌باشد که باز کرده و تحویل پاسبان مأمور کلانتری ۸ است.***

اللهیار جلیلوند را هم‌قطارها آوردند به خیابان که سوار جیپ شهربانی بکنند. ما هم رفیق او را آوردیم سوار جیپ کردیم و حرکت کردیم به‌طرف شهربانی، آمدیم و به حضور تیمسار ایروانی معرفی کردیم. سلطانی.

س: محل مأموریت شما در مسجد شاه چه نقطه‌ای بود؟

ج: از سمت خیابان بوذرجمهری از پله‌های جلو خان مسجد شاه که وارد می‌شوید، پس از اینکه از درب بزرگ مسجد داخل شدید آنجا دو راهرو دارد، من در سمت راست آن راهرو در داخل حیاط مسجد ایستاده بودم. مقابل حوض بود. ***سلطانی.***

س: چه اشخاصی تیراندازی کردند؟ آیا کسانی که تیراندازی نمودند شما آنها را دیدید یا خیر؟

ج: من فقط از روی برآمدگی زمین در محوطه حیاط مسجد شاه که جمعیت زیادی ایستاده بودند، صدای تیر شنیدم ولی متوجه نشدم که چه کسی تیراندازی کرد. ***سلطانی.***

س: چند تیر شلیک شد و به سمت چه کسی تیراندازی شد؟

ج: من ***صدای سه تیر متوالی*** *شنیدم که به‌طرف آقای رزم‌آرا نخست‌وزیر شلیک کرده‌اند و هدف او بوده است.* ***سلطانی.***

س: هنگامی که جناب آقای رزم‌آرا نخست‌وزیر داخل مسجد شدند، شما شخصاً او را تا هنگامی که از مسجد خارج شدید، مشاهده کردید یا خیر؟

ج: من فقط موقعی نخست‌وزیر را دیدم که به زمین افتاده بود و خون از او جاری بود و ***این دو نفری را هم که ما دستگیر کردیم، یعنی اللهیار جلیلوند و رفیقش را در ده قدمی او دستگیر کردیم و موقعی که اللهیار را دستگیر کردیم یک اسلحه لخت دست او بوده می‌گذاشت بغلش و می‌گفت من کارت دارم. سلطانی.***

س: موقعی که جناب آقای نخست‌وزیر رزم‌آرا داخل مسجد شدند چه کسانی همراه او بودند؟

*ج: بنده عرض کردم موقعی نخست‌وزیر را دیدم به زمین افتاده بود و خون از او جاری بود و جمعیت زیادی بود، اما من اطرافیان را نشناختم. **سلطانی**. "*
(اسرار قتل رزم‌آرا- همان- صفحات ۷۰/۷۱)

" [دوم]- گزارش پاسبان، صادق رجب بی‌دندان، حاضر در صحنه قتل رزم‌آرا

شیر و خورشید
وزارت کشور
شهربانی کل کشور

تاریخ ۱۳۲۹/۱۲/۱۶

نام و نشان: صادق رجب بی‌دندان

*موضوع: **گزارش***

*محترماً به‌عرض می‌رسانم، فدوی کارآموز آموزشگاه پاسبانی گروهان ۲ دسته دوم ساعت ۱۰:۱۵ صبح در داخله مسجد شاه مشغول انجام وظیفه بودم. درموقع تشریف فرمایی **جناب اشرف نخست‌وزیر به‌محض ورود به صحن مسجد شاه صدای تیر شنیده و درنتیجه معلوم شد یک نفر که لباس سویل در برداشت به فاصلهٔ چهار قدم سه تیر برای ایشان خالی نموده با اسلحه کوچک کمری طرف معظم‌الیه تیراندازی نموده، فوراً به معیت مأمورین جهت دستگیری مرتکب حمله، که محمد رحیمی و فریدون محمدی جلو بوده و مرتکب را دستگیر، و دو نفر دیگر که قصد فرار داشتند ودست یکی از آنان چاقو بود، از طرف مأمورین دستگیر کردند.** تصور می‌رود یکی از تیرها به صورت و دیگری به پشت سر و دیگری به پهلوی جناب اشرف اصابت نموده باشد.*
امضاء: صادق "
(اسرار قتل رزم‌آرا- همان- صفحه ۳۷)

در گزارش بالا نکات زیر شایان توجه فراوان می‌باشد:

۱ - **کسی که به‌طرف نخست‌وزیر تیراندازی نموده لباس سویل دربرداشته‌است.**
بطوری‌که می‌دانیم جمعی از حاضران در صحنه جنایت، اعم از پلیس و مردم عادی، محافظان **رزم‌آرا** را در حال تیراندازی به‌سوی او دیده و برای دستگیریشان هجوم آورده‌بودند و آنان برای رهایی از کتک و مشت و لگد که در این هجوم بر سر و رویشان فرو می‌باریده‌است مرتب فریاد می‌کشیده‌اند که: **ما خودمان پلیس هستیم که لباس سویل داریم. ما خودمان محافظ هستیم. ما کارت شناسایی داریم.** و ازاین‌قبیل ...
پس ذکر «**لباس سویل**» در جملهٔ بالا جهت معرفی کسی که به‌سوی رزم‌آرا تیراندازی کرده بوده‌است، اشاره به ادعای پلیس بودن و **لباس سویل** داشتن تیرانداز می‌باشد.

۲ - **دو نفر دیگر** از شرکای جرم قصد فرار داشته‌اند که **در دست یکی از آنان چاقویی بوده‌است.**
ما می‌دانیم که هیچ‌یک از سه نفر محافظ **رزم‌آرا** دارای کارد یا چاقو نبوده‌اند و **تنها خلیل طهماسبی بوده که کارد کوچکی با خود حمل می‌کرده** و پس از تیراندازی نیز با بیرون کشیدن همان کارد و حمله به پاسبانان موفق به فرار به‌سوی بازار شده‌است.
حال باتوجه به اینکه شاهد بالا، دارندهٔ چاقو (که همان کارد بوده) یعنی **خلیل طهماسبی** را، جزو یکی از دو نفر دیگر منظور کرده‌است، پس بطور قطع می‌توانیم بگوییم که نفر نخست یعنی شخصی با **لباس سویل** به **رزم‌آرا** تیراندازی نموده، **خلیل طهماسبی** نبوده‌است.

۳- یکی از کسانی که برای دستگیری این عامل تیراندازی به رزم‌آرا اقدام نموده (عبدالحسین) محمدرحیمی نام داشته‌است.
این شخص که روز پس از قتل، در شهربانی مورد بازجویی قرار گرفته، شهادت خود را چنین بیان نموده‌است:

" ... در بین ساعت ده و یازده **تیمسار ریاست شهربانی** وارد مسجد شدند و مختصر بعدش مراجعت کردند. بعد از رفتن **رئیس شهربانی**، یک نفر جلو و چند نفر در پشت سر ایشان از دالان وارد صحن حیاط مسجد شدند. من که نفر اول دالان ایستاده بودم، همان شخص منظور که تا آن موقع نمی‌شناختم کیست وارد صحن حیاط شدند.
چند قدمی از دالان دور شده و وارد حیاط شدند، **صدای تیری بلند شد** و بنده برحسب وظیفه رفتم جلو و یک نفر را دیدم که **هفت‌تیری از جیبش درآورده و اسلحه لخت در دستش بود** و می‌گفت: قاتل را بگیرید. بنده همان شخص را از عقب سر گرفته و نگذاشتم تکان بخورد و به کمک یک سر پاسبان هفت‌تیر را از دستش بیرون آوردم. ..."
(اسرار قتل رزم‌آرا- همان- صفحات ۱۲۰/۱۲۱)

هرچند که از اظهارات فوق به‌خوبی می‌توان دریافت که شخص دستگیرشده **لطیف طاهونی** بوده‌است، با این وجود شاهد مذکور در جلسه‌ای برای رو در رویی که بیش از ۷ ماه پس از آن، بین وی و ۵ نفر دیگر از پاسبانان حاضر در صحنه ترور رزم‌آرا، ازجمله سه محافظ خائن، به‌منظور رفع تناقضات موجود بین اظهارات آنان به‌عمل آمده‌است، آشکارا شخص مذکور را به‌شرح زیر معرفی نموده‌است:

" ... یکی از اشخاصی که در مسجد اسلحه داشت، من او را دستگیر کردم و معلوم شد **لطیف طاهونی** مأمور کارآگاهی بوده، بعد هم یک جلد اسلحه در زمین افتاده بوده برداشتم و آن‌را هم بردم به کلانتری تحویل دادم ..."
(اسرار قتل رزم‌آرا- همان- صفحه ۲۵۹)

حال هرگاه فرض خلاف واقع به‌عمل آورده و بگوییم که در روز نخست جز همین **صادق بی‌دندان**، هیچ شخص دیگری درمورد تیراندازی **لطیف طاهونی** به‌سوی نخست‌وزیر شهادت نداده بوده‌است، باز هم اداره آگاهی وظیفه داشته‌است که **اسلحه طاهونی** را در حضور مقامات صلاحیت‌دار بازرسی‌کرده و شمار گلوله‌های موجود در آن‌را صورت‌مجلس نمایند.
هر یک از محافظان رزم‌آرا از ابتدا ۱۴ فشنگ همراه با اسلحه‌ی خود دریافت کرده بوده‌است که ۷ عدد آن در داخل اسلحه و ۷ فشنگ دیگر در خشاب ذخیره در جلد آن موجود بوده‌است و شمارش تعداد فشنگ‌های باقی‌مانده درحضور مقامات صلاحیت‌دار قانونی تا اندازه‌ای می‌توانسته‌است که به رد یا قبول اتهام درمورد هریک از محافظان مذکور کمک نماید.

اما اقدام **سرتیپ محمد دفتری**، رئیس شهربانی، در پس دادن سلاح‌های مزبور به متهمان مذکور بدون هیچ گونه بازرسی و بازپرسی، جز اینکه قبول سوءنیت و شرکت او در توطئه نامیده‌شود، راه دیگری را در برابر ما قرار نمی‌دهد.

- **سرنوشت نامعلوم شماری از مدارک مهم پرونده**

در پیوست‌های کتاب «اسرار قتل رزم‌آرا» بخشی تحت عنوان «**دریافت‌های یکی از مطالعه‌کنندگان قسمتی از پرونده ترور رزم‌آرا**» وجود دارد که از شماره‌های ۲۷۳ و ۲۷۷ نشریه هفتگی اتحاد ملی مورخ ۹ تیر تا ٦ مرداد ۱۳۳۲ بازگو شده‌است.
در این بخش مطالبی به‌نقل از برخی مدارک موجود در قتل رزم‌آرا آورده شده‌است که با وجود اهمیت فراوانی که دارند اثری از آنها در کتاب «**اسرار قتل رزم‌آرا**» موجود نیست. حال ما نمی‌دانیم که آیا پرونده‌ای که به دست نگارنده کتاب مذکور رسیده‌است فاقد مدارک مزبور بوده و یا اینکه وی بنا بر دلایلی از چاپ آنها خودداری نموده‌است.
در زیر دو نمونه از این قبیل مدارک را بازگومی‌نماید:

" [۱]- برگ ۷ عبدالحسین محمدرحیمی

... پس از شلیک چند تیر در مسجد شاه، من در خط سیر مجلس ترحیم ایستاده بودم. دیدم شخصی دستش رفت به قلاب کمر، یک اسلحه کوچک از جیب خود خارج کرده بود، و به‌طرف مسجد تیراندازی کرد. بنده او را گرفتم. زیر بغل او را گرفتم. یک سر پاسبان قدیمی آمد جلو و اسلحه او را گرفت.
تیمسار ریاست قسمت آمد و دستور داد او را ببرید توی ماشین. این شخص می‌خواست به من هم حمله‌کند. ولی دستش را گرفتم و نگذاشتم فرارکند. جلد اسلحه را از روی زمین برداشتم. اسلحه را سرپاسبان گرفت. ***این جلد را از جیب خود انداخت زمین. دیدم خون‌آلود بود. و همین کسی است که در کلانتری بوده‌است و نام [؟] "***
(اسرار قتل رزم‌آرا- همان- صفحات ٤٤٨/٤٤٧)

این مطلب که در کتاب در همین جا قطع شده‌است بدون تردید از گزارشی بازگو شده‌بوده که **عبدالحسین محمدرحیمی** پس از دستگیری و انتقال **لطیف طاهونی** به کلانتری ۸ به آن کلانتری داده بوده‌است.
در گزارش بالا بطور وضوح شهادت داده شده‌است که پس از **شلیک تیر** (یعنی شلیک گلوله توسط **خلیل طهماسبی)، دست طاهونی رفت به قلاب کمر، یک اسلحه کوچک از جیب خارج کرده بود، و به‌طرف مسجد تیراندازی کرد.**
حال هرگاه وی به جلو و رزم‌آرا شلیک نمی‌کرده، دست کم می‌بایست روشن شود که وی چند گلوله و به سوی چه هدفی خالی‌کرده بوده‌است؟
افزون‌برآن شاهد مذکور درمورد **خون‌آلود بودن جلد اسلحه طاهونی** نیز شهادت داده، و بی‌گمان **همین خون‌آلود بودن جلد اسلحه موجب شده‌است که طاهونی در بازجویی‌های خود در کلانتری و در شهربانی، برخلاف واقع، ادعا نماید که با اسلحه بر سر خلیل طهماسبی زده و شریک جرم او یعنی اسدالله فرخنده‌کلام نیز این ادعای خلاف واقع را بارها تأیید کند.**
بطور مثال این هم‌دست جنایتکاران که در روز قتل (به ادعای خود) شلیک سه گلوله توسط **خلیل طهماسبی** را به چشمان خود مشاهده کرده‌بود! ضمن بازجویی خود در روز پس از آن چنین گفته‌است:

" ... یکی از کارآگاهانی که سمت راست نخست‌وزیر بود با قبضه اسلحه کمری ضربه محکمی به سر ضارب زد که ضارب زمین خورد و سرش شکست ... "
(اسرار قتل رزم‌آرا- همان- صفحات ۱۱۵)

درحالی که خلیل طهماسبی در آن روز به‌هیچ‌وجه به زمین نخورده و هیچ‌کس هم جز همین دروغگوی خائن، تیراندازی‌های او را به‌سوی رزم‌آرا و یا شکسته شدن سر او را با قبضه اسلحه طاهونی ندیده‌است! حال ببینید غلامحسین حیدری که در دستگیری طهماسبی شرکت داشته، ضمن پاسخ خود در بازجویی روز بعد، درمورد علت مجروح شدن سر وی چه گفته‌است:

" ... آیا هنگام دستگیری یعنی موقعی که شما ضارب را در بازار زرگرها دستگیر نمودید، مجروح بود؟
ج: بله سرش مجروح بوده و صورتش خونی بود. امضاء
س: شما که در محل واقعه بودید متوجه نشدید سر ضارب چگونه مجروح شده؟
ج: می‌گویند کارآگاه محافظ نخست‌وزیر با قبضه اسلحه زده، ولی من قبضه اسلحه‌زدن را ندیدم. اما دیدم پاسبانی با باتون در مسجد به سر او زد. امضاء ... "
(اسرار قتل رزم‌آرا- همان- صفحات ۱۱۸/۱۱۹)

خود خلیل طهماسبی نیز پس از آزادشدن از زندان در مصاحبه با خبرنگار مجله تهران‌مصور، درباره‌ی علت مجروح‌شدن سر خود چنین گفته‌است:

" ... چند نفر از پشت سر جسمی را به‌شدت به مغز من زدند ... از پشت سر چند ضربه به سرم وارد آمد که خون به سر و رویم ریخت ... "
(اسرار قتل رزم‌آرا- همان- صفحات ۴۷۱/۴۷۲)

از آنجا که لطیف طاهونی در زمان درگیری با خلیل طهماسبی رو در روی او قرار داشته‌است، پس واردکننده و یا واردکنندگان آن چند ضربه (نه یک ضربه) بر سر وی شخص یا اشخاص دیگری بوده‌اند.
درهرحال وظیفه مسلم اداره آگاهی آن بوده‌است که جلد خون‌آلود اسلحه را به آزمایشگاه بفرستد تا تعیین نمایند که آن خون از سر رزم‌آرا بیرون آمده بوده‌است یا از سر **خلیل طهماسبی**؟

" [۲]- سرگرد معصومی می‌گوید:
من و سرتیپ دانشپور بیرون مسجد بودیم که صدای تیر شنیدیم، آمدیم در بسته بود، بعد بازگردید، داخل شدیم. "
(اسرار قتل رزم‌آرا- همان- صفحه ۴۵۹)

با اینکه در کتاب «اسرار قتل رزم‌آرا» چندین بار به‌نام و اقدامات سرگرد معصومی برمی‌خوریم ولی از سرنوشت برگ‌های مربوط به گزارش و بازجویی وی نیز در پرونده اطلاعی نداریم.

- **دروغگویی‌های سرتیپ غلامحسین دانشپور**

- **درباره نبودن در مسجد به هنگام قتل**

درهنگام ورود رزم‌آرا به داخل مسجد شاه، افزون‌بر وزیر کار و سه نفر محافظ (که یک نفرشان در طرف راست و دو نفر دیگر در پشت سر وی بوده‌اند) شماری از افسران شهربانی نیز پشت سر آنها به داخل مسجد رفته و درست در پشت سر دو نفر قرارداشته‌اند.

همانگونه که در بالا در چند مورد دیدیم، این مطلب را شماری از حاضران در مسجد گواهی‌داده و بعضی از آنها آشکارا حضور **سرتیپ غلامحسین دانشپور** را در پیشاپیش آنان گواهی نموده‌اند. اما این شخص ضمن توضیحاتی که یک ماه ونیم پس از وقوع قتل داده، چنین گفته‌است:

" ... بنده هم جلوی پله‌ها [در خیابان بوذرجمهری] قدم می‌زدم. در همین ضمن ***سرهنگ کدیور****، رئیس کلانتری که او هم مأمور جلو پله‌ها بود به من گفت که: تیمسار بدوید، می‌گویند توی مسجد تیراندازی شده و یک نفر را کشته‌اند.*
بنده به مجرد شنیدن این حرف از پله‌ها به‌طرف مسجد دویده جلو در مسجد دیدم مردم فرارمی‌کنند، من به مأموران که آنجا بودند ***دستوردادم فوری درب مسجد را ببندند و خود من داخل مسجد شدم****، ... "*
(اسرار قتل رزم‌آرا- همان- صفحه ١٦٦)

چنین به‌نظرمی‌رسد که این شخص و **سرگرد معصومی** هردو نفر در هنگام وقوع قتل در پشت سر محافظان **رزم‌آرا** بوده‌اند و سپس با هم قرارگذاشته‌اند که عدم حضور یکدیگر در مسجد را شهادت‌بدهند اما همانگونه که دیدیم **سرگرد معصومی** با شهادت خود کار را خراب‌کرده و گفته‌است:

" من و ***سرتیپ دانشپور*** *بیرون مسجد بودیم که صدای تیر شنیدیم، آمدیم در بسته بود، بعد باز کردند، داخل شدیم. "*

- دروغگویی درباره حمل جسد رزم‌آرا به بیمارستان

آنچه بر ما روشن است این که بی‌درنگ پس از تیراندازی به‌سوی **رزم‌آرا** و بر زمین غلطیدن وی، پلیس و مردم با **خلیل طهماسبی** و محافظان وی درگیر و گلاویز شده‌اند و در چند دقیقه‌ای که دستگیری و بردن آنان به کلانتری و شهربانی درجریان بوده، اقدامی برای حمل جسد **رزم‌آرا** به‌بیمارستان به‌عمل نیامده‌است.
محمود هدایت، برادرزن ومعاون پارلمانی **رزم‌آرا**، جریان حمل جسد وی به بیمارستان را به‌شرح زیر بیان نموده‌است:

" ... از صحن مسجد ***صدای سه تیر متوالی*** *بلند شد. من دویدم بیرون. دیدم نزدیک حوض بغل سکوی صحن مسجد، آقای* ***نخست‌وزیر*** *در خون غلط می‌زند و جمعی از هرطرف می‌دوند. با دیدن این صحنه نفهمیدم چه شد. پس از مدتی دیدم دو نفر مرا صدامی‌زنند و از زمین بلندم می‌کنند ...*
باری حالم که بهتر شد، دیدم هنوز پاسبانان مثل عروسک پنبه‌ای برجای ایستاده‌اند، ***فریاد زدم که آخر پدرسوخته‌های بیشرم، این شخص نخست‌وزیر مملکت بود، سپهبد بود، چرا حیانمی‌کنید لااقل از زمین بلندش کنید.***
چهار نفر آمدند و به وضع عجیبی که از گفتنش شرم دارم، آمدند جسد را بلندکردند، و به همان حال بردند بیرون مسجد، و به همان حال در جیپی که بوق بلندگو روی آن بود گذاشتند و به‌سرعت هرچه تمام‌تر به راه افتادند و بردند مریض خانهٔ ابن سینا ... "
(اسرار قتل رزم‌آرا- همان- صفحه ١٧٤/١٧٥)

پنج ترور تاریخی راهگشای صدارت مصدق

بطوری که ملاحظه‌می‌شود، **سرتیپ دانشپور** در امر حمل جسد رزم‌آرا به بیمارستان سهیم و شریک نبوده‌است.
سرتیپ محسن اعتصام هم که می‌خواسته‌است **سرتیپ دانشپور** را در این عمل سهیم جلوه‌دهد، مشهودات خود را به‌شرح زیر بیان نموده‌است:

" ... قدری نگذشت که اشخاصی گفتند: آقای نخست‌وزیر تشریف می‌آوردند.
*ما مشغول انتظامات داخلی و درب تجیر شدیم. در همین اثناء صدای **چهارپنج تیر** آمد، فوراً از داخل تجیر به‌اتفاق آقایان افسران که در داخل تجیر بودند به داخل صحن آمدیم، که گفتند: آقایان، نخست‌وزیر را زدند. و جمعیت به هم ریخت و پاسبان‌ها می‌دویدند به‌طرف راهی که به بازار می‌رود، چند نفر را گرفته، آوردند. گفتند: با اسلحه آنها را گرفتند. جسد هم در نزدیکی درب ورودی صحن افتاده بود و چون جمعیت زیاد می‌شد ما مشغول انتظامات و متفرق کردن مردم شدیم. **تیمسار دانشپور** هم تشریف داشتند. ابتدا اشخاص دستگیر شده را به‌وسیلهٔ مأمورین فرستادند و سپس جسد را به‌وسیلهٔ پاسبانان از درب مسجد شاه خارج کردند ... "*
(اسرار قتل رزم‌آرا- همان- صفحه ۱۲۲/۱۲۳)

حال ما سخنان **سرتیپ دانشپور** را از همانجا که قطع شده‌بود، در زیر بازگومی‌نماییم تا خوانندگان گرامی ببینند که ادعای وی دربارهٔ نخستین کاری که پس از ورود به مسجد انجام داده‌است، چه می‌باشد:

" ... همین‌طور که با حالت دو از بین جمعیت وارد صحن مسجد شدم، در جلو سکوی بزرگ تابستانی نماز و نزدیک به حوض دیدم شخص تیرخورده‌ای یک پهلو از طرف راست به زمین افتاده و خون زیادی به‌قدر سینی مسی از سرش آمده و سر او توی خون‌هاست و یک دست او در جیبش بود، دست چپش بود که در جیب داشت و کلاه هم سر نداشت.
*تا من رسیدم جلو جنازه، سه چهار نفر دور من جمع شدند و می‌گفتند: **الحمدالله تیمسار، خدا را شکر که رزم‌آرا نبود، عوضی زدند. از قرار می‌خواستند رزم‌آرا را بزنند، دیگری را جای او زدند. این شبیه اوست** [؟!] و به‌کرات این مطالب را می‌گفتند. من گفتم: هرکه باشد یا رزم‌آرا یا دیگری، یک نفری است که تیرخورده و باید فوری به بیمارستان رسانید. بیایید دست و پای او را بگیرید ببریم (البته خطاب به پاسبان‌ها) و چند سرپاسبان همانجا بودند، آنها دست و پای مقتول را گرفتند و آمدیم درب مسجد را که بسته بود، گفتم بازکردند و باعجله آوردیم از پله‌ها بالا و گذاشتیم توی ماشین بلندگوی شهربانی که همانجا جلوی پله‌ها ایستاده‌بود و گفتم ببرند مریض خانه، و افسر و پاسبان‌ها توی ماشین سوار کرده، ماشین را حرکت دادم و خودم فوری مراجعت کردم به داخل مسجد ... "*
(اسرار قتل رزم‌آرا- همان- صفحه ۱۶۶/۱۶۷)

احمد مکل[مکلل] کتاب، پاسبان شماره ۹۸۶ کلانتری ۸ نیز که پس از گرفتن اسلحه از **اللهیار جلیلوند** و شرکت در دستگیری او، به‌صورت دستیار به **سرتیپ دانشپور** کمک می‌کرده، ضمن گزارش خود چنین نوشته‌است:

" ... در همان ساعت که اسلحه از نامبرده کشف گردید، اظهار می‌داشت که خود فدوی ... [حذف مطلب در کتاب وجود دارد] می‌باشم [!].
*فوراً جریان را به **تیمسار دانشپور** ریاست محترم پلیس انتظامی رسانیده، فوراً فرمودند او را جلب نمایید. ضمناً فدوی و چند پاسبان دیگر که در همانجا حضور داشتند دو نفر دیگر را هم جلب نمودیم و آن هم ریاست محترم فرمودند: این‌ها را هم جلب نمایید. و **پس از آن دستور فرمودند تیر خورده را بلند نمایید،** فدوی و چند پاسبان دیگر تیرخورده را بلندنموده و به‌طرف خیابان که کامیون‌های شهربانی ایستاده‌بودند بردیم و در ماشین که بلندگو شهربانی نصب دارد گذاشته و ... "*
(اسرار قتل رزم‌آرا- همان- صفحه ٦٢)

- **دروغگویی درباره فرستادن اللهیار جلیلوند و مصطفی پازوکی به کلانتری**

سرتیپ دانشپور مدعی‌است که پس از آنکه ترتیب حمل جسد به بیمارستان را فراهم‌ساخته و به مسجد بازگشته‌است:

*" دیدم در همان اوائل صحن مسجد سه‌چهار دسته با هم زدوخورد می‌کنند ... بعد از پاسبان‌ها پرسیدم: پس قاتل [؟!] کسی را گرفتند یا خیر؟ گفتند: گرفتند. و **همان دسته‌هایی را که کشمکش می‌کردند نشان دادند**. من به‌سرعت به‌طرف دسته اول رفتم. دیدم یک نفری را پاسبان‌ها گرفته‌اند و سر و صورت او خونی است و فریاد می‌زند که: تیمسار بیایید کمک کنید، همین است [این‌ها شاهدهای عینی و بی‌غرض بوده‌اند] ...*
به مأموران امر دادم او را روی دست بلند کنند و ببرند به کلانتری ... خودم کمک کردم او را دادم بردند کلانتری [!] ... "
(اسرار قتل رزم‌آرا- همان- صفحه ١٦٧/١٦٨)

از گزارش‌ها و شهادت‌هایی که دیگران داده‌اند، ما می‌دانیم که این دو نفر به‌ترتیب **اللهیار جلیلوند** و **مصطفی پازوکی** بوده و هر دو نفر مستقیم به شهربانی فرستاده شده‌بوده‌اند نه به کلانتری.

- **دروغگویی درباره چگونگی دستگیری خلیل طهماسبی**

بطوری‌که می‌دانیم **خلیل طهماسبی** پس از تیراندازی به‌سوی **رزم‌آرا**، از دست مردم و پاسبان‌هایی که او را گرفته‌بودند موفق به فرارشده و از دالانی که به بازار بزازها می‌رسد، از مسجد خارج گردیده‌است.
گویا وی پس از خروج از مسجد کوشش زیادی برای فرار به‌عمل نیاورده و در ابتدای بازار زرگرها بار دیگر دستگیر شده‌است.
حال ببینید که **سرتیپ دانشپور** درباره دستگیری این تروریست چه گفته‌است:

" ... رسیدم به دسته سوم در جلو دالان اول که به‌طرف بازار بزازها می‌رود، و دیدم یک پاسبانی با چند نفر پاسبان [!] شخصی را گرفته در وسط ... درهمین حین نمی‌دانم چه‌طور شد این شخص از دست مأمورین ول شد، دوید طرف تجیر چادر، مأمورین به‌دنبال او و دومرتبه برگشت و به‌طرف دالان دومی مسجد می‌خواست برود که در همانجا رسیدیم و او را گرفتیم [!] و توسط مأمورین او را فرستادیم به کلانتری ... "
(اسرار قتل رزم‌آرا- همان- صفحه ١٦٨)

- دروغگویی درباره گرفتن اسلحه از خلیل طهماسبی

اسلحه **خلیل طهماسبی** را ابتدا **مصطفی پازوکی** از وی گرفته بوده‌است ولی پاسبان‌هایی که این شخص را نیز در زمره قاتلان رزم‌آرا می‌دانسته‌اند اسلحه مزبور و اسلحه خود او را از وی گرفته‌بودند. آن اسلحه و پوکه‌ی تنها فشنگی که از آن شلیک شده‌بود، سرانجام به دست **محمد بیات** سرپاسبان کلانتری ۸ افتاده و همان‌طور که در گزارش آن کلانتری به اداره آگاهی ذکرشده، وی آن‌را به **سرگرد محبوبین** (یا **محبوبی**) تحویل داده‌است.
محمد بیات ضمن بازجویی خود در روز پس از قتل، این جریان را چنین شرح داده‌است:

> *" ... ده نفر پاسبان مسؤل انتظامات جلو خان بزرگ مسجد شاه بودیم. ساعت ده دقیقه به یازده مانده آقای **نخست‌وزیر** تشریف آوردند، رفتند توی مسجد. دو سه دقیقه طول کشید **صدای سه تیر آمد**. بنده دیدم مردم همه فرارمی‌کنند. بنده رفتم تو، دیدم پاسبان **فتحعلی بیگی**، پاسبان شماره ۲۵۷، **جواد دادخواه** ۱۸۹۷، **قدرت‌الله** ۸۶۰، و **صفری** ۲۳۹، یک نفر را با یک عده از آموزشگاه نیروی احتیاط، که اسم و شماره آنها را نمی‌دانم، **یک نفر را گرفته‌اند. اظهارمی‌کنند که این قاتل است و یک هفت‌تیر کهنه در دست شخصی که دستگیر کرده‌بودند می‌باشد**. بنده با آنها همراهی کرده، **فتحعلی بیگی** و **قدرت‌الله**، که شماره آن ۸۶۰ بود، **هفت‌تیر را گرفته، و بنده از دست پاسبان هفت‌تیر را گرفتم**. بعد نفهمیدم، جمعیت زیاد بود، چطور شد، بعد مردم را متفرق کرده، مواظب نعش با یک عده پاسبان مواظبت می‌کردیم[؟!] و مردم را متفرق می‌نمودیم.*
> *بعد از متفرق‌کردن مردم، **علی مردان**، پاسبان شماره ۱۳۴۸، در همانجا که پایین جنازه بود و **یک پوکه فشنگ** [فقط یک پوکه] پیدا کرد و به بنده داد. **پوکه دست بنده بود. هفت‌تیر هم توی بغل بنده**. من به **سرگرد محبوبی**، که رئیس انتظامات بود، راپرت داده، **فرمودند: هفت‌تیر را با پوکه بده به من. من هم تقدیم کردم** ... "*
> (اسرار قتل رزم‌آرا- همان- صفحه ۱۱۴)

سرتیپ دانشپور ضمن شرح نحوه رسیدن و برخورد خود با دسته‌ای که با **خلیل طهماسبی** کشمکش داشته‌اند و ما بخش‌هایی از آن‌را پیش‌تر بازگو کردیم، چنین گفته‌است:

> *" ... تا من رسیدم، سرپاسبان گفت و صدازد: **تیمسار، تیمسار! قاتل همین است، همین است، کمک کنید و این اسلحه اوست که فشنگ توی آن گیر کرده، بگیرید. و من اسلحه را گرفتم** ... "*
> (اسرار قتل رزم‌آرا- همان- صفحه ۱۶۸)

- دروغگویی در موارد دیگر

خلاف‌گویی‌های **سرتیپ دانشپور** ویژه به آنچه که در بالا گفته‌شده نیست، بلکه در سرتاسر توضیحات وی کمتر مطلبی وجود دارد که واقعیت داشته‌باشد.
در زیر نمونه‌های کوتاه دیگری را ذکر می‌نماید:
بطوری‌که دیدیم **سرتیپ دانشپور** مدعی‌بود که او دستور بستن درهای مسجد را داده و سپس داخل مسجد شده‌است و نیز دیدیم که **سرگرد محبوبی** گفته‌بود که:

*" من و **سرتیپ دانشپور** بیرون مسجد بودیم که صدای تیر را شنیدیم. آمدیم درها بسته بود. بعد باز کردند. داخل شدیم. "*

پاسبان شماره ۲۳۹ کلانتری ۸ به‌نام **دلاور صفری** که در جلوخان مسجد شاه مأمور انتظامات بوده و پس از تیراندازی به مسجد داخل شده‌است، چنین می‌گوید:

" یک سرگرد شهربانی به ماها دستورداد که وارد مسجد شوید و در را ببندید. "
(اسرار قتل رزم‌آرا- همان- صفحه ۲۷۶)

و شواهد فراوان نشان‌می‌دهد که وی در موقع تیراندازی در پشت سر نخست‌وزیر، در داخل مسجد بوده‌است.
احمد مکل[مکلل] کتاب، پاسبان شماره ۹۸۶ می‌گوید که پس از گذاشته‌شدن جسد در اتومبیل:

*" در همانجا **تیمسار دانشپور** فرمودند که: از این ساعت با بنده [؟!] باش.*
*بنده از همان ساعت با خود **تیمسار به مریض خانه رفته و از آنجا به شهربانی مراجعت، تیمسار دستورفرمودند که: اسلحه [مربوط به جلیلوند] را به آقای بهرامی، رئیس آگاهی، تحویل نمایید. بنده هم اسلحه را به ایشان تحویل داده** ... "*
(اسرار قتل رزم‌آرا- همان- صفحه ۶۲)

اما ببینید که **سرتیپ دانشپور** حتی درباره‌ی ترتیب رفتن به جاهای مختلف، پس از خروج از مسجد نیز دروغ گفته‌است:

*" ... **خودم آمدم اداره [شهربانی] و از اداره رفتم به بیمارستان سینا و در آنجا رئیس شهربانی، تیمسار دفتری را دیدم و جریان را به ایشان گفتم و بعد سر کلانتری رفتیم. دو نفر از آنهایی که فرستاده بودم، خواستم. معلوم شد آنها از مراقبین و مأمورین رزم‌آرا بودند** ... "*
(اسرار قتل رزم‌آرا- همان- صفحه ۱۶۸)

از آنجا که رخداد قتل در حوزه فعالیت کلانتری ۸ اتفاق افتاده بوده‌است، پس طبق مقررات و روش معمول می‌بایست تمام متهمان به قتل، ازجمله دو نفر محافظ رزم‌آرا، همراه با آلات جرم، نخست برای تنظیم و تکمیل پرونده به کلانتری ۸ برده‌شوند.
اکنون همانگونه که در بالا خواندیم، **سرتیپ دانشپور** می‌خواهد کار خلافی را که در اعزام مستقیم دو نفر از محافظان رزم‌آرا به شهربانی مرتکب شده‌است، رفع و رجوع نماید و برخلاف واقع وانمودکند که آن دو نفر در آغاز به کلانتری ۸ برده شده‌بوده‌اند.

- **ندیده گرفتن دیده شده‌ها**

- افسران

درهنگام ورود رزم‌آرا به داخل مسجد شاه، افزون‌بر وزیرکار و سه نفر محافظ، که از این چهار نفر دو نفرشان در دوطرف و دو نفر دیگر در پشت سر وی بوده‌اند، شماری از افسران شهربانی نیز در پشت سر آنان به داخل مسجد رفته و درست در پشت سر دو محافظ قاتل قرارداشته‌اند.

این مطلب را شماری از شهود گواهی‌داده و حتی برخی از آنان حضور **دانشپور** را در پیشاپیش آنان تصریح نموده‌اند.
اما **سرتیپ دانشپور** سربسته حضور خود در مسجد در لحظه‌ی تیراندازی، را دروغ شمرده و همچنین از هیچ یک از آن افسران بازجویی به‌عمل نیامده و یا اینکه برگ‌های بازجویی از آنان را از بین برده‌اند. زیرا این افسران از فاصله‌ای بسیار نزدیک و جلوی چشمان خود، شلیک دو نفر محافظ **رزم‌آرا** را به‌سوی وی دیده‌بوده‌اند و به‌عبارت دیگر قتل **رزم‌آرا** برای آنان جنایتی آشکار به‌حساب می‌آمده‌است.
اکنون اگر این افسران مانند **سرتیپ دانشپور**، خودشان در توطئه دخیل نبوده‌اند بی‌گمان به آنان حالی‌شده بوده‌است که **رزم‌آرا** خیال انجام کودتا بر ضد **اعلیحضرت همایونی** را داشته، بنابراین محافظان مذکور بنا به فرمان و اراده مبارک ملوکانه آن کار را انجام‌داده‌اند و از این روی شایسته است! که آنان خفقان بگیرند و با اعلام حضور خود در صحنه جنایت، آینده و حتی جان خود را به‌خطر نیندازند. آنان نیز با اطاعت امر خود را از ادای هرگونه شهادت دروغ که متضمن تناقض‌گویی‌ها و دلیل تراشی‌های خلاف واقع بوده و خطر رسوایی را دربرداشته، راحت ساخته‌اند.
غیر از افسران مذکور، ما ضمن شهادت‌ها و بازجویی‌های موجود در کتاب «**اسرار قتل رزم‌آرا**»، به اسامی شماری دیگر از افسران، ازجمله **سرهنگ مهاجر ایروانی**، رئیس کلانتری ۸، برمی‌خوریم که در هنگام تیراندازی در مسجد حاضربوده، و در فاصله‌ای کم‌وبیش دور یا نزدیک با صحنه جنایت قرارداشته‌اند ولی از این افسران نیز هیچ‌گونه بازجویی به‌عمل نیامده‌است.

- پاسبانان

در روز وقوع قتل، ۵۰ نفر کارآموز پاسبانی در دو ردیف در سرتاسر صحن مسجد ایستاده راهرویی برای هدایت **رزم‌آرا** به‌سوی **خلیل طهماسبی** به‌وجود آورده‌بوده‌اند.
راهرو مزبور که عرضی نزدیک ۳ متر داشته، در پیشاپیش **رزم‌آرا** خلوت بوده‌است و به‌همین جهت هم پاسبانان آن قسمت هیچ مانعی برای مشاهده‌ی عینی صحنه جنایت نداشته‌اند و به‌خوبی می‌توانسته‌اند واقعیت امر را شهادت بدهند ولی فقط گزارش‌ها و یا بازجویی‌های مربوط به پنج نفر از این کارآموزان در کتاب «**اسرار قتل رزم‌آرا**» دیده‌می‌شود و آنان نیز کسانی هستند که به‌نحوی غیرقابل چشم‌پوشی در آن رخداد درگیر شده‌بوده‌اند.
افزون‌برآن در آن روز، شمار زیادی از پاسبان‌های کلانتری ۸ مأموریت حفظ نظم در داخل و خارج مسجد را به‌عهده داشته‌اند که فقط گزارش‌ها و بازجویی‌های اندکی از آنان در کتاب مزبور موجودمی‌باشد.

- مردم

در زمان وقوع قتل جمعیت زیادی در صحن مسجد حضورداشته و در دو سوی راهرویی که با ایستادن کارآموزان ایجاد شده‌بوده، چشم‌به‌راه رسیدن نخست‌وزیر بوده‌اند. بی‌گمان از کارآگاهان شهربانی و افراد دژبان (که با لباس شخصی مأمور انجام وظایف ویژه یا معمولی بوده‌اند) و نیز از اعضای **فدائیان اسلام** (به‌منظور مراقبت و یا فراری دادن **خلیل طهماسبی**) افرادی درمیان آنان وجودداشته‌اند.
یکی از شهود، جمعیت حاضر در صحن مسجد را به‌شرح زیر برآورد نموده‌است:

*" در محوطه حیاط مسجد شاه درحدود **دویست نفر** جمعیت بود که البته در داخل خود مسجد هم جمعیت بود و من آنها را نمی دیدم. "*
(اسرار قتل رزم‌آرا- همان- صفحه ۷۳)

باتوجه به مراتب فوق و وجود آن‌همه شاهد عینی، هرگاه مقامات عالی آگاهی و شهربانی کل کشور خودشان از توطئه‌گران جنایتکار نمی‌بودند و همان‌طورکه در دادگستری و شهربانی مرسوم است، در یکی از روزهای پس از وقوع جنایت، تمام ۵۰ نفر پاسبان کارآموز و آن عده از پاسبانان و افسران کلانتری ۸ و افسران شهربانی کل را که در روز وقوع جنایت در صحن و بیرون مسجد مأموریت‌هایی را به‌عهده داشته‌اند به مسجد شاه برده و صحنه آن روز را بازسازی می‌نمودند و از هر یک از آنان می‌خواستند که تمام مشاهدات و اقدامات خود را درمقابل هیأت ذیصلاحی شرح‌دهد، درآن‌صورت آیا دیگر کوچکترین نکته مبهمی باقی‌می‌ماند؟ تا اینکه اکنون پس از گذشت حدود نیم‌قرن راهی چنین پرپیچ و خم و سردرگم درمقابل جویندگان قرار داده‌باشند؟
اسامی شماری از مردم عادی درمیان گزارش‌ها و بازجویی‌های سایر شهود دیده‌می‌شود که با احضار و بازجویی از آنان افزون‌بر پی‌بردن به جزئیات رخداد، امکان آگاهی از اسامی افراد بسیار دیگری از این قبیل فراهم می‌شده‌است و همچنین یاری خواستن پلیس و مقامات قضایی از طریق رسانه‌های گروهی، از شاهدان فراوان و گمنام مذکور برای اینکه آنچه را که به چشم خود دیده‌بودند به آگاهی آن مقامات برسانند، می‌توانسته‌است بیشترین آگاهی ممکن را دراختیار مسئولان مربوط قراردهد.

- **فاصله خلیل طهماسبی با رزم‌آرا در لحظه تیراندازی**

(۱)- روز پس از وقوع قتل، چند نفر از مقامات آگاهی و کلانتری گویا برای بازبینی و معاینه محل قتل، ولی درحقیقت برای منطبق ساختن وضع **خلیل طهماسبی** با آن رخداد و انداختن گناه قتل به گردن وی، به آنجا رفته‌بوده‌اند و به دروغ و برخلاف واقع مدعی‌شده‌اند که:

*" ... ضارب از بین تماشاچیان درحدود یک‌مترونیم به وسط آمده و درست در پشت سر جناب آقای **نخست‌وزیر** به‌فاصله یک‌مترونیم قرارمی‌گیرد ... "*
(اسرار قتل رزم‌آرا- همان- صفحه ۱۲۶)

چون ما می‌دانیم که **رزم‌آرا** در وسط راهرویی که با ایستادن دو ردیف کارآموزان پاسبانی ایجاد شده‌بود، درحال حرکت بوده‌است، پس اعلام اینکه **خلیل طهماسبی** با آمدن یک‌مترونیم به‌جلو در وسط و در پشت سر نخست‌وزیر قرارگرفته بوده‌است به ما می‌فهماند که آن راهرو درحدود سه متر عرض داشته‌است.

(۲)- بطوری‌که از وضع آن روز و اظهارات دو نفر محافظ پشت سر **رزم‌آرا** برمی‌آید، این دو نفر با فاصله‌ای درحدود یک‌مترونیم با **رزم‌آرا** درحال حرکت بوده‌اند. با این ترتیب در هر زمان که این دو محافظ به مقابل یکی از کارآموزان پلیس می‌رسیده‌اند، فاصله آن کارآموز تا **رزم‌آرا** درحدود دومترو ده سانتی‌متر بوده‌است.
ما می‌دانیم که **خلیل طهماسبی** پس از آنکه این دو نفر محافظ از او رد شده‌اند، از پشت سر یکی از آن کارآموزان به جلو آمده و کمی از ردیف صف، جلوتر قرار گرفته‌است.
باتوجه به این مراتب، می‌توان گفت که فاصله‌ی او تا **رزم‌آرا** در لحظه‌ی تیراندازی از دومترونیم کمتر نبوده‌است.

- **مسیر عبور یک (یا سه گلوله) شلیک‌شده از اسلحه خلیل طهماسبی**

موقعیت **خلیل طهماسبی** نسبت به رزم‌آرا در لحظه‌ی تیراندازی، در نموداری که پیش‌تر تحت عنوان «نمودار وضع رزم‌آرا و سایرین در لحظه وقوع جنایت» در صفحه‌ی ٣٦٦ آورده‌ایم، نشان‌داده شده‌است. با توجه به این موقعیت، تمام گلوله‌هایی که وی به‌سوی رزم‌آرا شلیک می‌کرده (اعم از اینکه یک یا سه گلوله بوده و سر یا شکم و یا پای او را هدف قرار می‌داده‌است) فقط می‌توانسته‌اند دارای مسیری از شمال‌غربی به‌سوی جنوب‌شرقی باشند، در حالی که به موجب شکل‌های صفحه ٣٩٦ مسیر گلوله‌ها تقریباً از شمال شرقی به جنوب غربی تمایل داشته‌اند.

گزارش پزشکی قانونی دلیلی محکم و انکارناپذیر بر جنایت محافظان رزم‌آرا

پیش از هر چیز شایسته می‌داند که ضرب‌المثل زیر و شرح مربوط به آن‌را از کتاب «امثال و حکم» **دهخدا** بازگونماید:

*" **به هزار و یک دلیل اولش آنکه باورت نداشتم***

*سرتیپی از **سرباز** مؤاخذه می‌کرد که چرا هنگام نزدیک شده دشمن توپ نینداخته است؟*
*سرباز گفت: **به هزار و یک دلیل. سرتیپ** گفت: دلائل خود را بشمار.*
*گفت: **اول آنکه باورت نداشتم.***
*سرتیپ گفت: **ادلهٔ دیگر ضرور نیست**. "*

در موضوع قتل رزم‌آرا نیز می‌توان به دلایل فراوانی ثابت‌نمود که **خلیل طهماسبی** قاتل واقعی رزم‌آرا نبوده، بلکه **اللهیار جلیلوند و لطیف طاهونی** وی را به‌قتل رسانده‌اند. گزارش پزشکی قانونی، که در زیر آمده‌است، به‌قدری روشن و واضح این مطلب را به‌اثبات می‌رساند که با وجود آن دیگر نیازی به ادله دیگر نمی‌باشد:

اینک متن کامل گزارش پزشکی قانونی:

" تاریخ ١٣٢٩/١٢/٢١
شماره ٤٦٩٢/٣٦٨

شعبه ١ بازپرسی

*طبق یادداشت فوری مورخه [١٣]٢٩/١٢/١٦، در ساعت ١١ صبح مورخه [١٣]٢٩/١٢/١٦ جهت معاینهٔ جناب آقای **نخست‌وزیر** (رزم‌آرا) که مورد اصابت گلوله قرارگرفته و به‌منظور جراحی به بیمارستان سینا انتقال داده شده‌بود، در آن بیمارستان از جنازه عریان متوفی که در اثر اصابت گلوله قبل از اقدام به عمل جراحی فوت نموده*

و در روی تخت عمل بیمارستان سینا گذارده شده بوده دقیقاً به‌شرح زیر توسط آقای **دکتر معرفت** معاینه به‌عمل آمد.

در ناحیه قسمت وسطی پیشانی، حدفاصل بین دو ابرو، شکاف مثلثی شکل سه‌شاخه (ستاره) مشاهده‌گردید که پوست از قسمت استخوانی جمجمه کندگی داشته، و قطعات شکسته استخوان جمجمه در زیر آن مشهود بود و با آزمایش استیله (میله آزمایش) به‌طول پانزده سانتیمتر داخل مغز می‌شد و ***این شکاف محل خروج گلوله بود. اندازه هر ضلع یک سانتیمتر و قطر زخم تقریباً دو سانتیمتر بوده‌است.***

سوراخ دیگری که محل دخول همین گلوله بوده در شش سانتیمتری طرف خارج برجستگی استخوان ماستوئید طرف چپ به محاذات خط افقی که در فاصله ۷ سانتیمتر از لاله گوش قرارداشت، دیده شد که محل دخول گلوله بوده، به‌قطر ۷ میلیمتر و استیله به‌طول ۱۵ بوده‌است و بدین ترتیب ***سوراخ روی پیشانی سوراخ خروج و سوراخ واقع در پشت گردن سوراخ دخول بوده‌است.***

درگوشه چپ، و بالای ابروی راست برجستگی دیده شد که در اثر برخورد با جسم سخت تولید شده.

در ناحیه گوشه داخلی فوقانی استخوان کتف، طرف راست دو سوراخ عمودی به‌فاصله سه سانتیمتر و نیم مشاهده گردید، که هر دو سوراخ به‌قطر هفت میلیمتر بوده، میله استیله در ***سوراخ بالایی زیر ترقوه*** به‌فاصله سه سانتیمتر و نیم از کنار خارجی استخوان ترقوه، و فاصله دو سانتیمتر و نیم زیر آن، مشاهده گردید که به‌قطر یازده میلیمتر و تقریباً بیضی شکل بوده و نشان می‌داد که ***مخرج گلوله است*** که وارد قفسه صدری از پشت شده و با استیله این مسیر به‌خوبی نمایان بود.

مسیر سوراخ دومی در پشت، از خارج به داخل، از پایین به بالا، به‌طرف راست گردن منحرف شده و از ناحیه واقع در کنار خارجی در دو ثلث تحتانی عضله، (استرنو کلئید و ماستوئیدین) خارج شده و شکافی بیضی شکل به‌طول یک سانتیمتر و نیم و عرض شش میلیمتر ایجاد نموده و محل خروج گلوله را نشان می‌دهد- این شکاف در فاصله پنج سانتیمتر و نیم از استخوان ترقوه فاصله داشته‌است. اطراف این سوراخ به‌قطر سه سانتیمتر خون‌مردگی زیرجلدی داشت و ***بدین ترتیب هر سه گلوله از پشت زده‌شده و از جلو خارج گردیده‌است.***

در سایر نقاط بدن آثاری مشاهده نگردید.

ضمناً بایستی متوجه بود که ***از این سه گلوله یک گلولهٔ آن از طرف چپ از ناحیهٔ خلفی گردن وارد جمجمه شده و از پیشانی خارج گردیده، و دو گلولهٔ دیگر از طرف راست اصابت و از قسمت داخلی استخوان کتف وارد، و یکی از آنها از ناحیهٔ گردن و دیگری از محوطهٔ قفسه صدری از زیر استخوان ترقوه بیرون رفته‌است*** و چون اثر سوختگی جلدی موجود نبوده ***بنابراین در فاصلهٔ بیش از یک متر اصابت صورت گرفته‌است.***

علت فوت متلاشی‌شدن مغز و پاره شدن قسمتی از ریهٔ راست بوده و طبق مشاهدات، مرگ در اثر گلوله وارده به مغز، در لحظات اول صورت گرفته، البته متوفی به‌وسیله آقای **مهدوی** بازپرس شعبه ۱ لاک و مهر و به دادگستری حمل گردید.

پروانهٔ دفن به‌نام **حاج‌علی رزم‌آرا، فرزند محمد** صادر و به مدیر داخلی بیمارستان **(آقای بهمن)** داده شد. ۵۳۰۲-۲۹/۱۲/۲۱[۱۳]

رئیس پزشکی قانونی
امضاء دکتر میرسپاسی

(اسرار قتل رزم‌آرا- همان- صفحات ۱۴۸/۱۴۷)

مسیر سه گلوله شلیک شده به رزم‌آرا بر اساس گزارش پزشکی قانونی

الف ـ گلوله نخست

محل خروج نخستین گلوله در روی پیشانی و در وسط دو ابرو بوده و محل ورود آن در پشت سر، در طرف چپ و در شش سانتی‌متری استخوان ماستوئید قرار داشته‌است.
با این ترتیب،
نخست- چون محل ورود این گلوله در سطحی پایین‌تر از محل خروج آن قرارداشته، پس گلوله مزبور در داخل جمجمه مسیری رو به بالا را پیموده‌است.
دوم- چون محل ورود گلوله در پشت سر و در طرف چپ قرارداشته، پس گلوله مزبور برای رسیدن به وسط پیشانی کمی به طرف راست، یعنی به‌سوی جنوب‌غربی درحرکت بوده‌است. **(شکل شماره «۱»، صفحه بعد)**
باتوجه به مشخصات بالا، مشخص می‌باشد که شلیک گلوله‌ای در آن مسیر نه‌تنها برای **خلیل طهماسبی** امکان‌پذیر نبوده، بلکه حتی **لطیف طاهونی** نیز (که اگرچه در پشت رزم‌آرا بوده ولی در طرف راست حرکت می‌کرده‌است) نمی‌تواند شلیک‌کننده آن به‌حساب آید. **فقط دست راست اللهیار جلیلوند هنگامی که با اسلحه و برای تیراندازی به‌طرف سر رزم‌آرا دراز می‌شده درست بطور طبیعی و عادی، در وضعی قرارمی‌گرفته، که می‌توانسته است گلوله‌ای را در مسیر مورد بحث شلیک نماید.**

ب ـ ج ـ گلوله‌های دوم و سوم

سوراخ‌های ورودی این دو گلوله در پشت سر رزم‌آرا در فاصله‌ای نزدیک به هم و در طرف راست بدن وی قرار داشته‌اند.
این دو گلوله از نزدیک گوشه‌ی داخلی و پایینی استخوان کتف راست وارد بدن او شده و از پشت آن استخوان، از پایین به بالا، یعنی رو به آسمان، مسیر خود را با کمی تفاوت طی نموده‌اند. در گزارش پزشکی قانونی، سوراخ‌های خروجی این دو گلوله به‌علت عمق طولانی و مستقیمی که در امتداد بدن رزم‌آرا داشته‌اند، به‌عنوان «**دو سوراخ عمودی**» توصیف شده‌اند.
مسیر ویژه هر یک از این دو گلوله، با توجه به سوراخ مربوط به آن و گزارش پزشکی قانونی، به‌شرح زیر می‌باشد:

گلوله دوم- آنسان که پیداست مسیر رو به بالای این گلوله به‌طرف هیچ یک از دو دیوار شرقی یا غربی مسجد تمایل قابل توجهی نداشته ولی دارای مختصر انحرافی به جلو، یعنی به‌طرف دیوار جنوبی مسجد بوده‌است. این گلوله درهنگام خروج، با انتهای خارجی استخوان ترقوه سه ونیم سانتی‌متر فاصله داشته و به‌فاصله دو ونیم سانتی‌متر در زیر آن بوده‌است. **گلوله مزبور در مسیر خود *" وارد قفسه صدری از پشت شده "* و *" موجبات پاره شدن قسمتی از ریهٔ راست "* را فراهم آورده است.**

گلوله سوم- ***این گلوله " در پشت از خارج به داخل، از پایین به بالا، به‌طرف راست گردن منحرف شده و از ناحیهٔ واقع در کنار خارجی، در دو ثلث تحتانی عضلهٔ (استرنوکلئیدوماستوئیدین) " و " در فاصله پنج سانتیمتر و نیم " از استخوان مزبور خارج شده‌است.***

گزارش پزشک قانونی و مسیر سه گلوله شلیک شده

با این ترتیب، معلوم می‌شود که این گلوله هم مانند دومین گلوله، در مسیر رو به بالای خود، کمی به‌طرف جلو انحراف داشته و افزون‌برآن مختصری هم به‌طرف چپ رفته و از کنار گردن خارج شده‌است. اما روشن است که انحراف و تمایل این گلوله به‌طرف چپ خیلی زیاد نبوده، زیرا در غیراین‌صورت، در طرف چپ به جایی از سر برخورد می‌کرده و وارد جمجمه می‌شده‌است. (شکل‌های زیر به‌خوبی این مسیرها را نشان می‌دهند.)

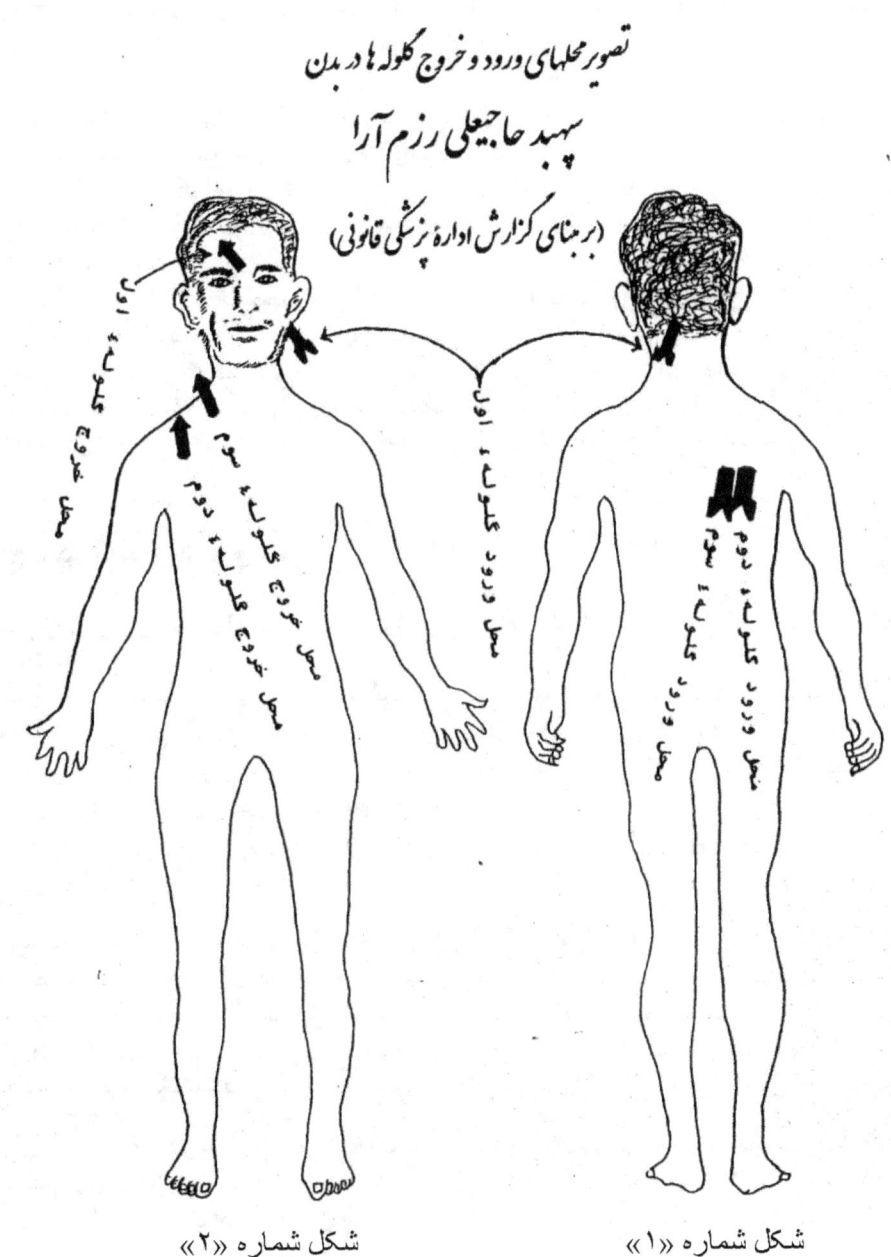

شکل شماره «۱»   شکل شماره «۲»

پنج ترور تاریخی راه‌گشای صدارت مصدق

این شکل‌ها، محل‌های ورود و خروج گلوله‌ها به بدن **حاجیعلی رزم‌آرا** را بر مبنای گزارش پزشکی قانونی که پیش‌تر آورده‌شده، نشان‌می‌دهد.
با توجه به گزارش مزبور درمی‌یابیم که مسیر هر سه گلوله (تا حدودی) بطور موازی، از پایین به بالا، و هر سه کمی به جانب دست راست **رزم‌آرا** تمایل داشته‌اند.

هرگاه ما مسیر عبور یکی از دو گلوله مزبور را در لحظه شلیک، در داخل بدن **رزم‌آرا** درنظر مجسم کرده و آن‌را در عالم خیال با خطی فرضی به‌طرف پایین تا رسیدن به زمین ادامه دهیم، نقطه خالی‌شدن گلوله و تمام طول لوله‌ی هفت‌تیر در روی آن خط فرضی و در فاصله‌ای بیش از یک متر از بدن **رزم‌آرا** قرار داشته‌است. به‌عبارت دیگر شلیک گلوله در آن مسیر مستلزم آن بوده‌است که تیرانداز اسلحه را در پشت سر و در پایین و رو به بالا و به‌نحوی نگاه دارد که گلوله پس از بیرون آمدن از آن و اصابت به پشت **رزم‌آرا** به‌سوی بالا رفته و از قسمت فوقانی سینه او خارج شود.
امکان شلیک این دو گلوله به ترتیب مزبور برای **خلیل طهماسبی** وجود نداشته‌است. اما **لطیف طاهونی** (که از ابتدا وظیفه تیراندازی به بالاتنه‌ی **رزم‌آرا** را عهده‌دار بوده) به‌خوبی می‌توانسته‌است که همزمان با بیرون کشیدن اسلحه (با دست راست)، کمی هم جلو برود و درحالی که برای پنهان ساختن تیراندازی از چشم جمعیت حاضر به‌صورت دولا و نیم‌خیز درآمده‌است، با درازکردن دست راست خود، با هفت‌تیر به جلو، دو گلوله مورد بحث را رو به بالا بر پشت **رزم‌آرا** خالی نماید.
ما فقط دیدیم که **لطیف طاهونی** چند لحظه‌ای پیش از دستگیری، جلد خونین اسلحه خود را در جیب خود مخفی کرده‌بوده ولی همین که دستگیری خود را مسلم دیده آن جلد خون‌آلود را به آهستگی از جیب درآورده و به زمین انداخته‌است تا توسط همان کسانی که مأمور جمع‌آوری سایر مدارک واقعی جرم ازجمله پوکه‌های خالی‌شده از اسلحه او بوده‌اند، ضبط گردد. باز هم دیدیم که همان کارآموز فضولی که خود او را دستگیر کرده‌بود، در فراهم ساختن زمینه‌های توقیف و تحویل اسلحه و جلد خونین آن به کلانتری ۸ نیز اقدام کرده‌است.

حال به‌خوبی می‌توان دریافت که علت تمیز بودن هفت‌تیر **جلیلوند** و خون‌آلود بودن جلد هفت‌تیر **طاهونی**، آن بوده‌است که **جلیلوند** مأموریت تیراندازی به جمجمه **رزم‌آرا** را به‌عهده داشته و برای این کار از همان‌جایی که بوده، یعنی از فاصله‌ای بیش از یک متر، با شلیک یک گلوله مأموریت خود را انجام داده‌است.

اما **طاهونی** پس از کمی به جلو رفتن، به پایین خم شده‌است تا خود را در زمان تیراندازی از چشم جمعیت پنهان سازد و درهمان حال که دست راست خود را با هفت‌تیر رو به بالا، در پایین و پشت سر **رزم‌آرا** قرارداده‌بوده، تیراندازی کرده‌است و در این حالت خونی که از سر **رزم‌آرا** به بیرون فوران نموده، اثر جنایت را به وی رسانده‌است.

گزارش پزشک قانونی و مسیر سه گلوله شلیک شده

تصویر واقعی از جسد رزم‌آرا در بیمارستان

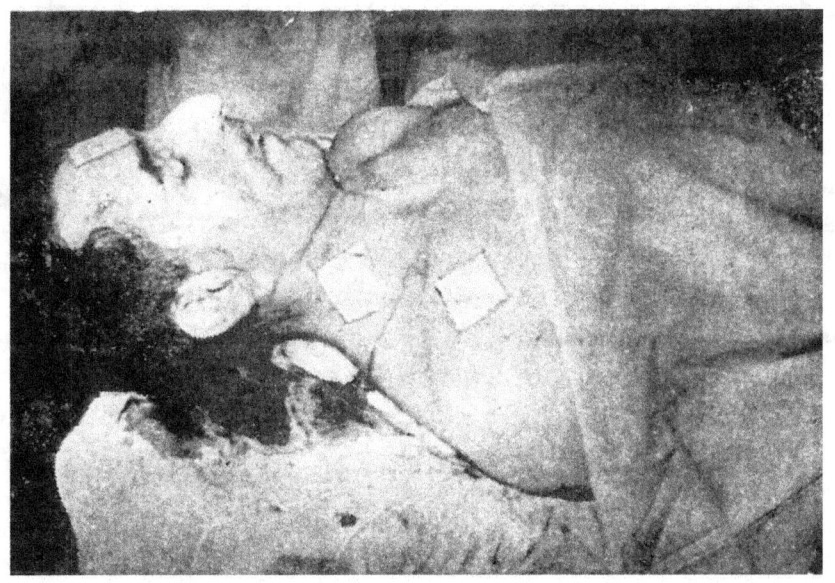

تصویر بالا به‌خوبی نشان می‌دهد محل خروج گلوله‌های دوم و سوم در طرف راست بدن و در بالای سینه قراردارند.

با این ترتیب، مسلم می‌شود تصویر بعد که برخلاف واقع محل اصابت این دو گلوله را در **طرف چپ بدن و مسیرشان** را از **بالا به پایین** نشان می‌دهد، حقیقت نداشته و تهیه و پخش آن (گویا توسط شهربانی) تنها به‌منظور قاتل نشان دادن **خلیل طهماسبی** و گمراه کردن افکار عمومی بوده‌است.

پنج ترور تاریخی راهگشای صدارت مصدق

تصویری دروغی از مسیر ورود گلوله ها به بدن رزم آرا

دو نوشتار در راستای درستی مطالب پیشتر ذکرشده

- نوشتار نخست

یک سلسله مقاله تحت عنوان «**اگر آن روز کودتا شده‌بود**»، به‌قلم **احمد هاشمی** در نشریه هفتگی اتحاد ملی (شماره‌های ۲۷۳ تا ۲۷۷- از تاریخ ۹ تیر تا ٦ مرداد ۱۳۳۳) چاپ‌شده و نویسنده کتاب «**اسرار قتل رزم‌آرا**» آنها را در صفحات ٤٤٨/٤٦٦ این کتاب بازگو نموده‌است و ما فقط قسمتی از آنها را که نتیجه تحقیقات و نیز استنباطهای خود **احمد هاشمی** می‌باشد، در زیر بازگومی‌نماییم:

" ***اختلاف گوییها [در اقرارها و شهادت‌ها]***

*این **اختلاف گوییها** در بین اقاریر حاضرین در محل قتل به اندازه‌ای بارز بود، که قبل از هر کار پرونده متشکله اداره کارآگاهی در دادسرای تهران مورد ایراد وکلای مدافع متهم (**خلیل طهماسبیان**) قرارگرفته و موارد ایراد خود را به بازپرس تنکردادند.*
بازپرس نیز آن‌را صحیح تشخیص داده و دستور رفع نقص می‌دهد. پرونده مجدداً برای رفع‌نواقص و اختلاف‌گوییها به‌جریان‌می‌افتد. مقداری از‌این نواقص را مرتفع‌می‌سازند، ولی قسمت عمده آن به‌جای خود باقی‌می‌ماند و وسیلهٔ خوبی به‌دست موشکافان می‌دهد که در اطراف این قتل و ضارب و توطئه آن، ایرادها و تصورات زیادی بکنند.
*نویسنده [**احمد هاشمی، مدیر اتحاد ملی**] برای اینکه بر جزئیات این قتل واقف شود، با وکلای مدافع **خلیل طهماسبیان**، با بازپرس مربوطه که این پرونده را تشکیل داد و منجر به صدور مجرمیت گردید، و با اشخاص مطلع دیگر تماس‌گرفته، اطلاعاتی کسب‌نمودم. آنچه به‌دست آوردم با محتویات پرونده تطبیق کردم و نتایجی برای خودم حاصل شد، و اگر موفق به ملاقات شخص متهم بشوم، می‌توانم بطور اطمینان این موضوع را آن‌طور که استنباط کرده‌ام منعکس سازم.*
فعلاً نیز ولو آنکه شخص متهم را ندیده و صحبت نکرده‌ام، ولی از روی اقاریر او که قسمت‌هایی از آن چاپ خواهد شد، می‌دانم چه می‌گوید، چگونه فکرمی‌کند، و عقیده‌اش چیست.

اعتراضات در پرونده

*شما در همین شماره نقشهٔ استقرار پاسبانان را در مسجد شاه، جمعیت مردم، موقعیت رزم‌آرا و همراهان، و سه نفر محافظ او را می‌بینید [نقشه مزبور در کتاب «**اسرار قتل رزم‌آرا**» چاپ نشده‌است]- ملاحظه می‌کنید **خلیل طهماسبیان** از چه محلی از پشت سر یک پاسبان خارج‌شده، پشت سر سه نفر محافظ قرارگرفته، و درجلوی چشم افسران و پاسبانان شهربانی چگونه تیراندازی نموده و چطور فرار کرده‌است.*
*این وضعیت و موقعیت حساس در پرونده قتل سخت مورد ایراد و اعتراض وکلای مدافع قرارگرفته، آنها با توجه به اختلاف‌گوییها و اقاریر حاضران گفته‌اند بالاخره باید معلوم شود، **چطور در میان این همه چشم یک نفر توانسته خود را وارد کوچه‌ای که از پاسبانان تشکیل شده‌بود بیندازد، پشت سر سه نفر کارآگاه و محافظ و مسلح قرارگیرد؟ سه نفری که شانه به شانه مثل دیواری در پشت سر رزم‌آرا در حرکت بوده‌اند، و وجود خود آنها***

مانع هر نوع تیراندازی بوده، و دراین‌حالت تیراندازی می‌کند، تیر به هیچ یک از محافظین اصابت نکند و دورتر از وجود آنها مغز رزم‌آرا را متلاشی سازد؟
یکی از وکلای مدافع به نویسنده می‌گفت: کوچه‌ای که از پاسبانان تشکیل شده بود، به عرض یک متر و نیم بوده و سه نفر محافظ نیز که شانه به شانه حرکت می‌کرده‌اند نیز لااقل یک متر و نیم عرض کوچه را گرفته بودند، **قاتل باید یکی دو نفر از پاسبان‌ها یا محافظین را این‌طرف و آن‌طرف بیندازد تا بتواند این تیراندازی را انجام دهد. تازه آن‌وقت بین محافظین و افسران شهربانی که در پشت سر آنها در حرکت بوده‌اند قرارمی‌گیرد، و با همهٔ این مقدمات تیراندازی می‌کند باید دید چرا این عده جلوگیری نکرده‌اند؟ چرا افسران شهربانی این وضعیت را ندیده‌اند؟ مگر آنکه بگوییم همه کور شده بودند، و یا تعمدی داشته‌اند که آنچه می‌بینند، هیچ نگویند.**
علاوه باید در قد و هیکل و بلندی و کوتاهی محافظان رزم‌آرا دقت کرد. رزم‌آرا آدم کوتاه‌قدی بوده و آن‌قدر بلند نبوده که سر و شانه و پشت او از پشت سر سه نفر محافظ معلوم باشد، که هدف نیز قرارگیرد.
شخص مذکور می‌گفت: **برای من مسلم است که با حساب ریاضی و محاسبات فنی، خلیل طهماسبیان نمی‌تواند ضارب باشد، باید ضارب را در بین محافظین شخصی رزم‌آرا جستجو کرد که بلافاصله پشت سر او در حرکت بوده‌اند و بلافاصله نیز با اسلحهٔ لخت، متوحش و نگران توقیف شده‌اند.**
نویسنده در مندرجات پرونده قتل از نظر وکلای مدافع دقت کردم، آنها معتقدند **باید تعیین شود بالاخره چه کسی قاتل را گرفته؟ بیش از ده نفر گفته‌اند: من او را گرفته‌ام.**
باید تعیین شود او پیشانی **فریدون محمدی** پاسبان را با کارد مجروح کرده یا با اسلحه؟ اگر با کارد مجروح نموده (آنطور که اغلب شهادت داده‌اند) چرا کارد خونی نبوده؟ **باید بقیه فشنگ‌های باقی مانده در اسلحه خلیل طهماسبیان با فشنگ‌های خارج شده تطبیق شود و معلوم شود آیا متعلق به یک اسلحه بوده‌اند یا نه؟**
باید از سه نفر افسر شهربانی که در پشت سر محافظین رزم‌آرا در حرکت بوده‌اند تحقیق شود، و سؤال کنند: چرا قاتل را نگرفتند و به آن وضوح گذاشتند تیراندازی کند و با آن همه محافظ و پاسبان نخست‌وزیر را هدف قراردهد؟
باید تعیین شود این اختلاف بارز بین گفته **سرگرد محبوبین و سرتیپ دانشپور** چیست؟ **معاون شهربانی کل در آن روز کجا بوده؟ در بیرون درب مسجد یا در داخل مسجد و پشت سر محافظین رزم‌آرا؟** باید علت این اختلاف اساسی معلوم بشود.
باید با دقت فراوان معلوم شود خلیل طهماسبیان اسلحه را از کجا به‌دست آورده؟ و این اسلحه را چه کسی تحت اختیار او گذارده و چرا در این مورد تحقیقات کافی به‌عمل نیامده؟
از همه بالاتر می‌گویند: گواهی پزشکی قانونی حاکی است که یک تیر از پشت سر به مغز خورده، یک تیر به شانه و تیر دیگر به شانه دیگر اصابت نموده.
چطور در آن واحد یک نفر تیرانداز از پشت سر می‌تواند به دو شانه تیراندازی کند، درحالی که پشت سر مقتول دیواری از محافظین کشیده شده بود و تیر اول مغز را متلاشی ساخته بود؟

حقیقت جریان چه بود؟
ملاقات در گوشه زندان - بهتر آن است برای فهم مطلب شما را به‌اتفاق یکی دو نفر به گوشه زندان موقت شهربانی ببریم و در آن گوشه دورافتاده، تک و تنها با **خلیل طهماسبیان**، ضارب رزم‌آرا به گفتگو پردازیم.

ابوالفضل لسانی، *سناتور سابق تهران،* ***وکیل خلیل طهماسبیان***، *بنا به وظیفه وکالتی، جزء اشخاص بسیار معدودی می‌باشد که در همان روزهای اول در گوشه زندان با* ***خلیل*** *ملاقات کرد و تحقیقات کافی از او نمود. او پرونده را تحقیقاً مطالعه کرد. اقاریر همهٔ گواهان و ناظرین را خوانده و جزء جزء آن‌را بررسی نمود و بعد به سراغ کسی می‌رود که او را به‌عنوان قاتل به گوشه زندان انداخته بودند.* ***لسانی به خلیل*** *می‌گوید:*
تو قاتل نیستی *زیرا آنچه من در این پرونده دقت کردم، آنچه موقعیت و طرز استقرار رزم‌آرا و محافظین او را بررسی نمودم، آنچه در محل تیراندازی و نحوه اصابت گلوله‌ها بررسی می‌کنم، می‌بینم* ***تو نمی‌توانی متهم این پرونده باشی. این گلوله از جانب شخص دیگر و تیرانداز دیگری که در آن محل حاضر بود به مغز رزم‌آرا شلیک شده.***
لسانی به نویسنده می‌گفت: ***عقیدهٔ خود من این بود که حتماً این کار- کار خلیل نبوده-*** پرسیدم: *پس به‌نظر شما چه کسی تیراندازی کرده؟* گفت: ***من معتقدم یکی از محافظین خود رزم‌آرا مرتکب این امر شده.***
دلائلی نیز اقامه می‌کرد. از آن جمله می‌گفت: این خیلی مسخره است که یک افسر عالی رتبه شهربانی و یکی از امرای شهربانی کل که سمت بسیار حساس نیز داشته، گزارش بدهد: دیدم شلوغ شده، دویدند جنازه را در آمبولانس گذاردند و حرکت دادند، دم درب اندرون رفتم و نگاه کردم دیدم ***(ای وای این تیمسار رزم‌آرا بود!)***
لسانی *می‌گفت: تا این اندازه تجاهل بیشتر به مسخرگی شباهت دارد تا به یک گزارش رسمی.*
پرسیدم: ***خود خلیل طهماسبیان چه جواب می‌داد؟***
گفت: *در گوشه زندان،* ***خلیل*** *باز هم اقرارمی‌کرد که خودش این کار را کرده، من با دلائل فنی اثبات کردم که یک نفر هرقدر هم ورزیده باشد نمی‌تواند به این نحو در سه نقطه مختلف تیراندازی کند.*
خلیل جواب می‌داد: *من خیلی زرنگم، خیلی جلد و چابکم.*
برای صحت ادعای خود دلیل آورد: روزی که قوم و خویش‌ها به‌سراغ من آمدند، طوری با سرعت می‌دویدم، همه را می‌بوسیدم، با سرعت می‌گشتم که افسر نگهبان از چابکی من متعجب شده بود.[!]
خلیل ادعا می‌کرد: ***من با همین چابکی در مسجد شاه، رزم‌آرا را زدم و او را به درک فرستادم.***
لسانی *اضافه می‌کرد:* ***در پرونده همهٔ دلائل موجود است که خلیل طهماسبیان قاتل نیست، جز اینکه خودش اعتراف کرده.***
من از وکیل مدافع دیگر ***خلیل طهماسبیان*** نیز تحقیق کردم او نیز عقیدهٔ ***لسانی*** *را داشت.*
او نیز می‌گفت: من هم در گوشهٔ زندان به ***خلیل*** گفتم که: *بابا، اگر من هم به‌جای تو بودم، این واقعه را به ریش می‌گرفتم. همین کار را می‌کردم، تو یک کارگر ساده، یک نجار گمنام بیشتر نبودی، امروز می‌بینی شهرت جهانی پیدا کرده‌ای و در همه دنیا از تو صحبت می‌کنند، حق داری از این شهرت خوشحال باشی. ولی وضع و موقعیت تو و رزم‌آرا، دو صف پاسبان، وجود سه نفر محافظ، این اختلاف‌گویی‌های آنان، نقص پرونده، طوری است که می‌تواند دلیل تبرئه تو گردد،* ***تو نمی‌توانی قاتل این پرونده باشی.*** *اعتراف تو هم دلیل نیست، زیرا محاکمات جزایی صرف اعتراف کافی نیست، ممکن است اعتراف را با شکنجه بگیرند.*

*این وکیل مدافع می‌گفت: بارها از **خلیل طهماسبیان** خواستم آنچه گفته انکارکند تا ما راهی برای برائت او به‌دست بیاوریم. می‌گفت: ولی او راضی نمی‌شد، می‌گفت: خیر خودم تیراندازی کردم، خودم رزم‌آرا را به درک فرستادم، در راه احکام دین مبین اسلام چنین کردم و از کردهٔ خود نیز پشیمانی و امتناعی هم ندارم.*

نظریه کارشناسان فنی

*این موضوع یعنی اینکه آیا **خلیل طهماسبیان** قاتل بوده یا نه؟ خیلی موضوع حساسی است و شایعات و تصورات و گفته‌هایی که در این‌باره در محافل مختلف سیاسی رواج داشته و دارد و اشخاص و محافل و مقامات مختلفی را در این راه متهم می‌نمودند چیزی نبود که بتوان به‌آسانی از آن گذشت.*
*بنابراین به خود حق می‌دادم هرچه بیشتر در این راه دقت کنم و مطالعه نمایم، یک روز **حائری‌زاده** نیز می‌گفت: **من دلیل کافی دارم که خلیل طهماسبیان قاتل نیست.** گفتم: **دلیل شما چیست؟** گفت: این‌گلوله با اسلحه **خلیل** تطبیق نمی‌کرد و من معتقدم یک دستگاه مجهز همه این مقدمات را چیده، **خلیل طهماسبیان** هم در جریان بود، به گردن او انداخته‌اند.*
حائری‌زاده** می‌گفت: **می‌دانم این گفته موجب گلهٔ خلیل طهماسبیان و فداییان اسلام خواهد شد، ولی من باید استنباط خودم را بگویم.
موضوع عدم تطبیق گلوله با اسلحه، اگر صحیح بود، خیلی اهمیت داشت. من دراین‌باره تحقیق کردم ولی محتویات پرونده خلاف این گفته را نشان‌می‌دهد. در پرونده این دو نظریه تصریحاً انعکاس دارد:

***ستوان یکم کریم خالق‌پناه** (کارشناس فنی) نظرمی‌دهد:*
پوکه فشنگ با سایر فشنگ‌ها مطابقت دارد و این گلوله متعلق به همین پوکه است.
***سرهنگ ۲ نامدار بهمن** (کارشناس فنی دیگر) نیز می‌گوید:*
این گلوله مربوط به همان پوکه بوده است.
اما وکلای مدافع در اینجا ایراد فنی گرفته‌اند، می‌گویند:
راجع به فرورفتگی قسمتی از گلوله، چون معمولاً وقتی گلوله به هدف اصابت کرد، هرگاه هدف سختی باشد البته گلوله تغییرشکل خواهد داد و حالت و شکل آن تغییر می‌یابد. ولی گلوله مورد معاینه به جسم سختی برخورد نکرده و فرورفتگی انتهای آن‌را نمی‌توان مشخص نمود در اثر چه عاملی ایجاد شده."
(اسرار قتل رزم‌آرا- همان- صفحات ۴۵۹/۴۶۳)

- نوشتار دوم

متن زیر از کتاب خاطرات سیاسی **سرهنگ غلامرضا مصوررحمانی** اقتباس شده‌است.
سرهنگ مصوررحمانی از اعضای هیأت پایه‌گذار **افسران گروه ملی** بوده که این هیأت، **به‌منظور حمایت از محمد مصدق و نیز برکناری افسران طرفدار محمدرضا شاه پهلوی از ارتش**، تشکیل‌شده بوده‌است.
برای اینکه خوانندگان گرامی با نمونه‌ای از هدف و نخستین اقدامات این **گروه ملی**! آشنایی یابند بدنیست که به چند سطر زیر به‌نقل از همان کتاب به‌قلم همان شخص مبادرت نماید:

*" ... **دکتر مصدق** قانع شد و اجازه داد طرح اجرا شود و سازمان، بدون اینکه بگذارد فرصت لحظه‌ای فوت شود، دست به‌کار شد، تا همه با عمل انجام یافته مواجه شوند.*
الف- تمام امراء ارتش به استثناء چند نفر سرتیپ که پروندهٔ کارگزینی بدون خدشه‌ای [حتماً در دشمنی با شاه و طرفداری از مصدق] داشتند، از خدمت دور شوند.
ب- از تمام افسران ارتش پادگان مرکز دعوت به‌عمل آمد که در آمفی‌تأتر دانشکده افسری حضور به‌هم رسانند و نمایندگان خود را برای تصفیه داخلهٔ ارتش انتخاب کنند.
*این کار در اواخر سال ۱۳۳۱ انجام شد. و افسران منتخب در رسته‌های مشروح برای **بررسی سوابق رسته خود انتخاب و بدون وقفه مشغول کارشدند. بر اثر بررسی‌های نمایندگان، تعداد ۱۳۶۰ نفر از افسران، صلاحیت خدمتشان مخدوش شمرده شد که در مرحله اول ۱۳۶ نفر از آنها از کار دور شدند** ... "*
(خاطرات سیاسی ۲۵ سال در نیروی هوایی ایران- غلامرضا مصوررحمانی- چاپ نخست ۱۳۶۴- صفحات ۱۲۴/۱۲۵)

وی به پاس شیرین خدمتی‌ها، چاپلوسی‌ها و تملق‌های گزاف و دروغ خود نسبت به **مصدق**، از سوی او به‌عنوان **«رئیس هیأت وابستگی نظامی- دریایی و هوایی ایران در عراق»** تعیین شده و به بغداد رفته‌است.
این **سرهنگ** در یکی از سفرهایی که برای دادن گزارش به تهران آمده بوده، چاپلوسی بی‌شرمانه و خلاف واقع زیر را به آگاهی **مصدق** رسانده‌است:

*" ... **دکتر مصدق** گفت: آیا می‌توانید یکی دو نمونه از **احساسات مساعد مردم را نسبت به نهضت ملی ایران** مثال بزنید؟*
گفتم: نمونه‌های زیاد وجود دارد. ولی تصور می‌کنم دو نمونه که برای شما ذکر خواهم کرد، مثال‌های زنده‌ای از این احساسات باشند:
نمونه اول- ...
*نمونه دوم- مربوط به نام‌گذاری نوزادان است که چون جنبه عمیق‌تری دارد، عین **گفتهٔ رئیس ثبت احوال بغداد** را که در هفته گذشته در مهمانی سفارت، خطاب به من اظهارکرد، نقل‌می‌کنم: او گفت: مطلبی را می‌خواهم به شما بگویم که باور کردنش مشکل است ولی حقیقت دارد و آن این است که **بیست سال بعد، اگر در خیابان‌های بغداد راه بروید و صداکنید مصدق از هر دو جوان ۲۰ سالهٔ بغدادی، یک نفر سرش را به‌طرف شما برخواهد گرداند. چرا که در این سال، از هر دو نفر نوزاد پسر که پدرانشان برای گرفتن شناسنامه و ثبت‌نام به دفاتر ثبت احوال بغداد مراجعه کرده‌اند یک نفرش «مصدق» نام‌گذاشته شده.***
***دکتر مصدق** بسیار خندید و گفت: معلوم می‌شود مبارزه با استعمار همه جا خریدار دارد ..."* (همان- صفحات ۱۹۹/۲۰۰)

گویا نه **مصدق** و نه کسی دیگر از این دروغگو نپرسیده‌است که:

چرا این نام‌گذاری فقط در ۱۳۳۱ شمسی (۱۹۵۲ میلادی) و آن‌هم فقط مخصوص بغداد بوده‌است؟
چرا سال پیش از آن و سال‌های پس از آن کسی این نام‌گذاری را برای پسران نوزاد انجام نمی‌داده‌است تا اینکه بیست سال بعد در سرتاسر بغداد دست کم نیمی از کل پسران از تازه تولد تا بیست ویک ساله همگی دارای نام «مصدق» باشند؟
چرا در سایر شهرهای عراق این امر اتفاق نیفتاده‌است؟

چرا چنین امری در سایر کشورهای اسلامی و عربی صورت نگرفته بوده‌است تا هم اکنون ده‌ها میلیون نفر در این کشورها نیز دارای نام مصدق باشند؟
از همه بالاتر، «مصدق»هایی که در سال ۱۹۵۲ نیمی از نوزادن پسر در بغداد را تشکیل‌می‌داده‌اند ناگهان در کجا غیب شدند؟ و اکنون کجا هستند؟
درهرحال نگارنده با وجود مخالفت با قسمتی از خیال پردازی‌های **سرهنگ مصوررحمانی** درباره‌ی نحوه شرکت **شاه** در قتل **رزم‌آرا**، و نیز با آگاهی از خصوصیت تعجب‌آمیز او در **مصدق‌دوستی** و **شاه‌ستیزی** و بیشتر برای اینکه گفتار **سرهنگ حبیب‌الله دیهیمی** درمورد همان قتل را به آگاهی خوانندگان گرامی برساند به بازگونمودن این متن مبادرت نموده‌است:

*" در محفل زندانیان طبعاً گفتگو از اموری بود که در آن محیط می‌گذشت و یا اخیراً گذشته بود و آنها کمابیش شاهد بودند. بحث درباره چهار نفر از زندانیان سابق بسیار گرم بود: **دکتر حسین فاطمی، خلیل طهماسبی، سروان کریمی و سرلشکر نادر باتمانقلیچ که هر چهار نفر در همان دژبان کل قبلاً بازداشت بودند** ...*
*داستان رفقای زندان درمورد **خلیل طهماسبی** از جهت دیگر جالب بود. **همه بالاتفاق می‌دانستند تیر او موجب قتل سپهبد حاجی‌علی رزم‌آرا نبود**. البته او تیری انداخته بود ولی آن تیر به رزم‌آرا لطمه نزد. معهذا **او ترور رزم‌آرا را که به‌دست گروهبانان ارتش انجام گرفته بود، به خودش نسبت داد** و به‌قول زندانی‌ها، آن‌را به خویش گرفت. چون معتقد به آن عمل بود.*
*بعدها که ورق برگشت، و کودتای **کرمیت روزولت، شاه** را مجدداً به تخت نشاند، کوشش **خلیل طهماسبی**، در بازکردن اتهام ترور از خود، به جایی نرسید. اغلب زندانیان اطلاعات دقیق شخصی در این باب داشتند. دلائل فنی هم اطلاعات آنها را تأیید می‌کرد. ازجمله دلیل بالستیکی مربوط به قدرت نفوذی گلوله. وسیله تیراندازی **خلیل طهماسبی**، به‌اتفاق نظر، یک شش‌تیر کوچک بود. گلولهٔ شش‌تیر، دارای کالیبر کوچک و سرعت اولیه کمی است. چنین گلوله حتی از پارچهٔ پالتویی ضخیم دولا، به اشکال می‌تواند عبور کند. و به فرض عبور، سوراخ ورودی کوچکی به‌وجود می‌آورد و معمولاً قدرت کافی برای خروج از بدن را ندارد. وسعت زیاد زخم گلوله در بدن رزم‌آرا و نفوذ عمیق آن جای شک باقی نمی‌گذاشت که گلوله از اسلحه کمری پرقدرت با کالیبر بزرگ رهاشده، و سلاح کُلت مناسب‌ترین بود که ممکن بود چنان اثری ایجاد کند. **این سلاح منحصراً در اختیار ارتش بود.***
*بر عموم کسانی که از جریانات داخلی ارتش استحضار داشتند، روشن بود که **شاه** از وجود رزم‌آرا ناراحت بود. دلائلی وجود داشت که ثابت می‌کرد رزم‌آرا در صدد تهیه و اجرای یک کودتا است. من‌جمله ایجاد شبکهٔ پاسگاه‌های ژاندارمری دورتادور شهر تهران، در نقاطی که هیچ‌گونه دلیل انتظامی برای ایجاد آنها متصور نبود ولی بعداً می‌توانست مرکز مؤثری برای کنترل هرگونه آمد و رفت به تهران بشود. و نیز انتخاب فرماندهان واحدهای نظامی، نه به دلیل صلاحیت و حسن شهرت آنها، بلکه صرفاً برمبنای میزان اعتماد شخصی رزم‌آرا به آنها.*
***شاه**، مطلب را استنباط کرده بود، ولی نمی‌توانست به‌سادگی و به‌صرف استنباط‌های خود رزم‌آرا را عزل کند، زیرا رزم‌آرا، مخصوصاً نزد خارجی‌ها، به قدرت و سرعت عمل مشهور بود، و عزل او، خود **شاه** را در مظان تهمت خرابکاری قرار می‌داد که سعی دارد جلوی اصلاح کنندگان را بگیرد.*

وقتی **شاه** از طریق **امام جمعه تهران** و پاره‌ای اطرافیان **آیت‌الله سیدابوالقاسم کاشانی** شنید که **خلیل طهماسبی** خیال ترور رزم‌آرا را دارد، بسیار خشنود شد. چه به‌خوبی می‌دید، منظور او از دفع شر رزم‌آرا، به‌دست دیگری در شرف انجام است بدون آنکه آلودگی برای او به‌وجود آورده شود. او کافی دانست منتظر بماند تا کار خود به خود صورت بگیرد.

اطرافیان **شاه** او را متوجه کردند که این انتظار کشیدن و جریان را به طبیعت واگذار کردن، غلط است. چراکه اگر **خلیل طهماسبی**، صد در صد در کار خود موفق نشود و رزم‌آرا با وجود تیراندازی، زنده بماند، بهترین بهانه دست او خواهد افتاد که، تحت عنوان توجیه‌آمیز حفظ انتظامات، به‌سرعت، تمام مخالفان خود و موافقان **شاه** و حتی خود او را دستگیر کند، و کودتای مورد نظر خود را از قوه به فعل آورد.

شاه کاملاً درک کرد که ترور رزم‌آرا، حکم شمشیر دو لبه را دارد، که یک طرف آن متوجه **رزم‌آرا** و طرف دیگرش متوجه خود اوست. یعنی اگر بر اثر آن **رزم‌آرا** از بین نرود، خودش نابود خواهد شد. به‌همین جهت، در صدد برآمد نیت خود را، در نابود کردن **رزم‌آرا**، با قصد **خلیل طهماسبی** در ترور **رزم‌آرا**، تلفیق کند. یعنی از اعتقاد مذهبی **خلیل طهماسبی** در نابودی **رزم‌آرا** سود جوید تا سوءظنی متوجه او نشود.

یکی از گروهبان‌های ارتش در لباس غیرنظامی مأمور انجام کار شد، که همراه با **علم**، وزیر دربار، بلافاصله پشت سر رزم‌آرا حرکت کند.

او مأمور بود همین‌که **طهماسبی** مبادرت به تیراندازی کرد، با گلولهٔ کُلت رزم‌آرا را مورد اصابت قراردهد و بکشد. این طرح دقیقاً به‌موقع اجرا گذارده‌شد. و رزم‌آرا، که به اصرار و راهنمایی **علم** به‌طرف مسجد حرکت کرد، بلافاصله پس از بلند شدن صدای گلولهٔ **طهماسبی**، به‌دست آن گروهبان کشته شد. آنهایی که اثر گلوله را در بدن رزم‌آرا معاینه کرده بودند، شک نداشتند او با گلوله کُلت کشته شده بود نه با گلولهٔ اسلحه خفیف. **خلیل طهماسبی** با قبول مسؤلیت ترور رزم‌آرا در واقع پردهٔ ساتری شد بر نیت دیگران. او نمی‌دانست **شاه** از ذوق در پوستش نمی‌گنجید.

بر اثر نفوذ **آیت‌الله کاشانی** که سمت ریاست مجلس شورای ملی را هم داشت، **خلیل طهماسبی** آن موقع از مجازات معاف شد ولی پس از کودتای **کرمیت روزولت** و برگشتن **شاه** از رم، **خلیل طهماسبی** را به‌جرم قتل مشهود و اقرار شدهٔ **رزم‌آرا**، زندانی کردند. خود کرده را تدبیر نبود و **خلیل طهماسبی** که خودش می‌دانست قضیه از چه قرار بوده، دیگر راهی نداشت. او را به ناحق اعدام کردند.

وقتی این ماجرا را در دژبانی کل با آب و تاب برایم تعریف کردند یاد گفتگویی افتادم که به‌فاصله کوتاهی پس از تیر خوردن رزم‌آرا از **سرهنگ توپخانه دیهیمی** شنیده بودم.

سرهنگ دیهیمی در بیمارستان نظامی شماره ۱ بستری بود. او در دانشگاه جنگ سمت استادی، و در رکن دوم ستاد ارتش و دادرسی ارتش، سمت ریاست مرا داشت. و چون حالش نگران کننده بود همان موقع به عیادتش رفتم.

او قبلاً در **دفتر نظامی، که درواقع ستاد شخصی شاه محسوب می‌شد**، رئیس بود و در آنجا با اقتدار تمام کار می‌کرد. ولی اخیراً مصدر کار مهمی نبود و به همین جهت کسی سراغش نمی‌رفت. بطور محسوس از دیدنم خوشحال شد. از حالش استفسار کردم. گفت: حقیقت این است که اساس بیماری من فرسودگی اعصاب است. ولی این دکترها چیزی از آن بابت سرشان نمی‌شود و فقط توجه به عوارض آن دارند، مثل سردرد و بی‌حالی.

و دوا برای تسکین آن می‌دهند بدون اینکه به منشاء بیماری بپردازند. به‌همین جهت معالجات آنها به جایی نمی‌رسد.
گفتم: این روزها شما فعالیت شدید فکری و حتی بدنی ندارید که از فرسودگی عصبی و غیر آن صحبت کنید. فکر نمی‌کنید تلقین شخصی عامل و یا عامل مهم این فکر باشد؟
گفت: یاد **مولیر** و تأتر بیمار خیالی افتادی و مرا در ردیف مردم ضعیف خیالاتی می‌گذاری؟
بعد دست کرد و از داخل کیف دستی دوسه برگ کاغذ که روی آنها مطالبی نوشته بود بیرون آورد و یکی از آنها را به دستم داد که بخوانم.
نامه‌ای بود روی کاغذ مارک دار بیوتات سلطنتی، خطاب به **سرهنگ دیهیمی**، به‌مضنون زیر:

به‌لحاظ رضایت خاطری که **اعلیحضرت همایونی** از خدمات شما دارند اجازه فرمودند، از لحاظ عنایت به شما، ویلای شماره ... دربند در فصل تابستان مورد استفادهٔ شما قرارگیرد.

نامه را خواندم و در آن نکتهٔ فوق‌العاده‌ای که ناراحتی عصبی را موجب شود ندیدم و همین نظر را به خود او منعکس کردم و گفتم رفتن به دربند و تابستان را آنجا گذراندن، اگر مطلوب نباشد عیبی هم ندارد. شما چرا باید این‌قدر ناراحت باشید؟
گفت: کلمهٔ **عنایت** را نمی‌بینی؟ حالا من درنظر این به همه چیز **واجب‌العنایه و واجب الرعایه** شده‌ام.
گفتم: مگر با امضاءکنندگان نامه خورده [خرده]حسابی داشتید؟ و اشاره‌کردم به‌نام امضاءکننده.
گفت: او داخل آدم نیست. **خودش را می‌گویم که با طنابش هیچ‌کس به هیچ چاهی نمی‌تواند برود** (برداشت صحبت طوری بود که هیچ جای شک باقی نمی‌گذاشت، مقصود از کلمهٔ خودش شخص **شاه** بود) و بعد اضافه کرد: حالا این نامه را که به او نوشته‌ام، برایت می‌خوانم، تا خودت قبول کنی، **این اظهار عنایت آقا**، اعصاب و حتی روح آدم را می‌خورد.
بعد شروع کرد به خواندن نامه که قریب دو صفحه بود خطاب به **شاه**. در آن از خدمات طولانی خود به کشور و ارتش و شخص **شاه**، ذکر کرده بود. من‌جمله رفع غائله افسران توده‌ای که در سال ۱۳۲٤ به فرماندهی **سرگرد توپخانه اسکندانی** از خراسان به مرادتپه و آق قلعه رفته بودند و در آنجا در دامی که ژاندارم‌ها به طرح **سرهنگ دیهیمی** برایشان مهیا کرده بودند، نابود شدند. همچنین، از چگونگی مسلح شدن **ذوالفقاری‌ها** در منطقهٔ زنجان به همان منظور و پاره‌ای موارد دیگر. در انتهای لیست خدماتش اشاره‌ای بود به ترور رزم‌آرا به‌مضنون تقریبی زیر:

چنانچه اعلیحضرت به خوبی می‌دانند برای ازمیان بردن سپهبد رزم‌آرا، غیر از آقای علم، هیچ‌کس به اندازهٔ چاکر سهم نداشت.

انتهای نامه صورت پرسشی داشت تقریباً به این مضمون که آیا **پاداش چنین فردی با این همه خدمات این است که در نامه مورخه ... وزارت دربار او را مستحق عنایت خطاب کنند؟** "
(همان- صفحات ۲٦۷/۲۷۵)

دانستنی‌های بیشتر درباره سرتیپ دیهیمی و دکتر بقائی

گویا **سرتیپ حبیب‌الله دیهیمی**، از طرفداران **سپهبد ارفع** به‌شمارمی‌رفته و به همین جهت به‌شدت با **سپهبد رزم‌آرا** مخالف بوده‌است.
در روزهایی که **دکتر مظفر بقائی کرمانی**، استیضاح مشهور خود را از دولت **محمد ساعد** ولی درحقیقت از **سپهبد رزم‌آرا** انجام‌می‌داده، **سرتیپ دیهیمی** اسناد و اطلاعاتی را بر ضد **رزم‌آرا** ابتدا از طریق **ابوالحسن حائری‌زاده** در اختیار او (**دکتر بقائی**) قرارداده و سپس خود او با **دکتر بقائی** تماس گرفته و به‌تدریج در زمره نزدیکان او درآمده‌است.
بطوری‌که می‌دانیم، از **ابوالحسن حائری‌زاده** در تاریخ هشتم اردیبهشت ۱۳۳۵ به‌عنوان مطلع در قتل **رزم‌آرا**، در دادگستری بازجویی به‌عمل آمده‌است. یکی از پرسش و پاسخ‌های انجام‌شده در آن بازجویی به‌شرح زیر می‌باشد:

" ...
*س: **سرتیپ دیهیمی**، دادستان سابق ارتش، چه اسنادی از **رزم‌آرا** پیش شما آورده است؟*
ج: سرتیپ دیهیمی اوراقی و عکس‌هایی به من ارائه داد و می‌گفت عکس خط رزم‌آرا است و من همهٔ آنها را به آقای دکتر بقائی دادم و او در مجلس عنوان کرد.
*توضیح اینکه **رزم‌آرا** در آن‌وقت **رئیس ستاد ارتش بود و نه رئیس رئیس‌الوزرا** و اینکه اسناد آن روزی به خط **رزم‌آرا** بوده یا خیر، اطلاعی ندارم ..."*
(اسرار قتل رزم‌آرا- همان- صفحه ۴۳۰)

جواد جعفری (برادر **حسن جعفری**، متهم یا قاتل واقعی **احمد دهقان**)، که خود در آغاز از اعضای فعال حزب توده و از مقاله‌نویسان اصلی در روزنامه‌های آن حزب بوده و سپس درجریان محاکمه و اعدام برادرش، به **دکتر بقائی** روی آورده و او هم به‌تدریج در زمره نزدیکان این شخص قرار گرفته‌است.
جواد جعفری درمورد **سرتیپ دیهیمی**، ارتباط او با **دکتر بقائی** و شرکتش در قتل **رزم‌آرا** چنین می‌نویسد:

*" **دیهیمی، سرتیپ حبیب‌الله**، وی در زمان ریاست ستاد سرلشکر ارفع **با درجهٔ سرهنگی، رئیس رکن دوم بود.** در عهد رزم‌آرا، **با سمت ریاست دفتر نظامی شاه، جزء نزدیکان دکتر مظفر بقائی کرمانی بود.***
بعد از کودتای ۲۸ مرداد ۱۳۳۲ به معاونت اول ستاد ارتش منصوب شد.
گفته می‌شود در قتل رزم‌آرا در تحریک خلیل طهماسبی و تعیین یک نفر محافظ نظامی که مشترکاً رزم‌آرا را ترور کردند، طراح اصلی نقشه و مجری پشت پردهٔ توطئهٔ دربار بوده‌است."
(گفت و شنفت- جواد جعفری- به‌کوشش دکتر کیانوش جعفری- صفحه ۲۰۶)

همین نویسنده در صفحه‌ای دیگر چنین نوشته است:

*" ... **سرتیپ دیهیمی** وقتی در بیمارستان درگذشت، به‌شدت از خدماتی که به **محمدرضا شاه** کرده بود، کتباً **در نامه‌ای که به یکی از منسوبان خود نوشته‌بود اظهار ندامت و شرمساری کرده بود.** او در نامه خود نوشته‌بود که **در ترور سپهبد رزم‌آرا خود او بود که به***

دستور محمدرضا شاه، مأمور محافظ سپهبد رزم‌آرا را هدایت کرده بود که بعد از تیراندازی خلیل طهماسبی بلافاصله مغز سپهبد رزم‌آرا را هدف قرار دهد."
(همان- صفحه ۱۵۶)

نام سرتیپ دیهیمی در سخنرانی مصدق

محمد مصدق ضمن سخنرانی که در تاریخ ۲۲ اردیبهشت ۱۳۳۰ در **مجلس شورای ملی** ایراد کرده شرح زیر را نیز بیان نموده‌است:

" ... روز شنبه ۲۱ اردیبهشت [۱۳۳۰] که افتخار شرفیابی را داشتم ***اعلیحضرت*** *فرمودند: آنچه را که دربارهٔ خود می‌گفتی من‌هم شنیدم و آن این است که گفته‌اند* ***شما را می‌خواهند ترور کنند و من دستور داده‌ام شهربانی جان شما را حفاظت کند.*** *چون معاونین نخست‌وزیر که برای معرفی به آنجا آمده بودند از حضور شاهانه خارج شدند، من‌هم با آنها بیرون آمدم و بعد مجدداً از پیشگاه همایونی اجازهٔ بار درخواست نمودم و عرض کردم: ممکن است بفرمایید چه اشخاصی در صدد از بین بردن من هستند؟ فرمودند:* ***دکتر بقائی به دیهیمی، که در سازمان اوست، این‌طور گفته بود که فدائیان اسلام در صدد قتل دکتر مصدق هستند.***
دیهیمی *هم به ستاد ارتش این امر را اطلاع داد و از ستاد ارتش هم به من گزارش دادند و من دیشب به شهربانی دستوردادم که شما را حفاظت کنند تا جان به‌سلامت به‌در برید.*
من بسیار تعجب کردم زیرا اگر ***فدائیان اسلام، هژیر*** *را می‌کشتند برای اینکه او* ***شاهنشاه*** *را به لندن برد و وعده داد* ***قرارداد ساعد- گس*** *تصویب شود و مجلس مؤسسان هم روی همین اصل تشکیل گردید و اگر* ***فدائیان اسلام، رزم‌آرا*** *را که می‌خواست وحدت مملکت و ملی ما را از بین ببرد، کشتند، چگونه ممکن است حاضر شوند* ***دکتر مصدق*** *را که همه چیز خود را در راه خیر و صلاح مملکت فدا کرده است او را هم ترور کنند؟*
به ***اعلیحضرت*** *گفتم:* ***من یک جان دارم و آن‌را می‌خواهم در راه صلاح و صواب این مردم و شما نثار کنم.*** *من از اول عمر خود معتقد نبودم که در بستر بیماری جان خود را تسلیم کنم بلکه آرزویم این بوده که در راه وطنم جان نثار کنم.*
بنابراین ***من به این مأمورینی که یا نمی‌توانند و یا نمی‌خواهند که انجام وظیفه کنند، احتیاج ندارم*** *و اعلیحضرت مرا به خدا بسپارند و نگران نباشند. فرمودند حالا که نمی‌خواهید من اصراری نمی‌کنم و خودتان بفرمایید که در توقیف* ***فدائیان اسلام*** *اقدامی نکنند ... "*
(روزنامه اطلاعات- پنجشنبه بیست‌ودوم اردیبهشت ۱۳۳۰- صفحه ۳- ستون ۲/۳)

تنها منظور نگارنده از مبادرت به بازگونمودن متن پیشین، این بود که از زبان **محمد مصدق** و به نقل از گفتار **محمدرضا شاه پهلوی، به وجود سازمانی (مخفی) به سرپرستی دکتر مظفر بقائی و با عضویت سرتیپ دیهیمی** اشاره نماید.

اما بقیه مطالب آن متن نگارنده را وادار نمود که دربارهٔ آن توضیحاتی را به آگاهی خوانندگان گرامی برساند.

نام سرتیپ دیهیمی در سخنرانی مصدق

محمد مصدق، همان‌طور که بارها گفته‌ایم، نیرنگ بازی بی‌نظیر بوده‌است وی واژگان و جملات مربوط به سخنرانی‌های خود را با دقت بی‌اندازه انتخاب می‌کرده و از ذکر هر عبارت یا جمله از آنها، بطور صریح یا ضمنی، منظوری ویژه در جهت پیشبرد مقاصد و هدف‌های خود درنظر داشته‌است.
بدون تردید خوانندگان گرامی به‌خوبی آگاهی دارند که در آغاز نخست‌وزیری **مصدق** و دست کم تا مدت کوتاهی پس از سخنرانی ذکرشده در صفحه‌ی پیش، هنوز **فدائیان اسلام** به **آیت‌الله کاشانی** به‌شدت وابسته بوده و از **مصدق** و دولت او طرفداری می‌کرده‌اند. ولی اینان بر این عقیده بوده‌اند که **مصدق** نخست‌وزیری خود را مدیون **فدائیان اسلام** می‌باشد و به‌این‌جهت با پیام فرستادن‌های پی‌درپی به او و مذاکره با **آیت‌الله کاشانی**، **دکتر بقائی** و سایر اعضای **جبهه‌ی ملی** اصرار و توقع داشته‌اند که دولت **مصدق** در جهت اجرای اصول اسلامی در ایران کوشش و اقدام نماید ولی پاسخ **مصدق**، **کاشانی** و دیگران به افراد متعصب، ساده‌لوح و ناآگاه **فدائیان اسلام** کمابیش به این مضمون بوده‌است که: ما درحال حاضر در جبهه‌ی خارجی در مبارزه با استعمار انگلیس هستیم و در این شرایط باز کردن یک جبهه‌ی داخلی جهت اجرای اصول اسلامی در کشور نه امکان‌پذیر است و نه به مصلحت. پس باید صبرکرد تا اینکه از جبهه‌ی نبرد با استعمار خارجی فراغتی حاصل گردد و بتوان انرژی خود را در راه اجرای اصول اسلامی در داخل مصرف نمود.
البته این قبیل سخنان پیشوایان **فدائیان اسلام** را قانع نساخته بوده‌است و آنان کماکان با عصبانیت و به‌صورت طلبکار! به کوشش‌های خود در جهت اجرا و تحقق هدف خود ادامه می‌داده‌اند.
در این شرایط، **دکتر مظفر بقائی کرمانی** در یکی از جلسات علنی یا مخفی که با شرکت **سرتیپ حبیب‌الله دیهیمی** در منزلش تشکیل شده‌بوده، ضمن گفتگوهای خود این نگرانی را نیز ابراز نموده‌است که: چون **فدائیان اسلام** قادر به درک و فهم این حقیقت نمی‌باشند که امکان اجرای نظرات و پیشنهادات آنان میسر و موجود نیست، پس بیم آن می‌رود که هر روز بر خشم و نفرت آنان نسبت به دولت **مصدق** و خود او افزوده گردد و آنان را به انجام دیوانگی‌هایی برضد **مصدق** وادارنماید.
دکتر بقائی با ابراز این نظر از **سرتیپ دیهیمی** خواسته‌است که **رکن دوم ستاد ارتش** از هم‌اکنون **فدائیان اسلام** را تحت نظارت بیشتری قراردهد.
سرتیپ دیهیمی، بر اساس وظیفه خود این مطلب را در یکی از گزارش‌های روزانه به آگاهی **شاه** رسانده و**شاه** نیز افزون‌بر صدور دستور درباره‌ی مراقبت بیشتر از **مصدق** این مطلب را نیز به آگاهی **مصدق** رسانده‌است.
البته تردیدی نمی‌توان داشت که همان آگاهی‌هایی که **دکتر بقائی** را نگران ساخته بود، از منابع بی‌شماری، ازجمله **کارآگاهان مخفی شهربانی**، به آگاهی خود **مصدق** نیز رسیده بوده‌است، ولی وی پس از آگاهی از گزارش **سرتیپ دیهیمی**، بی‌درنگ به شهربانی دستور داده‌است که مرکز تجمع **فدائیان اسلام** را با اشخاصی که در آنجا حضورداشته‌اند محاصره کنند و از ورود و خروج افراد جلوگیری به‌عمل آورند و روز بعد، پس از بازگشت از حضور **شاه**، دستور رفع محاصره را داده ولی همان‌گونه که در متن سخنرانی بالا ملاحظه می‌فرمایید، وانمود کرده‌است که محاصره به فرمان **شاه** بوده و دستور رفع آن توسط وی صورت گرفته‌است.
حال برای اینکه خوانندگان گرامی از دستور **مصدق** درباره‌ی محاصره **محل تجمع فدائیان اسلام** آگاه‌شوند و نیز دریابند که در زمان سخنرانی ذکرشده توسط **محمد مصدق** هیچ‌گونه بحثی درباره ترور **مصدق** درمیان **فدائیان اسلام** نبوده‌است، بدنیست به گفتار زیر از قول **حاج مهدی عراقی** توجه فرمایند:

" ... در اولین هفته‌ای که **مصدق** آمد روی کار، **جلسه ما شب شنبه** در خیابان خیام **کوچه گذرقلی** بود. از بعدازظهر، آن منطقه و آن کوچه و آن خانه محاصره شد و **پیغام دادند که خلاصه شما احتمال گرفتنتان هست[؟!]** و کسی را هم نگذاشتند برود تو تا ساعت هشت، هشت و نیم آنجا محاصره شد و **جلسه** آن شب تشکیل نشد.

روز یکشنبه هم که **مصدق** رفت مجلس، در یک نطقی در سخنرانی تشریح کرد که **فدائیان اسلام** یک روز **کسروی** را کشتند برای اینکه از جهت فکری و دینی با همدیگر در تضاد بودند. **فدائیان اسلام، هژیر** را کشتند برای خاطر اینکه در انتخابات شرکت کرده بود و می‌خواست مسیر انتخابات را منحرف بکند. **فدائیان اسلام، رزم‌آرا** را کشتند برای اینکه عامل مستقیم استعمار بود و می‌خواست جلوگیری کند از **ملی شدن صنعت نفت**. حالا این سؤال مطرح است که **فدائیان اسلام چرا می‌خواهند مرا بکشند؟ چیزی که اصلاً مطرح نبود.**

ما متوجه شدیم یک توطئه‌ای خلاصه توی کار است. این شد که **مرحوم نواب** یک اعلام میتینگ می‌دهد که بیاید به نطق **مصدق** جواب بدهد. ولی **مسجد شاه** را درش را می‌بندند و جلوگیری می‌کنند از میتینگ. ولی درهرحال، در ته **خیابان ناصریه جلوی مسجد شاه**، در آن محوطه میتینگ تقریباً برگزار می‌شود و پیام **مرحوم نواب** آنجا خوانده می‌شود ...

حضار: آقای **نواب** در **مسجد شاه** در برابر **مصدق** چه سخنرانی می‌کند؟

حاج مهدی عراقی: دربرابر **مصدق** اعلام می‌کند که **مصدق** یک سرنخ بدهد، چون ما در طی این مدت هر کاری که می‌خواستیم بکنیم قبلاً اعلام می‌کردیم. حتی **هژیر**، حتی **رزم‌آرا**، حتی **کسروی**.

مصدق بیاید اعلام بکند که فلان جا شفافاً شما یک همچنین حرفی زده‌اید. که همچنین چیزی را نمی‌تواند ... "

(ناگفته‌ها- خاطرات شهید حاج مهدی عراقی- خدمات فرهنگی رسا- صفحات ۹۵/۹۶ و ۱۰۱)

در زیر بعضی از هدف‌هایی را که **مصدق** فقط با گنجاندن متن بالا در سخنرانی مفصل خود مورد نظر داشته‌است، به آگاهی خوانندگان گرامی می‌رساند:

- ما اکنون به‌یقین می‌دانیم که **سرتیپ دیهیمی** (از سوی **شاه**) با **سرتیپ دفتری** (به‌ظاهر مستقل ولی درحقیقت و پنهانی از سوی **مصدق**)در طرح‌ریزی توطئه قتل **رزم‌آرا** شرکت داشته‌اند. چون **مصدق** آینده‌نگر و پیش‌بین همواره احتمال می‌داده‌است که روزی جنایت او کشف گردد و به‌این‌جهت به دادگاه کشانده شود بنابراین پیشاپیش اعلام نموده‌است که **دیهیمی نماینده مخصوص شاه و عضو سازمان مربوط به دکتر بقائی می‌باشد.**

- درضمن به عموم مردم با صراحت اعلام نموده‌است که **دکتر بقائی یک سازمان (لابد مخفی؟) را سرپرستی می‌نماید.**

- در آن زمان که مردم ایران، **فدائیان اسلام** را **از مریدان آیت‌الله کاشانی و از طرفداران محمد مصدق می‌دانسته‌اند، مصدق** با اعلام این مطلب، آن‌هم از قول شاه، که **فدائیان اسلام** قصد ترور وی را دارند درحقیقت، نه‌تنها خود را از آنان جدا ساخته، بلکه زمینه را برای بازداشت **نواب‌صفوی** و دیگر رهبران آن گروه فراهم نموده‌است.

(**نواب‌صفوی** پس از مدت کوتاهی، در تاریخ ۲۰ تیرماه ۱۳۳۰ بازداشت شد.)

- بطور غیرمستقیم **محمدرضا شاه** را نوکر انگلیس قلمداد نموده و اقداماتی را که **شاه در دوران وزارت درباری هژیر انجام داده بود، حتی مجلس مؤسسان را به‌حساب انگلیس گذاشته‌است.**

- وانمود کرده‌است که وی، یعنی نخست‌وزیر و مسئول امور کشور، از اخبار محرمانه ایران آگاهی ندارند و اخباری از این قبیل را به آگاهی **شاه**، که یک مقام غیرمسئول می‌باشد، می‌رسانند.

رهایی متهمان جبهه‌ی ملی در توطئه نخست، به دلیل باخبربودن شاه از توطئه دوم

آگاهی متهمان جبهه‌ی ملی از شرکت شاه در توطئه دوم، دلیل رهایی آنان از مجازات درمورد توطئه نخست

در پی سوءقصد نافرجام به جان **حسین علاء**، نخست‌وزیر (در تاریخ ۲۵ آبان ۱۳۳۴- ۱۷ نوامبر ۱۹۵۵) که توسط یکی از افراد **فدائیان اسلام** صورت گرفته‌بود، **نواب صفوی** همراه با شماری دیگر از آن **فدائیان** دستگیر و در دادگاه نظامی به اعدام محکوم گردیدند. **نواب‌صفوی** پس از این محکومیت، به این امید که با دوباره گشودن پرونده قتل **رزم‌آرا** و به جریان افتادن آن، زمینه‌هایی برای تعویق اجرای احکامش فراهم می‌گردد، اعترافات جدیدی درباره‌ی **آن قتل بیان می‌کند و آن قتل را مبتنی بر فتوای شرعی صادره از سوی آیت‌الله کاشانی و فتوای سیاسی صادره از طرف مصدق و سایر رهبران جبهه‌ی ملی اعلام می‌نماید.**
یک روز پس از این اعترافات، یعنی در تاریخ ۱۳ دی‌ماه ۱۳۳۴، شماری از اعضای **جبهه‌ی ملی**، ازجمله **آیت‌الله کاشانی**، **دکتر مظفر بقائی کرمانی**، **حسین مکی**، **سیدمحمود نریمان**، **عبدالقدیر آزاد**، **دکتر علی شایگان** و همراه با آنان جمعی دیگر، که به‌عنوان شاهد یا رابط در این فتواگیری‌ها معرفی شده‌بودند، بازداشت شده‌اند و **محمد مصدق** نیز به‌عنوان مطلع احضار گردیده‌است.
از این بازداشت شدگان بازجویی‌هایی به‌عمل آمده و نیز بین برخی از آنان با **نواب‌صفوی**، **خلیل طهماسبی**، و برخی دیگر از محکومان و متهمان رو در رویی‌هایی صورت گرفته که بخش‌هایی از آنها پیش‌تر بازگو گردیده‌است.
همچنین دادستانی ارتش در تاریخ یکم بهمن‌ماه ۱۳۳۴ طی نامه‌ای به مجلس شورای ملی اطلاع داده که **سیدابوالحسن حائری‌زاده**، نماینده آن مجلس، به اتهام معاونت در قتل **رزم‌آرا** مورد اتهام قرار گرفته‌است. ولی چون دلایل و مدارکی در این مورد نشان‌داده نشده‌بود، پس اقدام مهمی درجهت سلب مصونیت پارلمانی از وی به‌عمل نیامده‌است.
همانگونه که پیش‌تر دیدیم، در جلسه رو در رویی بین **محمد مصدق** با **نواب‌صفوی**، که در تاریخ ۱۶ دی‌ماه ۱۳۳۴ انجام شده بود:

> *" وقتی **سیدمجتبی نواب‌صفوی** وارد اتاق شد و سؤال بالا به‌عمل آمد، آقای **دکتر محمد مصدق** فرمودند: **حالا می‌فهمم می‌خواهید پرونده‌سازی کنید، آرزو به دل شما می‌ماند.**"*

و به احتمال زیاد، **محمد مصدق** در خارج از آن جلسه، و بطور خصوصی دلیل اینکه آرزوی پرونده‌سازی به دل آنان می‌ماند، توضیحات بیشتری به دادستان ارتش داده و خطرات ادامه این قبیل بازپرسی‌ها را نسبت به **افشای شرکت شاه در قتل رزم‌آرا** گوشزد کرده‌است.
اما **آیت‌الله کاشانی** مطلب مزبور را در حین بازپرسی، به‌شرح زیر بیان داشته‌است:
(فاصله‌هایی با پنج نقطه که در متن زیر وجود دارد، به‌نقل از کتاب می‌باشد)

" قسمتی از بازجویی مرحوم آیت‌الله کاشانی در اداره دادرسی ارتش در ساعت ۱۷:۳۰ روز [۱۳]۳۴/۱۰/۲۷

*س: **به‌نظر شما چه کسی مباشر قتل سپهبد رزم‌آرا بود؟***
*ج: **من نمی‌دانم قاتل او چه کسی بود، ولی از قراری که پرونده خلیل [طهماسبی] حکایت می‌کند، او قاتل نبوده آن ..... برای افتخار به ریش گرفته. امضاء- کاشانی***
س: .....
*ج: آنچه از پرونده او برای من اشخاص امین نقل نموده‌اند، همین بود که بیان شد ..... امضاء- **کاشانی***

قسمتی از سومین جلسه بازجویی مرحوم آیت‌الله کاشانی در اداره دادرسی ارتش که ساعت ۱۷:۴۵ روز ۳۴/۱۰/۳۰[۱۳] شروع و در ساعت ۱۹:۳۰ همان روز ختم شده‌است.

...
س: شما در صفحه ۱۱ نوشته‌اید:
*قتل **سپهبد** رزم‌آرا را به‌ضرر مملکت نمی‌دانسته‌ام. از این گفته شما چنین استنباط می‌شود که: **قتل سپهبد رزم‌آرا را به نفع مملکت می‌دانسته‌اید**. آیا همین‌طور است یا خیر؟*
*ج: اولاً به‌ضرر ندانستن مستلزم آن نیست که به نفع باشد، و ثانیاً با مطالب سابقه در پرتاب تیر به‌طرف **اعلیحضرت** و سایر مطالبی که قبلاً نوشتم به نفع بوده. امضاء- **کاشانی***

قسمتی از ششمین جلسه بازجویی از آیت‌الله کاشانی در ادارهٔ دادرسی ارتش که در ساعت ۱۸:۱۵ روز ۳۴/۱۱/۷[۱۳] در حضور سرلشکر آزموده، سرتیپ کیهانخدیو و سروان شاداب شروع و در ساعت ۲۲:۴۵ همان روز خاتمه یافته‌است.

*س: **قاتل چه کسی بود؟ منظور قاتل سپهبد رزم‌آرا است.***
*ج: قبلاً هم مکرر نوشته‌ام، نمی‌دانم کیست. ولی برحسب پرونده، قاتل **خلیل [طهماسبی]** نیست. امضاء- **ابوالقاسم کاشانی***
*س: **پس شما نمی‌دانید قاتل کیست**. آیا منظور همین‌طور است یا خیر؟ یعنی **برخلاف اقاریر صریح خلیل طهماسبی که خود را قاتل سپهبد رزم‌آرا می‌داند، شما خلیل [طهماسبی] را قاتل نمی‌دانید** و کسی دیگر را هم نمی‌توانید قاتل معرفی‌کنید. چه می‌گویید؟*
*ج: **روز اول نوشتم خلیل ..... این اقراراتش از روی ..... بوده و این قتل را به ریش گرفته** و همان‌طور که قبلاً نوشته‌ام من در مسجد شاه نبودم که ببینم قاتل کی بود. امضاء- **ابوالقاسم کاشانی** "*
(اسرار قتل رزم‌آرا- همان- صفحات ۴۲۱/۴۲۲)

سید ابوالحسن حائری‌زاده نیز که در زمان بازداشت سایر اعضای **جبههٔ ملی**، به‌علت نمایندگی مجلس بازداشت نشده بود، پس از پایان دوران نمایندگی، به‌عنوان مطلع، به دادگستری احضارشده و در تاریخ ۱۳۳۵/۲/۸، در زمینه رسیدگی به پرونده قتل مرحوم **سپهبد حاجیعلی رزم‌آرا** از وی بازجویی به‌عمل آمده است.
قسمتی از بازجویی به‌شرح زیر می‌باشد:

*" ... معتقدم که قتل **رزم‌آرا** قتلی بود سیاسی و **فدائیان اسلام** که سران آنها اغلب جاه‌طلب و کم‌تجربه بودند، آلت اجرای این مقصود شدند. بدیهی است که شخص **خلیل طهماسبی** که یک نفر نجار مؤمن به **نواب‌صفوی** بوده، **چندان مهارتی در تیراندازی نداشته و بودن او***

شباهت‌هایی بین دو رخداد قتل رزم‌آرا و قتل اتابک

در جمعیت و شلیک کردن او غیر از منحرف کردن افکار عمومی از قاتل حقیقی فایده دیگری نداشته، و من آنچه شنیدم طرز گلوله خوردن رزم‌آرا و گرفتاری دو نفری که پشت سر رزم‌آرا با اسلحه بوده‌اند و پس از دستگیری و رسیدن محبس از طرف شهربانی به‌عنوان اینکه دو نفر مستحفظ او بوده‌اند، آزاد شده، و خلیل طهماسبی که در جمعیت اگر شعاری نداده بود و تظاهر به متصدی قتل بودن نکرده بود، گرفتارنمی‌شد، و پس از او اعلامیه‌های فداییان اسلام که این قتل را به‌گردن گرفتند و موضوع را از محور اصلی خود که مأمورین باید تعقیب کنند، خارج نمودند. دلیل این است که این قتل سیاسی بوده و خصومت شخصی بین خلیل طهماسبی و فداییان اسلام با مرحوم سپهبد رزم‌آرا دربین نبوده ... "

(اسرار قتل رزم‌آرا- همان- صفحه ۴۳۰)

شباهت‌هایی بین دو رخداد، قتل رزم‌آرا و قتل اتابک

(۱)- در زمان **اتابک**، که نخستین دوره مجلس شورای ملی برپا بوده‌است، معمولاً رئیس مجلس از نظر رعایت ادب و احترام به **سیدین سندین**، یعنی **آیت‌الله سیدمحمد طباطبائی و آیت‌الله سیدعبدالله بهبهانی**، برای آغاز کار جلسات مجلس و ختم آنها، از آنان کسب اجازه می‌نموده و **آیت‌الله بهبهانی** نیز به‌علت پررویی و گستاخی بیشتری که داشته، بیشتر از دیگری خود را جلو می‌انداخته و این‌قبیل اجازه‌ها را صادر می‌کرده‌است.
مخبرالسلطنه هدایت در کتاب «خاطرات و خطرات» می‌نویسد:

*" در بدو امر، مجلس تخت و صندلی نداشت، روی زمین می‌نشستند[!]، قالیچه‌ای هم گسترده بود، شاید نظر به محل سکنای رئیس، لکن مخصوص **سیدین** شد. "*

(خاطرات و خطرات- مخبرالسلطنه هدایت- صفحه ۱۵۵)

همان‌گونه که قالیچه مخصوص نشستن رئیس مجلس به **سیدین سندین!** اختصاص یافته‌بوده، این دو پیشوای روحانی مشروطیت، قدرت و نفوذ واقعی مجلس را نیز دراختیار گرفته‌بوده‌اند.
درهرحال، **اتابک** از صبح روزی که در شب آن به‌قتل رسید، به نزد **محمدعلی شاه** رفته‌بود تا اینکه دست‌خطی در حمایت از مشروطیت از وی بگیرد و پس از آنکه در این کار توفیق می‌یابد،

*" آقا **سید عبدالله [بهبهانی]** را بر گرفتن دست‌خط موافق آگاه کرده، او هم با نهایت غرور می‌گوید: **بروید به مجلس من هم الان خواهم آمد**. "*

(حیات یحیی- جلد ۲- یحیی دولت‌آبادی- صفحه ۱۴۰)

جلسه مجلس در آن روز پس از حضور **آیت‌الله بهبهانی** و بنا به دستور وی تشکیل شده، و **پس از پایان همین جلسه که باز هم با کسب اجازه از وی پایان یافته بود، اتابک به‌قتل رسیده‌است.**
در مجلس ترحیم **آیت‌الله میرزامحمد فیض**، در مسجد شاه، نیز عالی‌ترین مقام مذهبی حاضر در مسجد، **آیت‌الله سیدمحمد بهبهانی**، پسر همان **سیدعبدالله بهبهانی** بوده که **اجازه برچیدن مجلس ختم و به‌اصطلاح دستور خواندن سوره الرحمن را صادر کرده‌است.**

(۲)- در آن زمان شماری از اعضای **خاندان هدایت** در زمره نزدیکترین و مهمترین دوستان و حامیان **اتابک** به‌شمار می‌رفته‌اند و **از رخداد قتل اتابک، بعد از خانواده خود او، بیش از هر خاندان دیگر ناراحت بوده و زیان دیده‌اند.**

در زمان روی‌دادن قتل **اتابک**، **مرتضی‌قلی هدایت**، **صنیع‌الدوله**، رئیس مجلس بوده و برادر او، **مهدی‌قلی هدایت**، **مخبرالسلطنه**، وزارت علوم را به‌عهده داشته‌است. **این دو نفر در هنگام وقوع قتل در مجلس حضورداشته‌اند.**

بطوری که می‌دانیم همسر **رزم‌آرا** نیز از همین **خاندان هدایت** بوده و برادر زن او به‌نام **محمود هدایت**، معاونت پارلمانی را به‌عهده داشته‌است. این مرد نیز در هنگام قتل در مسجد حاضر بوده و برای تسریع در حمل جسد به بیمارستان دستوراتی صادر کرده‌است.

(۳)- **مستشارالدوله صادق** که در نخستین دوره مجلس شورای ملی نماینده تبریز بوده و در شب وقوع قتل نیز در مجلس حضورداشته‌است، در یادداشت‌های خود چنین می‌نویسد:

> *" ... در خیابان لاله‌زار وقتی به در خانه **اتابک** رسیدیم که **نعش اتابک** را از کالسکه بیرون می‌آوردند، در وسط حیاط روی فرشی گذاشتند.*
> ***صاحب‌جمع**، **برادر اتابک**، بیرون دویده ناله و شیون راه افتاد، **سیدی که گویا از در مجلس تا آنجا توی کالسکه اتابک را بغل گرفته، از همه بیشتر فریاد و فغان راه انداخته‌بود. بعدها شنیده شد که انگشتر و ساعت اتابک را همان سید ربوده بود[!].** "*
> (یادداشت‌های تاریخی- مستشارالدوله صادق- به‌کوشش ایرج افشار- صفحه ۳۷)

محمود هدایت هم هنگام بازجویی که از وی به‌عنوان مطلع به‌عمل آمده‌بود، چنین گفته‌است:

> *" ... بعد شنیدم در این حرکت از مسجد به مریض خانه **هفت‌تیر و ساعت و انگشتر** آن مرحوم را ملت[؟!] زده است ... "*
> (اسرار قتل رزم‌آرا- همان- صفحه ۱۷۵)

و یکی از پاسبانان کلانتری ۸ نیز ضمن گزارش خود به آن کلانتری نوشته بوده‌است:

> *" ... یک نفر دیگر هم در آنجا بود که به‌نام آقا ... و از آن ساعت تا موقعی که تیرخورده را به ماشین گذاشتیم با ما بود ... "*
> (اسرار قتل رزم‌آرا- همان- صفحه ٦۲)

(٤)- بزرگ‌ترین و عجیب‌ترین شباهت بین دو ترور **اتابک** و **رزم‌آرا** آن بود که **در روز پس از قتل اتابک، قرارداد ۱۹۰۷ بین انگلیس و روسیه به‌تصویب رسید که به‌موجب آن ایران بین آن دو کشور به دو منطقه نفوذ تقسیم گردید و در روز پس از قتل رزم‌آرا نیز در محیطی پر از رعب و وحشت اصل «ملی‌شدن صنعت نفت در سراسر ایران»، که طبق توضیحات مختصر مندرج در پیوست این بخش، در شرایط آن زمان صددرصد به سود انگلستان بود، به‌اتفاق آرا، از تصویب کمیسیون نفت مجلس شورای ملی ایران گذشته‌است.**

پیوست

انگلستان تنها سودبرنده‌ی خارجی از ترور سپهبد رزم‌آرا

(متن زیر کوتاه‌شده و با اندکی تغییر، برگرفته از پیشگفتار کتاب «راه‌آهن سرتاسری ایران» نوشته‌ی نگارنده می‌باشد.)

هدف‌ها و منافع انگلستان از ملی‌شدن صنعت نفت در سرتاسر ایران

از اواخر جنگ جهانی دوم، دولت و شرکت‌های نفتی آمریکا برای دستیابی به منابع نفتی دنیا با انگلستان به مبارزه برخاسته و در ایران نیز به همین منظور به میدان آمده‌بودند.
مصطفی فاتح، یکی از آگاه‌ترین و عالیرتبه‌ترین ایرانیان در شرکت نفت انگلیس و ایران، در این مورد چنین نوشته‌است:

" ... در موقع جنگ دوم جهانی شرکت‌های نفت آمریکا تبلیغات زیادی راجع به کم شدن ذخائر نفت آمریکا کرده و از دولت خود تقاضا داشتند، اقدامی بنماید تا آمریکا سهم بیشتری در نفت خاورمیانه به‌دست آورد.
اقدامات مزبور مآلا به نتیجهٔ مطلوب رسید، چنانکه از ارقام زیر مشهود است:

سال	سهم آمریکا در نفت خاورمیانه	سهم انگلیس و هلاند در نفت خاورمیانه	سهم کشورهای دیگر در نفت خاورمیانه
۱۹۳۹	۱۵/۷ درصد	۷۸/۳ درصد	۶ درصد
۱۹۴۶	۳۰/۶ "	۶۵/۹ "	۳/۵ "
۱۹۵۰	۴۴/۵ "	۵/۵۳ "	۲ "
۱۹۵۳	۶۰/۱ "	۳۱/۴ "	۸/۵ "

جدیت آمریکاییان برای تحصیل سهم بیشتری در نفت خاورمیانه تنها محدود به این نبود که امتیازات جدیدی بدست آورند، بلکه متوجهٔ این بود که از امتیازات موجود هم سهم عمده‌ای به آنها اختصاص داده شود.

*در سال ۱۹۴۳ که **مستر جیمز برنز** رئیس ادارهٔ تجهیزات جنگی دولت آمریکا بود گزارشی به رئیس جمهور داد که ترجمهٔ عین آن به قرار زیر است:*

*نامهٔ **برنز** به رئیس جمهور به تاریخ پانزدهم اکتبر ۱۹۴۳:*

«مذاکرات جدی و شدیدی باید با انگلیسها بشود که یکسوم معادن نفت ایران که اکنون تمامش در دست آنها می‌باشد به آمریکا واگذار گردد. این واگذاری درمقابل مقادیر نفتی خواهد بود که تحت عنوان وام و اجاره در طی جنگ از طرف ما تحویل شده و همچنین در ازای ساختن لولهٔ نفتی خواهد بود که از معادن نفت ایران به بندر حیفا ساخته خواهدشد و خرج آن در حدود دویست میلیون دلار خواهد بود.
این خط لوله برای بهره‌برداری کامل از معادن نفت ایران لازم است.»

نامهٔ فوق که توصیه‌ای برای سهیم شدن آمریکا در نفت ایران بود و تبلیغات دامنه‌دار شرکت‌های بزرگ نفت آمریکا برای تحصیل سهم بیشتری از نفت خاورمیانه، نگرانی‌های بسیاری برای دولت انگلستان و شرکت نفت ایران انگلیس ایجاد کرد.
*شرکت‌های نفت آمریکا مدعی شدند که فقط هشت درصد از کل مصرف نفت دول متفق در جنگ از منابعی که تحت کنترل انگلستان است تحصیل می‌شود درصورتی که هشتاد درصد مصرف دول مزبور را آمریکا از منابع خود تأمین می‌نماید، **لذا فشار زیادی به دولت خود وارد آوردند که جبران این کار را به‌وسیلهٔ تحصیل سهم بیشتری از امتیازات نفت خاورمیانه بنماید** ..."*
(پنجاه سال نفت ایران- مصطفی فاتح- صفحات ۴۹۹/۵۰۰)

" ... دولت آمریکا انتظار داشت که شرکت [نفت] بریتانیا تجدید نظری در روابط خود با ایران نموده و عایدات بیشتری را برای آن تأمین نماید تا از تقاضا برای وام مستغنی‌گردد.
*تا مذاکرات راجع به قرارداد الحاقی در جریان بود دولت آمریکا به امید اینکه مذاکرات مزبور به نتیجهٔ مطلوب خواهد رسید از هرگونه اقدامی برای تحصیل وام برای ایران خودداری نمود و بعد که به نتیجه نرسید و **قرارداد جدید با دولت عربستان سعودی اعلام‌گردید به طرفین توصیه می‌نمود که قرارداد مزبور و اصل تنصیف عواید را سرمشق قرارداده و با هم کنار بیایند** ...*
... لکن تسامح شرکت نفت موجب گشت که دولت آمریکا برای چندی به انتقاد از آن شرکت بپردازد و انعکاس آن در جراید آمریکا هم مشهود گشت.
*این خرده‌گیری و انتقاد از اوائل کابینهٔ [علی] **منصور** [که در سوم فروردین ۱۳۲۹ به نخست‌وزیری منصوب شده‌بود] شروع شد و در تمام مدت زمامداری **سپهبد [حاجیعلی] رزم‌آرا** هم ادامه داشت.*
*اظهارات مکرر [هنری] **گریدی**، سفیر آمریکا در این باب که شرکت نفت راه خطائی می‌رود و مصلحت در این است که تقاضاهای ملیّون را انجام دهد گواهی براین مدعا است.*
***در آن ایام بعضی از جراید انگلیس به گوشه و کنایه مطالبی منتشرمی‌کردند و می‌گفتند چند نفری پیدا شده‌اند که در کار نفت اخلال می‌کنند و قصد این را دارند که روابط بین دولت ایران و شرکت نفت را تیره سازند و کار را به جایی برسانند که امتیاز شرکت مزبور لغو شده و به آمریکائیان واگذار گردد.** در بعضی از جراید آمریکا هم نوشته می‌شد که اگر شرکت نفت حق عادلانه‌ای به ایران نپردازد و ایران تصمیم به اخراج شرکت مزبور بگیرد، شرکت‌های آمریکائی حاضر خواهند بود که نفت ایران را به دست گرفته و نصف منافع*

را به دولت ایران بپردازند.
در ابتدای کار تا موقع ملی شدن نفت مندرجات جراید انگلیس و آمریکا دربارهٔ نفت ایران صورت گله و شکایت از یکدیگر را داشت و غالب مطالب به شکل گوشه و کنایه بیان می‌شد ولی بعدها اختلافات مزبور آشکارتر گردید ..."
(همان- صفحات ۵۰۳/۵۰۴)

در ایامی که هنوز نهضت ناموفق و به‌ظاهر ضد انگلیسی، ولی انگلیسی‌ساز ایرانیان فریب‌خورده، جهت لغو قرارداد ۱۹۳۳، فروکش نکرده بود، آمریکاییان با جلب حمایت **شاه** و زیر پرده با شدت به تقویت آن پرداختند.

اقدامات شرکت‌های نفتی آمریکایی و شرکت نفت انگلیس و ایران بر ضد یکدیگر

تا آن زمان، از تسلط شرکت نفت انگلیس و ایران (و درحقیقت دولت انگلستان) بر نفت ایران در حدود نیم‌قرن می‌گذشته‌است و آن شرکت در درازای این مدت عادت کرده‌بود که چه در ایران و چه در دیگر کشورهای نفت‌خیز درآمد سرشار حاصله از نفت را به تنهایی تصاحب‌کند و بخش عمده‌ای از آن را به‌عنوان مالیات به خزانه انگلیس واریزکند . از بقیه درآمد، مبلغ ناچیزی هم به‌عنوان حق امتیاز به کشور صاحب نفت، بپردازد.
با این ترتیب طبیعی بوده‌است که تمام آن درآمد هنگفت را حق خود بداند و حتی از اینکه مختصر مبلغی بر حق امتیاز کشور صاحب نفت بیافزاید ناراحت شود و از این کار خودداری نماید.
اما شرکت‌های نفتی آمریکا که تازه به قسمت‌هایی از نفت خاورمیانه دست یافته بوده‌اند برایشان زیاد مشکل و ناراحت‌کننده نبوده‌است که درمقابل دریافت امتیاز اکتشاف و بهره‌برداری از نفت در یک کشور، بخش قابل توجهی از درآمد هنگفت خود را به کشور امتیاز دهنده پیشنهاد نماید.
بطوری که شواهد موجود نشان می‌دهد مهم‌ترین و کارسازترین حربه‌ی شرکت‌های نفتی آمریکایی جهت مبارزه با British Petroleum و بیرون کردن آن از کشورهای نفت‌خیز و نشستن به‌جای آن، همین پیشنهاد افزایش حق امتیاز به میزانی بسیار قابل توجه بوده‌است.
شرکت آمریکایی نفت آرامکو، که در عربستان به فعالیت اشتغال‌داشته، پس از انجام مذاکراتی با دولت این کشور، در تاریخ ۹ دی ۱۳۲۹ (۳۰ دسامبر ۱۹۵۰)، طی قراردادی با اصل تقسیم منافع به صورت ۵۰-۵۰ (پس از پرداخت مالیات به دولت آمریکا) موافقت به‌عمل آورده‌است.
این قرارداد که نقطه‌ی عطفی در صنعت نفت خاورمیانه به‌شمارمی‌رود دوران جدیدی در این صنعت به‌وجود آورده و تمام قراردادهای پیش از آن را، که بیشتر متعلق به British Petroleum بوده‌اند، متزلزل ساخته‌است.
باز هم همین قرارداد در تاریخ:

*" ... ۱۰ مهر ۱۳۳۰ (۲ اکتبر ۱۹۵۱) تغییر دیگری یافت بدین ترتیب که تقسیم سود شرکت به‌صورت ۵۰-۵۰ **قبل از پرداخت مالیات آرامکو به دولت آمریکا به مرحلهٔ اجرا گذاشته‌شد. درنتیجه آرامکو تعهد کرد که قبل از پرداخت مالیات، سود خود را بطور مساوی با دولت عربستان تقسیم کند** ... "*
(سیر تحول صنعت نفت در ایران و خاورمیانه- دکتر منصور کشفی- چاپ دوم- صفحه ۲۰۶)

اقدامات شرکت‌های نفتی آمریکایی و نفت انگلیس و ایران بر ضد یکدیگر

دولت انگلستان که پیشتر بطور کامل از جریان مذاکرات بین **شرکت آرامکو و دولت عربستان سعودی** آگاهی‌داشته و به یقین می‌دانسته‌است که بزودی با توافق شگفت‌آور **آرامکو** برای تقسیم سود بر مبنای ۵۰ـ۵۰، دولت مقتدر **حاجیعلی رزم‌آرا** در ایران نیز شرایطی مشابه آن را مطالبه خواهد نمود، شاهکار خود را به مرحله اجرا درآورده، و درست ۱۳ روز پیش از امضای آن توافق، یعنی در تاریخ ۲۶ آذر ۱۳۲۹ (۱۷ دسامبر ۱۹۵۰) **کمیسیون نفت مجلس شورای ملی**، به ریاست **محمد مصدق**، پیشنهاد غیر عملی **ملی شدن صنعت نفت** در **سراسر ایران** را به مجلس شورای ملی تقدیم نموده‌است. هر چند که **با ارائه دادن این پیشنهاد فریبنده، دیگر هرگونه پیشنهاد و بحث درباره قرارداد آرامکو و درخواست امتیازاتی نظیر آن از شرکت نفت انگلیس و ایران منتفی می‌شده‌است!** ولی رزم‌آرا ناامید نگردیده و با پافشاری و کوشش فراوان در مذاکرات توانست که چند روز پیش از قتل خود موافقت دولت انگلیس را با پیشنهاد ۵۰ـ۵۰ جلب نماید.

مهندس منوچهر فرمانفرمائیان، که پیش از نخست‌وزیری **مصدق** رئیس اداره امتیازات نفت وزارت دارایی و نماینده دولت در کمیسیون مخصوص مجلس شورای ملی بوده و در زمان **سپهبد زاهدی** یکی از چهار نفر مشاور مخصوص وی در امور نفت به‌شمارمی‌رفته و بعدها هم به عضویت **هیأت مدیره شرکت ملی نفت ایران** درآمده و مدیریت **سازمان پخش نفت** را به عهده گرفته، در خاطرات خود در این رابطه چنین نوشته‌است:

> *" ... مهرهٔ مهمی که آیندهٔ شرکت نفت و ایران و **مصدق** را در این بازی شطرنج تعیین‌کرد، همانا **پیشنهاد شرکت آمریکائی «آرامکو» به دولت عربستان سعودی مبنی بر شرکت بالمناصفه در نفت بود.** گرچه انتظار این پیشنهاد می‌رفت ولی ما تصور می‌کردیم که شرکت نفت انگلیس و ایران با سوابق ممتدی که با ایران دارد بهترین پیشنهاد را همیشه به ما خواهد کرد. درحالی که این پیشنهاد به کشوری می‌شد که نه سوابق نفتی ایران را داشت و نه جمعیت و نه مجلس و نه اشخاص تحصیل‌کرده‌ای مثل ایران.*
>
> *این ناسزایی بود که شرکت نفت آشکارا به ایران می‌داد. ما انتظار داشتیم که عرب‌ها همیشه از ما سرمشق بگیرند و به ما متوسل بشوند و حالا معکوس شده بود و ما می‌بایست از آنها اقتباس کنیم. انگلیسی‌ها خودشان می‌دانستند که می‌بایست در روابط نفتی خود با ما تغییری بدهند.*
>
> ***آن دفعه پیشنهاد رزم‌آرا را گوش کردند و با پیشنهاد ۵۰ـ۵۰ (که گمان می‌کنم مدتی با او مذاکره کرده بودند) ترتیب اثر دادند، ولی به گفتهٔ فؤاد روحانی، در زندگی سیاسی مصدق، مشروط بر اینکه عملیات شرکت نفت ایران از عملیات آن در کشورهای دیگر مجزا بشود ...***
>
> ***یعنی خلاصه اینکه ما باید از شرکت‌های تابعهٔ شرکت اصلی نفت که عملیات شرکت را در خارج اداره می‌کنند و دولت ایران تمام سرمایهٔ آن[ها] را از منافع شرکت نفت پرداخته بود صرف نظر کنیم ...***
>
> *حتی **رضا شاه** فهمیده و نفهمیده در تعریف کمپانی نفت، شرکت‌های تابعه را گنجانده بود.*
>
> *حال چطور می‌توانستند تصور کنند که با بودن **مصدق** و اوضاع آشفته ایران، نخست‌وزیری جرأت چشم‌پوشی از این شرکت‌ها را داشته باشد؟ گرچه انگلیسی‌ها مطمئن بودند که کسی را نخواهند یافت که این کار را انجام دهد باز از این ستون تا آن ستون می‌کردند.*
>
> *ضمناً **چون رزم‌آرا پیشنهاد ۵۰ـ۵۰ گرفته بود**، تصور می‌کردند که حالا می‌تواند قرارداد بهتری از عرب‌ها ببندد. درصورتی که وقتی سایرین از وجود قرارداد بهتری اطلاع پیدا می‌کردند، شرکت‌های عامل کشورهای خود را مجبور می‌کردند تا همان قرارداد را*

با آنها ببندد و [این] خود بهترین نشانهٔ بی‌اطلاعی رزم‌آرا از امور بین‌الملل نفت بود و نمی‌خواست که این پیشنهاد را آفتابی کند.
اما دولت انگلیس برگ دیگری زد و در رادیوی دولتی خود (.B.B.C) اعلام کرد که:
***شرکت نفت به ایران پیشنهاد ۵۰_۵۰ کرده است. رزم‌آرا پیشنهاد ۵۰_۵۰ را درحدود ۱۲ اسفند ۱۳۲۹ ش. دریافت کرد** و چون همان روز به کمیسیون نفت رفت از این پیشنهاد صحبت‌نکرد.*
***... در چهاردهم اسفند مصدق** نامه‌ای مبنی بر ملی کردن نفت به **کمیسیون نفت** داد تا کسانی را که شکی در این امر داشتند به طرفداری خود جلب کند ...*
دو روز بعد رزم‌آرا را وقتی با علم که وارد شبستان مسجد سپهسالار [مسجد شاه صحیح است] می‌شد کشتند (۱۶ اسفند).
***در روز ۱۷ اسفندماه کمیسیون نفت پیشنهاد ملی شدن نفت را تصویب کرد** ..."*
(از تهران تا کاراکاس- منوچهر فرمائیان- صفحات ۵۸۲/۵۸۳)

سخنان حاجیعلی رزم‌آرا درباره‌ی پیشنهاد ملی‌شدن صنعت نفت در ایران

هفت روزپس از روکرد پیشنهاد **ملی شدن صنعت نفت در سراسر ایران**، از سوی کمیسیون نفت به مجلس شورای ملی، یعنی در تاریخ ۳ دی‌ماه ۱۳۲۹، زنده‌یاد **حاجیعلی رزم‌آرا** نخست‌وزیر وقت، در جلسه خصوصی مجلس در مخالفت با آن پیشنهاد، سخنانی بیان داشته‌است و ما در زیر خلاصه آن سخنان حقیقت‌گرایانه را از روزشمار تاریخ ایران، نوشته **باقر عاقلی**، درهمین تاریخ بازگومی‌نماییم:

*" **علی رزم‌آرا**، نخست‌وزیر، درجلسه خصوصی مجلس پیرامون **ملی شدن صنعت نفت**، سخن گفت و افزود **ایران دارای آن قدرت صنعتی نیست که به خودی خود استخراج نفت نموده در بازارهای دنیا بفروشد.***
ایرانی که یک کارخانه سیمان را نمی‌تواند با پرسنل خود اداره نماید و ایرانی که کارخانجات کشور را در اثر عدم قدرت فنی به‌صورت ناگواری درآورده است و ضرر می‌دهد، با کدام وسائل می‌خواهد نفت را شخصاً استخراج کند؟
رزم‌آرا صریحاً گفت: ملی کردن صنعت نفت بزرگترین خیانت است. "

ایادی انگلیس این سخنان بی چون و چرای رزم‌آرا را تحریف‌کرده و به دروغ از قول او گفتند که:

" ملت ایران قادر به ساختن یک لولهنگ هم نیست. "

و بدبختانه هم‌اکنون در تاریخ ایران رزم‌آرا خائن و نوکر انگلیس شناخته شده‌است ولی **مصدق** پیشوای مبارزات ضد استعماری ملل شرق!

همانطور که می‌دانیم، **رزم‌آرا** دو ماه و سیزده روز پس از این سخنرانی، کشته شد و مجلس شورای ملی نیز در تاریخ ۲۴ اسفند، به اتفاق آراء! به قانون ملی شدن صنعت نفت رأی داد و این قانون در ۲۹ اسفند به تصویب مجلس سنا و به توشیح ملوکانه نیز رسید و **محمد مصدق** از تاریخ ۷ اردیبهشت سال بعد برای اجرای آن به‌عنوان نخست‌وزیر بر سر کار آمد.

شکست قطعی نهضت ملی ایران با تصویب قانون ملی‌شدن صنعت نفت

البته تردیدی نیست که نهضت قدرتمند ملی ایران برضد شرکت نفت انگلیس و ایران، در آغاز با پشتیبانی آزادی‌خواهان واقعی بوجود آمده و توسعه یافته بود ولی باید قبول کرد که دولت‌های روسیه و آمریکا و ایادی داخلی آنان در آغاز به تقویت و توسعه این جنبش کمک کرده و تا زمانی که شعار ملی شدن صنعت نفت در سرتاسر ایران، به‌صورت رسمی اعلام و تصویب نشده بود، به این کار ادامه داده‌اند.

آری دولت‌های آمریکا و روسیه و ایادی و طرفداران آنها هر یک به دلیل سودی که از نهضت ملی برای خود تصور می‌کردند، در آغاز آن‌را تقویت می‌نمودند و در نتیجه این **نهضت با نیرویی سترگ، همچون سیلی بنیان‌کن، و خروشان به‌سوی خلع ید واقعی و احقاق حقوق ملی از شرکت نفت انگلیس و ایران در حرکت و در حال پیشرفت بود** و عقل و منطق هم حکم می‌کرد که اگر محمد مصدق به‌راستی ملی و وطن‌پرست بود، دست کم برای کوتاه زمانی تا شکست کامل **شرکت نفت انگلیس و ایران**، آن نیروها را ناامید نسازد و آنها را از خود دور نکند.

این جنبش سترگ را می‌توان به وضع مردم ایران در ماه‌های پیش از پیروزی **انقلاب اسلامی** تشبیه‌نمود.

هرگاه آقای **خمینی** در آن ماه‌ها بدون ضرورت و نیاز اعلام کرده بود که پس از پیروزی انقلاب، رژیم **جمهوری اسلامی**، بدون یک کلمه کم و یا یک کلمه زیاد، به رهبری **ولی فقیه**، در ایران برقرار خواهد گردید، زن‌ها به حجاب خواهندرفت، موسیقی ممنوع خواهد گردید، مجازات‌های اسلامی، از قبیل سنگسار و بریدن دست و پا معمول خواهد شد و از همه بالاتر، برای هیچ گروه و دسته‌ای که به ولایت فقیه اعتقاد نداشته باشد جایی برای فعالیت و زندگی نخواهد بود. آن وقت چه می‌شد؟ آیا گروه‌هایی چون مجاهدین، چریک‌های فدایی خلق، حزب توده، حتی گروه‌هایی از قبیل جبهه‌ی ملی و پان‌ایرانیست، و گروه‌های فراوان دیگری از زنان و جوانان از او جدا نمی‌شدند؟ و حتی با او به مبارزه برنمی‌خاستند؟ و انقلاب را با شکست حتمی روبرو نمی‌نمودند؟

در ماه‌های پیش از اعلام شعار نامیمون «ملی شدن صنعت نفت در سرتاسر ایران»، دولت استعماری انگلیس، در ایران، به پهلوان پیری شبیه بود که بر زمین افتاده، دولت آمریکا بر سینه او و دولت روسیه روی پاهای او نشسته بوده است. یک دست او را اعضای حزب توده و دست دیگرش را سایر مردم مبارز ایران چسبیده بوده‌اند و در این میان شاه هم فرصت را غنیمت شمرده به زدن سیلی به صورت او مشغول بوده است.

اما اتخاذ شعار ناگهانی و غیر ضروری «ملی شدن صنعت نفت در سرتاسر ایران»، از سوی **مصدق، بدون مشورت با سایر رهبران نهضت** (که تحقق آن برای ملت ایران، از یک سو به علت نداشتن امکانات و اطلاعات فنی، در ایران و از سوی دیگر به علت نداشتن بازار فروش در خارج ایران، کاری صد در صد غیرممکن به‌شمار می‌رفت و به همین دلیل هم عملی نشد) و اعلام بی‌موقع اینکه ما می‌خواهیم صنعت نفت را در سرتاسر ایران ملی کنیم تا اینکه به آمریکا و روسیه هم نفت ندهیم، بی‌درنگ سبب شد که حامیان قدرتمند خارجی نهضت و ایادی فراوان داخلی آنان به دشمنان مبارز و قدرتمند نهضت تبدیل گردند. به این معنی که از یک طرف دولت روسیه را که خواهان گرفتن امتیاز نفت شمال بود، در زمانی که به هیچ روی ضرورت نداشت، با نهضت تازه‌پای ملی و ضد انگلیسی ایران به سختی مخالف ساخت و طرفداران آن دولت، یعنی توده‌ای‌های قدرتمند آن زمان را (که قدرت کیفی و تشکیلاتیشان قابل توجه بود) به‌جای مبارزه با شرکت نفت انگلیس و ایران با طرفداران نهضت ملی و مردم کوچه و خیابان به جان یکدیگر انداخت و زمینه‌های تحلیل و خنثی شدن نیروهای هر دو طرف را فراهم ساخت و از طرف دیگر، آمریکا را نیز که با هدف تصرف تمام یا قسمتی از نفت جنوب از چنگ

انگلیس، از نهضت ملی ایران حمایت می‌کرد و حتی در ایجاد آن هم سهیم بود، نه‌تنها از ادامه حمایت بازداشت بلکه او را کاملاً رو در روی این نهضت قرار داد و افزون‌بر آن از سرایت فکر ملی کردن صنایع نفت به کشورهایی که شرکت‌های نفتی آمریکایی در آنها فعالیت داشتند، به وحشت افتاد، و به همکاری با انگلیس مجبور گردید.
یعنی مانند این بود که دولت‌های آمریکا و روسیه، در تمثیل بالا، از روی سینه و پاهای پهلوان پیر، یعنی انگلیس برخاستند و به طرفداری از او، در مقابل مردم ایران قرارگرفتند.

> " ... ***فوری پس از تصویب قانون ملی شدن صنعت نفت، اولیای دولتین آمریکا و انگلیس با یکدیگر مشاوره نموده*** *و در تاریخ ۲۸ اردیبهشت ۱۳۳۰ (بیست روز پس از تصویب قانون اجرای ملی کردن نفت) دولت آمریکا بیانیه‌ای منتشر کرد که جملاتی چند در زیر از آن نقل می‌گردد:*
> ***... در مذاکرات خود با دولت ایران اثرات خطیری را که در نتیجهٔ الغاء یکطرفی روابط که بطور واضح بر قرارداد مترتب است و کشورهای متحد آمریکا قویاً مخالف آن خواهند بود، تذکر داده‌ایم.***
> ***شرکت‌های آمریکایی، که از همه بهتر مجهز به وسائل بهره‌برداری از منابع مهم و بزرگ و غامض نفت، مانند آنکه در ایران موجود است، می‌باشند، به دولت آمریکا اظهار داشته‌اند که نظر به اقدام یک‌جانبه دولت ایران بر ضد شرکت انگلیسی مایل نیستند که بهره‌برداری از معادن نفت ایران را به عهده گیرند.***
> ***علاوه بر این متخصصین نفت چه از حیث کفایت و چه از نظر تعدادی که لازم است به‌جای متخصصینی که اکنون در ایران مشغول هستند گمارده شوند، به علت کمیابی متخصص در رشتهٔ مخصوص نه در آمریکا یافت می‌شوند و نه در کشورهای دیگر.***
> *عقیدهٔ ممالک متحدهٔ آمریکا بر این است که ایران و انگلستان دارای اشتراک منافعی چنان قوی هستند که باید از طریق مذاکرات دوستانه راه حلی بیابند و خواهند یافت تا دوباره روابطی را برقرار سازند که بر اساس آن هر یک از طرفین نقش کامل خود را در نیل بدان هدف مشترک به خوبی ایفا نمایند. ..."*
> (پنجاه سال نفت ایران- مصطفی فاتح- صفحات ۵۰۷/۵۰۸)

با این ترتیب **نهضت ملی ایران** که قبل از اعلام شعار **ملی شدن صنعت نفت در سرتاسر ایران**، از کمک‌های دو نیروی قدرتمند خارجی و ایادی داخلی آنها در مبارزه با انگلیس برخوردار بود، پس از اعلام آن شعار، نه فقط تنها شد و از حمایت آن نیروها محروم گردید، بلکه در همان تنهایی نیز به‌ناچار می‌بایست قسمت عمده‌ای از نیرو و انرژی خود را از مبارزه با شرکت نفت انگلیس و ایران بازدارد و صرف مبارزه با تبلیغات آن قدرت‌های تازه مخالف خارجی بکند و در داخل نیز درعمل، در خیابان‌ها و کارخانه‌ها، با ایادی آنها به زد و خورد بپردازد و سرانجام به بن‌بست و شکست کشیده شود.

یک پرسش از تمام طرفداران مصدق

در آن زمان:

۱ - تا حدودی تمام بازارهای فروش نفت در تمام کشورهای خارج از بلوک روسیه شوروی، در انحصار و اختیار هفت خواهران نفتی (٥ شرکت نفتی آمریکایی- بریتیش پترولیوم- شل) بود و در این کشورها هیچ شرکت دولتی یا غیر دولتی شهامت خرید حتی یک بشکه نفت از ایران را نداشت، زیرا بی‌درنگ، از سوی آن هفت خواهر مورد تحریم قرارمی‌گرفت.

۲ - متخصصین باتجربه و آگاه از تکنولوژی پیشرفته‌ای که در صنایع نفت متعلق به این هفت خواهران نفتی مورد استفاده بود، نیز در اختیار دو کشور آمریکا و انگلستان قرارداشتند که حتی یک نفرشان هم حاضر به همکاری جداگانه با ایران نمی‌شد.

۳ - بیشتر کارکنان ایرانی در صنایع نفت، از سطح کارگر فنی بالاتر نرفته بودند و دولت ایران برای بکار انداختن و اداره ساده‌ترین دستگاه و فعالیت در امور اکتشاف و استخراج و پالایش نیاز به خدمات متخصصین انگلیسی یا آمریکایی داشته‌است.

٤ - **با فرض کمابیش محال**، هرگاه دولت ایران می‌توانست نفت خام را خود استخراج کند و به ساحل خلیج فارس برساند، هیچ کشوری حتی حاضر به خرید یک بشکه از آن نمی‌شد.

حال هرگاه رخداد ۲۸ مرداد ۱۳۳۲ روی نداده بود، و **مصدق** بدون وجود **شاه** و یا آقابالاسر دیگر، تا پایان عمر با قدرتی سترگ و بی‌رقیب بر رأس حکومت باقی مانده بود، **وی به چه ترتیبی می‌خواست یا می‌توانست قانون ملی شدن صنعت نفت در سرتاسر ایران را به مرحله اجرا درآورد؟ و چه طرح و پیشنهادی را انتظار داشت که کشورهای انگلیس و آمریکا به او بدهند تا او قبول نماید؟**

فوایدی چند از ملی‌شدن صنعت نفت برای انگلیس

الف- رهایی از زیان هنگفت ناشی از پخش فرآورده‌های نفتی در داخل ایران

تشکیلات و فعالیت‌های شرکت نفت انگلیس و ایران در سرتاسر جهان، همواره یا در جریان نفع‌رسانی به آن شرکت بوده‌اند و یا به امید رسیدن به نفعی درآینده، پایه‌گذاری و انجام می‌شده‌اند ولی در آن زمان یک مورد استثناء وجود داشته و آن پخش فرآورده‌های نفتی در داخل ایران بوده‌است.

در این مورد به نوشته‌های **فؤاد روحانی** (که پیش از ملی شدن صنعت نفت، از انگشت‌شمار کارمندان ایرانی عالی‌رتبه در شرکت نفت انگلیس و ایران و در خدمت به انگلیس بوده وپس از ملی شدن آن صنعت نیز قائم مقام رئیس هیأت مدیره و مدیرعامل شرکت ملی نفت و دبیر کل سازمان اوپک شده است) استناد می‌نماییم:

*" ... با تصویب قرارداد امتیاز سال ۱۳۱۲ [قرارداد ۱۹۳۳ رضا شاهی]، تعهد شرکت نفت انگلیس به تأمین احتیاجات داخلی صورت قانونی پیدا کرد. **به‌موجب این قرارداد شرکت ملزم گردید که بنزین و نفت چراغ و مازوت مورد احتیاج کشور را به قیمت‌های مناسب دراختیار مصرف کنندگان قرار دهد.** به این معنی که مقرر گردید از قیمت‌های دو مبدأ،*

خلیج مکزیک و خلیج رومانی، هر کدام کمتر باشد، پایهٔ قیمت گذاری تعیین گردد و پس از اضافه نمودن هزینه های حمل و توزیع مقادیر مورد احتیاج دولت با بیست و پنج درصد تخفیف از قیمت مزبور و مقادیر مورد احتیاج دولت با بیست و پنج درصد تخفیف از قیمت مزبور و مقادیر مورد احتیاج عامه با ده درصد تخفیف تحویل داده شود.
به این ترتیب تا هنگام ملی شدن صنعت نفت، پخش مواد نفتی در کشور در دست شرکت نفت انگلیس بود.
شرکت مزبور با این حساب که اگر مواد نفتی مورد احتیاج داخلهٔ کشور را می‌توانست به خارج حمل کند، عایدی بیشتری به دست می‌آورد، اصولاً عملیات پخش در کشور را زیان‌آور تلقی می‌کرد و تا جایی که ممکن بود از گسترش شبکهٔ توزیع مواد نفتی در کشور خودداری می‌نمود.
ولی با این حال اقداماتی در راه بهبود وضع پخش به‌عمل آورد و ازجمله در سال ۱۹۳۵ نفت تولیدی از منطقهٔ نفت شاه (مشترک بین ایران و عراق) را به پالایشگاهی که در شهر کرمانشاه تأسیس نمود رسانده و برای تأمین مصرف ناحیهٔ غرب ایران مورد استفاده قرار داد. اما میزان فعالیت و علاقمندی شرکت سابق به تأمین احتیاجات داخلی به پایهٔ انتظارات دولت نمی‌رسید و این یکی از علل ناراضی بودن دولت از طرز عمل شرکت نفت انگلیس و ایران بود، به این معنی که به شرکت اعتراض می‌کرد که عملیات پخش را فقط در نقاطی از کشور انجام می‌دهد که نفع قابل ملاحظه‌ای داشته باشد و از سرمایه‌گذاری به منظور توسعهٔ کافی وسائلی که برای پخش مواد نفتی در سرتاسر کشور لازم بود، ازقبیل احداث خطوط لوله و انبار و تأسیسات فروش، خودداری می‌کند.
حتی در سال ۱۳۲۹ که دولت در گیرودار تعیین تکلیف قرارداد الحاقی بود و به شرکت نفت انگلیس توصیه می‌کرد که برای تقویت وضع خود در برابر افکار عمومی تعهد احداث لولهٔ گاز برای مصرف شهرها را قبول کند، شرکت حاضر به این اقدام نگردید و برعکس ***به‌عنوان متضرر شدن از عملیات پخش در ایران خسارتی به مبلغ ۲۵۰ میلیون ریال از دولت مطالبه می‌کرد*** *..."*
(صنعت نفت ایران- بیست سال پس از ملی شدن- فؤاد روحانی- صفحات ۳۳۷/۳۳۸)

در مذاکرات کمیسیون مخصوص نفت که در تاریخ ۵ تیر ۱۳۲۹ از سوی مجلس شورای ملی، جهت مطالعه و بررسی لایحه‌ی الحاقی نفت، به ریاست **محمد مصدق** تشکیل شده بود و خلاصه‌ی آن مذاکرات در جلد نخست کتاب سیاه نوشته **حسین مکی** درج شده است، راجع به ادعای شرکت نفت انگلیس و ایران در مورد ضرر پخش فرآورده‌های نفتی در ایران و پیشنهادهای پی در پی آن شرکت برای واگذاری پخش این فرآورده‌ها به دولت ایران مطالب فراوانی وجود دارد.
برای نمونه از چکیده توضیحات آقای **دکتر حسین پیرنیا**، معاون وقت وزارت دارایی، درمی‌یابیم که:

" شرکت می‌گوید روی هر لیتر نفتی که در داخلهٔ ایران مصرف می‌شود، چهار شاهی ضرر می‌کنیم."
(کتاب سیاه- جلد نخست- حسین مکی- صفحه ۱۰۳)

باز هم در جای دیگر در چکیده توضیحات همین معاون وزارت دارایی چنین می‌خوانیم:

" شرکت [نفت انگلیس و ایران] می‌گوید که پخش نفت را خود دولت به عهده بگیرد و خود دولت هم که نپذیرفته است *ولی به هر حال الان تقاضای ملت ایران این است که می‌گوید امروز وسائل پخش نفت در دسترس مردم نیست مثلاً کرمان- بلوچستان- بندرعباس- و*

آذربایجان دو چیز لازم دارد، یکی راه کرمانشاه به آذربایجان است که ساخته نشده و از همین جهت مواد نفتی که به آذربایجان می‌رود، می‌آید به اهواز و تهران و باید دور بزند تا برود به آنجا، درصورتی که راه مهم آذربایجان همین راه کرمانشاه است که از وسط کردستان می‌رود به آذربایجان. دوم راجع به کرمان هم اساسش ساختمان اسکله در بندرعباس و تأمین و تأسیس پخش نفت در کرمانشاه [کرمان صحیح است] و بلوچستان است که به شرکت فشار آوریم و شرکت می‌گوید که مطالعاتشان برای ساختن اسکله در بندرعباس تمام نشده است و چون یک کار فنی و مهمی است هنوز نقشهٔ فنی این را تهیه‌نکرده‌اند.
*آقای **نظام‌الدین امامی** راجع به این موضوع یک گزارش جامعی داده‌اند.*
*ایشان معتقدند که شرکت برای ساختمانهای تصفیه‌خانه و غیره در سایر ممالک دنیا تعهدات مهمی دارد، بخصوص در انگلیس، فرانسه، مکزیک و سایر جاها و این تعهدات به اندازه‌ای است که اجازه نمی‌دهند و بیشتر منافع مالیشان را صرف این تأسیسات می‌کنند و به همین جهت حاضر نیستند که از آن منافع صرف ایران بکنند، بخصوص که فکرشان این بود که این عمل داخلی ایران است، بنده از لحاظ شخصی نظرم این است که **این بخش نفت یک موضوع حیاتی مملکتی است و بایستی یک شرکت ملی مملکتی این کار را بکند** و اینکه اگر بگوییم که ما توانایی این کار را نداریم این فکر صحیح نیست و هیچوقت کاری نمی‌توانیم بکنیم ..."*
(همان- صفحات ۱۳۵/۱۳۶)

*" ... حساب کرده‌اند **که از قم مثلاً تا کرمان یک تانک که بخواهد نفت ببرد قیمت عمده‌ای مصرف سوخت حمل آن می‌شود، فرض بفرمایید مصرف بنزین کرمان روزی پنجاه هزار لیتر باشد اگر ما بخواهیم دو میلیون ریال خرج [حمل این مقدار بنزین] بکنیم و بعد آن را مستهلک بکنیم، این مخارجش بیشتر است ...**"*
(همان- صفحات ۱۳۷/۱۳۸)

*" ... **این دستگاه پخش نفت را شرکت اصرار داشت، در آن مذاکرات، که دولت به عهده بگیرد**، خودش پخش بکند ... **حالا هم هر آن دولت تصمیم بگیرد، شرکت حاضر است که بگذارد در اختیار دولت** ..."*
(همان- صفحه ۱۳۹)

همانطور که اشاره شد، **شرکت نفت انگلیس و ایران** به موجب بندهای الف- ب- ج از ماده ۱۹ در قرارداد ۱۹۳۳، موظف بوده است از قیمت‌های دو مبدأ **خلیج مکزیک و خلیج رومانی، هر کدام را که کمتر باشد**، به‌عنوان قیمت پایه انتخاب کند و **مقادیر مورد احتیاج دولت را با بیست و پنج درصد تخفیف از قیمت مزبور و مقادیر مورد احتیاج عامه را با ده درصد تخفیف تحویل دهد** و فقط حق داشته است که کرایه حمل مواد نفتی به نقاط مختلف کشور را بر آن مبلغ بیافزاید.
شرکت نفت مدعی بوده است که **برای پخش نفت در داخل ایران بطور متوسط در هر لیتر ٤ شاهی و در هر مترمکعب، که هزار لیتر می‌باشد ۲۰۰ ریال ضرر می‌نماید.**
مصرف مواد نفتی در داخل ایران در سال ۱۹۵۰ (پیش از ملی شدن نفت در ایران)- ۱،۰۳۰،۰۰۰ مترمکعب بوده که به‌موجب ادعای مزبور برای شرکت ۲۰۳،۰۰۰،۰۰۰ ریال زیان داشته و بطوری‌که دیدیم، بابت آن مبلغ ۲۵۰ میلیون ریال خسارت مطالبه می‌کرده است.

البته این زیان بر مبنای تمام‌شده‌ی نفت نبوده، بلکه بیش از تعهداتی بوده که آن شرکت به‌موجب قرارداد ۱۹۳۳ جهت تحویل نفت ارزان‌قیمت به دولت و مردم داشته و آن شرکت، باتوجه به افزایش سریع مصرف فرآورده‌های نفتی درمیان مردم می‌دانسته است که **هر سال نیز بر زیان مزبور به میزان قابل توجهی افزوده خواهد شد.**
در این شرایط، **شرکت نفت انگلیس و ایران آمادگی کامل داشته است که وظیفه پخش مواد نفتی، طبق آن قرارداد را به دولت ایران واگذار کند و نیز مبلغ قابل توجهی از زیانی را که آن کار داشته است، به‌صورت نقدی جبران نماید.**
ولی با **ملی شدن صنعت نفت در سراسر ایران**، مهم‌ترین وظیفه‌ای که دولت ایران از عهده انجام آن برمی‌آمده، همان پخش نفت در سراسر ایران بوده، و **برای عهده‌دار شدن آن وظیفه‌ی پرزیان نیز ملت ایران مجبور گردیده است که مبلغ قابل توجهی به‌عنوان غرامت به شرکت نفت انگلیس و ایران بپردازد!**

ب- گسستن پیوند درآمد ایران با بهای طلا و درآمد واقعی از فروش نفت

پیش از ملی شدن صنعت نفت در ایران، پرداخت تمام هزینه‌ها از هر قبیل، به‌عهده‌ی آن شرکت نفت انگلیس و ایران بوده، یعنی آن شرکت وظیفه داشته است که همه هزینه‌های مربوط به اکتشاف، استخراج، حمل و فروش را از بودجه خود بپردازد و سپس حق امتیاز سهم ایران را در دو قسمت، قسمتی را برحسب میزان نفت صادره به تن، و قسمت دیگر را به‌صورت درصدی از سود خالص قابل پرداخت به سهامداران، محاسبه و پرداخت نماید.
وجوه قسمت نخست که برحسب میزان نفت صادره به تن، محاسبه می‌شده، به‌موجب بخش الف از بند ۵ از ماده ۱۰ قرارداد به قیمت طلا در لندن بستگی داشته است و طبق فرمولی که در آن بخش پیش‌بینی شده‌بوده متناسب و همراه با افزایش قیمت طلا، افزایش می‌یافته و افزایش وجوه مربوط به قسمت دوم نیز متناسب با سود خالص شرکت نفت بوده است.

ج- محروم‌ساختن ایران از بقیه‌ی حق خود در شرکت‌های تابعه‌ی شرکت نفت انگلیس و ایران

بطوری که نگارنده در کتاب «**قرارداد بسیار زیان‌بخش آرمیتاژسمیت**» به تفصیل شرح داده است، **محمد مصدق** در زمانی که بعد از کودتای ۱۲۹۹ در کابینه **احمد قوام، قوام‌السلطنه**، به سمت وزیر مالیه (دارایی) منصوب شده بود، با اجرای آن قرارداد شوم، که ایران را از بخش مهمی از درآمدهای خود از شرکت‌های تابعه (یعنی ده‌ها پالایشگاه و شرکت در انگلستان و سایر نقاط جهان که با درآمد حاصل از نفت ایران پایه‌گذاری شده بوده‌اند و ۱۶ درصد از سود سرمایه، وهم چنین با ۱۶ درصد از درآمد آنها ازآنِ ایران بوده‌است) محروم می‌ساخت، مبلغ بسیار هنگفتی که در حال حاضر نمی‌توان رقم نجومی آن را تعیین کرد، به این کشور زیان وارد نمود.
در این زمان نیز کشور ایران با ملی شدن صنعت نفت، باقیمانده حقوق خود را در آن شرکت‌ها ازدست داد.

در تعاریف مربوط به قرارداد ۱۹۳۳، سه تعریف به شرح زیر به عمل آمده بود:

فوایدی چند از ملی‌شدن صنعت نفت برای انگلیس

کمپانی: یعنی شرکت نفت انگلیس و ایران محدود و تمام شرکت‌های تابعه‌ی آن
شرکت نفت انگلیس و ایران: یعنی شرکت نفت انگلیس و ایران محدود یا هر شخص حقوقی دیگری که با تصویب دولت ایران مطابق ماده ۲۶ این امتیاز بدو منتقل شود.
شرکت تابعه: یعنی هر شرکتی که در آن کمپانی حق تعیین بیش از نصف مدیران را مستقیم یا غیرمستقیم داشته باشد و یا آنکه کمپانی در آن شرکت بطور مستقیم یا غیرمستقیم مالک یک مقداری سهام باشد که بیش از پنجاه درصد حق رأی در مجمع عمومی شرکت مزبور را برای کمپانی تضمین نماید.
یعنی همه تعهدات شرکت نفت انگلیس و ایران و حقوق ایران در آن شرکت به‌صورت کامل به عهده شرکت‌های تابعه واگذار شده‌بود.
اما با ملی شدن صنعت نفت تمام حقوق باقیمانده ایران در شرکت‌های تابعه‌ی شرکت نفت انگلیس و ایران از بین رفت.
در این مورد نیز از خاطرات **منوچهر فرمانفرمائیان** بهره می‌گیریم که نوشته است:

" ... دلیل اساسی دولت ایران برای ادعا از شرکت‌های تابعه همان است که در قرارداد ۱۹۳۳ آورده شده است و بطور واضح آنها را از حقوق حقهٔ دولت ایران دانسته‌اند. برای اثبات دلایل، به قرارداد ۱۹۳۳ مراجعه می‌کنیم. در خط اول قرارداد ۱۹۳۳ تعریف شده است: دولت، یعنی دولت شاهنشاهی ایران و در ***خط دوم تعریف شده است: کمپانی، یعنی شرکت محدود نفت انگلیس و ایران و شرکت‌های تابعهٔ آن.***
اگر کسی می‌تواند منکر این نوشته شود بیاید جلو و بگوید. ***هیچ حقوقدانی و هیچ حسابداری، هیچ سیاستمداری و هیچ صاحب عقلی نمی‌تواند منکر آن شود [که] شرکت‌های تابعه همان عامل کاری بودند که هزارها میلیون لیره قیمت داشتند و دولت ایران از آن سهم بسزایی داشت.***
چه شد که دولت ایران در زمان مصدق حتی یک روز یک حرف یا یک جمله دربارهٔ آنها نزد؟ چه شد که آنها را از دست داد؟ *...*
باز هم هنگام ملی شدن نفت، ***مصدق*** *و طرفدارانش تمام مملکت چشمشان را بستند و سرگرم توسری زدن به انگلیسیان و ملاحظات سیاسی و عوام‌فریبی شدند و این ثروت خداداده را از دست دادند.*
باز هم برای روشن شدن موضوع در اینجا بطور دقیق و منجز می‌گویم که چند بار این موضوع را پیش از ملی شدن نفت به خود ***مصدق*** *گوشزد کردم، ولی هرگز گوش شنوا نداشت و موضوع را درک نکرد ... "*
(از تهران تا کاراکاس- همان- صفحات ۳۴۴/۳۴۵)

درآمد نفت ایران پس از بستن قرارداد با کنسرسیوم

ضمن تعاریف اصطلاحات مندرج در قرارداد با کنسرسیوم دو نوع قیمت برای نفت خام ایران تعیین شده است، یکی در بند «س» از ماده ۱ به‌عنوان «**بهای اعلان شده مربوط**» و دیگری در بند «ن» از همان ماده به‌عنوان «**بهای اعلان شده**»، که منظور از اولی، **بهای نفت در سر چاه** و منظور از دومی **بهای نفت در ساحل در وقت تحویل به کشتی** برای حمل به خارج از ایران.
هر یک از شرکت‌های عضو کنسرسیوم یک شرکت بازرگانی فرعی (فقط بر روی کاغذ) تشکیل داده بوده که نفت را در سر چاه به قیمت تمام‌شده، به نام «**بهای اعلان شده مربوطه**» از **شرکت ملی**

نفت می‌خریده و در ساحل خلیج فارس به قیمتی که شرکت عضو، برای خود **تعیین** کرده‌بوده، به نام «**بهای اعلان شده**» می‌فروخته‌است.
بند «۳» از بخش د- از ماده ۱۸ قرارداد به این شرح می‌باشد:

*" نفت خام و گاز طبیعی که **شرکت ملی نفت ایران** به **شرکت‌های بازرگانی** می‌فروشد، در **سر چاه** به ملکیّت شرکت‌های مزبور درمیآید. "*

همانطور که گفته شد، هر شرکت عضو مجاز بوده است که نفت خام ایران را در هنگام حمل به کشتی **به هر مبلغ که خود تعیین می‌کرده است**، از شرکت بازرگانی مربوط به خود خریداری نماید ولی فقط دارای دو محدودیت بوده است. نخست به موجب ماده ۲۵- بخش «الف»- بند (۱) به شرح زیر:

" هر شرکت بازرگانی موظف است خود یا توسط دیگری بهای اعلان شدهٔ نفت خام خود را برای هر نقطهٔ صدور از ایران و برای هر نوع و هر وزن مخصوصی منتشر نموده و به اطلاع شرکت ملی نفت ایران برساند. "

تفاوت بین بهای خرید نفت خام در سر چاه و فروش آن در لب دریا به عوائد ناویژه موسوم بوده است.

محدودیت دوم این بوده است که هر یک از شرکت‌های بازرگانی به‌موجب بخش «ب» از همان ماده موظف بوده‌اند که نفت خام و محصولات نفتی ایران را به نرخ‌هایی بفروشند که مجموع درآمدهای ناویژه مربوط به آنها برابر قیمت اعلان شده‌ای باشد که در آن سال سایر مشتریانشان از ایران خریداری کرده‌اند!
از این درآمدهای ناویژه همه هزینه‌هایی که به‌صورت مشترک و با دست و دلبازی کامل، به منظور اکتشاف و استخراج و حمل نفت توسط شرکت‌های عضو، انجام شده بوده است و نیز هزینه‌های پرسنلی و اداری واقعی و قلابی که هر شرکت عضو به راستی انجام داده و یا مدعی انجام آنها بوده، کسر می‌شده است.
شرکت ملی نفت ایران نیز که عهده‌دار انجام امور غیر صنعتی بوده، برخی از این امور را به نمایندگی از طرف کنسرسیوم به انجام می‌رسانده، که هزینه‌های مربوط به نیمی از این قسمت نیز به‌عهدهٔ کنسرسیوم بوده و از آن **درآمد ناویژه** کم می‌شده و به این ترتیب **درآمد ویژه** به دست می‌آمده‌است.
آنسان که پیداست این **درآمد ویژه** مشمول **قانون مالیاتی ایران** بوده و طبق آن قانون به میزان **پنجاه درصد** از آن **مالیات دولت ایران** کسر می‌شده، که **همین مبلغ کل درآمد دولت ایران را نیز تشکیل می‌داده‌است!**
پس از امضای **قرارداد کنسرسیوم**، مردم ایران از اینکه درآمد نفت به میزان **پنجاه درصد**، مشمول **قانون مالیات بردرآمد ایران** شده و دیگر مانند گذشته به دولت انگلیس پرداخت نمی‌شود، ابراز شادمانی بی‌اندازه نمودند.
در آن زمان به مردم چنین وانمود شد که در گذشته مجموع سهم دولت ایران از درآمد نفت، درحدود **بیست درصد** کل درآمد بود، ولی اکنون **سی درصد** افزایش یافته و به **پنجاه درصد** رسیده‌است.

درآمد نفت ایران پس از بستن قرارداد با کنسرسیوم

طرفداران **محمد مصدق** هنوز این پیروزی‌ها را باور دارند و آنها را نیز از موهبت‌های بزرگ **ملی شدن صنعت نفت** به‌شمار می‌آورند.
اینان نمی دانند که **مبنای آن بیست درصد سابق، سود ویژه‌ی شرکت نفت انگلیس و ایران بود** درحالی که **مبنای این پنجاه درصد یک نرخ فرضی، غیرواقعی، و بسیار ارزان در ساحل خلیج فارس می‌باشد.**
تازه جمع زیادی از مردم ایران گمان می‌کردند که ایران از برکت **قانون ملی شدن صنعت نفت** صاحب دو گونه درآمد شده است، یکی **مالیات بردرآمد**، طبق **قانون مالیات بردرآمد ایران**، و یکی هم سهمیه‌ی ایران (به میزان ۵۰ درصد) از درآمد ویژه‌ای که پس از کم کردن مالیات باقی می‌ماند!
درحالی که همان **پنجاه درصد** نخست را هم بطور کامل به ایران ندادند و با انواع کلاه‌گذاری‌های مرئی و نامرئی قسمت مهمی از آن را کسر نمودند.

سنجش قرارداد کنسرسیوم با قراردادهای نفت سایر کشورهای منطقه

پیشنهاد و تصویب نابخردانه و حتی خیانتکارانه‌ی ملی شدن صنعت نفت ایران (در زمانی که نه ایران از نظر فنی توانایی اداره‌ی صنعت خود را داشت و نه اینکه می‌توانست متخصصان در تکنولوژی نفت را که در آن زمان در انحصار شرکت‌های نفتی آمریکایی و انگلیسی بودند به استخدام خود درآورد و نه اینکه حتی می‌توانست یک بشکه از نفت ایران را در بازارهای جهانی که در انحصار همان شرکت‌ها، یعنی مخالفان ملی شدن صنعت نفت بودند، به فروش برساند) موجب شده بود که مذاکره کنندگان طرف ایران در هنگام مذاکره با **کنسرسیوم** در موضعی بسیار دشوار و ضعیف قرار داشته باشند.
به موجب قانون ملی شدن صنعت نفت، می‌بایست ***" تمام عملیات اکتشاف، استخراج و بهره‌برداری در دست دولت قرار گیرد "*** و بسیاری از مردم فریب‌خورده و زجرکشیده ایران که وعده‌های فریبنده‌ی **محمد مصدق** را درمورد عملی بودن آن قانون باور کرده و برای اجرای آن به مدت چند سال، انواع ناملایمات را متحمل شده بوده‌اند، در آن زمان (و بدبختانه هنوز هم) غرق در رؤیاهای خود، برکناری **مصدق** را خیانتی بزرگ انگاشته (و می‌انگارند) و به اشتباه بر این گمان بوده (و هستند) که وی درصورت ادامه نخست‌وزیری، می‌توانست که آن ستاره‌ی درخشان را از آسمان پایین بیاورد و بر سینه ملت نصب نماید!
در این شرایط که به کار انداختن دوباره صنعت نفت ایران مستلزم عقب‌نشینی از قانون ملی شدن صنعت نفت بوده و هر گام از این عقب‌نشینی نیز مذاکره کنندگان را با اتهام خیانت و بدنامی و نفرت عمومی روبرو می‌ساخته است، شاید بتوان مذاکره و امضای قرارداد با کنسرسیوم را نوعی فداکاری به حساب آورد.

از سوی دیگر، مذاکره کنندگان طرف کنسرسیوم نیز دارای وضعی بسیار دشوار بوده‌اند، زیرا می‌دانستند که تمام کشورهای تولیدکننده نفت، مشتاقانه به آن مذاکرات چشم دوخته و به انتظار نشسته‌اند تا درصورتی که ایران به منافع و امتیازات تازه‌ای دست یابد، آنان نیز بی‌درنگ برای دریافت منافع و امتیازات همانند و برابر اقدام نمایند و چون این مذاکره کنندگان، برخلاف ایران در موضع قدرت قرار گرفته بودند، لذا نتیجه نهایی مذاکرات، تحمیل قراردادی به ایران بوده که هیچ برتری و امتیازی بر سایر قراردادهای موجود در دیگر کشورهای نفت‌خیز نداشته است.

پنج ترور تاریخی راه‌گشای صدارت مصدق

با این تفاوت که مردم ایران با چند سال تحمل ناراحتی و پرداخت مبلغ هنگفتی به‌عنوان غرامت به این قرارداد رسیدند و کشورهای دیگر بدون تحمل ناراحتی و زیان هنگفت دارای آن قراردادها شده‌بودند.
فؤاد روحانی، قرارداد کنسرسیوم را با قراردادهای نفت در سایر کشورهای منطقه مقایسه کرده و در این مورد چنین نوشته است:

> ***"مقایسه با قراردادهای نفت سایر کشورهای منطقه-***
> *... اصول کلی قرارداد ازقبیل حقوق و وظایف شرکت‌های عامل و تصدی عملیات فنی و تعیین قیمت و طرز احتساب و تقسیم عوائد و مقررات مالیاتی و معافیت‌ها برابر با اصول قراردادهای دیگری است که در تاریخ عقد قرارداد کنسرسیوم در سایر کشورهای نفت‌خیز وجود داشت.*
> ***اعضای کنسرسیوم** در برابر هر پیشنهادی از طرف ایران که ممکن بود وضع خاص و متمایزی برای ایران در مقام مقایسه با سایر کشورها ایجاد کند، جداً ایستادگی به خرج دادند و **جز در پاره‌ای نکات صوری و تشریفاتی حاضر نشدند** که بنا بر رعایت اصل ملی بودن صنعت نفت معاملاتشان را با دولت ایران بر اساسی غیر از آنکه در سایر ممالک متداول است برقرار سازند ..."*
> (تاریخ ملی شدن صنعت نفت ایران- فؤاد روحانی- صفحه ٤٧٧)

اما شواهدی در دست است که نشان‌می‌دهد قرارداد منعقده با کنسرسیوم، بطور مخفی و علنی، شرایطی داشته که آن را بدتر از قراردادهای مشابه در سایر کشورهای منطقه ساخته بوده‌است، برای نمونه:

• وزیر دارایی ایران طی نامه‌ای خطاب به کنسرسیوم اعلام داشته است که دولت ایران در قیمت‌هایی که خود آنان برای خرید نفت خام ایران تعیین و اعلان می‌کنند، برای سال‌های ١٩٥٥ و ١٩٥٦ و ١٩٥٧ برای هر مقدار نفت خامی که از ایران صادر می‌کنند تخفیفی به‌شرح زیر می‌دهد:

> ***" روی ده میلیون مترمکعب اول پنج درصد و روی ده میلیون مترمکعب دوم هفت ونیم درصد و روی هر مقدار اضافی دیگر ده درصد.***
> *برای هر سال از سال‌های بعد از آن نیز جهت برقراری تخفیف‌های مناسب تا قبل از اول ژوئیهٔ سال قبل از آن با شرکت‌های بازرگانی مشورت خواهد شد."*
> (خلاصه از کتاب سفید- تاریخچه و متن قراردادهای مربوط به نفت ایران- از انتشارات شرکت ملی نفت ایران- صفحه ٤٩)

• به موجب ماده ١٣- کنسرسیوم، بابت هر مترمکعب نفت خام که تولید می‌کرد یا تصفیه‌می‌نمود یک شیلینگ حق‌العمل دریافت می‌نمود!

• به موجب بند (١) از بخش «د»- از ماده ٦- موافقت شده بود که کنسرسیوم **در ظرف ده سال نخست** عملیات خود، درکل **مبلغ شش میلیون و هفتصد هزار لیره استرلینگ** بابت استهلاک تأسیسات ثابت (که آنها را بطور مجانی تصرف کرده بوده است) جزو هزینه‌های جاری خود منظور نماید، هزینه‌هایی که در پایان هر سال از درآمد به اصطلاح ناویژه برداشت می‌شده است. (در آینده در این ماده مختصر تغییراتی حاصل شده است.)

سنجش بین درآمدهای عربستان از آرامکو و ایران از کنسرسیوم

قرارداد با کنسرسیوم پس از تصویب مجلس شورای ملی و مجلس سنا، در تاریخ ۷ آبان‌ماه ۱۳۳۳ (۳۰ اکتبر ۱۹۵٤) به توشیح شاه رسیده و برای اجرا به دولت ابلاغ شده‌است.
با این ترتیب ما می‌توانیم کل درآمدی را که ایران در سال ۱۹۵۵ داشته است با درآمد عربستان سعودی در همین سال مقایسه نماییم:

- در سال ۱۹۵۵ میلادی، **شرکت نفت آرامکو**، مقدار ٤٦،٧٨٤،٦٩٣ تن نفت خام از عربستان سعودی صادر کرده و درآمد دولت عربستان از این بابت ۳۳۸،۲۰۰،۰۰۰ دلار بوده است.
- در همان سال **۱۹۵۵** میلادی، **کنسرسیوم نفت ایران**، مقدار ١٤،٧٠٠،٠٠٠ تن نفت خام از ایران خریده و جمع کل درآمدهای مختلف ایران از بابت نفت ۳۲،۳۲٤،۰۰۰ لیره شده‌است.

در آن زمان نرخ رسمی بین‌المللی یک لیره مساوی دو و هشت دهم (۲/۸) دلار بوده و با این حساب جمع کل درآمد ایران معادل ۹۰،۵۰۷،۲۰۰ دلار می‌شده است.
حال ما به آسانی می‌توانیم با تقسیم درآمد سالانه هر یک از دو کشور عربستان و ایران از نفت بر مقدار نفت خامی که از آن کشورها صادر شده است دریابیم که درآمد آن کشورها از هر تن نفت به شرح زیر بوده است:

	درآمد از هر تن نفت خام صادره
عربستان	۷/۲۲ دلار
ایران	٦/۱۵ دلار

هرگاه **محمد مصدق** با علم کردن شعار ناممکن و غیرعملی ***" ملی شدن صنعت نفت در سرتاسر ایران"*** توجه مردم این کشور را از قرارداد نفت **آرامکو** در عربستان منحرف نساخته و به **رزم‌آرا** فرصت داده شده بود که همانند مزایای عربستان را برای ایران درخواست نماید، آنوقت درآمد ایران، بدون تحمل چند سال ناراحتی و مشقت و پرداخت آن همه پول به‌عنوان غرامت، برمبنای ۷/۲۲ دلار برای هر تن نفت خام صادره به‌جای ۹۰،۵۰۷،۲۰۰ دلار به ۱۰٦،۳٤٦،۰۷٤ بالغ می‌گردیده، یعنی در همان سال نخست نزدیک به ٦ میلیون دلار، به پول آن، روز بیشتر می‌شده‌است.

زیان‌های دولت ایران به گفته‌ی پسر دایی مصدق

منوچهر فرمانفرمائیان، در خاطرات خود زیر عنوان «**ضررهای دولت ایران**» چنین نوشته‌است (نگارنده در هنگام نوشتن مقایسه‌ی بالا هنوز این خاطرات را نخوانده بود):

> *" **اگر پنجاه درصد عایدات نفت به ایران داده می‌شد** (طبق قرارداد عربستان سعودی) و مقدار استخراج را سی میلیون تن درنظر بگیریم، **این عایدات در سال بالغ بر یکصد و پنجاه میلیون دلار می‌گردید.***
> *علاوه بر آن چون شرکت سابق نفت در داخل ایران (قبل از ملی شدن ۲۵ میلیون لیره در سال از طریق بانک ملی به نرخ دولتی تبدیل می‌گردید) مبالغ هنگفتی لیره و یا دلار*

*می‌آورد و [با تبدیل آنها به ریال] مصرف تأسیسات و خرج کارگران [و کارمندان و پرداخت حقوق آنان] می‌کرد. **عایدات دولت ایران به‌صورت ارز از این راه حداقل بر یکصد میلیون دلار بالغ می‌گردید.***
*به‌جای عایدات در این مدت، صرف‌نظر از اینکه دولت ایران منافعی نبرد، مبالغ زیادی هم از کیسه خرج کرد. بنابراین ملاحظه می‌شود که **ضررهای دولت بیش از سیصد میلیون دلار در سال و در مدت سه سال [تعطیل فعالیت‌های نفتی] در حدود هزار میلیون دلار بود.***
[البته غیر از پرداخت غرامت هنگفت]"
(از تهران تا کاراکاس- همان- صفحات ٦٠٦/٦٠٥)

یک کلاه‌گذاری نامرئی

به موجب قرارداد **کنسرسیوم**، هر یک از اعضای آن مقداری **نفت خام**، معادل **دوازده و نیم درصد بهای اعلان شده آن در سر چاه**، به‌عنوان **پرداخت مشخص به شرکت ملی نفت ایران** تحویل می‌داده است و این شرکت مقداری از آن نفت را خود (پس از پالایش) در داخل کشور به مصرف می‌رسانده و بقیه را به **بهای اعلان شده آن در ساحل** به همان شرکت بازرگانی می‌فروخته است.
منطقی این بود که، مبلغ مربوط به این **پرداخت مشخص می بایستی** جزو بدهی **شرکت ملی نفت ایران** در یک طرف، و جزو سود ناویژه **کنسرسیوم** در طرف دیگر منظور شود. هرگاه چنین می‌شد صورت سود ویژه **کنسرسیوم** نیز برابر همین مبلغ افزایش می‌یافت و ٥٠ درصد آن شامل پرداخت به دولت ایران می‌گردید.
اما به موجب پیوست ٢ قرارداد با **کنسرسیوم**، **قانون مالیات بردرآمد ایران** به منظور انطباق با آن قرارداد اصلاح شده و یک ماده ٣٥ به آن اضافه گردیده است. با این ترتیب، سود ویژه **کنسرسیوم** بدون درنظر گرفتن **پرداخت مشخص** محاسبه می‌شده، و ٥٠ درصد از آن به‌عنوان مالیات تعیین می‌گردیده و بعد طبق ماده ٣٥ مزبور تمام **دوازده و نیم درصد پرداخت مشخص** به **شرکت ملی ایران** را از بدهی مالیاتی **کنسرسیوم** کسر می‌گذاشته‌اند!
با همین فریب‌کاری و نیرنگ ساده‌ی مالیاتی نیمی از **دوازده و نیم درصدی** را که به ایران داده بودند، پس می‌گرفته‌اند.

زیان یک میلیارد دلاری محرومیت ایران از دریافت پذیره

در هر زمان که یک دولت با شخص یا شرکت خارجی و یا یک دولت دیگر، قراردادی به‌منظور اکتشاف و استخراج و بهره‌برداری از نفت و گاز در قسمتی از سرزمین خود را به امضاء برساند، طرف قرارداد مبلغی یکجا و یا به اقساط معین، به‌عنوان پذیره یا سرقفلی، که به انگلیسی آن را Cash Bonus می‌گویند، به دولت امتیازدهنده می‌پردازد.

حال پس از آنکه شرکت نفت انگلیس و ایران درمورد دریافت غرامت بابت تمام خسارت‌هایی که با اجرای قانون ملی شدن صنعت نفت در ایران متحمل شده بود و نیز درمورد نحوه دریافت آنها با دولت ایران، به توافق رسیده و به اصطلاح تسویه حساب به‌عمل آورده بود، از نظر قانونی دیگر در این مورد هیچگونه حقی در کشور ایران نداشته ولی چون دولت ایران نیز به بهانه‌ی ملی کردن

صنعت نفت، آن صنایع را تصرف کرده بوده است، لذا از نظر قوانین بین‌المللی دارای این حق نبوده، که حداقل در حوزه‌ی سابق قرارداد با شرکت نفت انگلیس و ایران به شخص یا شرکت خارجی و یا دولت دیگر امتیاز اکتشاف، استخراج و بهره‌برداری از نفت اعطاء نماید، یعنی شرکت خارجی دیگری را جانشین شرکت مزبور بنماید.

در این شرایط تنها راهی که برای استفاده از خدمات مهندسین و متخصصین خارجی جهت اکتشاف و استخراج نفت و فروش آن در بازارهای جهانی وجود داشته، این بوده‌است که شرکت‌های نفتی خارجی به‌عنوان نماینده دولت ایران به انجام آن امور بپردازند که دیگر دادن پذیره، که ارزش آن را **یک میلیارد دلار** تعیین کرده بوده‌اند، به دولت ایران مفهومی نداشته، لذا **شرکت نفت انگلیس و ایران آن مبلغ را دریافت داشته‌است.**

در زیر توضیحات بیشتر راجع به این پذیره‌ی **یک میلیارد دلاری** را که حق مسلم ایران بوده ولی **شرکت نفت انگلیس و ایران** آن را به ناحق دریافت داشته است، از قول **فؤاد روحانی** مطالعه فرمایید:

> *" ... شرکت سابق [نفت انگلیس و ایران] علاوه بر آنچه از بابت [غرامت و] استهلاک تأسیسات دریافت نموده،* ***مبلغ عمده‌ای نیز به‌عنوان پذیره یا سرقفلی (درحقیقت عدم‌النفع) از سایر شرکت‌های عضو کنسرسیوم به دست آورده است،*** *به این صورت که ضمن تعیین شرایط تشکیل کنسرسیوم،* ***شرکت‌های مزبور مبلغ ۹۰ میلیون دلار نقد به شرکت سابق پرداختند و تعهد کردند که در ازای هر بشکه نفت تولیدی در آتیه ۱۰ سنت تا معادل ۵۱۰ میلیون دلار به شرکت مزبور بپردازند که به این ترتیب کلاً مبلغ ۶۰۰ میلیون دلار عاید شرکت شود و [تسویه] این حساب در سال ۱۹۷۰ پایان یافت.***
>
> *اگر در این خصوص کمی بررسی کنیم به این نتیجه می‌رسیم که پرداخت‌کنندهٔ حقیقی این ۶۰۰ میلیون دلار نیز [ملت] ایران بوده و اظهار شرکت سابق دایر بر اینکه از مطالبهٔ عدم‌النفع آتیه صرف‌نظر کرده مطابق با واقع نبوده است، زیرا هفت شرکتی که به معیت شرکت سابق وارد عملیات بهره‌برداری از نفت ایران شدند، بدون تردید قاعدتاً می‌بایست هر یک مبلغی به‌عنوان پذیره یا سرقفلی به ایران بپردازند و چون عملیات مقدماتی و کار اکتشاف در ناحیهٔ قرارداد شرکت سابق همه انجام گرفته و وجود ذخائر متنابهی در آن ناحیه ثابت شده بود، مبلغ چنین پذیره نیز به مراتب بیش از پذیره‌های معمول در نواحی دست‌نخورده می‌بود، بنابراین واضح است که آنچه شرکت‌ها به‌عنوان پذیره به شرکت سابق پرداختند، بایستی به ایران پرداخت می‌شد. ولی شرکت‌ها برخلاف معمول هیچ مبلغی به ایران نپرداخته و به ظن قوی* ***با شرکت سابق چنین توافق کردند که پذیرهٔ مزبور بالغ بر هزار میلیون دلار می‌باشد*** *که با توجه به تعداد شرکت‌ها و ارزش منابع کشف شده و وسعت ناحیه به هیچوجه گزاف نیست و* ***چون شرکت سابق خود به میزان ۴۰ درصد در کنسرسیوم سهیم می‌گردید، آنچه قرار شد به شرکت سابق پرداخت شود ۶۰ درصد مبلغ مزبور، یعنی ۶۰۰ میلیون دلار بود*** *... "*
>
> (تاریخ ملی شدن صنعت نفت- همان- صفحات ۵۰۳/۵۰۴)

پنج ترور تاریخی راهگشای صدارت مصدق

با پایان یافتن کتاب امیدوارم از عهده‌ی اثبات این حقیقت بسیار مهم برآمده‌باشم که از آن همه ترور در ایران، در دوران ملی شدن صنعت نفت، فقط یک نفر در ایران و نیز فقط یک دولت در خارج از این کشور بیش از همه استفاده برده است.

(پایان)

نام‌یاب

آ

آذرنور فریدون: ۹۳، ۹۴، ۲۲۷، ۲۲۹
آرامش، احمد: ۲۸۹، ۲۹۱، ۲۹۲، ۲۹۳
آرمیتاژسمیت، سیدنی: ۲۴، ۱۷۵، ۱۸۵، ۱۸۷، ۴۲۷
آزاد، عبدالقدیر: ۴۱، ۷۲، ۱۰۴، ۱۲۰، ۱۲۴، ۱۲۹، ۱۳۴، ۱۳۸، ۱۴۰، ۱۴۱، ۱۴۲، ۱۵۱، ۱۵۲، ۱۵۷، ۱۶۱، ۱۶۷، ۲۱۵، ۳۰۷، ۳۰۹، ۳۱۰، ۳۱۳، ۳۴۱، ۳۴۲، ۳۵۲، ۴۱۲
آزموده، حسین (سرلشکر): ۳۳۹، ۳۵۲، ۴۱۳
آشتیانی‌زاده، محمدرضا: ۴۲
آصفی، محمد (سرهنگ): ۴۳
آقاسی (حاج‌میرزا): ۱۸۸
آقا سیدجواد: ۲۹۸
آقا علی (خائن): ۳۰۲
آقا مهدی (رئیس بلد): ۲۹۸
آقامیرزاغلامحسین: ۲۹۸
آق اولی، فرج‌الله (سرلشکر): ۲۳، ۲۶، ۲۷
آقائی، محمود (حاجی): ۳۴۲، ۳۴۴، ۳۴۵، ۳۴۷، ۳۴۸، ۳۵۱
آلن، ژرژ: ۱۸۰
آوانسیان، آرداشس (اردشیر): ۲۲۷
آیرن‌ساید، ادموند (سِر) (ژنرال): ۱۸۵

ا

ابتهاج، ابوالحسن: ۴۳، ۹۷
ابراهیم‌خان، ظهیرالدوله: ۳۰۲
ابطحی، ابراهیم (سید): ۳۵۰
ابوالقاسم (میرزا) (امام جمعه تهران): ۱۶۶
ابوالقاسم (ابوالقاسم شمر): ۲۹۸
اتابک، علی‌اصغرخان: ۳۰۶، ۳۲۴، ۳۲۹، ۴۱۴، ۴۱۵
اتفاق، جعفر: ۲۰۴
احرار، علی: ۳۳۹
احمدی، ؟ (سروان): ۱۵۸
اراکی، اسمعیل (حاجی): ۲۱۳
اراکی، محسن (حاجی): ۲۱۳
ارانی، تقی (دکتر): ۹۰، ۲۲۶
ارجمندکرمانی، محمد: ۲۶۳، ۳۰۴
اردلان، امان‌الله (عزالممالک): ۲۲۳
اردلان (سرگرد): ۳۲۱، ۳۲۲، ۳۲۳
اردلان، ناصرقلی: ۱۰۷
ارفع، حسن (سرهنگ- سرتیپ- سپهبد): ۱۹، ۲۰، ۲۱، ۲۳، ۲۶، ۲۹، ۴۰۸
ارفع، رضا (پرنس): ۱۹
ارکانی، عبدالله: ۸۹، ۹۰، ۹۱، ۹۲، ۹۴
استالین، ژوزف: ۶۸، ۲۲۸
اسفندیاری، (سرهنگ): ۳۶
اسفندیاری، حسن (محتشم‌السلطنه): ۱۸۴، ۱۸۵
اسکندانی (سرگرد): ۴۰۸
اسکندری، ایرج: ۲۱، ۲۵، ۲۶، ۲۸، ۸۹، ۹۳، ۹۴، ۱۱۲، ۱۱۳، ۲۲۱، ۲۲۶، ۲۲۷، ۲۲۸، ۲۲۹، ۲۳۰، ۲۸۹، ۲۹۰
اسکندری، عباس (میرزا): ۷۱، ۷۲، ۱۰۴، ۱۸۱، ۲۲۶
اسکندری، محسن، (سلیمان‌میرزا): ۱۸۶، ۲۲۵، ۲۲۶، ۲۳۰
اسکندری، محمدعلی (میرزا) (شازده علیخان): ۲۲۵، ۲۲۶
اسکندری، یحیی میرزا: ۲۲۵، ۲۲۶
اشرفی، محمد (سرهنگ): ۱۹۵
اعتصام، محسن (سرتیپ): ۳۸۶
اعظام قدسی، حسن: ۸۶
افخمی، علی: ۱۴۷

افراشته، محمدعلی: ۱۹۱
افسر، خدیجه: ٤۹
افشار، ایرج: ٤۱٥
افشار، محمود (دکتر): ۹٦
افشارصادقی، محسن: ۳۱٥
افشارطوس، محمود (سرتیپ، سرهنگ): ۱۹٥، ۱۹٦، ۱۹۷
افشارقاسملو، هادی: ۱۲٦
اقبال، علی: ٤٥، ٦٥
اقبال، منوچهر (دکتر): ۸۲، ۸۳، ۸٥، ۸٦، ۱۲٤، ۱٦۰، ۱۹۰، ۲۷۰
اکبری، ؟ : ۱۱٥
الماسیان: ۱۸٥
الموتی، ضیاءالدین: ۲۸۹
امامی، حسن (سید) (امام جمعه تهران) (دکتر): ۱٦٦، ۲۰۹، ۲٤۲
امامی، حسین (سید): ۹۸، ۱۰۹، ۱۱۰، ۱۱۲، ۱۱۳، ۱۱٤، ۱۱٥، ۱۱٦، ۱۲۰، ۱۲۱، ۱۲۲، ۱۲۳، ۱٤۳، ۱٤٤، ۱٤۷، ۱٤۸، ۱٤۹، ۱٥۰، ۱٥۳، ۱٥٤، ۱٥٥، ۱٥٦
امامی، علی (سید): ۱۱۲، ۱۱٤، ۱۱٥، ۱۱٦
امامی، نظام‌الدین: ٤۲٦
امامی، نورالدین: ٤۲
امامی‌خوئی، جمال: ۲۳، ۱٤۰، ۱٦۱، ۱٦۲، ۱٦۷، ۱٦۸، ۱٦۹
امامی‌خوئی، میرزایحیی (حاجی، امام جمعه): ۱٦۸، ۱٦۹
امیر، ؟ : ۱٥۱، ۱٥۲
امیراحمدی، احمد (سپهبد): ۲۱، ۲۲، ۲۳، ۲٤، ۱٦۰
امیرانی، علی‌اصغر: ۱۹٤
امیرتیمور کلالی ، محمدابراهیم: ۱۰۹، ۱۲۹
امیرخسروی، بابک: ۹۳، ۹٤، ۱۱۳، ۱۹۲، ۲۲۷، ۲۲۹
امیرخیزی، علی: ۹۳، ۲۲۹
امیرعلائی، شمس‌الدین: ۱۲۷، ۱۲۹، ۱۳٥، ۱٥۷، ۱٦۱
امینی، عبدالحسین (شیخ نجفی‌تبریزی) (آیت‌الله، علامه): ۱۱۱
امینی، محمود (سرتیپ): ۱۹۷
ایروانی (مهاجر) (سرهنگ، سرتیپ): ۳٥۷، ۳۸۰، ۳۸۱، ۳۹۰
ایوانف، گئورگی (شاعر روسی) : ٦۷

ب

باب، علیمحمد (سید): ۲٥۱
باتمانقلیچ، مهدی: ۷۲
باستانی‌پاریزی، محمدابراهیم: ۲۹۸، ۳۰۲
باقرزاده، احمدعلی: ۱٦۷
بامداد، مهدی: ۹۹، ۱۹٤
بختیار، تیمور (سرتیپ): ۲۰، ۱٥٥
بختیار، شاپور (دکتر): ۲٥، ۹۸، ۱۰٤، ۱۸۳
برقانی، علی: ۲۰٤
برقانی، قربان: ۲۰٤
برنز، جیمز: ٦۸، ٤۱۷، ٤۱۸
بروجردی، حسین (سید) (آیت‌الله‌العظمی): ۸٦، ۲۰۹، ۲۱۰، ۲۱۱، ۲۱۳، ۲۱٤، ۲۱٥
برهان، عبدالله: ٦٦
بزرگمهر، جلیل: ۱۳٤
بقائی، حسن: ۲٦۲
بقائی‌کرمانی، شهاب (میرزا): ۲۸۱، ۲۸۲، ۲۹۸
بقائی‌کرمانی، مظفر (دکتر): ۱۸، ٥٤، ٥٥، ٥٦، ٦۲، ٦۳، ۷۹، ۸۷، ۸۸، ۱۲۰، ۱۲٤، ۱۲٥، ۱۲۷، ۱۲۹، ۱۳٤، ۱۳۷، ۱۳۸، ۱۳۹، ۱٤۰، ۱٤۲، ۱٤۳، ۱٥۱، ۱٥۳، ۱٥۷، ۱٦۱، ۱٦۲، ۱٦٥، ۱٦۷، ۲۱٥، ۲۱۷، ۲۱۸، ۲۲۳، ۲۲٤، ۲۳۰، ۲۳۱، ۲۳۲، ۲۳۳، ۲۳٤، ۲۳٥، ۲۳٦، ۲۳۷، ۲۳۸، ۲٤۰، ۲٤٦، ۲٥۰، ۲٥٦، ۲٥۷، ۲٥۹، ۲٦۰، ۲٦۱، ۲٦۲، ۲٦۳، ۲٦٥، ۲٦٦، ۲٦۷، ۲٦۸، ۲٦۹، ۲۷۰، ۲۷۱، ۲۷۲، ۲۷۳، ۲۷٤، ۲۷٥، ۲۷٦، ۲۷۷، ۲۷۸، ۲۷۹، ۲۸۰، ۲۸۱، ۲۸۲، ۲۸۳، ۲۸٤، ۲۸٥، ۲۸٦، ۲۹٥، ۲۹٦، ۲۹۷،

٢٩٨، ٣٠٠، ٣٠١، ٣٠٢، ٣٠٣، ٣٠٤، ٣٠٥، ٣٠٦، ٣٠٧، ٣٠٨، ٣٠٩، ٣١٠، ٣١٣، ٣١٤، ٣١٩، ٣٢٠، ٣٢١، ٣٢٢، ٣٢٣، ٣٢٤، ٣٢٥، ٣٤٠، ٣٤٢، ٣٤٤، ٣٤٥، ٣٤٦، ٣٤٧، ٣٤٨، ٣٤٩، ٣٥٠، ٣٥١، ٣٥٢، ٤٠٨، ٤٠٩، ٤١٠، ٤١١، ٤١٢
بقراطی، محمود: ٨٩، ٩٠، ٩١، ٩٢، ٩٣، ٩٤، ٢٢٨
بوشهری، جواد: ١٠٤
بوین، ارنست: ٢٧١
بهبهانی، عبدالله (سید) (آیت‌الله): ١٦٨، ٤١٤
بهبهانی، علی (سید): ١٤٠، ١٦١، ١٦٥، ١٦٧، ١٦٨، ١٦٩
بهبهانی، محمد (سید) (آیت‌الله): ٣٥٩، ٣٦٤، ٤١٤
بهرام گور: ٥٥
بهرامی، محمد (دکتر): ٢٢٢، ٢٥٤
بهرامی، یوسف: ٣٥٦، ٣٥٨، ٣٧٣، ٣٨٩
بهمن (مدیر داخلی بیمارستان): ٣٩٤
بهمن، نامدار (سرهنگ ٢): ٤٠٣
بهمنیار (دهقان)، احمد: ٢٩٨
بیات (اسفندیاری)، شوکت‌الدوله، فاطمه (حاجیه): ١٩٧، ٢١٢
بیات، عباسقلی (حاج) (سهم‌الملک): ٢١٢
بیات، عزت‌الله: ٤٦، ١٨٨، ١٩٧، ٢٠٨، ٢١٠، ٢١١، ٢١٢، ٢١٣، ٢١٤، ٢١٥
بیات، محمد (مهندس): ٢١٣
بیات، محمد (سرپاسبان): ٣٧١، ٣٧٩، ٣٨٨
بیات، مرتضی‌قلی (سهام‌السلطان): ١٠٩، ١٣٥، ١٣٦، ١٧٧، ١٧٨، ١٧٩، ١٨٨، ١٨٩، ١٩٠، ٢٠٨، ٢١٣
بیات، نصرت‌الله (شیخ‌العراقین): ١٣٥
بیگلی، حبیب: ٢١٣
بیگلی، فتحعلی (پاسبان): ٣٨٨

پ

پارسا، اصغر: ٢٠٥
پازوکی، مصطفی: ٣٥٦، ٣٥٩، ٣٦٠، ٣٦١، ٣٦٦، ٣٦٧، ٣٦٩، ٣٧٢، ٣٧٥، ٣٧٦، ٣٧٧، ٣٨٧، ٣٨٨
پامناری، عبدالله (خان): ٢٩٨
پدرام، ؟ (ستوان): ٢٣٢، ٢٣٣، ٢٤٤، ٢٤٥
پرمان، ابراهیم : ٥٩
پژمان، ؟ (سرهنگ): ٢٠٤
پورپیرار، ناصر: ٢٥١
پهلوی، اشرف (شاهدخت): ٤١، ٤٣، ٤٤، ٤٥، ٤٩، ٥٣، ١٢٤، ١٤٦، ١٩٤
پهلوی، تاج‌الملوک (ملکه مادر): ١٩٤
پهلوی، رضا (سردار سپه) (شاه): ٢٤، ٢٥، ٤٥، ٤٨، ٧١، ٧٢، ٧٣، ٧٥، ٧٨، ٩٧، ٩٨، ١٦٩، ١٧١، ١٧٣، ١٧٤، ١٧٥، ١٧٦، ١٨١، ١٨٧، ١٨٨، ١٨٩، ١٩٠، ٢١٨، ٢٢٣، ٢٢٥، ٢٢٦، ٢٣٩، ٢٥١، ٢٧٣، ٢٧٥، ٣٠١، ٣٠٢، ٣٢٤، ٣٢٥، ٣٢٩، ٤٢٠، ٤٢٤
پهلوی، علیرضا (شاهپور): ٣٥، ٧٦
پهلوی، محمدرضا (شاه): ١٧، ١٨، ١٩، ٢٠، ٢١، ٢٢، ٢٣، ٢٤، ٢٥، ٢٧، ٢٨، ٢٩، ٣٠، ٣٣، ٣٥، ٣٦، ٤١، ٤٣، ٤٤، ٤٥، ٤٦، ٤٧، ٤٩، ٥٠، ٥٢، ٥٣، ٦٢، ٦٧، ٧٢، ٧٣، ٧٤، ٧٥، ٧٦، ٧٧، ٧٨، ٧٩، ٨٠، ٨١، ٨٢، ٨٣، ٨٤، ٨٥، ٨٦، ٨٧، ٨٨، ٨٩، ٩٠، ٩١، ٩٢، ٩٣، ٩٤، ١٠٠، ١٠٢، ١٠٣، ١٠٥، ١٠٦، ١٠٧، ١٠٩، ١١٥، ١١٩، ١٢١، ١٢٣، ١٢٤، ١٢٥، ١٢٧، ١٢٨، ١٢٩، ١٣١، ١٣٢، ١٣٣، ١٣٤، ١٣٦، ١٤٢، ١٤٤، ١٤٥، ١٤٦، ١٤٧، ١٥٦، ١٥٧، ١٥٩، ١٦٠، ١٧٨، ١٨٠، ١٨٢، ١٨٣، ١٩١، ١٩٤، ١٩٥، ١٩٦، ١٩٧، ١٩٨، ١٩٩، ٢٠٠، ٢٠١، ٢٠٦، ٢١٠، ٢١٨، ٢٢١، ٢٢٣، ٢٣٠، ٢٣٩، ٢٤٥، ٢٤٦، ٢٥١، ٢٥٢، ٢٥٧، ٢٥٩، ٢٦٠، ٢٦١، ٢٦٢، ٢٦٣، ٢٦٤، ٢٦٥، ٢٦٦، ٢٦٧، ٢٦٨، ٢٧٣، ٢٧٤، ٢٧٥، ٢٧٦، ٢٧٧، ٢٧٩، ٢٩٠، ٢٩٧، ٣٠٠، ٣٠٤، ٣٠٦، ٣١٨، ٣٢٤، ٣٢٥، ٣٢٦، ٣٢٩، ٣٣٠،

۳۳۱، ۳۳۲، ۳۳۳، ۳۳۴، ۳۵۳، ۳۵۴، ۳۵۶، ۳۶۳، ۴۰۳، ۴۰۴، ۴۰۵، ۴۰۶، ۴۰۷، ۴۰۸، ۴۰۹، ۴۱۰، ۴۱۱، ۴۱۲، ۴۱۹، ۴۲۲، ۴۲۴، ۴۳۲
پیراسته، مهدی (سید): ۳۸، ۳۹، ۴۹
پیرنیا، حسن (میرزا) (مشیرالدوله): ۲۴، ۲۵، ۹۸، ۱۰۴، ۱۸۳، ۱۸۵، ۳۰۱
پیرنیا، حسین (دکتر): ۴۲۵
پیشه‌وری، جعفر (سید): ۲۲، ۳۰، ۲۸۸

ت

ترکمان، محمد: ۱۵۳، ۳۳۹، ۳۶۲، ۳۶۳
تدین، محمد (سید): ۴۸، ۴۹، ۱۸۹، ۱۹۰
ترومن، هری: ۱۵۶
تفضلی، ؟ (فرش فروش): ۲۰۴
تفضلی، ابوالقاسم: ۲۳۲، ۲۴۲، ۲۵۷
تفضلی، جهانگیر: ۱۰۴
تقی‌زاده، حسن (سید): ۷۲، ۹۹، ۱۸۱، ۱۸۲
تولیّت، ابوالفضل: ۲۰۹، ۲۱۱، ۲۱۴
تهرانی، جلال‌الدین (سید): ۱۸۳
تهرانی، محمد (شیخ): ۱۱۱، ۱۱۲
تهرانی، مجتبی (سید): ۱۱۱، ۱۱۲

ث

ثابت، حبیب: ۶۶

ج

جزائری، شمس‌الدین (دکتر): ۱۲۸
جعفرصادق (امام): ۱۱۱
جعفری، جواد: ۲۲۱، ۲۲۲، ۲۳۰، ۲۳۱، ۲۵۴، ۲۵۵، ۲۵۶، ۲۵۷، ۴۰۸
جعفری، حسن: ۲۱۹، ۲۲۰، ۲۲۱، ۲۲۲، ۲۲۴، ۲۳۰، ۲۳۱، ۲۳۲، ۲۳۳، ۲۳۴، ۲۳۵، ۲۳۶، ۲۳۷، ۲۳۸، ۲۴۱، ۲۴۲، ۲۴۴، ۲۴۵، ۲۴۶، ۲۴۷، ۲۴۹، ۲۵۰، ۲۵۲، ۲۵۳، ۲۵۴، ۲۵۵، ۲۵۶، ۲۵۷، ۳۳۸، ۴۰۸
جعفری، کیانوش: ۲۵۷، ۴۰۸
جلالی‌نائینی، محمدرضا: ۱۲۵، ۱۲۹، ۱۶۰
جلیلوند، اللهیار: ۳۵۶، ۳۵۸، ۳۶۰، ۳۶۱، ۳۶۶، ۳۶۷، ۳۷۰، ۳۷۵، ۳۸۰، ۳۸۱، ۳۸۷، ۳۸۸، ۳۸۹، ۳۹۳، ۳۹۴، ۳۹۵، ۳۹۷
جم، محمود: ۲۶۱، ۲۶۳، ۲۶۵
جمال‌زاده، محمدعلی: ۲۳، ۳۲، ۳۳، ۳۴
جودت، حسین: ۹۱
جهانبانی، امان‌الله (سرلشکر): ۲۷
جهانشاهی قاجار، ؟ (سرهنگ): ۱۴۸، ۱۴۹، ۲۷۷
جهانگیر، نصرالله: ۹۷
جهانگیری،؟ (سرهنگ ۲): ۱۴۸، ۱۴۹، ۲۷۸
جواهرکلام: ۱۵۱
جوپاری، حسین‌شاه: ۲۹۹

چ

چرچیل، وینستون: ۶۸، ۱۸۵

ح

حاتمی، صفیه: ۵۹
حاج‌سیدجوادی: ۲۰۵
حائری، عبدالکریم (شیخ) (آیت‌الله): ۲۱۳، ۲۱۴
حائری‌زاده، ابوالحسن (سید): ۴۱، ۴۳، ۵۴، ۶۵، ۷۹، ۸۷، ۱۰۴، ۱۰۶، ۱۱۰، ۱۱۱، ۱۲۴، ۱۲۹، ۱۳۵، ۱۴۰، ۱۴۲، ۱۵۲، ۱۵۷، ۱۶۱، ۱۶۷، ۲۱۵، ۲۶۱، ۲۶۷، ۲۶۸، ۲۶۹، ۲۷۰، ۲۷۱، ۲۷۲، ۲۷۳، ۲۷۴، ۳۴۱، ۳۴۴، ۴۰۸، ۴۱۲، ۴۱۳
حجازی، محمد (مطیع‌الدوله): ۳۲، ۳۶، ۳۷
حدّاد: ۱۱۰
حسیبی، کاظم (مهندس): ۱۲۹، ۱۶۱

۴۴۰

حسین (امام): ٣٢٢، ٣٢٤
حسین (میرزا) (وزیر دفتر دوم): ٤٣٥
حسینی، هاشم (سید): ١١٤، ٣٤٠، ٣٥٢، ٣٦٢، ٣٦٣، ٣٥٢
حکمت، رضا (سردار فاخر): ٥٤، ١٠٣، ١٨٢، ٢٦٢، ٣١١
حکیمی، ابراهیم (حکیم‌الملک): ٤١، ١٠٠، ١٠١، ١٠٢
حکیمی، صمد: ٩٣
حمامیان، محمدعلی: ٣٥٠
حمیدی (ستوان دوم): ٢٥٥
حیدری، اعتضاد: ٤٢
حیدری، غلامحسین: ٣٨٤

خ

خاکباز، حسین: ٢١١، ٢١٣، ٢١٤
خالق‌پناه، کریم (ستوان یکم): ٤٠٣
خامه‌ای، انور (دکتر): ٢١، ٢٩، ٣٠، ٣١، ٦١، ٦٢، ٦٣، ٦٤، ٧٦، ٧٩، ٨٠، ٨٩
خاوری، علی: ٢٥٧
خدیجه: ٣٥٨
خزعل (شیخ): ٢١٨، ٢٩١، ٢٩٤
خسروانی، احمد (سرلشکر): ١٤٣، ١٤٤، ١٥١، ١٥٨
خلعتبری، ارسلان: ٤٦، ١٢٩، ١٣٨، ١٥٠
خلیلی، عباس: ١٢٥، ١٢٩، ١٥٧
خمینی، روح‌الله: ٤٢٢
خواجه‌نوری، ابراهیم: ٢٠
خواجه‌نوری، رضا: ٤٨
خوشتاریا: ١٧٣
خوشنویسان، ؟ (دکتر) (سرتیپ): ٢٤٢، ٢٤٣

د

دادخواه، جواد (پاسبان): ٣٨٨
دانشپور، غلامحسین (سرتیپ): ٣٥٦، ٣٦٦، ٣٦٧، ٣٦٨، ٣٦٩، ٣٧١، ٣٧٢، ٣٨٥، ٣٨٦، ٣٨٧، ٣٨٨، ٣٨٩، ٣٩٠، ٤٠١
داور، علی‌اکبر: ٣٢، ٩٧
دبیرسیاقی، قدرت (سرهنگ): ١٩٥
درخشانی، علی‌اکبر (سرتیپ): ٢٨٨
درگاهی (دبستانی)، محمود: ٢٩٨
دشتی، علی: ٢٠، ٢٣، ٣٢
دفتری، عبدالله (دکتر): ٤٣٥
دفتری، علی‌اکبر (دکتر): ٤٣٥
دفتری، محمد (سرهنگ، سرتیپ): ١٧، ١٨، ٢٠، ٢٧، ٢٨، ٣٧، ٤١، ٤٤، ٥٧، ٥٨، ٦٤، ٦٦، ٧٢، ٧٦، ٧٧، ٧٨، ٧٩، ٨٠، ٨١، ٨٢، ٨٣، ٨٤، ٨٥، ٨٧، ٨٨، ١٠٢، ١٠٣، ١٠٧، ١١٩، ١٢٠، ١٢٧، ١٢٨، ١٣٢، ١٤٤، ١٤٥، ١٤٧، ١٥٢، ١٥٤، ٢١٧، ٢٢٠، ٢٤٤، ٢٤٥، ٢٤٦، ٢٤٧، ٢٥٤، ٣٠٥، ٣٠٦، ٣٠٧، ٣٠٨، ٣١٠، ٣١١، ٣١٢، ٣١٣، ٣١٤، ٣١٥، ٣١٦، ٣١٨، ٣١٩، ٣٢٠، ٣٢١، ٣٢٢، ٣٢٣، ٣٢٤، ٣٢٥، ٣٢٦، ٣٢٧، ٣٢٨، ٣٢٩، ٣٣٠، ٣٣١، ٣٣٣، ٣٤٠، ٣٥٢، ٣٥٤، ٣٥٦، ٣٥٧، ٣٥٨، ٣٥٩، ٣٦٢، ٣٦٥، ٣٦٩، ٣٨٣، ٣٩٠، ٤١١، ٤٣٥
دفتری، محمود (میرزا، عین‌الممالک): ٤٣٥
دماوندی، معتمد: ٧٢
دوانی، علی: ١١١، ٣٣٥
دولت‌آبادی، حسام‌الدین: ١٣٠، ١٤٠، ١٦٥
دولت‌آبادی، یحیی (میرزا): ٤١٤
دهباشی، علی: ٢٢٦، ٢٢٩
دهخدا: ٣٩٢
دهقان، احمد: ١٨، ١٠٨، ٢١٧، ٢٢٤، ٢٣٠، ٢٣١، ٢٣٢، ٢٣٣، ٢٣٤، ٢٣٥، ٢٣٦، ٢٣٨، ٢٣٩، ٢٤٠، ٢٤١، ٢٤٢، ٢٤٣، ٢٤٤، ٢٤٥، ٢٤٦، ٢٤٧، ٢٤٨، ٢٤٩، ٢٥٠، ٢٥٣، ٢٥٤، ٢٥٥، ٢٥٦، ٢٥٧، ٣١٣، ٤٠٨
دهقان، احمد (بهمنیار): ٢٩٨
دهقان‌نائینی (جاوید): ٢٣٢، ٢٣٣
دیکسن (ژنرال): ١٧٥
دیهیمی، حبیب‌الله (سرهنگ، سرتیپ): ٤٠٥، ٤٠٦، ٤٠٧، ٤٠٨، ٤٠٩، ٤١٠، ٤١١

٤٤١

ذ

ذبیح، سپهر: ١٧٩، ٢٢٢

ذوالفقاری، علی: ٣٣٩

ذوالفقاری ؟ : ١١٥

ر

رادمنش، رضا: ٨٩، ٩١، ٩٢، ٩٣

رائین، اسمعیل: ٢٢٥

رجب‌بی‌دندان، صادق (پاسبان): ٣٨١، ٣٨٢، ٣٨٣

رحیمی، ؟ (سروان): ١٤٠

رحیمیان، غلامحسین: ٧٢، ١٠٤

رزم‌آرا، حاجیعلی (سرلشکر، سپهبد): ١٧، ١٨، ١٩، ٢٠، ٢١، ٢٢، ٢٣، ٢٤، ٢٥، ٢٦، ٢٧، ٢٨، ٢٩، ٣٠، ٣١، ٣٤، ٣٥، ٣٧، ٤٥، ٥٠، ٥٣، ٥٤، ٥٥، ٥٦، ٥٧، ٦١، ٦٢، ٦٣، ٦٤، ٦٥، ٦٦، ٧٥، ٧٦، ٧٩، ٨٢، ٨٨، ٨٩، ٩٠، ٩٦، ١٠٢، ١٠٣، ١٢٠، ١٢٣، ١٢٤، ١٢٧، ١٢٨، ١٤٣، ١٤٤، ١٤٥، ١٥١، ١٥٣، ١٥٤، ١٥٦، ١٦٠، ١٩٢، ٢٠٦، ٢١٧، ٢١٨، ٢٢٠، ٢٢٢، ٢٢٣، ٢٢٤، ٢٣١، ٢٣٢، ٢٣٥، ٢٣٦، ٢٣٨، ٢٣٩، ٢٤٠، ٢٤١، ٢٤٢، ٢٤٤، ٢٤٥، ٢٤٦، ٢٤٧، ٢٤٨، ٢٥٠، ٢٥٤، ٢٥٥، ٢٥٦، ٢٥٩، ٢٦٠، ٢٦١، ٢٦٦، ٢٦٩، ٢٧٢، ٢٧٣، ٢٧٤، ٢٧٥، ٢٧٦، ٢٧٨، ٢٧٩، ٣٠٥، ٣٠٦، ٣٠٧، ٣٠٨، ٣٠٩، ٣١٠، ٣١١، ٣١٢،٣١٥، ٣١٦، ٣١٧، ٣١٨، ٣١٩، ٣٢٠، ٣٢٣، ٣٢٤، ٣٢٥، ٣٢٦، ٣٢٧، ٣٢٨، ٣٢٩، ٣٣٠، ٣٣١، ٣٣٢، ٣٣٥، ٣٣٦، ٣٣٧، ٣٣٨، ٣٣٩، ٣٤٠، ٣٤١، ٣٤٢، ٣٤٣، ٣٤٤، ٣٤٥، ٣٤٦، ٣٤٧، ٣٤٨، ٣٤٩، ٣٥٠، ٣٥١، ٣٥٢، ٣٥٣، ٣٥٤، ٣٥٥، ٣٥٦، ٣٥٧، ٣٥٨، ٣٥٩، ٣٦٠، ٣٦١، ٣٦٢، ٣٦٣، ٣٦٤، ٣٦٥، ٣٦٦، ٣٦٧، ٣٦٨، ٣٦٩، ٣٧٠، ٣٧١، ٣٧٢، ٣٧٣، ٣٧٤، ٣٧٥، ٣٧٦، ٣٧٧، ٣٧٨، ٣٧٩، ٣٨٠، ٣٨١، ٣٨٢، ٣٨٣، ٣٨٤، ٣٨٥، ٣٨٦، ٣٨٧، ٣٨٨، ٣٨٩، ٣٩٠، ٣٩١، ٣٩٢، ٣٩٣، ٣٩٤، ٣٩٥، ٣٩٦، ٣٩٧، ٣٩٨، ٣٩٩، ٤٠٠، ٤٠١، ٤٠٢، ٤٠٣، ٤٠٥، ٤٠٦، ٤٠٧، ٤٠٨، ٤٠٩، ٤١١، ٤١٢، ٤١٣، ٤١٤، ٤١٥، ٤١٧، ٤١٨، ٤٢٠، ٤٢١، ٤٣٢

رزم‌خواه، منوچهر: ٥٩

راستکار، عزت‌الله (مهندس): ٦١

رستم‌پور، مرتضی: ١٤٧

رشتی، کریم (میرزا) (خان): ٢٣

رضا (امام): ١١٧

رضازادهٔ شفق، صادق: ١١٧

رضوی، احمد (سید) (مهندس): ٧١، ١٨١، ٢٦٩، ٢٧٠

رفیع، رضا (قائم مقام‌الملک): ١٨٢

رفیعی، ابوالقاسم (حاج): ٣٣٩، ٣٤٠، ٣٤٥، ٣٥٢، ٣٦٢، ٣٦٣

رفیعی‌مهرآبادی، محمد: ١٧٩، ٢٢٢

روحانی، فؤاد: ٤٢٠، ٤٢٤، ٤٢٥، ٤٣١

روزبه، خسرو: ١٩، ٢١، ٢٢، ٢٥، ٢٨، ٢٩، ٣٠، ٣١، ٣٥، ٣٧، ٣٨، ٤٠، ٤٣، ٤٥، ٥٣، ٥٤، ٥٥، ٥٦، ٥٧، ٥٨، ٥٩، ٦١، ٦٢، ٦٣، ٦٤، ٦٥، ٦٦، ٢٢٠، ٢٤٨، ٢٧٢

روزولت، فرانکلین: ٦٨

روزولت، کرمیت: ٤٠٥، ٤٠٦

روستا، رضا: ٩٤، ٢٢٧، ٢٢٩

ریاحی، ؟ (دادستان): ٢٤٦، ٢٤٧

ریاحی، تقی (سرتیپ): ١٩٧

ریفی، مهدی (مهندس): ٦١

ز

زاوش، ح م: ١٠١

زاهدی، رضا: ٧٦

زاهدی: فضل‌الله (سرلشکر، سپهبد): ١٥٦، ١٥٨، ١٦٠، ٢١٧، ٢١٨، ٢١٩، ٢٢٠،

٤٤٢

۲۲۱، ۲۲۲، ۲۲۳، ۲۳۰، ۲۳۱، ۲۳۴، ۲۳۵، ۲۳۶، ۴۲۰
زرگری‌نژاد، غلامحسین: ۲۲
زند، ابراهیم: ۲۶۲، ۲۶۳، ۲۶۵
زوگمایراتریشی: ۲۹۹
زهری، علی: ۳۴۲
زیرکـزاده، احمد (مهندس): ۱۲۵، ۱۲۹، ۱۵۷، ۱۶۱، ۲۰۵
زین‌العابدین (میرزا) (امام جمعه تهران): ۱۶۶
زین‌العابدین (میرزا) (دکتر) (لقمان‌الممالک): ۱۷۰

س

سادچیکف: ۱۸۱، ۲۸۸، ۲۸۹، ۲۹۴
ساعت‌ساز، جواد: ۱۱۲
ساعدمراغه‌ای، محمد: ۵۴، ۶۳، ۷۱، ۷۹، ۸۷، ۸۸، ۹۸، ۱۰۱، ۱۲۳، ۱۵۷، ۱۶۰، ۱۶۹، ۱۷۷، ۱۷۸، ۱۷۹، ۱۸۲، ۱۸۷، ۱۸۸، ۱۹۲، ۲۲۲، ۲۶۱، ۲۶۷، ۲۷۴، ۲۷۵، ۴۰۸
سالمی، حسن: ۳۳۹
سایکس، پرسی (سِر): ۲۹۹
سپه‌پور، مهدی (سرتیپ): ۱۹۷
سپهر، احمدعلی (مورخ‌الدوله): ۲۰، ۲۳، ۲۹۹
سپهر، هادی: ۲۰
سجادی، محمد (دکتر): ۱۴۸
سجادی، ؟ (سرهنگ): ۲۱۱
سجادیان، ابوالفضل: ۵۲
سدان، ریچارد: ۲۴۰
سرتیپ‌زاده، ؟ : ۳۱۶
سردارظفربختیاری (حاج‌خسروخان): ۲۹۹
سردار نصرت، میرزاحسین‌خان: ۲۹۹
سرکارآقا (پیشوای شیخیه): ۲۸۲، ۲۸۳، ۲۸۴، ۲۸۵، ۲۸۶، ۳۰۳
سروری، محمد: ۹۸
سعیدی‌سیرجانی، علی‌اکبر: ۱۶۹
سلطانی، علی‌اصغر (پاسبان): ۳۸۰، ۳۸۱
سلطانی، محمداسمعیل: ۳۸۰
سنائی‌پور، ؟ (سرهنگ ۲): ۲۰۳، ۲۰۴
سنجابی، کریم (دکتر): ۱۲۹، ۱۵۷، ۱۶۱، ۳۵۱
سنندجی، عبدالحمید: ۱۹۰
سهام‌السلطان: ← بیات، مرتضی‌قلی
سهام‌الملک: ← بیات، عباسقلی (حاج)
سهیلی، علی: ۴۸، ۹۷، ۱۷۷، ۱۸۹، ۱۹۰
سیاسی، علی‌اکبر (خان) (دکتر): ۸۰، ۸۴، ۱۳۵
سیاسی، ؟ (سرهنگ): ۱۴۳
سیامک، عزت‌الله (سرهنگ): ۶۵

ش

شاپوری، محمدابراهیم: ۲۰۵
شاهرخ، ؟ : ۲۴۰
شاهکار، محمد (دکتر): ۲۳۳، ۲۷۶، ۲۷۷، ۲۷۸
شاهنده، عباس: ۲۹۶
شایگان، علی (سید) (دکتر): ۱۲۰، ۱۲۹، ۱۳۵، ۱۴۰، ۱۵۷، ۱۶۰، ۱۶۱، ۱۶۴، ۱۶۵، ۱۶۷، ۲۷۸، ۳۰۹، ۳۱۰، ۳۱۵، ۳۵۲، ۴۱۲
شبستری، علی: ۲۸۸
شرمینی، نادر: ۲۲۲، ۲۵۴
شروین، محمود (دکتر): ۳۳۷
شریعت‌زاده، احمد: ۲۴۲
شریف (افسر سابق ارتش): ۶۱
شریف‌زاده، مرتضی: ۷۲
شفائی، احمد (سرگرد) (پروفسور): ۲۲، ۲۴۹، ۲۵۳
شفقت، جعفر (سرهنگ، سپهبد، ارتشبد): ۱۴۱، ۱۴۲
شفیعی، محمدحسین: ۲۶۴
شوارتسکف (کلنل): ۱۷۷
شوکت‌الدوله: ← بیات (اسفندیاری)
شهاب، ؟ (سروان): ۳۳۹، ۳۵۲

شهیدزاده، علی: ۲۳۰
شهیدی، ؟ (سرگرد): ۱۴۸، ۱۴۹
شیخ‌العراقین: ← بیات، نصرت‌الله
شیفته، نصرالله (دکتر): ۴۰، ۴۴، ۵۰، ۵۵، ۵۶، ۵۷، ۵۹

ص

صادق، صادق (مستشارالدوله): ۴۱۵
صارمی، ناصر: ۵۹
صالح، اللهیار: ۲۸، ۱۱۳، ۱۲۹، ۱۳۵، ۱۳۸، ۱۴۰، ۱۴۱، ۱۶۱، ۱۶۵، ۲۸۹، ۲۹۰، ۲۹۵، ۳۰۹، ۳۱۰
صدر، حسن: ۶۵، ۱۲۹
صدر، محسن (صدرالاشراف): ۲۱
صدیق، عیسی (دکتر): ۱۸۳
صفاری، محمدعلی (سرتیپ): ۳۸، ۴۰، ۴۲، ۴۳، ۴۴، ۸۱، ۸۴، ۱۴۳، ۱۵۱
صفا، اسدالله (حاجی): ۱۱۴، ۱۱۵
صفری، دلاور (پاسبان): ۳۸۸، ۳۸۹
صفوی حسین (شاه سلطان): ۱۱۱

ض

ضرابی، ابراهیم (سرلشکر): ۳۸، ۴۰، ۴۳، ۴۴

ط

طاهری، هادی (دکتر): ۲۳، ۳۴۰
طاهونی، لطیف: ۳۵۶، ۳۶۰، ۳۶۱، ۳۶۶، ۳۶۸، ۳۶۹، ۳۷۰، ۳۷۵، ۳۷۶، ۳۷۷، ۳۸۲، ۳۸۳، ۳۸۴، ۳۸۵، ۳۹۳، ۳۹۴، ۳۹۷
طبا، عبدالحسین (دکتر): ۲۶۰، ۳۰۹
طباطبائی، ضیاء (سید): ۸۸، ۱۸۵
طباطبائی، محمد (سید) (آیت‌الله): ۱۱۴، ۴۱۴
طباطبائی، محمدصادق (سید): ۱۳۹، ۱۴۰، ۱۴۳، ۱۵۶، ۱۶۱، ۱۶۷، ۱۶۸، ۱۶۹
طباطبائی‌بروجردی، حاج‌آقاحسین (آیت‌الله): ۲۰۹
طباطبائی‌بروجردی، محمد: ۲۰۹
طبری، احسان: ۵۹، ۶۶، ۹۲، ۹۳، ۹۴، ۲۲۷، ۲۳۰، ۲۵۱
طهماسبی، خلیل: ۱۱۴، ۱۵۱، ۱۵۳، ۲۰۶، ۳۰۶، ۳۲۰، ۳۲۱، ۳۳۲، ۳۳۵، ۳۳۶، ۳۴۰، ۳۴۱، ۳۴۲، ۳۴۵، ۳۴۷، ۳۴۸، ۳۴۹، ۳۵۰، ۳۵۶، ۳۵۷، ۳۶۰، ۳۶۱، ۳۶۲، ۳۶۵، ۳۶۶، ۳۶۷، ۳۶۸، ۳۷۰، ۳۷۱، ۳۷۲، ۳۷۳، ۳۷۴، ۳۷۵، ۳۷۶، ۳۷۷، ۳۷۸، ۳۷۹، ۳۸۲، ۳۸۴، ۳۸۵، ۳۸۶، ۳۸۸، ۳۸۹، ۳۹۱، ۳۹۲، ۳۹۳، ۳۹۴، ۳۹۷، ۳۹۸، ۴۰۰، ۴۰۱، ۴۰۲، ۴۰۳، ۴۰۵، ۴۰۶، ۴۰۸، ۴۰۹، ۴۱۲، ۴۱۳، ۴۱۴

ظ

ظلی، عبدالله (سرتیپ، دریادار): ۲۳۵، ۲۳۶

ع

عاقلی، باقر: ۲۵، ۲۸، ۷۷، ۹۶، ۹۸، ۱۰۳، ۱۰۴، ۱۱۷، ۱۳۵، ۱۷۳، ۱۷۵، ۱۷۶، ۱۹۰، ۲۰۹، ۲۱۰، ۲۲۳، ۲۸۰، ۲۸۷، ۲۹۴، ۳۳۴، ۴۲۱،
عباسی، ابوالحسن: ۵۹
عبدالله (شیخ): ۲۹۱
عدل، یحیی (پروفسور): ۸۵، ۲۴۳
عدل، مهدی: ۲۱۰
عدیلی، ؟ : ۱۲۸
عراقی (اراکی)، محسن (حاج‌آقا): ۲۱۳
عراقی، مهدی (حاج): ۱۱۴، ۱۱۹، ۱۲۰، ۱۲۱، ۱۲۲، ۳۱۱، ۳۱۲، ۳۲۰، ۳۲۳، ۳۳۳، ۳۳۴، ۳۳۵، ۳۳۹، ۳۴۰، ۳۴۳، ۳۵۱، ۳۵۵، ۳۶۳، ۴۱۰، ۴۱۱

عرب، حسن: ۲۹۶
عشقی، میرزازاده: ۴۳، ۴۵
عضد، ابوالنصر: ۲۰۸
علامیر، علی (دکتر): ۹۷
علاء، حسین: ۱۷۳، ۲۰۱، ۲۰۶، ۳۰۵، ۳۳۲، ۴۱۲
علاء، محمدعلی (خان) (علاءالسلطنه): ۱۸۴
علم، امیراسدالله: ۱۶۰، ۳۶۰، ۳۶۱، ۳۶۳، ۳۶۴، ۳۶۵، ۳۶۶، ۳۶۹، ۳۷۸، ۳۷۹، ۴۰۶، ۴۰۷، ۴۲۱
علم، محمدابراهیم‌خان (شوکت‌الملک): ۳۶۳
علوی، امیر: ۱۲۸
علوی، بزرگ: ۹۱، ۲۲۷، ۲۲۸، ۲۳۰
علی‌اف، حیدر: ۲۲۵، ۲۲۶
علی، (امام): ۱۱۲، ۲۱۲
علی محمدباب (سید): ۲۵۱
علی‌زاده، ؟ (از بستگان آیت‌الله کاشانی): ۳۳۹، ۳۵۰
علی‌مردان (پاسبان): ۳۸۹
عموئی، جواد (گروهبان دوم): ۲۰۳
عمیدی‌نوری، ابوالحسن: ۱۲۵، ۱۲۹، ۱۳۵، ۱۳۸

غ

غروی، جعفر (سید) (آیت‌الله): ۱۲۹، ۱۵۷

ف

فاتح، مصطفی: ۶۷، ۶۸، ۲۲۷، ۲۲۸، ۲۲۹، ۲۳۰، ۲۳۳، ۴۱۷، ۴۱۸، ۴۲۳
فاطمی، حسین: ۳۵، ۳۶، ۱۲۵، ۱۲۹، ۱۶۰، ۳۴۵، ۳۴۷، ۳۴۸، ۳۴۹، ۳۵۱، ۳۵۲، ۴۰۵
فاطمی، مصباح: ۲۹۳
فخرآرائی، ناصر: ۸۰، ۸۱، ۸۹، ۹۰، ۹۱، ۹۲، ۲۲۱
فدائی، حسن: ۱۱۲

فرخ، مهدی (معتصم‌السلطنه) (میرزا) (سید): ۴۸، ۱۸۹، ۲۲۳، ۲۲۴، ۲۳۲
فرخنده‌کلام، اسدالله: ۳۵۶، ۳۵۹، ۳۶۰، ۳۶۱، ۳۶۶، ۳۶۸، ۳۶۹، ۳۷۸، ۳۷۹، ۳۸۴
فروتن، غلامحسین (دکتر): ۶۵، ۹۲، ۹۳، ۲۲۲، ۲۴۹، ۲۵۴
فروزش، ؟: ۳۸، ۳۹
فرهاد، احمد (دکتر): ۱۸۸
فرخی، ؟: ۴۵
فرود، فتح‌اله: ۱۶۵
فردوست، حسین (ارتشبد): ۱۴۴، ۱۴۵، ۳۲۶
فرمانفرما (پدر نصرت‌الدوله فیروز): ۱۷۷
فرمانفرما، عبدالحسین (میرزا): ۱۸۵، ۲۵۱، ۲۵۲
فرمانفرمائیان، منوچهر (مهندس): ۱۸۸، ۴۲۰، ۴۲۱، ۴۲۸، ۴۳۲
فروتن، غلامحسین (دکتر): ۶۵، ۹۲، ۹۳، ۲۲۲، ۲۴۹، ۲۵۴
فروغی، محسن: ۳۶
فروغی، محمدعلی (ذکاءالملک): ۹۷، ۱۷۴
فرهاد، احمد (دکتر): ۱۸۸
فرهودی، حسین (سید): ۱۹۰
فریدونی، فریدون: ۳۶۲، ۳۶۳
فریور، غلامعلی (مهندس): ۲۸۹
فقیه‌زاده، ابوالقاسم: ۳۱۰
فقیهی‌شیرازی، عبدالکریم (سید): ۷۶
فلاح، رضا (دکتر): ۳۴۰
فلسفی، هدایت‌الله (سید): ۲۸۰
فیروز، محمدحسین (سرلشکر): ۲۹۰
فیروز، مریم (فرمانفرمائیان) (کیانوری): ۹۲، ۹۴، ۲۴۹، ۲۵۱، ۲۵۳
فیروز، مظفر: ۲۳، ۲۴، ۲۵، ۲۶، ۲۷، ۳۵، ۱۹۴، ۱۹۵، ۲۸۹، ۲۹۰، ۲۹۲، ۲۹۳، ۲۹۴
فیروز، نصرت‌الدوله: ۲۴، ۲۵، ۱۷۵، ۱۷۶، ۱۷۷
فیض، میرزا محمد (آیت‌الله): ۳۵۹، ۴۱۴

ق

قاجار، آغامحمدخان: ۳۰۲
قاجار، احمد (شاه): ۲۴، ۱۷۰، ۱۷۴، ۱۸۵، ۱۸۶، ۱۸۹، ۲۲۴، ۲۶۶، ۲۷۳، ۳۲۴، ۳۲۵
قاجار، محمدعلی (شاه): ۱۶۹، ۲۹۸، ۳۲۵، ۴۱۴
قاجار، مظفرالدین میرزا (ولیعهد، شاه بعدی): ۱۷۰
قاجار، ناصرالدین (شاه): ۱۷۰
قاسمی، ابوالفضل: ۱۲۷، ۱۲۸
قاسمی، احمد: ۸۹، ۹۰، ۹۱، ۹۲، ۹۳، ۹۴
قاضی محمد: ۲۸۸
قاموس، مرتضی: ۲۸۰
قبادی، حسین (ستوان یکم): ۶۵، ۶۶، ۲۴۹، ۲۵۰، ۲۵۲، ۲۵۳، ۲۵۴
قَدَر، ؟ (سرتیپ): ۲۶۲، ۲۶۳، ۲۶۵
قدرت‌الله (پاسبان): ۳۸۸
قدوسی، رضا: ۳۳۹
قدیمی، اسدالله (مشارالسلطنه): ۱۷۲
قریشی، امان‌الله: ۲۲۲، ۲۵۴
قشقایی، ناصرخان: ۲۹۱
قناتآبادی، شمس: ۳۳۷
قوام، احمد (میرزا) (خان) (قوام‌السلطنه): ۲۳، ۲۴، ۲۵، ۲۶، ۲۷، ۲۸، ۲۹، ۴۶، ۶۰، ۸۸، ۹۵، ۹۶، ۹۷، ۹۸، ۹۹، ۱۰۰، ۱۰۵، ۱۱۰، ۱۱۲، ۱۱۳، ۱۱۷، ۱۲۶، ۱۴۲، ۱۷۱، ۱۷۲، ۱۷۳، ۱۷۴، ۱۷۶، ۱۷۷، ۱۷۹، ۱۸۰، ۱۸۱، ۱۸۲، ۱۸۳، ۱۸۴، ۱۸۶، ۱۹۱، ۱۹۲، ۱۹۳، ۱۹۴، ۱۹۵، ۱۹۸، ۲۰۰، ۲۰۱، ۲۰۲، ۲۰۶، ۲۰۷، ۲۰۸، ۲۰۹، ۲۱۰، ۲۱۱، ۲۱۴، ۲۱۵، ۲۴۸، ۲۸۶، ۲۸۷، ۲۸۸، ۲۸۹، ۲۹۰، ۲۹۱، ۲۹۲، ۲۹۳، ۲۹۴، ۲۹۵، ۲۹۶، ۲۹۷، ۲۹۸، ۳۰۰، ۳۳۳، ۴۲۷
قوام‌الملک: ۲۹۹

ک

کاشانی، ابوالحسن (سید) (مهندس): ۱۲۲
کاشانی، ابوالقاسم (سید) (آیت‌الله): ۷۱، ۷۶، ۷۷، ۷۸، ۷۹، ۸۶، ۸۷، ۸۸، ۱۰۳، ۱۰۴، ۱۱۲، ۱۱۴، ۱۱۵، ۱۱۶، ۱۱۷، ۱۱۸، ۱۱۹، ۱۲۰، ۱۲۱، ۱۲۲، ۱۲۶، ۱۳۰، ۱۳۴، ۱۴۰، ۱۴۳، ۱۵۲، ۱۵۴، ۱۶۱، ۱۶۴، ۱۶۷، ۱۶۸، ۱۹۳، ۱۹۸، ۲۰۱، ۲۰۸، ۲۸۰، ۲۸۹، ۳۰۸، ۳۱۱، ۳۱۲، ۳۱۳، ۳۱۴، ۳۱۵، ۳۱۶، ۳۱۷، ۳۱۸، ۳۱۹، ۳۲۴، ۳۳۲، ۳۳۳، ۳۳۴، ۳۳۵، ۳۳۶، ۳۳۷، ۳۳۸، ۳۳۹، ۳۴۰، ۳۴۱، ۳۴۷، ۳۴۹، ۳۵۱، ۳۵۲، ۳۵۳، ۳۵۴، ۳۵۵، ۳۵۶، ۳۵۹، ۳۶۳، ۴۰۵، ۴۰۶، ۴۱۰، ۴۱۱، ۴۱۲، ۴۱۳
کاشانی، علینقی (حاجی): ۳۴، ۶۰
کاشانی، محمدرضا (سید) (دکتر): ۱۱۴، ۱۱۹
کاشانی، مصطفی (سید): ۱۵۲، ۳۳۴، ۳۳۷
کاظمی، مصطفی (سید): ۲۸۲، ۲۹۸
کاظمی، باقر (مهذب‌الدوله): ۹۶
کافتارادزه: ۶۹، ۷۰، ۱۸۷
کاکو، علی: ۲۹۸
کامبخش، عبدالصمد: ۹۳، ۲۴۸، ۲۴۹
کامرانی، ؟ (سرهنگ۲): ۱۴۸، ۱۴۹
کاویانی، رضا: ۱۲۹
کتیرا، ؟: ۱۰۹
کدیور (سرهنگ): ۳۸۵
کرباسچیان، امیرعبدالله: ۱۱۲، ۱۱۳، ۱۱۵، ۱۱۶، ۱۱۷، ۱۱۸، ۳۴۲
کریمی، نادعلی: ۳۳۶
کریمی، ؟، (سروان): ۴۰۵
کسروی، احمد (سید): ۱۱۰، ۱۱۱، ۱۱۲، ۱۱۳، ۱۱۵، ۱۱۶، ۱۱۷، ۱۲۲، ۱۵۰، ۴۱۱، ۴۱۱
کشاورز، فرهاد: ۲۴۹

کشاورز، فریدون (دکتر): ۲۸، ۳۸، ۵۳، ۸۹، ۹۳، ۹۴، ۱۵۱، ۲۲۱، ۲۴۸، ۲۵۰، ۲۵۱، ۲۵۳، ۲۵۶، ۲۸۹، ۲۹۰
کشاورز، کریم: ۱۵۱، ۱۵۲
کشاورز صدر، محمدعلی (سید): ۷۲
کشفی، منصور (دکتر): ۴۱۹
کلبادی، منوچهر: ۷۲
کلباسی (آیت‌الله): ۲۵۷
کورتیس: ۶۹
کی‌استوان، حسین: ۱۷۸، ۱۸۱، ۱۸۹، ۱۹۱
کیانوری، نورالدین (دکتر): ۳۱، ۳۸، ۵۳، ۵۸، ۵۹، ۶۵، ۶۶، ۷۸، ۸۹، ۹۰، ۹۱، ۹۲، ۹۳، ۹۴، ۲۳۰، ۲۴۸، ۲۴۹، ۲۵۰، ۲۵۱، ۲۵۲، ۲۵۳، ۲۵۴، ۲۵۶، ۲۷۳
کیهانخدیو (سرتیپ): ۳۳۹، ۳۵۲، ۴۱۳

گ

گریدی، هنری: ۴۱۸
گلبو ؟ (سروان): ۲۴۷، ۲۴۸
گلپیرا (سرتیپ): ۳۲۷
گلشائیان، عباسعلی: ۱۰۱
گنجه‌ای، رضا: ۳۶، ۳۷، ۱۰۱
گیلانشاه، بیژن (سرتیپ): ۶۴، ۲۰۳، ۲۳۵، ۲۳۶، ۲۴۴، ۲۴۵، ۲۴۷، ۲۵۵، ۳۲۷

ل

لارودی، مدحت: ۱۲۷، ۱۲۸
لارودی، حبیب‌الله: ۱۲۸
لاهوئی، نصرالله: ۷۲
لسانی، ابوالفضل: ۱۰۱، ۴۰۱، ۴۰۲
لشکری (زرگر)، حسن: ۳۳۶، ۳۳۷، ۳۳۸، ۳۳۹، ۳۵۷
لشکری، غلامحسین: ۳۳۶
لطیفی، ؟ (دکتر) (سرهنگ) (سرتیپ): ۱۴۴، ۲۴۲، ۲۴۳
لقمان‌ادهم، حسن (دکتر) (حکیم‌الدوله): ۱۶۱، ۱۶۹، ۱۷۰
لقمان‌ادهم، عباس (دکتر) (اعم‌الملک): ۱۶۹، ۱۷۰
لقمان‌ادهم، محمدحسین (دکتر) (لقمان‌الدوله): ۱۶۹، ۱۷۰، ۳۴۳
لقمان‌الملک (دکتر): ۱۳۷
لمپتون (میس): ۲۲۷، ۲۲۸، ۲۲۹، ۲۳۰
لنکرانی، حسام: ۳۰، ۳۸، ۳۹، ۴۰، ۵۸، ۵۹، ۶۰

م

مبشری، محمدعلی (سرهنگ ۲): ۲۰، ۶۵
متفقی، صغری‌بیگم: ۲۵۷
متقی، علی: ۶۶، ۲۲۲، ۲۵۴
متین‌دفتری، احمد (دکتر): ۴۱، ۴۲، ۴۶، ۴۸، ۸۰، ۱۳۴، ۱۳۵، ۱۳۶، ۱۴۰، ۱۴۱، ۱۸۲، ۲۱۰، ۴۳۵
محبوبین (سرگرد): ۳۷۱، ۳۸۸، ۴۰۱
محتشم‌السلطنه: ← اسفندیاری، حسن
محسنی، حسن (آیت‌الله فرید محسنی): ۲۱۴
محسنی، محسن (حاج): ۲۱۴
محقق‌زاده، اسماعیل (ستوان ۲): ۶۵
محمدمیرزا ابوالفتح: ۲۹۸
محمد (میرزا) (فخرالاطباء) (حکیم‌باشی): ۱۷۰
محمد امام جمعه (سید) (امامی): ۱۶۶
محمداسمعیل‌خان (وکیل‌الملک بزرگ): ۲۹۹
محمدرحیمی، عبدالحسین: ۳۸۲، ۳۸۳، ۳۸۴
محمدزاده، رفعت‌الله (مسعود اخگر) (ستوان): ۶۵، ۲۴۹، ۲۵۲، ۲۵۴
محمدعلیخان (علاءالسلطنه): ۱۸۴
محمدکریم‌خان (حاج): ۲۸۲
محمد (میرزا) قوام‌الدوله: ۱۹۴
محمدی، فریدون: ۳۶۷، ۳۸۲، ۴۰۱
محمود، محمود: ۷۲
مدرس، حسن (سید): ۴۵، ۹۶، ۹۹، ۱۷۲، ۱۷۳، ۳۰۱
مدنی، رحیم: ۲۳۲
مرزبان، حسین (ستوان یکم): ۶۵

مستوفیان آشتیانی: ۳۰۶
مسعود، ژینت: ۴۹
مسعود، محمد: ۱۷، ۱۸، ۱۹، ۳۱، ۳۲، ۳۳، ۳۴، ۳۵، ۳۶، ۳۷، ۳۸، ۳۹، ۴۰، ۴۱، ۴۳، ۴۴، ۴۵، ۴۶، ۴۹، ۵۰، ۵۱، ۵۲، ۵۳، ۵۴، ۵۵، ۵۶، ۵۷، ۵۸، ۵۹، ۶۰، ۶۱، ۶۲، ۶۳، ۲۳۵، ۲۳۹، ۲۷۲، ۲۷۳، ۳۱۲
مسعودی، جواد: ۱۴۰، ۱۶۲، ۱۶۷، ۱۶۸، ۱۶۹، ۱۹۰
مسعودی، عباس: ۳۴، ۱۶۲، ۱۶۹
مشار، یوسف (مشاراعظم): ۱۲۹، ۱۳۸، ۱۵۷
مشارالسلطنه: ← قدیمی، اسدالله
مشیرالدوله: ← پیرنیا، حسن
مصدق، احمد (مهندس): ۲۸۹
مصدق، زهرا (ضیاءالسلطنه): ۴۳۵
مصدق، محمد (مصدق‌السلطنه): ۱۷، ۱۸، ۲۰، ۲۸، ۴۵، ۴۶، ۴۷، ۴۸، ۴۹، ۵۰، ۵۱، ۵۲، ۵۷، ۵۸، ۶۹، ۷۰، ۷۱، ۷۲، ۷۳، ۷۵، ۷۶، ۷۸، ۷۹، ۸۰، ۸۱، ۸۲، ۸۸، ۹۵، ۹۶، ۱۱۸، ۱۱۹، ۱۲۰، ۱۲۱، ۱۲۲، ۱۲۳، ۱۲۴، ۱۲۵، ۱۲۶، ۱۲۷، ۱۲۸، ۱۲۹، ۱۳۰، ۱۳۱، ۱۳۲، ۱۳۳، ۱۳۴، ۱۳۵، ۱۳۶، ۱۳۷، ۱۳۸، ۱۳۹، ۱۴۰، ۱۴۱، ۱۴۲، ۱۴۳، ۱۴۶، ۱۵۱، ۱۵۲، ۱۵۴، ۱۵۷، ۱۵۸، ۱۵۹، ۱۶۰، ۱۶۱، ۱۶۲، ۱۶۳، ۱۶۴، ۱۶۵، ۱۶۶، ۱۶۷، ۱۶۹، ۱۷۲، ۱۷۳، ۱۷۷، ۱۷۸، ۱۷۹، ۱۸۱، ۱۸۴، ۱۸۵، ۱۸۶، ۱۸۷، ۱۸۸، ۱۸۹، ۱۹۰، ۱۹۱، ۱۹۲، ۱۹۳، ۱۹۴، ۱۹۵، ۱۹۶، ۱۹۷، ۱۹۸، ۱۹۹، ۲۰۰، ۲۰۱، ۲۰۲، ۲۰۴، ۲۰۶، ۲۰۷، ۲۰۹، ۲۱۰، ۲۱۲، ۲۱۵، ۲۱۷، ۲۳۷، ۲۳۸، ۲۴۶، ۲۴۷، ۲۴۹، ۲۷۹، ۲۸۰، ۲۸۲، ۲۸۸، ۲۹۴، ۲۹۵، ۲۹۹، ۳۰۵، ۳۰۶، ۳۰۷، ۳۰۸، ۳۰۹، ۳۱۰، ۳۱۲، ۳۱۳، ۳۱۵، ۳۱۸، ۳۱۹، ۳۲۲، ۳۲۵، ۳۲۹، ۳۳۰، ۳۳۱، ۳۳۲، ۳۳۴، ۳۳۵، ۳۴۰، ۳۴۹، ۳۵۱، ۳۵۲، ۳۵۳، ۳۵۴، ۳۵۵، ۳۵۶،
۳۶۳، ۴۰۳، ۴۰۴، ۴۰۵، ۴۰۹، ۴۱۰، ۴۱۱، ۴۱۲، ۴۲۰، ۴۲۱، ۴۲۲، ۴۲۴، ۴۲۵، ۴۲۷، ۴۲۸، ۴۳۰، ۴۳۲، ۴۳۵
مصطفی پادگان (دیوانه): ۳۲۰، ۳۲۱
مصورر رحمانی، غلامرضا (سرهنگ): ۱۹۵، ۱۹۶، ۱۹۷، ۱۹۸، ۱۹۹، ۴۰۳، ۴۰۴، ۴۰۵
مطیع‌الدوله: ← حجازی، محمد
مظفری، ؟: ۱۱۲
معدل، لطفعلی: ۱۰۴
معرفت (دکتر): ۳۹۳
معصومه (حضرت): ۲۰۹
معصومی (سرگرد): ۳۸۵
معقول، عبدالله: ۲۸۰
مفتاحی، ؟ (ستوان): ۱۴۸، ۱۴۹، ۱۵۰
مکلل‌کتاب، احمد (پاسبان): ۳۸۷، ۳۸۹
مکی، حسین (سید): ۴۱، ۴۲، ۴۳، ۵۴، ۵۹، ۷۱، ۷۲، ۷۸، ۷۹، ۸۷، ۸۸، ۱۰۲، ۱۰۴، ۱۰۷، ۱۰۹، ۱۱۹، ۱۲۰، ۱۲۴، ۱۲۵، ۱۲۸، ۱۲۹، ۱۳۸، ۱۳۹، ۱۴۰، ۱۴۲، ۱۴۳، ۱۵۱، ۱۵۲، ۱۵۷، ۱۶۱، ۱۶۷، ۱۹۴، ۲۰۵، ۲۰۸، ۲۱۰، ۲۱۱، ۲۱۳، ۲۱۴، ۲۱۵، ۲۶۱، ۲۶۷، ۲۶۸، ۲۶۹، ۲۷۰، ۲۷۱، ۲۷۲، ۲۷۳، ۲۷۴، ۳۰۹، ۳۱۰، ۳۱۳، ۳۱۴، ۳۴۲، ۳۴۵، ۳۴۷، ۳۴۸، ۳۴۹، ۳۵۲، ۴۱۲، ۴۲۵
ملکم‌خان (میرزا): ۲۲۴
ملکی، احمد: ۱۲۵، ۱۲۹، ۱۳۸، ۱۳۹، ۱۶۱
ممتاز، عزت‌الله (سرهنگ): ۲۰۴
ممقانی، اسدالله: ۱۸۲
منشی‌زاده، داوود: ۲۰
منصور، علی: ۲۲۲، ۳۳۴، ۴۱۸
مورخ‌الدوله: ← سپهر، احمدعلی
موسوی‌زاده، علی‌اکبر (سید): ۱۱۳
مهتدی (سرهنگ): ۲۴۰، ۲۶۹
مهدوی (بازپرس): ۳۹۴

۴۴۸

مهدی‌نیا، جعفر: ۲۲، ۲۴، ۳۰، ۶۱، ۱۲۶، ۱۵۰، ۱۵۵، ۱۵۶، ۱۹۴، ۲۰۲، ۲۳۸، ۲۴۰، ۲۵۶، ۲۶۰، ۲۶۱، ۳۱۰
میراشرافی، مهدی (سید): ۶۳
میرحسینی، یدالله: ۲۵۹، ۲۶۰
میرسپاسی (دکتر): ۳۹۴
میرزاحسین‌خان: ۲۹۸
میرزاصالح، غلامحسین: ۲۹۲
میرزائی، حسن: ۳۳۷، ۳۳۸
میرمطهری، محمود: ۳۱
میلسپو، آرتور (دکتر): ۱۷۳، ۱۷۴، ۱۷۵، ۱۷۶، ۱۷۷، ۱۷۸، ۱۷۹

ن

ناظم‌الاسلام کرمانی: ۱۶۹
ناظم‌التجار: ۲۹۸
نامدار، مهدی (دکتر): ۲۴۰
نجاتی، غلامضا (سرهنگ): ۱۴۶
نجف‌زاده ؟ (سرتیپ) (دکتر): ۸۶
نجم، ابوالقاسم (نجم‌الملک): ۱۰۰، ۱۰۱، ۱۰۲، ۱۰۶، ۱۴۰
نجمی، ناصر: ۱۳۳
نراقی، عباس: ۲۲۸، ۲۳۰
نریمان، محمود (سید): ۹۶، ۱۲۰، ۱۲۹، ۱۳۵، ۱۴۰، ۱۴۱، ۱۵۷، ۱۶۱، ۱۶۴، ۱۶۵، ۱۶۷، ۳۰۹، ۳۱۰، ۳۳۵، ۳۴۲، ۳۴۵، ۳۵۲، ۴۱۲
نصیری، نعمت‌الله (ارتشبد بعدی): ۱۴۴
نظام‌مافی، محمدعلی: ۱۰۴
نعمان‌بن‌منذر: ۵۵
نقشینه، مرتضی (سرگرد): ۲۲۱، ۲۳۱، ۲۳۲، ۲۳۵، ۲۳۶
نگارنده: ۱۵۱
نواب‌صفوی، مجتبی (سید) (میرلوحی) (تهرانی): ۷۷، ۱۰۴، ۱۱۰، ۱۱۱، ۱۱۲، ۱۱۴، ۱۱۵، ۱۱۶، ۱۱۷، ۱۱۸، ۱۱۹، ۱۲۰، ۱۲۱، ۱۵۳، ۱۵۴، ۱۵۵، ۳۲۰، ۳۳۲، ۳۳۳، ۳۳۶، ۳۳۷، ۳۳۸، ۳۳۹، ۳۴۰، ۳۴۱، ۳۴۲، ۳۴۳، ۳۴۴، ۳۴۵، ۳۴۶، ۳۴۷، ۳۴۸، ۳۴۹، ۳۵۱، ۳۵۲، ۳۵۳، ۳۵۴، ۳۵۵، ۳۵۶، ۳۵۷، ۳۶۲، ۳۶۳، ۴۱۱، ۴۱۲، ۴۱۳
نوری، مهدی (شیخ): ۲۵۱
نوشین، عبدالحسین: ۹۱، ۱۵۱، ۱۵۲
نوعی، صفر: ۲۲۸
نیک‌پی، اعزاز: ۲۱۵
نیکنام، محمدرضا: ۱۱۱

و

واحدی، عبدالحسین (سید): ۱۱۴، ۱۱۸، ۱۵۳، ۱۵۵، ۳۴۱، ۳۴۸، ۳۶۲
واحدی، محمد (سید): ۱۵۳، ۱۵۵، ۱۵۶، ۳۴۸، ۳۵۲، ۳۶۲
وارسته، محمدعلی: ۱۰۴
وثوق، حسن (میرزا) (وثوق‌الدوله): ۲۴، ۱۷۱، ۱۷۲، ۱۷۳، ۱۸۵، ۱۸۶
وثوق‌خلوت (هژیر)، محمد: ۹۶
وزیری، احمدعلی‌خان: ۳۰۲
وزیری، شاهرخ: ۲۴۸، ۲۵۰
وکیلی، جعفر (سرگرد): ۶۵
وکیلی، علی: ۳۴، ۱۳۶
والانژاد، ؟ : ۷۱
وهاب‌زاده: ۳۴، ۳۷

ه

هاشمی، احمد (سید): ۲۶، ۲۷، ۲۳۸، ۲۵۵، ۲۵۶، ۴۰۰
هاشمی، محمد (سید): ۲۸۲
هاشمی ؟ (دکتر): ۱۵۲
هدایت‌الله (میرزا) (وزیردفتر نخست): ۴۳۵
هدایت، خسرو (مهندس): ۱۲۶، ۱۳۰
هدایت، محمود: ۳۶۳، ۳۶۴، ۳۷۸، ۳۷۹، ۳۸۶، ۴۱۵
هدایت، مرتضی‌قلی (صنیع‌الدوله): ۴۱۴

هدایت، مهدی‌قلی (مخبرالسلطنه): ۹۷، ۱۷۴، ۴۱۴
هدایت، نورالملوک (فیروز): ۲۵
هژیر، عبدالحسین: ۱۸، ۴۶، ۷۷، ۹۵، ۹۶، ۹۷، ۹۸، ۹۹، ۱۰۰، ۱۰۱، ۱۰۲، ۱۰۳، ۱۰۴، ۱۰۵، ۱۰۶، ۱۰۷، ۱۰۸، ۱۰۹، ۱۱۲، ۱۱۳، ۱۱۵، ۱۱۶، ۱۱۹، ۱۲۰، ۱۲۱، ۱۲۲، ۱۲۳، ۱۲۴، ۱۲۶، ۱۲۷، ۱۲۹، ۱۳۰، ۱۳۱، ۱۳۲، ۱۳۳، ۱۳۷، ۱۳۹، ۱۴۱، ۱۴۲، ۱۴۳، ۱۴۴، ۱۴۵، ۱۴۶، ۱۴۷، ۱۴۹، ۱۵۰، ۱۵۱، ۱۵۲، ۱۵۳، ۱۵۴، ۱۵۵، ۱۵۶، ۱۵۷، ۱۶۷، ۱۸۰، ۱۸۱، ۱۸۲، ۱۸۳، ۲۱۸، ۲۳۹، ۲۴۲، ۲۴۳، ۲۴۴، ۲۷۵، ۳۳۳، ۳۴۹، ۳۵۰، ۳۵۵، ۴۰۹، ۴۱۱
همایون، داریوش: ۲۰
همایون‌جاه: ۳۷
همایون‌فر، ؟ (سرتیپ): ۲۴۴
همایون‌فرخ، سیف‌الله: ۵۹
هنجن (دکتر): ۲۴۳
هوشنگ‌انصاری، عبدالرضا: ۱۷۹
هوشیار، ؟ (وکیل): ۲۷۷
هومن، احمد (دکتر): ۱۹، ۲۵۷
هوور، هربرت: ۶۹

ی

یاسائی، حسین (حاج): ۲۹۸، ۳۰۱
یاسائی، علی: ۲۶۳، ۲۸۲، ۲۸۴، ۲۹۸، ۳۰۱
یاسائی، محمدعلی: ۳۰۱
یاسمی، رشید: ۳۶، ۳۷
یاوری، ؟ (سرهنگ): ۱۹۵
یحیی، غلام: ۳۰
یزدان‌پناه، مرتضی (سپهبد): ۱۶۰
یزدی، محمدتقی (خان): ۳۰۲
یزدی، مرتضی (دکتر): ۲۸، ۹۱، ۲۲۸، ۲۳۰، ۲۹۰

دو گفتار با دو منظور متفاوت پس از پایان کتاب

نخست - سپاس بیکران

از سال ۱۹۹۹ م. (۱۳۷۸ خورشیدی) که نخستین کتاب نگارنده به نام «**نویافته‌هایی در ارتباط با محمد مصدق**» و با اسم مستعار **مِهپور شمسا** منتشرگردید، تاکنون که شمار کتابهای منتشرشده به ۱۴ جلد رسیده‌است، دهها نفر از طریق نامه، تلفن، ایمیل، و یا در مطبوعات، نگارنده را مشمول مهر و تشویق قرارداده‌اند.
چون درج همه‌ی آنها صفحات زیادی از این کتاب را اشغال می‌نمود، پس نگارنده ابتدا درصدد برآمد که از میان آنها فقط شماری را که متعلق به دانشمندان، پژوهشگران، نویسندگان صاحب‌نظر و یا بزرگان مشهور گذشته می‌باشد، انتخاب و در این بخش درج نماید. ولی باز هم تصور اینکه ممکن است با این عمل زمینه‌های ناراحتی و گله‌مندی برای برخی دیگر فراهم‌گردد، نگارنده را از این کار بازداشت و سرانجام درصدد برآمد که تنها به درج یک اظهارنظر از سوی یک حقوقدان مشهور، برجسته و باتدبیر، نویسنده‌ای توانا، که نظر او در محافل قضایی و حقوق در رژیم گذشته ملاک درستی یا نادرستی امور قرار می‌گرفته‌است، بسنده نماید.

این حقوقدان برجسته و پژوهشگر ارجمند جناب آقای **عبدالرحمن امیرفیض**، ساکن کانادا، مدیر مجله‌ی وزین سنگر می‌باشند که در شماره مورخ ۱۵ مهرماه ۱۳۸۲ (صفحات ۵ و ۶) آن مجله درباره‌ی کتابهایی که تا آن زمان منتشرشده چنین نوشته‌اند:

*" ... این محقق والای ایرانی، آقای **مهدی شمشیری** است. تصور می‌کنم در ارزیابی دامنهٔ تحقیقات ایشان بتوان از تمثیلی کمک گرفت.*
*اگر موضوعات قابل تحقیق را به اقیانوسی عظیم تشبیه کنیم و محققین را غواصان به‌شمارآوریم که در این اقیانوس بی‌انتها به غواصی می‌پردازند، **شمشیری** از آن محققینی نیست که در سطح آب و یا قدری پایین‌تر از سطح آب غواصی و تحقیق کند. او خود را به اعماق تاریک اقیانوس تحقیق می‌کشد و حتی وقتی هم به سطح خاکی اقیانوس رسید باز هم قانع نیست و با ناخن زمین را می‌کند تا ببیند که زیر آن چیست.*
*مشخصات بی‌نظیری که در اثرات تحقیقی **شمشیری** وجود دارد، خود تفصیلی است مفصل، نابهائی که در اثرات او مشخص است برخی در تاریخ تحقیقاتی ما ایرانیان به کلی بی‌سابقه است.*
*اثرات تحقیقی **شمشیری**، برخلاف تحقیقات بسیاری، ذکر وقایع نیست، توام با استدلال و اسناد و مدارک است.*
شمشیری با استدلال و ارائه دلائل، بر بسیاری از تذکرات تاریخی خط بطلان کشیده و صحیح و درست آن را ارائه داده‌است.
*در تحقیقات **شمشیری** به تاریخ وقوع حوادث و رویدادهای تاریخی اهمیت فوق‌العاده‌ای داده‌شده، کاری که در اغلب تحقیقات به آن توجه لازم نشده‌است. تحقیقات **شمشیری** هرجا که با تاریخ وقوع حوادثی مبهم یا مشتبه روبه‌رو شده با پیگیری طاقت‌فرسایی درست آن را یافته و به اصالت ارزش تحقیقات خود افزوده است.*

*در تحقیقات **شمشیری**، تاریخ وقوع حوادث مطابق با سه تاریخ شمسی و قمری و میلادی ذکرشده و کار مشکل محققین را آسان و هموار ساخته‌است.*
این نابِ مشخص را در هیچ اثر تحقیقی ندیده‌ام.
*اثرات تحقیقی **شمشیری** که تاکنون این سرباز مفتخر به مطالعهٔ آنها شده‌ام عبارت است از:*
رضا شاه بزرگ - زندگی‌نامهٔ مصدق - اسرار قتل اتابک - خاندان امام خمینی - گفته‌نشده‌ها دربارهٔ روح‌الله خمینی - خاندان مستوفیان آشتیانی، از بالاترین نیا تا محمد مصدق - بلای سلمان رشدی و آیات شیطانی در ایران ..."
(نشانی مجله سنگر، چاپ کانادا- که مطلب بالا از صفحات ۵ و ۶- شماره ۳۸۸+۳۳۲- مورخ ۱۵ مهرماه ۱۳۸۲ آن بازگو شده‌است، به شرح زیر می‌باشد:

Sangar- P.O. Box: 25025-421 Jane Street
(TORONTO ONTARIO M6S5AI

اهمیت مطلب بالا در این است که آقای **امیرفیض** در زمان نوشتن آن کوچکترین آشنایی شخصی با نگارنده نداشته‌اند و هنوز هم ندارند. به اینجهت داوری این استاد بزرگوار و صاحب‌نظر دربارهٔ مطالب کتابهای مزبور، که بی‌گمان از نظر خودشان فقط شرح و توصیف حقیقت بوده و حتی بدون انتظار و توقع کوچکترین تشکر و سپاس نوشته شده‌است، از نظر نگارنده بیش از حد تصور ارزشمند می‌باشد و به‌منزله عالیترین گواهینامه‌ی قبولی از دانشگاه تاریخ ایران و اسلام تلقی‌می‌شود.
با تمام وجود تندرستی، پیروزی و شادمانی برای این ایران‌دوست مبارز و بستگان گرامی‌شان آرزومندیم.

ب - گله‌مندی فراوان

این گله‌مندی از شماری کتابفروشی فارسی‌فروش و بسیار بدحساب در خارج از کشور می‌باشد.
بی‌گمان خوانندگان گرامی از مطالعه متن بالا به‌خوبی دریافته‌اند که کتابهای نگارنده به‌صورت رونویسی از کتابهای دیگران تهیه نشده‌است. بلکه حاصل پژوهشهای عمیق و بسیار دقیقی می‌باشد که متجاوز از چهل سال پیش، در گوشه‌های تاریک تاریخ ایران و اسلام آغاز کرده‌است و هنوز هم ادامه دارد.
زحمات نگارنده برای تهیه کتاب منحصر به تهیه مطلب نبوده‌است، بلکه به علت نداشتن هیچگونه منبع درآمد در آمریکا، مجبور است که تمام کارهای مربوط به انتشار هر کتاب را، از آغاز تا رساندن به چاپخانه، شخصاً به انجام برساند. با این ترتیب برای هر یک از کتاب‌ها پس از چند سال زحمت و پژوهش بی‌وقفه، مطلب فراهم ساخته و خود با منتهای کندی، با روش مشهور به دو انگشتی، در کامپیوترهای قدیمی با ویندوز تری، ماشین نموده و سپس غلطگیری و به اصطلاح ویراستاری نموده‌است. به این ترتیب تمام صفحات مربوط به یک نسخه از کتاب مورد نظر، حتی فهرست مطالب، نامیاب، طرح پشت جلد، یعنی یک نسخه‌ی کامل از کتاب را آماده ساخته، به چاپخانه فرستاده و با پرداخت هزینه به شمار اندکی چاپ کرده و به چند کتابفروشی فرستاده‌است.
تنها انتظار نگارنده این بوده‌است که (صرف‌نظر از آن همه زحمت) دست‌کم فقط هزینه‌ی چاپ آن

جبران گردد. اما بدبختانه تا کنون این آرزو تحقق نیافته و هنوز، جز **کتابسرا** در **لوس‌آنجلس،** کتابفروشی دیگری با نگارنده تسویه‌حساب به‌عمل نیاورده‌است.
نگارنده تنها از این کتابفروشی سپاسگزار است که **گویا چون از ادامه‌ی فروش کتابهای نگارنده، به دلایلی منصرف شده‌بود،** کتابهای فروش نرفته را پس فرستاده و درباره آنچه هم که فروش رفته بود، تسویه‌حساب نموده‌است.
به نظر نگارنده، **بدحساب‌ترین کتابفروشی دنیا** شخصی است به نام **داود نعمتی،** که صاحب **کتابفروشی نیما** در **آلمان** بود. تا آنجا که نگارنده خود تحقیق کرده و از دیگران نیز شنیده‌است گمان نمی‌کند که هیچکس تاکنون از وی خوش‌حسابی دیده باشد.
این شخص حتی با شیرین‌زبانی نگارنده را وادارکرد که یکی از کتاب‌های خود را تجدید چاپ کند و با هزینه‌ی گران پست به آلمان ارسال نماید. ولی با وجودی که نگارنده تاکنون چندین نامه به او نوشته‌است و نیز افراد بی‌شماری را برای دریافت پول به نزدش فرستاده‌است هنوز نه کتابی پس فرستاده و نه حتی یک شاهی از فروش آن کتابها را پرداخت کرده‌است.
در گذشته در ایران که صاحبان مغازه‌های خرده‌فروشی از نسیه‌بران ناراحت بودند، آگهی یا تابلویی در مغازه خود می‌گذاشتند که این بیت عامیانه و سست را بر روی آن نوشته بودند:

من که با خون جگر جنس بیارم به دکان
تو که نسیه ببری واقع چقدر رو داری

حال صحبت این آقای بدحساب از نسیه گذشته‌است، چون آش را با جاش! می‌برد، یعنی پول کتاب که هیچ، حتی از پرداخت مبلغی که هزینه‌ی ارسال کتاب توسط پست هوایی به آلمان را جبران کند خودداری می‌نماید.

درباره‌ی **یک کتابفروشی در تورنتوی کانادا** نیز باید گفت که صاحب آن در پاسخ یکی از دوستان نگارنده که ساکن همان کشور می‌باشد و برای دریافت وجه کتاب‌ها (که خوشبختانه شمارشان زیاد نبوده‌است) به او مراجعه کرده‌بود، اظهار داشته‌است که دریافت کتاب از سوی نگارنده را به‌خاطر نمی‌آورد! درحالی که یکی دیگر از دوستان نگارنده از ساکنان همان کشور که پس از انقلاب اسلامی، سالها از هم دور افتاده و از یکدیگر بی‌خبر بوده‌اند، با خرید یک جلد از کتاب‌ها از همان کتابفروشی و از طریق نشانی نوشته‌شده در آن، نگارنده را پیداکرده و خوشبختانه ارتباط دوستانه‌ی سابق را تجدید نموده‌است.
درهرحال امید است که این شخص تا پیش از چاپ و انتشار کتاب آتیِ نگارنده، دریافت و فروش کتاب‌های قبلی را به‌خاطر بیاورد.
درباره‌ی **دو کتابفروشی دیگر در لوس‌آنجلس و یک کتابفروشی در مریلند (نزدیک واشنگتن)** تصورمی‌شود که شاید به علت فروش نرفتن تمام کتابهای ارسالی، هنوز تسویه‌حساب نشده‌باشد و به اینجهت درحال حاضر حتی از انتشار نام آنها نیز برای ثبت در تاریخ خودداری می‌شود و امیداست در پایان کتاب دیگری که نزدیک به انتشار می‌باشد، بشود درباره‌ی تسویه‌حساب و خوش‌حسابی این سه کتابفروش هم مطلبی به اطلاع خوانندگان گرامی رساند.

مهدی شمشیری